Klaus-Georg Deck | Herbert Neuendorf

Java-Grundkurs für Wirtschaftsinformatiker

Klaus-Georg Deck | Herbert Neuendorf

Java-Grundkurs für Wirtschaftsinformatiker

Die Grundlagen verstehen – Objektorientierte Programmierung – Fortgeschrittene Konzepte kennenlernen – Betriebswirtschaftlich orientierte Beispiele

2., aktualisierte und verbesserte Auflage

Mit 90 Abbildungen

STUDIUM

VIEWEG+ TEUBNER

Bibliografische Information der Deutschen Nationalbibliothek
Die Deutsche Nationalbibliothek verzeichnet diese Publikation in der
Deutschen Nationalbibliografie; detaillierte bibliografische Daten sind im Internet über
<http://dnb.d-nb.de> abrufbar.

Das in diesem Werk enthaltene Programm-Material ist mit keiner Verpflichtung oder Garantie irgend-
einer Art verbunden. Der Autor übernimmt infolgedessen keine Verantwortung und wird keine daraus
folgende oder sonstige Haftung übernehmen, die auf irgendeine Art aus der Benutzung dieses
Programm-Materials oder Teilen davon entsteht.

Höchste inhaltliche und technische Qualität unserer Produkte ist unser Ziel. Bei der Produktion und
Auslieferung unserer Bücher wollen wir die Umwelt schonen: Dieses Buch ist auf säurefreiem und
chlorfrei gebleichtem Papier gedruckt. Die Einschweißfolie besteht aus Polyäthylen und damit aus
organischen Grundstoffen, die weder bei der Herstellung noch bei der Verbrennung Schadstoffe
freisetzen.

1. Auflage 2007
2., aktualisierte und verbesserte Auflage 2010

Alle Rechte vorbehalten
© Vieweg+Teubner Verlag | Springer Fachmedien Wiesbaden GmbH 2010

Lektorat: Christel Roß | Maren Mithöfer

Vieweg+Teubner Verlag ist eine Marke von Springer Fachmedien.
Springer Fachmedien ist Teil der Fachverlagsgruppe Springer Science+Business Media..
www.viewegteubner.de

Die Wiedergabe von Gebrauchsnamen, Handelsnamen, Warenbezeichnungen usw. in diesem Werk
berechtigt auch ohne besondere Kennzeichnung nicht zu der Annahme, dass solche Namen im
Sinne der Warenzeichen- und Markenschutz-Gesetzgebung als frei zu betrachten wären und daher
von jedermann benutzt werden dürften.

Umschlaggestaltung: KünkelLopka Medienentwicklung, Heidelberg

Gedruckt auf säurefreiem und chlorfrei gebleichtem Papier.

ISBN 978-3-8348-1222-3

Vorwort

Java für Wirtschaftsinformatiker[1]? Ist Java eine Programmiersprache, die primär für die betriebliche Anwendungsentwicklung entworfen wurde? Sicherlich nicht: Java ist eine universelle, objektorientierte Sprache, deren Struktur nicht auf ein bestimmtes Anwendungsfeld hindeutet.

Und dennoch ist Java gerade für die Wirtschaftsinformatik interessant:

- Der Java-Bytecode-Ansatz bedeutet echte Plattformunabhängigkeit. Umfangreiche Programmierbibliotheken (Pakete) sind die direkt verfügbare Grundlage auch professioneller Anwendungen, ohne sich auf ein bestimmtes Betriebssystem oder eine spezielle Rechnerarchitektur festlegen zu müssen.

- Fortgeschrittene Programmiertechniken (Objektorientierung, Multithreading, Netzwerkprogrammierung etc.) lassen sich ohne technischen Ballast erlernen. Verteilte Systeme und Internetanwendungen lassen sich einfach realisieren.

- Mit der Sprache Java eröffnet sich eine ganze Anwendungswelt – bis zur Entwicklung mehrstufiger transaktionaler Client-Server-Systeme mit Web-Frontend und Datenbankzugriff auf Basis von J2EE.

Java ist eine in der Praxis relevante und verbreitete Sprache: Zahlreiche betriebliche Anwendungen setzen auf J2EE-Applikationsservern auf. So integriert etwa der SAP-Applikationsserver mittlerweile auch den J2EE-Standard und stellt eine komplette Java-Entwicklungsinfrastruktur zur Verfügung. Die Entwicklung betrieblicher SAP-Anwendungen ist nicht nur in ABAP Objects sondern auch mittels Java möglich.

Daher fällt die Entscheidung für Java als erste Programmiersprache im Bereich der Wirtschaftsinformatik nicht schwer. In diesem Buch orientieren wir uns in Themenauswahl und Darstellung speziell an den Bedürfnissen von Wirtschaftsinformatikern:

- Die Grundlagen von Java werden unverkürzt erläutert, ohne sich in technische Details zu verlieren. Stets wird dabei auch die allgemeine programmiersprachenübergreifende Bedeutung bestimmter Sprachkonstrukte und Programmiertechniken herausgearbeitet. Viel Wert legen wir auf eine solide Einführung in das objektorientierte Programmierparadigma, das sich mittlerweile auch im betrieblichen Bereich durchgesetzt hat.

- Viele Beispiele orientieren sich am betriebswirtschaftlichen Kontext.

- Im letzten Kapitel werden mit den Themen *Data Warehouse*, *Callcenter* und *Personalverwaltung* drei praktische Anwendungsszenarien vorgestellt.

- Die Themenauswahl mag auf den ersten Blick unkonventionell erscheinen: Natürlich wird der Java-Sprachkern dargestellt; auch die wichtigsten Neuerungen der Version 5.0 werden behandelt. Darüber hinaus treffen wir jedoch

---

[1] Die Autoren verwenden die männliche Form als generisches Maskulinum, da uns alle anderen Lösungsversuche unzureichend erscheinen. Wir betonen ausdrücklich, dass mit Wirtschaftsinformatikern, Lesern etc. gleichsam männliche wie weibliche Personen gemeint sind.

eine Auswahl, die am Arbeitsfeld von Wirtschaftsinformatikern orientiert ist. Es finden sich keine Kapitel über Grafikprogrammierung und Applets, wohl aber über Algorithmen und Datenstrukturen, Client-Server-Programmierung, Datenbank-Zugriffe und verteilte Anwendungen.

Warum gehen wir weder auf Grafik-Programmierung noch auf das Thema Applets ein? Betriebliche Anwendungen haben bildlich gesprochen die Gestalt eines Eisbergs: Nur ein kleiner Teil liegt als Benutzeroberfläche sichtbar oberhalb der "Wasserlinie", der überwiegende Teil liegt darunter und beschäftigt sich mit Anwendungslogik und Datenbeschaffung, -bearbeitung und -speicherung in Datenbanken. Zudem werden solche Anwendungen vermehrt über eine HTML-basierte Oberfläche im Browser bedient, so dass dabei keine Java-spezifischen Komponenten zum Einsatz kommen. Was Java-Applets betrifft, lassen sich damit HTML-Seiten mit ansprechenden Animationen versehen, die sich eher für didaktische Zwecke eignen. Im Bereich betrieblicher Anwendungen haben Applets dagegen eher eine geringere Bedeutung.

Deshalb haben wir uns entschlossen, auf deren umfassende Behandlung zu verzichten und den zur Verfügung stehenden Raum fortgeschrittenen Themen wie Algorithmen und Datenstrukturen, Threads, Persistenz, Datenbankzugriffen und verteilten Aufrufen im Netz zu widmen, um schließlich Client-Server-Programmierung betreiben zu können, was eher zu den Kompetenzen von Wirtschaftsinformatikern gehört als die Entwicklung von Oberflächen oder von Applets. Unabhängig davon sind Grafikprogrammierung und Applets interessante und wichtige Themen in der Java-Programmierung, ein Umstand, der in zahlreichen Lehrbüchern entsprechend gewürdigt wird (z.B. [RAT03] bzw. [POM05]).

Es ist nicht unser Anliegen, die Sprache Java und ihre umfangreichen Pakete bis ins letzte Detail darzustellen. Vielmehr konzentrieren wir uns auf die wichtigsten Elemente und möchten anhand dieser Sprache in zahlreiche Aspekte betrieblichrelevanter Programmierung einführen. Ziel des Buches ist es, dem Leser das nötige technische und semantische Verständnis zu vermitteln, um danach in die komplexe Welt der Programmierung verteilter Anwendungen, etwa auf Basis von J2EE, einsteigen zu können. Auch fortgeschrittene Titel des Vieweg+Teubner IT-Programms wie etwa [BEN04] und [MER04] lassen sich mit diesem Wissen leichter erschließen.

Typografische Konventionen

Innerhalb des Textes verwenden wir neben den Schriftstilen *kursiv* und **fett** zur Hervorhebung die folgenden Mittel der Beschreibung:

Quellcode: An vielen Stellen werden Java-Codeausschnitte oder vollständige Programme dargestellt. Dafür wurde die Schriftart `Courier New` gewählt. Wir verzichten darauf, Java-Schlüsselworte durchgängig fett zu setzen. Stattdessen werden jeweils die für die aktuelle Problemstellung besonders relevanten Teile des Codes **fett** gesetzt. Um *Methoden* als solche im laufenden Text kenntlich zu machen, werden Methodennamen mit öffnenden und schließenden Klammern versehen, wie z.B. `ausgabe()`. Auf Angabe von Rückgabewerten und Parameter wird in der Regel jedoch verzichtet.

Kommentare: In Softwareprojekten ist es wichtig, alle Schnittstellen, Klassen sowie deren Methoden und Attribute ausführlich zu kommentieren. Java stellt dafür eine besondere Kommentarsyntax und das Tool *javadoc* zur Verfügung. Aus Platzgründen werden wir darauf verzichten. Innerhalb der abgedruckten Beispielprogramme setzen wir Kommentare an besonders erklärungswürdigen Stellen ein.

UML-Diagramme: Diagramme der *Unified Modeling Language* (UML) werden benutzt, um die Struktur objektorientierter Software bauplanartig zu beschreiben. Da UML und Software-Engineering nicht primärer Gegenstand dieses Buches sind, greifen wir lediglich *fallweise* einige UML-Diagrammtypen heraus, ohne die UML systematisch zu behandeln. Zudem nehmen wir uns die Freiheit, zugunsten von Einfachheit und Deutlichkeit auch von der UML abweichende Darstellungen zu benutzen.

Dem Buch liegt eine zweisemestrige Vorlesung zugrunde, die von den Autoren seit einigen Jahren in den Studiengängen Wirtschaftsinformatik der Dualen Hochschule Baden-Württemberg Mosbach und der Berner Fachhochschule gehalten wird. Wir können feststellen, dass die Studierenden auf Grundlage der vermittelten Kenntnisse in der Lage sind, umfangreiche Projekte mit Java oder anderen Sprachen zu realisieren und in der Unternehmenspraxis zu integrieren.

Web-Site zum Buch

Aus Platzgründen wird ein Teil der Information, die sich gewöhnlich im Anhang befindet, ausschließlich als Online-Service zur Verfügung gestellt. Neben Hinweisen zur Installation und Betrieb des Java-SDK und der Eclipse Entwicklungsumgebung betrifft dies auch die Übungsaufgaben, die dort herunter geladen werden können. Dort befinden sich auch weitere ergänzende Darstellungen, wie Zusatzkapitel, Präsentationen oder Lösungshinweise zu den Übungsaufgaben.

Die Adresse der Web-Seite lautet

`http://www.java-wi.de`.

Ihre Anregungen nehmen wir gerne unter den folgenden E-Mail Adressen entgegen:

`deck@dhbw-mosbach.de`

`neuendorf@dhbw-mosbach.de`.

Bedanken möchten wir uns herzlich bei den Studierenden sowie den Kolleginnen und Kollegen aus Hochschulen und Software-Unternehmen, deren konstruktive Beiträge die Inhalte und didaktische Darstellung beeinflusst haben, und nicht zuletzt bei Frau Thelen und Frau Roß vom Vieweg+Teubner Verlag für die hervorragende Betreuung. Besonderer Dank gilt unseren Familien, die uns stets unterstützten, obwohl sie so manche Stunde auf uns verzichten mussten.

Die vorliegende zweite Auflage ermöglicht uns, manchen Druckfehler zu korrigieren sowie einige Aspekte inhaltlich zu vertiefen, andere etwas zu straffen. Hierbei haben wir konstruktives Feedback unserer Leser und eigene Erfahrungen aus unseren Lehrveranstaltungen genauso berücksichtigt wie neue Versionen der Sprache Java.

Heidelberg und Schatthausen, im Februar 2010

Klaus-Georg Deck

Herbert Neuendorf

Inhaltsverzeichnis

1 Grundlegende Strukturen

Programmiersprachen dienen dazu, hinreichend exakt formulierte Problemstellungen mittels Computern zu lösen. Die zugrunde liegenden Probleme können ganz unterschiedlichen Bereichen zugehören, wie z.B. Technik, Naturwissenschaft oder betriebswirtschaftlichen Kontexten. Unabhängig davon sind es jedoch stets dieselben grundlegenden Strukturen und Konstrukte, die als Elemente praktisch aller prozeduraler und auch objektorientierter Programmiersprachen zur Verfügung stehen.

Diese elementaren Konstrukte entspringen der grundlegenden Struktur der meisten Vorgehensbeschreibungen für konkrete Problemlösungen. Der Begriff des Algorithmus fasst die Eigenschaften solcher Vorgehensbeschreibungen zusammen.

1.1 Die Informatik und ihre Teilgebiete

Das systematische Programmieren von Computern mittels prozeduraler oder objektorientierter Programmiersprachen ist nur ein spezielles Teilgebiet der Informatik. Diese kann definiert werden als Wissenschaft von der Verarbeitung von Information jeglicher Art, insbesondere aber mit folgenden Ausprägungen:

- Systematische, automatische und möglichst effektive Verarbeitung und Speicherung von Information mittels digitaler Systeme: Softwaresysteme berechnen digitalisierte Ausgaben aus digitalisierten Eingaben - und sollten die Ausgaben ergonomisch aufbereiten und präsentieren.

- Entwicklung und Analyse von Algorithmen und Datenstrukturen sowie deren Umsetzung auf digitalen Rechenanlagen mittels adäquater Programmiersprachen.

Im Bereich der Wirtschaftsinformatik als Brückenwissenschaft zwischen Informatik und Betriebswirtschaftslehre liegt der Fokus insbesondere auf der Analyse betrieblicher Geschäftsprozesse und deren Unterstützung durch geeignete Informationssysteme. In diesem Zusammenhang stellt sich nicht nur die Frage, was berechnet und automatisiert werden kann, sondern häufig auch die grundsätzlichere Frage: Was lässt sich überhaupt hinreichend deterministisch beschreiben, um einer Abbildung durch betriebliche Informationssysteme zugänglich zu sein – ohne dabei die Kreativität und Entscheidungsfreiheit von Menschen zu stark zu beschneiden?

Ein generelles Anliegen ist die *Beherrschung von Komplexität*: Gewaltige Datenmengen und zahlreiche Verarbeitungsschritte, deren Verwaltung bzw. Ausführung das Fassungsvermögen des individuellen menschlichen Geistes weit überschreiten, sollen durch technische Unterstützung beherrschbar werden.

Dabei müssen jedoch auch die programmtechnischen Mittel in ihrer eigenen Komplexität für den Menschen kontrollierbar und handhabbar sein. Die Historie der Programmiersprachen lässt sich lesen als der fortgesetzte Versuch, durch besser strukturierte und konsequenter modularisierte Sprachen die Komplexität großer Softwaresysteme beherrschbarer zu machen. Insbesondere die objektorientierte Programmierung hat sich dabei gerade auch im betrieblichen Umfeld als Mittel der Wahl zur Entwicklung großer und verteilter Informationssysteme herauskristallisiert. Nicht zuletzt, weil das Identifizieren definierter Einheiten (Objekte) und deren Zusammenwirken auch bei der Analyse, Umgestaltung und Optimierung betrieblicher Prozesse und Strukturen eine große Rolle spielt.

1.1.1   Teilgebiete der Informatik

Die Informatik in ihrer ganzen Vielschichtigkeit und dynamischen Entwicklung lässt sich sehr grob (ohne Anspruch auf Vollständigkeit) in folgende Teilgebiete gliedern:

* **Technische Informatik:** Physik und Technik von Hardware, logische Strukturen binärer Schaltwerke, Prozessorentwicklung und Mikroprogrammierung, Rechnerstrukturen, Architektur und Technik von Rechnernetzen, digitale Signalverarbeitung. (Überschneidungen insbesondere mit der Elektrotechnik.)

* **Praktische Informatik:** Algorithmen und Datenstrukturen, Entwicklung von Programmiersprachen, Compilerbau, Betriebssysteme, Softwaretechnik, Ergonomie der Mensch-Maschine-Kommunikation.

* **Theoretische Informatik:** Automatentheorie, Theorie formaler Sprachen, Theorie der Berechenbarkeit und Analyse von Algorithmen, Logikkalküle. (Überschneidung mit Mathematik und auch Philosophie.)

* **Angewandte Informatik:** Betriebliche Informationssysteme, Computergrafik, Kommunikationssysteme, Simulation und Modellierung realer Prozesse, Expertensysteme und Anwendungen der künstlichen Intelligenz. Vielfältige spezielle Anwendungen im Bereich der Wirtschaft (Wirtschaftsinformatik), öffentlichen Verwaltung, den Ingenieurs- und Naturwissenschaften, Medizin, Kunst etc.

Die *historische Entwicklung* kann als Abfolge von fünf Rechner- und Softwaregenerationen charakterisiert werden, wobei sich die Zunahme technischer Komplexität spiegelt in der Komplexität der darauf basierenden Softwaresysteme:

	Rechnergenerationen	**Softwaregeneration**
1. Generation	Elektronenröhren als Schaltelemente (bis Ende 50er Jahre)	Programmierung in Maschinencode
2. Generation	Transistorschaltkreise (bis Ende 60er Jahre)	Maschinennahe, wenig strukturierte Sprachen
3. Generation	Teilweise integrierte Schaltkreise (bis Mitte 60er Jahre)	Betriebssysteme mit Dialogbetrieb, Datenbanken
4. Generation	Hochintegrierte Schaltkreise (Anfang 70er Jahre)	Verteilte Systeme, integrierte Programmierumgebungen
5. Generation	Mehrprozessorsysteme (Anfang 80er Jahre)	Hochgradige Parallelisierung, automatische Wissensverarbeitung

1.2   Der Begriff des Algorithmus

Algorithmen stellen Vorgehensbeschreibungen ("Kochrezepte") dar, die aussagen, wie ein bestimmtes logisches Problem zuverlässig in all seinen möglichen Ausprägungen zu lösen ist - unabhängig von aktuellen Werten des speziell vorliegenden Falls. So soll z.B. ein Algorithmus zum Sortieren einer Menge ganzer Zahlen stets funktionieren, egal welche Zahlen konkret zur Sortierung anstehen – und idealerweise unabhängig davon, wie groß die zu bearbeitende Datenmenge ist. Gerade letzteres ist jedoch keineswegs selbstverständlich: Der Zeitbedarf mancher Algorithmen hängt empfindlich von der Datenmenge ab – und wächst bei größeren Datenmengen auf Zeitdauern, die nicht nur die Geduld des menschlichen Benutzers übersteigen, sondern astronomische Ausmaße erreichen.

Der Algorithmus ist der zentrale Teil in der *Problemlösungskette*: Problemstellung → Lösungsidee → Algorithmus → Programmumsetzung → Ausführung. Unser Ziel ist die programmtechnische Umsetzung, jedoch sind Algorithmen keine Erfindung des Computerzeitalters, sondern existieren bereits seit der Antike, wie beispielsweise der Algorithmus des Euklid zur Berechnung des größten gemeinsamen Teilers (ggT) zweier ganzer Zahlen z1 und z2; (es sei z1 > z2):

Wir verwenden die Hilfsvariablen m, n und r:

Setze m auf den Wert von z1 und n auf den Wert von z2.

Variable r = Rest der Division von m durch n.

Wiederhole die folgenden Schritte, solange r ≠ 0 ist:

    Weise m den Wert von n zu;

    Weise n den Wert von r zu;

    Weise r den Rest der Division von m durch n zu;

Wenn **r = 0**, so enthält **n** den Wert des ggT von **z1** und **z2**.

Aber nicht jede Berechnungsvorschrift in Einzelschritten ist ein Algorithmus. Ein Gegenbeispiel sei der folgende „Algorithmus" für perfekte Wegwahl in einer Stadt:

Startpunkt einnehmen;

Wiederhole bis Zielpunkt erreicht:

    Folge der Straße bis zur nächsten Kreuzung;

    Biege dort richtig ab;

Am Ziel angekommen!

Mit dem Algorithmus stimmt etwas nicht –natürlich liegt das Problem im Schritt "Biege dort richtig ab", der viel zu allgemein gehalten ist, um einfach ausführbar zu sein. Somit müssen Berechnungsvorschriften bestimmten Anforderungen genügen, um als gültige Algorithmen gelten zu können.

Eine andere Schwierigkeit verdeutlicht das Problem des Handlungsreisenden: Gegeben seien *n* über die Landkarte verstreute Städte, die alle nacheinander durch einen Handlungsreisenden zu besuchen sind. Dabei ist (ausgehend vom Startort) die optimale Route minimaler Weglänge zu finden. Eine Lösungsvorschrift könnte lauten: Probiere einfach alle möglichen Reihenfolgen aus, berechne deren Weglänge und wähle die kürzeste Route. Dieses Vorgehen führt prinzipiell zum Erfolg - ist aber nur für eine relativ kleine Zahl von Städten in realistischer Zeit zu bewältigen, da die Zahl möglicher Routen mit der Städtezahl *n* dramatisch anwächst. Für praktisch interessante größere Werte von *n* würde auch der schnellste Rechner astronomisch lange Rechenzeiten zur Abarbeitung benötigen.

Somit stellen wir folgende *Anforderungen* an einen gültigen Algorithmus:

- Er verlangt nach definierten Eingaben und liefert definierte Ausgaben, durch die seine Korrektheit überprüft werden kann.

- Er umfasst endlich viele Einzelschritte und besteht aus hinreichend elementaren, exakten Anweisungen.

- Er ist in realistischer Zeit tatsächlich ausführbar.

- Er terminiert garantiert, d.h. ist nach endlich vielen Schritten fertig abgearbeitet und liefert ein Ergebnis - und "hält an".

Ein Algorithmus trägt meist einen Namen. Er kann in verschiedenen Formulierungen dargestellt werden, z.B. in natürlicher Sprache oder mit symbolischen Schemata. Realisiert werden kann er in verschiedener Weise, "von Hand" oder via Rechnerprogramm. Sein Verwender kann Eingangswerte vorgeben und Ausgangswerte entgegennehmen. Der Algorithmus muss elementare Schritte umfassen, die in eindeutiger Reihenfolge auszuführen sind; es muss klar sein, wie in Abhängigkeit vom momentanen Zustand fortgesetzt werden soll. Meist ist die Abarbeitung des Algorithmus mit Ablauf-Verzweigungen und Wiederholungen bestimmter Schrittfolgen verbunden.

> Ein **Algorithmus** ist ein generelles, schrittweises, präzises, allgemein gültiges, endliches Lösungsverfahren für eine bestimmte Aufgabenart. Er beruht auf ausführbaren elementaren Verarbeitungsschritten. Alle Aufgaben einer bestimmten Art sind damit prinzipiell lösbar.

Bei der Umsetzung eines Algorithmus als Computerprogramm ist praktisch noch die Robustheit des Programms zu fordern: Unzulässige Eingabewerte und Fehlersituationen sollten vom Programm erkannt und kontrolliert abgefangen werden – statt einen unkontrollierten Programmabbruch zu produzieren.

1.3   Elementare prozedurale Programmstrukturen

Um Algorithmen zu formulieren, bedarf es einiger weniger grundlegender Strukturen, die in allen prozeduralen und objektorientierten Programmiersprachen als elementare Sprachkonstrukte zur Verfügung stehen. Auf deren konkrete Darstellung in der Programmiersprache Java gehen wir später ausführlich ein.

1.3.1   Variablen und Konstanten

In *Variablen* und *Konstanten* werden Daten aufbewahrt, mit denen das Programm arbeitet. Es handelt sich um benannte Wertbehälter: Variablen und Konstanten haben einen eindeutigen Namen, und es ist eindeutig zu definieren für welche Datenart (Ganzzahlen, Kommazahlen, Zeichen, ...) sie vorgesehen sind. Während der Wert von Konstanten während der gesamten Programmausführung festliegt, können

Variablen während der Abarbeitung des Programms stets neue aktuelle Werte zugewiesen werden. Speichertechnisch stehen Variablen- und Konstantennamen für bestimmte *Speicheradressen* im Hauptspeicher des Rechners, über die der zugehörige
Wert verwaltet wird. Variablen und Konstanten belegen also Speicherplatz – wieviel,
das hängt vom konkreten Typ der abgelegten Daten ab.

Letztlich übernimmt das Betriebssystem des Rechners beim Ablauf des Programms
die konkrete Zuweisung von Speicheradressen, so dass man sich beim Entwickeln
eines Programms darum glücklicherweise nicht kümmern muss. Nachdem eine Variable oder Konstante unter ihrem Namen und Typ im Programm angelegt ("vereinbart") wurde, kann sie im gesamten Programm mit diesem Namen angesprochen
und verwendet werden.

In der Verantwortung des Programm-Autors ("Entwicklers") liegt es, sich Gedanken
über den konkreten *Datentyp* der Variablen und Konstanten zu machen und dies im
Programmtext festzuschreiben: Sollen in der Variablen bzw. Konstanten ganze Zahlen gespeichert werden? Handelt es sich um ganze Zahlen in einem kleinen oder
großen Zahlenbereich? Oder geht es um Kommazahlen? Wieviele Stellen hinter dem
Komma sollen erfasst und bei Berechnungen berücksichtigt werden? Oder geht es
um einzelne Zeichen oder ganze Zeichenketten? Natürlich hat die getroffene Entscheidung Konsequenzen für die weitere Verwendung der mit ihrem Typ angelegten
("typisierten") Variablen bzw. Konstanten: Der Versuch, einer als Ganzzahl typisierten Variablen eine Kommazahl zuzuweisen, wird vom Programmiersystem als Fehler
angesehen und zurückgewiesen.

Die Wahl des Datentyps legt fest, wieviel *Speicherplatz* die zu speichernden Werte
benötigen: Für eine Ganzzahlvariable, die z.B. nur für Werte zwischen –127 und
+127 steht, wird weniger Speicherplatz (Bytes) benötigt als für eine Variable, die einen deutlich größeren Zahlenbereich abdecken soll.

Es stellt sich auch die Frage, ob im Programmablauf nicht mehr benötigter belegter
Speicherplatz schon vor Programmende wieder freigeben werden kann – um Spei-
cherengpässe zu vermeiden. Kann und muss der Entwickler dies durch entsprechende Befehle der Programmiersprache kontrollieren – oder übernimmt das Programmiersystem diese Aufgabe? Dahinter steht die wichtige Frage, wie die *Speicherverwaltung* durch die Programmiersprache organisiert ist: Hierin unterscheiden sich
z.B. die Sprachen Java und C++ fundamental.

Eine Programmiersprache, die beim Anlegen aller Variablen und Konstanten die Angabe (Deklaration) eines konkreten Datentyp verlangt, wird *streng typisiert* genannt.
Java folgt wie die meisten professionellen Sprachen diesem Prinzip, da sich dadurch
viele Fehler und Zweideutigkeiten schon beim Programmentwurf vermeiden lassen.

Den Anweisungen in Abbildung 1.1 entsprechen die als "Kästchen" dargestellten, im
Speicher unter einer Speicheradresse angelegten Datenbehälter. Wir verwenden die
Abkürzungen `int` = (engl.) Integer für ganze Zahlen und `char` = (engl.) Charakter
für einzelne Buchstaben. Es handelt sich um Variablen mit *primitivem Datentyp.* Jede Variable steht für eine einzelne Zahl bzw. ein einzelnes Zeichen.

Neben elementaren, primitiven Datentypen wie Ganzzahlen, Kommazahlen oder
einzelnen Buchstaben können jedoch auch komplexe, *verallgemeinerte Datentypen*

definiert werden. Bei diesen vertritt ein Name (u.a.) einen Datenbehälter mit einer Menge von Werten unterschiedlichen Typs.

`int x = 99;`	Name :	**x**	**y**	**ch**
`int y = 3;`	Wert :	99	3	a
`char ch = 'a';`	Datentyp :	**int**	**int**	**char**

Abb. 1.1: Bedeutung der Begriffe Name, Wert und Datentyp

Beispielsweise steht die Variable "Rechnung" für eine Menge von Zeichenketten (Firma, Artikel, Ort), Ganzzahlen (Artikelnummer, Anzahl) und Kommazahlen (Preise). Und den genannten Daten sind doch auch bestimmte Programmanweisungen zu ihrer Bearbeitung zuzuordnen. Von welchem Typ ist die Variable "Rechnung"? Ein einfacher Datentyp passt nicht mehr. Wie beschreibt man ein solch komplexes Gebilde überhaupt?

Antworten darauf können wir erst bei der Behandlung von Klassen und Objekten geben. Aber zumindest merken wir bereits, dass man nur mit einfachen Datentypen nicht auskommt, wenn es darum geht, die Welt um uns in ihrer komplexen Struktur durch Programme und Datenstrukturen adäquat abzubilden.

1.3.2   Anweisungen

Anweisungen greifen auf Variablen und Konstanten zu und führen damit Operationen durch, um z.B. neue Werte zu berechnen, diese Werte Variablen zuzuweisen, am Bildschirm auszugeben oder zu speichern. Durch **Wertzuweisungen** werden aktuell berechnete Werte in einer Variablen abgelegt (Abb.1.2).

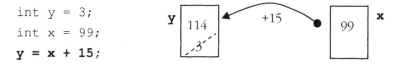

Abb. 1.2: Bedeutung und Richtung der Wertzuweisung durch den = Operator

Stets ist die Zuweisung *von rechts nach links* zu lesen: Das Ergebnis des Ausdrucks *rechts* vom Gleichheitszeichen wird der Variablen *links* vom Gleichheitszeichen zugewiesen. Die Anweisung y=x+15 bewirkt, dass die Summe des aktuellen Werts der Variablen x (99) und der Zahl 15 berechnet und das Resultat in der Variablen y gespeichert wird. Dabei wird der vorige Wert von y (3) durch den aktuell zugewiesenen Wert (114) überschrieben.

Auf den ersten Blick seltsam erscheinen Zuweisungen, bei denen auf beiden Seiten des Gleichheitszeichens dieselbe Variable auftaucht (Abb.1.3). Die Anweisung y=y+10 drückt jedoch keinen mathematischen Vergleich aus, sondern ist als *Zuweisungsoperation* zu lesen: Nimm den aktuellen Wert, der momentan in der Variablen y abgelegt ist (114), addiere den Wert 10 dazu und weise das Resultat (124) der Va-

riablen y neu zu. Nach Ausführung der Operation beträgt der Wert von y somit
124.

$$\texttt{int y = 114;}$$
$$\texttt{y = y + 10;}$$

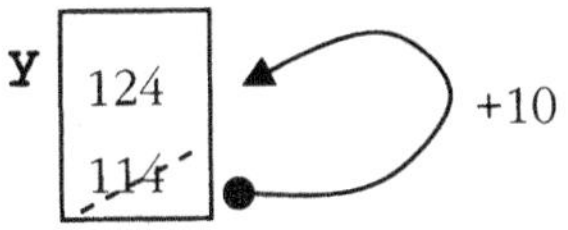

Abb. 1.3: Neuberechnung des Variablenwerts und Wertzuweisung

Wieder kommt der *Variablenbegriff der Informatik* ins Spiel: Variablen sind Datenbehälter wechselnden Inhalts, der nach seiner Änderung wieder im gleichen Behälter (gleicher Variablen) abgelegt werden kann. Das Zeichen = stellt einen Operator
(Rechenvorschrift) dar. Es bedeutet nicht Vergleich linker und rechter Seite sondern
die Zuweisungsoperation von rechts nach links. Die Anweisung x=x+1 darf nicht als
mathematische Gleichung gelesen werden, ist aber als Zuweisung sinnvoll und korrekt.

Um zu prüfen, ob zwei Variablen *denselben* Wert enthalten (Prüfung auf Wertgleichheit) ist in den meisten Programmiersprachen nicht das einfache Gleichheitszeichen = sondern ein eigenes Symbol vorgesehen - in Java (wie in C und C++)
dient dazu das doppelte Gleichheitszeichen ==.

```
Wenn( x == y )    x = 0;
andernfalls       x = 1;
```

Es wird geprüft, ob der Inhalt der Variablen x und y identisch ist. Ist dies der Fall,
wird der Variablen x der Wert 0 neu zugewiesen; andernfalls der Wert 1.

Mit einfachen Anweisungen ist es nicht getan. Ein komplettes Programm kommt erst
durch *Anweisungsfolgen* (Sequenzen) zustande, d.h. durch eine Abfolge von Anweisungen, die nacheinander abgearbeitet werden. Durch die sequenzielle Abarbeitung
der Anweisungsfolge ist der *Steuerfluss* des Programms (Art seines Ablaufs) festgelegt. In prozeduralen Programmiersprachen folgt der Steuerfluss weitgehend einer
sequenziellen Abfolge von Anweisungen.

Im folgenden Beispiel wird der Wert zweier Variablen vertauscht, wobei eine Hilfsvariable hilf verwendet wird. Auch *Kommentare* wurden aufgenommen: Diese
werden bei Abarbeitung des Programms ignoriert, erleichtern jedoch das Verständnis. Durch das Symbol // wird in einer Programmzeile ein *Zeilenkommentar* eingeleitet, der den folgenden Text der Zeile umfasst.

```
Programmstart;
Lege die Ganzzahl-Variablen x, y und hilf im Speicher an;
x = 10;    // Variable x ist mit einem Wert belegt
y = 20;    // Nun ist auch y mit einem Wert belegt
// Nun wird vertauscht: Hilfsvariable als Zwischenspeicher
hilft = x;
x = y;
y = hilf;
```

```
Ausgabe der Werte von x und y auf dem Bildschirm;
Programmende ;
```

Die bisherigen Programmfragmente sind noch nicht in Java formuliert. Einstweilen benutzen wir eine natürlichsprachliche, aber strukturierte *Pseudocode*-Darstellung: Diese könnte in eine wirkliche Programmiersprache übersetzt werden.

Beim Arbeiten mit Variablen muss diesen ein definierter *Wert zugewiesen* werden, um sie in Berechnungen verwenden zu können. Es gibt grundsätzlich zwei Möglichkeiten der Wertzuweisung:

- Direkt im Programmtext werden den Variablen konkrete Werte explizit zugewiesen. Die Werte werden fest ("hart") im Programm hinterlegt. Dies ist jedoch unflexibel: Soll das Programm mit anderen Werten rechnen, muss der Programmtext umgeschrieben werden.

- Flexibler ist das Programm, wenn bei jedem Programmlauf andere Werte z.B. durch den Benutzer per Tastatur manuell eingegeben und der Variablen zugewiesen werden: Die Variablenwerte können *eingelesen* werden. Als Pseudocode:

```
    int x = Eingabe des Benutzers;   // Einlesen von Tastatur
```

Allerdings ist es meist nicht möglich, nur mit Anweisungsfolgen anspruchsvolle bzw. interessante Algorithmen zu formulieren. Dazu sind spezifische Kontrollmechanismen erforderlich.

1.3.3   Kontrollstrukturen

Kontrollstrukturen dienen dazu, durch Prüfen bestimmter Werte den logischen Kontrollfluss des Programms gezielt zu beeinflussen.

Verzweigungen (Selektionen):

Im Programm werden Bedingungsprüfungen verwendet. Abhängig davon, ob die Bedingung zutrifft (*wahr* ist) oder nicht (*falsch* ist) folgt der Programmablauf dem einen oder anderen Ausführungszweig – der Steuerfluss verzweigt als Resultat der Bedingungsprüfung. Nach Abarbeitung des Programmzweigs geht der Steuerfluss wieder in einen einzigen Zweig über, der bedingungslos weiter durchlaufen wird.

Im Beispiel (Abb.1.4) wird geprüft, ob der Wert der Variablen x kleiner oder gleich dem der Variablen y ist. Falls dies zutrifft, wird der Variablen min der Wert von x zugewiesen (linker Zweig), andernfalls wird der Variablen min der Wert von y zugewiesen (rechter Zweig). Beide Zweige vereinigen sich danach wieder, so dass in jedem Fall der aktuelle Wert der Variablen min ausgegeben wird.

Auf *Mehrfachverzweigungen*, durch die mehr als zwei alternative Kontrollfluss-Zweige dargestellt werden, gehen wir bei Behandlung von Java-Verzweigungen ein.

In den bisherigen Beispielen wurde jede Zeile des Programmcodings nur höchstens einmal durchlaufen – der Steuerfluss verlief einfach "von oben nach unten". Allerdings ist es häufig erforderlich, bestimmte Programmteile mehrmals abzuarbeiten.

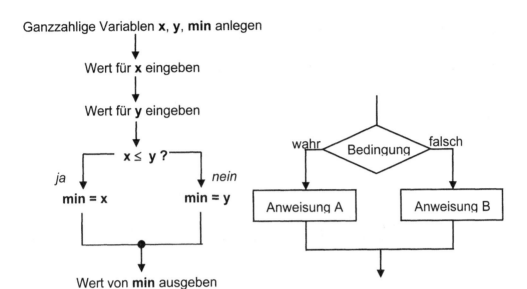

Abb. 1.4: Verzweigung im Programmfluss. Rechts: Flussdiagrammsymbol

Schleifen (Iterationen) :

Innerhalb von Schleifen (zwischen Eingang und Ausgang der Schleife) befindet sich Programmcode, der eventuell mehrmals durchlaufen und abgearbeitet werden soll. Eine Folge von Anweisungen wird durchlaufen, solange eine Fortsetzungsbedingung erfüllt ist. Diese Bedingung legt fest, wie oft das Schleifencoding durchlaufen wird. Ist die Fortsetzungsbedingung nicht mehr erfüllt ist wird die Schleife verlassen, d.h. es wird im Programm mit der Abarbeitung der Zeile fortgesetzt, die sich an die Schleife direkt anschließt.

Die verschiedenen Schleifentypen unterscheiden sich hinsichtlich des Zeitpunkts, zu dem die Fortsetzungsbedingung überprüft wird. Es lassen sich zwei grundsätzlich verschiedene Schleifentypen unterscheiden:

1. **Kopfgesteuerte Schleife** (while-Schleife): Bereits *vor* der erstmaligen Ausführung des Schleifencodings wird *im Kopf* der Schleife geprüft, ob die Fortsetzungsbedingung noch erfüllt ist. Somit kann der Fall eintreten, dass die Schleife kein einziges Mal betreten wird – sofern die Fortsetzungsbedingung nie erfüllt ist. Dieser Schleifentyp wird deshalb auch *abweisende Schleife* genannt. Das Programmbeispiel berechnet die Summe ganzer Zahlen von 1 bis max:

```
Programmstart;
Lege die Ganzzahl-Variablen sum, zahl und max im Speicher an;
sum  = 0;    zahl = 1;
max  = Eingabe des Benutzers;
Wiederhole( solange zahl ≤ max ) { // Schleifenkopf
     sum = sum + zahl;       // Schleifenkörper
     zahl = zahl + 1;        // Schleifenkörper
```

```
}
Ausgabe des Werts von sum auf Bildschirm;
Programmende;
```

Gibt man für die Variable max einen Wert größer als 0 ein, wird das innere Schleifencoding (Schleifenkörper) durchlaufen, solange der Wert von zahl nicht größer wird als der Wert max. Bei jedem Durchlauf wird die Variable zahl in Einerschritten hochgezählt. Ist die Fortsetzungsbedingung nicht mehr erfüllt wird die Schleife verlassen und der errechnete Wert ausgegeben.

2. **Fußgesteuerte Schleife** (do while-Schleife): Erst nach erstmaliger Ausführung des Schleifencodings wird *im Fuß* der Schleife geprüft, ob die Fortsetzungsbedingung noch erfüllt ist. Somit wird das Schleifencoding mindestens einmal abgearbeitet, da *erst nach* dem ersten Durchlauf erstmalig geprüft wird, ob die Fortsetzungsbedingung noch erfüllt ist. Dieser Schleifentyp wird deshalb auch *nicht abweisende* oder *Durchlaufschleife* genannt. Das Beispiel berechnet für Kapitalbetrag und Zinssatz die zugehörigen Zinsen. Durch Eingaben wird kontrolliert, ob die Schleife nochmals durchlaufen oder das Programm beendet wird.

```
Programmstart;
Lege die Kommazahl-Variablen kapital und zinsen im Speicher an;
Lege die Ganzzahl-Variablen zinssatz und test im Speicher an;
Wiederhole {
    kapital = Eingabe des Benutzers;
    zinssatz = Eingabe des Benutzers;
    zinsen = kapital * zinssatz / 100;
    Ausgabe des Werts von zinsen auf Bildschirm;
    test = Eingabe des Benutzers;
} solange( test == 1 );
Programmende;
```

In Abbildung 1.5 sind die Flussdiagrammsymbole der beiden Schleifentypen dargestellt. Die *unterschiedliche Stellung der Fortsetzungsprüfung* relativ zum Schleifenkörpers wird deutlich.

Alle anderen Schleifenvarianten lassen sich durch die beiden behandelten Schleifentypen ausdrücken.

1.3.4   Modularisierung durch Methoden (Unterprogramme)

Grundsätzlich genügen Variablen, Anweisungen, Verzweigungen und Schleifen, um auch komplexe Programme zu formulieren. Zugleich haben wir damit bereits die wesentlichen Elemente aller prozeduralen Programmiersprachen kennen gelernt.

Es fehlt allerdings noch die Möglichkeit, Programme zu *strukturieren* und in einzelne, kompakte, überschaubare *Module* zu gliedern. Modularisierung erleichtert das Verständnis des Programmaufbaus und fasst inhaltlich zusammengehöriges Coding konzentriert zusammen.

Statt zusammengehöriges Coding stets direkt in das eigentliche Hauptprogramm zu schreiben (und dieses dadurch unübersichtlich und komplex zu gestalten), wird es in einer separaten *Methode* ausgelagert, die zum passenden Zeitpunkt als Unterprogramm mit konkreten Werten aus dem Hauptprogramm heraus aufgerufen wird. Methoden können beim Aufruf Werte übergeben werden, mit denen im Methodencoding gearbeitet wird.

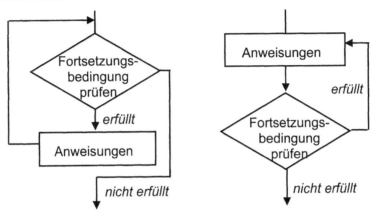

Abb. 1.5: Flussdiagramm kopfgesteuerte (links) und fußgesteuerte (rechts) Schleife

Insbesondere können einmal geschriebene Methoden in verschiedenen Programmen *wiederverwendet* werden: Jede Methode stellt die Lösung eines Teilproblems dar. Stellt sich dieses Teilproblem auch im Kontext anderer Programme, so möchten wir die bereits formulierte Methode auch im neuen Programm nutzen. Dafür sollte die Programmiersprache *geeignete Mechanismen* bereitstellen: Methoden sollten sich in Bibliotheken zusammenstellen lassen, gegliedert nach Sachgebieten. Durch entsprechende Anweisungen sollen gezielt gewünschte Methoden in ein Programm aufgenommen und verwendet werden können.

Allerdings stehen einzelnen Methoden nicht isoliert im Programmkontext: Sie wirken meist im Verein mit bestimmten anderen Methoden und arbeiten mit bestimmten Daten. Nötig wäre eine *Zusammenfassung von Methoden und der von ihnen bearbeiteten Daten* in einem klar gekapselten Konstrukt. Dieser Gedanke ist ein Schritt hin zum Klassenkonzept und zur objektorientierten Programmierung.

Die Sprache Java erfüllt *alle* genannten Wünsche und Anforderungen.

Nachdem die grundlegenden prozeduralen Programmstrukturen allgemein vorgestellt wurden, beschäftigen wir uns im folgenden Kapitel mit der konkreten Programmiersprache Java. Was spricht für die Wahl von Java? Was ist das Besondere an dieser Sprache? Inwiefern bringt Java mehr als nur eine Umsetzung der genannten prozeduralen Grundelemente? Und warum wurden im Laufe der letzten Jahrzehnte immer wieder neue Programmiersprachen (ausgehend von bereits vorhandenen) ersonnen – gibt es dafür ein Motiv bzw. lässt sich ein Ziel ausmachen, auf das die Historie der Programmiersprachen zustrebt?

2 Java als Sprache und Plattform

Die Programmiersprache Java zeichnet sich nicht nur durch ihre klare objektorientierte Struktur aus, sondern auch durch die Plattformunabhängigkeit der in ihr geschriebenen Programme: Java-Programme laufen "überall", d.h. unabhängig von Betriebssystem und Prozessor des Rechners, auf dem sie ausgeführt werden sollen. Voraussetzung dafür ist die spezielle Architektur der Java-Laufzeitumgebung. In deren Zentrum steht die *Java Virtual Machine* (JVM).

2.1 Entwicklung der Programmiersprachen

Computer und Programmiersprachen wurden ersonnen, um Aufgaben zu bewältigen, die die menschliche Leistungsfähigkeit überfordern. Der Mensch entwickelt Algorithmen, jedoch muss die praktische zeitraubende Durchführung meist dem Computer überlassen werden. Dabei lassen sich drei Domänen ausmachen, in denen der Computer seine überragende Geschwindigkeit ausspielen kann:

- **Rechenintensive Aufgabenstellungen** vor allem im Bereich der technisch-wissenschaftlichen Datenverarbeitung.

- **Bearbeitung sehr großer Datenmengen**, vor allem im Bereich der betriebswirtschaftlichen Datenverarbeitung. Es entstehen große Datenbestände, in denen man auch rasch und gezielt auf Informationen zugreifen möchte.

- **Rasche Kommunikation und Versand von Daten** über große Entfernungen via Internet. Involviert sind individuelle Nutzer, die mittels Einzelplatz-PC und Internetbrowser oder auch Small Devices (Handy, Smartphone) auf Webserver zugreifen, um verschiedenste Daten und Dienste über HTML-Seiten abzufragen. Dabei ist es Aufgabe der auf dem Webserver laufenden Programme, Daten (meist durch Zugriff auf Datenbanken) zu beschaffen, aufzubereiten und an den anfragenden Nutzer zu senden.

Durch Computer werden große Datenmengen mittels komplexer Algorithmen bearbeitet. Die entsprechenden Programme sind nicht nur umfangreich, sondern auch komplex, d.h. in Ablauf und Wirkung nicht leicht durchschaubar.

Letztlich werden Programme durch Prozessoren ausgeführt. Diese verfügen nur über einen fest definierten Satz elementarer Anweisungen, so dass jedes Programm bei seiner Ausführung in eine Menge solcher Elementarbefehle übertragen (übersetzt) werden muss. Dabei handelt es sich um sogenannte Maschinensprache:

> Unter **Maschinensprache** versteht man elementare Anweisungen, die ein bestimmter Prozessor direkt ausführen kann. Die Anweisungen werden *binär kodiert*, d.h. als Folge von Nullen und Einsen – und sind für Menschen praktisch unverständlich. Maschinencode für einen bestimmten Prozessor ist in der Regel nicht auf anderen Prozessoren ausführbar, d.h. plattformspezifisch. Bei

der Erzeugung von Maschinencode spricht man auch von der *Zielplattform* für die der Maschinencode generiert wird. **Höhere Programmiersprachen** (wie C++ und Java) stellen Anweisungen zur Verfügung, die erst bei Übersetzung in Maschinensprache in eine Vielzahl elementarer Maschinenbefehle umgesetzt werden. Die Syntax dieser Hochsprachen ist überschaubar und leicht lesbar – und an menschliche Denkweisen angepasst.

Es war und ist das Ziel der Entwicklung von Computersprachen, dem Programmierer eine Sprache an die Hand zu geben, durch deren Strukturen Komplexität reduziert oder zumindest beherrschbarer werden sollte. Diesem Ziel folgte eine fortschreitende *Modularisierung* der Programmiersprachen:

In klar gekennzeichneten Modulen (Programmbausteinen) sollen bestimmte Daten und die für ihre Bearbeitung vorgesehenen Algorithmen (Methoden) zusammengefasst (gekapselt) werden. Ungeschützte sogenannte globale Daten, auf die von zahlreichen Stellen des Programms durch Algorithmen oder Anweisungen wertverändernd zugegriffen wird, sollen möglichst vermieden werden.

Auch die Kommunikation zwischen den Modulen sollte geregelt sein: Jedes Modul soll festlegen, welche seiner Daten und Methoden von "außen" (durch andere Module) zugreif- bzw. aufrufbar sind - und welche nur der modulinternen Verwendung zugänglich sind. Man spricht von *eingeschränkter Sichtbarkeit*: Nicht von außen zugreifbare Teile eines Moduls sind dem externen Zugriff entzogen.

Ein gut lesbares, überschaubares Programm soll sich als eine Menge zusammenwirkender Module entwerfen und implementieren lassen. Dadurch lässt sich schon beim Programmentwurf eine komplexe Problemstellung in ein Vielzahl relativ einfacher Module gliedern, durch deren Zusammenwirken die komplexe Aufgabe bewältigt wird – ohne dass ein unentwirrbares Geflecht von Daten, Anweisungen und Kontrollstrukturen entsteht.

Ziel der **Entwicklung der Programmiersprachen** ist die Reduktion und Beherrschbarkeit von Komplexität durch strikte Modularisierung und Kapselung zusammengehöriger Daten und Algorithmen. Module enthalten Daten und die mit ihnen arbeitenden Algorithmen. Strikt zu definieren ist, auf welche Daten und Algorithmen eines Moduls durch andere Module ("von außen") zugegriffen werden kann.

In Abbildung 2.1 wird die Struktur eines so gegliederten Programms schematisch dargestellt. Eine Umsetzung des skizzierten Ideals wurde erreicht in den objektorientierten Programmiersprachen: In sogenannten Klassen werden Daten und die für ihre Bearbeitung zuständigen Methoden zusammengefasst. Die Programmiersprache Java zeichnet sich dabei durch eine besonders klare objektorientierte Struktur aus.

Doch ist es nicht so, als gäbe es die beste Programmiersprache schlechthin. Jede Programmiersprache hat Eigenschaften, die sie zur Lösung bestimmter Probleme qualifizieren. Programmiersprachen sind nicht einfach besser oder schlechter als andere, sondern sie müssen *adäquat* sein, d.h. der Bewältigung bestimmter Aufgaben angemessen. In Abbildung 2.2 findet sich eine grobe Übersicht der Historie der Programmiersprachen. Es lassen sich verschiedene Stränge ausmachen, die verschiedenen Programmierparadigmen entsprechen. Die Sprache Java reflektiert zahlreiche Erkenntnisse vorangegangener objektorientierter Vorgänger.

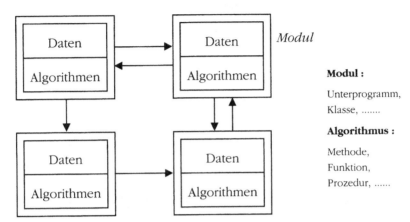

Abb. 2.1: Struktur modularer Programme

2.2   Java als Sprache und Plattform

Wie aus Abbildung 2.2 zu ersehen, wurde die Sprache Java von ihrer Vorgängerin C++ inspiriert. Man bemühte sich, die Komplexität der Sprache C++ zu vermeiden: Dazu zählen der große, unübersichtliche Sprachumfang von C++, die Verwendung expliziter Pointer und die durch den Entwickler zu handhabende Speicherverwaltung. C++ war der sehr erfolgreiche Versuch, die rein prozedurale Sprache C um objektorientierte Elemente zu erweitern, so dass in C++ eine Mischung aus prozeduralen und objektorientierten Anteilen vorliegt; man spricht von einer Hybridsprache oder *heterogenen* Sprache.

Dagegen wurde Java von Beginn an objektorientiert (*homogen*) entworfen und zeichnet sich durch einen sehr übersichtlichen Sprachumfang aus. Technische Details wie die Speicherverwaltung werden dem Entwickler bewusst abgenommen und durch die Laufzeitumgebung selbst organisiert. Im Vergleich zu C++ ist Java einfacher, klarer strukturiert, leichter zu erlernen und zu beherrschen, bietet aber weniger technische Kontrolle über die Programmausführung – deckt aber Bereiche ab, für die C++ weniger geeignet ist. Nur bezüglich der schieren Ausführungsgeschwindigkeit von Programmen hat Java ein wenig das Nachsehen. Jedoch ist die Performanz (Effizienz der Abarbeitung) von Java-Programmen in der Vielzahl praktisch relevanter Fälle absolut ausreichend. Java ist vielleicht etwas langsamer auf dem Rechner, aber schneller und sicherer anwendbar für den Entwickler.

2.2.1   Verfügbarkeit von Java

Die Sprache Java ist ein frei verfügbares Produkt der Firma Sun. Im Jahr 1990 beginnt die Entwicklung der Sprache Java durch deren "Väter", James Gosling und Bill Joy. Eine deutliche Veränderung erfuhr Java 1998 mit dem Java Development Kit

(JDK) 1.2. Die Bezeichnung Java2 markiert diesen Umbruch. Ist von Java die Rede, so ist damit stets von Java2 gemeint. Die folgenden JDK-Versionen verbesserten Ausführungsgeschwindigkeit und grafische Darstellungsmöglichkeiten.

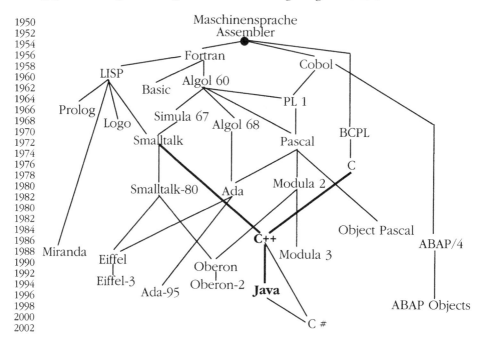

Abb. 2.2: Historie der Programmiersprachen

Einen Einschnitt markiert das Jahr 2004: Mit dem JDK 1.5 wurden einige fortgeschrittene Sprachkonstrukte in die Sprache aufgenommen. Um die Erweiterung der Sprache zu betonen, änderte Sun die externe Releasezählung: Das JDK 1.5 hat die offizielle Bezeichnung JDK 5. Auch Änderungen an der Laufzeitumgebung Java Virtual Machine (JVM) wurden vorgenommen, so dass Code, der mit dem Java 1.5-Compiler übersetzt wurde, mit einer JVM 1.4 nicht mehr ausgeführt werden kann.

Im Laufe der Jahre wuchs der eigentliche Sprachkern nur moderat. Beeindruckend ist jedoch der Umfang der zusammen mit der Sprache zur Verfügung gestellten Programmierbibliotheken: Mit diesen Bibliotheken hat man alles zur Hand, um auch professionelle Anwendungen im Bereich Internet, Datenbanken, verteilten Systemen und Netzwerkzugriff zu entwickeln.

Das aktuelle komplette JDK ist frei von der Homepage der Firma Sun downloadbar [SUN06]. Im Grunde lassen sich Java-Programme allein damit und einem einfachen Texteditor entwickeln. Allerdings bieten erst integrierte Entwicklungsumgebungen (Integrated Development Environment = IDE) die Möglichkeit, auch komplexe Java-Projekte übersichtlich zu organisieren. Zahlreiche ausgezeichnete kostenlose professionelle Umgebungen sind verfügbar. Zu nennen sind *NetBeans* von Sun selbst [SUN06] und *Eclipse* [ECL06]. Installation und Konfiguration des JDK und Eclipse wird im Zusatzmaterial unserer Webseite erläutert.

Java ist eine großartige Sprache, mit der sich objektorientiertes Programmieren klar und einfach erlernen lässt. Die typischen objektorientierten Strukturen von Java finden sich auch in anderen objektorientierten Sprachen. Wer Java beherrscht, der wird sich auch rasch in verwandte Sprachen (wie C++ und C#) einarbeiten können.

2.2.2   Warum ist Java mehr als nur eine Sprache?

Java als Programmiersprache

Natürlich ist Java eine echte Programmiersprache mit folgenden Eigenschaften:

- Ein überschaubarer homogener Sprachumfang mit klarer Syntax.

- Ein (fast) durchgängig objektorientiertes Sprachdesign.

- Komplexe und schwer beherrschbare Sprachelemente (wie in C++) wurden von vornherein nicht in die Sprache aufgenommen.

- Die Speicherverwaltung muss nicht vom Entwickler programmiert werden, sondern wird weitgehend vom Java-Laufzeitsystem geleistet.

- Eine der besten Sprachen für internetbasierte Anwendungen.

Java Klassenbibliotheken

Darüber hinaus jedoch wird mit der reinen Sprache Java auch eine Menge fertiger Klassenbibliotheken als Teil des JDK ausgeliefert, deren Funktionalität sich in selbst geschriebenen Java-Programmen nutzen lässt. Diese Klassen-*Pakete* können (wie Java-Programme überhaupt) plattformübergreifend verwendet werden.

Java-Editionen

Die vielfältigen Einsatzmöglichkeiten von Java spiegeln sich in verschiedenen *Java-Editionen*. Jede der Editionen hat einen anderen Anwendungsfokus:

1. Die **Java Standard Edition (JavaSE)** dient der Entwicklung eigenständiger Java-Applikationen, die typischerweise auf einem gewöhnlichen PC zur Anwendung kommen. Die SE ist im JDK der Firma Sun enthalten; das JDK enthält alles was man benötigt, um Java-Programme zu entwickeln, ablauffähig zu machen und auszuführen. Dazu gehört u.a. ein Compiler, die Java Virtual Machine und umfangreiche Klassenbibliotheken. Wir verwenden das JDK. Auf der Sun-Webseite **www.java.sun.com** findet sich nicht nur das JDK zum Download, sondern auch die bloße Laufzeitumgebung, die **JavaSE Runtime Environment (JRE)**. Darin ist eine komplette JVM (inklusive JavaSE-Klassenbibliotheken) enthalten, um fertige Java-Applikationen ablaufen zu lassen, jedoch keine Entwicklungswerkzeuge zum Kompilieren von Java-Programmen.

2. Die **Java Micro Edition (JavaME)** stellt eine stark reduzierte, teilweise aber durch besondere Pakete ergänzte Variante der Standard-Edition dar und dient der Programmierung mobiler Kommunikationsmittel (Handy etc.), die nur über beschränkten Speicherplatz, Prozessorleistung und grafische Möglichkeiten verfügen [ESC02]. Ebenso wie die SE kann auch die ME mitsamt nützlichen Tools (u.a. Emulatoren) als JavaME Wireless Toolkit bei Sun herunter geladen werden.

3. Die **Java Enterprise Edition (JavaEE)** ist eine von Sun entworfene Spezifikation, die durch zertifizierte Hersteller implementiert und als kommerzielles Produkt angeboten wird. Sinn der JavaEE ist die Entwicklung von Komponenten für Serverapplikationen. Darunter versteht man Programme, die auf ausreichend leistungsstarken Rechnern (Servern) laufen, auf deren Funktionen via Netzwerk zahlreiche Einzelplatzrechner (Clients) gleichzeitig zugreifen. Es handelt sich um Applikationsserver handeln, die z.B. betriebswirtschaftliche Transaktionen durchführen. Dabei wird auch auf Datenbanken zugegriffen – und es muss sichergestellt sein, dass die Datenbestände konsistent und aktuell gehalten werden. Die JavaEE definiert Programmstrukturen und Ablaufszenarien, durch die sich diese strengen Anforderungen programmtechnisch umsetzen lassen. Die Handhabung der JavaEE geht über den Rahmen dieses Buches deutlich hinaus, jedoch sollte auf seiner Basis eine Einarbeitung nicht schwer fallen [MER04]. Eine kostenlose Referenzimplementierung steht bei Sun zur Verfügung.

Verschiedene Java-Laufzeitumgebungen

Java dient nicht nur dazu, Programme auf Einzelplatzrechnern auszuführen, sondern auch andere Laufzeitumgebungen sind für Java-Programme vorgesehen.

> Eine **Laufzeitumgebung** ist die Menge aller technischen Rahmenprogramme, auf deren Grundlage z.B. in Java geschriebene Programme selbst ausgeführt und abgearbeitet werden. Die Laufzeitumgebung stellt das softwaretechnische Umfeld dar, in dem sich die Ausführung eines Programms vollzieht.

Die Laufzeitumgebung für Java-Programme ist stets die *Java Virtual Machine* (JVM). Unterschiede bestehen in der Art der Anwendung und der Systemumgebung:

1. Client JRE für komplette Java-Applikationen, die auf einem lokalen voll Einzelplatzrechner (fat client) ausgeführt werden: Es handelt sich um vollständige Java-Programme. Alternativ könnte auch um ein mobiles Gerät (small device) wie Handy oder Smartphone vorliegen. Hier kommt eine spezielle JVM-Variante zur Anwendung, die *KVM (*Kilo Virtual Machine), die auch auf Geräten mit kleinem Hauptspeicher lauffähig ist.

2. Webbrowser mit Applets: Applets stellen Java-Programme vorgegebener Struktur dar, die in kompilierter Form zusammen mit HTML-Seiten in den Browser geladen und aufgerufen werden. Browser verfügen über eine integrierte JVM, die die Ausführung übernimmt. Applets sind strengen Sicherheitsrestriktionen unterworfen. Informationen zur Applet-Programmierung finden sich auf der Webseite des Buches.

3. Webserver mit Servlet Engine: Durch Webserver werden entweder fertig vorliegende statische Internetseiten an den anfordernden Client versendet oder Seiteninhalte vor dem Versenden dynamisch zusammengestellt. Um Inhalte dynamisch anzupassen dienen Servlets – spezielle Java-Klassen, durch die HTML generiert wird. Eine verwandte Technik nutzt Java Server Pages (JSP): Hierbei wird Java Code direkt in die HTML-Seite geschrieben, vor dem Versenden der Seite auf dem Webserver ausgeführt und dadurch der Inhalt der HTML-Seite dynamisch angepasst (Server Side Scripting).

4. Enterprise Applikations Server mit Enterprise Java Beans (EJB): Es handelt sich um JavaEE-Anwendungen, die auf einem Server ablaufen und häufig betriebswirtschaftlich ausgerichtete Dienste für eine Vielzahl von Clients bereitstellen.

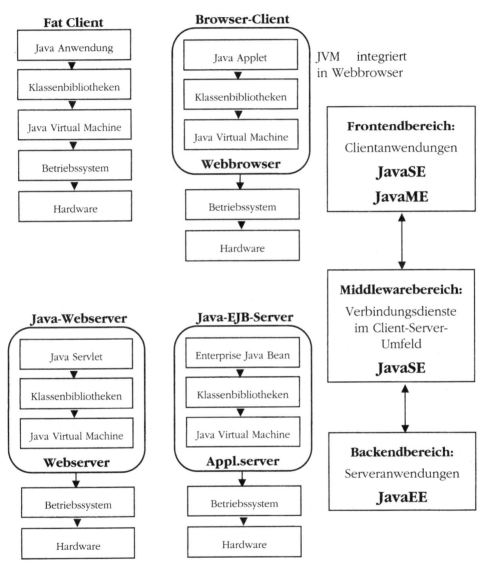

Abb. 2.3: Varianten der Java-Laufzeitumgebung und -Editionen

Neben einer Klassifikation nach Laufzeitumgebungen lässt sich das Anwendungsfeld von Java-Programmen auch "Anwendungsorten" zuordnen:

- **Frontend-Bereich:** Gemeint sind typische, voll ausgestattete Einzelplatzrechner (local fat client) individueller Nutzer oder nicht ortsgebundene Small Devices, die nur über eine begrenzte Hardwareausstattung verfügen (mobile slim client).

- **Backend-Bereich:** Hierbei handelt es sich um Serverrechner, deren Dienste via Netzwerk von zahlreichen Clients angefordert werden.

- **Middleware-Bereich:** Unter Middleware versteht man Vermittlungsdienste in verteilten Systemen, d.h. die Menge aller Programme, durch die Kommunikation und Datenaustausch zwischen verschiedenen Programmen bzw. räumlich getrennten Rechnern (z.B. zwischen Frontend und Backend) erst ermöglicht wird. Dazu zählen auch der Zugriff auf Datenbanken und sogenannte Remote Procedure Calls (RPC), bei denen aus einem Programm heraus Funktionen anderer Programme typischerweise via Netzwerk aufgerufen werden.

Abbildung 2.3 stellt Java-Laufzeitumgebungen und -Editionen einander gegenüber.

Client-Server: Durch die Begriffe **Client** und **Server** wird ein Dienstleistungsverhältnis zwischen zwei Software-Komponenten beschrieben (Abb. 2.4). Dabei handelt es sich typischerweise um zwei verschiedene Programme bzw. Prozesse (*Software-orientierte Sicht*): Ein Programm erbringt einen Service (Dienstleistung), der durch ein anderes in Anspruch genommen wird. Auch innerhalb eines Programms lassen sich Client-Server-Strukturen identifizieren.

Wenn die Software-Komponenten auf verschiedenen Rechnern laufen, dann werden mit den Begriffen Client und Server (oder: Host) auch die entsprechenden Rechner bezeichnet (*Hardware-orientierte Sicht*). Via Netzwerk greift der Client auf die Dienste des Servers zu. Meist ist ein Server dazu vorgesehen, die Anfragen vieler Clients zu bearbeiten. Klassisches Beispiel ist der Webserver, der an den Clientrechner angeforderte HTML-Seiten versendet.

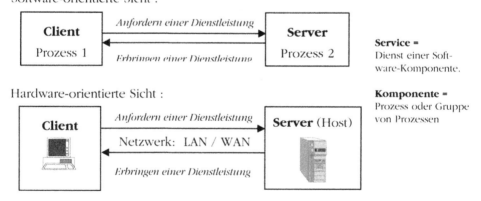

Software-orientierte Sicht :

Hardware-orientierte Sicht :

Abb. 2.4: Das Client-Server-Prinzip

Deutlich wird, dass ein Aspekt der plattformübergreifenden Verwendbarkeit von Java bereits darin besteht, dass Java-Programme "überall" verwendet werden können: Vom Handy bis zum mächtigen Applikationsserver. Durch die Wahl der Sprache Java hält man sich alle Optionen hinsichtlich möglicher Anwendungsfelder offen. Im Grunde ist Java also deutlich mehr als nur eine Sprache: Dahinter steht zugleich ein

Verbund aufeinander abgestimmter Technologien, die geeignet sind, professionelle verteilte, vielschichtige Systeme zu entwickeln.

Dadurch unterstützt die Java-Technologie ein für die Informatik, insbesondere aber die Wirtschaftsinformatik zentrales Anliegen: *Integration verteilter Systeme* auf der Basis einer möglichst einheitlichen Technologie. Fortschritte im Bereich der Hard- und Softwaretechnik innerhalb der letzten zwei Jahrzehnte führten zu einer Abkehr von zentralisierten Mainframe-Großrechner-Strukturen. Ziel ist es, bei der Realisation komplexer verteilter Anwendungen mit möglichst wenig verschiedenen Technologien und auch Programmiersprachen auszukommen und sich doch nicht auf bestimmte Hardwareplattformen und Betriebssysteme festlegen zu müssen.

Java ist jedoch auch deshalb universell verwendbar weil Java-Programme ohne Änderung und Neuerstellung auf allen relevanten Betriebssystemen ablauffähig sind. Dieser Plattformunabhängigkeit verdankt die Sprache Java ihren Erfolg, insbesondere im Bereich internetorientierter betrieblicher Anwendungen.

Die Plattformunabhängigkeit von Java-Programmen

Die plattformunabhängige Konzeption der Sprache Java lässt sich im Slogan *write once – run everywhere* zusammenfassen. Im Grunde bringt Java in Form der Java Virtual Machine stets seine eigene (abstrakte) Ausführungsplattform mit, die für alle wichtigen Prozessoren und Betriebssysteme verfügbar ist.

Der Entwickler eines Java-Programms muss sich keine Gedanken über Hardware oder Betriebssystem des Rechners machen, auf dem das fertige Java-Programm ausgeführt werden soll: Es kann z.B. unter Linux entwickelt und getestet werden, während das weitergegebene oder zum Download zur Verfügung gestellte Programm später auf Windows-Rechnern genutzt wird. Grundsätzlich sorgt die JVM dafür, dass einmal geschriebene Java-Programme ohne Änderung auf allen Hardware-Plattformen und Betriebssystemen ablauffähig sind, für die eine JVM verfügbar und installiert ist. Die JVM stellt eine Art *Zwischenschicht* dar, die das konkrete Betriebssystem und die Hardware des Rechners vor der Java-Anwendung verbirgt.

Somit fungiert die JVM als eigenständige zwischengeschaltete Plattform, durch die alle Java-Programme ausgeführt werden. Aus Sicht des Java-Programms erscheint sie als Ausführungsmaschine, die ihre eigenen Befehle kennt und interpretiert. Aus Sicht der Plattform (des Rechners auf dem das Java-Programm läuft) setzt sie das Java-Programm in plattformspezifische Anweisungen um:

- Ein in Java geschriebenes Programm muss zuerst vom Java-Compiler in spezielles Coding für die JVM übersetzt werden. Dabei handelt es sich um den sogenanten *Java-Bytecode*. Dieser Bytecode enthält keinerlei plattformspezifische Inhalte. Er besteht ausschließlich aus elementaren Anweisungen, die zum Sprachumfang der JVM gehören. Der Bytecode ist absolut plattformunabhängig. Er ist die Maschinensprache der JVM und nur an dieser ausgerichtet. (Informationen zur Bytecode-Struktur finden sich auf der Webseite des Buches.)

- Dieser Bytecode kann von jeder Java-VM direkt interpretiert und ausgeführt werden und läuft somit auf jeder Plattform für die die passende JVM bereitsteht. Die JVM übersetzt alle Bytecode-Anweisungen des Java-Programms direkt bei der Ausführung in elementare Befehle (Maschinensprache) für die konkret vorliegende Betriebssystem- und Hardware-Plattform.

- Beim Wechsel von einem Rechner zum anderen, von einem Betriebssystem zum anderen ist keinerlei Änderung am ursprünglichen Java-Code nötig und auch kein Anpassen oder gar Neuerstellen des einmal kompilierten Bytecodes.

Die Plattformunabhängigkeit der Sprache Java wird somit durch den Umweg der Bytecode-Erzeugung erreicht. Erst der Bytecode wird durch die JVM in plattformspezifische binäre (rein dual codierte) Maschinensprache (native code) umgesetzt, während der Java-Entwickler sich mit dieser Ausführungsschicht seines Programms nicht auseinandersetzen muss. Man programmiert "für" die JVM – und für alle wichtigen Betriebssysteme und Hardwareplattformen steht eine angepasste JVM bereit, die die plattformspezifische Umsetzung des generierten Bytecodes besorgt. Momentan unterstützt die JavaSE u.a. diverse Ausprägungen der Betriebssysteme Unix/Linux und auf verschiedenen Prozessoren.

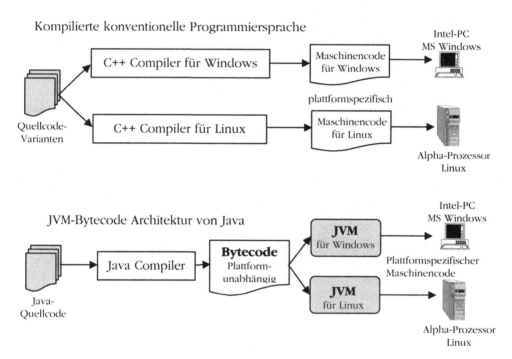

Abb. 2.5: Vergleich kompilierter Programmiersprachen mit der JVM-Architektur

In Abbildung 2.5 ist die JVM-Infrastruktur den Verhältnissen konventioneller kompilierter Sprachen wie C oder C++ gegenübergestellt: Ein in C++ geschriebenes Programm, dass zur Ausführung unter Windows geschrieben wurde, muss eventuell im Coding verändert werden, wenn es auch unter Linux lauffähig sein soll. Ganz bestimmt jedoch ist dazu eine Neuübersetzung mittels eines Linux-spezifischen Compilers erforderlich. Denn Compiler konventioneller Sprachen erzeugen beim Übersetzen des Programms direkt plattformspezifischen binären Maschinencode, der im

Normalfall auf keinem anderen Betriebssystem ausführbar ist. Somit gilt hier: *write once – compile everywhere*, d.h. für jede weitere benötigte Ausführungsplattform.

Ganz anders sieht die Java-Welt aus: Ein einmal geschriebenes Java-Programm muss nur einmal in Bytecode übersetzt werden – und dieser Bytecode ist direkt auf allen Betriebssystemen und jeder Hardware ausführbar, für die eine JVM bereit steht. Hier gilt: *write once – compile anywhere – run everywhere*.

Der Interpretationsvorgang der JVM

Die Bytecode-Ausführung durch die JVM ist ein Interpretationsvorgang, d.h. die einzelnen elementaren Bytecode-Anweisungen werden nacheinander ausgewertet und in plattformspezifische Systemaufrufe umgesetzt (interpretiert). Doch hebt sich die Interpretationsleistung der JVM von jener voll interpretierter Sprachen deutlich ab: Ein konventioneller Interpreter bearbeitet den Programmtext Zeile für Zeile ohne Optimierungsleistung. Selbst wenn dieselbe Anweisungsfolge mehrfach auftritt (z.B. in Schleifen) findet stets von Neuem dieser Übersetzungsvorgang statt. Konventionelle Interpretersprachen sind notorisch langsam.

Die Java-Bytecode-Architektur ist jedoch durch eine Zweiteilung der Programmausführung gekennzeichnet – durch ein optimiertes Zusammenspiel von Compiler und Interpreter, weshalb man Java auch als *semi-kompilierte* Sprache bezeichnet.

- Im 1. Schritt findet das Parsen und Analysieren des Programmtextes durch den Java-Compiler statt. Seine Optimierung erzeugt möglichst kompakten Bytecode.

- Im 2. Schritt werden die JVM-Anweisungen des optimierten Bytecodes durch den Interpreter der JVM mittels Just In Time Compilation (JIT) effizient ausgeführt: Der JVM-JIT-Compiler analysiert den Bytecode und erkennt wiederholt auszuführende Programmteile (hotspots), die die Ausführungszeit stark beeinflussen. Diese werden als Ganzes vor dem restlichen weniger performanzkritischen Bytecode in Maschinensprache übersetzt und können im späteren Verlauf direkt ohne zeitraubende Neuinterpretation ausgeführt werden.

So kombiniert die *JVM-Bytecode-Architektur* die Vorteile interpretierter und kompilierter Sprachen und minimiert deren Nachteile. Im Ergebnis ist Java als *semi-kompilierte* Sprache viel schneller als reine Interpretersprachen, aber dennoch etwas langsamer als reine Compilersprachen (wie C oder C++). Dies ist begründet in der JVM als *zusätzlicher Schicht* zwischen dem Java-Programm und der Hardware des ausführenden Rechners. Die separate Interpretation des kompilierten Bytecodes kostet Zeit. Auch eine JIT-optimierte JVM wird in der Interpretation des Bytecodes nie so schnell sein können wie eine direkte Ausführung von Maschinencode.

Jedoch ist der Geschwindigkeitsunterschied oft nicht gravierend: Java-Programme sind *schnell genug* zur Ausführung der meisten typischen Aufgaben. Somit überwiegen die Vorteile der JVM-Architektur, ist sie doch Grundlage der system- und schichtenübergreifende Verwendbarkeit von Java als Sprache, Technologie und Plattform.

Zusammenfassung : Warum Java ?

Wir können nun die konzeptionellen Vorteile von Java umreißen. Laut Sun ist Java:

- **einfach:** Komplizierte Sprachstrukturen wurden vermieden. Der Sprachumfang ist klein, dafür stehen umfangreiche Klassenbibliotheken zur Verfügung.

- **objektorientiert:** Java-Programme bestehen ausschließlich aus Klassen; Erfahrungen mit vielen objektorientierten Sprachen wurden berücksichtigt.

- **verteilt:** Netzbasierte, mehrschichtige, verteilte Anwendungen sind realisierbar.

- **interpretativ:** Der Bytecode-Ansatz verbindet die Vorteile interpretierter und kompilierter Sprachen; Java ist eine semi-kompilierte Sprache.

- **robust:** Fehlerquellen durch komplizierte Sprachkonstrukte werden vermieden, die Speicherverwaltung wird weitgehend vom Java-Laufzeitsystem übernommen.

- **sicher:** Sicherheitsmechanismen verhindern die Ausführung unsicheren Codes .

- **architektur- (plattform-) unabhängig:** Die JVM und der Bytecode abstrahieren von Hardware und speziellem Betriebssystem.

- **portierbar:** Die JVM interpretiert identischen Bytecode auf allen unterstützten Plattformen, so dass **Plattform-Offenheit** herrscht.

- **leistungsstark:** Zwar etwas langsamer als C++, aber meist schnell genug.

- **Thread-unterstützend:** Strukturen zur Synchronisation parallel laufender Ausführungsstränge (Threads) in einem Programm (Prozess) sind Teil der Sprache.

- **dynamisch:** Benötigte Bibliotheksklassen werden automatisch zur Laufzeit des Programm (dynamisch) hinzu geladen.

Kennzeichnend für die JVM-Philosophie ist der Gedanke der *Transparenz*. Plattformspezifische Details und komplexe interne Vorgänge sind in der JVM für den Java-Entwickler verborgen, der dadurch entlastet wird. Dies erleichtert die Realisation komplexer Anwendungen.

Nachdem wir uns mit dem Java-Umfeld vertraut gemacht haben, untersuchen wir die Schritte und Werkzeuge zur Erstellung und Ausführung von Java-Programmen. Auch hierin unterscheidet sich Java von anderen Sprachen.

3 Erstellen und Ausführen von Java-Programmen

Java-Programmierung bedeutet, Programmtext zu verfassen, diesen in ablauffähigen Bytecode umzuwandeln und den erzeugten Bytecode durch die JVM ausführen zu lassen. Alle dazu erforderlichen Werkzeuge stehen dem Entwickler als Bestandteile des JDK zur Verfügung. Auf der Webseite des Buches sind Beschaffung, Installation und Konfiguration des JDK und der frei verfügbaren integrierten Entwicklungsumgebung (IDE) Eclipse unter Linux und Windows beschrieben.

Integrierte Entwicklungsumgebungen unterstützen massiv bei Erstellung, Bearbeitung, Kompilation und Ausführung des Programmcodes. Größere Programmierprojekte (mit zahlreichen voneinander abhängigen Programmdateien) lassen sich nur mit ihrer Hilfe sinnvoll verwalten und kontrollieren. Grundsätzlich jedoch genügt zum Programmieren mit Java auch ein einfacher Texteditor, ein installiertes JDK und die Kommandozeile, von der aus Compiler und die JVM aufgerufen werden. Deshalb verzichten wir auf explizite Verwendung einer bestimmten Entwicklungsumgebung; stattdessen wird direkt das Coding der Beispielprogramme wiedergegeben. Ebenso werden fallweise Bildschirmausgaben ablaufender Programme inklusive erforderlicher Benutzereingaben in einem stilisierten Konsolenfenster dargestellt.

Dieses Kapitel möchte die prinzipiellen Schritte von der Java-Programmerstellung bis zur Ausführung beschreiben – und dabei nochmals verdeutlichen, inwiefern sich Java von klassischen Interpreter- und Compilersprachen unterscheidet.

3.1 Programmierwerkzeuge konventioneller Sprachen

Grundlage der Programmerstellung ist der in der jeweiligen Programmiersprache geschriebene Programmtext. Dazu wird ein einfacher Editor, oder eine Entwicklungsumgebung verwendet. Der ursprüngliche Programmtext wird als *Quellcode (source code)* bezeichnet – und in einem Datenfile gespeichert, dessen Typinformation (Namenserweiterung) auf die verwendete Programmiersprache hinweist. So enden Quellcodefiles der Sprache Java *stets* auf .java (`First.java`).

Der Quellcode kann neben dem eigentlichen Programmtext u.a. auch Kommentare enthalten, Anweisungen zur Verwendung vorgefertigter Bibliotheken und spezielle Markierungen, die von bestimmten Werkzeugen (z.B. zur automatischen Erzeugung von Dokumentation) ausgewertet werden. Auf das Quellcodefile greifen Interpreter und Compiler zu, um das Programm in ausführbare Form zu übersetzen. Interpreter und Compiler selbst sind Programme, die in der Lage sind, eingelesenen Quellcode zu analysieren ("parsen") und in sogenannten Maschinencode zu übersetzen, der von geeigneten Prozessoren direkt ausgeführt werden kann.

3.1.1   Interpretierte Sprachen

Die Arbeitsweise eines Interpreters gibt Abbildung 3.1 wieder: Der Interpreter liest das Quellcodefile und bearbeitet sukzessive jede darin enthaltene komplette Anweisung. Dabei wird die Anweisung in die Maschinensprache des betreffenden Rechners übersetzt und sofort ausgeführt. Dies erfolgt Anweisung für Anweisung – nach Übersetzung einer Anweisung in Maschinencode wird dieser sofort ausgeführt und die nächste Anweisung kommt an die Reihe. Der Interpreter produziert plattformspezifischen Maschinencode. Möchte man das Programm auf anderer Hardware und anderen Betriebssystemen ausführen lassen, so benötigt man einen anderen dafür angepassten Interpreter derselben Programmiersprache.

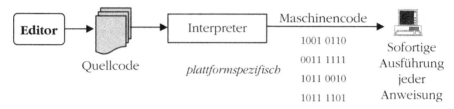

Abb. 3.1: Direkte Programmausführung durch den Interpreter

Dabei "merkt" sich der Interpreter den erzeugten Maschinencode nicht: Der Maschinencode wird nicht gespeichert, so dass bei der nächsten Ausführung des unveränderten Programms die gesamte Übersetzungsarbeit wieder anfällt. Selbst während der Ausführung des Programms werden wiederholt vorkommende Anweisungen (z.B. in Schleifen) stets erneut übersetzt, als würde der Interpreter zum ersten Male auf diese stoßen. Diese eigentlich überflüssige Mehrarbeit bedingt, dass Programme reiner Interpretersprachen sehr langsam ausgeführt werden.

Noch gravierender ist jedoch, dass Fehler im Programmtext erst während seiner Ausführung bemerkt werden – in der Regel durch Programmabbrüche – da es keine vor geschaltete Prüfung (wie bei Compilern s.u.) gibt. Dadurch bleiben manche Fehler oder unsicheren Konstrukte unbemerkt – bis sie irgendwann zu falscher Arbeitsweise des Programms führen und Schaden anrichten.

Vorteil von Interpretersprachen ist die Möglichkeit der sehr interaktiven Programmentwicklung: Man gibt einige Programmzeilen ein und kann diese direkt (ohne zwischengeschaltete separate Kompilation) durch den Interpreter ausführen lassen, um das Resultat am Bildschirm zu begutachten. Zwischen Erstellung des Quellcodes und seiner Ausführung liegt nur ein Schritt, die Arbeit des Interpreters. Interpreter werden für Skriptsprachen (PHP, Javascript, Visual Basic Script, Pearl) verwendet.

3.1.2   Kompilierte Sprachen

Die Arbeit mit kompilierten Sprachen (wie C und C++) ist durch eine klassische *Zweiteilung* geprägt: Das in der Quellcodedatei erfasste Programm wird durch den Compiler in plattformspezifische Maschinensprache übersetzt und das komplette Ergebnis (Kompilat) in einer separaten Binärdatei abgespeichert – also *nicht* direkt ausgeführt. Man spricht vom "Bauen" (Build) des Programms. Erst im zweiten Schritt wird auf diese Binärdatei zugegriffen und der enthaltene Maschinencode durch den Prozessor ausgeführt. Der Compiler erzeugt möglichst performant ausführbaren Maschinencode.

Die plattformspezifische Binärdatei kann direkt ausgeführt werden, ohne dass weitere Programme involviert wären. Folglich lässt sich die Binärdatei auch auf andere Rechner mit gleichem (oder kompatiblem) Prozessor und Betriebssystem übertragen und dort ebenfalls direkt ausführen. Dagegen erfordert eine Ausführung auf anderen Prozessoren und unter anderen Betriebssystemen zumindest eine Neukompilation mit einem dafür geeigneten Compiler.

Die großen *Vorteile* dieser Vorgehensweise sind:

- Es findet keine langsame Einzelschritt-Übersetzung und -Ausführung wie bei Interpretern statt. Vielmehr liegt nach Kompilation das ganze Programm als (für einen bestimmten Prozessortyp und Betriebssystem optimierte) Maschinencode-Datei vor, die sehr schnell direkt durch den Prozessor ausgeführt wird. Die *Ausführungsgeschwindigkeit* ist viel höher als beim Interpretieren von Programmen.

- Vor der Ausführung steht der Kompilationsvorgang. Dabei überprüft der Compiler den Quellcode auf Fehlerfreiheit – und ist in der Lage, syntaktische und teilweise auch strukturelle Fehler zu finden. In diesem Fall wird der Kompilationsvorgang abgebrochen und entsprechende Fehlermeldungen ausgegeben. Der Entwickler wird also schon zur *Compilezeit* auf Programmfehler aufmerksam gemacht, nicht erst durch Programmabstürze zur *Laufzeit* des Programms.

Leider kann auch der beste Compiler nicht alle möglichen Fehler finden. Syntaxfehler, fehlerhafte Typzuweisungen und einfache strukturell-logische Fehler meldet der Compiler. Dagegen ist für die grundsätzliche algorithmische Programmlogik natürlich alleine der Entwickler zuständig: Ob ein Programm wirklich ein Problem der realen Welt korrekt löst, kann nur der Mensch beurteilen. Zudem kann der Compiler durchaus gezwungen werden, Anweisungen zu akzeptieren, die er andernfalls als unkorrekt abweisen würde. Leider treten nicht alle möglichen Fehler schon zur Compilezeit des Programms auf; es bleiben immer noch zahlreiche Fehler, die der Compiler nicht erkennen kann – und die zu Laufzeit-Abbrüchen führen. Somit muss die Programmlogik selbst versuchen, mögliche Laufzeit-Fehler "abzufangen", statt es zu unkontrollierten Programmabbrüchen (mit Datenverlust) kommen zu lassen. Die Programmiersprache Java enthält dafür geeignete Mittel zur Fehlerkontrolle.

Compilezeit und Laufzeit :

Unter *Compilezeit* versteht man die Zeit während der Kompilation. Alles was sich während der Compilezeit ereignet, wird kontrolliert durch den Compiler. Bereits während der Compilezeit stattfindende Vorgänge werden als *statisch* bezeichnet, da ihr Ergebnis bereits durch die Kompilation feststeht.

Die *Laufzeit* ist die Zeit, während der das übersetzte Kompilat auf dem Rechner ausgeführt wird, d.h. das Programm "läuft". Fehler, die während der Laufzeit auftreten, müssen durch das Programm selbst abgefangen und sinnvoll behandelt werden. Laufzeitfehler sind somit problematischer als Fehler zur

Compilezeit. Erst während der Laufzeit stattfindene Vorgänge werden als *dynamisch* bezeichnet.

Wir werden bei Fehlersituationen stets vermerken, ob es sich um einen Fehler zur Compilezeit handelt, der vom Compiler gemeldet wird, oder um einen Laufzeitfehler, der einen Programmabbruch verursacht.

Abbildung 3.2 zeigt, dass sich an einen "Build" eines kompilierten Programms noch weitere Schritte anschließen: Der vom Compiler erzeugte Maschinencode wird als Objektmodul bezeichnet, das meist noch vorkompilierte Bibliotheks-Module verwendet. Durch ein weiteres Programm, den *Library Manger* werden diese im Filesystem des Rechners gefunden, geladen und zusammen mit dem Objektmodul an den sogenannten *Linker* ("Binder") übergeben. Durch den Linker werden alle erforderlichen kompilierten Module (Quellcode-Kompilat und Bibliotheksroutinen) zu einem einzigen, umfangreichen Maschinencode-File zusammengestellt. Dieses eine kompakte File ist das eigentliche *Executable*, das direkt ausführbare Binärfile: Es enthält den kompletten Maschinencode, und kann ohne Rückgriff auf weitere Programme oder Dateien direkt ausgeführt werden. Installation des ablauffähigen Programms bedeutet somit Installation dieses Executable-Files.

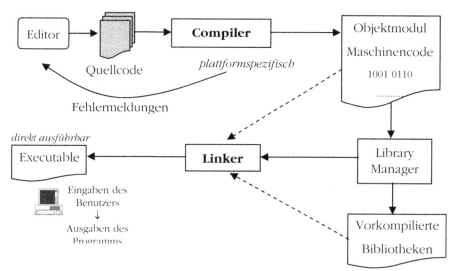

Abb. 3.2: Programmerstellung im Kontext einer kompilierten Sprache

Der beschriebene Vorgang entspricht dem Prozess *statischen Linkens*, bei dem der gesamte Maschinencode schon zur Zeit des Linkens fest eingebunden wird. Daneben existiert auch die Technik des *dynamischen Linkens*, bei dem die benötigten Bibliotheksmodule (Dynamic Link Libraries) erst zur Laufzeit hinzugeladen werden. Dadurch benötigt das eigentliche Executable weniger Speicherplatz und kann schneller geladen und ausgeführt werden.

3.2   Kompilieren und Interpretieren von Java-Programmen

Die Programmerstellung unter Java stellt sich etwas anders dar, als für Interpreter und Compiler beschrieben. Aber auch hier liegen (wie bei klassischen Compilersprachen) zwei Schritte vor: Kompilation des Quellcodes durch einen Compiler und nachfolgende Ausführung des in einem Binärfile abgespeicherten Kompilats. Alle Java-Quellcode-Files müssen die Endung .java aufweisen (z.B. First.java), während die kompilierten Files vom Compiler automatisch mit der Endung .class versehen werden, so dass man von *Class-Files* spricht.

Das Quellcode-File kann mit jedem Texteditor erstellt und gelesen werden. Dagegen wird das Class-File durch den Java-Compiler in binärem Format erzeugt; öffnet man es im Texteditor so erhält man eine weitgehend "unleserliche" Darstellung.

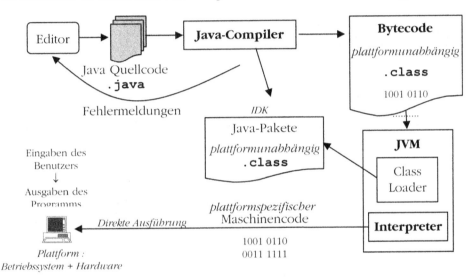

Abb. 3.3: Programmerstellung innerhalb der Java-Bytecode-Architektur

Allerdings enthält das binäre Class-File nicht plattformspezifische Maschinensprache, sondern den völlig plattformunabhängigen *Bytecode*, der vom Interpreter der JVM zur Laufzeit des Java-Programms ausgeführt wird – und erst dadurch in Maschinecode übersetzt wird (Abb. 3.3). Da es sich beim Bytecode um einen bereits optimierten Zwischencode handelt, kann der Interpreter der JVM diesen deutlich effektiver umsetzen als reinen Quellcode im Fall klassischer Interpreter. Durch die JVM wird der Bytecode auf der speziellen Rechner-Plattform ausgeführt. Für alle relevanten Plattformen stehen spezifische JVM-Implementierungen zu Verfügung, während der Bytecode des Java-Programms stets identisch bleibt. Von den Besonderheiten der Zielplattform (Hardware und Betriebssystem) ist der Entwickler somit durch die JVM völlig abgeschirmt. Das Bytecode-Prinzip garantiert *Interoperabilität* und *Portierbarkeit* aller Java-Anwendungen und -Komponenten.

Da Bytecode durch den Java-Compiler erstellt wird, genießt Java den großen Vorteil von Compiler-Sprachen: Während der Kompilation (schon zur Compilezeit) wird der

Quellcode auf Fehler geprüft und nur bei Fehlerfreiheit ein optimiertes Binärfile mit Bytecode in der Sprache der JVM erstellt.

Der Bytecode (das Class-File) kann auf dem erzeugenden Rechner ausgeführt werden – oder aber (z.B. via Internet) auf Fremdrechner mit ganz anderer Hardware und Betriebssystem übertragen und direkt ausgeführt werden, wenn dort eine JVM (z.B. als Teil des Webbrowsers) installiert ist.

Java verfügt über *keinen* Linker. Stattdessen sorgt ein *dynamischer Class Loader* dafür, dass für die Programmausführung benötigte weitere Class-Files aus Bibliotheken (Teil des JDK oder selbst programmierte Klassen) erst während der Laufzeit bei Bedarf (dynamisch) nachgeladen werden. Der Class Loader ist Teil der JVM und wird automatisch tätig, wenn zur Laufzeit Class-Files nachgeladen werden müssen.

Die erforderlichen Class-Files können an unterschiedlichen Orten im Filesystem abgespeichert sein. Werden sie während der Laufzeit benötigt, so wird sie der Class Loader zuverlässig finden, sofern entsprechende Konfigurationsschritte (Setzen des Classpaths s.u. und Webseite) erfolgt sind. Alle benötigten Class-Files können in einem einzigen *Java-Archiv* (.jar-File) zusammengefasst werden.

In Abbildung 3.4 sind die Schritte der Programmerstellung nochmals aus Entwicklersicht zusammengefasst. Der Quellcode befindet sich in einem .java-File. Durch Aufruf des im JDK enthaltenen Java-Compilers **javac** mit Angabe des Quellcode-Filenamens wird das Programm kompiliert. Dabei wird für jede einzelne darin enthaltene Java-Klasse ein separates .class-Bytecode-File erzeugt und im Arbeitsverzeichnis (in dem sich auch das Quellcodefile befindet) gespeichert. Kompilierungseinheit in Java ist die Klasse – dies wird klar, wenn wir uns mit dem Klassenkonzept vertraut gemacht haben. Aus einem Java-File First.java, in dem sich eine Java-Klasse namens First befindet, wird das binäre Bytecode-File First.class erzeugt.

Ein erstes kleines Java-Programm und -Quellcodefile:

```
class First {
   public static void main( String[ ] args ) {
      System.out.println( "Hallo - Erstes Programm arbeitet!" );
   }
}
```

Das Coding akzeptieren wir momentan noch als vorgegebene Black Box. Was "Klasse", "Methode" und vollständiges "Programm" im Kontext von Java bedeuten wird im folgenden Kapitel erläutert. Vorerst geben wir uns mit der (vereinfachten) Regel zufrieden, dass das .java-File denselben Namen tragen muss, wie das im Quellcode enthaltene "Java-Programm" (bzw. die enthaltene ausführbare, eine main()-Methode enthaltende Klasse). Dem Beispiel ist abzulesen, dass das Programm den Namen "First" trägt – folglich muss das Quellcodefile First.java heißen.

Details zur JDK-Installation und -Konfiguration werden auf der Webseite erläutert. Nur soviel: Damit die Werkzeuge des JDK (javac und java) vom Betriebssystem bei ihrem Aufruf gefunden werden können, muss der Installationspfad des JDK (bin-Verzeichnis) dem Betriebssystem bekannt gemacht werden. Dazu dient das Setzen einer Pfad-Umgebungsvariable (environment variable) – unter Windows z.B. durch folgenden Kommandozeilenbefehl. (Natürlich hängen konkrete Angaben von der vorgenommenen Installation ab; wir beziehen uns auf das JDK5. Aktuelles Arbeitsverzeichnis sei der Ordner C:\Demos, in dem sich das File First.java befinden soll.)

    C:\Demos > **set path=C:\j2sdk1.5\bin**

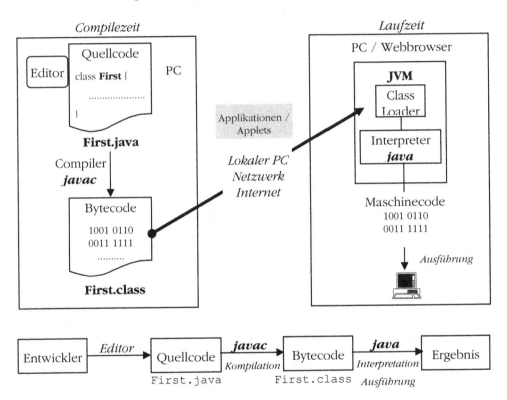

Abb. 3.4: Der Weg vom Quellcode zum ausgeführten Java-Programm

Benutzt das Programme zusätzliche Class-Files, die nicht im aktuellen Arbeitsverzeichnis liegen (hier: Ordner C:\Demos), so muss javac und java mitgeteilt werden, unter welchem Verzeichnis-Pfad nach diesen Class-Files zu suchen ist. Dies wird erreicht durch Setzen der classpath-Variablen. Befinden sich Class-Files z.B. unter Windows im Ordner C:\Javas\Classes, so lässt sich die classpath-Variable wieder per Kommandozeile setzen:

    C:\Demos > **set classpath=C:\Javas\Classes;.**

Der Kommandozeilen-Aufruf des JDK-Compilers javac unter Windows lautet.

    C:\Demos > **javac First.java**

Sofern das Quellcodefile fehlerfrei ist und sich kompilieren lässt, werden keine weiteren Ausgaben erzeugt – und das Bytecodefile First.class generiert und auf dem Filesystem angelegt. Um das Programm auszuführen, muss **java,** der JDK-Starter der JVM (*Java application launcher*), aufgerufen werden. Das Tool **java** startet eine JVM, lädt das genannte Class-File und ruft dessen `main()`-Methode auf. Der Name des auszuführenden Class-Files ist anzugeben, allerdings *ohne* Endung:

```
C:\Demos > java Test
```

Um ein Class-File durch `java` ausführen zu können, muss im zugehörigen Java-Quellcodefile eine `main()`-Methode enthalten sein. Als Ergebnis der Ausführung des Programms wird eine Konsolenausgabe getätigt. Der komplette Ablauf stellt sich auf in der Windows-Konsole wie folgt dar: (Es bedeutet ↵ die Return-Taste.)

```
- Konsole -
C:\Demos > set path=C:\j2sdk1.5\bin ↵

C:\Demos > set classpath=C:\javas\classes;. ↵

C:\Demos > javac First.java ↵

C:\Demos > java First ↵

Hallo - Erstes Programm arbeitet!
C:\Demos >
```

Nach Abarbeitung des Programms wird die dazu gestartete JVM wieder beendet.

Möchte man ein Java-Programm weitergeben, oder einmal verfasste Java-Module (Klassen) auch in anderen Programmen verwenden, so genügt das betreffende Class-File; der zugehörigen Quellcode ist nicht erforderlich.

Auf der Webseite werden Installation und Konfiguration von JDK und Eclipse IDE ausführlich beschrieben, so dass wir hier nicht weiter darauf eingehen. Bei Verwendung einer IDE können alle Pfade und Umgebungsvariablen fest konfiguriert werden, so dass sie für Java-Projekte voreingestellt sind. Mit dem JDK werden nicht nur Compiler, JVM und umfangreiche Klassenbibliotheken zur Verfügung gestellt, sondern auch Werkzeuge, von denen einige in Tabelle 3.1 aufgeführt sind. Informationen dazu finden sich ebenfalls auf der Webseite des Buches.

javac	Java Compiler
java	Java JVM Starter (Java application launcher)
appletviewer	Ausführung und Darstellung von Applets
javadoc	Generierung von Dokumentation im HTML-Format
jar	Archivierung von Files
javap	Disassembler für Bytecode
jdb	Debugger

Tab 3.1: Einige Werkzeuge des Java Development Kit

Im folgenden Kapitel werden wir den Aufbau von Java-Programmen und elementare Konstrukte der Sprache kennenlernen - und in einfachen Programmen verwenden.

4 Die Struktur von Java-Programmen

Die Sprache Java hat eine durchgängig objektorientierte Struktur, stellt also keine Hybridsprache dar, wie z.B. C++. Dies erhöht letztlich Lesbarkeit und Verständlichkeit von Java-Programmen und erleichtert die objektorientierte Programmierung auf der Basis von Java.

Allerdings erschwert es *paradoxerweise* zugleich den Einstieg in die Java-Programmierung: Denn bereits in den einfachsten Programmen sind Strukturen enthalten, deren Sinn und Bedeutung sich *erst* ganz erschließt, wenn man die Grundkonzepte der Objektorientierung bereits erfasst hat. Somit müssen wir anfangs einige Java-Schlüsselworte und -Ausdrücke schlicht akzeptieren und gleichsam als "Black-Box" einsetzen, da diese erst an späterer Stelle erläutert werden können.

Wenngleich die objektorientierte Programmierung eines unserer zentralen Anliegen ist, führen wir doch zuerst in elementare Sprachbestandteile und typisch prozeduralen Konstrukte ein, über die Java natürlich ebenfalls verfügt. Ein sicherer Umgang mit diesen Elementen erleichtert die Vermittlung objektorientierter Strukturen anhand konkreter Programmierbeispiele.

4.1 Syntax und Semantik

Die Definition der Sprache Java ist festgeschrieben in der *Java Language Specification*. Darin wird der "Wortschatz" der Programmiersprache erfasst, d.h. die Menge der reservierten *Schlüsselworte*, die in einem ganz bestimmten Kontext verwendet werden müssen - mit genau definierter Auswirkung auf das laufende Programm. Java ist eine *case sensitive* Sprache: Groß- und Kleinschreibung wird unterschieden und ist nicht austauschbar. So müssen alle Java-Schlüsselworte *klein* geschrieben werden, damit sie der Compiler als solche erkennt und akzeptiert.

Neben vordefinierten Schlüsselworten können in einem Java-Programm auch eigene *Bezeichner* verwendet werden: Dies sind *benutzerdefinierte* frei wählbare *Namen* für Variablen, Methoden, Klassen etc. Hier hat der Autor weitgehend freie Wahl (s.u.) - auch hinsichtlich Groß- und Kleinschreibung. Hat man sich jedoch einmal für eine Schreibweise entschieden, so ist diese im weiteren Verlauf des Programms beizubehalten: Deklariert man z.B. eine Variable namens `Kapital`, so kann diese nicht mit der Schreibweise `kapital` angesprochen werden.

Um eine Sprache (auch Programmiersprache) verwenden zu können, muss ihre Syntax und Semantik bekannt sein:

Die *Syntax* einer Sprache regelt die Bildung grammatikalisch sinnvoller Anweisungen ("Sätze") aus den Zeichen und dem Wortschatz der Sprache. Für Programmiersprachen werden diese Syntaxregeln oft konzentriert in logisch-formaler Schreibweise oder durch Syntaxdiagramme dokumentiert. Diese sind für den ersten Einstieg in die Sprache jedoch weniger geeignet. Deshalb erläutert wir typische syntaktische Strukturen grundsätzlich durch konkrete Programmierbeispiele.

Die *Semantik* einer Sprache erklärt die Bedeutung einzelner Sprachkonstrukte. Für eine Programmiersprache definiert sie, welche Wirkung bestimmte Programmieranweisungen im jeweiligen Kontext haben.

Grundlegende Konzepte und Elemente von Programmiersprachen oberhalb der maschinensprachlichen Ebene entstanden als *Mittel der Strukturierung* und *Reduktion von Komplexität* durch zunehmende Abstraktion und Ausdruckskraft:

- Elementare Datentypen: Modellierung verschiedenartiger Größen, Sicherheit durch Typprüfungen des Compilers.

- Deklaration von Variablen und Konstanten: Verwendung lesbarer Namen anstelle von Speicheradressen bei Zugriffen im Programm.

- Ausdrücke: Verarbeitungsvorschrift, deren Auswertung einen Wert liefert, z.B. bei Berechnung neuer Werte aus Variablen und Konstanten.

- Anweisungen: Arbeitsvorschrift, die den internen Zustand des Programms verändert, da Daten verarbeitet werden.

- Zuweisungen: Speicherung von (z.B. berechneten oder eingegebenen) Werten in aufnehmenden Variablen oder Konstanten.

- Kontrollstrukturen (Verzweigungen und Schleifen): Schemata zur Ablaufsteuerung, d.h. unzweideutigen Festlegung des Programmablaufs (Kontrollfluss).

- Unterprogramme (Prozeduren, Funktionen, Methoden): Kapselung von Programmstücken zur Wiederverwendung und übersichtlichen Strukturierung.

- **Klassen:** Zusammenfassung von Daten und zugehöriger Operationen in einer eigenständigen gekapselten Einheit.

Erst das Klassenkonzept geht über prozedurale Strukturen und deren typische Trennung von Daten und Operationen hinaus. In der Klasse werden Daten und damit operierende Methoden als syntaktische und semantische Einheit dargestellt.

4.2   Elemente von Java

Bevor wir das erste konkrete Java-Programm erstellen, sollen die grundlegenden Symbole der Sprache überblicksartig präsentiert werden.

4.2.1   Schlüsselworte der Sprache Java

Reservierte spezielle Bezeichnungen sind für bestimmte Programmelemente vorgesehen. Alle Schlüsselworte werden in Java mit *Kleinbuchstaben* geschrieben. Enthalten sind auch einige "reservierte" Worte (`const`, `goto`), die noch nicht durch die Sprachspezifikation festgeschrieben sind – und nicht verwendet werden dürfen.

Java ist eine "schlanke" Programmiersprache: Die Menge der Schlüsselworte ist sehr übersichtlich – alle Bedeutungen und Verwendungsmöglichkeiten werden wir kennenlernen. Der Umfang ist seit längerem erfreulich stabil geblieben. In Abbildung 4.1 finden sich die Schlüsselworte verschiedenen Einsatzbereichen zugeordnet.

Grundsätzlich gilt: Reservierte Schlüsselworte der Sprache Java können nur verwendet werden, wie es die Java-Syntax vorschreibt. Insbesondere dürfen sie nicht zur Bildung von Namen (für Variablen, Methoden etc) benutzt werden.

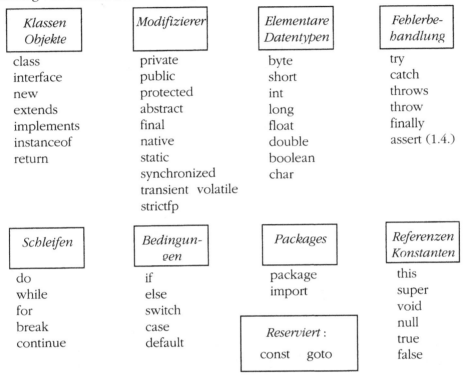

Klassen Objekte	_Modifizierer_	_Elementare Datentypen_	_Fehlerbehandlung_
class	private	byte	try
interface	public	short	catch
new	protected	int	throws
extends	abstract	long	throw
implements	final	float	finally
instanceof	native	double	assert (1.4.)
return	static	boolean	
	synchronized	char	
	transient volatile		
	strictfp		

Schleifen	_Bedingungen_	_Packages_	_Referenzen Konstanten_
do	if	package	this
while	else	import	super
for	switch		void
break	case	_Reserviert :_	null
continue	default	const goto	true
			false

Abb. 4.1: Java-Schlüsselworte und ihre Einsatzbereiche

4.2.2   Namen

Durch _frei wählbare_ Namen kann der Programmautor Variablen, Konstanten, Methoden, Klassen etc. in Java benennen. Es gelten folgende _Regeln_:

1. Gültige Namen dürfen sich nur zusammensetzen aus Buchstaben, Ziffern und den Zeichen _ und $. Sie dürfen beliebig lang sein. (Andere Zeichen wie ", #, *, [, {, },], & etc sind in Namen _nicht_ erlaubt.)

2. Das erste Zeichen _muss_ ein Buchstabe, _ oder $ sein, darf aber _keine_ Ziffer sein.

3. Leerzeichen (spaces) in Namen sind _nicht_ erlaubt.

4. Schlüsselworte der Sprache Java dürfen nicht verwendet werden.

5. Groß- und Kleinschreibung wird unterschieden.

Somit handelt es sich bei den folgenden Bezeichnern um _gültige_ Namen:

```
    x   x10   grund_kapital   zinsSatz   MAXIMUM$   summe   Summe
```

Bei den Namen summe und Summe handelt es sich um zwei verschiedene Dinge, da sie sich in der Groß-Klein-Schreibung unterscheiden (Regel 5).

Dagegen *verstoßen* die folgenden Namen gegen eine der Regeln:

`Summe#`	Verstoß gegen Regel 1, das Zeichen # ist nicht zugelassen
`1Wert`	Verstoß gegen Regel 2, das erste Zeichen darf keine Ziffer sein
`zins Satz`	Verstoß gegen Regel 3, keine Leerzeichen
`class`	Verstoß gegen Regel 4, keine Schlüsselworte von Java

Im Idealfall sollte sich die Bedeutung einer Variablen oder Konstanten im Kontext des Programms aus *sprechend gewählten Namen* erschließen lassen, und das Verständnis des Programmcodes erleichtern. So ist es hilfreich, eine Variable, die einen Kapitalbestand enthält auch `kapital` zu nennen - und nicht einfach `xy`, oder eine Methode zur Zinsberechnung auch `zinsRechner` - und nicht `zR1`.

4.2.3   Zahlen

Um Berechnungen durchführen zu können, muss ein Programm mit Zahlen arbeiten können. In Java kann mit Ganzzahlen und mit Kommazahlen gearbeitet werden. Durch die Symbole + und – kann ein Vorzeichen gesetzt werden. Fehlt das Vorzeichen, so handelt es sich um eine positive Zahl. Dabei stehen verschiedene Zahlenformate zur Verfügung.

Ganzzahlen können dargestellt werden als:

* Dezimalzahlen mit den Ziffern **0 bis 9**, z.B. `+127`, `-1024`, `45678`.

* Hexadezimalzahlen mit den Ziffern **0 bis 9** und als Ziffern interpretierten Zeichen **a, b, c, d, e, f.** Durch Vorstellen des Präfix **0x** werden Hexadezimalzahlen gekennzeichnet. So bedeutet `0x1A` im Dezimalsystem die Zahl 26 = 16 + 10.

* Oktalzahlen mit den Ziffern **0 bis 7**. Durch Vorstellen der Ziffer **0** werden Oktalzahlen gekennzeichnet. So ist `012` im Dezimalsystem die Zahl 10 = 8 + 2.

Im Folgenden verwenden wir nur Dezimalzahlen; Zahlen im Hexadezimal- und Oktalsystem sind eher auf technischer Ebene von Bedeutung.

Gleitkommazahlen werden im vertrauten Dezimalsystem dargestellt. Im Detail gibt es verschiedene leicht unterschiedliche Schreibweisen. Dabei gilt:

* Der **Nachkommateil** wird durch einen *Punkt* abgetrennt, wie z.B. in der Zahl 3.2; auch die Schreibweise 3. ist möglich – der Punkt drückt aus, dass es sich nicht um eine Ganzzahl, sondern um die Kommazahl 3.0 handelt.

* **Zehnerpotenzen** (Basis 10) werden mit den Buchstaben **E** oder **e** geschrieben. Die Zahl 3E-1 steht also für $3*10^{-1} = 0.3$, die Zahl 0.35e+2 für $0.35*10^{2} = 35.0$.

Es gibt verschiedene vordefinierte Java-Ganzzahl- und Fließkommazahl-Typen, die sich in ihrem Wertebereich (und bei Fliesskommatypen auch Genauigkeit) unterscheiden. Auf die Java-Datentypen wird im nächsten Kapitel detailliert eingegangen.

4.2.4   Zeichen und Zeichenketten

Programme rechnen nicht nur mit Zahlenmaterial, sondern verarbeiten auch textuelle Informationen. Dabei wird in Java klar unterschieden zwischen einzelnen Zeichen

(Charakters) und Zeichenketten **(Strings)**, die ein oder mehrere Zeichen enthalten können.

- **Zeichen** werden geschrieben als *einzelne* in einfache Hochkommata eingeschlossene Buchstaben, Ziffern oder auch Sonderzeichen, wie z.B. `'x'` `'+'` `'#'` `'8'` `' '`.

- **Zeichenketten** sind Folgen beliebiger in *doppelte* Hochkommata eingeschlossene Zeichen (inklusive Leerzeichen). Zeichenketten dürfen nicht über Zeilengrenzen hinausgehen. Sie müssen in der gleichen Zeile beginnen und enden. Beispiele: `"Ein einfacher String"` und `"%§$ %&$& ##%%"`. Wird ein einzelnes Zeichen in doppelte Hochkommata eingeschlossen, so ist es eine Zeichenkette.

Man bezeichnet Daten eines bestimmten Typ ohne eigenen Namen als *Literale*. Sie werden direkt in den Programmtext geschrieben. Das Zeichen `'a'`, der String `"Hallo"` und die Zahl `3.14` stellen Literale dar. (Vgl. Kap. 5)

4.2.5   Kommentare

Damit Programme für Menschen besser lesbar werden, sollten sie ausgiebig kommentiert werden. Kommentare sind zusätzliche *Erläuterungen im Programmtext*, die vom Compiler ignoriert werden. Somit dürfen in Kommentaren alle Zeichen und Namen in beliebiger Weise verwendet werden.

Für Compiler und Menschen muss deutlich sein, wo ein Kommentar beginnt und endet. Dazu dienen in Java spezielle Symbole, durch die zwei verschiedene Arten von Kommentaren vom Programmtext getrennt werden.

Zeilenkommentare bzw. **Zeilenendkommentare** werden durch das Zeichen `//` eingeleitet. Der gesamte Text **hinter** dem Kommentarzeichen `//` bis zum aktuellen Zeilenende wird als Kommentar interpretiert. Ein Beispiel:

```
int x = 10;  // Ein Kommentar hinter einer Java-Anweisung
             // Dies ist ein Kommentar - er umfasst eine ganze Zeile
int y = 25;  // Bei 10 und 25 handelt es sich um Literale (s.o.)
```

Klammerkommentare umfassen eine oder mehrer *ganze* Zeilen. Mit ihnen lassen sich längere Kommentartexte vom Coding abtrennen. Praktisch sind Klammerkommentare auch, um größere Coding-Strecken vorübergehend auszukommentieren, z.B. zu Testzwecken. Alles, was zwischen dem öffnenden Kommentarzeichen `/*` und dem schließenden Kommentarzeichen `*/` steht, wird als Kommentar interpretiert. Klammerkommentare dürfen nicht geschachtelt werden, d.h. innerhalb eines Klammerkommentars dürfen keine weiteren Klammerkommentare vorkommen.

```
int x = 10;
/* Dies leitet einen Klammerkommentar ein.
   Auch hier sind wir noch im Kommentarbereich.
   Er endet mit dem Endzeichen:
*/
int y = 25;
```

Teil des JDK ist das Tool `javadoc`, dass aus besonders gekennzeichneten Klammerkommentaren und Markierungen eine HTML-Programmdokumentation generiert. Format und optische Erscheinung entspricht der Java-Dokumentation der Firma Sun. Auf der Webseite wird die Handhabung des Tools erläutert.

4.3   Grundstruktur einfachster Java-Programme

Unser erstes vollständiges, *minimales Java-Programm* enthält wesentliche Elemente, denen wir immer wieder begegnen. Es handelt sich um ein direkt ausführbares ablauffähiges Programm, eine *ausführbare Klasse*. In seiner Struktur ähnelt es sehr entsprechenden Programmen prozeduraler Sprachen wie C oder Pascal, da es noch nicht das objektorientierte Potential der Sprache Java einsetzt:

```
public class HalloWelt {        // eine ausführbare Klasse
    public static void main( String[ ] args ) {
        System.out.println( "Hallo - Erstes Programm arbeitet!" );
    }
}
```

Das Programm wird in einem File `HalloWelt.java` gespeichert. Der Aufruf des Compilers erzeugt daraus die Bytecode-Datei `HalloWelt.class`. Die `.java`-Quelldatei muss den gleichen Namen tragen wie die darin enthaltene ausführbare Klasse.

Die Konsolenausgabe bei Aufruf des Programms:

```
                          - Konsole -

C:\Demos > javac Test.java ↵

C:\Demos > java Test ↵

Hallo - Erstes Programm arbeitet!
C:\Demos >
```

Wenn wir vom Beispiel abstrahieren, lässt sich festhalten, dass ein vollständiges Java-Programm (minimale ausführbare Klasse) folgende Struktur aufweist:

```
// Minimale Grundstruktur einer jeden ausführbaren Klasse:
public class Klassenname { //Blockanfang 1
    public static void main( String[ ] args ){ //Blockanfang 2
        // Beliebige komplette Anweisungen ......
    } //Blockende 2
} //Blockende 1
```

Erkennbar ist folgende **Systematik:**

Durch das (klein geschriebene) Java-Schlüsselwort `class` wird das Programm (die Klasse) eingeleitet. Darauf folgt der (im Rahmen o.a. Regeln) frei wählbare Name des Programms. Zwischen einem zusammengehörigen Paar öffnender und schließender geschweifter Klammern **{ }** befindet sich das ausführbares Coding. Jedes noch so kleine Java-Programm stellt bereits eine Klasse dar – auch wenn uns die

Bedeutung des Begriffs Klasse noch gar nicht klar ist. Momentan erscheint eine Klasse nur als bloßer Behälter für das eigentliche auszuführende Coding.

Vor dem Schlüsselwort `class` befindet sich die Deklaration `public`. Erst im Rahmen des Java-Paketkonzepts lässt sich deren Bedeutung erläutern. Einstweilen könnte die `public`-Deklaration auch entfallen, d.h. statt:

> **public class** HalloWelt { /* ... */ }

dürfte auch formuliert werden:

> **class** HalloWelt { /* ... */ }

In den folgenden Kapiteln *verzichten* wir auf die `public`-Deklaration der Klasse und verwenden diese *erst* wieder nach Einführung des Java-Paketkonzepts.

Durch ein Paar öffnender und schließender geschweifter Klammern **{ }** wird ein **Block** definiert, in dem sich auch geschachtelte innere Blöcke befinden können. Zu jeder öffnenden geschweiften Klammer **{**(Blockanfang) gehört eine schließende geschweifte Klammer **}**(Blockende). Wird eine Block-Klammer vergessen, so geht aus Compilersicht die logische Programmstruktur verloren – und zahlreiche Fehlermeldungen sind die Folge. Ein Block darf überall erscheinen, wo eine einzelne Anweisung verwendet werden kann, da ein Block selbst bereits eine vollständige Anweisung darstellt. Somit ist auch der leere Block **{ }** eine zulässigen Java-Anweisung. Die Blockmarkierung definiert eindeutig Beginn und Ende eines logisch zusammenhängenden Bereichs. Darüber hinaus haben Blöcke jedoch noch weitere Bedeutungen. Mit der Logik des Blockkonzepts in Java werden wir uns noch eingehender befassen.

Innerhalb der Klasse befindet sich die `main()`-Methode. Diese stellt die *zentrale* Methode des Programms dar: Die Ausführung (der "Start") des Programms beginnt mit dieser Methode – das darin befindliche Coding wird abgearbeitet; ist die Abarbeitung der `main()`-Methode beendet, so terminiert das Programm. Innerhalb der `main()`-Methode können beliebig viele Java-Anweisungen stehen – auch der Aufruf weiterer Methoden aus `main()` heraus ist möglich. Das Coding der `main()`-Methode wird selbst wiederum durch einen Block **{ }** geklammert und dadurch von anderen Teilen des Programms abgegrenzt.

Die *Formulierung* von `main()` enthält bereits eine Reihe von Java-Schlüsselworten, deren Bedeutung an dieser Stelle nur teilweise erklärt werden kann. Ein volles Verständnis setzt bereits objektorientierte Kenntnisse voraus. Dennoch soll ihr Sinn zumindest angedeutet werden:

- **main** : Bei Programmstart beginnt die Ausführung mit der Methode `main()`.
- **String[] args** : Stellt das Argument (Parameter) der `main()`-Methode dar. Dieser kann beim Aufruf des Programms sogleich eine Menge von Strings zur weiteren Bearbeitung mitgegeben werden. Diese optionalen Strings sind aufbewahrt in einem String-Array (Datencontainer), das hier (wie meist) `args` genannt wird. Der Name des Arrays ist jedoch frei wählbar. Wir machen von dieser Möglichkeit keinen Gebrauch – dennoch muss dieses Argument in der Formulierung von `main()` verwendet werden.

- **void** : Der Rückgabewert der Methode main(). Der Begriff void ("leer") drückt aus, dass main() keinen Wert an den Aufrufer zurückliefert.

- **static** : Bei der main()-Methode handelt es sich um eine statische Methode. Die Wirkung der Kennzeichnung von main() als staische Methode besteht darin, dass main() direkt aufgerufen werden kann, ohne erst ein Objekt der ausführbaren Klasse erzeugen zu müssen.

- **public** : Die main()-Methode ist eine *öffentliche* Methode. Somit ist die main()-Methode durch die Laufzeitumgebung ("von außen") aufrufbar.

An dieser Stelle wird deutlich, worin die *Schwierigkeit* bei der Vermittlung und Aneignung der objektorientierten Sprache Java liegt: Schon einfachste prozedurale Programme (welche die objektorientierten Eigenschaften von Java noch gar nicht wirklich nutzen) enthalten bereits objektorientiertes "Rahmenwerk", d.h. Sprachelemente, die erst verstehbar sind, wenn grundsätzliche objektorientierte Konzepte bekannt sind. Hier hilft nur Geduld: Alle erforderlichen Konzepte werden schrittweise an Beispielen vermittelt werden. Im Augenblick akzeptieren wir die komplexe Formulierung der main()-Methode einfach - und betrachten das imposante Konstrukt public static void main(String[] args){...} als erforderliche Black-Box, in der auszuführendes Coding hinterlegt wird.

Im Beispielprogramm HalloWelt wird die *Ausgabe* einer Zeichenkette auf dem Bildschirm (Konsole) bewirkt durch die Zeile:

```
System.out.println( "Hallo - Erstes Programm arbeitet!" );
```

Die *Ausgabe von Daten* auf den Bildschirm oder in Dateien und das Einlesen von Tastatur oder Dateisystem ist in Java *kein* integraler Teil der Sprache; es stehen keine Java-Schlüsselworte für direkte Input-/Output-Operationen (I/O) zur Verfügung. Vielmehr müssen dazu bereits verschiedene Klassen der JDK-Bibliotheken benutzt und kombiniert werden, die über Methoden zum Einlesen und Ausgeben von Zahlenwerten, Texten, Bitströmen etc. verfügen. Deren Handhabung ist nicht einfach und setzt bereits solide Kenntnisse objektorientierter Java-Programmierung voraus. Deshalb widmet sich erst ein späteres Kapitel der Ein-/ Ausgabe-Programmierung.

Das bloße Ausgeben von Strings ist noch relativ einfach zu bewerkstelligen: Verwendet wird die Klasse System. Es findet der Aufruf einer Methode namens println() statt, der (in runde Klammern eingeschlossen) eine Zeichenkette übergeben wird. Diese wird auf der Konsole ausgegeben – und zur nächsten Ausgabezeile gesprungen, so dass aufeinander folgende Ausgaben in separaten Zeilen erfolgen. Auch das Konstrukt System.out.println("..."); verwenden wir momentan als Black-Box, um die Funktion einfacher Java-Programme zu testen.

Die Klasse System gehört zu einem JDK-Paket namens **java.lang**, das ohne Zutun des Entwicklers bzw. ausdrückliche Anweisungen in jedes Java-Programm importiert wird. Dieses Paket enthält zahlreiche nützliche Klassen, die bereits für das Schreiben einfacher Java-Programme benötigt werden. Dazu gehört auch die Klasse String zum Arbeiten mit Zeichenketten und die Klasse Math, die mathematische Grundfunktionen (trigonometrische Funktionen, e-Funktion, Potenzen, Zufallszahlgenerator etc.) bereitstellt.

Um nicht nur Daten auf der Konsole auszugeben, sondern auch während des Programmlaufs verschiedene Datentypen von der Tastatur einlesen zu können, verwenden wir die selbst geschriebene Klasse IO.java als Ein-/Ausgabetool. Diese stellt einige praktische, sehr einfach aufrufbare Methoden zur Verfügung und verbirgt die dahinterstehende Komplexität vor dem Verwender. In Kapitel 6 wird die Nutzung des Tools IO erläutert.

In der Zeile

```
System.out.println( "Hallo - Erstes Programm arbeitet!" );
```

wird eine weitere wichtige Syntaxregel deutlich:

> **Vollständige Anweisungen in Java müssen mit einem Semikolon abgeschlossen werden ;**

Ausnahme: Hinter einem Blockende ist jedoch kein Semikolon erforderlich, da ein Block { } insgesamt eine komplette Java-Anweisung darstellt.

Auf diese Weise erkennt der Compiler, wo eine komplette Java-Anweisung (Zuweisung, Deklaration, Methodenaufruf, Objekterzeugung etc.) endet und die nächste beginnt. Der Compiler orientiert sich nicht an Zeilenumbrüchen: In einer Zeile können durchaus mehrere Anweisungen stehen, bzw. zwischen zwei Anweisungen dürfen beliebig viele Leerzeilen erscheinen. Für den Compiler ist das korrekte Setzen des Semikolons entscheidend - und wird von ihm überprüft. Vergessen eines Semikolons gehört (neben falscher Groß- und Kleinschreibung) zu einem der häufigsten Anfängerfehler. Schon ein einzelnes Semikolon ist eine komplette, wenn auch leere Anweisung – ebenso wie ein leerer Block. Somit wäre auch das folgende Java-Programm zulässig, wenngleich inhaltlich sinnlos:

```
class Leer {
    public static void main( String[] args ) {
        { } ; {} {} {} ;;;;; { {;} ; } ; { }
    }
}
```

4.3.1   Formatierung von Java-Programmen

Praktisch sehr wichtige ist eine sinnvolle *Formatierung* von Java-Programmen: Der Compiler ist nur an korrekter Syntax interessiert, eine übersichtliche Formatierung spielt für ihn keine Rolle. Somit könnte das gesamte Programm auch in eine lange Zeile geschrieben werden. Jedoch erhöht eine logisch konsistente, einheitliche und übersichtliche Formatierung die *Lesbarkeit* des Programms erheblich – auch Fehler (z.B. fehlende Klammern) werden damit viel schneller gefunden. Man spare somit nicht mit Zeilen, Leerzeichen und Kommentaren.

Bedeutsam sind *Einrückungen*, durch die die logische Struktur des Programms hervorgehoben wird: Wie obiges Beispiel zeigt, ist der class-Block die oberste logische Ebene. In diesem Block ist die main()-Methode logisch eingebettet, wird also eingerückt. Das Coding der main()-Methode befindet sich im main()-Block, ist somit in diesen eingebettet, wird also wiederum eingerückt.

Die folgenden *Regeln* sind keine Syntax-Vorschriften, haben sich jedoch in der Java-Programmierung als sinnvolle Konventionen herausgebildet. Indem sich Entwickler an solche Konventionen halten, sorgen sie für ein einheitliches Erscheinungsbild des Codings innerhalb der "Java-Gemeinde".

- Die *öffnende* geschweifte Blockklammer **{** steht am Ende des vorangegangenen Statements - oder in einer eigenen Zeile.

- Wenn ein neuer Block mit **{** begonnen wird, so werden alle in diesem Block stehenden Zeilen um einige Zeichen nach *rechts eingerückt*.

- Das *Blockendzeichen* **}** wird stets so eingerückt, dass es mit der Einrückung der Zeile übereinstimmt, in der der Block geöffnet wurde. Vergessene Klammern sind somit leichter aufspürbar.

- *Klassennamen* beginnen stets mit Großbuchstaben wie z.B. `HalloWelt`. In Klassennamen aus mehr als einem Wort beginnt jedes Wort mit Großbuchstaben, wie z.B. `ZinsUndRatenBerechner`.

- *Keine Umlaute* (ä,ü,ö) und *Sonderzeichen* (z.B. ß, #) im Coding verwenden. *Kommentare* eventuell auf Englisch verfassen.

Noch zwei *Tips* zum *Editieren*:

1. Zusammengehörige *schließende und öffnende* Klammern { } ( ) [ ] immer zugleich schreiben und ihren Inhalt erst nachträglich einfügen, damit schließende Klammern nicht vergessen werden.

2. Sparen Sie nicht mit *Leerzeichen*, damit Ausdrücke besser lesbar werden.

Im Bereich der professionellen Entwicklung existieren oft firmeninterne *Style-Guides*, in denen Regeln zur Formatierung und Namenswahl firmenintern verbindlich festgelegt sind. Ziel ist, die Lesbarkeit des Codings zu optimieren – insbesondere zu Wartungszwecken.

Die Grundstruktur einfachster ausführbarer Java-Programme ist nun bekannt. Programme dienen zur Datenverarbeitung. Die verschiedenen *Java-Datentypen* werden im nächsten Kapitel vorgestellt.

5 Java-Datentypen

Es ist ein Kennzeichen "guter" Programmiersprachen, den Entwickler zu zwingen, jede Variable und Konstante nicht nur mit ihrem Namen sondern auch mit ihrem *Typ* zu *deklarieren*. Bevor also eine Variable im Programm verwendet werden kann, muss festgeschrieben werden, von welchem Typ diese Variable ist. Andernfalls kann die Variable nicht verwendet werden und der Compiler weigert sich, das Programm zu kompilieren.

Bei *schwach typisierten* Sprachen wird der Typ einer Variablen nicht explizit deklariert wird, sondern ergibt sich aus dem zugewiesenen Wert. Bei Java hingegen handelt es sich um eine *stark typisierte* Sprache. Es existieren vordefinierte *Standard-Datentypen*, die für verschiedene Arten von Zahlen und Zeichen vorgesehen sind. (Allerdings erlaubt es das Klassenkonzept, auch selbst definierte, komplexe Datentypen zu verwenden. Doch dazu später.)

Durch den Typ der Variablen wird die Art der internen binären Codierung festgelegt. Dadurch steht fest, wie groß der *Speicherbereich* (Bytes) ist, den ein Wert im Speicher belegt und wie groß der *Wertebereich* ist, der mit der Codierung abgebildet werden kann. Ferner ist definiert, welche Operationen der entsprechende Datentyp zulässt und welche Zuweisungen zwischen verschiedenen Typen erlaubt sind.

Typisierung ist ein fundamentales Konzept moderner Programmiersprachen: Der Compiler kann prüfen und erzwingen, dass im späteren Programmverlauf einer Variablen nur passende, ihrem Typ und Wertebereich entsprechende Daten zugewiesen und mit der Variablen nur erlaubte Operationen durchgeführt werden. Es handelt sich um eine *statische Typprüfung* während des Kompilationsvorgangs (Compilezeit) noch vor der Programmausführung (Laufzeit). Die Angabe des Datentyps einer Variablen legt fest, welche Daten überhaupt in dieser Variablen gespeichert werden können. Die Variable ist im weiteren Programmverlauf *typgerecht* zu verwenden.

So können z.B. einer Ganzzahlvariablen keine Kommazahlen zugewiesen werden. Denn wohin mit den Nachkommastellen? Einer Variablen, die für einen kleinen Zahlenbereiche vorgesehen ist, kann keine Variable eines großen Zahlenbereichs zugewiesen werden. Denn wie soll die "zu große" Zahl in der "kleinen" Variablen gespeichert werden? Einer Fließkommavariablen kann keine Zeichenkette zugewiesen werden. Denn wie soll aus der Zeichenkette eine Zahl werden? Der Compiler prüft dank strenger Typisierung, dass nicht "Äpfel mit "Birnen" verrechnet werden, bzw. unterbindet Operationen, die mit möglichen Datenverlusten verbunden sind.

5.1 Deklaration und Initialisierung

Im Umgang mit Variablen und Konstanten unterscheidet man zwischen *Deklaration* und *Initialisierung*. Beides muss vor der eigentlichen Verwendung der Variablen bzw. Konstanten geschehen. Deklaration und Initialisierung können in separaten Anweisungen oder in einer einzigen Anweisung erfolgen:

- **Deklaration** einer Variablen / Konstanten bedeutet, dass Typ und Name der Variablen / Konstanten angegeben werden, d.h. diese *vor* ihrer weiteren Verwendung bekannt gemacht wird. Bei Programmausführung wird durch die Deklaration ein dem Typ entsprechender Speicherbereich reserviert. Dabei müssen alle *innerhalb eines Blocks* verwendeten *Namen eindeutig* sein. Eine aufzählende Deklaration mehrerer Variablen des gleichen Typs ist möglich. Die Deklaration endet, wie jede Anweisung in Java, mit einem Semikolon.

- **Initialisierung** einer Variablen / Konstanten bedeutet, dass dieser vor ihrer Verwendung ein definierter Wert zugewiesen wird. Spätestens vor ihrer ersten Verwendung (z.B. in Berechnungen) muss die Initialisierung erfolgt sein, da sonst unklar ist, mit welchem Wert konkret gearbeitet werden soll. Diese Regel bezeichnet man als *Definitive Assigment*.

Das folgende Java-Programm macht das Vorgehen bei Deklaration und Initialisierung deutlich. Es wird mit Ganzzahlvariablen vom Typ int (Integer) gearbeitet. (Alle Java-Datentypen werden im folgenden vorgestellt.)

```
class Variablen {
    public static void main( String[] args ){
        int x;      // Deklaration einer Variablen namens x
        x = 100;    // Initialisierung der Variablen x
        int z, y;   // Deklaration zweier Variablen
        y = 200;    // Initialisierungen der Variablen y
        int s = 400;    // Deklaration und Initialisierung
        // Deklaration und Initialisierung zweier Variablen:
        int gehalt1 = 2000, gehalt2 = 3000;
        x = y + 100;    // OK: Variable y wurde zuvor initialisiert
        System.out.println( "x =" + x + "  y =" + y + "  s =" + s );
        /* Das folgende Coding akzeptiert der Compiler nicht:
        k = 100;    // Fehler 1: Variable k nicht deklariert!
        s = z + 200;    // Fehler 2: Variable z nicht initialisiert!
        int x = 30;     // Fehler 3: Mehrfachdeklaration von x!
        */
    }
}
```

- Konsole -
x =300   y =200   s =400

Die auskommentierten Codezeilen würde der Compiler mit deutlichen Fehlermeldungen wegen ausbleibender Deklaration oder Initialisierung bzw. Mehrfachdeklaration quittieren:

Bei Fehler 1:   *cannot resolve symbol*   symbol : variable k

Bei Fehler 2:   variable z *might not have been initialized*

Bei Fehler 3:   x is *already defined* in main(java.lang.String[])

In dieser Hinsicht unterscheidet sich Java streng von anderen Sprachen, die bei unterlassener Initialisierung einer Variablen einfach einen Standardwert (z.B. 0 bei Ganzzahltypen) einsetzen - und die vorletzte Anweisung akzeptieren würden.

Grundsätzlich unterscheidet man *primitive Datentypen* und *strukturierte Datentypen*. Bei den fest in der Sprache verankerten Standarddatentypen von Java handelt es sich um primitive Datentypen, die nur *einen* bestimmten Wert aufnehmen können. Im Gegensatz dazu stellen Klassen strukturierte, selbstdefinierte komplexe Datentypen dar, die mehrere Datenwerte aufnehmen können.

Literale: Einfache Datenobjekte sind *Literale*. Dabei handelt es sich um direkt in den Programmtext geschriebene konstante Werte, Zeichen und Zeichenfolgen; sie werden genau an der Stelle verwendet, an der sie im Programm auftauchen. Literale belegen Programmspeicher und haben einen Typ, jedoch keinen Namen. Ein **Textliteral** ist ein einzelnes Zeichen (Character) in Hochkommata wie `'c'` oder eine Zeichenkette (String) in doppelten Hochkommata wie `"Hallo"`. Ein **Zahlenliteral** ist eine Ziffernfolge inklusive optionalem Vorzeichen wie `-12.34` oder `+8.9E-5`.

5.1.1   Ganzzahlige Datentypen

Für Ganzzahlwerte stehen in Java vier verschiedene Datentypen zur Verfügung. Sie unterscheiden sich in der Zahl der *Bits* (binary digits = 1 oder 0, 8 bit = 1 byte), die zur Codierung der Zahlen im Dualsystem verwendet werden. Man spricht auch von der *Länge* eines Typs. Dabei wird ein Bit bereits zur Codierung des Vorzeichens (+ oder -) verbraucht. Je mehr Bits zur Zahlencodierung bereitstehen, desto größer ist der damit darstellbare Zahlenbereich. Tabelle 5.1 enthält die vier Ganzzahltypen.

Datentyp	Bits	Wertebereich	Wertebereich
byte	8 = 1 byte	-2^7 bis 2^7-1	-128 bis +127
short	16 = 2 byte	-2^{15} bis $2^{15}-1$	-32768 bis + 32767
Int	32 = 4 byte	-2^{32} bis $2^{31}-1$	-2147483648 bis +2147483647
long	64 = 8 byte	-2^{63} bis $2^{63}-1$	-9223372036854775808 bis +9223372036854775807

Tab. 5.1: Die vier ganzzahligen Standarddatentypen der Sprache Java.

Die Datentypen tragen *sprechende* Namen: Der Typ `byte` hat eine Länge von einem Byte. Der Typ `short` ist nur halb so lang wie int. Der Typ `int` stellt die Standard-Ganzzahl (Integer) dar. Der Typ `long` ist doppelt so lang wie der Typ `int`.

Die Zahlenbereiche unterscheiden sich deutlich. Man würde Hauptspeicher verschwenden, wenn man stets den größten Zahlentyp `long` benutzt. Heutzutage steht Rechnern ausreichend Speicher zur Verfügung, so dass man für die meisten Ganzzahlvariablen den Typ int wählt. Befinden sich jedoch mehrere Millionen Werte in einem Datenbehälter (z.B. Array), so sollte der Datentyp mit Bedacht gewählt werden, um nicht unnötig viel Hauptspeicher zu reservieren.

Andererseits kann ein zu klein gewählter Datentyp bewirken, dass der Variablen Werte zugewiesen werden, die den zulässigen Wertebereich sprengen. Von *Über- oder Unterlauf* spricht man, wenn einer Variablen Werte zugewiesen werden, die größer oder kleiner sind als der Wertebereich des Variablentyps.

> Die **Wahl** des korrekten, der Problemstellung angemessenen Datentyps liegt in der Verantwortung des Entwicklers.

Zur *Notation*: Durch das Suffix **l** oder **L** werden Zahlen explizit als long-Werte gekennzeichnet. *Default* (Standard) ist int, d.h. ohne Suffix-Angabe geht der Compiler von einem int-Wert aus. Der Typ einer Ganzzahl in Java ist standardmäßig int.

long-Werte: 100L   15l   456L   int-Werte: 24   2   323458

5.1.2   Fließkommazahl-Datentypen

Fließkommazahlen (*floating point numbers*) werden in Java durch die Datentypen float und double dargestellt. Der mit 64 bit kodierte Typ double ist doppelt so lang (double precision) wie der Typ float (single precision) und kann nicht nur größere positive und negative Zahlen darstellen als der 32-bit-Typ float, sondern auch Kommazahlen genauer, mit deutlich mehr zuverlässigen, *signifikanten* Nachkommastellen erfassen. Somit lassen sich mittels double auch kleinere Zahlen erfassen als mit float. Schon bei einfachen iterativen Berechnungen macht sich dies bemerkbar, so dass meist der Typ double gewählt werden sollte.

Die Zahlendarstellung bei float und double geschieht (nach Norm IEEE 754) getrennt nach Bits für Vorzeichen, Mantissenwert und Exponentenwert:

$$z = (-1)^v * \text{Mantisse} * 2^{\text{Exponent}}$$

Aufgrund der exponentiellen Zahlendarstellung können mit float (32 bit) größere Zahlen als mit long (64 bit) dargestellt werden, obgleich weniger Bits verwendet werden – allerdings auf Kosten der Genauigkeit (s.u.). (Technische Details der Fließkommacodierung finden sich in [LOU04].)

In Tabelle 5.2 sind die wichtigsten Eigenschaften der Typen float und double gegenübergestellt. Hervorzuheben ist die unterschiedliche Zahl signifikanter Dezimalstellen, die zuverlässig dargestellt werden können.

Datentyp	Bits	V (Bits)	Mant. (Bits)	Exp. (Bits)	Zahlenbereich	Dezimal- stellen
float	32 = 4 Byte	1	23	8	$\approx -2 \cdot 10^{38}$ bis $+2 \cdot 10^{38}$	7
double	64 = 8 Byte	1	52	11	$\approx -2 \cdot 10^{308}$ bis $+2 \cdot 10^{308}$	15

Tab. 5.2: Die Fließkomma-Standarddatentypen der Sprache Java.

Aus der Zahlendarstellung folgt für float und double:

- **Float:** Werte von 2^{-126} bis 2^{+127}, entspricht etwa $2*10^{-38}$ bis $2*10^{+38}$, Mantissenwerte im Abstand $2^{-23} \approx 10^{-7}$, entspricht 7 Dezimalstellen Genauigkeit.

- **Double:** Werte von 2^{-1022} bis 2^{+1023}, entspricht etwa $2*10^{-308}$ bis $2*10^{+308}$, Mantissenwerte im Abstand $2^{-52} \approx 10^{-16}$, entspricht 15 Dezimalstellen Genauigkeit.

Eine double-Zahl kann mehr korrekte *Dezimalstellen* und einen größeren *Wertebereich* als eine float-Zahl ohne Genauigkeitsverlust speichern.

Aber: Die Genauigkeit der Zahlendarstellung ist *prinzipiell* begrenzt – auch beim Rechnen mit double-Zahlen können *Rundungsfehler* auftreten, die sich auf Folgeberechnungen oder Vergleichsoperationen auswirken. So können von den unendlich vielen Ziffern des Bruchs 2/3 (dezimal: 0.66666......) nur endlich viele in einer float- oder double-Variablen gespeichert werden, was einem *Abschneiden von Nachkommastellen* entspricht.

Für Ganzzahl- und Fließkommatypen gilt: Das Rechnen mit Gleitkommazahlen ist intern aufwendiger und ungenauer als das Rechnen mit ganzen Zahlen. Somit sollten die Datentypen float und double nur gewählt werden, wenn dies aufgrund der Problemstellung und der auftretenden Werte erforderlich ist.

Zur *Notation*: Durch das Suffix **d** oder **D** werden Zahlen als double-Werte gekennzeichnet, durch Suffix **f** oder **F** als float-Werte. Der *Default* ist double, d.h. ohne Suffix-Angabe geht der Compiler vom Typ double aus.

Float-Werte: 2.4f   2.4F   3.f   3.F

Double-Werte: 2.4d   2.4D   3.d   3.D   4.75   2.

Das folgende Beispiel zeigt, dass schon bei relativ kleinen Zahlenwerten die float-spezifische Begrenzung auf nur sieben signifikante Dezimalstellen zu Wertverfälschungen führen kann – nur die double-Variable enthält den korrekten Wert:

```
class TestFloatDouble{
    public static void main( String[] args ){
        float f  = 123456789.0f; // Mehr als 7 signifikante Stellen!
        double d = 123456789.0;
        System.out.println( "Float-Wert  f = " + f );
        System.out.println( "Double-Wert d = " + d );
    }
}
```

```
                          - Konsole -
Float-Wert  f = 1.23456792E8
Double-Wert d = 1.23456789E8
```

5.1.3   Zeichen

Für einzelne Zeichen (*Characters*) existiert der Datentyp char. Dabei handelt es sich um einen mit 16-bit (= 2 Byte) kodierten Datentyp. Variablen und Konstanten vom Typ char können einzelne Zeichen (in einfache Hochkommata eingeschlossen) übergeben werden:

```
char zeichen = 'a';    char ch = '#';
```

Zeichen werden intern durch Zahlen codiert; man darf sich eine Tabelle vorstellen, deren Plätze hexadezimal durchnummeriert sind. Jeder Tabellenplatz entspricht einem bestimmten Zeichen, kodiert durch seine Platznummer. Eine char-Variable speichert intern binär mit 16 bits den *Unicode*-Wert des zugewiesenen Zeichens.

Diese 16-bit-Codierung in Java basiert auf *Unicode* (www.unicode.org) und erweitert deutlich die 7- oder 8-bit-*ASCII*-Codierung. Während 8bit-ASCII nur 256 (= 2^8) verschiedene Zeichen darstellen kann (westeuropäische Sprachen, Latin-1), enthält die Unicode-Zeichentabelle Platz für 65536 (= 2^{16}) Zeichen mit hexadezimalen Unicodes von 0x0000 bis 0xffff. Somit können die Zeichen der meisten Sprachen abgebildet werden - auch nah- und fernöstlicher oder slawischer Sprachen und zahlreiche Symbole. Die ersten 256 UC-Zeichen entsprechen den 8-Bit-ASCII-Zeichen.

Zeichen können auch in *Unicode-Codierung* angeben werden, formuliert durch den Präfix **\u** zusammen mit dem vierstelligen hexadezimalen Unicode-Wert des Zeichens: **\unnnn**, also z.B. \u00a7 für § und \u00e1 für ß. Somit können char-Variablen direkt Unicode-Zeichen zugewiesen werden:

```
char a = '\u00a7';
```

Aufgrund der Kodierung durch 16bit-Zahlen stellt der Datentyp char quasi auch einen Ganzzahltyp dar. So sind mit char-Typen Berechnungen möglich und einer char-Variablen können nicht nur Zeichen sondern auch Zahlenwerte zwischen 0 und 65535 zugewiesen werden - jedoch verständlicherweise keine negativen Werte:

```
class Zeichen{
    public static void main( String[] args ){
        int n = 'c' - 'a';    // "Rechnen" mit Zeichen
        int k = 'a';
        System.out.println( "n = " + n + "   k = " + k );
        char ch1 =  78;        // Zuweisung einer Ganzzahl an char
        char ch2 = 'ß';
        System.out.println( "ch1 = " + ch1 + "   ch2 = " + ch2);
    }
}
```

- Konsole -
n = 2   k = 97
ch1 = N   ch2 = ß

Die Variable n enthält den Wert 2, da 'c' zwei Plätze vor 'a' in der UC-Tabelle steht. Die Variable k enthält den Wert 97, da 'k' an diesem UC-Tabellenplatz steht. Auf UC-Platz 78 steht 'N' und wird somit in der Variablen ch gespeichert.

Spezielle Zeichen sind die sogenannten *Escape-Sequenzen* (Tab.5.3). Diese werden durch einen vorgestellten Backslash gekennzeichnet und kodieren nichtdruckbare Zeichen (z.B. Zeilenumbruch) oder nicht direkt ausgebbare Zeichen (z.B. " oder ').

Escape-Sequenz	Bedeutung
\ '	Einfache Hochkommata
\ "	Doppeltes Hochkommata
\ \	Backslash
\b	Rückschritttaste
\f	Seitenvorschub
\n	Zeilenumbruch
\t	Tabulator
\r	Wagenrücklauf

Tab. 5.3: Die Escape-Sequenzen

Java 5 unterstützt die *Unicode-Version 4.0*. Diese enthält zusätzliche, mit 4-Byte (32-bit) dargestellte Zeichen (*supplementary characters*). Die Zusätze betreffen spezielle chinesische und japanische Namens-Zeichen.

In diversen Paketen und Klassen des JDK wurden entsprechende Anpassungen vorgenommen. Der Java-Datentyp char bleibt jedoch unabhängig davon mit 16-bit kodiert. Eine Umstellung von char auf 32-bit oder Einführung eines neuen Datentyps char32 wären inkompatibel zu bestehenden JVMs und Anwendungen und würden den Speicherbedarf zur Zeichendarstellung verdoppeln. Für Details zu dieser Thematik verweisen wir auf [SUN05b] (Stichwort: *Internationalization - Supplementary Characters*).

5.1.4   Wahrheitswerte (Boolesche Variablen)

Für die booleschen Wahrheitswerte *wahr* und *falsch* verfügt Java über den eigenständigen Datentyp boolean. Dieser umfasst nur die beiden vordefinierten Konstanten true und false. Einer Variablen vom Typ boolean können somit nur die Werte true und false zugewiesen werden, nicht aber Zahlen oder Zeichen. Die boolean-Werte true und false werden *nicht* durch die Zahlen 0 und 1 repräsentiert (wie z.B. in C++), sondern sind eigenständigen Typs.

Einsatzgebiet des Datentyps boolean sind Bedingungsprüfungen (in if else-Verzweigungen und Schleifen) und Vergleiche (relationale Operationen). Deren Ergebnis ist ein Wahrheitswert, den man einer boolean-Variable zuweisen kann. Im Beispielcoding trägt die Variable q schließlich den Wert true, die Variable p den Wert false. Diese Werte werden auf der Konsole ausgegeben:

```
class Wahrheit {
    public static void main( String[] args ){
        boolean p,q;
        int x = 10, y = 20;
```

```
    p = true;
    q = x < y;               // Vergleich liefert true
    if( y > x ) p = false;   // Zuweisung des Wertes false
    System.out.println( "q = " + q + " und p = " + p );
  }
}
```

- Konsole -
q = true und p = false

Im Zusammenhang mit Bedingungsprüfungen und Vergleichsoperationen wird der Gebrauch des Datentyps `boolean` nochmals erörtert werden.

5.2   Strings

Für *Zeichenketten* steht in Java *kein* vordefinierter primitiver Datentyp zur Verfügung. Dennoch lässt sich in Java einfach mit Strings programmieren, da mit dem automatisch importierten Paket `java.lang` die *Klasse* `String` stets direkt verwendet werden kann – fast so, als handele es sich bei `String` um einen primitiven Datentyp. `Strings` können wie primitive Datentypen deklariert und initialisiert werden. Wird auf der Konsole ein primitiver Datentyp mittels `System.out.println()` ausgegeben, dann wird dessen Wert automatisch nach `String` konvertiert.

Mit dem `String`-spezifischen *Verknüpfungs-Operator* + können Zeichenketten aneinandergehängt (konkateniert) werden. Wird durch den Operator + ein `String` und ein anderer Datentyp verknüpft, so wird automatisch nach `String` konvertiert, d.h. das Resultat der Verknüpfung ist wieder vom Typ `String`. Dabei ist jedoch die Reihenfolge der Ausführung ("von links nach rechts") zu beachten :

```
class Zeichenketten {
    public static void main( String[] args ){
        String a;                // Deklaration
        a = "Hallo";             // Initialisierung
        String b = "Du da!";     // Deklaration + Initialisierung
        String c = a + " " + b;  // Leerzeichen " " als String
        String d = 10 + 10 + " Alter = " + 30.5;
        // Escape-Sequenzen können eingebaut werden:
        String e = "Ein String, über \n zwei Zeilen verteilt.";
        System.out.println( "Inhalt von c = " + c );
        System.out.println( "Inhalt von d = " + d );
        System.out.println( "Inhalt von e = " + e );
    }
}
```

```
                              - Konsole -
Inhalt von c = Hallo Du da!
Inhalt von d = 20 Alter = 30.5
Inhalt von e = Ein String, über
 zwei Zeilen verteilt.
```

String-Literale dürfen sich *nicht* über mehrere Zeilen erstrecken - um einen langen String zu formen, muss mit Teilstrings und dem Operator + gearbeitet werden. In Strings können *Escape-Sequenzen* zur Ausgabesteuerung eingebaut werden. Auch String-Variablen sind vor ihrer Verwendung zu deklarieren und zu initialisieren.

Bei Strings handelt es um Objekte der Klasse String, die auch umfangreiche Methoden zur Stringmanipulation enthält. Der Klasse String werden wir uns später auf Basis objektorientierter Kenntnisse erneut zuwenden. Einstweilen gehen wir mit Strings um wie mit primitiven Standarddatentypen.

5.3   Zusammenfassung Standard-Datentypen

In Tabelle 5.4 sind alle *Standardtypen* zusammengefasst. Während in C/C++ die Länge elementarer Datentypen von Plattform zu Plattform variieren kann, sind in Java die Eigenschaften aller Standardtypen plattformunabhängig festgelegt. Auch dies ist eine Grundlage für die Plattformunabhängkeit von Java-Programmen.

Datentyp	Wertetyp	Bitlänge	Wertebereich
byte	Ganzzahl	8	-128 bis +127
short	Ganzzahl	16	-32768 bis + 32767
Int	Ganzzahl	32	-2147483648 bis +2147483647
long	Ganzzahl	64	-9223372036854775808 bis +9223372036854775807
float	Fließkomma	32	$\approx -2 \cdot 10^{38}$ bis $+2 \cdot 10^{38}$
double	Fließkomma	64	$\approx -2 \cdot 10^{308}$ bis $+2 \cdot 10^{308}$
char	UC-Zeichen	16	UC: '\u0000' bis '\uffff'
boolean	Wahrheitswert	8	true / false

Tab. 5.4: Die Standarddatentypen der Sprache Java

Möchte man mit sehr großen Zahlen bzw. größerer Genauigkeit rechnen als es der Datentyp double erlaubt, kann man auf die speziellen Klassen BigInteger und BigDecimal zurückgreifen (Kapitel 19).

Neben vordefinierten primitiven Datentypen existieren Java die sogenannten *Referenztypen,* deren Eigenschaften sich von Variablen der einfachen Standard-Datentypen deutlich unterscheiden. Nach der Einführung des Klassenkonzepts gehen wir darauf in Kapitel 11 sehr detailliert ein.

5.4 Konstanten

In einem Programm werden nicht nur Variablen benötigt, die ihren Wert verändern können, sondern auch *Konstanten*, die im gesamten Programm ihren anfänglichen Wert beibehalten. Um *symbolische Konstanten* mit festen Namen und Wert zu vereinbaren, dient in Java das Schlüsselwort final, das bei Deklaration der Konstanten vor der Typ- und Namensangabe erscheint.

Indem man Konstanten an *einer* Stelle des Programms aufführt, erhöht man die *Lesbarkeit und Wartbarkeit* des Programms: Statt denselben Wert an vielen Positionen "hart" ins Coding zu schreiben, finden sich Deklaration und Initialisierung der Konstanten an einer bestimmten Stelle. Muss deren Wert geändert werden, so ist nur an einer einzigen zentralen Codingstelle ein Eingriff nötig, nicht aber an verschiedenen, über das Programm verstreuten Orten.

Konstanten können alle genannten Datentypen sein. Auch Konstanten müssen vor ihrer Verwendung deklariert und initialisiert werden. Beides kann in einer Anweisung erfolgen (ist aus Gründen der Lesbarkeit auch sinnvoll), jedoch darf die initiale Wertzuweisung auch später erfolgen. Der Compiler achtet darauf, dass Konstanten sich wirklich konstant verhalten, d.h. nur *einmal* mit einem endgültigen Wert belegt werden - und sich dieser Wert im Programm nicht verändert: Konstanten dürfen ihren Wert nach einmaliger Initialisierung nicht mehr verändern. Jedoch darf der Wert einer Konstanten auch erst zur Laufzeit zugewiesen werden, z.B. durch Eingabe des Benutzers.

Das Beispielprogramm berechnet die Kapitalentwicklung von 1000 GE über drei Jahre hinweg mit einem konstante Zinssatz von 5% und gibt das Ergebnis aus:

```java
class Zinsen {
    public static void main( String[] args ){
        final double zins = 0.05;     // Konstante zins
        double kapital = 1000.0;
        kapital = kapital * (1 + zins);
        kapital = kapital * (1 + zins);
        kapital = kapital * (1 + zins);
        System.out.println( "Endkapital = " + kapital );
    }
}
```

Die Ausgabe lautet: Endkapaital = 1157.625

Während der Wert der Konstanten zins unverändert bleibt, verändert sich der Wert der Variablen **kapital** ständig. Durch Kennzeichnung von zins als final wird die Bedeutung dieser Größe im Programmkontext klarer - und irrtümliche Veränderungen sind ausgeschlossen. Gerade in größeren Projekten ist dies von Bedeutung.

5.5   Zuweisungen zwischen verschiedenen Datentypen

Bei Deklaration einer Variablen oder Konstanten muss ihr Datentyp deklariert werden. Somit kann der Compiler prüfen, ob Wertzuweisungen mit ihrem Datentyp verträglich sind - oder aber mit Datenverlusten bzw. Wertverfälschungen verbunden wären. Grundsätzlich erlaubt der Compiler nur solche Zuweisungen, bei denen solche Probleme nicht auftreten können, die also *typsicher* sind.

Bei einer *Zuweisung* wird der Wert des Ausdrucks *rechts* vom Gleichheitszeichen der *links* stehenden Variablen zugewiesen, d.h. in dieser gespeichert:

```
int x = 10;    int y = 20;
x = y + 1;     x = x + 1;     x = y;
```

Allerdings sind Zuweisungen nur erlaubt, wenn die Datentypen auf beiden Seiten der Gleichung *zuweisungskompatibel* (*typkompatibel*) sind – wenn nicht, so meldet der Compiler einen Fehler. Es handelt sich um eine *statische Typprüfung* zur Compilezeit, durch die Wertverfälschungen zur Laufzeit vermieden werden.

Prinzipiell unproblematisch sind natürlich Zuweisungen mit genau passendem, d.h. gleichem Datentyp: Beispielsweise `int`-Zahlenliteral (Zahl, Wert) oder -Variable an eine `int`-Variable, `double`-Wert oder -Variable an eine `double`-Variable etc.:

```
int n = 10;          int k = n + 20;
double d = 13.5;     double b = 19.34;     d = b + 4.456;
char ch1;            char ch2 = 'F';       ch1 = ch2;
```

Die verschiedenen elementaren Datentypen stehen auch in einer *Typkompatibilitäts-Beziehung* zueinander: Jeder Datentyp ist vorstellbar als unterschiedlich großer Wertbehälter, der unterschiedlich große Werte (im Falle `double` und `float`: auch mit unterschiedlicher Genauigkeit) aufnehmen kann. Bildlich gesprochen kann der *kleinere* Behälter in den *größeren* gepackt werden, nicht aber umgekehrt. Die Größe des Datenbehälters ist durch die Zahl der Bits des Datentyps gegeben aber auch durch die interne Zahlendarstellung.

> Zuweisungen sind erlaubt, wenn der Typ der linken Seite mit dem Typ der rechten Seite gemäß *Typkompatibilitäts-Beziehung* verträglich ist.

So kann eine `int`-Variable stets einer Variablen vom größeren Datentyp `double` zugewiesen werden, da der Compiler beispielsweise aus der `int`-Zahl 5 die `double`-Zahl 5.0d erzeugen kann. Zudem ist der Wertebereich des Typs `int` im Wertebereich des Typs `double` enthalten, so dass es nicht zu Bereichsüberschreitungen kommen kann. Eine solche Zuweisung vom kleineren zum größeren Datentyp wird durch den Compiler mit einer *automatischen (impliziten) Typkonvertierung* bewerkstelligt.

Dies gilt *nicht* in umgekehrter Richtung: Aus dem `double`-Wert 3.78 kann nur durch Wertverfälschung (Abschneiden Kommastellen) ein `int`-Wert gemacht werden. Zudem könnte sich in einer `double`-Variablen ein Wert befinden, der den Zahlenbereich einer `int`-Variablen sprengt, d.h. größer ist als 2147483647. In Abbildung 5.1 sind die Typverträglichkeiten verdeutlicht. Durch das Symbol ⊃ lässt sich die Typkompatibilität formulieren als:

double ⊃ float ⊃ long ⊃ int ⊃ short/char ⊃ byte

Alle Zuweisungen in der Richtung byte → double werden *akzeptiert* und bewirken automatische implizite Typkonvertierungen, alle Zuweisungen in Richtung double → byte werden jedoch vom Compiler *zurückgewiesen*, da prinzipiell Wertverfälschungen bzw. Bereichsüberläufe auftreten könnten.

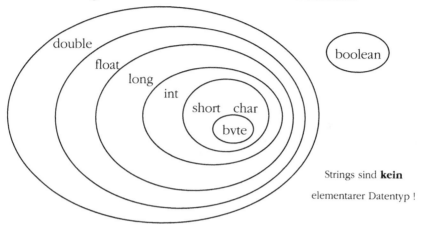

Abb. 5.1: Typkompatibilitäts-Beziehung der Standard-Datentypen von Java

Somit werden folgenden Zuweisungen vom Compiler akzeptiert:

```
double d;    float f;    long m;
int n = 10;  short s = 20;
// Ok - vom kleineren zum größeren Behälter:
d = n;              // von int nach double
f = n + 100;        // von int nach float
m = n + s;          // von int und short nach long
n = s + 30;         // von short nach int
d = m + n + s;      // von long, int und short nach double
```

Dagegen reagieren Java-Compiler auf die folgenden Zuweisungen mit Fehlermeldungen der Art *Type mismatch: cannot convert* oder *loss of precision*:

```
int n;  short s;  byte b;
double d = 3.1;    float f = 1.5f;    long m = 200L;
// Fehler - vom größeren zum kleineren Behälter:
n = d;  n = f;  n = m;  s = n;  m = d;  f = d;
// Fehler - Überschreitung des Wertebereichs:
s = 100000;  b = 800;
```

Möglicherweise kommen auf der rechten Zuweisungsseite in Berechnungen verschiedene Datentypen vor. Bei einer Mischung von Datentypen in Ausdrücken wendet Java folgende Typregel zur Typangleichung an:

> Der "kleinere" Operandentyp wird vor Ausführung der Rechenoperation in den "größeren" konvertiert. Der berechnete Ausdruck bekommt dann den gleichen Typ wie seine Operanden - *zumindest aber* den Typ int.

So ergibt die Summe von float- und int-Variable oder -Zahl ein Ergebnis vom Typ float, das Produkt von double und byte ein double-Ergebnis, die Differenz zwischen long und int ein long-Ergebnis etc. Das Ergebnis der Operation ist aber *mindestens* vom Typ int!! Beim Arbeiten mit byte- und short-Daten kann dies zu *Irritationen* führen: Man muss dieses Vorgehen des Compilers kennen, um zu verstehen, warum das folgende einfache Programm nicht kompiliert, sondern mit einer *Type mismatch*-Fehlermeldung zurückgewiesen wird.

```
class Typregeln {
    public static void main( String[] args ){
        byte b1 = 55;     byte b2 = 10;     byte b3;
        short s1 = 100;   short s2 = 200;   short s3;
        //Fehler: byte + byte gibt int, passt nicht in byte b3!

        b3 = b1 + b2;
        //Fehler: short + short gibt int, passt nicht in short s3!

        s3 = s1 + s2;
    }
}
```

Hier hilft eine explizite Typkonvertierung (s.u.) weiter.

Wichtig: Nicht alle impliziten Typkonvertierungen sind *ohne* Informationsverlust durchführbar. Bei der Umwandlung großer int-Werte nach float sowie bei der Umwandlung großer long-Werten nach float oder double kann es wegen der andersartigen internen Darstellung von Fließkommatypen zu Wertverfälschungen kommen:

```
int n = 123456789;     long m = 9223372036854775807L;
float f = n;      // in f steht:   1.23456**92**E8
double d = m;     // in d steht:   9.223372036854**776**E18
```

5.6   Explizite Typkonvertierungen (Casts)

Durch sogenannte *type casts* kann man sich über die Typregeln des Compilers hinwegsetzen. Durch Casten wird eine explizite Typkonvertierung erzwungen. Zum Casten wird der gewünschte Zieldatentyp in runden Klammern vor die zu castende Variable bzw. den zu castenden Wert geschrieben - es wird ein Castoperator (typ) auf eine Variable bzw. einen Wert angewandt:

```
int n;     short k;     double d = 3.456;
n = (int)d;            // Cast von double nach int
k = (short)6.456f;     // Cast von float nach short
```

Dabei ändern sich Typ und Wert der gecasteten Variablen nicht; vielmehr wird der aktuelle Wert gelesen, gemäß Cast umgewandelt und der umgewandelte Wert der Variablen auf der linken Seite zugewiesen.

Allerdings trägt nun der Entwickler die Verantwortung für Sinn und Resultat der erzwungenen Zuweisungsoperation. Casten bedeutet, klüger sein zu wollen als der Compiler. Dies birgt stets die Gefahr des Datenverlustes oder der Wertverfälschung, da folgende *Regeln beim Casten* vom größeren zum kleineren Datentyp gelten:

- Nicht im Typ der linken Zuweisungsseite unterbringbare Bits des gecasteten Werts werden abgeschnitten! (So lässt sich z.B. aus einem 64bit `long` nur durch Wegfall von 56 bits ein 8bit `byte` gewinnen.) Dies bedeutet konkret:

- Alle Kommastellen gehen verloren beim Cast von Fließkommatypen (`double`, `float`) zu Ganzzahltypen.

- Überstehende Kommastellen und somit Genauigkeit gehen verloren beim Cast von `double` nach `float`.

- Wertveränderungen können beim Casten großer Zahlenwerte resultieren.

Dies zeigen folgende Beispiele:

```
class CastRisiko {
    public static void main( String[] args ){
        double d = 3.456;
        int n = (int)d;      // Abschneiden Kommastellen!
        System.out.println( "Wert n = " + n );
        long m = 129L;
        byte b = (byte)m;   // Von 64 bit "mit Gewalt" nach 8 bit!
        System.out.println( "Wert b = " + b );
        // Mit Cast kompiliert nun allerdings auch:
        byte b1 = 55;      byte b2 = 10;      byte b3;
        short s1 = 100;    short s2 = 200;    short s3;
        b3 = (byte)(b1 + b2);
        s3 = (short)(s1 + s2);
    }
}
```

- Konsole -
Wert n = 3
Wert b = -127

Der Entwickler muss sich also fragen, ob diese Resultate wirklich intendiert sind.

Zwischen dem Datentyp `boolean` und anderen Datentypen kann *nicht* gecastet werden. Die `boolean`-Werte `true` und `false` gehören in Java zu einem *eigenständigen* Datentyp, der nicht in andere Datentypen umgewandelt oder aus Werten anderer Datentypen erzeugt werden kann. Natürlich kann auch nicht zwischen

`String` und primitiven Datentypen gecastet werden, da `String` gar kein primitiver Datentyp ist.

Die Cast-Operation ist auch anwendbar bei Zuweisungen zwischen Objektvariablen (Referenztypen) und wird uns im Zusammenhang mit den fortgeschrittenen Themen Vererbung und Polymorphie wieder beschäftigen.

5.7   Eigenheiten und Fallen beim Arbeiten mit Standarddatentypen

Beim Operieren mit Ganzzahl- und Fließkommatypen sind einige elementare Regeln zu beachten, um bei Berechnungen korrekte Resultate zu erhalten.

Rechnen mit Ganzzahlen:

Divisionen von Ganzzahlen werden nur mit *ganzzahliger Genauigkeit* durchgeführt. Java schneidet bei Ganzzahldivisionen alle Kommastellen (ohne Rundung) einfach ab, um eine Ganzzahl zu erhalten, z.B.:

```
int x = 1/2;    // in x steht 0!
int y = -3/2;   // in y steht -1!
```

Ganzzahlenbereiche sind quasi zu einem *Ring* geschlossen – es gibt keine Überlauf-Fehlermeldungen oder Programmabbrüche, wenn sich bei Rechnungen Bereichsüberschreitungen ergeben. Wird die positive Bereichsgrenze überschritten, so begibt man sich ans Ende des negativen Bereichs, z.B.:

```
byte b = 127;
b = (byte)(b + 1);    // in b steht nun -128!
b = 120;
for( int i=1; i<=10; i++ ) b++;    //in b steht nun -126!
```

Beim Rechnen mit byte- und short-Variablen konvertiert Java automatisch zu `int` (s.o.), z.B.:

```
byte a = 5;   byte b = 10;
// byte c = a + b;   Fehler - Typ von (a + b) ist int! Casten:
byte c = (byte)(a+b);  // Ok!
```

Rechnen mit Fließkommazahlen:

Der Typ einer Fließkommazahl in Java ist defaultmäßig `double`. So wird 1.0 auch ohne Suffix **d** oder **D** als `double` gesehen, aber `1.0f` ist von Typ `float`. Dies liefert Fehler bei ungenau formulierten Zuweisungen an `float`-Größen, z.B.:

```
float f = 1 + 3.14;    // Fehler - Ergebnis ist vom Typ double!
f = 1 + 3.14f;         // OK - Typ der rechten Seite ist float!
double d = 1 + 3.14;   // OK - Typ der rechten Seite ist double!
```

Die Ganzzahlgenauigkeit bei der *Division von Ganzzahlen* wirkt sich auch bei der Zuweisung zu Fließkommatypen aus. Zunächst wird der Ausdruck der rechten Seite berechnet, dann erst wird das Resultat eventuell einer für die Zuweisung erforderlichen automatischen Typkonvertierung unterzogen, z.B.:

```
double d = 1/2;  // In d steht 0.0d! (1 und 2 sind int-Zahlen)
```

```
d = 1.0/2;        // In d steht 0.5d  (1.0 ist double-Zahl)
d = (double)1/2;  // In d steht 0.5d  (Cast von int 1 zu double)
d = 0.8 + 1/2 ;   // In d steht 0.8d! (Denn 1/2 lieferte 0!)
```

Fließkommaberechnungen sind prinzipiell ungenau. So können beispielsweise negative Zehnerpotenzen (0.1, 0.02 etc.) mit float oder double nicht exakt dargestellt werden [BLO04]:

```
double d = 1.03 - 0.42 ;   // in d steht 0.6100000000000001 !!
```

Somit sind Fließkommatypen im Grunde für monetäre Berechnungen ungeeignet. Stattdessen sollten int oder long verwendet und die Kommastellen intern selbst verwaltet werden (d.h. in Cent rechnen statt in Euro). Um unsere Beispielprogramme einfach und übersichtlich zu halten, setzen wir uns jedoch darüber hinweg.

5.8   Namensgebung

Einhaltung der folgenden Konventionen erhöht die *Lesbarkeit* des Programmcodes:

- Variablen und Konstanten sollten *sprechende Namen* erhalten, die ihre Bedeutung im Programmkontext ausdrücken.

- Variablennamen beginnen mit Kleinbuchstaben, z.B.: zins, kapital.

- In zusammengesetzten Variablennamen schreibt man nachfolgende Wortanfänge groß, z.B.: anfangsKapital.

- Konstantennamen bestehen aus Großbuchstaben, z.B.: MINIMUM.

- Zusammengesetzte Konstantennamen werden durch Unterstriche _ verbunden, z.B.: MAX_VALUE.

- Hilfsvariablen sollten eher mit kurzen Namen belegt werden, z.B.: i, j.

- Trotz Unicode sollten mit Rücksicht auf internationale Verständlichkeit *keine* nationalen Sonderzeichen (z.B. Umlaute) verwendet werden.

- Bei Deklaration sollten wichtige Variablen und Konstanten kommentiert werden, um ihre Bedeutung im weiteren Programmkontext zu dokumentieren.

In diesem Kapitel haben wir bereits in den Beispielen mit Additionen (+) und Divisionen (/) von Variablen und Werten gearbeitet. Im folgenden Kapitel wollen wir uns nun einen vollständigen Überblick über die in die Sprache Java *eingebauten Operatoren* und ihre Wirkungsweise verschaffen.

6 Operatoren und Ausdrücke

Ein Java-Programm ist nach festen syntaktischen Regeln aufgebaut, vergleichbar mit der Grammatik einer natürlichen Sprache. Aus Gründen der Verständlichkeit werden wir dieser Einführung keine formale Sprachspezifikation in Form einer lexikalischen und syntaktischen Grammatik zugrunde legen, sondern die jeweiligen Sprachelemente inhaltlich motiviert einführen. Wer sich für die formale Sprachbeschreibung interessiert, sei auf die einschlägige Dokumentation [SUN05G] verwiesen.

In diesem Kapitel werden Operatoren und Ausdrücke der Sprache Java dargestellt. Operatoren verknüpfen einfache Ausdrücke zu neuen Ausdrücken, auf die selbst wieder Operatoren angewendet werden können.

6.1   Ausdrücke

Die einfachsten Ausdrücke sind Variablen oder Literale (konstante Bezeichner), bei Ausdrücken interessiert vor allen Dingen ihr Wert. Komplexe Ausdrücke werden durch Anwendung von Operatoren auf einfachere Ausdrücke gebildet, der Wert des neuen Ausdrucks "errechnet" sich aus den Werten der Teilausdrücke.

Aus den Ausdrücken x (Variable) und 17 (Literal) erhält man durch Anwendung des 2-stelligen Operators + den neuen Ausdruck x + 17. Der Wert dieses Ausdrucks ist dann die Summe der Werte der Teilausdrücke.

6.2   Operatoren

Mithilfe von Operatoren lassen sich aus einfachen Ausdrücken komplexe Ausdrücke erstellen, etwa:

```
a + 1          a * b          22 - 3          -c
```

Da die dadurch entstehenden Ausdrücke selbst wieder als Operanden verwendet werden können, lassen sich immer komplexere Ausdrücke bilden:

```
(a + 1) + c              (a * b) + x                -(a + 1)
```

Die hier verwendeten Klammern können je nach Bindung der Operatoren in manchen Fällen auch weggelassen werden, dazu später mehr. Die meisten Operatoren werden auf zwei Operanden angewendet und sind daher zweistellig, etwa die Addition + oder Multiplikation *, es gibt aber auch einstellige Operatoren und sogar einen dreistelligen Operator.

Wie bei den bekannten mathematischen Rechenoperationen stehen zweistellige Operatoren stets *zwischen* den Operanden (*Infix*-Notation), manche einstellige Operatoren stehen *vor* (*Präfix*-Notation), manche *nach* dem Operanden (*Postfix*-Notation).

Neben dieser formalen Klassifikation lassen sich Operatoren gruppieren in

- arithmetische Operatoren
- Vergleichsoperatoren
- logische Operatoren
- Bedingungsoperator
- Bitoperatoren
- Zuweisungsoperator und Verbundoperatoren

6.2.1   Arithmetische Operatoren

Die arithmetischen Operatoren verkörpern die mathematischen Rechenoperationen auf Zahlenwerten, d.h. es kommen als Operanden Werte der Datentypen `byte`, `char`, `short`, `int`, `long`, `float` oder `double` in Frage.

Die arithmetischen Operatoren sind in den beiden Tabellen 6.1 und 6.2 dargestellt.

Operator	Anwendung	Bedeutung
+	x + y	Summe von x und y (Addition)
-	x - y	Differenz von x und y (Subtraktion)
*	x * y	Produkt von x und y (Multiplikation)
/	x / y	Quotient von x und y (Division)
%	x % y	Rest bei ganzzahliger Division von x durch y (Modulo-Operator)

Tab. 6.1: Zweistellige arithmetische Operatoren

Bei Addition, Subtraktion, Negation, Division und Multiplikation kann ein Überlauf auftreten, wenn nämlich der mathematisch korrekte Wert außerhalb des Wertebereichs des entsprechenden Datentyps liegt. Da dies weder vom Compiler noch zur Laufzeit moniert wird, bleibt es dem Entwickler überlassen, sich vor solchen "falschen Berechnungen" zu schützen (vgl. auch Übung 6.1).

Der einstellige Operator + wurde aus Gründen der Symmetrie zur arithmetischen Negation eingeführt. Er ermöglicht die explizite Darstellung eines positiven Wertes, etwa bei einer Deklaration der Form

```
int value = +101;
```

Der einstellige Operator – liefert als Resultat den negativen Wert des Operanden.

Operator	Anwendung	Bedeutung
+	+x	Wert des Ausdrucks ist x
-	-x	Negation von x
++	++x	Inkrement (Präfix): erhöht x um 1 Wert des Ausdrucks ist der erhöhte Wert
	x++	Inkrement (Postfix): erhöht x um 1 Wert des Ausdrucks ist der ursprüngliche Wert
--	--x	Dekrement (Präfix): vermindert x um 1 Wert des Ausdrucks ist der verminderte Wert
	x--	Dekrement (Postfix): vermindert x um 1 Wert des Ausdrucks ist der ursprüngliche Wert

Tab. 6.2: Einstellige arithmetische Operatoren

Die Inkrement- ++ und Dekrement-Operatoren -- gibt es in Präfix- und in Postfix-Notation. Was die Auswirkung auf den Operanden betrifft, verhalten sich diese Versionen gleich, der Wert des Operanden wird um jeweils 1 erhöht bzw. vermindert.

Die beiden Anweisungen

x++;   ++x;

sind gleichbedeutend und beide gleichwertig zu

x = x + 1;

Der Wert der Ausdrücke x++ und ++x ist jedoch unterschiedlich, was sich dann auswirkt, wenn sie weiter verwendet werden, etwa in Zuweisungen der Form:

x = 5;   x = 5;
y = x++;   y = ++x;

Bei der Postfix-Notation wird der Operand bewertet und anschließend um 1 erhöht, bei der Präfix-Notation verhält es sich gerade umgekehrt, die Bewertung findet nach dem Erhöhen statt. Im linken Fall hat nach Ausführung der Anweisungen y den Wert 5 und x den Wert 6, im rechten Fall haben sowohl y als auch x den Wert 6.

Die Verwendung von Inkrement- oder Dekrement-Operatoren in Zuweisungsanweisungen ist zwar in manchen Fällen sinnvoll und berechtigt, sollte aber gerade von Programmierneulingen vermieden werden. Der eingesparte Platz einer Codezeile geht hierbei zu leicht auf Kosten der Verständlichkeit.

Arithmetik der ganzen Zahlen

Bei der ganzzahligen Arithmetik ist neben den bereits genannten Überlaufsituationen zu beachten, dass es sich bei der Division um die ganzzahlige Division handelt.

Daher haben die folgenden Ausdrücke alle den Wert 2:

                6/3   7/3   8/3

Der Versuch, durch 0 zu dividieren, löst eine `ArithmeticException` aus, ebenso der Ausdruck x%0, da beides aus mathematischen Gründen keinen Sinn ergibt.

Arithmetik der Fließkommazahlen

Im Gegensatz zu den ganzen Zahlen werden bei den Fließkommazahlen Überlaufsituationen mitgeteilt und durch spezifische Werte ausgedrückt. In den Klassen `Double` und `Float` existieren neben `MAX_VALUE` und `MIN_VALUE` für die größte positive bzw. kleinste positive darstellbare Zahl die folgenden Konstanten

```
POSITIVE_INFINITY                    NEGATIVE_INFINITY
```

Ein Überlauf kann beispielsweise folgendermaßen auftreten und erkannt werden.

```
double d1 = Double.MAX_VALUE + Double.MAX_VALUE;  //zu groß

double d2 = 11.0/0;               //Division durch 0: zu groß

System.out.println((d1==d2)+" "+(d1==Double.POSITIVE_INFINITY);
```

Die Werte d1 und d2 stimmen beide mit `POSITIVE_INFINITY` überein.

Mit diesen Unendlichkeitswerten kann zum Teil sinnvoll weitergerechnet werden:

```
P_INF + P_INF = P_INF + x = P_INF * p = P_INF   // x endlich
N_INF + N_INF = N_INF + x = N_INF * p = N_INF   // p endlich positiv
P_INF * P_INF = N_INF * N_INF = P_INF / p = P_INF
N_INF * P_INF = N_INF / p     = N_INF
```

wobei nicht jeder Ausdruck einen zulässigen Zahlenwert darstellt, wie z.B.

```
Double.POSITIVE_INFINITY * 0.0  //nicht definiert

Double.POSITIVE_INFINITY / Double.POSITIVE_INFINITY
```

Für den Wert dieser Ausdrücke existiert die Konstante NaN (Not-A-Number) ; ob ein Ausdruck eine solche unzulässige Zahl bezeichnet, lässt sich testen mit

```
Double.isNaN( 17.0 )             Double.isNaN( Double.NaN )
```

Der Identitätsvergleich mit `Double.NaN` funktioniert nicht, da dieser Ausdruck immer `false` ergibt, insbesondere für `Double.NaN==Double.NaN`, ein Kuriosum!

Die in Kapitel 5 bereits erwähnten Ungenauigkeiten beim Rechnen mit den Datentypen `float` und `double` betreffen nicht nur die Nachkommastellen, sondern auch den ganzzahligen Bereich:

```
double d1 = 1.0E291;     double d2 = Double.MAX_VALUE;

System.out.println( d1 + d2 == d2 );    // true !!
```

Auch die folgende Code-Passage macht dies deutlich:

```
double a = 13.0d;       double b = 1.3d;

System.out.println( a%b );    // 1.299999...
```

Mit dem Aufruf `Math.IEEEremainder(a, b)` lässt sich zwar ein besseres Ergebnis erzielen, der errechnete Wert ist dennoch von 0 verschieden (-4.4E-16).

Für eine detaillierte Darstellung dieser Thematik verweisen wir auf [ARN01].

6.2.2   Vergleichsoperatoren

Vergleichsoperatoren (relationale Operatoren) vergleichen Ausdrücke miteinander und geben einen der beiden Booleschen Werte `true` oder `false` zurück, je nach dem, ob die behauptete Beziehung zwischen den Operanden wahr ist oder nicht.

In der Tabelle 6.3 sind die Vergleichsoperatoren und deren Wahrheitsbedingungen aufgeführt. Trifft die Wahrheitsbedingung zu, ist der Wert des Ausdrucks `true`, falls nicht, so ist er `false`.

Operator	Anwendung	Wahrheitsbedingung
`==`	`x == y`	x stimmt mit y überein
`!=`	`x != y`	x ist von y verschieden
`<`	`x < y`	x ist kleiner als y
`<=`	`x <= y`	x ist kleiner als y oder gleich y
`>`	`x > y`	x ist größer als y
`>=`	`x >= y`	x ist größer als y oder gleich y

Tab. 6.3: Vergleichsoperatoren

Alle diese Vergleichsoperatoren können auf numerische Operanden angewendet werden. Falls diese von unterschiedlichem Typ sind, so werden sie wie bei arithmetischen Operatoren an einen gemeinsamen Typ angepasst. Mit den Operatoren `==` und `!=` können neben numerische Typen auch Ausdrücke vom Typ `boolean` und Objekte (Referenztypen) miteinander verglichen werden.

Vorsicht ist beim Gleichheitsoperator geboten, der aus zwei Gleichheitszeichen besteht und sich dadurch vom Zuweisungsoperator `=` unterscheidet. Glücklicherweise werden in Java im Gegensatz zu manch anderen Programmiersprachen fast alle Verwechslungen dieser Operatoren vom Compiler erkannt und moniert, wie etwa im folgenden Beispiel

```
int x = 7;
int y = 12;
boolean id1 = (x = y);   // Compiler moniert
boolean id2 = (x == y);  // OK
```

6.2.3   Logische Operatoren

Die logischen Operatoren drücken die logischen Verknüpfungen Negation (Nicht), Und, Oder (inklusiv) und Entweder-Oder aus (vgl Tabelle 6.4). Sie können ausschließlich auf Ausdrücke angewendet werden, deren Werte vom Typ `boolean` sind, ihr Ergebnis ist auch ein Wert dieses Typs, also `true` oder `false`.

Operator	Anwendung	Bedeutung
!	! x	Negation
&	x & y	Und
|	x | y	Oder (inklusiv)
^	x ^ y	Entweder-Oder
&&	x && y	bedingt auswertendes Und
||	x || y	bedingt auswertendes Oder

Tab. 6.4: Logische Operatoren

Die Bedeutung dieser Operatoren werden am einfachsten durch so genannte Wahrheitstafeln in den Tabellen 6.5 und 6.6 dargestellt. Diese geben an, wie sich für einen logischen Operator der Wert eines logischen Ausdrucks in Abhängigkeit von den Werten der Teilausdrücke ermitteln lässt.

x	! x
true	false
false	true

Tab. 6.5: Wahrheitstafel: Logische Negation

Logische Negation

Negiert den Wahrheitswert: Aus `true` wird `false` und umgekehrt.

x	y	x & y x && y	x | y x || y	x ^ y
true	true	true	true	false
true	false	false	true	true
false	true	false	true	true
false	false	false	false	false

Tab. 6.6: Wahrheitstafel: Logisches Und, nicht-exklusives Oder und exklusives Oder

Logisches Und

Liefert genau dann den Wert `true`, wenn beide Operanden den Wert `true` liefern.

Logisches Oder

Liefert genau dann Wert `true`, falls mindestens einer der beiden Ausdrücke x und y den Wert `true` liefert. Ansonsten, d.h. nur wenn beide Teilausdrücke den Wert `false` haben, hat der Ausdruck den Wert `false` (letzte Zeile der Wahrheitstafel).

Logisches Entweder-Oder

Liefert genau dann `true`, wenn die Operanden unterschiedliche Wert haben.

Bedingt auswertendes Und und Oder

Die Operatoren Und und Oder existieren in jeweils zwei Versionen, nämlich als & und && bzw. | und ||. Betrachten wir den folgenden Ausdruck

$$(x < 0) \ || \ (y > 11)$$

und nehmen an, der Wert von x ist -3. Die Operanden werden von links nach rechts bewertet, d.h. nach Bewertung des linken Teilausdrucks (`true`) steht unabhängig vom Wert des rechten Ausdrucks der Wert des gesamten Ausdrucks bereits fest, nämlich `true`. Analog hat eine Und-Verknüpfung den Wert `false`, falls der zuerst ausgewertete Teilausruck den Wert `false` liefert. Da der zweite Teilausdruck zum Ergebnis nichts beiträgt, wäre es sinnvoll, diesen einfach zu ignorieren. Andererseits könnte der zweite Teilausdruck neben der eigentlichen Bewertung noch erwünschte Nebeneffekte bewirken, etwa durch einen Inkrement-Operator oder einen Methodenaufruf, der in diesem Fall nicht unterschlagen werden sollte.

Um diese Fälle explizit unterscheiden zu können, enthält Java für Und und Oder jeweils zwei Operatoren. Beim einfachen & und | werden stets beide Teilausdrücke bewertet, bei "doppelten" (bedingt auswertenden) && und || wird der zweite Teilausdruck nur dann ausgewertet, wenn das Ergebnis nicht schon durch den ersten Teilausdruck feststeht. Diese Operatoren werden auch Kurzschluss-Operatoren (short-circuit) genannt, da sie die Laufzeit eines Programms verkürzen können. Letztlich liegt es in der Hand der Entwickler, diese Operatoren angemessen zu verwenden. Im Regelfall wird man Kurzschluss-Operatoren einsetzen und aus Gründen der Performance bei Oder-Verknüpfungen einen "vermutlich wahren" Teilausdruck links vom Operator formulieren, analog bei Und-Verknüpfungen einen "vermutlich falschen" Teilausdruck vorziehen.

6.2.4   Bedingungsoperator

Der dreistellige Bedingungsoperator (Konditionaloperator) erlaubt, den Wert eines Ausdrucks von einer Bedingung abhängig zu machen. Er hat die allgemeine Form

```
<ausdruck1> ? <ausdruck2> : <ausdruck3>
```

wobei `<ausdruck1>` vom Typ `boolean` ist. Je nach dem, ob dieser `true` oder `false` liefert, wird `<ausdruck2>` oder `<ausdruck3>` bewertet und als Wert des Gesamtausdrucks zurückgegeben. Für den zweiten und dritten Operanden sind Ausdrücke erlaubt, die entweder beide numerische Typen, beide `boolean` oder beide Referenztypen (etwa Strings) darstellen.

Dieser Ausdruck erlaubt oft kompakte Formulierungen wie z.B.

```
max = (a > b) ? a : b;                // Maximum von a und b
```

oder

```
System.out.println( (x%2 == 0) ? "gerade" : "ungerade" );
```

und entspricht semantisch einer if-else Anweisung

<u>falls</u>   *ausdruck1*, dann   *ausdruck2*
<u>sonst</u>   *ausdruck3*,

die wir später noch kennenlernen werden.

Der Bedingungsoperator kann sinnvoll auch von Programmierneulingen verwendet werden, er ist jedoch mit Vorsicht zu genießen, insbesondere dann, wenn er zusammen mit anderen Operatoren oder mit sich selbst verknüpft zum Einsatz kommt.

6.2.5   Bitoperatoren

In der Informatik werden Daten in Einheiten verwaltet, die man als Folge von Bits auffasst. Ein Bit stellt die kleinste Einheit dar und kann genau zwei Zustände annehmen, die man mit Aus-An, Falsch-Wahr oder einfach mit 0-1 bezeichnet. Einheiten von 8 Bits fasst man zu 1 Byte zusammen.

Um einen nicht-negativen Zahlenwert in seine Bit-Repräsentation zu überführen, benutzt man die Dualdarstellung und setzt, beginnend von rechts, das jeweilige Bit auf 1 oder 0, entsprechend dem Wert der Dualdarstellung.

Die Zahl 11 (= 1 + 2 + 8 = $\mathbf{1}*2^0$ + $\mathbf{1}*2^1$ + $\mathbf{0}*2^2$ + $\mathbf{1}*2^3$) besitzt die Dualdarstellung 1101, folglich besitzt

```
int x = 11;
```

die Bit-Repräsentation

```
00000000 00000000 00000000 00001011
```

Mit den Bitoperatoren lassen sich Operationen direkt auf der Bit-Darstellung der ganzzahligen Datentypen durchführen.

Operator	Anwendung	Bedeutung
~	~x	Komplement
&	x & y	Und
|	x | y	Oder
^	x ^ y	exklusives Oder

Tab. 6.7: Bitoperatoren Komplement, Und, Oder und exklusives Oder

Der einstellige Operator ~ bildet das Bit-Komplement, indem an jeder Stelle der Wert "gekippt" wird, d.h. eine 1 wird zur 0 und umgekehrt eine 0 zur 1 (vgl. Tabelle 6.7). Demnach besitzt im obigen Beispiel ~x die folgende Bit-Darstellung

```
11111111 11111111 11111111 11110100
```

Dass diese die Zahl -12 repräsentiert, liegt an der 2-Komponent-Darstellung der negativen Zahlen. Dies ist aber für die Definition und Verwendungsweise der Bitoperationen nicht von grundsätzlicher Bedeutung, da man eher selten am dargestellten Zahlenwert interessiert ist.

Die zweistelligen Bitoperationen Und, Oder und exklusives Oder (Entweder-Oder) sind bitweise definiert. Das Resultat hängt an der n-ten Stelle nur von der n-ten Stelle der Operanden ab und lässt sich durch folgende Tabelle 6.8 definieren.

x	y	x & y	x | y	x ^ y
1	1	1	1	0
1	0	0	1	1
0	1	0	1	1
0	0	0	0	0

Tab. 6.8: Bitoperationen: Und, Oder und exklusives Oder

Das folgende Beispiel verdeutlicht dies am Datentyp byte:

```
x:        00101101        00101101        00101101
y:        10101011        10101011        10101011
        --------        --------        --------
      & 00101001      | 10101111      ^ 10000110
```

Schließlich gibt es noch Bitoperatoren zum Verschieben der Bits eines Wertes:

Operator	Anwendung	Bedeutung
<<	x << y	Gibt Wert zurück, dessen Bits gegenüber x um y Positionen nach links verschoben wurden (entsprechend viele 0-Bits werden aufgefüllt)
>>	x >> y	Gibt Wert zurück, dessen Bits gegenüber x um y Positionen nach rechts verschoben wurden (es wird mit dem höchsten Bit aufgefüllt)
>>>	x >>> y	Gibt Wert zurück, dessen Bits gegenüber x um y Positionen nach rechts verschoben wurden (entsprechend viele 0-Bits werden aufgefüllt)

Tab. 6.9: Schiebeoperatoren

Bits, die über die Grenze des Speicherbereichs geschoben werden, gehen verloren. Da wir es in Java grundsätzlich mit vorzeichenbehafteten Datentypen zu tun haben, macht es Sinn, das Vorzeichen-Bit (das am weitesten links stehende) beim Rechts-

Shift zu erhalten. Der Operator >> trägt dem Rechnung, indem er dieses Bit unverändert lässt und folgende Leerstellen mit diesem Bit auffüllt. Die Operation x >> 1 entspricht der ganzzahligen Division durch 2. Der Operator >>> dagegen schiebt die Bits unabhängig von der Vorzeichensemantik um entsprechend viele Stellen nach rechts und füllt Leerstellen von links mit 0 auf.

In Java werden Bitoperationen im Gegensatz zu anderen Programmiersprachen selten eingesetzt, zumal diese plattformunabhängig in der Java VM implementiert sind und damit keinen direkten Zugriff auf die Prozessorarchitektur erlauben. Insbesondere hüte man sich davor, aus Gründen der Performance eine Multiplikation mit 2 durch die Shift-Operation x<<1 durchzuführen. Ein solches Programm arbeitet nicht schneller, ist aber mit Sicherheit weniger verständlich.

6.2.6   Zuweisungsoperator und Verbundoperatoren

Der einfache Zuweisungsoperator wird mit dem Gleichheitszeichen = dargestellt und weist der Variablen auf der linken Seite den Wert des Ausdrucks auf der rechten Seite zu. Es ist einer der wenigen Operatoren, mit denen Werte von Variablen verändert werden können.

Die Anweisungen

```
x = 17;
y = 4;
z = x;
```

sind nicht als mathematische Gleichungen zu lesen, sondern als Zuweisung eines Wertes an eine Variable. Nach Ausführen dieser Anweisungen hat die Variable x den Wert 17, die Variable y den Wert 4 und die Variable z den Wert der Variablen x, also ebenfalls 17. Durch die folgende Anweisung

```
y = y + 3;
```

wird der Wert von y um 3 erhöht, denn der Wert des Ausdrucks rechts vom Gleichheitszeichen, also die Summe des Wertes von y und 3, wird der Variablen y zugewiesen. Die Variable y hat nach der Ausführung dieser Anweisung den Wert 7.

Die Zuweisung findet *nach* der Bewertung des Ausdrucks auf der rechten Seite statt, so dass man gelegentlich auch vom *neuen* Wert einer Variablen spricht, der sich aus ihrem *alten* Wert errechnet. Auf der rechten Seite des Gleichheitszeichens können sehr komplexe Ausdrücke stehen, in denen die Variable, an die zugewiesen wird, selbst auch wieder vorkommen kann.

Zuweisungen der Form

```
x = y = 4;
```

sind ebenfalls möglich und gleichbedeutend mit

```
y = 4;
x = y;
```

Zuweisungen haben selbst auch einen Wert, nämlich den zuweisenden Wert, und werden von rechts nach links bewertet.

Für die meisten der bereits dargestellten zweistelligen Operatoren gibt es im Zusammenhang mit der Zuweisung den sogenannten *Verbundoperator*, mit dem man Änderungen einer Variablen abhängig von ihrem bisherigen Wert kompakt formulieren kann (vgl. Tabelle 6.10). Dies ist insbesondere dann relevant, wenn wie in Java üblich, sprechende (und daher meist lange) Variablennamen verwendet werden.

Verbundoperator	**gleichwertig zu**
x += y	x = x + y
x -= y	x = x - y
x *= y	x = x * y
x /= y	x = x / y
x %= y	x = x % y
x &= y	x = x & y
x |= y	x = x | y
x ^= y	x = x ^ y
x <<= y	x = x << y
x >>= y	x = x >> y
x >>>= y	x = x >>> y

Tab. 6.10: Verbundoperatoren

Streng genommen handelt es sich bei den Verbundoperatoren nicht um eine Kurzschreibweise für die Verkettung von Zuweisung und zweistelligem Operator, denn der linke Operand wird innerhalb des Verbundoperators nur einmal bewertet, bei der Verkettung auf der rechten Seite jedoch zweimal. Dieser Punkt ist jedoch für die Praxis kaum relevant und daher eher von akademischem Interesse.

6.2.7   Ausführungsreihenfolge der Operatoren

Im einfachsten Fall enthalten Ausdrücke nur einen Operator. Werden aber Operatoren auf Teilausdrücke angewendet, die selbst wieder Operatoren enthalten, so muss die Reihenfolge der Ausführung beachtet werden. So macht es einen wichtigen Unterschied, ob im folgenden Ausdruck

    x / y * z

zuerst dividiert oder zuerst multipliziert wird.

Die Ausführungsreihenfolge der Operatoren wird durch ihren Rang festgelegt, der sich aus der Tabelle 6.11 ergibt. Treten in einem Ausdruck mehrere Operatoren auf, so werden Operatoren mit höherem Rang vor Operatoren mit niedrigerem Rang ausgeführt. Kommen in einem Ausdruck mehrere gleichrangige Operatoren vor, so werden diese von links nach rechts ausgewertet. Eine Ausnahme bilden hierbei die

Verbundoperatoren und der Zuweisungsoperator, bei denen eine solche Bewertungsreihenfolge keinen Sinn macht. Diese werden stets von rechts nach links bewertet.

Operatoren	Beschreibung	Rang
`=, +=, -=, *= ...`	Zuweisungsoperator und Verbundoperatoren	1
`?:`	Bedingungsoperator	2
`||`	logisches Oder (bedingt auswertend)	3
`&&`	logisches Und (bedingt auswertend)	4
`|`	logisches oder bitweises Oder	5
`^`	logisches oder bitweises Entweder-Oder	6
`&`	logisches oder bitweises Und	7
`==, !=`	Vergleichsoperatoren: Gleich, Ungleich	8
`<, <=, >, >=`	Vergleichsoperatoren	9
`<<, >>, >>>`	Schiebeoperatoren	10
`+, -`	Addition, Subtraktion, auch String-Verkettung	11
`*, /, %`	Multiplikation, Division, Rest	12
`++, --, +, -, ~, !`	einstellige Operatoren	13

Tab. 6.11: Ausführungsreihenfolge von Operatoren

Einstellige Operatoren besitzen hierbei grundsätzlich einen höheren Rang als mehrstellige. Multiplikative Operationen haben einen höheren Rang als additive, d.h. die aus der Schulmathematik bekannte "Punkt-vor-Strich-Regel" gilt auch in Java.

Natürlich ist es möglich und oft auch notwendig, durch geeignete Klammerung von Ausdrücken eine gewünschte Bewertungsreihenfolge zu erzwingen, so etwa im folgenden Ausdruck, der Werte von Fahrenheit nach Celsius berechnet:

```
celsius = (fahrenheit - 32) * 5 / 9
```

Ohne Klammern würden Multiplikation und Division vor der Subtraktion ausgeführt werden, was zu einem falschen Ergebnis führt.

Guter Programmierstil zeigt sich unter anderem darin, dass man Ausdrücke verwendet, deren Bewertungsreihenfolge klar erkennbar ist. Unter Umständen ist es sinnvoll, Teilausdrücke in temporären Variablen "zwischenzuspeichern" oder zusätzliche Klammern zu verwenden, selbst wenn diese aus formalen Gründen nicht notwendig wären.

7 Kontrollstrukturen

Kontrollstrukturen dienen dazu, den Kontrollfluss eines Programms gezielt zu steuern. Wie die Abarbeitung des Programms fortgesetzt wird, hängt davon ab, welchen Wahrheitswert (`true` oder `false`) explizit formulierte *Vergleichsoperationen* liefern, die innerhalb der Kontrollstrukturen ausgewertet werden. *Boolesche Operationen* finden hier ihren eigentlichen Anwendungsbereich. Als grundlegende Kontrollstrukturen stehen zur Verfügung:

- Verzweigungen: Kontrollfluss-Alternativen aufgrund von Bedingungsprüfungen

- Schleifen: Zyklische Wiederholung bestimmter Anweisungen

Damit haben wir die Möglichkeit, die rein sequentielle Abarbeitung des Programmcodes zu modifizieren, alternative Ausführungspfade in einem Programms vorzusehen und zu kontrollieren, wie oft eine Codingstrecke wiederholt ausgeführt wird.

Kontrollanweisungen sind selbst bei einfachen Problemen unverzichtbar: Wollen wir berechnen, wie sich ein Anfangskapital über dreißig Jahre hinweg bei Zinszufluss und jährlicher Kapitalentnahme entwickelt, so wäre es mühsam, dieselbe Anweisung dreißig mal in Folge aufzuführen. Mit einer Schleife ist dies eine Sache weniger Programmzeilen – und überdies ist dabei sogar eine Formulierung möglich, durch die die Zahl der Jahre variabel gehalten wird, um durch den Benutzer beim Programmlauf vorgegeben zu werden. Somit sind Kontrollstrukturen erforderlich, um generische, flexibel nutzbare Programme zu entwerfen.

Neben Verzweigungen und Schleifen, werden wir in späteren Kapiteln weitere ganz andere Mittel der Kontrollflusssteuerung kennen lernen: Zum einen die *Rekursion*, d.h. der Selbstaufruf einer Methode. Zum anderen die *strukturierte Ausnahmebehandlung*, d.h. Kontrolle des Programmflusses durch Auslösen und gezieltes Abfangen von Fehlersituationen.

7.1 Verzweigungen und Vergleichsoperationen

Durch Verzweigungen können verschiedene Kontrollflussalternativen (Fälle) abgebildet werden. Es steht die einfache `if`- und `if-else`-Anweisung zur Einzelfallprüfung zur Verfügung und die komplexere `switch-case`-Anweisung, durch die beliebig viele Alternativen kompakt behandelt werden können.

7.1.1 Einfachverzweigung (`if`, `if else`)

Durch das Java-Schlüsselwort **if** wird eine einfache Bedingungsprüfung eingeleitet. Dem Schlüsselwort `if` folgt die zu prüfende Bedingung in ein rundes Klammerpaar eingeschlossen. Bei der Bedingung handelt es sich stets um einen booleschen Ausdruck, der als Ergebnis einen Wahrheitswert vom Typ `boolean` liefern muss.

Liefert die Auswertung der Bedingung den Wahrheitswert `true` (Bedingung trifft zu), wird die direkt folgende Anweisung ausgeführt. Sollen mehrere Anweisungen ausgeführt werden, so sind diese in einem Anweisungs-Block, d.h. eingeschlossen in ein geschweiftes Klammerpaar { }, zusammenzufassen. Auch bei nur einer Anweisung *können* Blockklammern gesetzt werden. Liefert die Bedingungsprüfung `false` (Bedingung trifft nicht zu), so wird die zugehörige Anweisung bzw. der Anweisungsblock nicht ausgeführt sondern übersprungen und das Programm hinter der `if`-Anweisung fortgesetzt. Die Struktur hat folgende Gestalt:

```
if( Bedingung ) {
    Anweisung(en);     // Anweisungsblock
}
```

Hier wird `if` ohne zugehöriges `else` verwendet, d.h. es ist keine Alternative zum `if`-Fall vorgesehen.

```
int x = 10;
if( x > 5 )   System.out.println( "x ist größer als 5" );
System.out.println( "Der Wert von x = " + x );
```

Entweder-Oder-Alternativen werden durch das `if-else`-Konstrukt ausgedrückt. Der Programmfluss spaltet auf in zwei alternative Zweige: Entweder der `if`-Fall trifft zu und der `if`-Anweisungsblock (`if`-Zweig) wird ausgeführt, oder aber der `else`-Fall tritt ein und der `else`-Anweisungsblock (else-Zweig) wird abgearbeitet:

```
if( Bedingung ) {
    Anweisung(en);
}
else {
    Anweisung(en);
}
```

Ein Beispiel:

```
int x = 10;     boolean test;
if( x > 5 ) {   // Mehr als eine Anweisung - Block erforderlich
    System.out.println( "x ist größer als 5" );
    test = true;
}
else {          // Mehr als eine Anweisung - Block erforderlich
    System.out.println( "x ist kleiner oder gleich 5" );
    test = false;
}
```

Diese `if-else`-Verzweigungen lassen sich auch schachteln, d.h. innerhalb des `if`- oder `else`-Zweiges können weitere Fallunterscheidungen mittels `if-else` eingebettet werden, um komplexe Fallunterscheidungen abzubilden. Schnell leidet jedoch bei tieferen Verschachtelungen die Lesbarkeit des Programms; zu prüfen ist, ob nicht besser die `switch-case`-Anweisung (s.u.) eingesetzt wird.

Im Zusammenhang mit der if-else-Schachtelung ergibt sich das Problem des *dangling else*, d.h. des "hängenden" else-Zweiges: Es ist nicht offensichtlich auf welchen der beiden if-Zweige sich der folgende else-Zweig bezieht:

```
int x = 10;      int y = 20;       int max = 0;
if( x > y )  // Erstes if
    if( x >= 0 ) { max = x; }  // Zweites if
    else { max = -x; }  // Dangling else - gehört zum zweiten if
System.out.println( "Der Wert von max = " + max ); // max ist 0
```

Folgende Regel klärt diese Zweideutigkeit: Ein else-Zweig gehört stets zum direkt vorausgehenden if-Zweig, der noch keinen else-Zweig besitzt. Im Beispielcoding wird dies bereits durch entsprechende Formatierung angedeutet: Das *dangling else* ergänzt den zweiten if-Zweig, während der erste if-Zweig keinen else-Zweig beseitzt. Der Wert von max bleibt also 0.

7.1.2   Vergleichsoperationen

Durch Vergleichsoperationen (relationale Operationen) werden jeweils zwei Operanden verglichen. Die Vergleichsoperatoren <, <=, > und >= sind nur auf die numerischen Datentypen (byte, char, short, int, long, float, double) anwendbar. Dagegen können die Operatoren == und != auch auf boolesche Werte angewendet werden. Als Ergebnis des Vergleichs wird ein boolescher Wert zurückgeliefert, d.h. entweder true oder false.

Das Beispiel formuliert eine komplexe logische Prüfung: Es wird festgestellt, ob der Wert der Variablen x im Bereich zwischen 0 und 10 oder auch zwischen 100 und 110 liegt. Für x=105 ist der zweite Teil der Oder-Verknüpfung wahr, so dass der Gesamtausdruck true liefert und der if-Zweig ausgeführt wird.

```
int x = 105;      boolean test1;
if( 0<=x && x<=10 || 100<=x && x<=110 ) test1 = true;
else  test1 = false;
```

Innerhalb einer Bedingungsprüfung dürfen boolesche Variablen oder Konstanten direkt ohne expliziten Vergleich mit true und false eingesetzt werden. Somit sind die folgenden beiden if-Sequenzen völlig gleichwertig:

```
boolean test2 = true;
if( test2 == true )  System.out.println( "Es ist wahr!" );
if( test2 != true )  System.out.println( "Es ist falsch!" );
if( test2 )          System.out.println( "Immernoch wahr!" );
if( !test2 )         System.out.println( "Immernoch falsch!" );
```

Das nächste Beispiel zeigt den Umgang mit Verzeigungen und logischen Operatoren: Es wird ein Taschenrechner für die vier Grundrechenarten programmiert. In einer char-Variablen ist die gewünschte Rechenoperation enthalten, durch die zwei double-Werte verknüpft werden sollen. Nicht definierte Rechenoperationen (und Divisionen durch Null) sollen vermieden werden.

```
class Rechner {
    public static void main( String[] args ){
        char operator = '+';     // oder '-', '*', '/'
        double d1 = 2.3;    double d2 = 6.4;    double erg = 0.0;
        boolean def = true;
        String ausgabe = "";
        // Vier mögliche Operationen:
        if( operator == '+' ) erg = d1 + d2;
        else if( operator == '-' ) erg = d1 - d2;
            else if( operator == '*' ) erg = d1 * d2;
                else if( operator == '/')
                    if( d2 != 0.0) erg = d1 / d2;
                    else def = false;
        if( !def ) System.out.println( "Unzulässige Operation!" );
        else{
            ausgabe = "Berechnung: d1 " + operator + " d2 = " + erg;
            System.out.println( ausgabe );
        }
    }
}
```

Es wird deutlich, dass eine komplette if-else-Struktur (inklusive Verschachtelung) insgesamt als *eine* Anweisung auftritt, so dass innerhalb der Schachtelung keine Blockklammern gesetzt werden müssen.

Es ist erforderlich, auch die Variablen erg, def, test1 und test2 mit einem Anfangswert zu initialisieren. Andernfalls würde der Compiler mit der Fehlermeldung "might not have been initialized" eine eventuell ausbleibende Initialisierung der Variable vor deren Gebrauch monieren. Würde z.B. die Variable test2 nicht mit einem Wert vorbelegt, so könnte folgender Fall eintreten: Der Variablenwert wird innerhalb if(!test2) geprüft, da jedoch der Operator + behandelt wurde, wird der (tiefergeschachtelte) else-Zweig gar nicht durchlaufen, in dem test2 der Wert false zugewiesen wird. Somit würde die Variable uninitialisiert verwendet. Der der Compiler lässt solche Eventualitäten gar nicht erst zu.

Eleganter lässt sich das Beispiel mittels Mehrfachverzeigung in einer switch-case-Anweisung formulieren.

7.1.3   Mehrfachverzweigung (switch case)

Übersichtlicher, lesbarer und performanter als mittels verschachtelter if-else Anweisungen lassen sich Mehrfachverzweigungen durch die switch-case-Fallunterscheidung darstellen: Der Wert eines ganzzahligen Ausdrucks kann verschiedene Werte annehmen und je nach Wert soll unterschiedlich verfahren werden.

Mit dem Schlüsselwort `switch` wird die Wertprüfung eines in runden Klammern nachgestellten ganzzahligen Ausdrucks bzw. einer Variablen vom Typ `byte`, `short`, `char` oder `int` eingeleitet. Auch negative ganzzahlige Werte sind dabei erlaubt. Nicht zulässig ist jedoch der Typ `long`, ebenso wenig wie `float` und `double` sowie `boolean`.

Alternative Fallbehandler werden dem Variablenwert durch das Schlüsselwort `case` zugeordnet; hinter dem `case`-Label ist in runden Klammern der zugehörige, den Fall kennzeichnende, eindeutige Wert anzugeben. Durch einen Doppelpunkt abgetrennt folgt die Menge der in diesem Fall auszuführenden Anweisungen. Derjenige `case`-Wert, der mit dem `switch`-Wert übereinstimmt, wird identifiziert und die zugehörige Anweisungsfolge angesprungen und abgearbeitet. Innerhalb jeder `case`-Leiste sind auch weitere `if-else` -Fallunterscheidungen oder sogar Schleifen einbaubar, was jedoch rasch zur Unübersichtlichkeit führt.

Sollen *mehrere* Alternativen *gemeinsam* behandelt werden, so können diese einfach aufgezählt werden. Die Gesamtheit aller vorgesehenen Fälle wird somit durch diese `case`-Leiste abgedeckt. Jeder einzelne `case`-Fall muss eindeutig sein.

Das Schlüsselwort `break` markiert das Ende einer Anweisungsfolge, die einem oder mehreren `case`-Fällen zugeordnet ist. Durch die `break`-Anweisung wird die Abarbeitung der `switch`-Anweisung beendet und aus dieser herausgesprungen. Wird die `break`-Anweisung vergessen, so werden bedingungslos auch alle folgenden Anweisungen ausgeführt, bis man auf die nächste `break`-Anweisung trifft (bzw. die `switch`-Anweisung beendet ist). Dies ist in der Regel unerwünscht. Somit stellt sich die `break`-Anweisung in der Regel als Notwendigkeit dar – wird sie vergessen, so verhält sich das Programm nicht mehr wie geplant.

Durch das Schlüsselwort `default` wird der Sonderfall erfasst, dass der bei `switch` geprüfte Wert keinem der mittels `case` behandelten Fälle entspricht. In diesem Fall werden die Anweisungen des `default`-Zweigs abgearbeitet. Der `default`-Zweig behandelt somit alle Werte, für die keine expliziten `case`-Zweige vorgesehen sind. Das Formulieren eines `default`-Zweiges ist optional, darf jedoch erst nach den `case`-Leisten erfolgen. Es darf höchstens einen `default`-Zweig geben. Trifft keiner der `case`-Fälle zu und wurde kein `default`-Fall formuliert, so bleibt die `switch`-`case`-Anweisung ohne Wirkung.

Die `switch`-`case`-Anweisung hat somit folgende Gestaltungsmöglichkeiten:

```
switch( Ausdruck ){
    case konstante1:
        Anweisung(en);
        break;
    case konstante2: case konstante3: ......  case konstanteN:
        Anweisung(en);
        break;
    default:
        Anweisung(en);
```

```
    }
```

Das folgende Beispiel ermittelt, wieviele Tage der durch seine Ordnungszahl (1 bis 12) gekennzeichnete Monat besitzt. Zu unterscheiden sind Monate mit 31, 30 und 28 Tagen. Der default-Zweig erfasst ungültige Monatsnummern (außerhalb 1 bis 12).

```
class Schalter {
    public static void main( String[] args ){
        int month = 2;          String result;
        switch( month ) {          // Variable month wird geprüft
            // Case-Marker mit möglichen Alternativen
            case 1: case 3: case 5: case 7: case 8: case 10: case 12:
                result = "31 Tage";
                break;
            case 4: case 6: case 9: case 11:
                result = "30 Tage";
                break;
            case 2:
                result = "28 oder 29Tage";
                break;
            default:       // Optionaler Default-Zweig
                result = "Keine gültige Monatszahl!";
        }
        System.out.println( result );
    }
}
```

Syntaktisch auffällig ist, dass zusammengehörige Anweisungen nicht mittels { } zu einem Anweisungsblock geklammert werden. Die *gesamte* switch-Anweisung stellt einen einzigen Block dar, zu dem alle enthaltenen Anweisungen gehören. Die case-Marken dienen als Einsprungpunkte und legen fest, ab welcher Anweisung die Abarbeitung des Blocks begonnen wird. Die break-Anweisungen regeln, an welchen Stellen die jeweilige Abarbeitung beendet ist.

Um die Werte der einzelnen Fälle nicht direkt im Rumpf der switch-Anweisung festzuschreiben, muss mit Konstanten gearbeitet werden; Variablen akzeptiert der Compiler nicht:

```
final char c1 = 'A';   final char c2 = 'B';    // final nötig!
char test = 'A';
switch( test ) {
    case c1:  IO.writeln( "Das A!" );    break;
    case c2:  IO.writeln( "Das B!" );    break;
    default:  IO.writeln( "Weder noch!" );
}
```

Nützlich ist die `switch`-Anweisung zur Programmierung von Menüs bei Konsolenanwendungen: Die Liste der Alternativen (Menü) wird auf der Konsole ausgegeben und der Benutzer wählt aus durch Eingabe eines Buchstabens oder einer Zahl. Die Eingabe wird dann in einer `switch`-Anweisung ausgewertet.

7.2   Schleifen

Wiederholt (iterativ) auszuführende Einzelanweisungen oder Anweisungsfolgen lassen sich in Schleifen einbetten. Drei Schleifentypen werden in Java unterschieden:

- Die **while-Schleife**, eine abweisende, kopfgesteuerte Schleife.

- Die **do-while-Schleife**, eine nicht-abweisende, fußgesteuerte Durchlaufschleife.

- Die **for-Schleife**, eine Zählschleife.

Grundsätzlich benötigte man nur die `while`-Schleife, da sich jede `do-while` und `for`-Schleife auch durch eine `while`-Schleife völlig äquivalent ausdrücken lässt. Jedoch lassen sich Iterationen häufig übersichtlicher durch `for`-Schleifen formulieren.

Aufbau von Schleifen:

Im *Schleifenrumpf (oder Schleifenkörper)* befinden sich alle Anweisungen, die mehrmals auszuführen sind. Handelt es sich um mehr als eine Anweisung, so sind die Anweisungen in einem Block `{ }` zusammenzufassen.

Im *Kopf* bzw. *Fuß* der Schleife wird die Ausführungs- bzw. Fortsetzungsbedingung formuliert, die festlegt, ob und wie oft das Coding des Schleifenrumpfes abgearbeitet wird. Die Bedingung ist ein boolescher Ausdruck. Liefert er `true`, so wird der Schleifenrumpf nochmals betreten und abgearbeitet; liefert er `false`, so wird der Schleifenrumpf nicht nochmals betreten, sondern *hinter* dem Schleifen-Konstrukt fortgesetzt. Vor jeder weiteren Iteration wird geprüft, ob die Bedingung weiterhin erfüllt ist oder nicht. Dabei kann die Bedingungsprüfung im Kopf der Schleife untergebracht sein (dem Schleifenrumpf vorgestellt). Oder aber die Bedingungsprüfung ist im Fuß der Schleife enthalten (dem Schleifenrumpf nachgestellt). Entsprechend unterscheidet man *kopf-* und *fußgesteuerte* Schleifen.

- **Kopfgesteuerte Schleifen** (Abweisschleifen) prüfen die Gültigkeit der Ausführungsbedingung *vor* jedem Schleifendurchlauf - noch bevor der Schleifenrumpf erstmals betreten wird. Eventuell wird der Schleifenrumpf also überhaupt nicht durchlaufen. Dies ist der Typ der `while`- und `for`-Schleife.

- **Fußgesteuerte Schleifen** (Durchlaufschleifen) prüfen die Ausführungsbedingung *erst nach* jedem Schleifendurchlauf, d.h. frühestens nachdem das Coding des Schleifenrumpfes einmal abgearbeitet wurde. Somit wird der Schleifenrumpf mindesten einmal durchlaufen. Dies ist der Typ der `do-while`-Schleife.

Meist verwendet man zur Steuerung eine sogenannte *Laufvariable*. Diese wird vor dem Betreten der Schleife initialisiert, ihr aktueller Wert im Schleifenkopf bzw. -Fuß in der Bedingungsprüfung ausgewertet und im Schleifenrumpf bei jedem Durchlauf verändert. Dadurch wird festgelegt, wie oft die Schleife durchlaufen wird.

Die Laufvariable kann mit ihrem sich verändernden Wert die Wirkung des aktuellen Schleifendurchgangs beeinflussen: Auf diese Weise wird bei jeder Iteration im Coding des Schleifenrumpfs mit anderen Werten gearbeitet.

Wichtig für das korrekte Funktionieren von Schleifen ist es, *Endlosschleifen* zu vermeiden. Dies sind Schleifen, deren Ausführungsbedingung stets erfüllt ist, d.h. *nie* `false` ergibt. Endlosschleifen terminieren nicht, so dass das zugehörige Programm gewaltsam abgebrochen werden muss. Bei Schleifen muss der Schleifenkopf bzw. – Fuß korrekt formuliert werden, damit die gewünschte Terminierung eintritt.

7.2.1   Die while-Schleife

Die `while`-Schleife prüft *vor* jeder Iteration, ob die Ausführungsbedingung noch erfüllt ist. Das Schleifenkonstrukt wird durch das Schlüsselwort `while` eingeleitet:

```
while( Bedingung ) { Anweisungen }
```

Im Beispiel wird die Summe der ganzen Zahlen von 1 bis 100 berechnet. Als Laufvariable dient die Variable `i`, die zugleich die aktuell zu addierende Zahl enthält. Somit werden stets andere Werte im Schleifenrumpf zur aktuellen Summe hinzuaddiert.

```java
class Zaehler1 {
    public static void main( String[] args ){
        int i = 1;     // Startwert der Laufvariablen ist 1
        int sum = 0;   int n = 100;
        while( i <= n ) {  // Ausführungsprüfung vor jeder Iteration
            sum = sum + i;
            i++;        // Laufvariable in Einerschritten hochgezählt
        }
        System.out.println( "Summe = " + sum );
    }
}
```

Solange die Variable `i` noch <=100 ist, wird die Schleife erneut betreten. Wird `i` größer als 100, wird die Schleife verlassen und das Endergebnis ausgegeben.

Die Manipulation der Laufvariablen steuert den Ablauf der Schleife. Würde man in der Schleife statt `i++` mit `i=i+2` arbeiten, so würde die Summe der ungeraden Zahlen von 1 bis 99 berechnet - und die Schleife nur fünfzig mal durchlaufen.

Auch *mehrere* Laufvariablen können verwendet und manipuliert werden:

```java
int i = 1;   int j = 100;   int sum = 0;
while( i <= 100 && j >= 0 ) {  // Laufvariablen i und j
    sum = sum + i*j;
    i++;     j--;       // Manipulation der Laufvariablen
}
```

7.2.2 Die do while -Schleife

Die do while-Schleife prüft erst *nach* jeder Iteration, ob die Ausführungsbedingung weiterhin erfüllt ist. Somit wird der Schleifenrumpf *mindestens* einmal abgearbeitet. Das Schleifenkonstrukt wird durch die Schlüsselworte do und while formuliert:

do{ *Anweisungen* **} while(** *Bedingung* **);**

Im Beispiel wird wieder die Summe der ganzen Zahlen von 1 bis 100 berechnet:

```
class Zaehler2 {
    public static void main( String[] args ){
        int i = 1;   int sum = 0;   int n = 100;
        do{
            sum = sum + i;      i++;
        } while( i <= n );   // Ausführungsprüfung nach Iteration
        System.out.println( "Summe = " + sum );
    }
}
```

Die do-while-Schleife ist durch ein Semikolon abzuschließen. Dies ist im Fall der while-Schleife nicht nötig, da diese mit einer schließenden Blockklammer } endet.

In einigen Programmiersprachen existiert auch das Schleifenkonstrukt do-until, d.h. eine Schleife, die durchlaufen wird, bis eine Abbruchbedingung erfüllt ist. Dies kann in Java äquivalent durch die folgende Konstruktion formuliert werden:

do{ *Anweisungen* } while(!*Bedingung*);

7.2.3 Die for-Schleife

Bei der for-Schleife wird *vor* jeder Iteration geprüft, ob die Ausführungsbedingung noch erfüllt ist. Das Schleifenkonstrukt wird durch das Schlüsselwort for eingeleitet. Die for-Schleife wird typischerweise angewendet, wenn die Zahl der Durchläufe feststeht und durch den Wert einer Laufvariablen festgelegt werden kann.

Die for-Schleife ist syntaktisch etwas anspruchsvoller als die anderen Schleifen:

for(Initialisierung; Bedingung; Veränderung){ *Anweisungen* **}**

Der Kopf besteht aus drei Teilen, die durch Semikolon getrennt werden:

- **Initialisierungsteil:** Legt den Startwert der Laufvariablen fest. Die Laufvariable darf an dieser Stelle auch deklariert werden. Sie ist dann nur innerhalb der Schleife gültig und sichtbar und verschwindet nach Abarbeitung der Schleife wieder aus dem Speicher.

- **Bedingungsteil:** Stellt die Ausführungsbedingung dar. Liefert sie nicht mehr den Wert true, wird die Schleife abgebrochen und hinter der Schleife fortgesetzt.

- **Veränderungsteil:** Nach jedem Durchlauf wird die hier festgelegte Veränderung des Laufvariablenwerts ausgeführt. Typischerweise wird die Laufvariable inkrementiert oder dekrementiert, aber auch andere Rechenoperationen sind möglich. Die Veränderung muss also nicht in Schritten von eins erfolgen.

Jeder einzelne Teil des for-Schleifenkopfs darf auch weggelassen werden. Insbesondere stellt die leere Schleife for(;;) eine Endlosschleife dar (s.u.).

Im Beispiel werden Summe und Produkt der ganzen Zahlen von 1 bis 10 berechnet:

```java
class Zaehler3 {
   public static void main( String[] args ){
      int n = 10;   int sum = 0;   int mult = 1;
      for( int i=1; i<=n; i++ ){    // Dreiteiliger Kopf
         sum  = sum + i;      mult = mult * i;
      }
   System.out.println( "Summe = " + sum );
   System.out.println( "Produkt = " + mult );
   }
}
```

Ein Beispiel für die Veränderung der Laufvariablen in negativen Schritten ist der folgende Schleifenkopf, der alle ungeraden Zahlen zwischen 99 und 1 erfasst:

```java
for( int i=99; i>0; i=i-2 ){ /* Anweisungen */ }
```

Auch der Datentyp char kann in Schleifen als Laufvariable verwendet werden:

```java
for( char ch='A'; ch<='Z'; ch++ ) {
   System.out.println( "Buchstabe: " + ch );
}
```

Komplexe Schleifenköpfe sind möglich, da Initialisierungs- und Veränderungsteil aus mehreren Anweisungen bestehen können (durch Kommaoperator zu trennen). Im Initialisierungsteil können mehrere Variablen gleichen Typs deklariert und initialisiert werden, die im Veränderungsteil separaten Berechnungen unterworfen werden. (Verschieden typisierte Laufvariablen müssten allerdings außerhalb der for-Schleife deklariert werden.) Die eigentliche Operation kann im Schleifenkopf stattfinden:

```java
class ZaehlerKompakt {
   public static void main( String[] args ){
      // Der Schleifenkopf ist einzeilig zu schreiben!
      for( int i=1, sum=0, mult=1; i<=10;   // in eine Zeile!
         i++, sum=sum+i, mult=mult*i ) {
         // im Rumpf ist fast nichts mehr zu tun!
      System.out.println( "Sum. = " + sum + "  Prod. = " + mult );
      }
   }
}
```

Allerdings sind solche Konstrukte schwer lesbar und zeugen meist von *schlechtem Programmierstil*: Die klare Trennung zwischen Ausführungskontrolle (im Schleifenkopf) und eigentlich intendierter Wirkung (im Schleifenrumpf) geht verloren, wenn auch in den Schleifenkopf Wirkungscoding eingemischt wird.

Mit Java5 wurden neue Formen der `for`-Schleife eingeführt, um möglichst elegant auf Elemente eines Arrays oder anderer Datenbehälter zugreifen zu können. Dies wird an geeigneter Stelle besprochen.

7.2.3   Schachtelung von Schleifen

Alle Schleifentypen können geschachtelt werden. Dabei treten *äußere* und *innere* Schleifen auf. Der Rumpf einer äußeren Schleife enthält eine weitere, innere Schleife. Die Schachtelung von Schleifen dient oft zur Iteration über höherdimensionale Datenstrukturen (Arrays, Kapitel 12) bzw. zur Verknüpfung von Datenmengen.

Bei *jedem* Durchlauf der äußeren Schleife wird die innere Schleife einmal *komplett* abgearbeitet. Wird die äußere Schleife *n-mal* durchlaufen und die innere Schleife je *m-mal*, so wird durch Schachtelung der beiden Schleifen jede Anweisung der inneren Schleife *n*m-mal* ausgeführt. Schnell ergibt sich durch verschachtelte Schleifen eine große Zahl abzuarbeitender Anweisungen mit entsprechend langer Laufzeit.

Das Beispiel verwendet zwei ineinander geschachtelte `for`-Schleifen. Das Programm berechnet das kleine Einmaleins (10*10=100 Werte) und gibt es zeilenweise aus.

```
class EinMalEins {
    public static void main( String[] args ){
        int n = 10;    int mult;
        for( int i=1; i<=n; i++ ){    // äußere Schleife
            System.out.println( "\n\n" + i + "er-Reihe" );
            for( int j=1; j<=n; j++ ){   // innere Schleife
                mult = i * j;    System.out.print( mult + " " );
            }
        }
    }
}
```

Performanzaspekte: Schleifencoding wird häufig durchlaufen und verbraucht entsprechend viel Ausführungszeit, so dass bereits kleine Optimierungen die Laufzeit deutlich verbessern. Folgende Punkte sollten beherzigt werden:

- Die Schleife sollte nur die erforderlichen Anweisungen enthalten. Bei jeder Anweisung ist zu prüfen, ob sie nicht auch außerhalb der Schleife erfolgen könnte.

- Ein- und Ausgabeoperationen via Bildschirm oder Datei benötigen oft mehr Zeit, als die eigentlichen Berechnungen. Ein-Ausgabeoperationen sollten deshalb möglichst außerhalb von Schleifen erfolgen.

- Zu den zeitaufwendigeren Operationen gehören auch Methodenaufrufe.

- Variablendeklarationen in Schleifen bedeuten, dass diese Variablen bei jedem Schleifendurchlauf neu im Stack-Speicher angelegt und nach Ende der aktuellen

Iteration wieder vom Stack entfernt werden. Besser ist es, die benötigten Variablen bereits außerhalb der Schleife zu deklarieren.

7.2.4   Schleifenabbrüche und Sprunganweisungen

Java ist eine stark strukturierte Programmiersprache, in welcher der Kontrollfluss nur durch Kontrollanweisungen (sowie Methodenaufrufe) modifiziert wird. Somit sind keine unbedingten unstrukturierten Sprunganweisungen vorhanden, wie das berühmt-berüchtigte goto-Konstrukt. Dieses war für undurchschaubaren *Spaghetti*-Code verantwortlich, dessen verschlungener Kontrollfluss kaum nachvollziehbar war.

Nur strukturierte Sprünge sind zugelassen, bei denen aus Schleifen herausgesprungen wird: Die Abarbeitung der Schleife wird komplett beendet oder die aktuelle Iteration vorzeitig abgebrochen. In beiden Fällen ist die Veränderung des Kontrollflusses auf die Schleife beschränkt und eindeutig definiert.

Es stehen zwei *Sprunganweisungen* zur Verfügung, die im Schleifenrumpf eingesetzt werden können (Abb. 7.1):

- Durch die break-Anweisung wird die komplette weitere Abarbeitung der gesamten Schleife (aktuelle Iteration ebenso wie alle weiteren Iterationen) sofort abgebrochen und das Programm nach dem Schleifenkonstrukt fortgesetzt. Wird in Situationen eingesetzt, in denen die weitere Schleifenabarbeitung sinnlos ist.

- Durch die continue-Anweisung wird nur der aktuelle Schleifendurchgang abgebrochen und zur Wiederholungsbedingung der Schleife gesprungen, um gemäß Ausführungsbedingung mit der nächsten Iteration fortzusetzen. In for-Schleifen wird auch der Veränderungsteil korrekt ausgeführt.

Die break-Anweisung findet auch innerhalb der switch-Anweisung Verwendung (s.o.); ferner kann break auch zum vorzeitigen Beenden von if else-Anweisungsblöcken benutzt werden.

Im folgenden Beispiel wird in der ersten Schleife die aktuelle Iteration abgebrochen, um Division durch Null zu vermeiden und die zweite Schleife ganz abgebrochen, ehe bei der Fakultätsberechnung ein Überlauf des short-Zahlenbereichs auftritt.

```java
class Spruenge {
   public static void main( String[] args ){
      double div;    short mult = 1;
      for( int i=-10; i<=10; i++ ) {
         if( i == 0 ) continue;   // keine Division durch Null
         div = 1.0 / i;
         System.out.println("1/" + i + " = " + div);
      }
      for( int j=1; j<=10; j++ ) {
         if( mult > (short)(Short.MAX_VALUE / j) ) break;
         mult = (short)(mult * j);
         System.out.println("Fakultät: " + j + "! = " + mult);
```

```
      }
   }
}
```

```
for( int i=-10; i<=10; i++ ) {
   // … Anweisungen
   continue;
   // … Anweisungen
}
```

```
for( int j=1; j<=10; j++ ) {
   // … Anweisungen
   break;
   // … Anweisungen
}
// … Anweisungen
```

Abb. 7.1: Wirkung der Abbruchanweisungen `continue` und `break`

Die Anweisungen `break` und `continue` beziehen sich stets nur auf den aktuellen Block. Im Falle verschachtelter Schleifen und Verzweigungen kann man mittels break auch aus mehreren Blöcken zugleich herausspringen. Dazu wird ein *Label* gesetzt und ein sogenannter *labeled break* formuliert: Ein Label (Markierung, benannte Sprungstelle) steht vor dem Ziel des Sprunges und besteht aus einem gültigen frei wählbaren Namen, gefolgt von einem Doppelpunkt. Er kennzeichnet eine bestimmte Codingstelle. Durch Bezug auf ein Label kann mittels break-Anweisung im Rumpf eines *inneren* Blocks sogleich auch aus dem *äußeren* Block gesprungen werden. In folgendem Coding verlässt die erste break-Anweisung nur die innere Schleife, während die zweite break-Anweisung (Bezug L1) auch die äußere Schleife abbricht.

```
L1: for( int i=0; i<10; i++ ) {     // Label gesetzt
       for( int j=0; j<10; j++) {
           // ...

           if( i==5 ) break;        // Abbruch der inneren Schleife
           if( j==5 ) break L1;     // Abbruch der äußeren Schleife
           // ...

       }

   }
```

Es wird mit der Anweisung fortgesetzt, die auf die verlassene Schleife folgt. Ein Label-Sprung zu äußeren Blöcken ist nur mit `break`, nicht mittels `continue` möglich. Ein Sprung aus Methoden oder in umliegende Blöcke ist *nicht* möglich!

Auf Sprunganweisungen sollte verzichtet werden; sie zeugen meist von *schlechtem Programmierstil*: Der Programmablauf wird unübersichtlich, die Programmlogik wird über Kopf und Rumpf der Schleife verstreut, der Quelltext schlechter lesbar. Wenn immer möglich, sollte man die komplette Fortsetzungslogik der Schleife durch einen klaren Schleifenkopf formulieren, ohne auf Sprünge angewiesen zu sein.

Auch das ganze Programm kann vorzeitig beendet werden. Durch die Anweisung:

```
System.exit(0);
```

ist es möglich, ein laufendes Java-Programm sofort abzubrechen, noch bevor die Abarbeitung der main()-Methode abgeschlossen ist. Dabei wird die Klasse System mit ihrer Methode exit() aus dem Standardpakets java.lang verwendet. Der Java-Prozess und die laufende JVM werden beendet. Der Programmablauf sollte jedoch so strukturiert sein, dass solche abrupten Abbrüche nicht erforderlich sind.

7.2.4   Endlosschleifen

Eine Endlosschleife liegt vor, wenn eine Schleife niemals terminiert. In diesem Fall muss das Programm gewaltsam beendet werden. Ursache der Endlositeration ist eine Fortsetzungsbedingung, die stets erfüllt ist. Manchmal setzt man Endlosschleifen bewusst ein, z.B. zu Testzwecken. In der Regel jedoch sind sie das Ergebnis eines logischen Programmierfehlers.

Offensichtliche Endlosschleifen werden eingeleitet durch folgende Schleifenköpfe:

```
while( true )  { /* Anweisungen */ }
for( ; ; )     { /* Anweisungen */ }
```

Der Compiler unterbindet den Gebrauch offensichtlicher Endlosschleifen, falls nach diesen weitere Anweisungen folgen. So wird das folgende Coding nicht kompiliert, sondern mit der Fehlermeldung *unreachable code* bezüglich der Anweisung i=i+1 moniert: Diese kann niemals erreicht und ausgeführt werden.

```
class Endlos {
   public static void main( String[] args ){
      int i = 1;
      while( true ){ System.out.println( "Endlos" ); }
      i = i + 1;   // Wird niemals erreicht!
   }
}
```

Der Compiler ist jedoch nicht in der Lage, subtilere Fälle zu erkennen.

7.2.5   Gebrauch der Schleifentypen - Zusammenfassung

Wir haben drei unterschiedliche Schleifentypen kennengelernt:

```
while( Ausführungsbedingung ){ /*...*/ }
do{ /*...*/ } while ( Ausführungsbedingung )
for( Initialisierung; Ausf.bedg.; Veränderung ) { /*...*/ }
```

Kriterien zur Verwendung der unterschiedlichen Schleifentyp sind:

- Die Anzahl der Wiederholungen steht *schon vor* dem Betreten der Schleife fest (z.B. durch Benutzereingaben): ⇒ for-Schleife verwenden.

```
int n = BenutzerEingabe;
for( int i=1; i<n; i++ ) { /* Anweisungen */ }
```

- Erst *nach* Eintritt in die Schleife wird über die weitere Fortsetzung der Schleife entschieden: ⇒ while-Schleife oder do while-Schleife verwenden.

```
char c = BenutzerEingabe;
while( c=='j' ) { /* Anweisungen */  c = BenutzerEingabe; }
```

Prinzipiell kann jede for-Schleife äquivalent auch durch eine while-Schleife ausgedrückt werden. Somit ist die for-Schleife kein unbedingt erforderliches Sprachelemente. Jedoch ist die for-Schleife oft besser lesbar, da alle Ausführungs-Informationen und -Bedingungen in ihrem Kopf zusammengefasst sind. Die Ausführungslogik ist nicht über die Schleife verstreut, wie im Falle der while-Schleife.

Als *abschließendes Beispiel* dient ein Problem der Rentenrechnung: Wir haben eine Million im Lotto gewonnen und legen diese mit 5% p.a. Zinsen an. Allerdings genehmigen wir uns eine jährliche Rente von 60000 GE. Wieviele Jahre kann man von dem Kapital zehren, wenn jährlich Zins und Zinseszinses für das Kapital anfallen, aber eben auch die Rente am *Ende* jeden Jahres (nach Zinsausschüttung) aus dem Kapitalstock abgezogen wird? Das aktuelle Restkapital inklusive Zinsen wird für jedes Jahr ausgegeben. Natürlich muss die Rente größer sein als Anfangskapital * Zinssatz, sonst nimmt das Kapital nicht ab.

```
class Zinsen {
    public static void main( String[] args ){
        double kapital = 1000000.0;     double rente = 60000.0;
        double zins = 0.05;
        int n = 0;       boolean gedeckt = true;
        while( kapital>0 && gedeckt==true ) {
            n++;
            kapital = kapital + kapital*zins;  // Verzinsen
            if( (kapital-rente) >= 0.0 ) kapital = kapital - rente;
            else {  kapital = 0.0;    gedeckt = false;   }
            System.out.println( "Jahr " + n + ":" );
            System.out.println( "Kapital = " + kapital + "\n" );
        }
        System.out.println("Aufgebraucht nach " + n + " Jahren");
    }
}
```

Man kann 37 Jahre vom Kapital leben – ohne Zinsen nur knapp 17 Jahre.

7.2.6   Genauigkeitsprobleme bei Vergleichsoperationen

Fließkommatypen können beim Test auf Gleichheit (==) oder Ungleichheit (!=) in Verzweigungen und Schleifen Probleme bereiten. Fließkommazahlen werden nur mit endlicher Genauigkeit dargestellt - die Zahl der signifikanten Stellen ist begrenzt. Dadurch schlägt aufgrund der internen Zahlendarstellung eventuell ein Wertvergleich fehl (liefert false), der eigentlich erfüllt sein (true liefern) müsste.

In folgendem Beispiel soll ermittelt werden, ob der Ausdruck x^2-1 im x-Bereich zwischen 0 und 2 den Wert Null liefert. Dies ist für x = 1 der Fall. Die Schleife durchläuft den Bereich in 0.1-Schritten. Doch liefert die Identitätsprüfung *nie* den Wert true aufgrund genannter Rechenungenauigkeit. Trotz Verwendung von double-Variablen scheitert man an dieser simplen Problemstellung, da die x-Werte nicht ausreichend genau dargestellt werden:

```java
class VergleichsTest {
    public static void main( String[] args ){
        for( double x=0.0; x<=2.0; x=x+0.1 ) {
            if( (x*x -1.0) == 0.0 ) {  // Wird nie festgestellt!!
                System.out.println( "Gesuchtes x = " + x );
            }
        }
    }
}
```

Vergleiche auf Wertgleichheit oder Ungleichheit sind im Falle von Fließkommatypen generell zu meiden, während <, > -Vergleiche unproblematisch sind. Kann nicht auf die Vergleichsoperation == und != verzichtet werden, so ist das Problem eventuell mit Ganzzahltypen zu formulieren, die an geeigneter Stelle zum gewünschten Fließkommatyp gecastet bzw. umgerechnet werden. Die folgende Ganzzahl-Formulierung des kritischen Programmteils liefert das gewünschte Resultat:

```java
for( int x=0; x<=20; x=x+1 ) { // Ganzzahlige Zählvariable
    if( (x*x -100) == 0.0 ) {      // Tritt ein für x = 10
        System.out.println( "Gesuchtes x = " + x/10.0 );
    }
}
```

Wir sind nun in der Lage interessantere Fragestellungen durch Java-Programme zu untersuchen. Allerdings mussten wir alle Programmanweisungen innerhalb der main()-Methode konzentrieren. Je anspruchsvoller die Problemstellung, desto umfangreicher und unübersichtlicher wird das Coding der main()-Methode. Ferner kommen identische Anweisungsfolgen eventuell mehrfach im Programmcode vor. Die Einführung des *Methoden-Konzepts* im nächsten Kapitel ermöglicht es, unsere Programme modular zu konzipieren und die main()–Methode zu entlasten.

8 Methoden

Methoden sind ein essentielles *Strukturierungs- und Modularisierungsmittel* der Programmierung. Statt wiederkehrende Aufgaben und Operationen im Programm mehrfach aufzulisten, fasst man das entsprechende Coding zentral an einer Quellcodestelle in einer aussagekräftig benannten Methode zusammen.

Häufig benötigte Operationen lassen sich somit redundanzfrei in Methoden kapseln, die mit ihrem Namen und den erforderlichen Methodenparametern aufgerufen werden können. Auf diese Weise wird das "Hauptprogramm" (bzw. der aufrufende Programmteil) deutlich überschaubarer und lesbarer - und reduziert sich vielleicht sogar weitgehend auf eine Abfolge von Methodenaufrufen. Somit tragen Methoden wesentlich zur *Reduktion von Komplexität* bei.

Methoden können über Parameter verfügen, d.h. sie können bei jedem Aufruf mit jeweils verschiedenen aktuellen Werten versorgt werden und mit diesen Daten arbeiten. Methoden führen während ihres Aufrufs konkrete Operationen aus und erzielen dadurch einen bestimmten Effekt. Und Methoden können einen Rückgabewert zurückliefern, mit dem im aufrufendem Programmkontext weitergearbeitet werden kann.

Je nach Programmiersprache existieren unterschiedliche Namen für dieses Konstrukt: Man spricht von Unterprogrammen (Subroutines), Funktionen, Prozeduren, Methoden etc. In der Sprache Java wird generell die Bezeichnung *Methode* verwendet.

Methoden entfalten ihre ganze Wirksamkeit im Rahmen der Objektorientierung. Momentan widmen wir uns ihrer syntaktischen Grundstruktur und nutzen sie vorerst als Strukturierungsmittel in noch rein prozeduralen Programmen. Konzepte wie statische und nichtstatische Methoden, öffentliche und private Methoden, sowie *CallBy-Value-* und *CallByReference*-Semantik können erst im Zusammenhang mit Klassen und Objekten erläutert werden.

Wir haben in unseren Programmen bereits mit der speziellen `main()`-Methode gearbeitet, haben allerdings die Struktur von Methoden noch nicht erfasst.

8.1 Methodenimplementierung und ihr Aufruf

Eine Java-Methode besteht syntaktisch aus *Methodenkopf* und *Methodenrumpf*.

Der Methodenkopf (header) enthält die *Deklaration* (Signatur) der Methode: Damit wird die *Schnittstelle* der Methode festgelegt. Die Kenntnis der Methodenschnittstelle genügt, um die Methode aufrufen und verwenden zu können. Es ist nicht nötig, das eigentliche Methodencoding zu lesen, um die Methode aufrufen zu können – das Verständnis ihrer Schnittstelle sowie ihrer Semantik und Wirkung genügen.

Der Methodenrumpf bzw. -körper (body) beinhaltet zwischen öffnender und schliessender geschweifter Klammer die *Implementierung* der Methode, d.h. die Programmanweisungen, die beim Aufruf der Methode abgearbeitet werden. Man spricht auch von der *Definition* der Methode. Im Gegensatz zu anderen Sprachen können in Java die Deklaration und Implementierung einer Methode einer Klasse *nicht* voneinander getrennt werden. Mehr Flexibilität ermöglichen (allerdings auf viel höherer konzeptioneller Ebene) erst abstrakte Klassen und Interfaces (Kap 13, 14).

Der *Aufruf einer Methode* erfolgt durch Angabe des Methodennamens und der Argumentwerte (in runden Klammern), die in Reihenfolge und Typ mit der Parameterliste übereinstimmen müssen.

In folgendem Beispiel werden Zinsberechnung und Ausgabeoperationen aus main() ausgelagert und in Methoden *gekapselt*. Es wird die Entwicklung von 1000 GE Anfangskapital für Zinssätze zwischen 1% und 10% p.a. über 10 Jahre berechnet.

```java
class Zinsrechner {
    public static void gruss() {
        System.out.println( "Willkommen zur Zinsberechnung:" );
    }
    public static String info() {
        String s = "Die Kapitalentwicklung wird berechnet.\n";
        s = s + "Zins und Zinseszins für 10 Jahre erfasst.\n";
        s = s + "Zinsverläufe zwischen 1 und 10 Prozent p.a.\n";
        return s;
    }
    public static void ausgabe( double resultat, double zs ) {
        System.out.println( zs + "% Zins, Ertrag = " + resultat );
    }
    public static double zins( double kp, double zs, int n ) {
        double betrag = kp;
        for( int i=1; i<=n; i++ )
            betrag = betrag + betrag * zs;
        return betrag;
    }
    public static void main( String[] args ) {
        double kapital = 1000.0;    int jahre = 10;
        double zinsSatz;            double endKapital;
        String text = info();
        gruss();
        System.out.println( text );
        for( int z=1; z<=10; z++ ) {
            zinsSatz = z/100.0;
            endKapital = zins( kapital, zinsSatz, jahre );
            ausgabe( endKapital, z );
```

```
            }
        }
    }
```

Wir wollen das Coding syntaktisch analysieren: Jede der Methoden stellt einen zu-sammengehörigen *Block* dar. Offensichtlich stehen die drei Methoden `gruss()`, `info()`, `zins()` und `ausgabe()` auf gleicher logischer Ebene wie die `main()`-Methode, bei der auch weiterhin die Ausführung des Programms beginnt. Eine Klas-se kann beliebig viele Methoden enthalten. Aus `main()` heraus erfolgt der Aufruf dieser Methoden während der Programmausführung.

Die *Reihenfolge der Methoden* relativ zueinander und zu `main()` ist *belanglos*: Die `main()`-Methode könnte auch am Anfang stehen oder zwischen den Methoden. Der Compiler durchläuft den Quellcode mehrfach und ist somit in der Lage, logische Abhängigkeiten zwischen `main()` und anderen Methoden zu erfassen.

Um die Methodenaufrufe zu verstehen, betrachten wir den Aufbau der Methoden.

Methodenkopf

Durch den Methodenkopf wird die Methode deklariert. Damit wird die *Schnittstelle* bzw. *Signatur* der Methode festgelegt. Am Beispiel der Methode `zins()` sollen die Bestandteile des Methodenkopfes erläutert werden. Dieser besteht aus der Zugriffs-spezifikation, dem Rückgabetyp, dem Methodennamen und einer Parameterliste (in runde Klammern eingeschlossen).

```
public static double zins( double kp, double zs, int n )
    ↑       ↑       ↑      ↑                    ↑
    1.      2.      3.     4.                   5.
```

1. **Zugriffsspezifikation** (Sichtbarkeit): Diese legt fest, aus welchem Kontext heraus die Methode aufrufbar ist. Grundsätzlich wird unterschieden zwi-schen der Spezifikation als `public` ("öffentlich") oder `private` ("privat").

    Als `public` gekennzeichnete Methoden können auch durch jedes be-liebige andere "Java-Programm" (Klasse) aufgerufen werden.

    Als `private` deklarierte Methoden dürfen nicht von "außen" aufgeru-fen werden. Sie sind nur durch Methoden der eigenen Klasse aufrufbar.

2. Kennzeichnung als **static**: Statische Methoden sind aufrufbar, ohne dass ein Objekt der zugehörigen Klasse erzeugt werden muss.

3. **Rückgabetyp**: Der Datentyp des Rückgabewerts, den die Methode als Er-gebnis ihres Aufrufs an den Aufrufer zurückliefert. Methoden können *genau einen* oder *keinen* Wert zurückliefern. Somit unterscheidet man grundsätz-lich die folgenden Rückgabetypen:

    `void` ("leer"): Die Methode liefert *keinen* Wert zurück.

    Datentyp ungleich `void`: Die Methode liefert *einen* Wert zurück.

4. **Methodenname**: Damit werden verschiedene Methoden innerhalb einer Klasse eindeutig unterschieden. Unter ihrem Namen kann eine Methode beliebig oft aufgerufen werden.

5. **Parameterliste**: Sie enthält *Typ und Namen* der Parameter, die beim Aufruf der Methode mitzugeben sind.

> Methoden können *einen* oder *mehrere* Parameter tragen; diese sind durch Komma getrennt aufzuzählen. Auf die Parameter kann innerhalb des Methodenrumpfes direkt zugegriffen werden. Ihnen werden beim Aufruf der Methode aktuelle Werte zugewiesen. Gut gewählte *Parameternamen* tragen zum Verständnis der Methodensemantik bei.
>
> Es sind auch *parameterlose* Methoden möglich. Diese weisen eine leere Parameterliste auf, wie z.B. void gruss() und werden ohne Angabe von Parametern aufgerufen.

Die Bedeutung der Zugriffsspezifikation und der Unterschied zwischen statischen und nichtstatischen Methoden kann erst im Rahmen objektorientierter Konzepte erläutert werden. In Tabelle 8.1 sind die *vier möglichen Schnittstellen-Varianten* hinsichtlich Rückgabetyp und Parametrisierung aufgeführt.

Schnittstellenbeispiel	**Parameterlos**	**Mit Parametern**
Ohne Rückgabe (void)	void gruss( )	void ausgabe(double resultat, double zs)
Mit Rückgabewert	String info( )	double zins(double kp, double zs, int n)

Tab. 8.1: Schnittstellen-Varianten

Methodenrumpf

Innerhalb des Methodenrumpfes können (wie auch in main()) alle erlaubten Java-Anweisungen verwendet werden: Variablen und Konstanten können deklariert und initialisiert, Kontrollstrukturen können eingesetzt werden – und es ist möglich, aus einer Methode heraus weitere Methoden aufzurufen. Letzteres passiert beim Aufruf der Methoden aus main(). Auch die Ausgabe mittels System.out.println() in den Methoden gruss() und ausgabe() stellt selbst einen Methodenaufruf dar. Die Anweisungsfolge des Methodenrumpfs wird beim Aufruf der Methode sequentiell abgearbeitet.

Die im Methodenkopf mit Typ und Namen deklarierten *Parameter* können im Coding des Methodenrumpfes *direkt* verwendet werden. Eine nochmalige Deklaration wäre syntaktisch falsch. So wird innerhalb des Methodencodings von zins() direkt mit den Parametern kp, zs und n als Variablen gearbeitet:

```
public static double zins( double kp, double zs, int n ) {
    double betrag = kp;
    for( int i=1; i<=n; i++ ) {  betrag = betrag + betrag * zs;  }
    return betrag;
}
```

Durch das Schlüsselwort `final` gekennzeichnete **finale Methodenparamter** dürfen in der Methode verwendet aber ihr Wert dabei nicht verändert werden.

```
public static double inCent( final double euro ) {
    // euro = 100*euro;  Compilerfehler - finaler Parameter

    int betrag = (int)(100*euro);

    return betrag;

}
```

Eine entsprechende Entwurfs-Intention wird somit durch den Compiler kontrolliert.

Aufruf von Methoden

Methoden können *Parameter entgegennehmen* oder *parameterlos* sein. Parameter befähigen die Methode, bei jedem Aufruf mit anderen Werten zu arbeiten. So kann die Methode `zins()` mit den beliebigen vorgegeben Werten für Kapital, Zinssatz und Zinsperioden rechnen, die beim Aufruf mitgeben werden.

Der Aufruf einer Methode erfolgt durch Angabe ihres Namens und Mitgabe der korrekten Parameter, in runden Klammern eingeschlossen und aufgezählt. Der Typ des übergebenen Wertes muss typkompatibel zum im Methodenkopf deklarierten Parameter sein. Die Reihenfolge der übergebenen Werte muss der Reihenfolge in der Methodendeklaration entsprechen. So würde beim Aufruf der Methode:

```
public static double zins( double kp, double zs, int n )
```

in `main()` mittels:

```
zins( 100.0, 0.02, 10 );
```

automatisch der Wert 100.0 dem Parameter `kp`, der Wert 0.02 dem Parameter `zs` und der Wert 10 dem Parameter `n` zugewiesen. Der Aufruf:

```
zins( 0.02, 100.0, 10 );
```

ist syntaktisch ebenfalls korrekt. Aber er bedeutet, ein Kapital von 0.02 GE mit einem Zinssatz von 10000% über eine Dauer von 10 Jahren zu verzinsen - was wahrscheinlich nicht intendiert ist.

> Man unterscheidet **formale und aktuelle Parameter**: *Formale* Parameter sind die im Methodenkopf *deklarierten* Variablen, die innerhalb des Methodencodings verwendet werden. Beim *Methodenaufruf* werden die *aktuellen* Werte angegeben, mit denen die Methode *während ihres Aufrufs* arbeiten soll. Dabei kann es sich um Konstanten, Variablen oder auch um Anweisungen handeln, die bei ihrer Auswertung einen passenden Datentyp liefern.

Alle vier angegeben Aufrufe der Methode `zins()` sind also korrekt – auch eine Mischung von Konstanten, Variablen oder Ausdrücken ist möglich:

```
double kap = 100.0;    double zins = 0.02;    int jahre = 10;

double endKapital = zins( 100.0, 0.02, 10 );

endKapital = zins( kap, zins, jahre );

endKapital = zins( 2*kap, zins + 0.01, jahre - 3 );

endKapital = zins( kap, 0.05, jahre*10 );
```

Bei der Parameterübergabe werden die aktuellen Parameterwerte den formalen Parametern automatisch zugewiesen. Dabei ist Typkompatibilität gefordert.

Der Aufruf einer Methode bewirkt Ausführung des Methodencoding: Der Kontrollfluss verzweigt in die aufgerufene Methode, das Methodencoding wird abgearbeitet und danach kehrt der Kontrollfluss zurück hinter die Aufrufstelle der Methode.

8.2   Methoden mit Rückgabetyp void

In diversen Programmiersprachen wird zwischen *Prozeduren* und *Funktionen* unterschieden: Unter Prozeduren werden Methoden mit Rückgabetyp void verstanden, die durch das in ihnen enthaltene Coding bei Aufruf eine Wirkung entfalten, aber *keine* Daten als Ergebnis des Aufrufs zurückliefern. Dagegen besitzen Funktionen *einen* Rückgabewert, der vom Aufrufer entgegengenommen werden kann.

In der Sprache Java wird konzeptionell *nicht* zwischen Prozeduren und Funktionen unterschieden – das Methodenkonstrukt deckt beide Fälle ab.

Methoden mit Rückgabetyp void liefern *keine* Daten an den Aufrufer zurück. Das in ihnen enthaltene Programmcoding wird beim Methodenaufruf abgearbeitet, danach ist die Methode beendet, sie *terminiert*. Beispiele sind die Methoden gruss() und ausgabe() aus unserem Zinsrechnerprogramm:

```
public static void gruss() {
    System.out.println( "Willkommen zur Zinsberechnung" );
}
public static void ausgabe( double resultat, double zs ) {
    System.out.println( zs + "% Zins, Ertrag = " + resultat );
}
```

Beide Methoden *tun* etwas (bewirken eine Konsolenausgabe), liefern aber keinen Rückgabewert zurück. Während gruss() ohne Parameter aufgerufen wird, erfordert der Aufruf von ausgabe() zwei double-Parameter.

Allerdings *kann* auch in void-Methoden mit der return-*Anweisung* gearbeitet werden: Durch die Anweisung: **return;** (*ohne* Angabe eines Rückgabewertes) kann die Methode *vorzeitig* abgebrochen werden. Die Methode terminiert in diesem Fall sofort, ohne dass eventuell noch nicht abgearbeitetes Coding durchlaufen würde. Eine typische Anwendung sind Verzweigungen in einer Methode:

```
public static void ausgabe( double resultat, double zs ) {
    if( resultat <= 0.0 ) {
        System.out.println( "Kein Ertrag" );
        return;    // vorzeitiger Abbruch der Methode
    }
    if( zs <= 0.0 ) {
        System.out.println( "Kein Zins" );
        return;    // vorzeitiger Abbruch der Methode
    }
```

```
System.out.println( zs + "% Zins, Ertrag = " + resultat );
}
```

Falls der Parameter `resultat` oder `zs` einen Wert <=0 aufweist wird die Methode vorzeitig abgebrochen – und die letzte Programmzeile nicht durchlaufen.

In einer void-Methode kann entweder *ohne* `return`-Anweisung oder *mit* `return`-Anweisung *ohne* Rückgabewert gearbeitet werden. Die Angabe eines Rückgabewertes nach `return` würde der Methodendeklaration widersprechen und vom Compiler zurückgewiesen werden.

> Für Methoden ohne Rückgabewert gilt: Im *Kontrollfluss der Methode* darf auf jedem logisch möglichen Abarbeitungspfad nur *höchstens eine* `return`-*Anweisung ohne Rückgabewert* auftreten. Mehrfache `return`-Anweisungen entlang eines Abarbeitungspfades werden vom Compiler abgewiesen.

Eine spezielle `void`-Methode ist die `main()`-Methode. Selbst diese dürfte mittels `return`-Anweisung vorzeitig abgebrochen werden.

8.3   Methoden mit Rückgabewert

Methoden können als Ergebnis ihrer Ausführung einen Wert an den Aufrufer zurückgeben. Der Rückgabetyp ist im Methodenkopf als Datentyp ungleich `void` anzugeben. Grundsätzlich kann nur *ein einziger* Ergebniswert zurück gegeben werden. Dabei kann es sich um jeden elementaren Datentyp handeln. (Jedoch kann auch eine Objektreferenz zurückgeliefert werden, siehe Kapitel 11.)

Methoden mit Rückgabewert *müssen* eine `return`-Anweisung enthalten, die einen passenden Datenwert zurückliefert. Der Typ des zurück gelieferten Wertes muss typkonform zur Rückgabetyp im Methodenkopf sein. Der Compiler überprüft, ob eine typgerechte `return`-Anweisung vorhanden ist.

Die Ausführung der `return`-Anweisung beendet (terminiert) den Methodenaufruf. Als Beispiel dient die leicht abgewandelte Methode `zins()`:

```
public static double zins( double kp, double zs, int n ) {
    double betrag = kp;
    if( betrag <= 0.0 ) return 0.0;
    for( int i=1; i<=n; i++ ) {  betrag = betrag + betrag * zs;  }
    return betrag;
}
```

Die Methode trägt den Rückgabetyp `double`. Folglich enthält sie `return`-Anweisungen, die einen double-Wert zurückliefern. Ist Kapitalwert `kp` <=0, wird der Wert 0.0 zurückgegeben und die weitere Abarbeitung der Methode abgebrochen, so dass die `for`-Schleife und die zweite `return`-Anweisung nicht mehr durchlaufen werden. Gemäß Typteilmengenbeziehung (Kapitel 5) wären in den `return`-Anweisungen auch Rückgabewerte der "kleineren" Typen `float`, `long`, `int`, `short`, `char` und `byte` zulässig.

> Für Methoden mit Rückgabewert gilt: Im *Kontrollfluss der Methode* muss auf jedem logisch möglichen Abarbeitungspfad *genau eine korrekt typisierte* return-*Anweisung* auftreten. Mehrfache oder fehlende return-Anweisungen entlang eines Abarbeitungspfades werden vom Compiler abgewiesen.

Es ist wichtig, genau zu erfassen, was die *Rückgabe eines Wertes* durch einen Methodenaufruf bedeutet. Erfahrungsgemäß bereitet das Konzept des Rückgabewertes und dessen Entgegennahme beim Methodenaufruf dem Einsteiger Probleme:

Wird die Methode aufgerufen, so verzweigt der Kontrollfluss von der Aufrufstelle in das Methodencoding. Die Methode wird abgearbeitet bis eine return-Anweisung samt Rückgabewert die weitere Abarbeitung beendet. Dadurch terminiert die Methode und der Kontrollfluss kehrt zurück zur Aufrufstelle der Methode. Dort kann der mittels return-Anweisung zurückgelieferte Wert einer passend typisierten Variablen zugewiesen werden. Auf diese Weise wird er zur weiteren Verarbeitung gespeichert.

Im Beispiel erfolgt der Aufruf der Methode zins() aus main() heraus: Der von der Methode zins() berechnete double-Wert wird zurückgeliefert und von der double-Variablen endKapital *entgegengenommen*, d.h. in dieser gespeichert.

```
class Zinsrechner2 {
    public static double zins( double kp, double zs, int n ){
        double betrag = kp;
        for( int i=1; i<=n; i++ ){ betrag = betrag + betrag * zs; }
        return betrag;    // Rückgabe des Werts von betrag
    }
    public static void main( String[] args ) {
        double kapital = 1000.0;      int jahre = 10;
        double zinsSatz;              double endKapital;
        for( int z=1; z<=10; z++ ) {
            zinsSatz = z/100.0;
            // Entgegennahme des Rückgabewerts:
            endKapital = zins( kapital, zinsSatz, jahre );
            System.out.println( "Kapitalstand = " + endKapital );
        }
    }
}
```

Die return-Anweisung kann nicht nur konstante Werte oder Variablen verwenden, sondern auch einen Ausdruck; dieser wird ausgewertet und das Ergebnis direkt als Rückgabewert verwendet, wie in folgender Methode:

```
public static double jahresZins( double kp, double zs ) {
    return  kp * zs;
}
```

Der durch Methodenaufruf zurückgelieferte Wert muss nicht unbedingt entgegengenommen und einer Variablen zugewiesen werden. Auch in diesem Fall wird die Methode korrekt abgearbeitet, jedoch geht der zurückgelieferte Wert "verloren", d.h. steht nicht mehr zur weiteren Verarbeitung zur Verfügung. Somit wäre in dem vorangegangenem Beispiel auch der zuweisungslose Aufruf korrekt:

```
zins( kapital, zinsSatz, jahre );
```

Allerdings wird dadurch das Ergebnis der Zinsberechnung nicht gespeichert. Mit Terminieren der Methode `zins()` wird es aus dem Stack-Speicher entfernt.

In Abbildung 8.1 ist die Übergabe von Parametern an eine Methode und die Rückgabe eines Werts durch die Methode bei ihrem Aufruf dargestellt. Die Methode `calcMax()` verlangt als Aufrufparameter nach zwei `int`-Werten. Der größere der beiden Werte (im Beispiel der Wert 20) wird als Rückgabewert vom Typ `int` durch die `return`-Anweisung an den Aufrufer der Methode zurückgegeben.

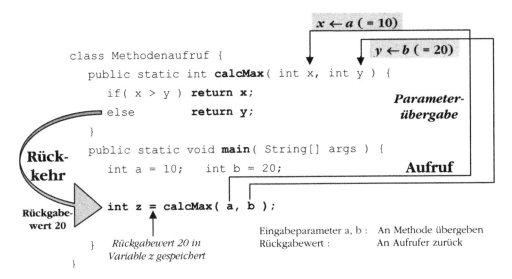

Abb. 8.1: Parameterübergabe an und Wertrückgabe durch eine Methode

An dieser Stelle soll ein häufig anzutreffendes *Missverständnis* ausgeräumt werden: Die Zuweisung der *aktuellen* Parameterwerte an die *formalen* Parameter der Methode beim Methodenaufruf wird durch das Java-Laufzeit-System vorgenommen. Es ist *nicht* erforderlich, dass die *Namen* der formalen Methodenparameter und die Namen der zum Aufruf verwendeten Variablen identisch sind. Die korrekte Übergabe der aktuellen Parameterwerte beim Methodenaufruf beruht *nicht auf Namensgleichheit*, sondern geschieht automatisch: In der Reihenfolge, in der die aktuellen Werte im Methodenaufruf aufgeführt sind, werden sie den formalen Methodenparametern zugewiesen. Einzige Voraussetzungen sind ihr korrekter Typ und korrekte Anzahl.

In Abbildung 8.1 tragen die formalen Methodenparameter der Methode `calcMax()` die Namen x und y, während die Variablen a und b beim Aufruf die aktuellen Parameterwerte enthalten. Die Methode `calcMax()` verlangt nach zwei `int`-Werten beim Aufruf. Genau dies passiert in `main()`, so dass der Methodenaufruf gelingt.

Parametrisierte Methoden mit Rückgabewert arbeiten wie Maschinen: Aus einem Input (Eingabe: Parameter) wird durch das Maschinenwerk (Verarbeitung: Methodencoding) ein Output (Ausgabe: Rückgabewert) gefertigt. Eine Methode genügt wie ein Programm im Kleinen dem *EVA-Prinzip* von Eingabe, Verarbeitung, Ausgabe.

8.3.1   Schachtelung von Methodenaufrufen

Den *Eingabewert* für den *Aufruf einer Methode* kann direkt ein anderer Methodenaufruf liefern, der über einen passenden Rückgabetyp verfügt. Der Umweg über eine korrekt typisierte Variable ist nicht erforderlich. Dies bedeutet, dass *Methodenaufrufe geschachtelt werden können.*

Dabei werden die geschachtelten Methodenaufrufe *von Innen nach Außen abgearbeitet* und ausgewertet. Der Rückgabewert der *inneren* Methode dient als Eingabewert (aktueller Parameter) für den *äußeren* Methodenaufruf. Dieses Konzept erlaubt die sehr kompakte Formulierung komplexer Funktionalität, führt jedoch zu etwas schwerer lesbarem Coding.

Im Beispiel erfolgt der Aufruf der Methode `jahresZins()` *innerhalb* des Aufrufs von `ausgabe()`. Der beim Aufruf von `jahresZins()` berechnete und zurückgegebene `double`-Rückgabewert wird direkt als aktueller Parameter für den Aufruf von `ausgabe()` genutzt:

```
class Zinsrechner3 {
    public static double jahresZins( double kp, double zs ) {
        return kp * zs;
    }
    public static void ausgabe( double resultat ) {
        System.out.println( "Ertrag = " + resultat );
    }
    public static void main( String[] args ) {
        double kapital = 1000.0;   double zinsSatz = 0.1;
        ausgabe( jahresZins( kapital, zinsSatz ) ); // Schachtelung
    }
}
```

Natürlich ist auch hier *Typkompatibilität gefordert*: Die Methode `ausgabe()` verlangt nach einem `double`-Eingabeparameter. Dieser wird als Rückgabewert von der inneren Methode `jahresZins()` geliefert. Würde die Methode `jahresZins()` als Rückgabewert einen `String` liefern, so wäre beim Aufruf von `ausgabe()` die Typkompatibiltät verletzt und eine Fehlermeldung des Compilers die Folge.

Die Schachtelung von Methodenaufrufen lässt sich über beliebig viele Stufen betreiben. Hier werden drei geschachtelte Methoden in einer Anweisung aufgerufen:

```
class Zinsrechner4 {
```

```
public static double jahresZins( double kp, double zs ) {
   return kp * zs;
}
public static String text( double resultat ) {
   String s = "Betrag = " + resultat;
   return s;
}
public static void konsolenAusgabe( String aus ) {
   System.out.println( aus );
}
public static void main( String[] args ) {
   double kapital = 1000.0;   double zinsSatz = 0.1;
   konsolenAusgabe( text( jahresZins( kapital, zinsSatz ) ) );
}
}
```

8.3.2   Methodenaufrufe innerhalb von Methoden

Der Aufruf einer Methode ist auch *im Methodenrumpf* einer anderen Methode möglich. Auf diese Weise können komplexere Methoden aus bereits vorhandenen Methoden komponiert werden. Das Beispiel ruft die Methode jahresZins() im
Rumpf der Methode zins() auf, um die Kapitalentwicklung zu berechnen:

```
class Zinsrechner5 {
   public static double jahresZins( double kp, double zs ) {
      return  kp * zs;
   }
   public static double zins( double kp, double zs, int n ) {
      double betrag = kp;
      for( int i=1; i<=n; i++ ) {
         betrag = betrag + jahresZins( betrag, zs );  // Aufruf
      }
      return betrag;
   }
   public static void main( String[] args ) {
      double kapital = 1000.0;
      int jahre = 10;
      double zinsSatz = 0.02;
      double endKapital = zins( kapital, zinsSatz, jahre );
      System.out.println( "Endkapital = " + endKapital );
   }
}
```

Wenn in Methoden der Aufruf *anderer* Methoden möglich ist, so sollte sich eine Methode auch *selbst* wiederholt aufrufen können. Dies ist in der Tat der Fall und wird als *Rekursion* bezeichnet. Zahlreiche Probleme lassen sich durch rekursive Programmierung elegant und kompakt lösen (s.u.).

Da aus Methoden wiederum andere Methoden aufgerufen werden können, lassen sich aus einfachen Methoden-Bausteinen komplexere Methoden entwickeln, so dass schließlich auch sehr komplexe Operationen im Stil einer Methodenhierarchie realisiert werden können. Dadurch lassen sich alle Teiloperationen letztlich auf das Wirken überschaubarer, einfacher Elementarmethoden zurückführen.

> Daraus erwächst ein **Design-Prinzip**: Methoden sollten klar umrissene Teilaufgaben durch kompakte, gut überschaubare Codingstrecken realisieren. Wird eine einzelne Methode zu umfangreich, so zeigt dies an, dass sie *selbst* wiederum in verschiedene Methoden zerlegt werden sollte.

Methoden sollten somit …

- einen Kompromiss zwischen Allgemeinheit und Einfachheit darstellen

- übersichtlich sein – d.h. nicht zu viele Parameter und zu viel Coding aufweisen

- nützlich und wiederverwendbar sein – d.h. nicht zu wenig Coding enthalten

- nötige Daten als Parameter erhalten statt von globalen Variablen abzuhängen

- Ergebnisse als Rückgabewerte zurückliefern - und Seiteneffekte vermeiden

- und natürlich gut dokumentiert werden.

8.4   Methoden als Mittel der Strukturierung

Methoden sind ein essentielles Mittel zur Entwicklung *komplexerer* Programme und dienen der Bewältigung von Komplexität. Ihr Sinn besteht in folgenden Aspekten:

- **Strukturierung des Programmcodes:** Statt alle Anweisungen in `main()` zu konzentrieren, wird das Coding auf verschiedene Methoden klarer Funktion *verteilt*. Jede einzelne Methode stellt dabei eine separate Operation dar. In `main()` selbst müssen nur noch entsprechende Methodenaufrufe vorgenommen werden.

- **Code-Einsparung:** Duplizieren identischen Programmcodes wird vermieden, so dass Fehlerbehebung & Wartung an nur je *einer Codestelle* erfolgen müssen. Programme werden verständlicher, lesbarer und wartbarer.

- **Wiederverwendbarkeit:** Eine Methode ist ein modularer *Baustein*, der wiederverwendet werden kann - auch in anderen Methoden. Methoden zu speziellen Anwendungsgebieten können (in Form ihrer Klassen) in **Programmbibliotheken** gesammelt werden. Man muss das Rad nicht mehrfach erfinden.

- **Abstraktion:** Wenn eine Methode korrekt arbeitet, braucht man sich über ihren internen Aufbau keine Gedanken mehr zu machen. Die funktionierende Methode kann als *gekapselte* black box direkt wiederverwendet werden.

- **Schnittstellenidee + Information-Hiding:** Um eine Methode aufrufen zu können, muss nur ihre *Schnittstelle* und semantische *Wirkung* bekannt und verstanden sein. Ihr internes Programmcoding interessiert nicht. Dieses bleibt für den Verwender der Methode im Grunde verborgen und ist grundsätzlich *austauschbar*, solange Schnittstelle und Wirkung der Methode erhalten bleiben.

- **Hierarchisierung:** Jede Methode kann in anderen Methoden verwendet werden, um immer *komplexere* Methoden zu formulieren. Es entsteht eine modulare *vielstufige* Methodenhierarchie, die dennoch überschaubar und wartbar bleibt.

Wenngleich Methoden bereits ein wichtiges Mittel der Strukturierung und Bewältigung komplexer Problemstellungen sind, stellt die objektorientierte Sprache Java durch ihr *Klassen- und Vererbungskonzept* noch weit *mächtigere* Strukturkonzepte und Möglichkeiten zur Verfügung.

8.5   Ein- und Ausgaben mittels `IO.java`

Ein- und Ausgabeoperationen via Konsole oder Filesystem sind keine im Sprachkern von Java integrierte Operationen - es stehen dafür keine elementaren Anweisungen zur Verfügung. Vielmehr sind dazu bereits einige Klassen des JDKs erforderlich. Die Konsolenausgabe von Strings mittels `System.out.println()` ist noch einfach zu bewerkstelligen ist, aber das Einlesen von Werten ist deutlich schwieriger – und überfordert den Einsteiger in die Java-Programmierung eindeutig.

Aus diesem Grunde verwenden wir für Ein-/Ausgabeoperationen einfach aufrufbare Methoden, die in der Klasse `IO.java` zusammengefasst sind und die Komplexität des Java-Ein-/Ausgabehandlings vor uns verbergen. Die Klasse `IO.java` steht auf der Webseite des Buches zum Download zur Verfügung. Um sie gemeinsam mit selbst geschriebenen Klassen zur verwenden, muss `IO.java` oder `IO.class` im aktuellen Arbeitsverzeichnis abgelegt sein.

Wir verwenden die Klasse `IO` als Tool, dessen interne Realisierung momentan nicht von Belang ist. Nur Schnittstellen und Wirkung der enthaltenen Methoden sind nutzungsrelevant. Alle in `IO` enthaltenen `public`-Methoden sind als `static` deklariert; sie können somit ohne vorangegangene Objekterzeugung aufgerufen werden.

Syntaktisch muss der Name der Klasse `IO` gefolgt von dem Punktoperator (`IO.`) dem Methodenaufruf direkt vorangestellt werden - dadurch unterscheidet sich die Nutzung der `IO`-Methoden vom Aufruf der bislang verwendeten klasseninternen Methoden. Das folgende Beispiel benutzt die einfachen Ausgabemethoden `writeln()`, `write()` und `advance()`:

```
class Ausgaben {
    public static void main( String[] args ) {
        String s = "Wert";   int n = 10;   double d = 5.5;
        IO.writeln( "Ausgaben mittels IO:" );
        IO.writeln();              // Zeilenrücklauf
        IO.writeln( s + " = " + d );
        IO.advance( 2 );           // Zwei Leerzeilen
        IO.write( "Nun " + s );  IO.write( " = " );  IO.write( n );
    }
```

```
}
```

```
                              - Konsole -
Ausgaben mittels IO:


Wert =   5.5



Nun Wert =   10
```

Das nächste Beispiel zeigt das Einlesen von Werten, die der Benutzer während des Programmlaufs eingibt: Die Methode `promptAndReadDouble()` erwartet einen `String` als Eingabeparameter. Dieser wird auf der Konsole ausgegeben und die weitere Ausführung des Programms hält an, bis der Benutzer einen `double`-Wert eingibt. Dieser wird eingelesen und von der Methode als Rückgabewert zurückgeliefert, so dass er in einer `double`-Variablen entgegengenommen werden kann.

```
class Eingaben {
   public static void main( String[] args ) {
      double d;
      d = IO.promptAndReadDouble( "Bitte Wert eingeben:   " );
      IO.writeln( "Eingabe war:   " + d );
   }
}
```

```
                              - Konsole -
Bitte Wert eingeben:   123.46 ↵
Eingabe war:   123.45
```

Auf der Webseite des Buches sind die *Methoden* der Klasse `IO` mit ihren Schnittstellen dokumentiert. Wir werden diese ab jetzt ständig verwenden.

Die Klasse IO stellt für uns ein nützliches Tool dar. Wir nutzen die Klasse IO als eine Art *Server*, dessen Dienste unsere Programme als *Clients* in Anspruch nehmen, ohne dass wir an den internen Arbeitsweisen des Servers interessiert wären. Diese nachzuvollziehen ist nicht nötig – und würde uns auch nur von unseren eigentlichen Problemlösungen ablenken. Dies entspricht dem Prinzip des *Information Hiding*:

> Im professionellen Umfeld ist es unmöglich, "alles selbst" zu programmieren. Meist wird man *vorgefertigte* Bibliotheken in Anspruch nehmen, um sich auf die eigentliche Problemlösung zu konzentrieren bzw. als **Anwendungsentwickler** auf vorhandene Serviceklassen und ihre Methoden zugreifen.

Schon im bescheidenen Kontext unserer kleinen Beispielprogramme begegnet uns das *Client-Server-Prinzip*. Die Zusammenarbeit zwischen verschiedenen Klassen wird uns im Rahmen der Objektorientierung intensiv beschäftigen.

Namenskonventionen: Im Zusammenhang mit Methodennamen erhöht das Einhalten von Konventionen die Lesbarkeit des Codings:

- Methoden sollten nach Verben benannt werden, z.B. `writeln()`.

- Methodennamen beginnen mit Kleinbuchstaben. In zusammengesetzten Namen schreibt man folgende Wortanfänge groß, z.B. `promptAndReadDouble()`.

- Methoden, die einen booleschen Wert zurückliefern, sollten durch ihren Namen eine Ja/Nein-Frage formulieren, z.B. `isVisible()`, `hatZugriff()`.

8.6   Lokale und globale Variablen

Im Zusammenhang mit Methoden müssen unterschiedliche *Sichtbarkeitsbereiche* und *Lebensdauern* von Variablen erläutert werden. Dabei spielt das Blockkonzept von Java eine entscheidende Rolle. Da durch ein Klammernpaar `{}` ein Block erzeugt wird, stellt auch ein Methodenrumpf einen Block dar. Es lassen sich dazu methoden-lokale und klassenglobale Variablen (und ebenso Konstanten) unterscheiden:

Methodenlokale Variablen werden *innerhalb* von Methoden deklariert. Auch die *Methodenparameter* stellen methodenlokale Variablen dar. Nur innerhalb ihrer Methode sind diese Variablen ansprechbar und verwendbar. Außerhalb der Methode können sie nicht angesprochen werden. Denn eine methodenlokale Variable wird erst dann im *Stack*-Speicher angelegt, wenn ihre Methode durchlaufen wird. Bei jedem Methodenaufruf wird die lokale Variable neu auf dem Stack angelegt. Terminiert die Methode wird dieser Speicherplatz stets wieder freigegeben, der Variablenwert gelöscht und die lokale Variable existiert nicht mehr. Somit "leben" lokale Variablen nur während der Ausführung ihrer Methode und sind nur innerhalb des Methodenrumpfs "sichtbar".

Klassen-Globale Variablen werden *außerhalb* von Methoden deklariert, d.h. direkt *auf Klassenebene*. Sie sind ansprechbar und verwendbar in *allen* Methoden der Klasse, natürlich auch in `main()`. Eine globale Variable wird beim Laden der Klasse im *Heap*-Speicher angelegt. Erst bei Programmende wird dieser Speicher wieder freigegeben. Über die gesamte Ausführungsdauer hinweg bleibt die globale Variable im Speicher und ist dabei aus allen Methoden heraus ansprechbar.

Als objektorientierte Sprache kennt Java keine echten globalen Variablen. Im Kontext von Java handelt es sich stets um `static`-Klassenvariablen; deren eigentliche Bedeutung erschließt sich jedoch erst im Kontext der Objektorientierung.

Das Beispiel verdeutlicht die Verhältnisse. Die Programmlogik wurde etwas gewollt auf Methoden verteilt, um alle Zugriffsmöglichkeiten zu erfassen:

```
class SkontoRechner {
    public static double skonto = 0.02;        // globale Variable
    public static final double MIN = 100.0;    // globale Konstante


    public static double preisRechner( double p ) {
        double preis = p;                // lokale Variable preis
        if( p >= MIN ) {                 // Zugriff auf globale Konstante
```

```
            preis = p - p * skonto;      // Zugriff auf globale Variable
        }
        return preis;
    }
    public static void main( String[] args ) {
        double preis;               // lokale Variablen
        double sk;
        sk = skonto * 100;          // Zugriff auf globale Variable
        preis = IO.promptAndReadDouble( "Preis [GE] = " );
        if( preis >= MIN ) {        // Zugriff auf globale Konstante
            IO.writeln( "Gewährt wird " + sk + "% Skonto" );
        }
        preis = preisRechner( preis );
        IO.writeln( "Ergibt Endpreis: " + preis + " GE" );
    }
}
```

Das Programm enthält die *globale Variable* skonto und die *globale Konstante* MIN. Nur wenn der Preis grö*ß*er gleich MIN ist, wird Skonto gewährt. Auf die globalen Elemente kann aus allen Methoden zugegriffen werden. Dagegen sind die *lokalen Variablen* preis und sk nur innerhalb ihrer Methoden ansprechbar und sichtbar.

Sowohl die Methode preisRechner() als auch main() besitzen eine double-Variable namens preis. Trotz Namensgleichheit tritt kein Namenskonflikt auf, da die beiden gleichnamigen Variablen in verschiedenen *Namensräumen* existieren:

> Jede Methode repräsentiert einen *eigenen* **Namensraum**. Die Benennung von Variablen in einem Namenraum kann unabhängig von der Benennungen in einem anderen Namenraum erfolgen. Nur *innerhalb* eines Namensraumes müssen die Bezeichner eindeutig gewählt sein.

Die beiden Variablen preis existieren somit unabhängig voneinander und stets ist klar, welche der beiden Variablen angesprochen wird: Wird ein mehrfach vergebener Variablenname benutzt, so ist immer diejenige Variable gemeint, in deren Namensraum die Programmstelle liegt.

Lokale Variablen und das Blockkonzept

Lokale Variablen werden in Methoden angelegt. Allerdings können innerhalb von Methoden weitere Sprachelemente (Kontrollstrukturen) auftreten, die ihrerseits einen Block umfassen. Auf diese Weise entstehen in Methoden tiefer geschachtelte Blöcke, die einen eigenen Sichtbarkeits- und Zugreifbarkeitsbereich darstellen.

> Lokale Variablen werden auf dem Run-Time-Stack angelegt. Bei Betreten des Blocks wird Speicherplatz für dessen Variablen auf dem Stack angelegt und die Werte der Variablen dort abgelegt. Nach Verlassen des Blocks wird dieser Speicherplatz wieder freigegeben und die zugehörigen Variablen und Werte gelöscht. Der Bereich der **Sichtbarkeit** und **Gültigkeit** einer Variablen ist das

> Programmstück in dem auf die Variable *zugegriffen* werden kann. Er erstreckt
> sich von der Deklaration der Variablen bis zum Ende des Blocks, in dem die
> Variable deklariert wurde.

Lokale Variablen sind nur innerhalb des Blocks sicht- und zugreifbar, in dem sie deklariert wurden – sowie in Blöcken, die *in ihrem Block enthalten* sind (tiefer geschachtelte Unterblöcke): Im Programmbeispiel der Abbildung 8.2 sind alle enthaltenen Blöcke und Unterblöcke mit ihren Sichtbarkeitsbereichen voneinander abgegrenzt. Das Programm berechnet, wie oft eine stets gleichbleibend große Stückzahl
aus einem Lagerbestand entnommen werden kann, ehe der verbleibende Lagerbestand unter eine bestimmte Mindestgrenze MIN fällt.

```
class Lager {
    public static final int MIN = 50;     // globale Konstante
    public static int lagerVerwaltung( int gesamt, int raus ){
        if( gesamt > raus ) {
            int n = 0;
            while( gesamt > MIN ) {
                gesamt = gesamt - raus;
                int rest = gesamt;
                n++;
            }
            //IO.writeln( "Restbestand = " + rest ); // Fehler!
            return n;
        }
        else {
            IO.writeln( "Entnahmemenge zu groß!" );
            return 0;
        }
    }
    public static void main( String[] args ) {
        int bestand = IO.promptAndReadInt( "Bestand = " );
        int entnahme = IO.promptAndReadInt( "Menge = " );
        int anzahl = lagerVerwaltung( bestand, entnahme );
        IO.writeln( "Anzahl Entnahmen = " + anzahl );
    }
}
```

Abb. 8.2: Blöcke und Sichtbarkeiten von Variablen

Es ist sichtbar, dass die globale Konstante MIN im gesamten Klassenblock gültig ist.
Die lokale Variable n wird innerhalb des if-Blocks der Methode lagerVerwal-
tung() deklariert. Somit ist n in diesem Block sowie im darin enthaltenen Unter-

block der while-Schleife ansprechbar. Außerhalb davon ist n nicht gültig. Die lokale Variable rest ist nur im inneren Block der while-Schleife gültig. Der Zugriffsversuch in der auskommentierten Zeile läge außerhalb ihres Gültigkeitsbereichs und würde vom Compiler zurückgewiesen. Dagegen sind die Parameter gesamt und raus der Methode lagerVerwaltung() im gesamten Methodenblock sichtbar.

Eine *weitere Regel* greift, falls namensgleiche klassen-globale und methoden-lokale Variablen innerhalb einer Klasse auftreten:

> *Lokale Variablen* **verdecken** *gleichnamige globale Variablen:* Somit wird der Sichtbarkeitsbereich globaler Variablen unterbrochen, wenn darin Methoden enthalten sind, die gleichnamige lokale Variablen deklarieren.

Sichtbarkeit ist nicht gleich Lebensdauer: Die verdeckten Variablen existieren weiter im Speicher und behalten ihren Wert auch während sie nicht sichtbar sind.

Folgendes schematisches Beispiel verdeutlicht Verdeckung bei Namensgleichheit:

```
class Verdeckung {
    public static int x = 5;
    public static void test() {
        int x = 10;
        IO.writeln( "x = " + x );        // Ausgabe: 10
    }
    public static void main( String[] args ) {
        IO.writeln( "x = " + x );        // Ausgabe: 5
        test();
        IO.writeln( "x = " + x );        // Ausgabe: 5
    }
}
```

Die Sichtbarkeit der globalen Variable x mit Wert 5 wird während des Aufrufs der Methode test() unterbrochen durch den Sichtbarkeitsbereich der lokalen gleichnamigen Variablen x mit Wert 10. Das lokale x verdeckt zeitweise das globale x. In main() wird stets die globale Variable x mit ihrem Wert 5 angesprochen, da in main() keine eigene gleichnamige lokale Variable x existiert.

Mikro-Designprinzip für lokale Variablen - Minimized Scope [BLO04]

Lokale Variablen deklariere man "so spät und eng" wie möglich – sie sollten nur dort verfügbar sein , wo sie auch benötigt werden. Insbesondere sollten lokale Variablen nur in den Blöcken sichtbar sein, in denen sie verwendet werden. Beim Deklarieren sollten sie möglichst auch gleich sinnvoll initialisiert werden.

8.7   Iteration und Rekursion

In Kapitel 7 wurde bereits erläutert, wie mit den verschiedenen Schleifentypen wiederholt (iteriert) auszuführende Anweisungsfolgen dargestellt werden können. Algorithmen, die wesentlich eine Schleifen-basierte Wiederholung von Anweisungsfolgen beinhalten, nennt man daher auch *iterativ.*

Darüber hinaus lassen sich bestimmte Codestrecken auch dadurch mehrfach ausführen, dass sich eine Methode "selbst" aufruft. Einen Algorithmus nennt man *rekursiv*, wenn innerhalb der Ausführung einer Methode ein Aufruf derselben Methode stattfindet. Ein solcher "Selbstaufruf" kann auch indirekt erfolgen, etwa wenn eine Methode m1() eine andere Methode m2() aufruft, die ihrerseits m1() aufruft.

Auch wenn es sich bei Iteration und Rekursion um zwei vom Ansatz grundsätzlich unterschiedliche Verfahren handelt, sind diese vom theoretischen Standpunkt bei der Programmierung gleichwertig: Jede Iteration kann durch eine Rekursion ausgedrückt werden und umgekehrt.

Diese Verfahren wollen wir am Beispiel der Multiplikation zweier int-Werte verdeutlichen, bei dem wir jedoch den Multiplikationsoperator (*) bewusst nicht verwenden wollen. Der Einfachheit halber lassen wir die Überlaufproblematik außen vor und gehen vorerst davon aus, dass der zweite Operand nicht-negativ ist:

Multiplikation durch Iteration

Die Multiplikation von a mit b lässt sich auf eine iterierte Addition zurückführen, indem man den Wert von a genau b-mal aufaddiert:

```
public static int mult_i( int a, int b ) {
    int rc = 0;
    while( b-- > 0 )
        rc = rc + a;
    return rc;
}
```

Der Ausdruck b-->0 im Schleifenkopf bewirkt, dass für nicht-negative b die Anweisung rc=rc+a genau b-mal ausgeführt wird, rc wird also b-mal um a erhöht.

Multiplikation durch Rekursion

Bei der rekursiven Lösung wird zuerst eine Fallunterscheidung getroffen: Falls der zweite Operand (Multiplikator) den Wert 0 hat, wird 0 zurückgegeben. In allen anderen Fällen erfolgt ein "Selbstaufruf" der Methode multi_r(), wobei jedoch als Argument für den zweiten Operanden der um 1 verminderte Wert übergeben wird. Zurückgegeben wird die Summe des ersten Operanten (Multiplikant) und des Rückgabewertes der rekursiv aufgerufenen Methode.

```
public static int mult_r( int a, int b ) {
    if( b == 0 )
        return 0;
    else
        return ( a + mult_r( a, b-1 ) );
}
```

Wird etwa mit dieser Methode das Produkt für die Werte a=4 und b=3 berechnet, so lässt sich der Ablauf wie in Abb. 8.3 grafisch darstellen.

Bei der Abarbeitung des Aufrufs `mult_r(4, 3)` wird der `else`-Zweig beschritten und die Anweisung `4+mult_r(4, 2)` ausgeführt. Um diese Summe endgültig zu berechnen, muss jedoch zuerst `mult_r(4, 2)` abgearbeitet werden, wobei Informationen über den ersten Operanden (der Wert 4) und über die Art der Operation (Summe) von der JVM temporär im Stack gespeichert werden, bis der Methodenaufruf "zurückkommt". Bei der Ausführung von `mult_r(4, 2)` geschieht grundsätzlich das gleiche, jedoch mit einem um 1 verminderten Wert: Bewertet wird der Ausdruck `4 + mult_r(4, 1)`. Dieses Verfahren läuft so lange weiter, bis bei der Berechnung des Ausdrucks `mult_r(4, 0)` der `if`-Zweig beschritten und somit der sogenannte *Basisfall* erreicht wird. Diese Methode gibt den Wert 0 an die aufrufende Methode zurück, die dann die Berechnung der Summe ausführen kann und ihrerseits den Wert 4 an ihren Aufrufer liefert. Dieses Verfahren läuft in dieser Weise zurück bis der erste Methodenaufruf erreicht und mit 12 bewertet wird.

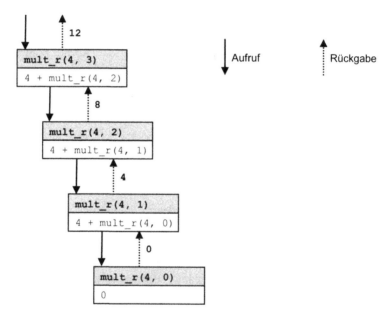

Abb. 8.3: Aufrufe bei der rekursiven Berechnung von 4 * 3

Wesentlich für das semantisch korrekte Verhalten einer rekursiven Methode ist das Erreichen des Basisfalls, in dessen Anweisungen kein Aufruf dieser Methode erfolgen darf. Fehlt ein solcher Basisfall oder wird dieser nie erreicht, läuft die rekursive Berechnung theoretisch endlos lange und kommt nie zum Ergebnis. Da die verfügbaren Systemressourcen jedoch beschränkt sind, kann die JVM ein solches rekursives Verfahren nicht beliebig lange durchführen und beendet das Programm irgendwann mit einer `StackOverflowException`.

Eine solche Situation lässt sich leicht dadurch provozieren, wenn wir versuchen, mit der rekursiven Methode das Produkt für negative Multiplikatorwerte zu berechnen:

```
class MultProgramm {
    public static void main( String[] args ){
        System.out.println( mult_r( 3, -1 ) );
    }
}
```

Beim ersten "Selbstaufruf" von mult_r() wird als Multiplikator -2 übergeben, beim nächsten -3, dann -4 usw. Der Basisfall wird nie erreicht. Um ein korrektes Verhalten auch für negative Werte zu erzielen, kann man die Methode wie folgt erweitern:

```
public static int mult_r( int a, int b ) {
    if( b == 0 ) return 0;                  // Basisfall b==0
    if( b < 0 )  return -mult_r( a, -b );   // b negativ
    return ( a + mult_r( a, b-1 ) );        // b positiv
}
```

Eine zusätzliche Fallunterscheidung sorgt nun dafür, dass bei negativem b ein Selbstaufruf der Berechnungsmethode mit Argument -b, also einem dann positiven Wert, erfolgt und das Ergebnis am Ende negiert wird. Das erste Vorkommen des Methodenaufrufs mult_r() wird höchstens einmal erfolgen, nämlich dann, wenn b negativ ist; in allen folgenden Selbstaufrufen bleibt b dann positiv.

Bei diesen einfachen Beispielen deutet sich bereits an, dass rekursive Lösungen in der Regel mehr Speicherplatz und Rechenzeit benötigen als iterative, da die interne Verwaltung von Methodenaufrufen und nicht abgeschlossenen Anweisungen viele Ressourcen beansprucht. Daher wird man in der Praxis iterativen Algorithmen häufig den Vorzug geben.

Rekursive Algorithmen haben dennoch wegen ihrer Einfachheit und Eleganz ihre Berechtigung, insbesondere wenn sich die Anzahl der internen Methodenaufrufe in Grenzen hält. Oft ergeben sich rekursive Lösungen fast direkt aus der Problemstellung und bestechen durch ihre Klarheit, wie das folgende klassische Beispiel zeigt:

Die Türme von Hanoi

Dieses Spiel besteht aus drei Stäben (Türmen, Säulen) A, B und C, die wie in Abbildung 8.4 dargestellt auf einem Brett montiert sind.

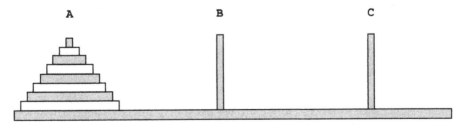

Abb. 8.4: Die Türme von Hanoi (Ausgangslage)

In der Ausgangslage befinden sich auf dem Stab A eine bestimmte Anzahl (N) unterschiedlich großer Scheiben der Größe nach gestapelt. Ziel ist, alle Scheiben in einzelnen Schritten zum Stab C zu bringen, wobei **niemals** eine **kleinere** Scheibe **unter** einer **größeren** liegen darf.

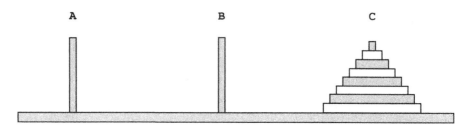

Abb. 8.5: Die Türme von Hanoi (Ziel)

Am Ende sollen sich also alle Scheiben wie in Abbildung 8.5 an Stab C befinden.

Um eine geeignete Lösungsstrategie zu finden und ein Gefühl für das Problem zu erhalten, betrachtet man zunächst eine sehr kleine Anzahl von Scheiben, um dabei eine Gesetzmäßigkeit zu entdecken, die zu einer allgemeinen Lösung führen könnte:

Besteht der Ausgangsstab aus einer Scheibe, ist das Problem trivial, denn man legt diese einfach direkt von A nach C. Im Fall N=2 wird klar, warum es drei Stäbe gibt, denn ohne den Hilfsstab B wäre das Problem nicht lösbar. Man bringt nun die kleinere Scheibe zuerst auf diesen Stab, dann die größere nach C und zuletzt die kleinere von B ebenfalls nach C. Für größere N wird dieses Problem komplexer und nicht so leicht durchschaubar, eine allgemeine Strategie scheint sich nicht anzubieten.

Daher wählen wir einen anderen - für rekursive Lösungen - typischen Ansatz:

Wir nehmen an, wir könnten N-1 Scheiben korrekt von einem Stab auf einen anderen (unter Zuhilfenahme eines dritten) bringen, und suchen nun ein allgemeines Verfahren, d.h. einen Algorithmus, für N Scheiben. Ein solcher Algorithmus führt das Problem für N Scheiben zurück auf ein Problem mit N-1 Scheiben, so dass wir wegen der Allgemeinheit des Algorithmus das N-1-Problem auf ein N-2-Problem zurückführen können usw. Natürlich funktioniert dies nur, wenn ein einfach zu lösender Basisfall existiert und dieser immer erreicht wird.

Eine solche Strategie lässt sich aber recht einfach finden (vgl. Abb. 8.6):

1.   Wir bringen N-1 Scheiben zuerst von A nach B und verwenden C als Hilfsstab

2.   Dann bringen wir die größte Scheibe von A nach C

3.   Zuletzt bringen wir alle N-1 Scheiben des Stabs B nach C und verwenden A als Hilfsstab

Die Annahme, dass man N-1 Scheiben korrekt transportieren kann, wird hier zweimal, nämlich in den Teilen 1. und 3. verwendet, wobei die Rollen von Start-, Ziel- und Hilfsstab jeweils vertauscht sind.

Zur Lösung dieses Problems in Java erstellen wir eine Methode, die n Scheiben vom Stab s zum Stab z transportiert unter Zuhilfenahme des Stabs h:

```
public static void bewegeScheiben(int n, char s, char z, char h){
    if( n > 0 ) {
        bewegeScheiben( n-1, s, h, z );
        System.out.println( n + " von " + s + " nach " + z );
        bewegeScheiben( n-1, h, z, s );
    }
}
```

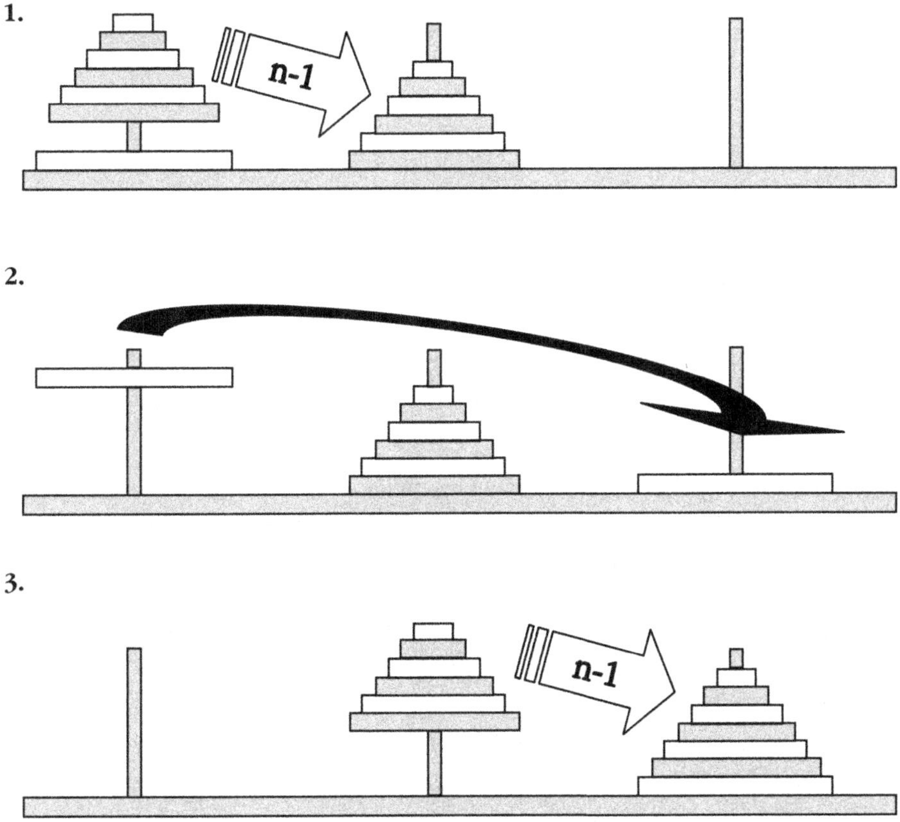

1.

2.

3.

Abb. 8.6: Strategie bei der Reduktion von N auf N-1

Wenn n größer Null ist, ist nichts zu tun. Die drei Anweisungen innerhalb des `if`-Zweigs entsprechen exakt den drei Schritten der Strategie unserer Vorüberlegung: Es werden n-1 Scheiben vom Startstab auf den Hilfsstab gebracht (wobei jetzt der ursprüngliche Zielstab z die Rolle des Hilfsstabs übernimmt) und anschließend die letzte Scheibe vom Start zum Ziel gelegt. Zuletzt sind noch alle n-1 Scheiben vom Hilfsstab zum eigentlichen Zielstab zu bewegen.

Um dies zu demonstrieren, legen wir eine ausführbare Klasse zum Testen an:

```
class Hanoi {
   public static void main( String[] args ) {
      bewegeScheiben( 3, 'A', 'C', 'B' );
   }
}
```

Der Output des Programms liefert die Reihenfolge der zu bewegenden Scheiben mit Start- und Zielstab; die kleinste Scheibe ist mit *1*, die größte mit *n* bezeichnet.

```
- Konsole -
1 von A nach C
2 von A nach B
1 von C nach B
3 von A nach C
1 von B nach A
2 von B nach C
1 von A nach C
```

Zins und Zinseszins rekursiv

Zum Abschluss werden wir für die Berechnung der Zinsen und Zinseszinsen, wie sie uns aus 8.1 schon bekannt ist, eine rekursive Implementierung vorstellen.

Bei einer jährlichen Verzinsung mit dem Zinssatz zs, soll die Methode

```
   public static double zins_r( double kp, double zs, int n )
```

ausgehend vom Anfangskapital kp das Gesamtkapital nach n Jahren zurückgeben.

Für n>=0 bezeichne K(n) das Gesamtkapital nach n Jahren. Dann gilt offensichtlich:

$K(0)=kp$ $K(1)= K(0)+K(0)*zs$ $K(2)= K(1)+K(1)*zs$ ...

also allgemein

$K(n) = K(n-1) + K(n-1)*zs$, für n>0

Dies lässt sich auch schreiben als

$K(n) = K(n-1) * (1 + zs)$, für n>0

was direkt zur folgenden rekursiven Definition von zins_r() führt:

```
   public static double zins_r( double kp, double zs, int n ) {
      if( n==0 ) return kp;                          // Basisfall
      return zins_r( kp, zs, n-1 ) * (1 + zs);       // Rekursionsfall
   }
```

Wir sind nun vertraut mit ausführbaren Java-Klassen und ihrer main()-Methode, dem Konzept der Datentypen, Kontrollstrukturen sowie iterativen und rekursiven Methoden. Damit stehen uns alle wesentlichen Elemente der traditionellen prozeduralen Programmierung zur Verfügung, wie sie die Sprachen Pascal, C, Fortran etc. aufweisen. Momentan erscheint uns ein Java-Programm als Behälter für main() und weitere Methoden sowie "globale" (statische) Variablen und Konstanten.

Doch führt die Aufteilung des Codings auf verschiedene Methoden allein nicht schon zu gut strukturierten Programmen, insbesondere wenn diese einen gewissen Umfang überschreiten. Methoden als Mittel der Modularisierung und Strukturierung reichen *nicht* aus, um größere Anwendungen übersichtlich zu entwickeln.

Dabei stellt auch die jahrelange *Wartung* von Anwendungen im laufenden Betrieb ein großes Problem dar: Wartung umfasst die Pflege installierter Anwendungen und Systeme, d.h. Fehlerbehebung, Anpassungen, Einbau zusätzlicher Funktionalität. Oft wird dies nicht von den Programmautoren durchgeführt, sondern von anderen Entwicklern, die sich in die Anwendungen einarbeiten müssen. Je klarer Software strukturiert ist, desto kostengünstiger lässt sie sich warten und weiterentwickeln.

Eine *umfassendere Struktur*, die über die Aufteilung des Programms in einzelne Methoden hinaus geht, wird durch das objektorientierte *Klassenkonzept* zur Verfügung gestellt. In Kapitel 9 erläutern wir die Grundbegriffe der Objektorientierung und den Umgang mit Klassen und Objekten in Java.

9 Klassen und Objekte

Die Entwicklung und Wartung komplexer Softwaresysteme stellt eine große Herausforderung dar: Viele Komponenten sind arbeitsteilig im Team zu entwickeln und in eine bestehende technische und organisatorische Umgebung zu integrieren.

Leidvolle Erfahrungen zeigen, dass viele Entwicklungsprojekte den gesetzten Zeit- und Kostenrahmen deutlich überschritten, Anforderungen nicht erfüllten oder nicht die angestrebte Produktqualität hervorbrachten. Zur technischen Bewältigung der Komplexität müssen adäquate Programmiersprachen eingesetzt werden. Es ist ein Manko konventioneller prozeduraler Sprachen, dass die zu bearbeitenden Daten und die darauf zugreifenden Methoden ohne strukturelle Verbindung innerhalb des Programms nebeneinander existieren.

Durch stärkere Kapselung und Modularisierung kann die Qualität der Software erhöht werden: Objektorientierte Software ist übersichtlicher strukturiert und leichter anpassbar; Fehlersuche gestaltet sich leichter und Teile der Software können wiederverwendet werden. Auf diese Weise kann auch die professionelle Softwareentwicklung (Software Engineering) endlich die Reife und Qualität klassischer Ingenieursdisziplinen erreichen.

Im Konzept der *Klasse* fassen objektorientierte Programmiersprachen *Daten und die darauf wirkenden Methoden* in einer Einheit zusammen. Aus der Klassendeklaration werden individuelle Vertreter erzeugt, die als *Objekte* bezeichnet werden. Ein objektorientiertes Programm stellt sich dar als Interaktion der darin wirkenden Objekte.

Allerdings ist Objektorientierung nicht nur ein technisches Konzept, sondern setzt eine bestimmte Weltsicht um: Es ist Aufgabe von Software, Zusammenhänge der Wirklichkeit zu modellieren und angemessen abzubilden. Die Welt um uns lässt sich beschreiben als Verbund interagierender Objekte, die durch Eigenschaften und Verhaltensweisen gekennzeichnet sind. Diese Grundstruktur der Wirklichkeit versucht die Objektorientierung durch programmiersprachliche Mittel zu erfassen.

9.1 Hinführung zur Objektorientierung

9.1.1 Objektorientierung als technische Weiterentwicklung

Im Rahmen der objektorientierten Programmierung lassen sich "evolutionäre" und "revolutionäre" Aspekte unterscheiden. In gewissem Sinne stellt das Klassenkonzept nur eine fortschreitende Modularisierung auf Basis strukturierter Datentypen dar:

Primitive Datentypen können genau einen Wert pro typisierter Variable speichern (z.B. `int x = 4;`). In Arrays lassen sich viele Werte des gleichen Typs aufbewahren. In manchen Sprachen existieren sogenannte Records, die viele Werte auch unterschiedlichen Typs aufnehmen können. Neben diesen Datenstrukturen existieren Methoden, die mit Parameterwerten arbeiten oder auf globale Daten zugreifen.

Im Konzept der Klasse wird ein noch umfassenderer strukturierter Datentyp definiert, in dem zusammengehörige Daten (Attribute) und damit arbeitende Methoden syntaktisch und konzeptionell in einer Einheit zusammengefasst werden.

Jedoch führen objektorientierte Sprachen auch "revolutionäre" neue Aspekte ein, die durch nicht-objektorientierte Sprachen nicht nachbildbar sind: Dazu gehören das Konzept der Kapselung zur Schnittstellendefinition sowie Vererbung und Polymorphie als Mittel generischer Programmierung. Diese technischen Neuerungen begründen ein neues *Paradigma* der Programmierung: Nicht nur die Struktur der Programme verändert sich, sondern auch neue Formen des Software-Engineering mit neuen Methoden, Techniken und Tools kommen ins Spiel.

Objektorientierte Softwareentwicklung soll Entwicklungszeiten verkürzen, Entwicklungskosten senken, die Systemkomplexität reduzieren, Benutzeranforderungen vollständiger umsetzen und überhaupt bessere Systementwürfe hervorbringen. Nach ihrer Entwicklung ist objektorientierte Software einfacher zu warten und weiterzuentwickeln sowie leichter auf andere Plattformen zu portieren. Teile objektorientierter Systeme können in neuen Kontexten und Projekten wiederverwendet werden.

Tabelle 9.1 benennt den Aufwand objektorientierter (OO) Softwareentwicklung relativ zu klassischer nicht-objektorientierter Entwicklung. Das objektorientierte Paradigma umfasst nicht nur die eigentliche Programmierung, sondern den gesamten Entwurfs- und Entwicklungsprozess: Objektorientierte Programmierung zwingt zu noch größerer Sorgfalt bei Systemkonzeption und *Architekturentwurf* der modellierten Klassenlandschaft. Diese soll als 1:1-Vorlage der späteren Implementierung dienen. Die Mühe zahlt sich in allen anderen Phasen des Softwareentwicklungszyklus aus – auch in Bezug auf die nachgelagerte Pflege und Wartung installierter Lösungen. Fehler, Kosten, Komplexität und Gesamt-Entwicklungszeit sollen abnehmen.

Phase	Analyse Spezif.	Design Architektur	Implemen- tierung	Dokumen- tation	Integration Tests	Wartung
Aufwand	≈	↑↑	↓↓	↓	↓	↓↓

Tab. 9.1: Aufwand OO- relativ zu Nicht-OO-Software-Engineering

Noch viel stärker als bei prozeduraler Programmierung gilt für die Objektorientierung: Erst denken (analysieren, strukturieren, modellieren), dann implementieren. Bis ausführbares Coding entsteht, vergeht eine längere Entwicklungszeit. Von der gewählten objektorientierten Architektur hängt später ab, ob das implementierte System alle Anforderungen auch unter hoher Last performant und hochverfügbar erfüllt.

9.1.2 Objektorientierung als Modellierung der Realität: Klassen und Objekte

Der objektorientierten Programmierung liegt eine bestimmte *Weltsicht* zugrunde, deren zentrale Kategorien Klassen und Objekte sind. Die Axiome der objektorientierten Beschreibungsweise lauten:

1. *Die reale Welt besteht aus individuellen, konkreten Objekten.* Beispiel: Mitarbeiter, Fahrzeug, Student, Bankkonto, Maschine, ...

2. *Objekte haben Eigenschaften (Attribute) und Verhaltensweisen (Methoden). Die Methoden arbeiten mit den Attributen des Objekts. Objekte besitzen eine unverwechselbare Identität.* Beispiel: Individuelles Mitarbeiterobjekt mit den Attributen → Name, Abteilung, Gehalt, Personalnummer und Methoden → einstellen(), datenSpeichern(), gehaltBerechnen().

3. *Objekte lassen sich klassifizieren, d.h. Klassen zuordnen. Die konkreten, individuellen Objekte derselben Klasse haben die gleiche Struktur, d.h. verfügen über die gleichen Attribute und Methoden.* Beispiel: Die Angestellten eines Unternehmens lassen sich einer Klasse Mitarbeiter zuordnen.

4. *Die einzelnen, individuellen Objekte sind Repräsentanten ihrer Klasse und können sich in der konkreten Wertbelegung ihrer Attribute unterscheiden, können aber auch in dieser übereinstimmen.* Beispiel: Die Mitarbeiter eines Unternehmens unterscheiden sich alle durch ihre eindeutige Personalnummer, während einige gleiche Namen tragen oder gleiches Gehalt beziehen.

5. *Ein System ist eine Menge interagierender Objekte, die sich verschiedenen Klassen zuordnen lassen.* Beispiel: Eine Mitarbeiterverwaltung enthält u.a. die Objekte Mitarbeiter, Gehalt, Abteilung.

In der Realität vorkommende Gegenstände werden als individuelle Objekte identifiziert, die spezielle Exemplare einer übergeordneten Klasse sind. Grundsätzlich gilt:

Klasse: Eine Klasse ist ein schematisches Modell, eine Abstraktion der Realität. Eine Klasse beschreibt die Eigenschaften (Attribute) und das Verhalten (Methoden) einer Menge strukturell gleichartiger Objekte (Bündelung von Struktur und Verhalten). Sie ist die allgemeine Beschreibung (Typ, Bauplan) für eine Menge individueller Objekte gleicher Struktur und gleicher Semantik. Eine Klasse enthält als strukturelle Bestandteile funktionell und semantisch zusammengehörige Attribute und Methoden:

Klasse = Attribute (Datenstruktur) + Methoden (Funktionalität)

Objekt: Ein Objekt ist ein spezielles, individuelles, konkretes Exemplar (Ausprägung) seiner Klasse, das durch spezifische Werte seiner Attribute gekennzeichnet ist. Objekte derselben Klasse haben den selben strukturellen Aufbau (Attribute und Methoden). Die konkrete Wertbelegung ihrer Attribute kann sich individuell unterscheiden. Objekte werden aus Klassen erzeugt.

Objektorientierung bedeutet, die reale Welt durch Klassen und ihre interagierenden Objekte abzubilden.

Die Modellierung von Klassen setzt als Aspekte stets ein *Ziel* bzw. einen *Kontext* voraus: Erst aus vorgegebenen Zielen und Verwendungskontexten ergeben sich die erforderlichen zu erfassenden Charakteristika. So sieht die objektorientierte Modellierung einer Person als betrieblicher Mitarbeiter im Firmenkontext ganz anders aus als die Patienten-Modellierung im Kontext einer Arztpraxis. Die Modellierung einer Klasse, ihrer Attribute und Methoden wird auch beeinflusst durch die erforderliche Detaillierung und Präzision der Darstellung: Ein Auto-Objekt als Teil einer Stausimulation wird deutlich weniger detailliert modelliert werden als ein Auto-Objekt innerhalb einer kinematischen Crashsimulation.

In Klassen und ihren individuellen Objekten werden Daten und die damit arbeitenden Methoden in einer eigenständigen Einheit zusammengefasst. Somit stellt eine Klasse einen strukturierten, komplexen Typ dar mit daraus abgeleiteten Objekten als konkreter Ausprägung.

Klassen und ihre Objekte können materiell-fassbare Dinge aber auch abstrakte Begriffe unserer Welt abbilden. Klassen und Objekte können u.a. sein:

- Materielle Gegenstände: Fahrzeug, Gebäude, Maschine.
- Funktionale Rollen innerhalb von Szenarien: Mitarbeiter, Kunde, Student.
- Schematisierte Abläufe (Szenarien): Bewerberverwaltung, Kontoeröffnung.
- Administrative Strukturen in Szenarien: Bestellung, Vertrag, Lieferung.

Die Methoden des Objekts greifen auf dessen Attribute zu. In der Sprache der Objektorientierung sagt man, dass die Methode eines Objekts *aufgerufen* wird, bzw. dass ein Objekt den *Auftrag erhält*, eine Methode auszuführen.

> Ein Objekt einer Klasse stellt durch seine Methoden Dienste zur Verfügung, und kann als elementarer Server betrachtet werden. In seinen Attributen kann es Daten speichern, so dass es zugleich als Datencontainer dienen kann.

Klassen und Objekte sind ein universelles konzeptionelles Mittel, um begrifflich Fassbares zu modellieren. Sie stellen ein Mittel der Abstraktion und Konzentration auf das Wesentliche des modellierten Weltausschnitts dar – und ermöglichen auf diese Weise, Komplexität zu bewältigen. Durch den objektorientierten Modellierungsansatz ergibt sich eine ganzheitliche Softwareengineering-Technik, bei der die Klasse das durchgängige Prinzip ist zur:

- Beschreibung der Wirklichkeit (System-Analyse, Abstraktion)
- Modellierung der Wirklichkeit (Design, Implementierung, Dokumentation)
- Komposition größerer Anwendungseinheiten (Komponenten, Systeme)

Die Klasse ist das zentrale Bauelement für eine arbeitsteilige Programmierung im Großen, d.h. zur Realisation auch großer Softwaresysteme.

> Ein objektorientiertes Software-System ist in umfassender Sichtweise die Summe seiner Objekte und deren Aktivitäten [LEA00]:
>
> ### System = Objekte + Aktivitäten
>
> Das System besteht aus interagierenden Objekten. Teilmengen der beteiligten Objekte bilden Komponenten und Subsysteme des Gesamtsystems. Die Funktionen des Systems ergeben sich aus möglichen Aktivitäten seiner Objekte. Objekte verwenden einander, um ihre Dienste zu nutzen. Objekte kommunizieren, indem sie einander Nachrichten senden, um Services anzufordern.

Ein Objekt kann an verschiedenen Aktivitäten eines Systems beteiligt sein, und für eine bestimmte Systemaktivität können mehrere Objekte erforderlich sein. Ein Beispiel ist die Überweisung eines Geldbetrags. Der Vorgang wird durch ein Bank-

Objekt kontrolliert, das auf die Methoden zweier Konto-Objekte zugreift. Der Zustand (Kontostand) beider Konten wird verändert. Die Transaktion kommt nur zustande, wenn beide Konto-Objekte konsistent verändert werden können.

Der Objekt-Begriff hat mittlerweile auch in das betriebswirtschaftlichen Denken Einzug gehalten. *Geschäftsobjekte* (Business Objects) repräsentieren ein reales betriebswirtschaftliches Objekt im Rahmen des betrieblichen Prozess-Systems. Sie beschreiben und kapseln mittels ihrer Daten und Methoden einen abgeschlossenen betriebswirtschaftlichen Zusammenhang oder Vorgang. Über ihre Schnittstellen kann auf ihre Dienste zugegriffen werden.

Geschäftsobjekte modellieren grundlegende Teilschritte eines Geschäftsprozesses. Geschäftsprozesse bilden komplexe Unternehmensaufgaben ab. Sie setzen sich aus Einzelaktivitäten zusammen, die durch Geschäftsobjekte dargestellt werden und insgesamt das gewünschte Prozessergebnis hervorbringen. Die technischen internen Details der Geschäftsobjekte spielen jedoch für den modellierten Prozess keine Rolle. Bei der Abbildung von Prozessen stehen nicht primär technische Aspekte im Vordergrund sondern die Geschäftslogik.

Die Realität lässt sich also als System interagierender Objekte beschreiben und in der Welt der Software auch *ebenso* abbilden. Mit der Objektorientierung verfügt man über ein *adäquates Software-Konzept*. Nun stellt sich die Frage: Wie bildet man diese Klassen-Objekt-Konzeption der Realität *programmiersprachlich* ab?

9.2   Klassen und Objekte in Java

Bislang erschienen ausführbare Java-Klassen nur als Behälter für die main()-Methode, weitere Methoden und globale (statische) Variablen oder Konstanten. Allgemein ist eine Klasse jedoch eine Struktur, die Attribute und darauf zugreifende Methoden enthält und einen Ausschnitt der Realität abbildet. Die Klasse Mitarbeiter.java unterscheidet sich deutlich von den vertrauten Programmbeispielen:

```
class Mitarbeiter {        // nicht-ausführbare Klasse ohne main()

    public String name;              // Attribute

    public int persNr;

    public double gehalt;

    public void datenAusgabe() {     // Methode
       IO.writeln( "Daten für: " + name + " :" );
       IO.writeln( "Personalnummer: " + persNr );
       IO.writeln( "Gehalt: " + gehalt );
    }

}
```

Während eine **ausführbare Klasse** eine main()-Methode enthält und ein ablauffähiges Java-Programm darstellt, verfügt eine **nicht-ausführbare Klasse** über *keine* main()-Methode.

Durch die Klasse Mitarbeiter werden rudimentär Mitarbeiter einer Firma modelliert. Der gesamte Inhalt der Klasse befindet sich innerhalb des class-Blocks: Als *Attribute* eines Mitarbeiters stehen name, persNr und gehalt zur Verfügung. Die Attribute könnten jeden beliebigen Datentyp aufweisen. Als *Methode* ist momentan nur datenAusgabe() vorhanden.

Warum entfällt die static-Deklaration? Warum ist keine main()-Methode enthalten? Wie verwendet man eine solche nichtausführbare Klasse überhaupt?

Eine vorläufige Antwort ist: Die Klasse Mitarbeiter wird innerhalb einer anderen, ausführbaren Klasse verwendet, indem von der Klasse Mitarbeiter konkrete Mitarbeiter-Objekte erzeugt werden. Dies geschieht durch Anwendung des **Operators new**, ein für uns *neues* Sprachelement. Man sagt auch: Bei der Objekterzeugung wird eine *Instanz* der Klasse erzeugt. Der Vorgang der Objekterzeugung wird deshalb auch *Instanziierung* genannt. Das komplette Beispiel macht dies deutlich:

```
class Mitarbeiter {      // nicht-ausführbare Klasse

    public String name;                 // Attribute

    public int persNr;

    public double gehalt;

    public void datenAusgabe( ){         // Methode
        IO.writeln( "Daten für: " + name + " :" );
        IO.writeln( "Personalnummer: " + persNr );
        IO.writeln( "Gehalt: " + gehalt );
    }

}

class Personal {         // ausführbare Klasse
    public static void main( String[] args ){
        Mitarbeiter m1 = new Mitarbeiter();         // Objekterzeugung
        Mitarbeiter m2 = new Mitarbeiter();
        m1.name = "Meier";        m1.persNr = 1234;  // Objektzugriffe
        m1.gehalt = 3000.0;
        m2.name = "Huber";        m2.persNr = 5678;
        m2.gehalt = 4000.0;
        m1.datenAusgabe();
        m2.datenAusgabe();
    }
}
```

In der ausführbaren Klasse Personal werden zur Laufzeit zwei Mitarbeiter-Objekte (Instanzen) namens m1 und m2 aus der Klasse Mitarbeiter erzeugt und im Hauptspeicher angelegt (Abb. 9.1). Diesen werden unabhängig voneinander spezielle Werte für die Attribute zugewiesen, die in den Objekten aufbewahrt werden. Der Methodenaufruf datenAusgabe() auf den Objekten m1 und m2 gibt deren

Attributwerte auf der Konsole aus. Bei den Objekten handelt es sich um separate Gebilde: Zugriffe auf das eine Objekt haben keine Nebenwirkung auf das andere Objekt. Beide Objekte werden völlig unabhängig voneinander verwendet.

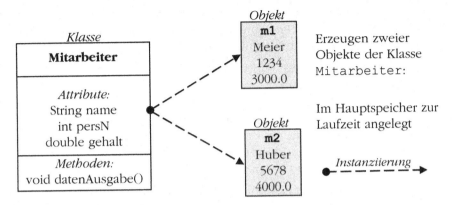

Abb. 9.1: Objekterzeugung – Instanziierung konkreter Objekte der Klasse

Attribute und Methoden, die Mitarbeiter kennzeichnen, wurden in der Klasse `Mitarbeiter` erfasst. Daraus lassen sich beliebig viele konkrete Objekte erzeugen.

> **Aus** einer **Klasse** können mittels new-Operator beliebig viele **Objekt-Instanzen erzeugt** werden. Diese verfügen über die gleichen Methoden und Datenstrukturen, sind jedoch individuell ansprechbar.

Anmerkung: Eine Java-Klasse dürfte auch nur Attribute (und keine Methoden) oder nur Methoden (und keine Attribute) enthalten. Im ersten Fall würden ihre Objekte als bloße Datenbehälter dienen, im zweiten Fall wären es bloße Methodentools.

9.2.1   Objekt-Erzeugung

Die Erzeugung (Instanziierung) von Objekten mittels new-Operator erinnert syntaktisch an Deklaration und Initialisierung einfacher Datentyp (wie `int x = 5;`). In der Tat wird auch bei der Objekterzeugung eine Variable deklariert und initialisiert. Dies ist in einem Schritt möglich oder mit separater Deklaration und Initialisierung:

```
Mitarbeiter m1 = new Mitarbeiter();  // Dekl. + Initialisierung

Mitarbeiter m2;                      // 1.Deklaration

m2 = new Mitarbeiter();              // 2.Initialisierung
```

Deklaration: Die Variablen `m1` und `m2` stellen *Objektvariablen* vom *Typ* der Klasse Mitarbeiter dar. Sie repräsentieren die zugehörigen Objekte und ermöglichen den Zugriff darauf. Durch Deklaration der Objektvariablen wird ihr Typ bestimmt, d.h. die zugrunde liegende Klasse. Ebenso wie die primitiven Datentypen (`byte`, `short`, `int` etc.) stellen auch Klassen Datentypen dar; allerdings handelt es sich bei einer Klasse um einen komplexen, selbst-definierten Datentyp.

> Eine Klasse ist ein **strukturierter, komplexer Datentyp**. Sie ist eine logisch-syntaktische Einheit aus Daten und Funktionalität, dargestellt durch Attribute und Methoden. Diese bestimmen die innere Struktur einer Klasse. Attribute und Methoden sind die *Elemente* (*Member*) einer Klasse.

Java ist eine objektorientierte Programmiersprache. Deshalb gibt es *ausschließlich* Klassen (und Interfaces) als selbst-definierte strukturierte Typen.

Initialisierung: Durch den new-Operator wird ein neues Objekt der Klasse im Speicher angelegt und der zuvor deklarierten Objektvariablen zugewiesen. Dem new-Operator folgt ein Methodenaufruf: Durch new Mitarbeiter() wird der sogenannte parameterlose Standardkonstruktor aufgerufen. *Konstruktoren* stellen spezielle Methoden der Klasse dar, mit denen die Objekterzeugung beeinflusst werden kann. Mittels new-Operator und Konstruktoraufruf erhält der Benutzer (Client) der Klasse eine individuell nutzbare Instanz der Klasse.

Wenn die Klasse selbst *keinen* Konstruktor implementiert, so generiert der Compiler automatisch einen parameterlosen Konstruktor. Dieser leistet allerdings nur, die Attribute auf typspezifische Initialwerte (z.B. alle Zahlentypen auf 0) zu setzen. Über gezieltere Möglichkeiten verfügt man in selbst implementierten Konstruktoren (s.u.).

> Die **Objekterzeugung** (Instanziierung) wird durch den new-*Operator und Aufruf des Konstruktors* bewirkt. Erst dadurch wird durch die JVM Hauptspeicher für das Objekt belegt. Das Objekt ist über die deklarierte Objektvariable ansprechbar. Ein Objekt ist eine Instanz vom Typ seiner Klasse.

Im Hauptspeicher angelegte Objekte werden spätestens bei Programmende gelöscht. Allerdings ist auch ein vorzeitiges Ende möglich: Wenn keine Objektvariable mehr auf das Objekt verweist (d.h. dieses nicht mehr *referenziert* wird), wird der Speicherplatz von der automatischen *Garbage Collection* freigegeben. (Auf Objektreferenzen und die Wirkung der Garbage Collection gehen wir in Kapitel 11 näher ein.)

Nach Instanziierung des Objekts sind seine Methoden ansprechbar und seine Attribute (Instanzvariablen) im Speicher angelegt. Erst wenn das Objekt aus dem Speicher entfernt wird, endet auch die Lebensdauer der Attribute. Dagegen existieren Parameter und lokale Variablen von Methoden nur während des Methodenaufrufs.

In Abbildung 9.2 sind die syntaktischen Elemente der Objekterzeugung im Zusammenhang erläutert.

9.2.2   Zugriff auf Attribute und Methoden eines Objekts

Der *Zugriff* auf Attribute und Methoden der erzeugten Objekte geschieht über die Objektvariable mittels **Punktoperator**:

```
objektName.attributName;        objektName.methodenName(…);
```

Durch den vorangestellten Objektnamen ist eindeutig, auf welches Objekt zugegriffen werden soll (qualifizierter Zugriff). Attributwerte können zugewiesen und gelesen werden. Beim Methodenaufruf sind die erforderlichen Parameter mitzugeben.

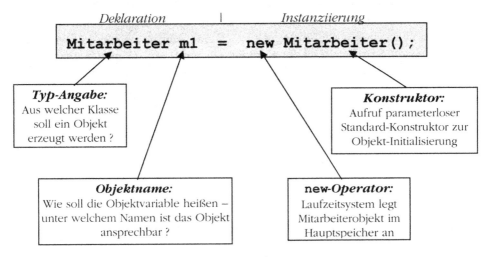

Abb. 9.2: Objekterzeugung – Deklaration und Instanziierung

Im Beispiel werden den Attributen des Objekts m1 Werte zugewiesen; die Methode datenAusgabe() wird für dieses Objekt aufgerufen und greift auf die Attribute zu:

```
Mitarbeiter m1 = new Mitarbeiter();

m1.name = "Meier";     m1.persNr = 1234;     m1.gehalt = 3000.0;

m1.datenAusgabe();
```

Die beiden *strukturellen Bestandteile* einer Klasse und ihrer Objekte kommen zur Geltung. Eine Klasse ist die Zusammenfassung von Daten (Attributen) und zugehöriger Funktionalität (Methoden) in einer eigenständigen Softwareeinheit. In Bezug auf ein Objekt kann man von Verhalten und Zustand sprechen:

- Das **Verhalten** eines Objekts ist durch seine *Methoden* und deren Wirkungsweise gegeben. Grundsätzliche Verhaltensweisen von Objekten sind:

  Eigene Methoden ausführen oder die anderer Objekte aufrufen – und dabei eventuell innere Objekt-Zustände verändern

  Weitere Objekte erzeugen und auf diese zugreifen

- Der **Zustand** eines Objekts ist der *aktuelle Wert* all seiner *Attribute* (Instanzvariablen). Jedes Objekt kann unabhängig von allen anderen Objekten einen spezifischen Zustand (Werte seiner Attribute) aufweisen.

Anmerkung: In der ausführbaren Klasse Personal wird erst nach Erzeugung von Mitarbeiter-Objekten auf deren Attribute und Methoden zugegriffen. Deshalb müssen in der Klasse Mitarbeiter weder Attribute noch Methoden als static deklariert werden. In Kapitel 10 wird die Bedeutung von static detailliert erläutert.

9.2.3   Codeverteilung

Das gesamte Codebeispiel darf in einem *einzigen* .java-File stehen. In diesem Fall muss es den Namen der *ausführbaren* Klasse tragen, hier: Personal.java.

Jedoch kann das Coding auch auf *separate* `.java`-Files verteilt werden, die das komplette Coding einer Klasse enthalten und den *Namen der Klasse* tragen müssen, hier: `Mitarbeiter.java` und `Personal.java`. Die Files sollten alle im aktuellen Arbeitsverzeichnis liegen. Beim Kompilieren wird vom Compiler `javac` in jedem Fall ein separates `.class`-File mit Bytecode für *jede* Klasse des Projekts erzeugt, hier also die Files `Mitarbeiter.class` und `Personal.class` (sowie `IO.class`). Die grundlegende *Compilationseinheit* in Java ist also nicht das File, sondern die Klasse. Bei umfangreicheren Projekten ist es zweckmäßig, jede Klasse in einem eigenen `.java`-Files zu implementieren, damit eine klare Entsprechung zwischen `.java` und `.class`-Files besteht.

Anmerkung: Wie bereits in Kapitel 4 erwähnt, kann eine Java-Klasse *insgesamt* als `public` deklariert werden, z.B. für die Klasse Personal:

```
public class Personal { /* Coding der Klasse ... */ }
```

Die Bedeutung dieser Deklaration erschließt sich erst im Rahmen des Java-*Paketkonzepts*. Jedes `.java`-File darf nur höchstens eine `public`-Klasse enthalten. Momentan verzichten wir in den Beispielen noch auf `public` deklarierte Klassen.

Um eine Klasse in einem Projekts verwenden zu können, genügt ihr `.class`-File. Will man die Funktionalität einer Klasse zur Verfügung stellen, so genügt die Weitergabe des entsprechenden `.class`-Files. Weitergabe des Quellcodes (`.java`-File) ist *nicht* erforderlich.

9.2.4   Objektidentität und Speicherbedarf

Sowohl die Klasse als auch die aus ihr erzeugten Objekte belegen Speicherplatz. Für jedes einzelne instanziierte Objekt wird ein separater Bereich im Hauptspeicher reserviert und verwaltet. Hier werden die individuellen aktuellen Attributwerte des Objekts (unabhängig von den Werten aller anderen Objekte) verwahrt. Jedes Objekt belegt soviel Speicher wie der Summe der Bytes seiner Attribute entspricht.

Vom Java-System wird jedes einzelne Objekt als individuelle Entität verwaltet und zur Identifikation mit einer eindeutigen hexadezimalen Kennzahl versehen (Objekt-ID). Dies wird sichtbar, wenn man eine Objektvariable im Debugger betrachtet oder auf der Konsole ausgibt. Jedes Objekt erscheint unter einer eindeutigen Kennung:

```
class Personal {
    public static void main( String[] args ) {
        Mitarbeiter m1 = new Mitarbeiter();
        Mitarbeiter m2 = new Mitarbeiter();
        IO.writeln( "Objekt-ID:  " + m1 );
        IO.writeln( "Objekt-ID:  " + m2 );
    }
}
```

- *Konsole* -
Hashcode: Mitarbeiter@47e553
Hashcode: Mitarbeiter@20c10f

In Abbildung 9.3 ist die Speicherstruktur nach der Objekterzeugung skizziert. Um den zeitlichen Ablauf der Objekterzeugung und des Zugriffs auf die Objekte darzustellen, verwendet man Sequenzdiagramme (Abb.9.4): Diese entstammen der *Unified Modelling Language* (UML), die wir fallweise verwenden. In Sequenzdiagrammen läuft die Zeitachse vertikal. Die Lebensdauer von Klassen und Objekten sind als Balken aufgeführt, Attribut- und Methodenzugriffe durch horizontale Pfeile.

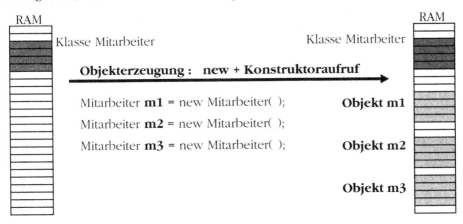

Abb. 9.3: Die Klasse und ihre Objekte im Hauptspeicher

Bei der **UML (Unified Modeling Language)** handelt es sich um eine programmiersprachenunabhängige, standardisierte, objektorientierte und relativ implementierungsbezogene *Modellierungsnotation*, in die verschiedene Entwürfe ihrer "Väter" Booch, Jacobson und Rumbaugh integriert wurden. Von der Object Management Group (OMG) wurde die UML 1997 standardisiert.

Die UML besteht aus zahlreichen *Symbolen und Diagrammtypen* für alle Elemente der Objektorientierung. Sie ist ein einheitliches Mittel zur konzeptionellen Systemmodellierung in allen Phasen von Analyse über Entwurf bis zur Implementierung. Sie dient zur Kommunikation, Spezifikation, Konstruktion und technischen Dokumentation objektorientierter Softwaresysteme. Analog zu Konstruktions- und Schaltplänen des Maschinenbauers und Elektrotechnikers dienen die Diagramme der UML als direkte Vorlage der späteren Implementierung. Jedes ihrer Diagramme erfasst eine bestimmte Sicht (Perspektive) auf das modellierte System.

Im objektorientierten Team-Entwicklungsprozess erleichtert die UML die *Kommunikation* zwischen Entwicklern: Die UML dient somit auch dazu, die zunehmende technische und kommunikative Komplexität professioneller Softwareprojekte zu bewältigen. Sie ist jedoch keine *Methode* zur Systementwicklung, d.h. enthält *kein* schrittweises Vorgehensmodell.

Auskunft über objektorientierte Analyse und Design mit der UML gibt [OES04].

9.3   Konstruktoren

Wird in der Klasse *kein* Konstruktor implementiert, stellt das Java-System den parameterlosen Standardkonstruktor automatisch zur Verfügung. Es ist also *nicht* zwingend erforderlich, einen Konstruktor zu programmieren. Jedoch können durch einen
selbst geschriebenen Konstruktor die *Abläufe* und der *Zustand* der instanziierten
Objekte *bei ihrer Erzeugung* im Detail beeinflusst werden. Indem man die *Option*
wahrnimmt, in der Klasse eine Konstruktormethode zu implementieren, gewinnt
man zusätzliche *Kontrolle* über den Vorgang der Objekterzeugung.

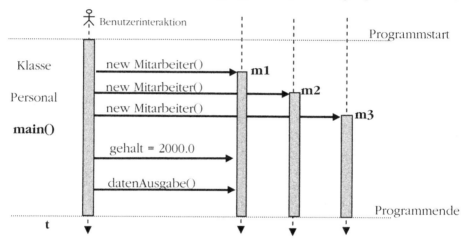

Abb. 9.4: Sequenzdiagramm (UML) – Klasse, Objekterzeugung, Objektzugriff

In obigen Beispiel mussten den Objekte m1 und m2 nach ihrer Instanziierung noch
individuelle Attributwerte zugewiesen werden. Dazu waren zusätzliche Anweisungen
erforderlich. Viel praktischer wäre es, könnte man die gewünschten Attributwerte
gleich bei der Erzeugung der Objekte mitgeben. Dann befände sich jedes Objekt direkt in einem definierten Zustand – und nachträgliche Wertzuweisungen in geson-
derten Codingzeilen wären überflüssig.

Dies erreicht man durch das Schreiben eines Konstruktors. Prinzipiell handelt es sich
bei einem Konstruktor um eine *Java-Methode* mit den für Methoden vorgesehenen
programmiertechnischen Möglichkeiten und folgenden besonderen Merkmalen:

- Ein Konstruktor ist eine spezielle Methode seiner Klasse: Er trägt *immer den
  gleichen Namen wie die Klasse* selbst.

- Ein Konstruktor hat *keinen Rückgabewert* – auch nicht void! Dadurch ist er syntaktisch besonders hervorgehoben.

- Ein Konstruktor kann parameterlos sein oder beliebige Parameter tragen.

- Der Aufruf des Konstruktor muss mit passenden Parameterwerten erfolgen. Der
  Aufruf folgt stets direkt dem new-Operator. Der Konstruktor wird vom Java-
  System bei der Objekterzeugung aufgerufen und komplett abgearbeitet.

- Wenn eine Klasse einen eigenen Konstruktur besitzt (parameterlos oder parametertragend), so steht der parameterlose Standardkonstruktur *nicht* mehr zur Verfügung. Bei Objekterzeugung muss der eigene Konstruktor verwendet werden.

Wir versehen die Klasse `Mitarbeiter` mit einem parametrisierten Konstruktor und rufen ihn in `Personal` mittels new-Operator auf. Innerhalb des Konstruktorcodings ist eine Prüfung eingebaut: Sinnlose negative Gehaltswerte werden in positive umgewandelt. Der Aufruf der Methode `datenAusgabe()` zeigt, dass die Objekte die via Konstruktor mitgegebenen Attributwerte tatsächlich tragen.

```
class Mitarbeiter {

    public String name;

    public int persNr;

    public double gehalt = 1000.0;    // Default-Wert

    // Ein parametertragender Konstruktor:

    // Kein Rückgabewert - auch nicht void !!

    public Mitarbeiter( String n, int pn, double g ) {

        name = n;               // Initialisierung der Attribute

        persNr = pn;

        if( g > 0.0 ) { gehalt = g; }    // Prüfung
        else          { gehalt = -g; }

        IO.writeln( "Konstruktor durchlaufen für :" );

        datenAusgabe();         // Methode der Klasse aufrufbar

    }
    public void datenAusgabe() {
        IO.writeln( "Daten für: " + name + " :" );
        IO.writeln( "Personalnummer: " + persNr );
        IO.writeln( "Gehalt: " + gehalt );

    }

}

class Personal {
    public static void main( String[] args ) {
        // Objekterzeugung: Aufrufe des Konstruktors
        Mitarbeiter m1 = new Mitarbeiter( "Meier", 1234, 3000.0 );
        Mitarbeiter m2 = new Mitarbeiter( "Huber", 5678, 4000.0 );
        // Verwenden der Instanzen
        m1.datenAusgabe();      m2.datenAusgabe();
        // Mitarbeiter m3 = new Mitarbeiter();  // Fehler!!

    }

}
```

Da die Klasse nun einen eigenen parametrisierten Konstruktor besitzt, muss dieser zur Objekterzeugung verwendet werden. Der parameterlose Standardkonstruktor steht nicht mehr zur Verfügung. Somit würde der Compiler die fehlerhafte Codezeile mit parameterlosem Konstruktoraufruf zurückweisen.

In der Regel werden die Parameter des Konstruktors genutzt, um die Attribute des Objekts mit sinnvollen, konsistenten und kontrollierten Anfangswerten zu initialisieren. Dabei werden eventuell bereits bei der Attributdeklaration erfolgte Initialisierungen überschrieben. Konstruktoren können Prüfungen und Berechnungen enthalten und dadurch konsistente Attributwerte garantieren. Durch einen Konstruktor gewinnt eine Klasse *Kontrolle* über den Initialzustand ihrer Objekte.

9.3.1   Überladen der Konstruktormethode

Eine Klasse kann nicht nur einen sondern durchaus *mehrere Konstruktoren* besitzen. Da alle Konstruktoren den *gleichen Namen* (Klassennamen) tragen, müssen sie sich in *Typ und/oder Zahl ihrer Parameter* eindeutig unterscheiden. Man spricht vom *Überladen der Konstruktormethode*. Das Überladen des Konstruktors ist eine spezielle Anwendung des *Überladens von Methodennamen* (mehrere namensgleiche Methoden innerhalb derselben Klasse) auf die wir noch genauer eingehen.

In die Klasse Mitarbeiter fügen wir mehrere Konstruktoren ein und rufen diese bei der Objekterzeugung auf. Durch die unterschiedliche Parametrisierung ist in allen drei Fällen klar, welcher Konstruktor aufgerufen wird.

```
class Mitarbeiter {
    public String name;  public int persNr;  public double gehalt;
    // Mehrere Konstruktoren unterschiedlicher Parametrisierung:
    public Mitarbeiter( ) {
        name = "Dummy";    persNr = 4711;    gehalt = 1000.0;
        IO.writeln( "Konstruktor ohne Parameter für " + name );
    }
    public Mitarbeiter( String n, int pn ) {
        name = n;    persNr = pn;    gehalt = 1000.0;
        IO.writeln( "Konstruktor mit 2 Parametern für " + name );
    }
    public Mitarbeiter( String n, int pn, double g ) {
        name = n;    persNr = pn;    gehalt = g;
        IO.writeln( "Konstruktor mit 3 Parametern für " + name );
    }
    public void datenAusgabe( ) {
        IO.writeln( "Daten für: " + name + " :" );
        IO.writeln( "Personalnummer: " + persNr );
```

```
      IO.writeln( "Gehalt: " + gehalt );
   }
}

class Personal {
   public static void main( String[] args ) {
      // Aufruf der verschiedenen Konstruktoren
      Mitarbeiter m1 = new Mitarbeiter();
      Mitarbeiter m2 = new Mitarbeiter( "Meier", 1234 );
      Mitarbeiter m3 = new Mitarbeiter( "Huber", 5678, 4000.0 );
      // Verwenden der Instanzen
      m1.datenAusgabe();   m2.datenAusgabe();   m3.datenAusgabe();
   }
}
```

Mehrer Konstruktoren in einer Klasse stellen Komfort für den Verwender der Klasse dar. Bei der Objekterzeugung hat man die Wahl: Man kann den einfachsten Konstruktor nutzen, der hier die Attribute auf Standardwerte setzt oder aber den kompliziertesten Konstruktor, der die komplette Zustandsinformation voraussetzt.

9.3.2   Konstruktoraufrufe mittels `this()`

Im Coding eines Konstruktors *kann* ein anderer Konstruktor mittels der vordefinierten **this()**-Methode aufgerufen werden. Dazu sind this() die erforderlichen Parameterwerte für den Konstruktoraufruf mitzugeben. Nutzt man diese technische Möglichkeit, *muss* der this()-Aufruf *erste* Anweisung im Konstruktor-Coding sein.

Das folgende skizzierte Beispiel verdeutlicht das Arbeiten mit mehreren Konstruktoren und die sinnvolle Verwendung von this()-Aufrufen: Die Klasse Window lässt ein Fenster auf dem Bildschirm erscheinen. Das Fenster trägt im Rahmen einen Titel, hat eine Breite und Höhe in Pixeln und eine Hintergrundfarbe. Die Angaben können ganz oder auch nur teilweise den verschiedenen Konstruktoren mitgeteilt werden:

```
class Window {
   // 1.Einfachster Konstruktor
   Window( String title ) {
      this( title, 300, 300, "white" );
   }
   // 2.Komplexerer Konstruktor
   Window( String title, int width, int height ) {
      this( title, width, height, "white" );
   }
   // 3.Aufwendiger, eigentlicher Konstruktor
   Window( String title, int width, int height, String bgCol ){
      // Programmieren des Fensters mittels JDK-Klassen ....
```

```
        }
    }
class Test {
    public static void main( String[] args ) {
        Window win1 = new Window( "Fenster 1" );
        Window win2 = new Window( "Fenster 2", 500, 600 );
        Window win3 = new Window( "Fenster 3", 500,600, "red" );
        // .........
    }
}
```

Verwender von `Window` haben die Wahl: Wer mit Standardgröße 300x300 Pixel und weißer Hintergrundfarbe zufrieden ist, benützt den ersten einfachen Konstruktor. Dieser nimmt nur den Titelstring entgegen und ruft mittels `this()` und vorgegebenen Werten für Fenstergröße und Farbe den dritten, komplexesten Konstruktor, in dem die eigentliche Programmierung des Fensters erfolgt. An diesen wird stets mittels `this()`-Mechanismus die Objekt-Erstellung *delegiert*. Wer alle Eigenschaften des Fensters selbst bestimmen möchte, kann direkt mit dem komplexesten Konstruktor arbeiten.

9.3.2   Wertbelegung der Attribute

Den Attributen eines Objekts können zu verschiedenen Zeiten der Programmausführung konkrete Werte zugewiesen werden, wie in folgendem Beispiel angedeutet:

```
class Mitarbeiter {
    public String name = "Dummy";     // Zuweisung (1)
    public double gehalt = 2000.0;
    public Mitarbeiter(){ IO.writeln( "Tut nix" ); }
    public Mitarbeiter( String n, double g ){
        name = n;     gehalt = g;     // Zuweisung (2)
    }
}
class Personal {
    public static void main( String[] args ) {
        Mitarbeiter m1 = new Mitarbeiter();
        // m1 trägt Namen Dummy mit Gehalt 2000.0
        Mitarbeiter m2 = new Mitarbeiter( "Meier", 3000.0 );
        // m2 trägt Namen Meier mit Gehalt 3000.0
        m1.name = "Huber";     m1.gehalt = 4000.0;  // Zuweisung (3)
        // m1 trägt nun Namen Huber mit Gehalt 4000.0
    }
```

}

Folgende Programmstellen und Zeitpunkte der Wertzuweisung existieren:

(1) Eine Wertzuweisung ist direkt *bei Deklaration* der Attribute möglich. Diese wird bei der Objekterzeugung übernommen, sofern sie nicht durch Zuweisungen innerhalb des Konstruktors überschrieben wird.

(2) *Im Konstruktor* können den Attributen Werte zugewiesen werden. Dabei werden bei der Attributdeklaration vorgenommene Zuweisungen überschrieben.

(3) Auf die Attribute der erzeugten Objekte kann direkt oder durch Methodenaufrufe verändernd *zugegriffen* werden.

9.4   Überladen von Methodennamen

In Java gilt die Regel, dass alle innerhalb eines Blocks deklarierten Namen eindeutig sein müssen. Eine Ausnahme stellen jedoch Methodennamen dar:

> Das **Überladen eines Methodennamens** (method name overloading) bedeutet, dass innerhalb derselben Klasse mehrere *namensgleiche Methoden* vorkommen, die sich jedoch in ihren *Parameterleisten* hinsichtlich *Zahl und/oder Typ* der vorkommenden Eingabeparameter eindeutig unterscheiden.

Ein nur unterschiedlicher Name der Parameter ist nicht ausreichend, ebensowenig wie unterschiedliche Rückgabetypen. Das Überladen des Konstruktors ist eine spezielle Anwendung dieser Technik.

Einen Methodennamen zu überladen ist sinnvoll, wenn verschiedene Methoden semantisch verwandte Operationen für verschiedene Datentypen bereitstellen. Statt verschiedener Methodennamen kann derselbe Name mehrfach verwendet werden.

Die folgende Klasse `Zufall` besitzt drei namensgleiche Methoden `rand()`. Es wird die Methode `random()` der Klasse `Math` aus dem Paket `java.lang` verwendet. `Math.random()` liefert eine double-Zufallszahl zwischen 0 und 1. Die überladenen Varianten von `rand()` liefern Zufallszahlen in verschiedenen Zahlenbereichen:

```
class Zufall {
  public double rand() {
    // 1.Variante: double-Zufallszahl zwischen 0 und 1
    return Math.random();
  }
  public double rand( double limit ) {
    // 2.Variante: double-Zufallszahl zwischen 0 und limit
    return Math.random() * limit;
  }
  public int rand( int limit ) {
    // 3.Variante: int-Zufallszahl zwischen 0 und limit
    return (int)( Math.random()*(limit + 1) );
  }
}
```

```
    }

class ZufallsTester {
    public static void main( String[] args ){
        Zufall z = new Zufall();      // Objekt der Klasse Zufall
        IO.writeln( "Zahl = " + z.rand() );          // 1.Variante
        IO.writeln( "Zahl = " + z.rand( 10.0 ) );  // 2.Variante
        IO.writeln( "Zahl = " + z.rand( 10 ) );     // 3.Variante
        short s = 50;
        IO.writeln( "Zahl = " + z.rand( s ) );     // 3.Variante
    }

}
```

Der Compiler wählt stets die Methode, deren formale Parameter am besten zu den
aktuellen Parametern des Methodenaufrufs passen: Entweder die Typen stimmen exakt überein, oder es werden möglichst geringfügige erlaubte Typumwandlungen
durchgeführt: Dies ist der Fall beim Aufruf von rand() mit einer short-Variablen.
Der Compiler führt die Typumwandlung short→int durch und wählt den Aufruf
der 3.Variante rand(int limit).

Allerdings müssen die Verhältnisse für den Compiler eindeutig sein. Zweideutigkeiten moniert der Compiler mit entsprechender Fehlermeldung. Eine Klasse enthalte
z.B. die folgenden beiden überschriebenen Varianten einer Methode add():

```
public void add( double d, int i ) {  /* Variante 1 */  }
public void add( int i, double d ) {  /* Variante 2 */  }
```

Dann ist der *Methodenaufruf* mit add(5, 10) *zweideutig*, da dieser via Typumwandlung als Aufruf der Variante 1, d.h. als add(5.0, 10) interpretiert werden kann *oder* aber als Aufruf der Variante 2, d.h. als add(5, 10.0). Die Aufrufe add(5.0, 10) oder add(5, 10.0) würden vom Compiler eindeutig
Variante 1 bzw Variante 2 zugeordnet und akzeptiert werden.

Anmerkung: Eine Klasse in Java stellt einen *eigenen Namensraum* dar. Somit können die gleichen Namen ohne Konflikt in verschiedenen Klassen verwendet werden.

Auch die Klasse IO arbeitet mit überladenen Methoden. Insbesondere ihre Methode
writeln() wurde zur Ausgabe aller relevanten Typen mehrfach überladen.

9.5   Objekte als Parameter und Rückgabewerte von Methoden

Die Deklaration einer Objektvariablen gleicht der Deklaration einer Variable primitiven Datentyps. Im Fall der Objektvariablen übernimmt die Klasse die Rolle des Datentyps. Klassen stellen komplexe, strukturierte Datentypen dar.

Somit können Klassen und ihre Objekte ähnlich eingesetzt werden wie einfache Datentypen. Dazu gehört auch ihre Verwendung in anderen Klassen und in Methoden:

• Objekte können als Parameter von Methoden vereinbart und beim Methodenaufruf an die Methode übergeben werden.

- Innerhalb von Methoden können Objekte erstellt und als Rückgabewert an den Aufrufer zurückgeliefert werden.

- Attribute einer Klasse können vom Typ einer anderen Klasse sein.

9.5.1   Objekte als Methodenparameter

Objekte einer Klasse können als formale Methodenparameter im Methodenkopf vereinbart werden. Beim Aufruf der Methode müssen als aktuelle Parameter zuvor instanziierte Objekte des korrekten Klassentyps übergeben werden. Wie bei einfachen Datentypen ist auch hier Typkompatibilität gefordert. Syntaktisch entspricht das Arbeiten mit Objektparametern dem Vorgehen bei primitiven Datentypen:

```java
class Mitarbeiter {

    public String name;        public double gehalt;

    public Mitarbeiter( String n, double g ) {

        name = n;     gehalt = g;

    }

    public void datenAusgabe() { /* ... */ }

}

class Personal {

  public static double dGehalt( Mitarbeiter m1, Mitarbeiter m2 ){

        double differenz = m1.gehalt - m2.gehalt;

        return Math.abs( differenz );

    }

    public static void main( String[] args ) {

        Mitarbeiter meier = new Mitarbeiter( "Meier", 2000.0 );

        Mitarbeiter huber = new Mitarbeiter( "Huber", 3000.0 );

        double d = dGehalt( meier, huber );

        IO.writeln( "Gehaltsdifferenz = " + d );

    }

}
```

Die Klasse Personal wurde um eine Methode dGehalt() erweitert, der zwei Objekte vom Typ Mitarbeiter übergeben werden können. Die Methode berechnet den Absolutwert der Gehaltsdifferenz der beiden Mitarbeiter und liefert diesen zurück. In der Methode dGehalt() stehen die übergebenen Objekte mit ihren Attributen und Methoden zur Verfügung.

9.5.2   Objekte als Rückgabewerte

In Methoden können Objekte erzeugt und an den Aufrufer zurückgegeben werden. Der Methodenkopf muss die Klasse des Objekts als Rückgabetyp nennen.

Java-Objekte die in einem Block angelegt werden sind *lokal* dazu. Nach Verlassen des Blocks sind sie nicht mehr zugreifbar. Bei Methoden kann das im Methodenkörper erzeugte Objekt jedoch zurückgeliefert und entgegengenommen werden, so dass es im Speicher verbleibt. Um mit dem zurückgelieferten Objekt arbeiten zu können, muss beim Methodenaufruf also eine Zuweisung an eine Objektvariable des korrekten Klassentyps erfolgen. Andernfalls würde das Objekt aus dem Speicher gelöscht.

Wir erweitern `Personal` um eine Methode `neuerMitarbeiter()`, die alle nötigen Werte abfragt, um ein neues Objekt zu erzeugen und zurückzuliefern:

```
class Personal {

    public static double dGehalt( Mitarbeiter m1, Mitarbeiter m2 ){

        double differenz = m1.gehalt - m2.gehalt;

        return Math.abs( differenz );

    }

    public static Mitarbeiter neuerMitarbeiter() {

        String nm = IO.promptAndReadString( "Name = " );

        double ge = IO.promptAndReadDouble( "Gehalt = " );

        Mitarbeiter m = new Mitarbeiter( nm, ge );

        return m;

    }

    public static void main( String[] args ) {

        Mitarbeiter m1 = neuerMitarbeiter();

        Mitarbeiter m2 = neuerMitarbeiter();

        m1.datenAusgabe();    m2.datenAusgabe();

    }

}
```

Java-Methoden können höchstens einen Wert mittels `return`-Anweisung zurückgeben. Dabei kann es sich um einen primitiven Datentyp handeln – aber auch um ein Objekt. Somit kann eine Java-Methode indirekt doch eine Vielzahl von Werten gleichzeitig zurückzuliefern: All diese Werte können in den Attributen eines entsprechenden Objekts gespeichert und dieses Objekt zurückgeliefert werden.

9.5.3   Objekte als Attribute

Als Attribute von Klassen können nicht nur Variablen primitiven Datentyps eingesetzt werden, sondern auch Objekte anderer Klassen. In der Sprache der Objektorientierung spricht man von *Assoziation*: Innerhalb einer Klasse werden Attribute vom Typ anderer Klassen verwendet.

Als Beispiel betrachten wir einen Mitarbeiter mit komplexerer Gehaltsstruktur. Das Attribut `gehalt` des Mitarbeiters ist selbst ein Objekt vom Typ der Klasse `Gehalt`, dessen beide Attribute verschiedenen Gehaltsanteilen entsprechen.

```
class Gehalt {
   public double grundGehalt;        public double zuschlaege;
   public Gehalt( double gg, double zs ){
      grundGehalt = gg;    zuschlaege = zs;
   }
}
class Mitarbeiter {
   public String name;        public Gehalt gehalt; // Assoziation
   public Mitarbeiter( String n, Gehalt g ) {
      name = n;    gehalt = g;
   }
   public void datenAusgabe() {
      IO.writeln( "Daten für: " + name + " :" );
      IO.writeln( "Grundgehalt: " + gehalt.grundGehalt );
      IO.writeln( "Zuschlag: " + gehalt.zuschlaege );
   }
}

class Personal {
   public static Mitarbeiter neuerMitarbeiter() {
      String nm = IO.promptAndReadString( "Name = " );
      double grund = IO.promptAndReadDouble( "Grundgehalt = " );
      double zuschlag = IO.promptAndReadDouble( "Zuschlaege = " );
      Gehalt geld = new Gehalt( grund, zuschlag );
      Mitarbeiter m = new Mitarbeiter( nm, geld );
      return m;
   }
   public static void main( String[] args ) {
      Mitarbeiter m1 = neuerMitarbeiter();
      m1.datenAusgabe();
   }
}
```

Um ein Mitarbeiter-Objekt zu erzeugen muss dem Konstruktor der Klasse Mitarbeiter auch ein zuvor erzeugtes Gehaltsobjekt übergeben werden. Dieses wird der Attribut-Objektvariablen gehalt vom Typ Gehalt zugewiesen. In der Methode datenAusgabe() wird auf die Attribute grundGehalt und zuschlaege des Gehalt-Objekts zugegriffen.

Mittels Assoziation können in überschaubarer und strukturierter Weise komplexe Daten- und Funktionsstrukturen modelliert werden.

9.6   Beispielanwendung: Bankkonto

Um die objektorientierten Konzepte zu erläutern, wird ein Bankkonto modelliert. Die Klasse Konto soll über typische Attribute und Methoden verfügen: Ein Bankkonto sei durch Bankleitzahl und Kontonummer, Kontoinhaber und Kontostand gekennzeichnet. Optimistischerweise gehen wir davon aus, dass der Inhaber Zinsen erhält, so dass ein Zinssatz festgelegt ist. Um mit dem Bankkonto arbeiten zu können, sollen Methoden zum Einzahlen, Abheben und zur Zinsberechnung vorhanden sein. Der Kontostand soll nicht negativ werden dürfen.

Für die Interaktion mit dem Benutzer existiert eine separate Klasse Aktion, die intern die Klasse IO.java verwendet. Der Benutzer wird durch ein einfaches Konsolenmenü zu allen möglichen Operationen geführt. In der ausführbaren Klasse Bank werden Objekte der Klassen Konto und Aktion verwendet und der Ablauffluss der Anwendung festgelegt.

```java
class Konto {    // Nichtausführbare Klasse
    public int kontoNummer;    // Attribute:
    public int blz;
    public String inhaber;
    public double saldo;
    public final double zinsSatz = 0.025;
    // Konstruktoren:
    public Konto( int kn, int bz, String n, double sa ) {
        // Kontrolle: Kontostand beim Anlegen nicht negativ:
        kontoNummer = kn;      blz = bz;
        inhaber = n;           saldo = Math.abs( sa );
    }
    public Konto( int kn, int bz, String n ) {
        this( kn, bz, n, 0.0 );  // Delegiert an ersten Konstruktor
    }
    // Weitere Methoden:
    public double einzahlen( double betrag ) {
        // Kontrolle: betrag muss positiv sein
        saldo = saldo + Math.abs( betrag );
        return saldo;
    }
    public double abheben( double betrag ) {
        // Kontrolle: betrag positiv! Kontostand nicht negativ!
        if( saldo - Math.abs( betrag ) < 0 )
            IO.writeln( "Abhebevorgang nicht möglich!" );
        else   saldo = saldo - Math.abs( betrag );
        return saldo;
```

```
    }
    public double zinsen( ) { return saldo * zinsSatz; }
    public double zinsZuschlag( ) {
        saldo = saldo + zinsen( );
        return saldo;
    }
}
class Aktion {    // Nichtausführbare Klasse
    public Aktion( String titel ){
        IO.writeln( "Start der Anwendung: " + titel );
        IO.writeln( "====================================" );
    }
    public Konto kontoAnlegen( ) {
        IO.writeln( "Anlegen eines Kontos:" );
        IO.writeln( "=====================" );
        String nm = IO.promptAndReadString( "Inhaber = " );
        int knm = IO.promptAndReadInt( "Kontonummer = " );
        int blzahl = IO.promptAndReadInt( "Blz = " );
        double sld = IO.promptAndReadDouble( "Anfangsstand = " );
        Konto k = new Konto( knm, blzahl, nm, sld );
        return k;
    }
    public int menue() {
        IO.writeln( "Funktionsauswahl:" );
        IO.writeln( "=================" );
        IO.writeln( "Konto neu anlegen    = 1" );
        IO.writeln( "Einzahlen            = 2" );
        IO.writeln( "Abheben              = 3" );
        IO.writeln( "Zinsen ausschütten   = 4" );
        IO.writeln( "Kontendaten ausgeben = 5" );
        int option = IO.promptAndReadInt( "Gewünschte Option = " );
        return option;
    }
    public double abfrage() {
        return IO.promptAndReadDouble( "Gewünschter Betrag = " );
    }
    public void ausgabe( double stand ) {
        IO.writeln( "Stand = " + IO.round( stand, 2 ) );
    }
```

```
    public void datenAusgabe( Konto k ) {
        IO.writeln( "Ausgabe der Kontodaten:" );
        IO.writeln( "========================" );
        IO.writeln( "Kontonhaber: " + k.inhaber );
        IO.writeln( "Kontonummer: " + k.kontoNummer );
        IO.writeln( "BLZ: " + k.blz );
        IO.writeln( "Kontostand: " + IO.round( k.saldo,2) );
        IO.writeln( "Zinssatz " + k.zinsSatz );
    }
    public boolean fortsetzen() {
        return (IO.promptAndReadChar( "Weiter (j)? " ) == 'j');
    }
}

class Bank {    // Ausführbare Klasse
    public static void main( String[] args ) {
        int wahl;    double aktuell = 0.0;
        Aktion akt = new Aktion( "Kontoführung" );
        Konto k1 = akt.kontoAnlegen();
        akt.datenAusgabe( k1 );
        do {
            wahl = akt.menue();
            switch( wahl ) {
                case 1:
                    k1 = akt.kontoAnlegen();
                    break;
                case 2:
                    double b = akt.abfrage();        // ausführlich
                    aktuell = k1.einzahlen( b );
                    akt.ausgabe( aktuell );
                    break;
                case 3:
                    aktuell = k1.abheben( akt.abfrage() );  // kompakt
                    akt.ausgabe( aktuell );
                    break;
                case 4:
                    akt.ausgabe( k1.zinsZuschlag() );
                    break;
                case 5:
                    akt.datenAusgabe( k1 );
```

```
            break;
        default:
            IO.writeln( "Keine gültige Option!" );
        }
    }while( akt.fortsetzen() );
    }
}
```

In Abbildung 9.5 ist der Aufbau der Klasse `Konto` und die objektorientierte Struktur unserer Anwendung in Form eines UML-*Kollaborationsdiagramms* verdeutlicht. Die Klassen `Aktion`, `Konto`, `Bank` und `IO` arbeiten zusammen. Es lässt sich eine prinzipielle *Aufgabenteilung* ablesen: Verschiedene *fachliche* oder *technische* Funktionen sollen durch klar separierte Komponenten abgedeckt werden. Die Abhängigkeiten zwischen den Komponenten sollten minimal sein.

Zwei allgemeine Architektur-Prinzipien des Software-Engineering:

Trennung der Zuständigkeiten (Separation of Concerns) bedeutet, dass jede einzelne Softwarekomponente eines gut strukturierten Softwaresystems einen klar definierten Aufgabenbereich (strikt abgegrenzte eindeutige Verantwortlichkeit und Zuständigkeit) hat, so dass zwischen verschiedenen Komponenten möglichst wenig Überlappungen entstehen. Das *Kohäsionskriterium* verlangt, dass jede Softwarekomponente fachlich zusammengehörige Funktionalität zur Verfügung stellt, so dass innerhalb einer Komponente keine Vermischung verschiedener fachlicher Aufgabenbereiche auftritt. Die einzelnen Methoden und Attribute einer Klasse sollten in einem in sich abgeschlossenen semantischen und funktionalen Zusammenhang stehen. Eine bestimmte Aufgabe wird somit vollständig durch eine Klasse implementiert. Alle Aufgaben einer solchen Klasse lassen sich demselben thematischen Bereich zuordnen. Eine Klasse sollte nicht mehr als eine Aufgabe haben – übermächtige Klassen ("Gott-Klassen") sind zu vermeiden [EIL10].

Erst die klare nichtredundante Aufteilung der Zuständigkeiten ermöglicht die Beherrschung der Komplexität größerer Softwaresysteme. Der Implementierungsaufwand lässt sich personell und in Bezug auf erforderliche Kompetenzen eindeutig verteilen (unabhängige Implementierung durch Spezialisten). Systematisches Testen der Komponenten ist weitgehend unabhängig voneinander durchführbar, Fehlersuche und Wartung werden durch Problem-Eingrenzung auf bestimmte Klassen erleichtert.

Die fachliche Struktur eines Bankkontos wird durch die Klasse `Konto` modelliert. Die Klasse `IO` verbirgt technische Details der Konsolenein- und -ausgaben. Benutzer-Interaktion und Daten-Visualisierung übernimmt die Klasse `Aktion`. Die Klasse `Bank` kontrolliert die Zusammenarbeit der Klassen und regelt die Ablaufsteuerung innerhalb der Gesamtanwendung. Die Verteilung auf verschiedene Klassen mag in dem kleinen Programm künstlich erscheinen. Aber andeutungsweise wird dadurch ein wichtiges Architekturprinzip umgesetzt, das ***M**odel **V**iew **C**ontroller* Paradigma.

Dieses setzt die Kriterien *Kohäsion* und *Trennung der Verantwortlichkeiten* um und die verbessert deutlich die *softwaretechnische Qualität.*

Model View Controller (**MVC**) ist ein grundsätzliches Entwurfsmuster, durch das die fachspezifischen Zusammenhänge von ihrer Präsentation getrennt werden. Es besteht aus drei Komponenten, die selbst durch eine oder mehrere Klassen realisiert werden [OES04]:

Das **Model** erfasst die fachspezifischen (z.B. betriebswirtschaftlichen) Zusammenhänge der Anwendung (Anwendungslogik). Seine Klassen werden als Fach- oder Anwendungsklassen bezeichnet. Alle fachlichen Zusammenhänge und Konsistenzsicherungen sind in diesen zusammengefasst. Das Model verwaltet des fachlichen Datenbestand.

Die **View** dient zur Datendarstellung (Präsentation) und Dateneingabe via grafischer Benutzeroberfläche. Die Interaktion des Benutzers mit der View (Ereignisse) werden von der View an den Controller weitergeleitet.

Der **Controller** verarbeitet die Anwender-Interaktion und koordiniert das Zusammenspiel von Model und View. Er ruft Funktionen der View zur Datendarstellung auf und veranlasst das Model, seine Daten zu aktualisieren.

Die drei Komponenten wirken zusammen. Jedoch sollte das Model idealerweise unabhängig von den anderen Komponenten bleiben. Änderungen am Controller und an der View sollten keine Änderung am fachlichen Model erzwingen. Somit darf es Zugriffe von Controller und View auf das Model geben, nicht jedoch in umgekehrter Richtung: Das Model fungiert als Server und reagiert nur auf Aufrufe, "kennt" jedoch Controller und View nicht.

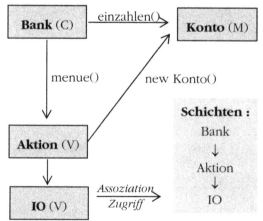

Abb. 9.5: Bankanwendung mit MVC- und Schichtenarchitektur

In unser Anwendung gibt es Zugriffe der Controller-Klasse `Bank` auf die Klassen `Aktion`, `Konto` und `IO`, Zugriffe der View-Klasse `Aktion` auf `Konto` und `IO`, aber *keinerlei* Zugriffe der Model-Klasse `Konto` auf die Klassen `Bank` und `Aktion`. Somit hätten *Änderungen* an den Klassen `Bank` und `Aktion` *keinerlei Auswirkungen* auf die Klasse `Konto`. Insbesondere wäre auch eine alternative Visualisierung und Benutzerinteraktion durch *Austauschen* der Klasse `Aktion` jederzeit möglich. Einziger Nachteil der MVC-Architektur ist ihre *aufwendige* Realisierung. Auch in unserem einfachen Beispiel hätte man gewiss auf die separate Klasse `Aktion` verzichten und ihre Methoden auf die Klassen `Bank` und `Konto` verteilen können.

Eine weiteres fundamentales *Architekturprinzip*, das insbesondere bei verteilten Client-Server-Systemen eingesetzt wird, lässt sich ablesen [HOR02] [HAM05]:

> **Schichtenarchitektur:** Ein komplexes System wird in Schichten aufgeteilt (zerlegt). Die *unteren* Schichten sind eher technisch bzw. hardwarenah, die *oberen* anwendungsnah. Die Benutzungsabhängigkeiten (use dependencies) folgen einer klaren Regel: Eine Schicht nutzt nur die Funktionalität, die ihr von einer darunter liegenden Schicht über *wohl definierte Schnittstellen* (Methodensignaturen) angeboten wird, und bietet ihrerseits der darüber liegenden Schicht *Dienste* an. Der Vorteil des Schichtenkonzept ist, dass bei *unveränderten* Schnittstellen die Implementierung einer Schicht problemlos *ausgetauscht* werden kann. Jede Schicht wird durch schichtspezifische Softwarekomponenten realisiert, die nur je einer Schicht verantwortlich zugehören und eine Trennung der Verantwortlichkeiten sowie das Kohäsionsprinzip realisieren.

So könnte z.B. die Klasse IO jederzeit durch eine intern veränderte Version ersetzt werden, ohne dass die höheren Schichten der Anwendung beeinträchtigt würden.

Kapselung: In der Klasse Konto haben wir einige Prüfungen in die Konstruktoren und die Methoden `einzahlen()` und `abheben()` eingebaut: Beim Anlegen machen negative Zahlenwerte keinen Sinn, der Kontostand darf nicht negativ werden, beim Einzahlen und Abheben muss mit richtigen Vorzeichen gerechnet werden.

Allerdings könnte ein "böswilliger" Verwender der Klasse Konto diese entgegen unseren guten Absichten einsetzen: Zwar korrigieren die Konstruktoren sinnlose Initialwerte und kontrollieren somit Integrität und Konsistenz der erzeugten Objekte. Aber nichts hindert den Verwender daran, *nach* der korrekten Erzeugung eines Konto-Objekts die vorhandenen Methoden einfach zu ignorieren und dem Objekt durch *direkten Attributzugriff* sinnlose Werte zuzuweisen:

```
Konto k = new Konto( 1111, 60040010, "Schmidt", 1500.0 );   // OK

// Das sollte jedoch verboten sein:

k.saldo = -10000.0;    k.kontoNummer = -4711;    k.blz = -987654;
```

Offensichtlich reicht eine Kontrolle nur bei der Objekterzeugung nicht aus. Während seiner gesamten Lebenszeit sollte das Objekt vor semantisch falschen Daten geschützt werden. Das Problem liegt in der freien Zugreifbarkeit der als `public` deklarierten Attribute. Abhilfe schafft das Prinzip der *eingeschränkten Sichtbarkeit* und *Kapselung*, das wir Kapitel 10 erläutern: Durch Deklaration von Attributen und Methoden als `private` können diese dem direkten Zugriff entzogen werden.

Anmerkung: Bereits in Abbildung 9.2 haben wir die *Struktur einer Klasse* in angenäherter *UML-Notation* angegeben. *Klassen* werden durch Rechtecke dargestellt. In diese ist der Name der Klasse eingetragen, sowie optional Attribute und Methoden. Attribute können mit Typangaben, Methoden mit ihren Parametern notiert werden.

Da die UML eine programmiersprachenunabhängige Notation verwendet, entspricht sie nicht der Java-Syntax. Wir weichen *bewusst* von der offiziellen UML-Notation ab und tragen Attribute und Methodensignaturen in vertrauter Java-Syntax ein.

9.7   Objektorientiertes Softwareengineering

Die objektorientierte Herangehensweise und das Klassenkonzept ermöglichen eine systematische, arbeitsteilige Softwareentwicklung im Großen nach dem Komponenten-Prinzip analog zum Vorgehen der klassischen Ingenieursdisziplinen. Dabei wird die Gesamtaufgabe in viele unabhängig voneinander lösbare Teilanforderungen zerlegt, die durch einzelne Komponenten und deren Klassen umgesetzt werden. Durch dieses strukturierte Top-Down-Vorgehen wird die Komplexität des Projekts beherrschbar. Das Gesamtsystem setzt sich schließlich aus Klassen mit klar definierten Aufgaben zusammen, das komplexe Ganze entsteht durch Zusammenwirken in sich einfacher und überschaubarer Teile. Das System wird in klar abgegrenzte funktionale Einheiten zerlegt. Abhängigkeiten zwischen diesen Einheiten müssen möglichst gering gehalten werden, um Seiteneffekte einzuschränken. Noch bestehende Abhängigkeiten sollten dokumentiert werden [EIL10].

Durch Verteilung auf entsprechende Klassen findet eine Trennung semantisch-fachlicher und technischer Aspekte statt. Einprägsame und prägnante Klassennamen sind dabei ein Test für die Entwurfsqualität: Wenn sich für eine Klasse kein einprägsamer Namen findet, ist oft auch ihre Zuständigkeit nicht klar definiert [EIL10].

Die Objektorientierung erleichtert das Arbeiten in größeren Teams: Zahlreiche Entwickler können relativ unabhängig voneinander an verschiedenen Komponenten arbeiten, ohne Details anderer Komponenten kennen zu müssen. Jede der Komponenten ist separat von allen anderen testbar, noch bevor das Gesamtsystem lauffähig ist. Vor der Implementierung der Anwendung steht jedoch ein gewissenhaftes Design (Architekturentwurf) mit klar definierten Klassenschnittstellen. Während der eigentlichen Implementierung hält sich der Abstimmungs- und Kommunikationsaufwand dann in Grenzen. Erweiterungen sind durch Hinzunahme weiterer Klassen meist möglich, Fehler sind auf Klassen einer bestimmten Komponente eingrenzbar. In etablierten Ingenieursdisziplinen ist dieses Vorgehen bereits Tradition.

Wichtig ist die Konzeption von Klassen als *Einheiten der Wiederverwendung*. Gut entworfene Klassen können in anderen Anwendungen in *neuen Kontexten* ohne Änderung wiederverwendet werden. Dies wird in Java durch das Strukturierungskonzept der Pakete (package) zusätzlich unterstützt (siehe Kapitel 15). *Wiederverwendung* kann im Softwarebereich auf zwei Ebenen wirksam sein:

- **Wiederverwendung von Entwurfsmustern** (Design Patterns): Allgemeine Lösungen für häufig auftretende Entwurfsprobleme werden hierin beschrieben.

- **Wiederverwendung von Diensten** (Services): Vorgefertigte, bereits implementierte Komponenten oder Software-Bibliotheken werden innerhalb von Anwendungen eingesetzt. In Java wird dies durch die Klassen des JDK praktiziert.

Im Kleinen betreiben wir bereits Wiederverwendung: Stets nutzen wir die Service-Klasse IO.java als unabhängige Komponente für Ein-/ Ausgabeoperationen.

Objektorientierte Konzepte

Professionelle Entwicklung komplexer Softwaresysteme ist nur in Teamarbeit möglich. Entwickler stellen anderen Anwendungsentwicklern ihre Komponenten zur Verfügung. Somit ist der Autor einer Klasse nicht unbedingt ihr eigentlicher Verwender.

Anliegen des Autors ist jedoch stets die korrekte Nutzung der entwickelten Klassen: Den Attributen sollen nur semantisch und technisch sinnvolle Werte zugewiesen werden, die vorhandenen Methoden sollen zweckgerecht eingesetzt werden. Dies setzt die programmiertechnische Möglichkeit voraus, einzelne Attribute und Methoden für den *direkten* Zugriff des Verwenders der Klasse zu *sperren*.

Das Konzept der *eingeschränkten Sichtbarkeit und Kapselung durch private Attribute und Methoden* stellt die nötigen syntaktischen Werkzeuge bereit. Zugleich wird dadurch ein fundamentales ingenieurswissenschaftliches Prinzip auf objektorientierte Softwaresysteme übertragen: Die Definition klarer Verwendungs-*Schnittstellen* und das *Verbergen (Kapseln)* aller nicht für den direkten Verwenderzugriff geeigneter Bestandteile des technischen Systems.

Dieses Kapitel verdeutlicht den Gebrauch *privater Attribute und Methoden*. Ferner wird die Bedeutung *statischer Attribute und Methoden* erläutert.

10.1 Private Attribute und Methoden

Bislang hatten wir Attribute und Methoden unserer Klassen stets als `public` deklariert. Attribute und Methoden können jedoch auch als `private` oder `protected` vereinbart werden. Die Deklarationen `public`, `private` und `protected` legen die *Sichtbarkeit* von Attributen und Methoden für einen externen Zugriff fest, der außerhalb des Klassencodings erfolgt. Die Bedeutung der Sichtbarkeitsdeklaration `protected` kann erst im Zusammenhang mit Vererbung und dem Java-Paketkonzept erläutert werden. Dagegen können die Deklarationen `public` und `private` bereits an dieser Stelle diskutiert werden.

Auf als `private` deklariert Attribute und Methoden kann von *außerhalb* der Klasse nicht zugegriffen werden: Es ist *nicht möglich*, über ein instanziiertes Objekt private Attribute und Methoden anzusprechen. Wir demonstrieren dies an einer rudimentären und vereinfachten Version der Klasse Konto aus Kapitel 10:

```
class Konto {
    private int kontoNummer;          // private Attribute:
    private String inhaber;
    private double saldo;
    private final double zinsSatz = 0.025;
    public Konto( int kn, String n, double sa ) {
```

```
      kontoNummer = kn;           inhaber = n;
      saldo = Math.abs( sa );
   }
   public double einzahlen( double betrag ) {
      saldo = saldo + Math.abs( betrag );
      return saldo;
   }
   public double abheben( double betrag ) { /* … */ }
   private double zinsen() {         // private Methode
      return saldo * zinsSatz;    // in Klasse Zugriff erlaubt
   }
   public double zinsZuschlag() {
      saldo = saldo + zinsen();   // in Klasse Zugriff erlaubt
      return saldo;
   }
}
```

Sämtliche Attribute und die Methode zinsen() wurden als private deklariert. Ein Verwender der Klasse hat nur Zugriff auf die public Elemente der Klasse. Dies wird durch den Compiler überwacht:

```
class Bank {
   public static void main( String[] args ){
      Konto k = new Konto( 1234567, "Huber", 5000.0 );
      k.einzahlen( 400.0 );          // OK - öffentliche Methode
      k.saldo = 1000.0;              // Fehler - privates Attribut
      IO.writeln( k.kontoNummer );   // Fehler - privates Attribut
      double z = k.zinsen();         // Fehler - private Methode
   }
}
```

Offensichtlich besitzt die Klasse Konto nun detaillierte Kontrolle über ihre Verwendung: Eine beliebige Manipulation der Attributwerte eines Konto-Objekts ist nicht mehr möglich, ebenso wenig wie der Aufruf aller Methoden. Betrachten wir speziell das private Attribut kontoNummer: Dieses kann nur einmal durch Konstruktoraufruf direkt bei der Objekterzeugung mit einem Wert belegt werden – danach ist es nicht mehr zugreif- und veränderbar (*write once-Semantik*).

Auf private Attribute darf weder schreibend *noch* lesend zugegriffen werden. Stets muss ein Zugriff über die öffentlichen Elemente der Klasse erfolgen. Private Attribute und Methoden sind außerhalb des Codings der Klasse nicht mehr sichtbar. Deshalb spricht man von *eingeschränkter Sichtbarkeit*. Private Elemente einer Klasse erscheinen dem externen Verwender wie in einer undurchsichtigen Kapsel verborgen.

> **Kapselung** bezeichnet das Verbergen bestimmter Attribute und Methoden einer Klasse durch Einschränkung ihrer externen Zugreifbarkeit.

Innerhalb des Codings der Klasse `Konto` kann natürlich sowohl mit den öffentlichen als auch den privaten Attributen und Methoden der Klasse gearbeitet werden. Insbesondere können alle Methoden (z.B. der Konstruktor) einer Klasse in ihrem Coding schreibend und lesend auf alle Attribute (öffentliche und private) zugreifen.

Allgemein gilt für die *Sichtbarkeiten*:

> `public:` Zugriff auf public-Attribute und -Methoden ist erlaubt *innerhalb* des Codings der Klasse (interner Zugriff) *und auch* von *außerhalb* der Klasse durch *andere* Klassen bzw. Verwender (externer Zugriff).
>
> `private:` Zugriff auf private Attribute und -Methoden ist *nur* möglich *innerhalb* des Codings der Klasse selbst (interner Zugriff), *nicht aber* von außerhalb der Klasse durch *andere* Klassen bzw. Verwender (externer Zugriff).

In den öffentlichen Methoden der Klasse `Konto` werden Parameter nicht einfach an die Attribute durchgereicht, sondern es ist möglich, semantisch falsche Werte zurückzuweisen bzw. zu korrigieren. Auf diese Weise schützt die Klasse ihren Datenbestand (Attribute) vor inkonsistenten Werten und garantiert dessen Integrität.

> **Regel:** An einer Klasse sollten *nur diejenigen* Attribute und Methoden public sein, auf die unbedingt von außen zugegriffen werden muss. Meist ist es jedoch sinnvoll, *alle* Attribute als `private` zu deklarieren (**Kapselung des Zustands**) und dem Verwender nur Zugriff auf unbedingt erforderliche Methoden zu geben. Der Zugriff auf die privaten Attribute erfolgt dann nur indirekt über öffentliche Methoden, die diesen Zugriff kontrollieren.

Anmerkungen: Erfolgt in Java keine explizite `public`-Deklaration, so ist das betreffende Element öffentlich zugreifbar – jedoch nur für Klassen desselben Pakets. Bei der Diskussion des Paketkonzepts werden wir dies im Detail darstellen.

In *UML-Notation* werden in der Klassenbeschreibung die Symbole + (für public), − (für private) und # (für protected) verwendet.

10.1.1   Set- und Get-Methoden

Werden Attribute einer Klasse als `private` deklariert und möchte die Klasse dennoch zulassen, Attributwerte abzufragen bzw. Attributen Werte zuzuweisen, so müssen dafür entsprechende öffentliche Methoden zur Verfügung stehen. Ein direkter Zugriff auf private Attribute ist nicht erlaubt, somit führt kein Weg an der Verwendung der bereitstehenden öffentlichen Methoden vorbei.

In der Beispielklasse `Konto` soll es auch nach Anlegen des Konto-Objekts möglich sein, die Kontonummer zu ändern, wobei die Kontonummer eine siebenstellige Zahl (ohne führende Nullen) sein muss. Dagegen soll der aktuelle Kontostand zwar abgefragt werden können, eine Veränderung setzt jedoch einen Ein- oder Auszahlungsvorgang voraus oder eine Zinsausschüttung. Diese Semantik wird durch eine geeignete *Kombination privater Attribute und öffentlicher Methoden* erreicht:

```
class Konto {
   private int kontoNummer;   // private Attribute:
   private String inhaber;
   private double saldo;
   private final double zinsSatz = 0.025;
   public Konto( int kn, String n, double sa ){
      setKontoNummer( kn );        inhaber = n;
      saldo = Math.abs( sa );
   }
   public void setKontoNummer( int knr ) {
      if( knr >= 1000000 && knr <= 9999999 )   kontoNummer = knr;
      else   IO.writeln( "Ungültige Kontonummer" );
   }
   public int getKontoNummer() {
      return kontoNummer;
   }
   public double getSaldo() {
      return saldo;
   }
   public double einzahlen( double betrag ) {
      saldo = saldo + Math.abs( betrag );
      return saldo;
   }
   public double abheben( double betrag ) {
      if( saldo - Math.abs( betrag ) < 0 )
           IO.writeln( "Abhebevorgang nicht möglich!" );
      else   saldo = saldo - Math.abs( betrag );
      return saldo;
   }
   private double zinsen() {        // private Methode
      return saldo * zinsSatz;
   }
   public double zinsZuschlag() {
      saldo = saldo + zinsen();
      return saldo;
   }
}
```

Die Kombination aus *privatem Attribut* und *öffentlichen Zugriffsmethoden* soll die Integrität des Attributwerts gewährleisten: Die Attribute der Klasse Konto sind privat, ein direkter Zugriff darauf ist nicht möglich. Der Verwender muss die öffentlichen Methoden verwenden: Die Methode `setKontoNummer()` setzt die Regel für gültige konsistente Kontonummern durch – nur semantisch korrekte Werte werden an das Attribut `kontoNummer` durchgereicht. Ein Verwender der Klasse `Konto` kann somit keine unkorrekten Kontonummern vergeben, da an der Methode `set-KontoNummer()` kein Weg vorbei führt – bereits im Konstruktors wird sie zur Initialisierung des Attributs `kontoNummer` verwendet. Nach Anlegen eines Kontoobjekts stehen zur Veränderung des Kontostandes nur die Methoden `einzahlen()`, `abheben()` und `zinsAusschuettung()` zur Verfügung – ein direkter Zugriff auf das Attribut `saldo` ist nicht möglich.

Hätten wir die Methode `setKontoNummer()` als privat deklariert, so wäre nach der Objekterzeugung keine weitere Veränderung am Attribut `kontoNummer` mehr möglich; dieses könnte nur noch abgefragt werden (*write once, read only*). (Sinnvoll wäre dann die `final`-Kennzeichnung des Attributs.)

Oft differenziert man bei Zugriffsmethoden nach *Set- und Get-Methoden* und verwendet die Vorsilben `set` und `get` bei der Benennung der entsprechenden Methoden, um deren Funktion deutlich zu machen:

> Öffentliche **Set- und Get-Methoden** kontrollieren den Zugriff auf die von ihnen verwalteten private Attribute der Klasse. Ein direkter Attributzugriff wird unterbunden. **Set-Methoden** ermöglichen die Wertzuweisung an ein Attribut. In den Methoden können Prüfungen implementiert sein, um korrekte Datenwerte und Datenformate zu garantieren. **Get-Methoden** ermöglichen die bloße Abfrage des Attributwerts. Der Wert des Attributs wird zurückgeliefert, jedoch ist auch eine Formatierung oder Umrechnung des Wertes möglich.

Ein Zugriff auf die privaten Attribute eines Objekts erfolgt nicht direkt, sondern in kontrollierter Weise über dafür vorgesehene öffentliche Methoden. Willkürliche Zugriffe von außen sind unterbunden. Nur das Objekt selbst hat unbeschränkten Zugriff auf seinen Datenbestand und garantiert dessen konsistenten, zulässigen Zustand. *Konsistenzanforderungen* ergeben sich aus der grundlegenden Konzeption und der Aufgabe einer Klasse. Indem das Objekt alle erforderlichen technischen und semantischen Zusicherungen und Restriktionen (Constraints) durchsetzt, bleibt es immer in einem konsistenten Zustand. Dies entspricht dem Ideal des self-checking code. Die Verantwortung für Verarbeitung und Konsistenz des eigenen Datenbestandes ist im jeweiligen Objekt konzentriert (und nicht über das Programm verteilt):

- Der **Konstruktor** garantiert, dass nach der Objekterzeugung die Attribute des Objekts mit sinnvollen Werten initialisiert sind und Objekte nur in einem konsistenten Zustand initialisiert werden.

- Öffentliche **Set-Methoden** garantieren, dass unzulässige Wertzuweisungen abgefangen werden. Nur geprüfte Werte werden in die Attribute geschrieben.

Methoden und insbesondere Konstruktoren sollten ihnen übergebene Parameter-Werte sofort prüfen um erforderliche Parameter-Restriktionen durchzusetzen. Verstößt der Aufrufer dagegen, sollte sofort ein entsprechender Fehler ausgelöst werden. Andernfalls würde es aufgrund inkonsistenter Objektzustände erst später zu Abbrüchen kommen - oder es würden schlimmstenfalls fehlerhafte Ergebnisse produziert und mit diesen weitergearbeitet, so dass Folgefehler erst viel später und an ganz anderen Stellen im System auftreten. Dann ist es viel schwieriger und aufwendiger, den Systemfehler zu entdecken und die eigentliche Fehlerquelle zu bestimmen.

In Abbildung 10.1 ist die logische Struktur eines Objekts skizziert: Ein privater Kern ist von einer öffentlichen Hülle umgeben, die den Zugriff auf den Kern kontrolliert. Verwender des Objekts haben Zugriff nur über die öffentliche Hülle, während die privaten Elemente des Kerns nur dem Objekt selbst direkt zur Verfügung stehen.

Das Zusammenspiel von Set- und Get-Methoden soll durch eine rudimentäre Klasse `Girokonto` verdeutlicht werden: Wir simulieren ein Girokonto aus der Zeit vor der offiziellen Euro-Einführung. Der Besitzer des Kontos verwendet noch DM als Währung, während Bank-intern bereits in Euro gerechnet wird. Die Set-Methoden `einzahlen()` und `abheben()` nehmen DM-Beträge entgegen und liefern diese auf zwei Kommastellen gerundet zurück, während der Kontostand intern in Euro umgerechnet und verwaltet wird. Die reine Get-Methode `getSaldo()` leistet durch Umrechnen und Runden mehr als bloßes Zurückliefern des privaten Attributwerts `saldo`.

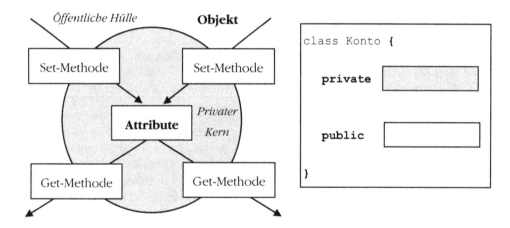

Abb. 10.1: Kapselung und Zugriffskontrolle durch eingeschränkte Sichtbarkeit

```
class Girokonto {
    private int kontoNummer;                    // private Attribute:
    private String inhaber;
    private double saldo;                        // Kontostand in Euro
    private double kurs = 1.95583;               // Euro-DM-Kurs
    public Girokonto( int kn, String n, double sa ) {
        kontoNummer = kn;      inhaber = n;
        saldo = sa / kurs;                        // Startwert in Euro
    }
```

```
public double getSaldo() {
    return IO.round( saldo * kurs, 2 );        // Extern in DM
}
public double einzahlen( double dmBetrag ) {
    saldo = saldo + dmBetrag / kurs;           // Intern in Euro
    return IO.round( saldo * kurs, 2 );        // Extern in DM
}
public double abheben( double dmBetrag ) {
    saldo = saldo - dmBetrag / kurs;           // Intern in Euro
    return IO.round( saldo * kurs, 2 );        // Extern in DM
}
}
```

Die Konsistenz und Invarianz eines Girokonto-Objekts beruht somit auf der Regel, dass intern stets in Euro umgerechnet wird obwohl die Schnittstelle mit DM-Werten arbeitet.

Weitere Beispiele für konzeptionelle Konsistenzregeln und Invarianten von Attributen sind: Das Anfangsdatum eines Vorgangs liegt nicht nach seinem Enddatum; der Füllstand eines Tanks ist immer zwischen 0 und maximaler Kapazität; Wechselkurse sind stets positiv. Beispiele für Konsistenzregeln von Methoden sind: Nur aus einem nichtleeren Lager können Bestände entnommen werden; in einen maximal gefüllten Tank darf nichts mehr eingefüllt werden; eine Überweisung darf nur vorgenommen werden, wenn beide beteiligte Konten zugreifbar sind.

Konsistenzregeln, Restriktionen und Invarianten einer Klasse sollten dokumentiert werden, um die Klasse sinnvoll einsetzen zu können.

10.1.2   Schnittstellen

Die öffentlichen Attribute und Methoden eines Objekts sind direkt zugreifbar und repräsentieren die *externe Sicht* des Verwenders auf das Objekt. Private Attribute und Methoden sind nur innerhalb des Klassencodings zugreifbar und stellen die *interne Sicht* der Klasse dar. Durch die Kapselung der nicht-öffentlichen Elemente werden alle privaten Details vor dem Verwender verborgen. Dagegen ist durch die öffentlichen Elemente der Klasse deren *Schnittstelle* definiert:

> Die **Schnittstelle** einer Klasse und ihrer Objekte ist die Gesamtheit ihrer öffentlichen Elemente, d.h. alle extern zugreifbaren öffentlichen Attribute und Methoden. Über diese exponierte Schnittstelle können Verwender mit der Klasse und ihren Objekten interagieren. Die Schnittstelle ergibt sich aus der konzeptionellen Aufgabe der Klasse und beschreibt, welche Funktionalität die Klasse nach außen zur Verfügung stellt.

Der Verwender einer Klasse benötigt nur Kenntnis über die öffentliche Schnittstelle der Klasse, um deren Funktionalität einsetzen zu können. Einsicht in die Implementierung der Klasse ist nicht erforderlich, auf private Methoden und Datenstrukturen darf nicht zugegriffen werden. Die programmtechnische Realisation der Methodenfunktionalität ist deren internes "Geheimnis" und wird durch die Schnittstelle nicht preisgegeben (funktionale Abstraktion). Es können zudem private Hilfsmethoden vorhanden sein, die nicht in der Schnittstelle erscheinen.

Mit dem Schnittstellenkonzept wird ein wichtiges und bewährtes *ingenieurstechnisches Designprinzip* auf das Software Engineering übertragen: Um zu garantieren, dass technische Komponenten durch ihre Verwender korrekt und fehlerfrei verwendet werden, sollen die Verwender mit der Komponente über eine möglichst einfache, klare und schlanke Schnittstelle interagieren, hinter der die interne technische Komplexität verborgen bleibt. Der Benutzer soll nur mit den zur Nutzung nötigen Teilen der Komponente konfrontiert werden.

Ein Beispiel sind *PKWs*: Jeder ist in der Lage, ein Fahrzeug zu führen, auch ohne Kenntnisse über Aufbau und Funktionsweise von Motor, Getriebe oder Fahrzeugelektronik. Die Bedienung ist einfach und praktisch fahrzeugtypunabhängig standardisiert. Als einfache (öffentliche) Schnittstelle dienen Lenkrad, Bremse, Gaspedal und Kupplung. Dagegen bleiben die privaten Details z.B. der elektronischen Einspritzregelung und des Differentialgetriebes "unter der Motorhaube": Der Verwender des Wagens versteht von diesen Dingen nichts - und soll sie in der Regel auch nicht manipulieren. Er soll nur über die einfache exponierte öffentliche Schnittstelle mit dem komplexen technischen System in Verbindung treten. Für den Verwender ergeben sich daraus große Vorteile: Änderungen hinter der einfachen Schnittstelle tangieren ihn nicht. Selbst wenn der komplette Motor durch einen anderen Motortyp ausgetauscht würde, könnte er den Wagen wie gewohnt bedienen.

Dieses technische Prinzip lässt sich auf Klassen übertragen:

> Schnittstellen von Klassen sollten *schlank* gehalten werden. Ziel ist **maximale Kapselung** und somit eine **minimale Schnittstelle** im Einklang mit den Aufgaben der Klasse innerhalb der Gesamtanwendung. (So privat wie möglich.) Technische Komplexität soll nicht exponiert werden. Attribute sollten durch spezifische Zugriffsmethoden gekapselt werden. Die Zugriffsmethoden bestimmen, ob Attribute nur gelesen oder auch geschrieben werden dürfen.

Deklariert man Attribute einer Klasse leichtfertig `public`, so kann man diese in späteren Versionen der Klasse nicht `private` deklarieren, ohne die bisherigen Verwender der Klasse zu invalidieren. Es lassen sich nachträglich keine Wertprüfungen, Invarianten oder Formatierungen für diese Attribute durchsetzen.

Ein Klasse kapselt Attribute und Methoden und stellt nur über ihre öffentliche Schnittstelle Dienstleistungen als *Server* zur Verfügung. Ihre Schnittstelle exponiert eine definierte Menge von Funktionalität. Der Verwender der Klasse (*Client*) nutzt diese Dienstleistungen. Der Client will und muss nicht wissen, wie die Dienste intern implementiert sind, sondern nur welche Dienste zur Verfügung stehen. Nicht das Wie? sondern nur das Was? dieser Dienste interessiert. Relevant ist nur die Schnittstelle (= Art und Umfang der angebotenen Services), nicht deren interne programmtechnische Realisation – von dieser abstrahiert der Client, sie ist für den Client *transparent*. [HOR02].

> Durch Schnittstellen und Kapselung wird das Prinzip **Information Hiding** (Geheimnisprinzip) umgesetzt. Dies bedeutet das Verbergen aller programmtechnischen Implementierungsdetails hinter der bereitgestellten Schnittstelle. Ein Zugriff erfolgt ausschließlich über die Schnittstelle. Interne Realisationen und Abläufe der zur Verfügung gestellten Funktionalität bleiben dahinter als unsichtbare Implementierungsdetails verborgen und sind prinzipiell austauschbar (Transparenz).

Als Beispiel diene eine Methode zum Sortieren einer Zahlenmenge. Deren Geheimnis ist, welcher Sortieralgorithmus intern verwendet wird und wie dieser konkret implementiert ist. Der Verwender kennt weder den Algorithmus noch dessen Implementierung. Er übergibt der Methode eine Zahlenmenge und erhält diese sortiert zurück – mehr interessiert ihn nicht.

Auf diese Weise entsteht über die Schnittstelle der Klasse ein impliziter logischer **Vertrag** (Kontrakt) zwischen Dienstanbieter (Server) und Dienstnutzer (Client): Nach Auslieferung (Publizierung, Weitergabe) einer Klasse sollten in folgenden Versionen nur semantisch verträgliche interne Änderungen vorgenommen werden. Der Verwender der Klasse darf in seinem Coding durch interne Änderungen nicht invalidiert werden (kein code break). Insbesondere darf die öffentliche Schnittstelle nicht verändert oder eingeschränkt werden. Dagegen sind interne Änderungen der Klassenimplementierung jederzeit möglich.

> Die interne Implementierung einer Klasse ist **austausch- und änderbar**, solange ihre Schnittstelle konstant bleibt. Klassen (allgemein: Server) mit gleicher Schnittstelle sind austauschbar. Beim **Schnittstellenentwurf** sollten Abhängigkeiten zwischen den Klassen (Zugriffe der Klassen aufeinander) minimiert werden. Lokale Änderungen an einer Klasse sollten keine Auswirkungen auf andere Klassen der Anwendung haben. Das **Open-Closed-Prinzip** besagt, dass Software offen für Erweiterungen und abgeschlossen für Änderungen sein soll. Schnittstellen von Klassen und ihrer Methoden lassen sich schwer ändern, da in diesem Fall jede verwendende Codestelle angepasst werden muss [EIL10].

Ein Verwender, der unsere Klasse `Konto` in einem eigenen Programm nutzt, könnte jederzeit eine neue, verbesserte Version von `Konto` einsetzen, ohne sein eigenes Coding anpassen zu müssen. Denkbar wäre z.B. eine Veränderung des Konstruktorcodings, um zu prüfen, ob der übergebene Namensstring für den Kontoinhaber nur Buchstaben und keine Zahlen enthält. Oder die Methode `setKontoNummer()` könnte intern auf einen anderen Bereich zulässiger Kontonummern prüfen.

Fatal wäre es jedoch, die Parametrisierung der Methoden `einzahlen()` und `abheben()` zu ändern oder diese gar als `private` zu deklarieren. Dies würde sofort zu Kompilationsfehlern innerhalb der verwendenden Anwendung führen.

Schnittstellen haben eine große Bedeutung für den Entwurf verteilter Systeme. Die Sprache Java kennt neben der Klasse auch das Konzept des Interfaces: Diese enthalten ausschließlich öffentliche konstante Attribute und Methodendeklarationen ohne jede Implementierung. Interfaces werden in Kapitel 14 besprochen.

Anmerkung: Die *Rolle* einer Klasse (oder eines ganzen Softwaresystems) als Client oder Server ist *relativ* [HOR02]. Eine Klasse kann als Server Dienste für andere Klassen bereitstellen – und zugleich intern zur Erfüllung ihrer Funktionen wiederum Dienste anderer Klassen nutzen, d.h. als deren Client agieren. Die Begriffe Client und Server können sich auf Programmsysteme, Klassen oder aber auch die Hardware (Rechner) beziehen, auf denen die Programme abgearbeitet werden.

10.1.3   Zusammenfassung: Kapselung

Aufgrund ihrer Bedeutung für die objektorientierte Programmierung soll der Sinn öffentlicher Zugriffsmethoden und gekapselter Interna für die Konsistenz des Objektzustands und der Objektverwendung zusammengefasst werden:

- Objekte sind *konsistent*, wenn ihre Attributwerte alle geforderten Invarianten stets erfüllen. Die Methoden des Objekts sollten dies stets nur von einem konsistenten Zustand in den nächsten befördern – und nur Zustandsänderungen zulassen, wenn sich das Objekt in einem inkonsistenten Zustand befindet. In einem konsistenten Zustand haben alle Attribute sinnvolle, zulässige und stimmige Werte. Wenn sich alle Objekte eines Systems so verhalten, sollten keine Fehler aufgrund Objekt-Inkonsistenzen auftreten können. Sicherheit und Zuverlässigkeit eines Systems beruhen auf der ständigen Konsistenz seiner Objekte.

- Öffentliche Zugriffsmethoden garantieren, dass Objekte der Klasse *gültige, konsistente Attributwerte* enthalten, indem Wert- oder Formatprüfungen vorgenommen werden. Die Validierungen stellen einen konsistenten Objektzustand sicher.

- Die *Abfolge des Zugriffs* lässt sich bestimmen. Durch Kombination von Konstruktor und Set-/Get-Methoden können bestimmte Attribute nach der Objekterzeugung z.B. eine Write-Once + Read-Only Zugreifbarkeit erhalten.

- Durch *Kapselung* und *Information Hiding* wird eine *klare Schnittstelle* definiert. Der Verwender der Klasse kann die Klasse unabhängig von Implementierungsdetails einsetzen. Interna der Klasse (z.B. Datenformate) können geändert werden, ohne den Code des Verwenders zu invalidieren.

Zusätzliche Flexibilität hinsichtlich der Gestaltung der Verwendbarkeit einer Klasse gewinnt man durch den Einsatz statischer Attribute und Methoden.

10.2   Statische Attribute und Methoden

In den bisherigen Beispielen mussten aus einer Klasse erst Objekte erzeugt werden, um deren Methoden und Attribute verwenden zu können. Der Zugriff erfolgte stets über eine Objektvariable. Jedes der erzeugten Objekte verfügte über seinen *eigenen* Datenbestand: Die Attribute des Objekts konnten unabhängig von anderen Objekten derselben Klasse mit individuellen Werten belegt werden – eine Zustandsänderung eines Objekts hatte *keine* Auswirkung auf den Zustand aller anderen Objekte.

Durch die Deklaration von Attributen und Methoden als `static` kann jedoch die Bindung an ein bestimmtes Objekt aufgehoben werden. Statische Attribute und Methoden werden *über die Klasse selbst* verwaltet und sind über diese direkt zugreifbar, *ohne* dass eine Objekterzeugung vorausgehen müsste.

10.2.1   Statische Attribute (Klassenvariablen)

Nichtstatische Attribute werden auch als Instanzvariablen bezeichnet, statische Attribute dagegen als *Klassenvariablen*. Dies drückt aus, dass statische Attribute *nicht* einem individuellen Objekt angehören. Vielmehr nehmen sie für die Klasse und die Gesamtheit *aller* instanziierten Objekte stets nur einen gemeinsamen Wert an und werden von der Klasse und all ihren Objekten gemeinsam genutzt. Ihr Wert kann *nicht* für jedes Objekt der Klasse individuell manipuliert werden. Wird ihr Wert über die Klasse oder eines ihrer Objekte verändert, so hat diese Wertänderung (Zustandsänderung) für alle Objekte der Klasse gleichermaßen stattgefunden.

Ein *Anwendung* statischer Attribute sind z.B. Zähler, die festhalten, wieviele Objekte einer Klasse erzeugt wurden. In einer Konto-Klasse könnte auch der Zinssatz ein statisches Attribut sein, wenn alle Konten dem gleichen Zinssatz unterliegen.

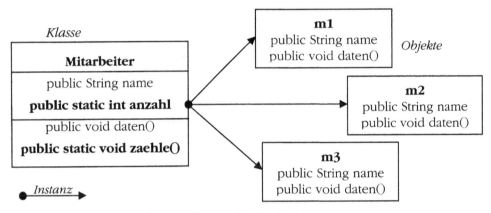

Abb. 10.2: Statische Attribute und statische Methoden

Abbildung 10.2 stellt den Unterschied zwischen statischen und nichtstatischen Attributen dar: Jedes Objekt der Klasse `Mitarbeiter` hat sein eigenes Exemplar des nichtstatischen Attributs `name`, dessen Wert es unabhängig von allen anderen Objekten verändern kann. Das statische Attribut `anzahl` gehört jedoch zur Klasse und wird auf *Klassenebene* verwaltet. Alle Objekte der Klasse sehen den *gleichen* Wert dieses Attributs. Das Attribut `anzahl` und sein eindeutiger Wert existiert somit im Speicher nur einmal für die Klasse und alle ihre Objekte.

> Statische Attribute werden mit einem eindeutigen Wert für die Klasse und alle ihre Objekte verwaltet. Zugriff auf das statische Attribut ist möglich durch die Klasse und alle ihre Objekte. Auf statische Attribute kann direkt über den Klassenamen zugegriffen werden – noch bevor bzw. ohne dass ein Objekt der Klasse instanziiert wurde.

Das Beispiel verdeutlicht die Zugriffsmöglichkeiten: Auf das Attribut `anzahl` kann direkt über den Klassennamen (über die Klasse) `Mitarbeiter` zugegriffen werden, jedoch auch über jedes einzelne `Mitarbeiter`-Objekt. Eine Änderung über die Klasse oder eines der Objekte ist sogleich für alle Objekte wirksam:

```
class Mitarbeiter {
```

```
      private String name;
      public static int anzahl = 0;       // Initialisierung
      public Mitarbeiter( String n ) {
         name = n;
         anzahl++;      // Bei jeder Instanziierung erhöht!
         IO.writeln( "Konstruktor " + name + ": " + anzahl );
      }
   }
class Personal {
   public static void main( String[] args ) {
      Mitarbeiter.anzahl = 100;      // Zugriff über die Klasse
      Mitarbeiter m1 = new Mitarbeiter( "Huber" );
      Mitarbeiter m2 = new Mitarbeiter( "Meier" );
      Mitarbeiter m3 = new Mitarbeiter( "Fischer" );
      IO.writeln( "(1) Anzahl = " + Mitarbeiter.anzahl );
      m2.anzahl = 1003;             // Zugriff über ein Objekt
      IO.write( "(2) " + Mitarbeiter.anzahl + "    " );
      IO.write( m1.anzahl + " " + m2.anzahl + " " + m3.anzahl);
   }
}
```

- Konsole -
Konstruktor Huber: 101
Konstruktor Meier: 102
Konstruktor Fischer: 103
(1) Anzahl = 103
(2) 1003   1003 1003 1003

Die Initialisierung statischer Attribute sollte wie im Beispiel möglichst direkt bei ihrer Deklaration erfolgen. Innerhalb des Konstruktors ist eine Initialisierung nicht zweckmäßig, da dieser für jedes Objekt erneut durchlaufen wird. Die Wertänderung eines initialisierten statischen Attributs im Konstruktor ist jedoch sinnvoll: Genau auf diese Weise wird hier ein Instanzenzähler realisiert – mit jedem neuen Objekt wird der Konstruktor abgearbeitet und der statische Zähler hochgezählt.

Anmerkung: Die Bezeichnung *statisch* bezeichnet eine *feste Speicherallokation*. Statische Attribute werden bereits im Speicher angelegt, wenn die Klasse geladen wird, noch *vor* der Instanziierung einzelner Objekte. Erst bei Entladen der Klasse werden statische Attribute wieder freigegeben. Ihre *Lebensdauer* hängt *nicht* von der Existenz einzelner Objekte ab. Somit sind sie auch der Garbage Collection entzogen.

Initialisierung finaler Attribute: Attribute von Klassen können final oder nichtfinal, statisch oder nicht statisch sein. Alle vier möglichen Kombinationen machen für bestimmte Arten von Attributen Sinn, wie in folgender Aufstellung dargestellt:

Attribute	nicht final	final
nicht static	objektindividuell	objektindividuell
	jederzeit änderbar	nicht nachträglich änderbar
	Bsp: Gehalt	Bsp: Kontonummer
static	nicht objektindividuell	nicht objektindividuell
	aber jederzeit änderbar	nicht nachträglich änderbar
	Bsp: Anzahl instanziierte Objekte	Bsp: Konstanter Steuersatz

Tab. 10.1: Kombinationsmöglichkeiten von `final` und `static`

Für die rechtzeitige Initialisierung finaler Attribute gelten plausible Regeln, die von Compiler geprüft werden:

Nicht-statische finale Attribute müssen erst intialisiert sein wenn ein Objekt der Klasse erzeugt wird. Dies kann entweder bereits bei der Deklaration des Attributs erfolgen oder aber in einem entsprechend formulierten Konstruktor.

Statische finale Attribute müssen bereits intialisiert sein, sobald die Klasse selbst initialisiert wird - noch vor jeder Objekterzeugung. Eine Initialisierung im Konstruktor käme also zu spät - dieser wird erst bei der Objekterzeugung durchlaufen. Statische finale Attribute müssen somit direkt bei ihrer Deklaration initialisiert werden. (Oder in statischen Initialisierern – siehe Ergänzungen auf der Webseite).

Das folgende Beispiel stellt die Varianten dar:

```
class Mitarbeiter {
    private String name;
    private final int id;      // OK - später noch intialisierbar
    private static final String firma = "IBM";   // OK- nur hier!
    public Mitarbeiter( String n, int i ) {
        name = n;
        id = i;               // ok - noch rechtzeitig!
        // firma = "IBM";  // Fehler - zu spät!
    }
}
```

10.2.2   Statische Methoden (Klassenmethoden)

Nichtstatische Methoden werden auch als Instanzmethoden bezeichnet, statische Methoden dagegen als *Klassenmethoden*: Statische Methoden werden nicht individuell für Objekte der Klasse ausgeführt, sondern auf Klassenebene. Sie sind direkt über den Klassennamen aufrufbar sind, auch wenn noch gar kein Objekt der Klasse erzeugt wurde. Allerdings ist ihr Aufruf auch über die Objekte der Klasse möglich.

> Statische Methoden einer Klasse können über den Klassennamen aufgerufen werden. Eine vorherige Objekterzeugung ist *nicht* erforderlich.

Dagegen können nichtstatische Methoden nur über Objektvariablen aufgerufen werden, d.h. erst nachdem ein Objekt erzeugt wurde.

Abbildung 10.2 umreißt die Verhältnisse: Die nichtstatische Methode daten() der Klasse Mitarbeiter kann erst verwendet werden, nachdem ein Objekt der Klasse erzeugt wurde. Dagegen arbeitet die statische Methode zaehle() auf Klassenebene und kann auch ohne vorherige Objekterzeugung aufgerufen werden. Empfänger des Methodenaufrufs ist die Klasse und ihre statischen Attribute, nicht ein spezielles Objekt. Wir erweitern Mitarbeiter um statische und nichtstatische Methoden:

```java
class Mitarbeiter {
    private String name;
    private static int anzahl = 0;      // Initialisierung
    public Mitarbeiter( String n ) {   name = n;   }
    public void daten() {
        IO.writeln( "Name = " + name + "  Anzahl = " + anzahl );
    }
    // Statische Methoden:
    public static void zaehle() {  anzahl++;  }
    public static int getAnzahl() {  return anzahl;  }
}
class Personal {
    public static void main( String[] args ) {
        Mitarbeiter.zaehle( );       // Zugriff direkt über die Klasse
        Mitarbeiter m1 = new Mitarbeiter( "Huber" );
        Mitarbeiter m2 = new Mitarbeiter( "Meier" );
        m1.zaehle( );    m1.daten( );          // Zugriff über Objekte
        m2.zaehle( );    m2.daten( );
        IO.write( "Abfrage:  " + Mitarbeiter.getAnzahl() + "    " );
        IO.write( m1.getAnzahl() + " " + m2.getAnzahl() );
    }
}
```

```
                         - Konsole -
Name = Huber  Anzahl = 2
Name = Meier  Anzahl = 3
Abfrage:  3    3 3
```

Typische Aufgaben statischer Methoden sind Aktionen, die sich nicht auf ein einzelnen Objekt sondern die Klasse und alle ihre Objekte gemeinsam beziehen, wie im Codebeispiel das Hochsetzen und Abfragen des statischen Attributs anzahl.

Ein anderes Anwendungsfeld sind *Tool- oder Utility-Klassen*, die als statische, zustandslose Methodencontainer ohne individuelle Instanzen und Zustandswerte dienen. Die Klasse **IO.java** ist ein typisches Beispiel: Alle ihre öffentlichen Methoden sind statisch, so dass mit dem Tool IO ohne Objekterzeugung direkt mittels der Klasse gearbeitet werden kann. Eine Objekterzeugung ist nicht erforderlich und sinnvoll, da keine individuellen Zustandswerte gehalten werden. Die *Objekterzeugung* wird sogar *unterbunden*, wenn eine Klasse nur einen privaten Konstruktor besitzt. Sinnvoll ist dies für Klassen mit rein statischer öffentlicher Schnittstelle.

Konstruktoren selbst dürfen *nicht* statisch deklariert werden. Im Grunde sind sie jedoch besondere implizit statische Methoden, da sie ein neues Objekt ihrer Klasse anfordern und nicht auf einem bestehenden Objekt aufgerufen werden.

Eine syntaktische Regel schränkt die Zugriffsmöglichkeiten statischer Methoden ein:

> **Statische Methoden** dürfen *nur* auf *statische Attribute* und *statische Methoden* ihrer Klasse zugreifen. Ein Zugriff auf nichtstatische Attribute und Methoden ist untersagt. **Ausnahme:** Innerhalb statischer Methoden dürfen *Konstruktoren* der Klasse aufgerufen und Objekte der Klasse erzeugt werden.

Dagegen dürfen nichtstatische Methoden auf statische *und* nichtstatische Attribute und Methoden zugreifen. Die nichtstatische Methode daten() wäre also korrekt:

```
public void daten() {              // nichtstatischer Kontext
    IO.writeln( "Name = " + name + "  Anzahl = " + anzahl );
    zaehle();
}
```

Dagegen würde der Compiler diese statische Methode zaehle() zurückweisen:

```
public static void zaehle() {      // statischer Kontext
    anzahl++;
    // Fehler: Zugriff auf nichtstatisches Attribut name
    IO.writeln( "Name = " + name );
    // Fehler: Zugriff auf nichtstatische Methode daten()
    daten();
}
```

Die Fehlermeldungen: Non-static variable name cannot be referenced from a static context. Non-static method daten() cannot be referenced from a static context.

10.2.3   Die statische main()-Methode

Endlich sind wir in der Lage zu verstehen, warum die Methode:

```
public static void main( String[] args ) { /* … */ }
```

jeder ausführbaren Klasse statisch sein muss, um aufgerufen werden zu können:

Zum Zeitpunkt der Ausführung von main() existiert noch kein Objekt der Klasse, in der main() enthalten ist. Nur die Klasse selbst befindet sich zusammen mit ihrer main()-Methode im Speicher. Da die Ausführung des Programms erst mit der Abarbeitung von main() beginnt, können zu diesem Zeitpunkt der Programmausführung noch gar keine Objekterzeugungen passiert sein. Somit wird main() als Klassenmethode aufgerufen und muss static deklariert werden.

Auch für die anderen Elemente einer ausführbaren Klasse ergeben sich daraus Konsequenzen. Betrachten wir die kleine Klasse Skonto, die dem Aufbau ausführbarer Klassen der früheren Kapitel entspricht.

```
class Skonto {            // statische Version

   public static double sk;

   public static double endPreis( double p ){

      return p - p * sk;

   }

   public static void main( String[] args ) {

      double preis = IO.promptAndReadDouble( "Preis = " );

      sk = 0.02;

      IO.writeln( "Preis mit Skonto: " + endPreis( preis ) );

   }

}
```

In main() werden keine Objekte vom Typ der Klasse Skonto erzeugt. Dennoch wird in der statischen Methode main() (statischer Kontext) auf deren Attribut sk und Methode endPreis() zugegriffen. Somit müssen die außerhalb von main() deklarierten Attribute und Methoden der Klasse Skonto ebenso wie main() selbst als static deklariert werden, damit main() darauf zugreifen kann.

Aber es geht auch anders, wie folgende Variante von Skonto zeigt:

```
class Skonto {            // dynamische Version

   public double sk;

   public double endPreis( double p ) {

      return p - p * sk;

   }

   public static void main( String[] args ) {

      Skonto skt = new Skonto();        // Objekterzeugung

      double preis = IO.promptAndReadDouble( "Preis = " );

      skt.sk = 0.02;

      IO.writeln( "Preis mit Skonto: " + skt.endPreis( preis ) );

   }

}
```

Über den parameterlosen Standardkonstruktor wird in main() ein Objekt skt der Klasse Skonto selbst erzeugt. Über dieses Objekt wird auf die Attribute und Methoden der Klasse Skonto zugegriffen. Da nun in von main() der Zugriff auf ein Objekt der Klasse erfolgt, müssen die betreffenden Elemente von Skonto nicht mehr statisch sein. Nur `main()`–Methode muss nach wie vor statisch sein, da im Augenblick ihrer Ausführung noch kein Objekt der Klasse existiert.

Anmerkung: Die Unterscheidung zwischen *ausführbaren* und *nicht-ausführbaren* Java-Klassen ist im Grunde künstlich und diente nur der anfänglichen Orientierung. *Jede* Java-Klasse kann eine *eigene* `main()`-Methode enthalten, z.B. um darin Testcoding bereitzustellen. Das folgende Beispiel stellt eine korrekte Java-Anwendung dar, obgleich zwei `main()`-Methoden enthalten sind.

```
class Skonto {        // Wird in Verkauf verwendet
    public double sk;
    public double endPreis( double p ){
        return p - p * sk;
    }
    public static void main( String[] args ) { // Zu Testzwecken
        Skonto skt = new Skonto();
        double preis = 100.0;     skt.sk = 0.02;
        IO.writeln( "Test: " + skt.endPreis( preis ) );
    }
}
class Verkauf {        // Die eigentliche Anwendung
    public static void main( String[] args ) {
        Skonto skt = new Skonto( );
        double preis = IO.promptAndReadDouble( "Preis = " );
        skt.sk = IO.promptAndReadDouble( "Skonto = " );
        IO.writeln( "EndPreis = " + skt.endPreis( preis ) );
    }
}
```

Durch den JVM-Aufruf `java Skonto` wird die `main()`-Methode von `Skonto` ausgeführt, während `java Verkauf` die `main()`-Methode von Verkauf ablaufen lässt.

10.3   Bestandteile von Klassen (Zusammenfassung)

In Java-Klassen können als Elemente (Member) nichtstatische Attribute (Instanzvariablen), nichtstatische Methoden (Instanzmethoden), statische Attribute (Klassenvariablen) und statische Methoden (Klassenmethoden) enthalten sein. Attribute und Methoden können mit der Sichtbarkeit öffentlich (`public`) oder nicht-öffentlich (`private`) deklariert werden. Auf die Bedeutung der Sichtbarkeit `protected` gehen wir später ein.

Die `main()`-Methode ist eine spezielle öffentliche statische Methode, durch die eine Klasse direkt ausführbar wird. Konstruktoren sind spezielle nicht-statische Methoden, die bei der Objekterzeugung aufgerufen werden.

Die verschiedenen Elemente werden in separaten *Speicherbereichen* verwaltet: Im **Stack-Speicher** liegen lokale Variablen, Methodenparameter, Zwischenergebnisse,

Rückgabewerte und auch Objektvariablen (Referenzen). Im **Heap-Speicher** werden die instanziierten Objekte abgelegt. Im **Programmspeicher** (Methodenspeicher) werden der Programmcode (Klassencoding) und statische Attribute gehalten. Programmspeicher und Stack werden von der Laufzeit-Umgebung automatisch verwaltet, der Entwickler hat darauf keinen direkten Einfluss. Der Heap wird beim Start der JVM erzeugt und durch die automatische JVM-Garbage-Collection kontrolliert. Neu erzeugte Objekte werden hier abgelegt. Der Java-Entwickler hat keine zeitexakte Kontrolle über Objektzerstörung und Freigabe des zugehörigen Heapspeichers.

Innerhalb von Klassen lassen sich verschiedene Variabeln-Arten mit deutlich verschiedener Lebensdauer und Gültigkeitsbereichen unterscheiden:

- **Methodenparameter und methodenlokale Variablen** werden bei Aufruf bzw. Abarbeitung einer Methode initialisiert. Sie sind nur in der Methode ansprechbar. Ihre Lebensdauer ist der Zeitraum der Methodenausführung. Bei jedem Methodenaufruf wird der zugehörige Stack-Speicher neu erzeugt und bei Beendigung der Methode wieder freigegeben.

- **Instanzvariablen** sind nichtstatische Objekt-Attribute. Sie haben die Lebensdauer des zugehörigen Objekts und können für jedes einzelne Objekt einen individuellen Wert annehmen.

- **Klassenvariablen** sind auf Klassenebene deklarierte und verwaltete statische Attribute. Sie haben die gleiche Lebensdauer wie die Klasse selbst. Auch wenn noch kein Objekt der Klasse instanziiert wurde, sind sie bereits über die Klasse ansprechbar. Über die Klasse und alle ihre Objekte kann auf sie zugegriffen werden. In statischen Attributen kann für die Klasse und alle Objekte nur ein eindeutiger objektunspezifischer Wert gehalten werden.

Zusätzlich muss unterschieden werden zwischen Variablen primitiven Datentyps und Objektvariablen, die *Referenztypen* darstellen (Kapitel 12).

10.4   Beispielanwendung: Mitarbeiterverwaltung

Die neuen Konzepte nutzen wir, um eine Mitarbeiterverwaltung in Anlehnung an [RAU02] zu modellieren. Die Attribute aller Klassen und Hilfsmethoden sind mit der Sichtbarkeit private versehen. Der Zugriff erfolgt über die *öffentliche Schnittstelle* der Klassen. Abbildung 10.3 zeigt das Kollaborationsdiagramm der Anwendung.

Ein Mitarbeiter ist durch die Attribute Vorname, Nachname, Geburtsdatum und Gehalt gekennzeichnet. Das *statische* Attribut anzahl speichert die Anzahl erzeugter Mitarbeiter-Objekte. Die Klasse Mitarbeiter verfügt über die *statische* Methode mAnlegen(), die alle Daten zum Erzeugen eines Mitarbeiter-Objekts abfragt. In der Methode werden die Konstruktoren der beteiligten Klassen aufgerufen. Bei mAnlegen() handelt es sich um eine sogenannte *Factory* – eine Methode, die ein fertig initialisiertes Objekt zurückliefert und somit Details der Objekterzeugung und –Initialisierung vor dem Aufrufer verbirgt.

Eine separate Klasse Datum wird in Mitarbeiter als Attribut verwendet (*Assoziation*), um die Anteile Tag, Monat und Jahr des Geburtsdatums zu erfassen.

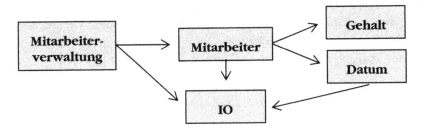

Abb. 10.3: Mitarbeiterverwaltung – Kollaboration der beteiligten Klassen

Die Klasse Gehalt übernimmt alle Gehaltsdaten und –Berechnungen. Neben einem fixen Monatsgehalt können Überstunden geleistet werden. Der Tätigkeit ist ein Stundenlohn zugewiesen und ein Faktor, durch den spezielle Arbeitszeiten berücksichtigt werden. Maximal 20 Überstunden können pro Monat geleistet werden. Zulässige Vergütungsfaktoren liegen zwischen 1.0 und 1.5. Dies wird durch *statische Konstanten* festgeschrieben. Die Klasse Mitarbeiter nutzt die Klasse Gehalt ebenfalls als Attribut (*Assoziation*).

Bei der Klasse Mitarbeiter handelt es sich strukturell um eine *komposite* Klasse. Sie enthält Attribute vom Typ der anderen Klassen Gehalt und Datum. Jedes Mitarbeiter-Objekt referenziert sein persönliches Gehalts- und Geburtsdatumsobjekt. Dies drückt die semantischen Beziehungen der Klasse Mitarbeiter aus.

Die *Ablaufsteuerung* regelt die ausführbare Klasse Mitarbeiterverwaltung. Mitarbeiter-Objekte werden angelegt und deren Daten verwaltet. Zugriffe auf Objekte der Klassen Datum und Gehalt finden *nur* über Mitarbeiter-Objekte statt. Die Klassen Datum und Gehalt greifen selbst *nicht* aufeinander oder auf die Klasse Mitarbeiter zu. Somit sind sie (bei konstanter öffentlicher Schnittstelle) jederzeit *austauschbar*.

```java
class Datum {
    private final int tag;        // Nach Initialisierung ist der
    private final int monat;      // Zustand nicht mehr veränderbar
    private final int jahr;
    public Datum( int tg, int mo, int ja ) {
        tag = tg;    monat = mo;    jahr = ja;
    }
    public String toString() {    // Formatierte String-Darstellung
        String d = tag + "." + monat + "." + jahr;
        return d;
    }
}
class Gehalt {
    private static final double MAXUEBER = 20;
    private static final double MAXFAKTOR = 1.5;
```

```
      private static final double MINFAKTOR = 1.0;
      private double stundenLohn;       private double grundGehalt;
      private double ueberStdFaktor;    private double ueberStunden;
      public Gehalt( double gg, double stl, double fkt ) {
         setGrundgehalt( gg );    // Verwendung der kontrollierenden
         setStundenLohn( stl );   // Set-Methoden
         setFaktor( fkt );
         ueberStunden = 0;
      }
      public void setGrundgehalt( double gg ) {
         grundGehalt = Math.abs( gg );
      }
      public void setStundenLohn( double stl ) {
         stundenLohn = Math.abs( stl );
      }
      public void setFaktor( double fkt ) {
         if( fkt < MINFAKTOR ) fkt = MINFAKTOR; // Kontrolle des
         if( fkt > MAXFAKTOR ) fkt = MAXFAKTOR; // zulässigen Faktors
         ueberStdFaktor = fkt;
      }
      public void setUeberstunden( double ueberSt ) {
         if( ueberSt > MAXUEBER )  ueberStunden = MAXUEBER;
         else  ueberStunden = ueberSt;  // Kontrolle Überstundenzahl
      }
      public double monatsLohn() {
         return grundGehalt + ueberStdVerg();
      }
      private double ueberStdVerg() {   // private Hilfsmethode
         double uSV = stundenLohn * ueberStunden * ueberStdFaktor;
         return uSV;
      }
   }
class Mitarbeiter {
   private String nachName;       private String vorName;
   private Datum gebDatum;     // Assoziation mit Klasse Datum
   private Gehalt gehalt;      // Assoziation mit Klasse Gehalt
   private static int anzahl = 0;
   public static Mitarbeiter mAnlegen() {  // eine "Factory"
      IO.writeln( "Mitarbeiterdaten anlegen:" );
```

```
    IO.writeln( "=============================" );
    String n = IO.promptAndReadString( "Nachname: " );
    String v = IO.promptAndReadString( "Vorname: " );
    int tg = IO.promptAndReadInt( "Geburtsdaten - Tag: " );
    int mg = IO.promptAndReadInt( "Geburtsdaten - Monat: " );
    int jg = IO.promptAndReadInt( "Geburtsdaten - Jahr: " );
    Datum gd = new Datum( tg, mg, jg );
    double gg = IO.promptAndReadDouble( "Grundgehalt = " );
    double sl = IO.promptAndReadDouble( "Stundenlohn = " );
    double f = IO.promptAndReadDouble( "Überstundenfaktor = " );
    Gehalt g = new Gehalt( gg, sl, f );
    Mitarbeiter m = new Mitarbeiter( n,v,gd,g );
    return m;
}
public Mitarbeiter(String nn, String vn, Datum gd, Gehalt g) {
    nachName = nn;     vorName = vn;
    gebDatum = gd;     gehalt = g;
    anzahl++;
}
public void ausgabeGehaltsDaten() {
    IO.writeln( "Aktuelle Gehaltsdaten:" );
    IO.writeln( "Name: " + getName() );
    IO.writeln( "Geburtstag: " + gebDatum.toString() );
    IO.writeln( "Monatsgehalt = " + gehalt.monatsLohn() );
}
public void setGrundgehalt( double gg ) {
    gehalt.setGrundgehalt( gg );
}
public void setStundenLohn( double stl ) {
    gehalt.setStundenLohn( stl );
}
public void setUeberStunden( double ueber ) {
    gehalt.setUeberstunden( ueber );
}
private String getName() {      // private Hilfsmethode
    return vorName + " " + nachName ;
}
public static int getAnzahl() {  return anzahl;  }
}
```

```
class Mitarbeiterverwaltung {
   public static void main( String[] args ) {
      Mitarbeiter m1 = Mitarbeiter.mAnlegen();
      do {
         IO.writeln( "Funktionsauswahl:" );
         IO.writeln( "========================" );
         IO.writeln( "Neuen Mitarbeiter anlegen    = 1" );
         IO.writeln( "Gehaltsdaten ausgeben        = 2" );
         IO.writeln( "Anzahl Überstunden eingeben  = 3" );
         IO.writeln( "Gehaltswerte setzen          = 4" );
         int wahl = IO.promptAndReadInt( "Gewünschte Option = " );
         switch( wahl ) {
            case 1:
               m1 = Mitarbeiter.mAnlegen();
               IO.writeln( "Zahl = " + Mitarbeiter.getAnzahl() );
               break;
            case 2:
               m1.ausgabeGehaltsDaten();
               break;
            case 3:  // Spezielle Formatierung wegen Zeilenumbruch
      m1.setUeberStunden(IO.promptAndReadDouble("Überstd. = " ));
               break;
            case 4:
      m1.setGrundgehalt(IO.promptAndReadDouble("Grundgeh. = "));
      m1.setStundenLohn(IO.promptAndReadDouble("Stundenl. = "));
               break;
            default:
               IO.writeln( "Keine gültige Option" );
         }
      }while( IO.promptAndReadChar( "Weiter (j)?" ) == 'j' );
   }
}
```

Die Anwendung kann in einem File namens Mitarbeiterverwaltung.java gehalten werden, oder nach Klassen auf die Files Datum.java, Gehalt.java, Mitarbeiter.java und Mitarbeiterverwaltung.java verteilt werden.

Leider sind wir noch *nicht* in der Lage, beliebig viele *Objekte zu speichern* und darauf zuzugreifen. Noch fehlen Datenstrukturen zur Speicherung zahlreicher Werte und Objekte. In Kapitel 12 werden wir *Arrays* als Datencontainer kennen lernen. Davor jedoch müssen wir im nächsten Kapitel erst noch verstehen, welche technische Bedeutung Java-Objektvariablen (Referenzen) haben.

Referenzen

Variablen primitiven Datentyps und *Objektvariablen* unterscheiden sich in technischer Hinsicht deutlich. Dies betrifft insbesondere den Effekt von *Zuweisungen* und die Art der *Parameterübergabe* an Methoden.

Im Gegensatz zu primitiven Datentypen handelt es sich bei Objektvariablen um sogenannte *Referenzen*. Dies impliziert, dass zwischen der Objektvariablen und dem von ihr bezeichneten Objekt unterschieden werden muss.

Das wichtige Konzept des *Zeigers* (engl. pointer) ist die informationstechnische Grundlage der folgenden Betrachtungen. Im Gegensatz zu C++ kennt Java keine expliziten echten Zeiger. Jedoch stellen alle deklarierten und initialisierten Java-Objektvariablen Referenzen auf die zugehörigen Objekte dar. Bei Zuweisungen und Parameterübergaben verhalten sich Objektreferenzen wie Zeiger, so dass auch in Java nicht auf das Verständnis des Zeigerkonzepts verzichtet werden kann.

11.1 Primitive Datentypen

Um das besondere Verhalten von Objektreferenzen besser zu verstehen, werden nochmals die korrespondierenden Eigenschaften primitiver Datentypen genannt:

11.1.1 Zuweisungen primitiver Datentypen

Nach Zuweisung eines Werts enthält eine Variable der primitiven Java-Datentypen `byte`, `short`, `char`, `int`, `long`, `float`, `double` und `boolean` genau diesen zugewiesenen Wert. Der Variablenname bezeichnet einen Bereich im Hauptspeicher, in dem der Wert der Variablen gespeichert ist. Zuweisungen zwischen Variablen primitiven Datentyps geschehen ausschließlich per *Wertkopie*. Sofern die Typen zuweisungskompatibel sind, wird der aktuelle Wert der einen Variablen einfach in die andere Variable kopiert:

```
int a = 400;    int b = a;    a = 100;
```

Die Variable b enthält nach der Zuweisung b=a den Wert 400. Die nachträgliche Änderung des Werts von a auf 100 beeinflusst b nicht. Auch nach der Zuweisung b=a bezeichnen die Namen a und b unterschiedliche Variablen, deren individuell belegbare Werte an unterschiedlichen Speicheradressen verwaltet werden: Der Wertzugriff über eine Variable kann den Wert der anderen Variablen nicht beeinflussen. Konsequenz für die Programmierung ist, dass Zuweisungen zwischen Variablen primitiven Datentyps unproblematisch sind: Nachträgliche Wertänderungen einer Variablen hat keinen Nebeneffekt für den Wert anderer Variablen.

Durch den Vergleichsoperator == können Variablen primitiven Datentyps direkt verglichen werden: a==b ist erfüllt, wenn a und b den *gleichen Wert* tragen.

11.1.2   Primitive Datentypen als Methodenparameter

Bei Methodenaufrufen können Variablen primitiven Datentyps an Methodenparameter übergeben werden. Dabei wird ihr aktueller Wert in den Methodenparameter kopiert – es findet eine einfache *Wertkopie* statt, die als **Call By Value** bezeichnet wird. Somit können Veränderungen des übergebenen Werts innerhalb der Methode den Wert der Variablen außerhalb der Methode nicht beeinflussen:

```
class CallByValue {

    public static void tuWas( int p ) {

        // p erhält bei Aufruf Wert 10

        p = 0;    // p hat nun Wert 0

    }
    public static void main( String[] args ) {
        int w = 10;
        tuWas( w );
        IO.writeln( "Wert: " + w );    // Wert w immer noch 10
    }

}
```

Auch nach Aufruf der Methode tuWas() mit dem Wert w behält die Variable w den ursprünglichen Wert 10. Der Parameter p und die Variable w sind unabhängige Datenbehälter. Beim Methodenaufruf wird der Wert von w in p kopiert. Wertänderungen in der Methode (p=0) haben *keinen Seiteneffekt* auf den Wert der Variablen w. Vom dargestellten Verhalten primitiver Datentypen kann in Java (im Gegensatz zu C++) nicht abgewichen werden.

Leichter Nachteil dieser intuitiven Arbeitsweise sind zusätzlicher Speicherverbrauch und Zeitbedarf durch das Kopieren von Datenwerten beim Methodenaufruf. Deshalb wird der *Call By Value* in Java für Objekte *nicht* angewandt.

11.2   Objektreferenzen

Jede Java-Variable die ein Objekt bezeichnet, stellt eine *Referenz* auf dieses Objekt dar. Referenzen sind Zeiger (pointer) auf die *Speicheradresse*, ab der das eigentliche Objekt im Hauptspeicher abgelegt ist. Die Bedeutung der Referenz verdeutlichen wir an Objekten und Objektvariablen einer rudimentären Mitarbeiter-Klasse:

```
class Mitarbeiter {
    public String name;    public double gehalt;
    public Mitarbeiter( String n, double g) {
        name = n;    gehalt = g;
    }
}
```

Es werden Objektvariablen vom Typ Mitarbeiter deklariert und initialisiert:

```
class Referenzen {
```

```
public static void main( String[] args ) {
    Mitarbeiter m1;      // Deklaration der Objektvariablen
    Mitarbeiter m2;
    Mitarbeiter m3;
    // Erzeugen und Zuweisen der konkreten Objekte:
    m1 = new Mitarbeiter( "Meier", 3000 );
    m2 = new Mitarbeiter( "Huber", 4000 );
    m3 = new Mitarbeiter( "Weiss", 5000 );
}

}
```

Grundsätzlich für das Verständnis des Begriffs Referenz ist folgender Sachverhalt, der in Abbildung 11.1 skizziert wird:

> Die **Objektvariablen** (Referenzen) m1, m2 und m3 sind *nicht* die Objekte selbst, sondern *referenzieren* diese nur. Sie enthalten die *Speicheradressen*, ab denen die zugehörigen Objekte im Hauptspeicher zu *finden* sind. Über die Speicheradresse können die Objektvariablen auf "ihre" Objekte und deren öffentliche Elemente zugreifen. Jede Objektreferenz *verweist* eindeutig auf eine Instanz ihrer Klasse.

Die Klasse Mitarbeiter und daraus mittels new-Operator erzeugte Objekte belegen Speicherplatz. Bei den bloßen Deklarationen:

```
Mitarbeiter m1;      Mitarbeiter m2;      Mitarbeiter m3;
```

werden nur die *Objektvariablen* (Referenzen) m1, m2 und m3 im Speicher angelegt. Sie enthalten zu diesem Zeitpunkt *noch keine* gültige Speicheradresse, unter der Mitarbeiter-Objekte zu finden wären. Wir symbolisieren diesen Zustand durch die Schreibweise m1 [###].

Erst durch die Initialisierungen mittels new-Operator und Konstruktoraufruf:

```
m1 = new Mitarbeiter( "Meier", 3000 );
m2 = new Mitarbeiter( "Huber", 4000 );
m3 = new Mitarbeiter( "Weiss", 5000 );
```

werden *auch Objekte* im Speicher angelegt. Der Zuweisungsoperator = stellt die Referenz zwischen den Objektvariablen m1, m2, m3 und dem mit new belegten Speicherbereichen her. Die Objektvariablen referenzieren die dortigen Objekte bzw. zeigen auf diese: Sie enthalten nun gültige Speicheradressen, an denen sich die zugewiesenen Objekte im Speicher befinden. Die zugewiesenen Speicheradressen haben nur im laufenden JVM-Prozess Gültigkeit. Beim nächsten Lauf des Programms kann dieselbe Objektvariable ganz andere Adresswerte enthalten.

In den Abbildungen verwenden wir wie üblich Pfeile, die von der Objektvariablen auf das referenzierte Objekt zeigen und tragen willkürlich gewählte symbolische Adresswerte ein, wie m1 [4711].

Der *Zugriff auf Objekte* erfolgt also nicht direkt, sondern *indirekt* via Referenz. Anschaulich kann das Verhältnis zwischen Objektvariablen (Referenzen) und den Objekten selbst durch *Analogien* verdeutlicht werden: Die Einträge des Inhaltsverzeichnis einen Buches enthalten nicht die Kapitel selbst, aber sie nennen und kennen die Seitenzahlen, ab der die einzelnen Kapitel zu finden sind. Die Einträge referenzieren ihre Kapitel. Ein Straßenname samt Hausnummer enthält nicht schon das Haus selbst, aber die Information, wo das Haus zu finden ist.

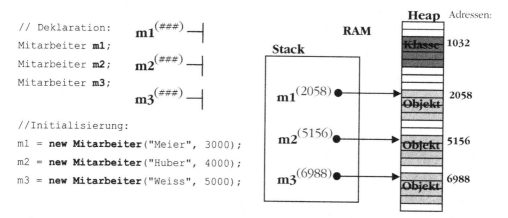

Abb. 11.1: Objektvariablen (Referenzen) und referenzierte Objekte

Durch die JVM erzeugte Objekte verfügen über eine eindeutige Identität und werden mit einer *objekt-individuellen Kennung* versehen. Somit sind alle Objekte über ihre gesamte Lebensdauer innerhalb des JVM-Prozess als unverwechselbare Identitäten unterscheidbar. Die Objekt-Kennung wird sichtbar, wenn man den Inhalt einer Objektvariablen auf der Konsole ausgibt:

```
IO.writeln( "Referenzen: " + m1 + " " + m2 + " " + m3 );
```

Es werden drei unterschiedliche Kennungen ausgegeben, da jede der drei Objektvariablen m1, m2 und m3 ein eigenes, separates Objekt referenziert. Die Kennungen sind bei jedem Programmlauf andere. Typischerweise werden sie *aus der Speicheradresse des referenzierten Objekts* berechnet. Zusätzlich enthält die Java-Objektkennung auch den zugehörigen Klassennamen.

Nur die laufende JVM kennt die reale Speicheradresse, an der sich das Objekt befindet. Somit ist die Java-Objektreferenz eine *logische* Kennung, mit der die *reale* Speicheradressierung innerhalb der JVM assoziiert ist. Im Unterschied zu Zeigern in den Sprachen C und C++ erlaubt Java *keinen* direkten Zugriff auf die physischen Speicheradressen der Objekte. Diese können nicht ausgegeben oder gar willkürlich verändert werden. Eine fehleranfällige "Zeigerarithmetik" wie in C/C++ wurde bewusst in Java ausgeschlossen. Java-Referenzen erlauben nur standardisierte Operationen.

Dass der Objekt-Zugriff in Java mittels Referenztypen organisiert ist, erweist sich als Vorteil bei der Übergabe von Objekten an Methodenparameter (s.u.) und erlaubt die Realisation dynamischer Datenstrukturen (Kapitel 18).

In Abbildung 11.1 ist das schematische *Speicherbild* für Objektvariablen (Referenztypen) und die von ihnen referenzierten Objekte angegeben: Die Objektvariablen m1, m2 und m3 sind wie alle Variablennamen symbolische Bezeichner für Speicherzellen mit bestimmter Speicheradresse. Der Inhalt dieser Zellen ist jedoch selbst wiederum jene andere Speicheradresse ab der das referenzierte Objekt im Speicher eingetragen ist. Auch eine primitive Variable wie int **x** = 4; ist ein symbolischer Bezeichner für einen Speicherbereich. Der Inhalt dieses Bereichs ist jedoch keine andere Speicheradresse, sondern enthält den Wert selbst (4) auf den die Variable x zugreift.

> In Java werden **Objekte stets** über Objektvariablen **via Referenz** angesprochen. Auf Variablen primitiven Datentyps wird dagegen stets direkt zugegriffen. Von dieser technischen Vorgabe kann *nicht* abgewichen werden.

Anmerkung: Alle Java-Objektvariablen und primitiven nichtstatischen Variablen werden auf dem Stack (Stapelspeicher) abgelegt. Dagegen liegen die Java-Objekte selbst auf dem Heap (Haldenspeicher).

11.2.1   Entfernen von Referenzen – Konstante `null`

Über die Speicheradresse wird die logische Verbindung zwischen Objektvariable und referenziertem Objekt hergestellt. Nur über die initialisierte Objektvariable kann auf das Objekt zugegriffen werden. Allerdings kann der Verweis der Objektvariablen auf ihr Objekt auch wieder entfernt werden:

> Durch **Zuweisung** der vordefinierten Konstanten **null an die Objektvariable** wird die Referenzinformation entfernt – die Objektvariable hat nun keinen Zugriff auf das Objekt mehr. Eine deklarierte Objektvariable kann mit dem Wert `null` auch initialisiert werden.

In obigem Beispiel würde durch:

```
m3 = null;
m3.gehalt = 10000;    // Dies gibt einen Laufzeitfehler!
```

die Referenzinformation der Objektvariablen m3 auf ihr Objekt *entfernt* werden. Die Objektvariable m3 zeigt *nicht mehr* auf ein Mitarbeiter-Objekt. Ein Zugriff über m3 auf das Objekt ist nun nicht mehr möglich. Das Objekt ist unerreichbar (unreachable) geworden. Versucht man dennoch, über m3 auf das Objekt zuzugreifen, so lässt sich das Coding zwar kompilieren, jedoch kommt es zur Laufzeit zu einer `NullPointerException`. Dass der Compiler den offensichtlichen Fehler nicht moniert, beruht auf dem Konzept der sogenannten *späten* (erst zur Laufzeit erfolgenden) *Bindung* zwischen Objektvariable und Objekt (Kapitel 14). Denselben Effekt hätte auch die Deklaration und Initialisierung einer Objektvariablen mit null. Der Compiler akzeptiert das Coding, jedoch erhält man einen Laufzeitfehler:

```
Mitarbeiter m4 = null;     m4.gehalt = 4000;   // NP-LZ-Fehler
```

Dagegen moniert der Compiler eine bloße Deklaration ohne null-Initialisierung:

```
Mitarbeiter m4;     m4.gehalt = 4000;   // Compile-Fehler
```

In Abbildung 11.2 ist die Wirkung der null-Zuweisung dargestellt: Deutlich wird, dass eines der Objekte nun von keiner Objektvariablen mehr referenziert wird – im laufenden Programm ist kein weiterer Zugriff auf das Objekt möglich. Eine solchermaßen unzugreifbare, Speicher verschwendende Struktur im Hauptspeicher wird als "Speicherleiche" oder *Speicherleck* (memory leack) bezeichnet.

In C++ ist das Programm selbst für das rechtzeitige Freigeben solcher Speicherbereiche verantwortlich. Die *Speicherverwaltung* in C++-Programmen kann und muss durch entsprechende Sprachelemente (delete-Operator, Destruktor) kontrolliert werden. Diese zusätzliche technische Kontrolle hat jedoch ihren Preis: Rasch schleichen sich schwer lokalisierbare Programmfehler in Form versäumter Speicherplatzfreigaben ein; insbesondere lang laufende Serverprogramme können dadurch plötzlich scheinbar grundlos zum Absturz gebracht werden, wenn der verfügbare Speicher nicht mehr ausreicht.

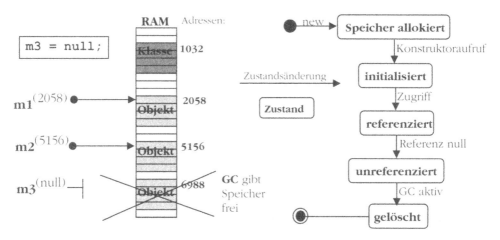

Abb. 11.2: Zuweisung von `null` und Objekt-Zustandsdiagramm (Lebenszyklus)

Die Sprache Java vermeidet die Speicherleck-Problematik, indem sie das Programm nicht mit der Speicherkontrolle (explizite Speicherplatzfreigabe) belastet. Eine nicht mehr benötigte Instanz wird durch `null`-Zuweisung nicht mehr referenziert. Die Speicherbereinigung für das laufende Programm wird in Java durch die **automatische Garbage Collection** übernommen, die in regelmäßigen Intervallen den Heap-Speicher nach unerreichbaren, unreferenzierten Objekten (Speicherleichen) durchsucht. Die Java-Garbage-Collection ist eine automatische Heap-Speicherverwaltung für Java-Objekte. Speicherleichen ("tote Objekte") werden durch den *Garbage Collector* der JVM entfernt, d.h. der entsprechende Speicherbereich automatisch wieder zur Wiederverwendung freigegeben.

Ein Objekt wird durch die **Garbage Collection** aus dem Speicher entfernt (zerstört), wenn es *durch keine Objektvariable mehr referenziert* wird (unerreichbar ist). Solange es noch durch mindestens eine Objektvariable referenziert wird, ist das Objekt "lebendig" und bleibt im Speicher erhalten. Wenn man referenzierte Objekte jedoch nicht freigibt, so kann die Garbage Collection diese auch nicht entfernen – und auch nicht die von diesen eventuell zahlreichen weiteren referenzierten Objekte. Nicht mehr benötigte "übersehene"

> Referenzen sind also auch in Java eine spezielle Art "Speicherleck". Obsolete
> Referenzen sollten somit sofort auf `null` gesetzt werden.

Wenngleich in Java keine Destruktoren programmierbar sind, so gibt es doch einen *schwachen* Ersatz dafür. Jede Klasse kann die spezielle Methode:

```
public void finalize() { /* … */ }
```

implementieren. Diese wird direkt vor dem unwiederbringlichen Löschen des Objekts durch die Garbage Collection einmal aufgerufen und darf beliebiges Coding enthalten. Typischerweise sollte es sich dabei nur um letzte abschließende "Aufräumarbeiten" handeln (Freigeben von Betriebsmitteln wie Netzwerk- oder Datenbankverbindungen, Log-Einträge schreiben etc.).

Wir erweitern unsere Klasse, um der Garbage Collection beim Arbeiten "zuzusehen":

```
class Mitarbeiter {
    public String name;      public double gehalt;
    public Mitarbeiter( String n, double g) {
        name = n;    gehalt = g;
    }
    public void finalize() {
        IO.writeln( "Objekt " + name + " zerstört" );
    }
}
class Referenzen {
    public static void main( String[] args ){
        Mitarbeiter m1 = new Mitarbeiter( "Meier", 3000 );
        Mitarbeiter m2 = new Mitarbeiter( "Huber", 4000 );
        Mitarbeiter m3 = new Mitarbeiter( "Weiss", 5000 );
        m1 = null;    m2 = null;    m3 = null;
        System.gc();        // Aufruf GC
    }
}
```

```
                        - Konsole -
Objekt Weiss zerstört
Objekt Huber zerstört
Objekt Meier zerstört
```

Durch Aufruf der statischen Methode `System.gc()` wird der Garbage Collection "nahe gelegt" tätig zu werden.

Die Methode `finalize()` sollte sparsam und mit Bedacht eingesetzt werden: Für den Entwickler ist nicht kontrollier- und vorhersehbar, wann genau die Garbage Collection tätig wird. Somit ist der genaue Aufrufzeitpunkt von `finalize()` relativ z folgenden Programmteilen aus Entwicklersicht nicht determiniert. Der Einsatz der Methode kann zudem die Performanz beeinträchtigen [BLO04].

In Abbildung 11.2 ist der typische Objekt-Lebenszyklus als *Zustandsdiagramm* (UML) eingetragen. Das Zustandsdiagramm verzeichnet die Abfolge der *Zustände*, die Objekte innerhalb der Anwendung durchlaufen und vermerkt Aktivitäten, die eine *Zuständsänderung* (Übergang von einem Zustand in einen anderen) bewirken.

11.2.2   Zuweisungen zwischen Referenztypen

Eine deklarierte Objektvariable kann mittels new-Operator und Konstruktoraufruf initialisiert und ihr ein neu erstelltes Objekt zugewiesen werden. Allerdings kann einer deklarierten Objektvariablen auch eine bereits initialisierte Objektvariable des gleichen Klassentyps zugewiesen werden:

```
Mitarbeiter m1 = new Mitarbeiter( "Meier", 3000 );
Mitarbeiter m4 = m1;   // Zuweisung einer Objektvariablen
```

Im Gegensatz zu primitiven Datentypen wird in diesem Fall *keine* Kopie des Objekts von m1 erzeugt und m4 zugewiesen. Vielmehr wird *nur die Referenz selbst kopiert*, d.h. die Speicheradresse des Objekts. Somit enthalten als Ergebnis der Zuweisung m4=m1 nun *beide* Objektvariablen *dieselbe* Speicheradresse, d.h. sie referenzieren *ein und dasselbe* Objekt.

> **Zuweisungen zwischen Objektvariablen** (Referenztypen) bewirkt eine **Kopie der Referenzen**. Somit zeigen (referenzieren) mehrere Objektvariablen auf dasselbe Objekt und können auf dieses verändernd zugreifen.

In Abbildung 11.3 ist ersichtlich, dass durch die Zuweisungen m2=m1 und m3=m1 schließlich alle Objektvariablen mit *demselben* Mitarbeiterobjekt im Speicher arbeiten, d.h. auf dasselbe Objekt verweisen. Offensichtlich kann auch einer bereits initialisierten Objektvariablen eine neue Referenz zugewiesen werden. Auf diese Weise sind die Objekte, auf die m2 und m3 ursprünglich zeigten, nunmehr verwaist: Als unreferenzierte Java-Speicherleichen werden sie von der Garbage Collection automatisch entsorgt. (In C++ wäre dadurch ein Speicherleck entstanden.)

Eine Manipulation des Objekts über *eine* der drei Objektvariablen ist somit auch für die *anderen* wirksam:

```
m1.gehalt = 2000;
m2.gehalt = 10000;   // Verändert Objektzustand über Variable m2
IO.writeln( "m1 sagt: " + m1.gehalt );   // Liefert: 10000
IO.writeln( "m3 sagt: " + m3.gehalt );   // Liefert: 10000
```

Die über m2 vorgenommene Gehaltsänderung ist über m1 und m3 abfragbar, da alle drei Objektvariablen auf ein und dasselbe Objekt verweisen. Durch *Ausgabe der Objektkennung* vor und nach Zuweisung der Objektvariablen können die Referenzverhältnisse demonstriert werden:

```
class Referenzen {
    public static void main( String[] args ) {
```

```
      Mitarbeiter m1 = new Mitarbeiter( "Meier", 3000 );
      Mitarbeiter m2 = new Mitarbeiter( "Huber", 4000 );
      Mitarbeiter m3 = new Mitarbeiter( "Weiss", 5000 );
      IO.writeln( "Ref: " + m1 + " " + m2 + " " + m3 );
      m2 = m1;    m3 = m1;     // Zuweisung der Referenzen
      IO.writeln( "Ref: " + m1 + " " + m2 + " " + m3 );
   }

}
```

- *Konsole* -
Ref: Mitarbeiter@**3179c3** Mitarbeiter@**310d42** Mitarbeiter@**5d87b2**
Ref: Mitarbeiter@**3179c3** Mitarbeiter@**3179c3** Mitarbeiter@**3179c3**

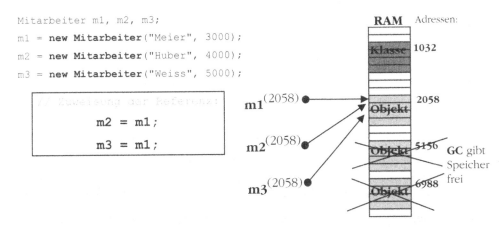

Abb. 11.3: Zuweisungen zwischen Objektvariablen – Kopie der Referenz

Vor Zuweisung der Objektvariablen erhält man drei unterschiedliche Objektkennungen. Nach Zuweisung der Objektvariablen m1 sind die Kennungen identisch, da nun alle Objektvariablen das ursprünglich nur m1 zugewiesene Objekt referenzieren.

Da drei Objektvariablen dasselbe Objekt referenzieren, bleibt das Objekt im Speicher erhalten, auch wenn ein oder zwei der Objektvariablen auf null gesetzt werden. Die verbleibende Referenz hält das Objekt am Leben. Erst nachdem auch die *letzte Referenz* entfernt wurde, wird die Garbage Collection tätig und zerstört das nunmehr unreferenzierte Objekt:

```
m1 = null;    m2 = null;
// Noch über m3 referenziert und zugreifbar:
IO.writeln( "Name = " + m3.name );
m3 = null;  // Erst jetzt kann GC tätig werden
```

Wie auch bei Zuweisungen zwischen primitiven Datentypen müssen die zugewiesenen Objektvariablen typkompatibel sein:

> Voraussetzung für die **Zuweisbarkeit von Objektvariablen** ist die Typkom-
> patibilität der zugehörigen Klassen. Nur die Konstante `null` kann jeder Ob-
> jektvariablen zugewiesen werden.

Die zugewiesenen Objektvariablen müssen vom *Typ derselben Klasse* (hier: `Mitar-`
`beiter`) sein. (Im Kontext der Vererbung werden wir den Begriff der Typkompatibilität von Objektvariablen jedoch entscheidend verallgemeinern.) Eine bloße Struk-
turäquivalenz der zugrunde liegenden Klassen ist *nicht* ausreichend. Nicht typgerechte Zuweisungen zwischen Objektvariablen führen zu einem Compilerfehler:

```
class Mitarbeiter  { public String name; public double gehalt; }

class Angestellter { public String name; public double gehalt; }

class Zuweisung {

   public static void main( String[] args ) {

      Mitarbeiter  m1 = new Mitarbeiter( );

      m1.name = "Meier";    m1.gehalt = 3000;

      Angestellter a1 = m1;   // Fehler: Unterschiedlicher Typ!

      Mitarbeiter m2 = m1;   // OK: Gleicher Typ!

   }

}
```

Für die Instanziierung von Objektvariablen gibt es nunmehr zwei Möglichkeiten:

> 1. Objektvariablen können instanziiert werden durch den **new-Operator** und
> **Konstruktoraufruf**. Dadurch wird ein *neues* Objekt im Speicher angelegt
> und durch die Objektvariable referenziert:
>
> ```
> Mitarbeiter m1 = new Mitarbeiter( "Meier", 3000 );
> ```
>
> 2. Objektvariablen können instanziiert werden durch **Zuweisung einer be-
> reits initialisierten Objektvariablen**. Es wird *kein* neues Objekt im Spei-
> cher angelegt, sondern die Referenz der zugewiesenen Objektvariablen ko-
> piert. Die Objektvariablen referenzieren nun gemeinsam das Objekt der zu-
> gewiesenen Objektvariablen:
>
> ```
> Mitarbeiter m2 = m1;
> ```

11.2.3   Vergleiche zwischen Objektvariablen

Objektvariablen (Referenztypen) können mit den Vergleichsoperatoren `==` und `!=`
auf *Gleichheit* und *Ungleichheit* geprüft werden. Jedoch wird dabei *nicht* der Zustand der referenzierten Objekte (interne Attributierung) verglichen, sondern der Inhalt der Objektvariablen, d.h. die darin gespeicherte *Referenz*.

> Beim **Vergleich zweier Objektvariablen** mittels des Vergleichsoperators `==`
> werden die Referenzen auf die Objekte verglichen. Es wird festgestellt, ob
> beide Objektvariablen dasselbe Objekt referenzieren.

Die Vergleichsoperation liefert somit `true`, wenn beide Objektvariablen auf dasselbe Objekt verweisen (*Objektidentität*), andernfalls `false` - auch wenn die Attributbelegung der beiden Objekte identisch ist:

```
class Mitarbeiter { public String name; public double gehalt; }
class Vergleich {
    public static void main( String[] args ) {
        Mitarbeiter m1 = new Mitarbeiter();
        m1.name = "Meier";    m1.gehalt = 3000;
        Mitarbeiter m2 = new Mitarbeiter();
        m2.name = "Meier";    m2.gehalt = 3000;
        Mitarbeiter m3 = m1;
        boolean test = ( m1 == m2 );    // liefert false!
        test = ( m3 == m1 );            // liefert true!
    }
}
```

Die Objektvariablen m1 und m2 referenzieren unterschiedliche Objekte. Trotz Wertgleichheit der Atribute (identischer Objektzustand) liefert ihr Vergleich `false`. Dagegen referenzieren m1 und m3 dasselbe Objekt, so dass der Vergleich `true` ergibt.

Möchte man einen *Wertevergleich der gespeicherten Attribute* zwischen verschiedenen Objekten durchführen (Test auf *Wertäquivalenz*), so ist dazu eine *klassenspezifische Vergleichsmethode* zu implementieren, die die relevanten Attributwerte (Zustand) der Objekte vergleicht. Was relevant ist, muss innerhalb des *semantischen Kontextes* der Anwendung festgelegt werden. Die Vergleichsmethode kann eine Methode der Klasse selbst sein oder separat implementiert werden.

In folgendem Beispiel werden in Objekten der Klasse `Zeit` Zeitpunkte auf Sekundengenauigkeit verwaltet. Als identisch betrachten wir jedoch zwei Zeitpunkte bereits, wenn sie nur in der Stunden- und Minutenangabe übereinstimmen. Dies wird durch eine statische Vergleichsmethode umgesetzt:

```
class Zeit {
    public int stunde;    public int minute;    public int sekunde;
    public Zeit( int std, int min, int sek ) {
        stunde = std;    minute = min;    sekunde = sek;
    }

    public static boolean istGleich( Zeit z1, Zeit z2 ) {
        return (z1.stunde == z2.stunde) && (z1.minute == z2.minute);
    }
}
class Vergleich {
    public static void main( String[] args ) {
```

```
        Zeit t1 = new Zeit( 11, 45, 26 );
        Zeit t2 = new Zeit( 11, 45, 56 );
        boolean test = Zeit.istGleich( t1, t2 );     // liefert true
    }
}
```

11.2.4   Kopieren von Objekten

Direkte Zuweisung zweier Objektvariablen bewirkt, dass diese dasselbe Objekt referenzieren. Um ein *Objekt zu kopieren* (clonen), muss *ein neues Objekt der Klasse erzeugt* und dessen Attribute mit den Attributwerten des Ursprungsobjekts gefüllt werden. Ziel ist die Herstellung zweier völlig unabhängiger wertidentischer Objekte im gleichen Zustand. In Java ist dafür ein Ablauf auf Basis der Methode clone() vorgesehen. Die zugehörigen Mechanismen sind jedoch teilweise etwas kompliziert, so dass wir diese als ergänzendes Material auf der Buch-Webseite dargestellt haben.

Die direkte Verwendung von Konstruktoren (auch in mehrfach überladener Form) zur Objekterzeugung ist uns mittlerweile vertraut. Jedoch existieren noch stärker gekapselte Kontexte, in denen Konstruktoren verwendet werden können, um die eigentliche Objekterzeugung genauer zu kontrollieren.

Sogenannte *Kopier-Konstruktoren* (Copy Constructor) sind spezielle Konstruktoren einer Klasse. Deren Parameter ist vom Typ der Klasse selbst. Somit kann die Referenz auf bereits erzeugte Objekte übergeben werden. Die privaten Attribute des übergebenen Objekts sind dabei zugreifbar, da dieses vom Typ derselben Klasse ist.

Im Beispiel sind alle Attribute *primitive* Datentypen. Der Konstruktor erhält ein bereits initialisiertes Objekt und initialisiert mit dessen Zustandswerten das neu zu erstellende Objekt. Dieses ist somit eine exakte Kopie des übergebenen Objekts:

```
class Konto {
    private int kontoNr;        private double saldo;
    public Konto( Konto k ) {  // Kopier-Konstruktor
        this( k.kontoNr, k.saldo );
    }
    public Konto( int kn, double sd ) {
        kontoNr = kn;     saldo = sd;
    }
}
```

Eine Aufruf des Kopier-Konstruktors hätte folgende Gestalt:

```
Konto original = new Konto( 4711, 2000.0 );
Konto kopie = new Konto( original );
```

Dieses einfache Vorgehen ist jedoch nur bei Attributen *primitiven* Datentyps angebracht. Enthält eine Klasse Attribute vom Typ einer anderen Klasse (*Assoziation*), so sind auch dies Objektreferenzen. Durch ein Attribut dat vom Typ der Klasse Datum verfügt ein Konto-Objekt nun über eine interne Tiefenstruktur, die beim Kopieren berücksichtigt werden muss. Eine direkte Zuweisung dieses Attributs würde nur eine *flache Kopie* (*shallow copy*) erzeugen:

```
class Datum { public int tg; public int mon; public int jr; }
class Konto {
    private int kontoNr; private double saldo; private Datum dat;
    public Konto( Konto k ) { // Kopier-Konstruktor
       this( k.kontoNr, k.saldo, k.dat );
    }
    public Konto( int kn, double sd, Datum d ) {
       kontoNr = kn;     saldo = sd;
       dat = d;         // nur flache Kopie der Datum-Referenz
    }
}
```

Hier referenziert das Attribut dat von Ursprungsobjekt und Kopie *dasselbe* Datum-Objekt, so dass *keine* völlig unabhängigen Objekte erzeugt wurden: Jedes der Objekte besitzt nun als Attribut eine Referenz auf *dasselbe* Datum-Objekt.

Abhilfe schafft eine *tiefe Kopie* (*deep copy*), in der auch die Attribute assoziierter Objekte einzeln kopiert werden (sofern es sich um primitive Datentypen und nicht selbst um Objektreferenzen handelt):

```
public Konto( Konto k ) {          // Kopier-Konstruktor
    this( k.kontoNr, k.saldo, k.dat );
}
public Konto( int kn, double sd, Datum d ) {
    kontoNr = kn;     saldo = sd;
    // Tiefe Kopie der Datum-Referenz:
    dat.tg = d.tg;   dat.mon = d.mon;   dat.jr = d.jr;
}
```

> Nur durch eine *tiefe Objektkopie* entsteht eine *echte* Kopie als völlig unabhängiges Objekt, das nicht über Referenzen an das Ursprungsobjekt gekoppelt ist.

Neben Kopier-Konstruktoren sind noch weitere Varianten verbreitet. Ein *Konversions-Konstruktor* erstellt ein neues Objekt seiner Klasse unter Verwendung von Werten und Zuständen einer Referenz eines anderen Klassentyps. Auf diese Weise können die Daten eines bereits existierenden Objektes verwendet werden, um ein Objekt anderen Typs zu initialisieren - oder das interne Datenformat dabei zu verändern. Schon im vorangegangenen Beispiel dienten Referenzen der Klasse Datum zur Initialisierung eines Konto-Objekts.

```
public Konto( int kn, double sd, Datum d ) { // "Konversion"
    kontoNr = kn;     saldo = 0.0;
    dat.tg = d.tg;   dat.mon = d.mon;   dat.jr = d.jr;
}
```

Eine *Kapselung* aller Details der Objekterzeugung kann in statischen *Factory-Methoden* erfolgen. In diesen wird das Objekt erstellt, sein Initalzustand festgelegt und die Referenz an den Aufrufer zurückgegeben. Die eigentlichen Konstruktoren der Klasse könnten und sollten in diesem Fall private sein, um ein Unterlaufen des Factory-Mechanismus durch Verwender der Klasse zu verhindern.

```java
class Konto {
    private int kontoNr; private double saldo; private Datum dat;
    // Statische Factory:
    public static Konto createKonto( double sd ) {
        Konto k = new Konto( sd );
        k.kontoNr = getKontoNummer();    k.dat = getDatum();
        return k;
    }
    // Keine direkte öffentliche Objekterzeugung!
    private Konto( double sd ) { saldo = sd; }
    // private Generatoren für Datum und Kontonummer:
    private static Datum getDatum() {  /* … */  }
    private static int getKontoNummer() {  /* … */  }
}
```

Es können mehrere verschiedene Factories unterschiedlicher Semantik existieren - sogar mit identischen Parametertypen aber unterschiedlichem Methodennamen. Nachträglich sind beliebige weitere Varianten beliebiger Parametrisierung ergänzbar. Dies wäre durch überladene Konstruktoren nicht realisierbar. Statische Factories sind Konstruktoren oft überlegen und verbergen die Details und Komplexität der Objekterstellung vor dem Verwender. Somit spricht einiges dafür, Konstruktoren doch eher als private Details ihrer Klasse anzusehen [ESS05].

11.2.5   Finale Objektvariablen

Objektvariablen können als `final` deklariert werden. Bei einfachen Datentypen bedeutete die Deklaration `final`, dass es sich um eine Konstante handelt, deren Wert nicht mehr verändert werden darf. Objektvariablen jedoch sind Referenzen auf Objekte, nicht die Objekte selbst. Ihre Kennzeichnung als `final` (nicht veränderbar) bedeutet, dass *ihre Referenz nicht verändert* werden darf. Somit darf einer finalen Objektvariable *kein anderes Objekt zugewiesen* werden. Konstant ist die somit die Referenz, nicht der Zustand (Attributbelegung) des referenzierten Objekts.

> Eine **finale Objektvariable** muss immer *dasselbe* Objekt referenzieren. Ihr darf kein Verweis auf ein anderes Objekt zugewiesen werden.

Dagegen dürfen die Attributwerte (Zustand) des final referenzierten Objekts durchaus verändert werden. Zur Demonstration verwenden wir obige Klasse Zeit:

```java
class Vergleich {
    public static void main( String[] args ) {
```

```
        final Zeit t1 = new Zeit( 11, 45, 26 );
        Zeit t2 = new Zeit( 16, 22, 56 );
        // Erlaubt: Änderung Attributwerte (Zustand) des Objekts
        t1.stunde = 15;
        // Compile-Fehler:
        t1 = t2;      // Nicht erlaubt: Änderung der Referenz
        t1 = null;    // Nicht erlaubt: Zuweisung null
    }
}
```

Die finale Objektvariable t1 referenziert ein Objekt, dessen Attributwerte trotz der final-Deklaration von t1 verändert werden dürfen. Jedoch darf die finale Objektvariable t1 kein anderes Objekt referenzieren. Der Versuch, sie durch Zuweisung t1=t2 auf das andere Zeit-Objekt zu verweisen oder durch Zuweisung von null die Referenz zu entfernen, liefert einen Compilerfehler.

11.2.6   Selbstverweis mittels this-Referenz

Innerhalb des Klassencodings kann *explizit* auf die eigenen Attribute und Methoden des aktuellen Objekts zugegriffen werden. Dazu dient die vordefinierte finale(!) this-Referenz; diese ist ein *Alias* (Stellvertretername) für das Objekt selbst in seinen Methoden-Implementierungen. Mittels this bezieht sich das Objekt auf sich selbst. Ein expliziter Attribut- und Methodenzugriff geschieht mittels:

this.*Attributname*   bzw.   this.*Methodenname()*

Mittels this verfügt ein Objekt über eine *Referenz auf sich selbst*, die innerhalb des Codings seiner Klasse eingesetzt werden kann. Die this-Referenz ist in statischen Methoden *nicht* verfügbar, da sich diese nicht auf ein spezielles Objekt beziehen.

Eine einfache Anwendung ist die Verwendung von this zur *Auflösung von Namens-Zweideutigkeiten* bei Parameterübergaben an Methoden:

```
class Mitarbeiter {
    private String name;    private double gehalt;
    public Mitarbeiter( String name, double gehalt ) {
        this.name = name;    this.gehalt = gehalt;
        // name = name;    gehalt = gehalt;    // wirkungslos!
        this.setName( "Dummy" );
    }
    public void setName( String nm ) {
        name = nm;         // hier sind die Namen eindeutig
        this.name = nm;    // syntaktisch erlaubt, aber unnötig
    }
}
```

Die Parameternamen der Konstruktormethode lauten gleich wie die Attributnamen der Klasse. Durch die `this`-Selbstreferenz in `this.name` wird für den Compiler deutlich, dass mit `this.name` das Attribut `name` des erzeugten Objekts angesprochen wird, während die zugewiesene Variable `name` der gleichnamige Methodenparameter ist. Würde man stattdessen `name=name` codieren, so würde der Parameter als lokale Variable das Attribut verdecken und sich selbst zugewiesen werden. Der dem Konstruktor übergebene Wert würde nicht im Attribut `name` "ankommen".

Der explizite Selbstbezug mittels `this` darf in einer Klasse überall verwendet werden, wo in ihren Methoden auf Attribute oder Methoden der Klasse zugegriffen wird. Die explizite Selbstreferenz kann entfallen, wenn - wie in der Methode `set-Name()` – gar kein Namenskonflikt auftritt.

Mittels `this` können auch Attribute von gleichnamigen lokalen Methodenvariablen unterschieden werden. Durch die `this`-Selbstreferenz wird stets das betreffende *Attribut* des Objekts bezeichnet:

```
class Mitarbeiter {
    private String name = "Meier";        // Attribut
    public void printName() {
        String name = "Dummy";        // Gleichnamige lokale Variable
        IO.writeln( name );           // Lokaler Variablenwert "Dummy"
        IO.writeln( this.name );      // Attributwert "Meier"
    }
}
```

Die lokale Variable `name` der Methode *verdeckt* das Attribut `name`. Dieses wird durch `this.name` explizit angesprochen und die Verdeckung aufgehoben.

Die `this`-Selbstreferenz liefert einen Verweis auf ihr zugehöriges Objekt. Als sinnvolle Verwendung der Selbstreferenz können Methoden `this` zurückliefern, um auf einem Objekt mehrere solche Methoden nacheinander verkettet aufrufen zu können - wie in folgendem (etwas künstlichen) Beispiel. Durch den Rückgabewert `this` übergibt ein Objekt die Referenz auf sich selbst bei Aufruf der Methode `setGe-halt()` und `setName()`:

```
class Mitarbeiter {
    private String name;        private double gehalt;
    public Mitarbeiter setName( String n ) {
        name = n;    return this;
    }
    public Mitarbeiter setGehalt( double g ) {
        gehalt = g;    return this;
    }
    public void speichereDaten( ) {  /* ... */  }
}
```

```
class Demo {
    public static void main( String[] args ) {
        Mitarbeiter m = new Mitarbeiter();
        m.setName( "Meier" ).setGehalt( 3000.0 ).speichereDaten();
    }
}
```

Die this-Referenz ist final, d.h. ihr kann *nicht* die Referenz auf ein anderes Objekt zugewiesen werden (was sinnlos wäre), aber auch ein "Selbstmord" des Objekts durch die Zuweisung this=null wie in der Methode:

```
public void suizid() { this = null; } // Fehler: this ist final!
```

wird vom Compiler *nicht* akzeptiert.

Man verwechsele die this-*Referenz* nicht mit dem Aufruf eines Konstruktors durch einen anderen Konstruktor der Klasse (Kapitel 10) mittels der *Methode* this().

11.2.7   Anonyme Objekte

Ein mittels new-Operator und Konstruktoraufruf erzeugtes Objekt wird einer Objektvariablen zugewiesen und durch diese Referenz im Speicher gehalten. Über den *Namen* der Objektreferenz ist das Objekt während des Programmlaufs ansprechbar.

Allerdings können Objekte *auch ohne eigenen Namen* (referenzierende Objektvariable) erzeugt und in einer einzigen Anweisungsfolge direkt genutzt werden:

```
class Mitarbeiter {
    private String name;
    public Mitarbeiter( String n ) { name = n; }
    public void info() { IO.writeln( "Name: " + name + "  "); }
}
class Anonym {
    public static void main( String[ ] args ) {
        new Mitarbeiter( "Meier" ).info();  // Anonymes Objekt
    }
}
```

Man spricht von einem *anonymen Objekt*, da es keinen eigenen Namen (Objektreferenz) besitzt: Das Objekt wird im Speicher angelegt und die Methode info() *direkt* darauf aufgerufen. Danach ist das Objekt sogleich ein Fall für die Garbage Collection, da es *von keiner Objektvariablen referenziert* wird. Somit kann es auch *nur in* der erzeugenden Anweisung verwendet werden, ist also eine Art "Einwegobjekt". Soll ein Objekt wirklich nur ein einziges Mal verwendet werden, spart man auf diese Weise das Anlegen einer separaten Objektreferenz.

11.3   Objekte als Methodenparameter

Ebenso wie primitive Datentypen können auch Objektvariablen als Methodenparameter verwendet werden. Grundsätzlicher Unterschied zur Übergabe primitiver Datentypen (CallByValue-Semantik) ist jedoch: Es wird *keine Kopie* des betreffenden Objekts erstellt und an die Methode übergeben, sondern die *Referenz auf das Objekt* wird *an den Methodenparameter übergeben*. Somit referenziert der Methodenparameter das Objekt, d.h. kennt dessen Speicherort. In der Methode wird somit nicht mit einer Kopie des Objekts gearbeitet, sondern alle Manipulationen geschehen direkt mit dem "Original-Objekt". Folgendes Beispiel verdeutlicht die Vorgänge:

```
class Mitarbeiter { public String name; public double gehalt; }
class CallByRef {
   public static void zuschlag( Mitarbeiter m ) {
      m.gehalt = m.gehalt + 500;    // Zugriff über Referenz
   }
   public static void main( String[] args ) {
      Mitarbeiter Meier = new Mitarbeiter( );
      Meier.name = "Meier";    Meier.gehalt = 2500;
      IO.writeln( "Gehalt war: " + Meier.gehalt );
      zuschlag( Meier );
      IO.writeln( "Gehalt ist nun: " + Meier.gehalt );
   }
}
```

```
                              - Konsole -
Gehalt war: 2500
Gehalt ist nun: 3000
```

Das durch die Objektvariable Meier referenzierte Mitarbeiter-Objekt ist *nach* dem Methodenaufruf *in einem anderen Zustand* als zuvor. Durch Übergabe der Referenz Meier an den Methodenparameter m wird im Methodencodings über die lokale Referenz m auf das Objekt zugegriffen und der Attributwert gehalt verändet. Die Wertänderung ist auch nach Abarbeitung der Methode weiterhin sichtbar. Während des gesamten Programmlaufs existiert *nur ein* Mitarbeiter-Objekt im Speicher. Dieses wird von der Objektvariablen Meier referenziert – jedoch *während* des Methodenaufrufs auch von der lokalen Parameterreferenz m. Alle Manipulationen erfolgten somit stets an ein und demselben Objekt.

> Methoden können Objektvariablen als Parameter besitzen. Beim Methodenaufruf wird eine Referenz auf das entsprechende Objekt an die Parameter der Methode übergeben. Diese Art des Methodenaufrufs wird als **Call By Reference** bezeichnet. Zustandsänderungen an dem Objekt innerhalb des Methodencodings sind auch nach dem Methodenaufruf wirksam.

Abbildung 11.4 stellt die Objektreferenzen *während* des Methodenaufrufs dar: Auf das Mitarbeiter-Objekt zeigt die Objektvariable Meier und auch die methodenlokale Objektvariable m, über die der Gehaltswert verändert wird. Die lokale Referenz m existiert nur während des Methodeaufrufs. Das Objekt selbst bleibt jedoch im Speicher solange es von einer Objektvariablen referenziert wird.

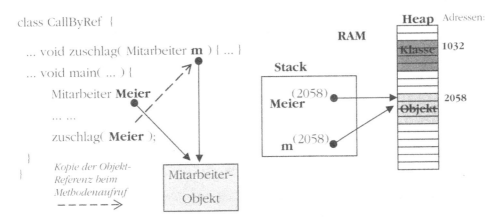

Abb. 11.4: Parameterübergabe von Objekten per Referenz – Call By Reference

Großer technischer *Vorteil der Übergabe* von Objekten an Methodenparameter *per Referenz* (CallByReference) statt per Kopie (CallByValue) ist die *Einsparung von Zeit und Speicher* beim Methodenaufruf: Bei größeren Objekten (zahlreiche Attributwerte) wäre es aufwändig, das gesamte Objekt zu kopieren. Kopieraufwand und Speicherbedarf werden vermieden, indem *nur die Referenz auf das Objekt kopiert* wird – dabei handelt es sich nur um eine Speicheradresse, die unabhängig von der Größe des Objekts stets nur *wenige Bytes* belegt. Der zusätzliche Zeitaufwand zum Aufsuchen der Speicheradresse beim Objektzugriff fällt weniger ins Gewicht.

Durch Methodenaufrufe kann der *Zustand* von Objekten verändert werden. Dieser *mögliche Seiteneffekt* muss bei der Entwicklung und Dokumentation von Methoden und bei ihrer Verwendung stets bedacht werden. Ist die Zustandsänderung nicht tolerierbar, so muss vom Aufrufer eine Kopie des betreffenden Objekts erstellt und mit der Kopie der Methodenaufruf durchgeführt werden.

Anmerkungen: In Java können Objekte *nur* per Referenz (CallByReference) an Methodenparameter übergeben werden. Primitive Datentypen werden *stets* als Wertkopie (CallByValue) übergeben. Davon kann nicht abgewichen werden.

In einer Methode hat man Zugriff auch auf private Attribute eines übergebenen Objekts *derselben* Klasse. Die Zugriffskontrolle in Java ist klassenspezifisch.

11.3.1   Rückgabe von Objektreferenzen

In Methoden können Objekte instanziiert und an den Aufrufer zurückgegeben werden. Auch in diesem Fall wird *keine Kopie* des Objekts erstellt, sondern die *Referenz auf das Objekt* als *Rückgabewert* zurückgeliefert.

Während des Methodeaufrufs wird das Objekt von einer *lokalen Objektvariablen* referenziert. Diese wird beim Verlassen der Methode (wie alle methodenlokalen Variablen und Parameter) am Ende ihres Gültigkeitsbereichs wieder aus dem Speicher gelöscht. Somit muss die Objektreferenz von einer korrekt typisierten Objektvariablen *entgegengenommen* werden, damit das durch die Methode erzeugte Objekt über diese Referenz erhalten wird. Andernfalls würde es unreferenziert der Garbage Collection anheim fallen. Das Programmbeispiel zeigt das Vorgehen:

```
class Mitarbeiter {

    public String name;          public double gehalt;

    public Mitarbeiter( String n, double g ) {

        name = n;      gehalt = g;

    }

    public static Mitarbeiter erzeugeMitarbeiter() {

        String nn = IO.promptAndReadString( "Name = " );

        double ge = IO.promptAndReadDouble( "Gehalt = " );

        Mitarbeiter m = new Mitarbeiter( nn, ge );

        return m;      // Liefert Referenz auf Mitarbeiterobjekt

    }

}

class ObjektErzeuger {

    public static void main( String[] args ) {

        // Objekt geht verloren - nicht entgegengenommen:

        Mitarbeiter.erzeugeMitarbeiter( );

        // Objekt bleibt erhalten - wird entgegengenommen:

        Mitarbeiter m1 = Mitarbeiter.erzeugeMitarbeiter();

        IO.writeln( "Daten: " + m1.name + " " + m1.gehalt );

    }

}
```

Beide Aufrufe der Methode erzeugeMitarbeiter() sind korrekt. Aber nur im zweiten Fall macht der Aufruf Sinn: Die zurückgelieferte Referenz wird in der Objektvariablen m1 gespeichert, und das erstellte Mitarbeiter-Objekt bleibt im Speicher.

11.3.2   Effekte von Methoden

Methoden in Java können verschiedene Wirkungen entfalten:

- Methoden können durch ihren *Programmcode* beliebige Aufgaben erfüllen. Dies kann mittels oder ohne Übergabeparameter erfolgen. Ein Rückgabewert kann zurückgeliefert werden oder auch nicht.

- Methoden können einen *primitiven Datentyp* als *einzelnen Wert* zurückliefern.

- Methoden können ein *Objekt zurückliefern*. In den Objekt-Attributen können beliebig *viele Werte und assoziierte Objekte gespeichert* sein. Somit kann eine Methode mittels eines Objekts *indirekt viele* Werte zugleich zurückgeben.

- Methoden können als Parameter *referenzierte Objekte* in ihrem *Zustand verändern*. Zugreifbare Attribute können manipuliert, die öffentlichen Objektmethoden dazu verwendet werden. Nach dem Methodenaufruf befindet sich das betreffende Objekt in einem anderen Zustand als zuvor. Ohne dass die Methode einen Rückgabewert besitzen müsste, hinterlässt sie doch eine Wirkung in dem übergebenen Objekt.

Referenzierte Objekte können dabei als beliebig komplexe Daten- aber eben auch Methodenbehälter dienen. Als Parameter oder Rückgabewerte von Methoden dienen sie zur Übergabe oder Rückgabe nicht nur beliebig komplexer Datenmengen sondern auch von Funktionalität. Wenn wir einer Methode beim Aufruf die Referenz auf ein Objekt übergeben, so hat die Methode Zugriff auf dessen Attribute (Daten) aber eben auch auf dessen öffentliche Methoden (Funktionalität).

Wir gewinnen dadurch eine verallgemeinerte Sicht auf die Wirkung von Methoden und ihre Schnittstelle: Mittels Objektreferenzen adressiert die Methodenschnittstelle nicht nur Daten sondern auch Funktionalität.

In folgendem Beispiel führt eine Methode eine Transaktion durch, die den Zustand zweier Objekte konsistent verändert:

```java
class Konto {
    private int kontoNr;        private double kontoStand;
    public Konto( int nr, double betrag ) {
        kontoNr = nr;      kontoStand = betrag;
    }
    public void abheben( double betrag ) {
        kontoStand = kontoStand - betrag;
    }
    public void einzahlen( double betrag ) {
        kontoStand = kontoStand + betrag;
    }
    public void transfer( Konto zielKonto, double betrag ) {
        this.abheben( betrag );          // Zustandsänderung
        zielKonto.einzahlen( betrag );   // Zustandsänderung
    }
}
class Bank {
    public static void main( String[] args ) {
        Konto k1 = new Konto( 4711, 120.0 );
        Konto k2 = new Konto( 8015, 700.0 );
        k1.transfer( k2 , 20.0 );     // Zustandsänderungen
    }
}
```

Die Methode `transfer()` überweist einen Geldbetrag *von einem* Konto-Objekt *auf ein anderes*. Geldbetrag und Zielkonto sind Parameter. Aufgerufen wird die Methode *auf* dem Konto-Objekt, *von dem* der Betrag abgebucht wird.

> Wird in der Methode einer Klasse auf Attribute oder Methoden der Klasse direkt zugegriffen, so **wirkt** sich der Zugriff stets **auf das Objekt** aus, *mit dem der Aufruf der Methode erfolgte*. Ein expliziter Selbstverweis mittels der Selbstreferenz `this` ist zur syntaktischen Hervorhebung stets erlaubt.

Im Coding der Methode wird die Methode `abheben()` aufgerufen. Diese wirkt auf das Objekt, *auf dem* der Aufruf `transfer()` durchgeführt wird – im Beispiel k1. Der explizite Selbstverweis mittels `this.abheben()` dient hier nur der *syntaktischen Hervorhebung*. Die Methode `einzahlen()` wirkt auf das als Parameter übergebene Zielkonto – im Beispiel k2. Nach Aufruf von `transfer()` trägt `k1.kontoStand` den Wert 100 und `k2.kontoStand` den Wert 720.

11.4   Die Klasse String

Zur Aufnahme von *Zeichenketten* dient in Java der Typ `String`, während durch den primitiven vordefinierten Datentyp `char` einzelne Zeichen gespeichert werden. Im Gegensatz zum Datentyp `char` handelt es sich bei `String` jedoch um einen *komplexen* Datentyp: Zeichenketten werden durch *Objekte der Klasse* `String` repräsentiert. Die Klasse `String` ist Teil des Standardpakets `java.lang`, dessen Klassen in jedem Java-Programm direkt zur Verfügung stehen.

Wenngleich wir bislang `Strings` praktisch wie primitive Datentypen verwendet haben, müssen deren Objekteigenschaften doch berücksichtigt werden: Jede Variable vom Typ `String` ist eine Referenz auf ein Objekt der Klasse `String`, in dem die Zeichenkette gespeichert ist. So können `String`-Objekte wie Objekte anderer Klassen durch new und Konstruktoraufruf instanziiert werden:

```
String a = "Hallo";                    // einfache Initialisierung
String b = new String( "Welt" );       // doch so geht es auch!
```

Sowohl a als auch b sind Objektreferenzen, die ein `String`-Objekt referenzieren. Mit Strings kann komfortabel gearbeitet werden. Dazu gehört die `String`-spezifische Wirkung des "+" Operators, durch den Strings miteinander (aber auch mit primitiven Datentypen) konkateniert werden können:

```
String a = "Gehalt: ";   String b = "Euro";   double g = 2500.0;
String summe = a + g + " " + b;    // +Operator
```

Eine Umwandlung anderer Datentypen zu Strings ermöglicht die statischen Methode:

```
String s = String.valueOf( x );
```

Dabei kann x von beliebigem primitiven Datentyp sein, ein `char`-Array oder eine Objektreferenz, deren `toString`-Methode (s.u.) verwendet wird, um eine String-Repräsentation zu erhalten.

Dass sich `String`-Objekte fast wie primitive Datentypen "anfühlen", beruht auf deren Verwaltung durch die JVM: `Strings` sind *unveränderliche, intern nicht editier-*

bare Objekte (*immutable objects*). Bei jeder Veränderung an einem String-Objekt wird ein *neues* Objekt mit aktuellem Inhalt angelegt und das alte Objekt durch die Garbage Collection entsorgt, sofern keine weitere Referenz darauf zeigt. Dieses Verfahren ist aufwändig und bei häufigen String-Manipulationen unperformant (s.u.). Jedoch entsteht für Verwender dadurch der *Anschein* eines intuitiven Wertkopie-Verhaltens wie bei primitiven Datentypen.

In Abbildung 11.5 werden die internen Abläufe deutlich: Durch die Zuweisung b=a referenzieren die Objektvariablen a und b dasselbe Objekt. Durch Veränderung von a wird ein neues String-Objekt erzeugt, auf das die Referenz a verweist, während die Referenz b noch auf das alte, unveränderte String-Objekt zeigt.

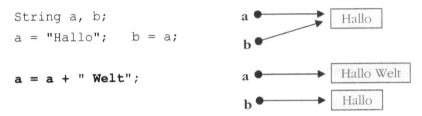

Abb. 11.5: Änderungs-Verhalten von String-Objekten und -Referenzen

Dass es sich bei einer String-Variablen um eine Objektreferenz handelt, wird jedoch bei *String-Vergleichen* deutlich: String-Variablen enthalten die Referenz ihres String-Objekts. Anwendung des Vergleichsoperators == bewirkt somit *keinen inhaltlichen Vergleich* der Zeichenketten, sondern den *Vergleich der Referenzen*:

```
String a = new String( "Hallo" );   // String-Objekt erzeugt
String b = new String( "Hallo" );   // Weiteres String-Objekt
boolean test = ( a == b );          // Vergleich liefert false!
```

Die String-Variablen a und b referenzieren separate Objekte gleichen Inhalts. Somit enthalten sie unterschiedliche Referenzen und deren Vergleich mittels == liefert false. Natürlich ist es wichtig, Strings auch *inhaltlich* vergleichen zu können: Die Klasse String stellt *zahlreiche Methoden für komfortable Stringoperationen* zur Verfügung [SUN05C]. Die Methoden sind auf jeder String-Referenz aufrufbar. Dazu gehört auch die Methode **equals()** zum inhaltlichen String-Vergleich:

```
if( a.equals( b ) ) IO.writeln( "Gleich" );
if( a.equals( "Hallo" ) ) IO.writeln( "Gleich" );
```

Da Veränderungen von String-Objekten zeitaufwändig sind, sollten häufig veränderte Zeichenketten effektiver mittels der Klasse StringBuffer dargestellt werden.

11.4.1   Die Klasse StringBuffer

Im Gegensatz zu String-Objekten können StringBuffer-Objekte verändert werden, ohne dass jeweils ein neues Objekt erstellt wird. Deshalb geschehen Veränderungen an `StringBuffer`-Objekten deutlich schneller als an `Strings`. Auch die Klasse `StringBuffer` ist Teil des Standard-Pakets `java.lang`.

Zum Erzeugen von `StringBuffer`-Objekten ist ein expliziter Konstruktoraufruf erforderlich (es stehen verschiedene Konstruktoren zur Verfügung); der +Operator kann nicht angewandt werden. Stattdessen stehen für alle relevanten Datentypen *überladene* Versionen der Methode `append()` zur Verfügung – sowie zahlreiche weitere Methoden [SUN05C]:

```
StringBuffer sb = new StringBuffer( "Hallo" );
char x = 'a';
// Überladene Varianten von append für die Typen:
// char, int, long, float, double, String, char[]
sb = sb.append( x );      // Erweitern der Zeichenkette um z
String s  = sb.toString();      // Inhalt von sb als String
```

Der deutliche Performanzunterschied zwischen `String`- und `StringBuffer`-Operationen kann durch ein Testprogramm mit Stopuhrfunktion ermittelt werden:

```
class StringBufferTest {
    public static void main( String[] args ) {
        long start, ende;
        int n = IO.promptAndReadInt( "Wie oft: " );
        String str = "Hallo";
        start = System.currentTimeMillis();
        for( int i=1; i<n; i++ ) {  // String-Operation
           str = str + "x";
        }
        ende = System.currentTimeMillis();
        IO.writeln( "Dauer Strings = " + (ende-start) );
        StringBuffer buf = new StringBuffer( "Hallo" );
        start = System.currentTimeMillis();
        for( int i=1; i<n; i++ ) {  // StringBuffer-Operation
           buf = buf.append( "x" );
        }
        ende = System.currentTimeMillis();
        IO.writeln( "Dauer StringBuffer = " + (ende-start) );
    }
}
```

Es wird n-mal "x" an den aktuellen `String` bzw. `StringBuffer` gehängt. Beim `String` wird der +Operator verwendet, beim `StringBuffer` die Methode `append()`. Vor und nach der Schleife ermittelt der Aufruf von `System.currentTimeMillis()` einen Zeitwert (in Millisekunden). Die Differenz der Zeitwerte ist der ungefähre Zeitbedarf für die Operation. Für n>10000 wird die

`String`-Operation merklich langsamer, während die `StringBuffer`-Operation noch *keine* messbare Zeit erfordert.

Seit Java5 steht die Klasse `StringBuilder` mit äquivalenter Funktionalität zur Verfügung. Diese ist im Gegensatz zu `StringBuffer` allerdings nicht synchronisiert und somit nicht-threadsicher, dadurch aber noch performanter als `StringBuffer`.

11.4.2   Die Methode `toString()`

Jede Java-Klasse kann die Methode `public String toString()` implementieren. Die Methode kann auf jedem Objekt direkt aufgerufen werden, sie wird jedoch *automatisch aufgerufen*, wenn eine Objektinstanz an eine Ausgabemethode wie `System.out.println()` übergeben wird. Es kann sich dabei um Konsolenausgaben aber auch um das Schreiben in eine Datei handeln. In der Methode muss *ein beliebiger String zusammengestellt* und *zurückgeliefert* werden.

Auf diese Weise kann das *Objekt* eine *repräsentative Beschreibung seiner selbst* liefern, typischerweise eine String-Repräsentation seines *aktuellen Zustands* (Attributbelegung). Bei Ausgabeoperationen wird dann nicht die Objektkennung verwendet, sondern diese String-Repräsentation.

```
class Mitarbeiter {
    private String name;    private double gehalt;
    public Mitarbeiter( String n, double g ){
        name = n; gehalt = g;
    }
    public String toString() {
        String zustand = name + " " + gehalt;
        return zustand;
    }
}
class Ausgabe {
    public static void main( String[] args ) {
        Mitarbeiter  m1 = new Mitarbeiter( "Meier", 3000 );
        IO.writeln( "Objektinfo: " + m1 );
    }
}
```

- *Konsole* -
`Objektinfo: Meier 3000.0`

11.5   Kein Durchbrechen der Kapselung durch Referenzen

Auf Grundlage unserer Kenntnisse soll knapp auf dieses fortgeschrittenere Thema eingegangen werden: Ein Unterlaufens des Prinzips der Kapselung bei privaten Attributen mittels Referenzen muss verhindert werden.

Klassen gewährleisten die Konsistenz des inneren Zustands ihrer Objekte durch Kapselung ihrer privaten Attribute. Durch geeignete vorgeschaltete Zugriffsmethoden
werden nur zulässige interne Zustandsänderungen durchgeführt. Falls es sich um Attribute eines primitiven Datentyps handelt gilt die Regel, dass sich bloße get-
Methoden zur Abfrage der Attribut-Werte nicht schädlich auf den inneren Zustand
des Objekts auswirken können. Handelt es sich bei Attributen jedoch um Referenzen
auf Objekte, sind die Zusammenhänge komplizierter. Wir betrachten eine Klasse
Mitarbeiter, die über ein privates finales Attribut vom Typ der Klasse Konto
verfügt. Dessen Zustand sei von Außen nicht direkt manipulierbar; nur durch Methoden der Klasse Mitarbeiter sollen daran Zustandsänderungen vorgenommen
werden können:

```java
class Konto {
   private int kontoNr;        private double saldo;
   public Konto( int kn, double sd ) {
      kontoNr = kn;     saldo = sd;
   }
   public void einzahlen( double b ) { saldo = saldo + b; }
   public void abheben( double b ) { saldo = saldo - b; }
   public int getNr() { return kontoNr; }
   public double getSaldo() { return saldo; }
}
class Mitarbeiter  {
   private final Konto giro = new Konto( 4711, 0.0 );
   private String name;    private double gehalt;
   public Mitarbeiter( String n, double g ){
      name = n;    gehalt = g;
   }
   public void zahleGehalt( ) { giro.einzahlen( gehalt ); }
   public Konto getKonto() { return giro; }  // Falsch!!
   // ...
}
```

Final ist die Objektreferenz giro, nicht jedoch der Zustand des referenzierten Objekts. Somit wirkt sich die harmlos erscheinende Methode getKonto() kontrapro-
duktiv aus: Ein Aufrufer erhält dadurch die Original-Referenz auf das private Attribut
giro und kann mittels dieser Referenz dessen Zustand und somit letztlich auch den
Zustand der Klasse Mitarbeiter willentlich manipulieren – die intendierte Kapselung
wird mittels Referenz unterlaufen:

```java
Mitarbeiter m = new Mitarbeiter( "Meier", 3000.0 );
Konto konto = m.getKonto();
konto.abheben( 1000.0 );  // Ausplündern des Mitarbeiters m
```

Soll die get-Methode nicht ganz entfallen, so muss in dieser eine separate Kopie des internen Objekts (*defensive copy*) erstellt und die Referenz darauf zurückgegeben werden:

```
public Konto getKonto() {   // Korrekt!
    Konto kopie = new Konto( giro.getNr(), giro.getSaldo() );
    return kopie;
}
```

Mit dieser Referenz kann der der Aufrufer beliebig arbeiten, ohne den Zustand eines Mitarbeiter-Objekts zu verändern. Die Kapselung wird bewahrt. (Wieder einmal ist es erforderlich, eine Objektkopie zu erstellen.)

Jedoch birgt nicht nur das Zurückliefern von Referenzen ein Gefahrenpotenzial, sondern auch das zu unbedarfte Entgegennehmen von Referenzen zur Initialisierung von Attributen. Betrachten wir als spezielles Beispiel Konstruktoren. Werden diese zu naiv formuliert, so ermöglichen sie ebenfalls ein Unterlaufen der Kapselung:

```
class Mitarbeiter   {
    private final Konto giro;
    private String name;    private double gehalt;
    public Mitarbeiter( String n, double g, Konto k ){
        name = n;    gehalt = g;
        giro = k;    // direkte Zuweisung -problematisch!
    }
    public void zahleGehalt() { giro.einzahlen( gehalt ); }
    // ...
}
```

Denn über die beim Aufruf des Konstruktors übergebene Referenz hat der Verwender Zugriff auf das damit direkt initialisierte private Attribut giro und kann dessen Zustand über die Referenz somit von Außen steuern – die intendierte Kapselung wird unterlaufen:

```
Konto konto = new Konto( 4711, 0.0 );
Mitarbeiter m = new Mitarbeiter( "Meier", 2500.0, konto );
konto.abheben( 1000.0 );   // Ausplündern des Mitarbeiters m
```

Um dies zu vermeiden darf der Konstruktor die erhaltene Konto-Referenz nicht direkt dem Attribut giro zuweisen. Stattdessen wird im Konstruktor eine neue Kopie (*defensive copy*) des erhaltenen Konto-Objekts erstellt; mit der Referenz auf diese Kopie wird das Attribut giro initialisiert und somit dessen Kapselung bewahrt:

```
class Mitarbeiter   {
    private final Konto giro;
    private String name;    private double gehalt;
    public Mitarbeiter( String n, double g, Konto k ){
        name = n;    gehalt = g;
        giro = new Konto( k.getNr(), k.getSaldo() );  // korrekt!
```

```
    }
    public void zahleGehalt( ) { giro.einzahlen( gehalt ); }
    // ...
}
```

Das Gesagte gilt natürlich für jede Methode, die als Parameter eine Referenz entgegennimmt und diese einem entsprechenden Attribut zuweist.

Fazit: Immer wenn man eine Methode oder speziell einen Konstruktor schreibt, die ein von Außen geliefertes Objekt an ein Attribut übergeben, ist zu fragen: Kann und darf sich der Zustand des gelieferten Objekts verändern. Ist dies nicht tolerierbar, so muss eine *defensive Kopie* des Objekts erstellt und die Referenz auf diese Kopie statt der Referenz auf das übergebene Original der internen Datenstruktur bzw. dem Attribut zugewiesen werden. Ebenso ist stets zu hinterfragen, ob es sinnvoll ist, eine Referenz auf ein in seinem Zustand veränderliches Attribut an einen Aufrufer zurückzuliefern. Oft wird man stattdessen die Referenz auf eine defensive Kopie zurückliefern. Sehr anschaulich formuliert des [BLO04]: "The Host object should *not leak references* to any Inner Part object – it must not pass references as arguments or return values of any method [...]."

Defensives Programmieren bedeutet in diesem Zusammenhang, ein eventuelles Unterlaufen der Kapselung durch Clients der Klasse schon im Ansatz zu vermeiden. Wenn eine Klasse über Attribute verfügt, deren innerer Zustand veränderbar ist (*mutable objects*) und es diese von Verwendern erhält oder an diese zurückliefert, sollte sie dabei stets eine defensive Kopie dieser Komponenten erstellen. Tut die Klasse dies nicht, so vertraut sie blind darauf, dass ihre Clients den Zustand ihrer betroffenen Attribute nur konsistent verändern. Dies sollte in der Dokumentation der Klasse jedoch ausdrücklich vermerkt werden - dadurch übernehmen die Clients die Verantwortung für alle durchgeführten Zustandsänderungen [BLO04].

Eventuell sollen nach der Initialisierung von Objekten sogar keinerlei Zustandsänderungen mehr zugelassen werden. Dies bezeichnet das *Design-Konzept* der sogenannten *immutable objects*:

> Eine Klasse, deren Objekte nach Anlegen in ihrem *Zustand* (Attributbelegung) über ihre gesamte Lebensdauer *nicht mehr verändert* werden können, nennt man **immutable** (unveränderbar). Die öffentliche Schnittstelle der Klasse enthält nur Konstruktoren und solche Methoden, die den internen Zustand ihres Objekts nicht mehr verändern. Alle Attribute sind `final`, im Falle von Referenzattributen auch `private` und werden bei der Objekterzeugung initialisiert. Da für erzeugte Objekte keine (eventuell inkonsistenten) Zustandsveränderungen eintreten, ist deren Verhalten im Programmablauf vorhersehbarer und das zugehörige Coding leichter wartbar. Immutable Objects müssen und sollten nicht kopiert werden, da ihre Kopien immer identisch mit dem Original bleiben werden. Sie sind somit auch beliebig wiederverwendbar.

Ein Beispiel wäre eine Datumsklasse zur Beschreibung fester Termine, deren finale Attribute öffentlich abgefragt, aber nach ihrer Initialisierung nicht mehr nachträglich verändert werden können:

```
class Datum {    // Fester Zeitpunkt - unveränderlich
    public Datum( int tag, int monat, int jahr ) {
        tg = tag;    mon = monat;    jr = jahr;
    }
    public final int tg, mon, jr;
}
```

Es ist sinnvoll, den Zustand einer Klasse so wenig veränderbar wie möglich zu gestalten. Jedes Attribut sollte somit final sein, dessen Zustand sich nicht ändern muss. Die komplette Initialisierung von Objekten sollte bereits durch den Konstruktor oder eine statische Factory erfolgen.

11.6   Beispielanwendung

Eine Klasse Bruch soll Funktionalität zum *Bruchrechnen* mit rationalen Zahlen zur Verfügung stellen. Der Zustand eines Bruch-Objekts ist der Wert der finalen ganzzahligen Attribute zaehler und nenner. Im Konstruktor wird ein nenner-Wert von 0 abgefangen und willkürlich auf den Wert 1 gesetzt, sowie der Bruch gekürzt unter Verwendung der private Hilfsmethode ggT(), die den größten gemeinsamen Teiler zweier ganzer Zahlen ermittelt.

Die Methode toString() dient zur String-Repräsentation und Konsolenausgabe eines Bruchobjekts. Die Methode kehrWert() erzeugt eines neues Bruchobjekt als Kehrwert des aufrufenden Bruchobjekts und die Methode negiere() die Negation eines Bruchobjekts als neues Bruchobjekt. Die Methode kehrWert() profitiert intern von den Mechanismen, die bereits in den Konstruktor der Klasse eingebaut wurden.

Ferner existieren die Methoden add() und mult() zur Addition bzw. Multiplikation zweier Brüche gemäß der Regeln der Bruchrechnung. Die Methoden werden auf einem Bruch-Objekt aufgerufen und erhalten den Verweis auf ein weiteres Bruch-Objekt als Parameter. Intern wird das Resultat der Rechenoperation in einem neuen Bruch-Objekt gespeichert und dieses (dank Konstruktor gekürzt) zurückgegeben.

Die Methode istGleich() prüft, ob das aufrufende Bruch-Objekt den gleichen Wert besitzt wie das als Parameter übergebene Bruch-Objekt. Die Methode potenz() berechnet die ganzzahlige p-te Potenz des aufrufenden Bruch-Objekts und gibt diese als neues Bruch-Objekt zurück. Dazu wird intern auf die Methode mult() zurückgegriffen.

Die Selbstreferenz this sorgt im Konstruktor für Namenseindeutigkeit und Selbstbezug beim Kürzen und dient in den Methoden add(), mult() und istGleich() zur syntaktischen Hervorhebung. In der Methode potenz() wird explizit auf die aufrufende Bruch-Instanz zugegriffen, um die mehrmalige Multiplikation des Bruches mit sich selbst darzustellen.

Durch die verfügbaren Methoden wird ein verfügbares Bruch-Objekt attributiv nicht mehr verändert. Die Objekte der Klasse Bruch sind *immuatble*.

In der ausführbaren Klasse Bruchrechner werden einige Methoden der Klasse Bruch testweise aufgerufen. Auf eine explizite Benutzerführung wurde verzichtet.

```
class Bruch {
    private final int zaehler;     private final int nenner;
    public Bruch( int zaehler, int nenner ) {
        if( nenner == 0 ) {
            IO.writeln( "Unzulässiger Nenner!" );    nenner = 1;
        }
        int a = ggT( zaehler, nenner );    // Kürzen:
        this.zaehler = zaehler/a;      this.nenner = nenner/a;
    }
    public String toString() { return (zaehler + "/" + nenner); }
    public Bruch kehrWert() {
        return new Bruch( nenner, zaehler );
    }
    public Bruch negiere() {
        return new Bruch( -zaehler, nenner );
    }
    public Bruch add( Bruch b ) {
        int nZ = this.zaehler * b.nenner + this.nenner * b.zaehler;
        int nN = this.nenner * b.nenner;
        Bruch badd = new Bruch( nZ, nN );
        return badd;
    }
    public Bruch mult( Bruch b ) {
        int nZ = this.zaehler * b.zaehler;
        int nN = this.nenner * b.nenner;
        Bruch bmult = new Bruch( nZ, nN );
        return bmult;
    }
    Bruch potenz( int p ) {
        if( p == 0 ) { return new Bruch(1,1); }
        Bruch b = new Bruch( zaehler, nenner );
        int n = p;
        if( p < 0 ) n = -p;                // negativer Exponent
        for( int i=1; i<n; i++ ) {  b = b.mult( this );  }
        if( p < 0 ) b = b.kehrWert();  // negativer Exponent
        return b;
    }
```

```
public double dezimal() {  return (double)zaehler/nenner;  }
public boolean istGleich( Bruch b ) {
    return  this.zaehler==b.zaehler && this.nenner==b.nenner;
}
private static int ggT( int a, int b ) { // Euklid-Algorithmus
    if( b < 0 ) b = -b;
    int r = a % b;
    while( r != 0 ) { a = b;    b = r;    r = a % b; }
    return b;
}
}
class Bruchrechner {    // Bloße Testklasse
    public static void main( String[] args ) {
        Bruch b1 = new Bruch( 2,3 );     Bruch b2 = new Bruch( 4,5 );
        IO.writeln( "Dezimal = " + b1.dezimal() );
        Bruch b3;
        // Entgegennahme zurück gelieferter Bruch-Referenzen:
        b3 = b1.add(b2);         IO.writeln( "Bruch: " + b3 );
        b3 = b1.mult(b2);        IO.writeln( "Bruch: " + b3 );
        b3 = b1.potenz( 3 );     IO.writeln( "Bruch: " + b3 );
        // Direkte Verwendung zurück gelieferter Referenzen:
        IO.writeln( "Bruch: " + b1.add( b2 ) );
        IO.writeln( "Bruch: " + b1.mult( b2 ) );
        IO.writeln( "Bruch: " + b1.potenz( 3 ) );
        IO.writeln( "Br: " + b2.add( b2 ).potenz( 4 ).mult( b1 ) );
    }
}
```

In Bruchrechner wird auch die *direkte* Verwendung der von add(), mult() und potenz() zurückgelieferten Referenzen gezeigt: Durch deren Aufruf wird eine *anonyme* Bruch-*Objektreferenz* geliefert, auf der ohne vorige Zuweisung an eine separate Objektvariable öffentliche Bruch-Methoden aufgerufen werden können:

```
IO.writeln( b2.add( b2 ).potenz( 4 ).mult( b1 ) );
```

Es wird von links nach rechts der *Aufrufkette* folgend ausgewertet: Der Bruch b2 wird zu sich selbst addiert, das Ergebnis sofort zur 4-ten Potenz erhoben, mit dem Bruch b1 multipliziert und das Resultat via IO.writeln() durch Aufruf von to-String() auf der zuletzt zurückgelieferten Bruch-Referenz ausgegeben. Da keine Objektvariable die Objekte referenziert und im Speicher hält, würden sie nach Abarbeitung der Zeile im Programmverlauf von der Garbage Collection entsorgt.

Bislang fehlt uns die Möglichkeit, zahlreiche primitive Variablen oder insbesondere zahlreiche Objekte in geordneter Weise zu speichern und wieder darauf zuzugreifen. Dies ist jedoch eine unabdingbare Voraussetzung, um anspruchsvollere objektorientierte Programme zu realisieren. Im nächsten Kapitel werden deshalb *Arrays* als geeignete universelle *Datenbehälter* vorgestellt.

12 Arrays

Arrays (Felder) sind *ein- und mehrdimensionale Datenbehälter* für primitive Datentypen und Objekte. Als Teil der Sprache Java sind Arrays einfach zu handhaben und
erlauben einen direkten (*wahlfreien*) Zugriff auf die gespeicherten Daten.

Arrays stellen komplexe, strukturierte Datentypen dar: Jedes erzeugte Array ist ein
Objekt und jede Arrayvariable somit eine Referenz auf das von ihr referenzierte Ar-
ray-Objekt. Somit gilt das im vorigem Kapitel über Referenztypen Gesagte auch speziell für Array-Referenzen und -Objekte.

12.1 Eindimensionale Arrays

Das Programmieren mit Arrays lässt sich am einfachsten mit eindimensionalen Arrays
erläutern. Ein eindimensionales Array kann als *einspaltige bzw. einzeilige Tabelle*
(Spalten- bzw. Zeilenvektor) vorgestellt werden (Abb. 12.1). Die einzelnen Plätze
des Arrays werden über einen ganzzahligen *Index* angesprochen.

12.1.1 Deklaration und Initialisierung von Arrays

Bei der Deklaration einer Arrayvariablen muss der *Typ* der im Array zu speichernden
Daten angegeben werden. Durch das der Typangabe nachgestellte Klammerpaar [ ]
wird dem Compiler mitgeteilt, dass eine *Arrayreferenz* deklariert wird:

```
int[] a;        // Arrayreferenz a für int-Array: Wert noch null
double[] b;     // Arrayreferenz b für double-Array: Wert noch null
```

Bei der *Deklaration* wird die *Größe* (Zahl ablegbarer Datenelemente) des Arrays
noch nicht angegeben. Das Arrayobjekt wird *noch nicht* im Speicher angelegt, im
Speicher existiert vor der Initialisierung nur die Arrayvariable (Referenz) mit Initialwert null. Nach Initialisierung kann das Array über die Arrayvariable angesprochen
werden. Nur das Array als Ganzes hat einen Namen, nicht die einzelnen Elemente.

Dass es sich bei Arrays um Objekte handelt, zeigt sich bei ihrer *Initialisierung*:
Durch den new-Operator wird ein Arrayobjekt im Speicher angelegt und der Arrayreferenz zugewiesen. Dem new-Operator folgen der *Datentyp* des Arrays und die
Größe (Länge) *des Arrays* – ein ganzzahliger Wert >=0 – in eckigen Klammern [ ].
Bei der Initialisierung eines Arrays wird die Anzahl seiner Elemente fest vorgegeben
und ein entsprechend großer Hauptspeicherbereich reserviert. Natürlich können Deklaration und Initialisierung auch in einem Schritt erfolgen:

```
//Syntax: <Datentyp>[] <Arrayname> = new <Datentyp>[<Feldlänge>];
int [] a;       a = new int[5];
double[] b = new double[100];
```

Die Arrayvariable a referenziert nun ein Arrayobjekt mit Speicherplatz für 5 Elemente vom Typ int, die Arrayvariable b ein Arrayobjekt mit Aufnahmekapazität für 100 Elemente vom Typ double. Die Variablen a und b sind Referenzen auf die ihnen zugewiesenen Arrays.

```
int[] a = new int[5];

a[2] = 8;
```

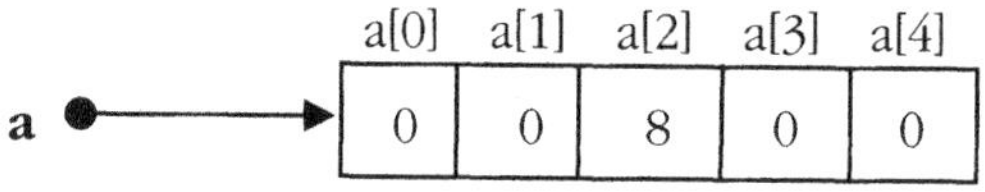

	a[0]	a[1]	a[2]	a[3]	a[4]
a →	0	0	8	0	0

Abb. 12.1: Arrayvariable (Referenz) und referenziertes Array

Beim Erzeugen eines Arrayobjekts ist dessen Länge unbedingt anzugeben. Doch darf die Größen-Entscheidung auch erst zur Laufzeit z.B. durch Benutzereingabe fallen:

```
int m = 10;          double[] arr1 = new double[m];

int p = IO.promptAndReadInt( "Anzahl Elemente = " );

char[] arr2 = new char[p];     // Größe erst zur LZ festgelegt!
```

Trotz dieser möglichen Längenbestimmung zur Laufzeit handelt es sich bei Arrays um statische Datenstrukturen:

> Arrays sind **statische Datenbehälter**. Eine nachträgliche Längenänderung eines initialisierten Arrayobjekts ist *nicht* möglich. Solange das Array im Speicher existiert ist seine Länge (Zahl speicherbarer Datenelemente) konstant.

Somit muss die Arraygröße angemessen gewählt werden: Ein zu klein initialisiertes Array führt eventuell zu Datenverlusten, ein zu groß initialisiertes Array mit zahlreichen ungenutzten Plätzen verschwendet Hauptspeicherplatz. Das Array:

```
double[] d = new double[1000000];
```

mit Raum für 1 Million double-Werte zu je 8 Byte belegt zur Laufzeit 8 Millionen Byte Speicher. Hierin unterscheiden sich Arrays von sogenannten dynamischen Datenstrukturen, deren Größe und Speicherbedarf sich flexibel an die aktuelle Anzahl der zur Laufzeit tatsächlich gespeicherten Datenelemente anpasst. (In Kapitel 18 werden dynamische Datenstrukturen behandelt.) Für Arrays steht nicht unbegrenzt Speicherplatz zur Verfügung. Wird die Arraylänge zu groß gewählt kann es zu einem java.lang.OutOfMemory-Abbruch des Programms kommen (Übung 12.5).

Anmerkung: Alle Elemente eines Arrays werden in aufeinander folgenden Hauptspeicherzellen angelegt, beginnend mit der Startadresse auf die die Arrayreferenz zeigt. Dies erlaubt einen schnellen wahlfreien Zugriff (s.u.) erzwingt aber eine feste Speicherzuteilung und verbietet nachträgliche Größenänderungen.

Auch beim Arbeiten mit Arrays verhält sich Java als streng-typisierte Sprache:

> Der **Typ der Arrayvariablen** legt fest, *welche Datentypen* im Array *ablegbar* sind. Deren Typ muss *typkompatibel* zum Typ der Arrayvariablen sein.

So können in dem Array:

```
int[] aInt = new int[20];
```

maximal 20 Wert der Typen byte, char, short oder int gespeichert werden, nicht jedoch die Typen boolean, long, float, double. In dem Array:

```
String[] aStr = new String[100];
```

können maximal 100 String-Objekte abgelegt werden, nicht jedoch einfache Datentypen oder Objekte fremder Klassen wie StringBuffer oder Mitarbeiter.

12.1.2   Arrayzugriffe

Nach der Initialisierung zeigt die Arrayvariable auf das zugewiesene Array und ein entsprechender Speicherbereich steht für Daten zur Verfügung. Allerdings ist das Array selbst noch "leer", genauer: Es enthält nur typabhängige Initialwerte, z.B. 0 für Zahlentypen und null für alle Referenztypen.

Um Daten in das Array zu stellen, bzw. gespeicherte Daten abzufragen, müssen die einzelnen Arrayplätze mittels des *Arrayindex* angesprochen werden (Abb. 12.1).

> Der **Arrayindex** ist ganzzahlig positiv und zählt alle Plätze des Arrays fortlaufend durch. Die Indizierung beginnt stets bei **0**. In einem Array der Länge **N** trägt der *letzte Platz* somit nicht den Indexwert N sondern **N-1**   (Länge -1)!

Um einen Arrayplatz über die Arrayvariable anzusprechen ist dieser der gewünschte Indexwert in eckigen Klammern **[]** hinzuzufügen:

```
int[] a = new int[3];
// Syntax des Array-Zugriffs:
// Schreiben:   <Arrayname>[<Indexwert>] = <Wert>;
// Lesen:       <Variable> = <Arrayname>[<Indexwert>];
a[0] = 101;     a[1] = 201;     a[2] = 301;
int p = a[0];   int q = a[1];   int r = a[2];
IO.writeln( "Werte: " + a[0] + " " + a[1] + " " + a[2] );
```

Alle drei verfügbaren Plätze des Arrays a werden mit Daten belegt und abgefragt. In diesem Fall hat der höchste verfügbare Index den Wert 2. Es darf *nur mit gültigen Indexwerten* im erlaubten Bereich zwischen 0 und N-1 operiert werden. Der hier unzulässige Zugriff: a[**3**]=404; würde zur Laufzeit mit ArrayIndexOutOf-BoundsException einen Programmabbruch bewirken.

> Arrays erlauben einen **wahlfreien Zugriff** auf die in ihnen gespeicherten Daten: Durch *Angabe des Indexwertes* kann *direkt* auf die entsprechende *Arrayposition zugegriffen* werden, ohne das Array erst vom Anfang bis zur gewünschten Position sukzessive durchlaufen zu müssen.

Die *Indexangabe* kann auch durch Konstanten, Variablen, erst zur Laufzeit auszuwertende Ausdrücke oder Methodenaufrufe erfolgen, die einen ganzzahligen Wert ≥ 0 vom Typ byte, short, char oder int (*nicht* aber long!) liefern, oder auch zur Laufzeit durch Benutzereingabe bestimmt werden:

```
int[] b = new int[50];
short k = 13;    int s = 9;    int i = 4;    int j = 17;
```

```
b[k] = 99;     b[ 2*s+1 ] = 139;    b[ max(i,j) ] = 456;

b[ IO.promptAndReadInt( "Position= " ) ] = 7777;   // Zur LZ!
```

Einer Arrayposition können *beliebig oft* neue Werte zugewiesen werden. Der alte
bislang dort gespeicherte Wert wird dabei einfach überschrieben.

Von großer praktischer Bedeutung ist die *Abfragbarkeit der Feldlänge* eines jeden
initialisierten Array-Objekts zur Laufzeit über dessen Attribut **length**:

```
double[] arr = new double[50];

int r = arr.length;   // Liefert den Wert 50
```

Bei Iterationen über Arrays kann dadurch der Gebrauch unzulässiger Indexwerte
vermieden werden. Noch wichtiger ist die Programmierung von Algorithmen für Arrays *beliebiger* Länge, die zur Compilezeit noch gar *nicht feststeht*. Zur Laufzeit kann
die aktuelle Feldlänge ermittelt und darauf programmiert werden, wie in folgendem
Beispiel: Der Benutzer kann die Arraygröße vorgeben. Es werden alle Arrayplätze
mit double-Zufallswerten gefüllt. Ein zweiter Durchgang durch das Array ermittelt
die größte darin gespeicherte Zufallszahl:

```
class ArrayTest {
    public static void main( String[] args ) {
        int m = IO.promptAndReadInt( "Länge: " );
        double max = 0.0;
        double[] arr = new double[m];
        for( int i=0; i<arr.length; i++ ) {   // Zufallszahlen:
            arr[i] = Math.random();
        }
        for( int j=0; j<arr.length; j++ ) {   // Größte suchen:
            if( max <= arr[j] ) max = arr[j];
        }
        IO.writeln( "Größte Zufallszahl ist: " + max );
    }
}
```

Das Durchlaufen eines Arrays in einer for-Schleife mittels des Array-Attributs
length ist ein typisches *Java-Idiom*. Generell sollte vermieden werden, die Arraylänge "hart" in das Programmcoding zu schreiben. Stets sollte stattdessen mit dem
Attribut length gearbeitet werden.

Erweiterte for-Schleife:

Mit Java5 wurde die Syntax von for-Schleifen erweitert (*enhanced for-loop*), um
komfortabler über Arrays und andere Datencontainer iterieren zu können. In dieser
Schleife durchläuft die links vom Doppelpunkt stehende Variable *automatisch* der
Reihe nach alle Array-Werte, ohne explizit eine Zählvariable zu verwenden:

```
double[] arr = new double[] { 10.0, 20.0, 30.0 };

for( double d : arr )       // for each d in arr
```

```
IO.writeln( "Aktueller Wert = " + d );
```

Hier erhält die Variable d nacheinander die Werte 10.0, 20.0 und 30.0 des Arrays arr. Mit diesem Sprachkonstrukt lässt sich manche Iteration kompakter formulieren, es stößt jedoch an seine Grenzen, wenn innerhalb der Schleife ein Zugriff auf die aktuelle Indexposition des Arrays benötigt wird oder Änderungen an den Werten des Arrays vorgenommen werden sollen. Auch wird das Array stets nur in Richtung zunehmender Indexwerte ("von unten nach oben") durchlaufen. Die erweiterte for-Schleife kommt nicht nur bei Arrays sondern auch bei vielen anderen Datencontainern zum Einsatz. Wir werden uns damit im Kapitel über das Java Collection Framework befassen.

Aufzählende Wertzuweisung:

Durch Iteration über das Array kann dieses nach seiner Initialisierung sukzessive mit den gewünschten Werten gefüllt werden. Allerdings ist syntaktisch auch eine *aufzählende Wertzuweisung* direkt bei der Initialisierung möglich. Durch die Zahl der aufgezählten Daten wird automatisch die Arraylänge festgelegt. Folgendes Beispiel nennt die zusätzlichen syntaktischen Möglichkeiten:

```
// a)  <Datentyp>[] <Arrayname> = {<Element>, ... , <Element2>};
int[] b = { 1, 45, 13, 6, 27 };                    // Länge 5
// b)  <Datentyp>[] <Arrayname> =
//               new <Datentyp>[]{ <Element>, ... , <Element2>};
String[] s = new String[] { "Hallo", "ihr", "da!" }; // Länge 3
```

Nur bei der Formulierung mittels new-Operator und Typ-Angabe ist eine Trennung von Deklaration und Initialisierung möglich. Und nur mittels dieser Formulierung kann ein initialisiertes *anonymes Array* erzeugt werden:

```
tuwas( new String[] { "Hallo", "ihr", "da!" } );
```

12.1.3   Zuweisungen an Arrayvariablen

Arrayvariablen sind Referenzen auf Arrayobjekte und verhalten sich wie für Referenztypen in Kapitel 11 erläutert.

Zuweisung von null: Eine Arrayvariable kann durch Zuweisung von null in den uninitialisierten Zustand zurückversetzt werden. Dadurch wird die Referenz auf das Array entfernt, so dass mit der Arrayvariablen *nicht mehr* auf das Array zugegriffen werden kann:

```
int[] a = new int[3];
a[0] = 3;    a[1] = 6;    a[2] = 9;      // Array gefüllt
a = null;    // Referenz entfernt, Array wird durch GC gelöscht!
```

Wird das betreffende Array von keiner weiteren Arrayvariablen referenziert, so stellt es eine nicht mehr zugreifbare Speicherleiche dar: Die Garbage Collection gibt den Speicher frei und alle darin gespeicherten Arraywerte sind verloren.

Neuzuweisung eines Arrays: Auch einer bereits initialisierten Arrayvariablen kann jederzeit ein *neues Array* beliebiger Größe *zugewiesen* werden. Allerdings muss das neue Array *typkompatibel* zum ursprünglich deklarierten Typ der Arrayvariablen sein. Die Arrayvariable referenziert dann nicht länger ihr ursprüngliches Array sondern verweist auf das neu zugewiesene Array:

```
int[] a = new int[3];
a[0] = 3;      a[1] = 6;      a[2] = 9;      // Array gefüllt
a = new int[100];    // OK: Neuzuweisung typkompatibles Array
a[85] = 456;
a = new double[20];    // Fehler: Nicht-typkompatible Zuweisung!
a = new short[30];     // Fehler: Nicht-typkompatibel!
```

Durch die typkompatible Neuzuweisung eines int-Arrays (Länge 100) wird die ursprüngliche Referenz von a auf das int-Array (Länge 3) entfernt und durch die neue Referenz ersetzt. Das nicht mehr referenzierte int-Array wird mit seinen Daten durch die Garbage Collection entfernt. Dagegen führt die nicht-typkompatible Zuweisung eines double-Arrays an die Arrayvariable a vom Typ int zu einem Compilerfehler. Bei Arrays primitiver Datentypen sind nur *identische* Arraytypen zuweisungskompatibel. Einer Arrayvariablen vom Typ int[] kann somit kein Array vom Typ short[] oder byte[] zugewiesen werden, obgleich die primitiven Typen short und byte selbst zuweisungskompatibel zu int sind.

Zuweisungen zwischen Arrayvariablen: Arrayvariablen sind Referenzen auf ihr Arrayobjekt. Bei der Zuweisung zweier Arrayvariablen mittels Zuweisungsoperator = wird somit *nicht* das Array mit seinem Inhalt kopiert, sondern die *Referenz* darauf. Als Ergebnis der Zuweisung referenzieren beide Arrayvariablen dasselbe Arrayobjekt und können auf das Array zugreifen, d.h. dessen Wertbelegung manipulieren. Im Codebeispiel der Abbildung 12.2 wird dies veranschaulicht.

Kopieren von Arrays: Durch den Operator = werden nur die Referenzen auf ein Arrayobjekt kopiert. Um den *Wertinhalt* eines Quell-Arrays in ein Ziel-Array zu kopieren, muss über Quell- und Zielarray in einer Schleife *iteriert* und die Werte der entsprechenden Arraypositionen einander zugewiesen werden. Einfacher und flexibler lassen sich die Werte eindimensionaler Arrays mit der statischen Methode System.arraycopy() übertragen. Das Codebeispiel demonstriert das Kopieren eines Arrays sowie den Gebrauch der Methode arraycopy():

```
class ArrayKopie {
public static void main( String[] args ) {
    int[] q = new int[3];        int[] z = new int[q.length];
    int qs = 0;    int zs = 0;    int n = q.length;
    q[0] = 10;     q[1] = 20;     q[2] = 30;
    for( int i=0; i<q.length; i++ ) z[i] = q[i]; // von "Hand"
    /* Mit Methode System.arraycopy() - Parameter:
        q = Quellarray        z = Zielarray
        qs = Startindex Quellarry, ab dem kopiert wird
        zs = Startindex Zielarray, ab dem eingetragen wird
        n = Anzahl der zu kopierenden Datenelemente
    */
```

```
      System.arraycopy( q, qs, z, zs, n );

   }

}
```

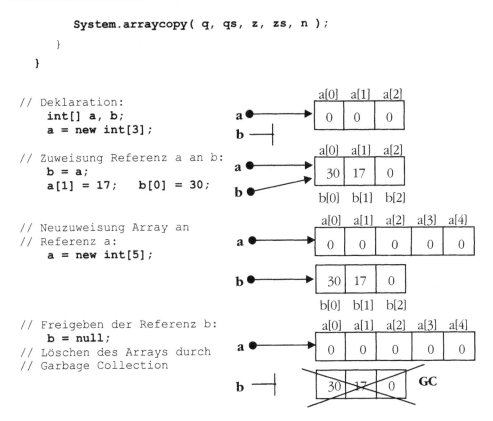

```
// Deklaration:
   int[] a, b;
   a = new int[3];

// Zuweisung Referenz a an b:
   b = a;
   a[1] = 17;   b[0] = 30;

// Neuzuweisung Array an
// Referenz a:
   a = new int[5];

// Freigeben der Referenz b:
   b = null;
// Löschen des Arrays durch
// Garbage Collection
```

Abb. 12.2: Zuweisung zwischen Arrayvariablen (Referenzen)

Die Daten des Quellarrays q werden in das Zielarray z übertragen. Die Methode erlaubt für primitive Datentypen nur einen identischen Typ von Quell- und Zielarray – es darf z.B. kein short-Array in ein int-Array kopiert werden. Sind die Arrays nicht zuweisungskompatibel, wird eine ArrayStoreException ausgelöst. Ein Array darf über sich selbst kopiert werden, d.h. Quell- und Zielarray dürfen identisch sein. System.arrycopy() erstellt nur eine *flache Kopie* (s.u.).

Ein *inhaltlicher Vergleich* von Arrays kann *nicht* durch den Vergleichsoperator == vorgenommen werden, da dieser bei Arrayvariablen (Referenzen) nur auf Gleichheit der Referenz prüft. Wie bei Objekten üblich, muss eine Vergleichsmethode implementiert werden, die die Arrays durchläuft und die Datenwerte vergleicht.

In der **Klasse Arrays** aus dem JDK-Paket java.util stehen statische Methoden für alle primitiven Datentypen zur Verfügung, um Arrays zu sortieren, nach Werten zu durchsuchen und um zwei Arrays auf Wertgleichheit zu prüfen.

Anmerkung: Die Klasse String erlaubt mittels ihrer Konstruktoren und der Methode toCharArray(), zwischen String-Objekten und char-Arrays zu konvertieren. Aus einem char-Array kann ein String mit komplettem oder teilweisen Zeicheninhalt erzeugt werden. Umgekehrt kann der Inhalt eines String-Objekts in Form einzelner Zeichen in ein char-Array gestellt werden:

```
char[] ch1 = { 'h', 'a', 'l', 'l', 'o' };
String s1 = new String( ch1 );        // Inhalt von ch1 als String
String s2 = new String( ch1, 1, 3 );    // Zeichen Index 1 bis 3
char[] ch2 = s1.toCharArray();    // Kopie Inhalt von s1 nach ch2
```

12.1.4   Arrays in Methoden

Arrays können als Parameter und Rückgabewerte von Methoden verwendet werden, wie andere Objekte auch. Bei Rückgabe eines Arrays muss dessen Typ, gefolgt von eckigen Klammern **[]** im Methodenkopf genannt werden. Auch bei Deklaration von Arrays als Methodenparameter ist eine entsprechende Typangabe erforderlich. Die folgende Beispielmethode berechnet die Vektorsumme zweier Vektoren und gibt den Summenvektor als neues Array zurück:

```
public double[] vektorSumme( double[] v1, double[] v2 ) {
    double[] sum = new double[ v1.length ];
    for( int i=0; i<v1.length; i++ )    sum[i] = v1[i] + v2[i];
    return sum;
}
```

Die Übergabe von Arrays an Methodenparameter geschieht via *CallByReference*, es wird *nicht* das Array kopiert, sondern die *Referenz* auf das Arrayobjekt. Im Methodencoding kann über die Referenz verändernd auf die Elemente des Arrays zugegriffen werden, so dass sich das Arrayobjekt nach dem Methodenaufruf in einem *anderen Zustand* als zuvor befindet.

Eine Methode kann eine Referenz auf ein Array zurückliefern. Damit das Array im Speicher verbleibt, muss es beim Methodenaufruf *entgegengenommen*, d.h. einer korrekt typisierten *Arrayvariablen zugewiesen* werden.

In Programmbeispiel wird der Zufallszahlengenerator `Math.random()` auf Gleichverteilung der gelieferten Zufallszahlen getestet: Die Methode `getInput()` erzeugt ein Array mit n ganzzahligen Zufallszahlen zwischen 0 und 9 und gibt dieses zurück. Die Methode `check()` erhält ein Array und zählt, wie oft die Zahl z in diesem enthalten ist; die Anzahl wird zurückgegeben. In `main()` wird der prozentuale Anteil von z an den n Zufallszahlen berechnet. Man erhält ungefähre Werte von 10%.

```
class CheckArray {
    public static int[] getInput( int n ) {
        int[] arr = new int[n];
        for( int i=0; i<arr.length; i++ ) {
            arr[i] = (int)( Math.random()*10 );
        }
        return arr;
    }
    public static int check( int[] arr, int z ) {
        int counter = 0;
```

```
        for( int i=0; i<arr.length; i++) {
            if( arr[i] == z ) counter++;
        }
        return counter;
    }
    public static void main( String[] args ) {
        int num =  IO.promptAndReadInt( "Wieviele Elemente? " );
        int zahl = IO.promptAndReadInt( "Welche Zahl checken? " );
        int[] a = getInput( num );
        int c = check( a, zahl );
        // Alternativ:   int c = check( getInput( num ), zahl );
        double p = (double)c / num * 100;
        IO.writeln( "Prozentueller Anteil = " + p );
    }
}
```

Auch bei Arrays kann mit *anonymen* Objekten gearbeitet werden. So lässt sich der Effekt der zwei Methoden in einer einzigen Anweisung als verschachtelter Methodenaufruf kombinieren (wie in der Kommentarzeile formuliert): Die innere Methode getInput() liefert eine Arrayreferenz zurück, die direkt dem Methodenaufruf check() als Eingabeparameter zur Verfügung steht.

12.1.5   Parameter der main()-Methode

Die main()-Methode enthält offensichtlich als Eingabeparameter ein String-Array. Der Name der Arrayreferenz ist frei wählbar, jedoch ist die Bezeichnung args weit verbreitet. Die Elemente des String-Arrays können beim Aufruf ausführbarer Java-Klassen als *Kommadozeilenargumente* mitgegeben werden. In main() stehen diese dann über die String-Arrayreferenz zur Verfügung. Somit können einem Java-Programm beim Start Daten im String-Format zur Verarbeitung mitgegeben werden.

```
class Commandline {
    public static void main( String[] argumente ) {
        IO.write( "Ausgabe der Daten:    " );
        for( int i=0; i<argumente.length; i++ )
            IO.write( argumente[i] + " / ");
    }
}
```

- Konsole -
C:\Demos> **java Commandline Der Wert beträgt 10**
Ausgabe der Daten: Der / Wert / beträgt / 10 /

Sogar ein *rekursiver Selbstaufruf* der main()-Methode ist aus sich oder einer separaten Methode der Klasse möglich, wie in diesem Beispiel einer Endlosrekursion:

```
class MainRekursiv {
    public static void main( String[] args ) {
        String[] argumente = { "Hallo", "Welt" };
        IO.writeln( argumente[0] + " " + argumente[1] );
        main( argumente );
    }
}
```

Auch der Aufruf der main()-Methode einer *anderen* ausführbaren Klasse ist technisch möglich (Übung 12.6). Somit kann ein Java-Programm aus einem anderen heraus aufgerufen werden. Es ist main() zwar eine *besondere* Klassenmethode, sie lässt sich jedoch wie jede andere Java-Methode mit passenden Argumenten aufrufen.

12.1.6   Varargs - Methoden mit variabler Argumentanzahl

Bei manchen Methoden steht die Zahl der Argumente nicht semantisch fest, sondern es könnten durchaus beliebig viele sein – wie z.B. bei einer Methode max() die den größten Wert aus den Übergabeparametern ermittelt und zurückliefert. Diese könnte sinnvoll mit einem, zwei oder eben beliebig vielen Parametern aufgerufen werden. Eine klassische Lösung wäre die Übergabe eines Arrays, dessen Inhalt durch die Methode bearbeitet wird:

```
public int max( int[] param ) { /* … */ }
```

Mit Java 5 wurde die syntaktisch elegantere Möglichkeit geschaffen, bei der Deklaration von Methoden die *Parameterzahl als variabel* zu kennzeichnen, so dass die *Methode mit beliebig vielen (typkompatiblen) Parametern aufrufbar* ist.

Die übergebenen Parameter (primitive Datentypen oder Objektreferenzen) stehen innerhalb der Methode als Array zur Verfügung – somit wird die entsprechende Array-Codierung dem Aufrufer abgenommen. Im Methodenkopf ist der übergebene (primitive oder Referenz-) Datentyp gefolgt von der *Ellipse* ... und dem Parameternamen anzugeben. Der Kopf der Methode max() kann formuliert werden als:

```
public int max( int... param ) { /* … */ }
```

Es wird der Parameter param intern als gleichnamiges Array zur Verfügung gestellt, auf dessen Inhalt im Methodenrumpf zugegriffen werden kann:

```
class VarArgs {

    public static int max( int... param ) {

        // Abprüfen von Sonderfällen

        // Ausnützen Kurzschlussauswertung des &&-Operators

        if( param != null && param.length != 0 ) {

            int m = param[0];

            for( int wert: param ) {

                if( wert > m ) m = wert;

            }

            return m;

        }

        else throw new RuntimeException( "No Data" );

    }

    public static void main( String... args ) {    // geht auch !
        int w1 = max( 2,9,45 );        // Parameteraufzählung

        int w2 = max( 45,78,6,89,7,9,3 );

        int[] arr = { 56,89,3,303,13 };

        int w3 = max( arr );           // Übergabe Array zulässig

    }

}
```

Die Varargs-Methode max() kann mit *null bis beliebig vielen* Argumenten aufgerufen werden – das intern angelegte Array param könnte die Länge null haben. Sogar ein Aufruf ohne Argumente max() oder mit Nullreferenz max(null) ist zulässig, so dass die Referenz param eine Nullreferenz sein könnte. Die korrekte Codierung von Varargs-Methoden muss diese Sonderfälle berücksichtigen!

Natürlich ist beim Aufruf *Typkompatibilität* gefordert: Im Beispiel wurde die Methode mit explizitem Parametertyp int deklariert, so dass der Aufruf max(10.0,20.0) mit double-Werten zurückgewiesen werden würde.

Durch den Compiler wird *jede* Varargs-Methode in eine Methode mit Parameterarray übersetzt. Somit ist auch der Aufruf einer Varargs-Methode mit einem passend typisiertem Array erlaubt, wie im Beispielcoding gezeigt. Dies bedeutet jedoch, dass die folgenden Methodendeklarationen vom Compiler als *identisch* betrachtet werden und einen Namenskonflikt darstellen:

```
// Kein zulässiges Überladen:
public static int max( int ... param ) { /* … */ }
public static int max( int[] param ) { /* … */ }
```

Absolut flexibel, jedoch *typmäßig völlig unbestimmt* ist die Verwendung des Parametertyps Object (Oberklasse aller Java-Klassen, siehe Kapitel 13):

```
public static void anything( Object ... argumente ) { /* … */ }
```

Dieser Methode können beliebig viele Werte *beliebiger (primitiver und Referenz-) Datentypen* übergeben werden. Primitive Datentypen wandelt der Compiler automatisch in Hüllklassenobjekte um! Der Aufruf:

```
anything( 10, "Hallo", true, 25.6, new Mitarbeiter("Meier") );
```

ist möglich. Auf diese Weise wird in Java 5 auch die jedem C-Programmierer vertraute Ausgabemethode `System.out.printf()` mit zahlreichen Formatierungsmöglichkeiten realisiert.

Der Compiler prüft, dass variable Argumente in Kombination mit konventionellen Parametern *nur an der letzten Position der Methodesignatur* verwendet werden. Eine Methode kann nicht mehrere Varargs enthalten. Beim Rückgabewert ist der Varargs-Mechanismus nicht anwendbar:

```
void test1( double d, char c, int... param ) { /*...*/ }   // OK
void test2( int... param, float f ) { /*...*/ }      // Fehler!
void test3( int... param, float... f ) { /*...*/ }  // Fehler!
```

Von Methoden mit variablen Argumenten machen wir im Rahmen dieses Buches keinen weiteren Gebrauch, da ihre Syntax den Programmiereinsteiger eher verwirrt. Auch Sun empfiehlt den eher sparsamen Einsatz dieses Sprachfeatures.

12.2   Mehrdimensionale Arrays

Eindimensionale Arrays lassen sich als einspaltige Wertetabelle betrachten, in der die einzelnen Arrayelemente gespeichert sind. Wenn es sich bei den Arrayelementen jedoch selbst um Verweise auf eindimensionale Arrays handelt, liegt ein *zweidimensionales Array* vor, das als *Matrix aus Zeilen und Spalten* dargestellt und angesprochen (indiziert) werden kann. In Abbildung 12.3 ist die Speicherstruktur und Matrixgestalt eines zweidimensionalen Arrays skizziert.

Auch *drei- und höherdimensionale* Arrays sind möglich: Ein dreidimensionales Array würde semantisch einem Datenwürfel (data cube, genauer: Quader) entsprechen, während höherdimensionale Arrays (hyper cubes) nicht mehr direkt visualisierbar sind, aber auf prinzipiell gleiche Weise wie niederdimensionalere Arrays ansprechbar sind. In Abbildung 12.3 werden Speicherstruktur und Gestalt eines drei- und vierdimensionalen Arrays dargestellt.

Die Deklaration und Initialisierung höherdimensionaler Arrays ist eine direkte syntaktische Erweiterung der Schreibweisen für eindimensionale Arrays. Bei der Deklaration gibt die Zahl der eckigen Klammerpaare **[]** die Dimension des Arrays an:

int[][] arr2D;   // Deklaration zweidim. int-Array

double[][][] arr3D;   // Deklaration dreidim. double-Array

Bei der Initialisierung ist für jede Dimension in eckigen Klammern deren Länge anzugeben. Bei einem zweidimensionalen Array bezeichnet die erste Längenangabe somit die *Zeilenzahl*, die zweite Längenangabe die *Spaltenzahl* der Datenmatrix:

arr2D = new int[5][3];

Auf diese Weise steht ein `int`-Array mit 5 Zeilen und 3 Spalten zur Verfügung, das Platz für 5*3 = 15 Datenelemente vom Typ `int` bereit hält (Abb. 12.3).

Speicherstruktur 2-dimsionales Array: `int[][] a = new int[5][3];`

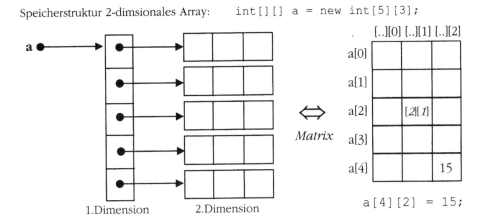

Speicherstruktur 3-dimsionales Array: `int[][][] a3D = new int[2][2][2];`

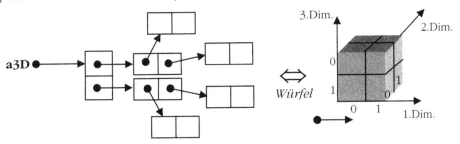

Speicherstruktur 4-dimsionales Array: `int[][][][] a4D = new int[3][2][2][2];`

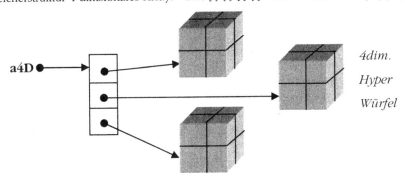

Abb. 12.3: Höherdimensionale Arrays – Speicherstrukturen und Indizierung

Auch bei höherdimensionalen Arrays ist die *aufzählende* Initialisierung möglich. Ein Array kann mit 5 Zeilen und 2 Spalten initialisiert werden, indem die einzelnen Zeilenwerte (Zeilenarrays) in geschweiften Klammern **{ }** aufgezählt werden:

```
// { {<Zeilenarray>}, {<Zeilenarray>}, ..., {<Zeilenarray>} }
```

```
int[][] a = { {1, 2}, {3, 4}, {5, 6}, {7, 8}, {9, 10} };
```

Folgendes aufzählend initialisiertes Array hat die Dimensionslängen 3*2*2:

```
int[][][] b = { { {1,2},{3,4}},{{5,6},{7,8}},{{9,10},{11,12} } };
```

Der *Zugriff* erfolgt wieder über *Indexwerte*: Bei zweidimensionalen Arrays sind *Zeilen- und Spaltenindex* in separaten eckigen Klammern anzugeben:

arr2D[4][1] = 19;   int x = **arr2D[4][1]**;   // [Zeile][Spalte]

So existieren für das Array `arr2D` die Zeilenindices 0, 1, 2, 3, 4 und die Spaltenindices 0, 1, 2. Die Gesamtheit aller Kombinationen aus Zeilenindex und Spaltenindex bezeichnet die vorhandenen ansprechbaren Plätze (Abb 12.3).

Auch für zweidimensionale Arrays steht das Attribut `length` zur Verfügung. Jedoch ist zwischen *Zeilenlänge* (Zeilenzahl) und *Spaltenlänge* (Spaltenzahl) zu unterscheiden: Die direkte Abfrage des Attributs `length` auf der Arrayreferenz liefert die Länge der ersten Arraydimension – bei einem zweidimensionalem Array die Zeilenzahl. Um die *Spaltenzahl* zu erhalten, muss man eine bestimmte Zeile indizieren und dafür den Wert `length` abfragen – dieser entspricht der Zeilenlänge (= Spaltenzahl):

int z = arr2D.length;   // Zeilenzahl == 5

int s = arr2D[0].length;   // Spaltenzahl (Zeilenlänge) == 3

Letztere Unterscheidung ist wichtig bei der *Iteration* über ein zweidimensionales Array: Um *alle Plätze anzusprechen*, müssen alle möglichen Index-Kombinationen erfasst werden. Typischerweise bedient man sich zweier *geschachtelter Schleifen*. Die äußere Schleife durchläuft alle Zeilen(indices), die innere Schleife alle Spalten(indices) des Arrays:

```
for( int i=0; i<arr2D.length; i++ ) {    // Alle Zeilen
    for( int j=0; j<arr2D[0].length; j++ ) {    // Alle Spalten
        arr2D[i][j] = i*j;    // Zugriff auf alle Arrayelemente
    }
}
```

Bei höherdimensionaleren Arrays muss mit entsprechend mehr Schleifen gearbeitet werden und das Attribut `length` der jeweiligen Dimension verwendet werden. Der Codeausschnitt zeigt Deklaration, Initialisierung und Iteration eines dreidimensionalen Arrays. Dieses soll die Umsätze einer Firma für drei Produkte (erste Dimension), fünf Niederlassungen (zweite Dimension) und sechs Jahre (dritte Dimension) enthalten. Es entsteht ein dreidimensionaler Datenquader mit Platz für 3*5*6 = 90 Umsatzwerte vom Typ `double`:

```
double[][][] umsatz = new double[3][5][6];
for( int i=0; i<umsatz.length; i++ ) {    // Produkte
    for( int j=0; j<umsatz[0].length; j++ ) {    // Niederlassungen
        for( int m=0; m< umsatz[0][0].length; m++ ) {    // Jahre
            umsatz[i][j][m] = IO.promptAndReadDouble( "Umsatz = " );
        }
    }
}
```

Das Beispiel ließe sich auf *vier Dimensionen* verallgemeinern, indem man den Umsatz nach den einzelnen Monaten des Jahres (vierte Dimension) getrennt erfasst. Weitere spezifizierende Dimensionen wären z.B. der Typ der verkaufenden Filiale (groß, mittel, klein) und Verpackungsgrößen (groß, klein).

Bei der **Kopie mehrdimensionaler Arrays** ist zwischen *flacher* und *tiefer Kopie* zu unterscheiden. Nur die *tiefe Kopie* stellt eine separate Datenkopie des Arrays her:

```
int[][] a = new int[3][2];      int[][] b = new int[3][2];
// ... Wertzuweisungen an Array a ...
for( int i=0; i<a.length; i++ ) {    // alle Zeilen
   for( int j=0; j<a[0].length; j++ ) {    // alle Spalten
      b[i][j] = a[i][j];   // Tiefe Kopie aller Elementwerte
   }
}
```

Dagegen würde die bloße Zuweisung der Zeilenreferenzen:

```
for( int i=0; i<a.length; i++ ) {    // alle Zeilen
   b[i] = a[i];    // Nur Flache Kopie der Referenzen
}
```

als *flache Kopie* bewirken, dass die Referenzen der ersten Spalte von a und b auf dieselben Zeilenarrays verweisen und die Variablen a und b doch dasselbe Arrayobjekt referenzieren und manipulieren.

Anmerkung: Zweidimensionale (allgemein: mehrdimensionale) Arrays müssen nicht "rechteckig" sein, d.h. die Zahl der Spalten pro Zeile (allgemein: die Zahl der Datenelemente pro Dimension) muss *nicht identisch* sein. So wird durch die aufzählende Initialisierung:

```
int[][]a = { {1}, {2,3,4}, {5,6}, {7,8,9,10} };
```

ein Array mit vier Zeilen und folgender *Spaltenstruktur* erzeugt:

$$\text{Arrayreferenz } \mathbf{a} \rightarrow \begin{array}{ll} a[0] \rightarrow & 1 \\ a[1] \rightarrow & 2 \quad 3 \quad 4 \\ a[2] \rightarrow & 5 \quad 6 \\ a[3] \rightarrow & 7 \quad 8 \quad 9 \quad 10 \end{array}$$

Pro Zeile verfügt man nur über die Zahl anfänglich zugewiesener Elemente. Eine nachträgliche Auffüllung auf Rechteckstruktur ist nicht möglich. Auf weitere Syntaxvarianten gehen wir nicht ein, da solche Strukturen praktisch weniger relevant sind.

Beim *Anlegen höherdimensionaler Arrays* muss deren *Speicherbedarf berücksichtigt* werden, da die Gesamtzahl der Datenelemente, für die Speicher reserviert wird, gleich dem *Produkt* der Längen der einzelnen Dimensionen ist. So benötigt das eindimensionale double-Array mit 1000 Elementen:

```
double[] a1d = new double[1000];
```

nur 8000 Byte Speicherplatz, während das dreidimensionale double-Array:

```
double[][][] a3d = new double[1000][1000][1000];
```

ganze 8Byte*1000*1000*1000 = 8 Millionen Byte Speicher verschlingt.

> In der **Wirtschaftsinformatik** sind höherdimensionalen Datenstrukturen von
> großer Bedeutung: **In Data Warehouse**-Datenbanken werden betriebswirt-
> schaftliche Daten betrieblicher Informationssysteme längerer Zeiträume in lo-
> gisch-hochdimensionalen Datenstrukturen zu Auswertezwecken gesammelt.

12.3   Arrays mit Objekten

In Arrays beliebiger Dimension können nicht nur primitive Datentypen gespeichert
werden sondern auch Objekte (Referenztypen).

> Arrays können **Objekte** einer beliebigen Klasse aufnehmen. Als *Typ des Ar-*
> *rays* ist dabei der *Klassentyp* der zu speichernden Objekte anzugeben.

Nach Initialisierung eines Arrays für Objekte existiert zwar das Array selbst, aber es
verwaltet noch *keine* Objekte, sondern *nur* null-Referenzen. Die aufzunehmenden
Objekte müssen erst noch *erzeugt* und den *Arraypositionen zugewiesen* werden:

```
class Mitarbeiter {
    private String name;
    public Mitarbeiter( String n ) { name = n; }
    public String getName() { return name; }
}
class Personalliste {
    public static void main( String[] args ) {
        Mitarbeiter[] mA = new Mitarbeiter[3];
        Mitarbeiter m1 = new Mitarbeiter( "Meier" );
        mA[0] = m1;      // Zuweisung über Objektvariable
        // Direkte Zuweisung der Objektreferenz:
        mA[1] = new Mitarbeiter( "Huber" );
        mA[2] = new Mitarbeiter( "Fischer" );
        // Zugriff auf die gespeicherten Objekte:
        Mitarbeiter mTest = mA[0];     mTest.getName();
        // Direkter Zugriff auf gespeicherte Referenz:
        mA[0].getName();      mA[1].getName();
    }
}
```

Das Beispielprogramm zeigt die beiden Instanziierungs-Schritte: Zuerst wird das Array mArr mit Platz für drei Mitarbeiter-Objekte deklariert und initialisiert, dann
werden Mitarbeiter-Objekte erzeugt und ins Array gestellt (Abb. 12.4).

Der Arrayposition kann eine gültige Objektreferenz über eine separate Objektvariable (hier m1) zugewiesen werden. Allerdings kann die Objektreferenz auch *direkt* (als
anonymes Objekt) eingestellt werden, ohne dafür eine Objektvariable anzulegen.

Entsprechendes gilt für den Zugriff auf die gespeicherten Objekte: Jede gefüllte Position des Arrays enthält die Referenz auf ein Mitarbeiter-Objekt. Diese Referenz kann in eine separate Objektvariable (hier m2) kopiert werden, um über diese auf das Objekt zuzugreifen. Jedoch kann der Zugriff auch direkt über die an der Arrayposition gespeicherte Referenz erfolgen, wie im Beispiel demonstriert.

> Der **Inhalt eines Objekt-Arrays** sind nicht die Objekte selbst, sondern *Referenzen* (Zeiger) auf diese Objekte.

Die Objekte des Arrays werden über die an den Arraypositionen gespeicherten Referenzen im Speicher gehalten – auch wenn keine separate Objektvariable auf sie zeigt. In Abbildung 12.4 ist die dadurch erzeugte Speicherstruktur angedeutet.

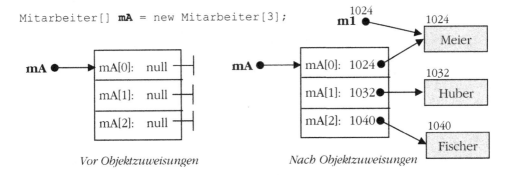

Abb. 12.4: Speicher- und Referenzstruktur von Objektarrays

Indem man eine Arrayposition auf `null` setzt, wird die *Referenz entfernt* und das nunmehr unreferenzierte Objekt durch die Garbage Collection gelöscht. So würde die Anweisung: `mA[1] = null;` in dem Code-Beispiel dazu führen, dass das Objekt "Huber" zum Löschen durch die Garbage Collection freigegeben wird.

Tiefes Kopieren von Objekt-Arrays

Beim Erzeugen einer *tiefen Kopie* eines Objekt-Arrays ist besondere Sorgfalt erforderlich. Denn bei direkter Zuweisung der Inhalte der einzelnen Array-Positionen zwischen Ursprungs- und Ziel-Array werden deren Inhalte kopiert - und dabei handelt es sich um *Referenzen* auf die verwalteten Objekte. Somit entsteht eine flache Kopie, wie in Abb.12.5 dargestellt. Zwar sind zwei separate Arrays vorhanden, diese enthalten jedoch paarweise identische Referenzen, d.h. referenzieren die selben Objekte. Die Objekte selbst wurden dabei *nicht* kopiert.

Ziel ist eine *tiefe* Kopie der Objekt-Arrays, d.h. zwei separate Arrays mit unabhängigen kopierten Objekten. Dies gelingt nur durch das Erzeugen wertidentischer Objekt-Kopien:

```
Mitarbeiter[] mA = new Mitarbeiter[2];
Mitarbeiter[] mB = new Mitarbeiter[2];
mA[0] = new Mitarbeiter( "Meier" );
mA[1] = new Mitarbeiter( "Huber" );
```

```
mB[2] = new Mitarbeiter( "Fischer" );
// Flache Kopie :
for( int i=0; i<mA.length; i++ ) { mB[i] = mA[i]; }
// Tiefe Kopie: Separate Objekte für Array mB erzeugt
for( int i=0; i<mA.length; i++ ) {
   mB[i] = new Mitarbeiter( new String( mA[i].getName() ) );
}
```

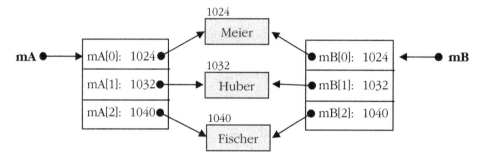

Abb. 12.5: Flache Kopie eines Objekt-Arrays

Falls die Attribute der involvierten Objekte selbst Referenztypen mit innerer Struktur sind, müssen natürlich auch diese erst tief kopiert werden. Das Herstellen einer tiefen wertidentischen unabhängigen Kopie kann also recht aufwendig ausfallen. Deutlich wird, dass es immer wieder erforderlich ist, ausreichend tiefe Objektkopien zu erzeugen. Man spricht dabei auch vom Clonen von Objekten.

12.4   Modellieren mit Arrays

Arrays sind gut handhabbare Datenbehälter, die über ihren Index wahlfreien Datenzugriff gewähren. Allerdings kann *ein* Array nur typkompatible Daten aufnehmen.

So lässt sich z.B. eine *Telefonbuch-Struktur* nicht einfach als zweidimensionales Array darstellen, wenn der Namenseintrag vom Typ String, die zugehörige Telefonnummer jedoch vom Typ int sein soll – String und int können nicht innerhalb desselben zweidimensionalen Arrays verwaltet werden:

Name (String)	**Nummer** (int)
Müller	*789465*
...	...

Um diese zweispaltige Liste mit gemischten Datentypen abzubilden, müssen eindimensionale Arrays mit Objekten kombiniert werden. Zwei Alternativen bieten sich an, die in Abbildung 12.5 gegenübergestellt werden [MOE05].

1. Array mit Eintragsobjekten: Man arbeitet mit einem eindimensionalen Array TBuch, in dem die Telefonbucheinträge als Objekte einer Klasse Eintrag mit den *zwei* Attributen name und nummer gespeichert sind:

```
class Eintrag {
    private String name;        private int nummer;
    public Eintrag( String na, int nr ){ name = na; nummer = nr; }
}
class TelBuch {
    public static void main( String[] args ) {
        Eintrag[] TBuch = new Eintrag[1000];
        TBuch[123] = new Eintrag( "Müller", 78946 ); // Eintragung
    }
}
```

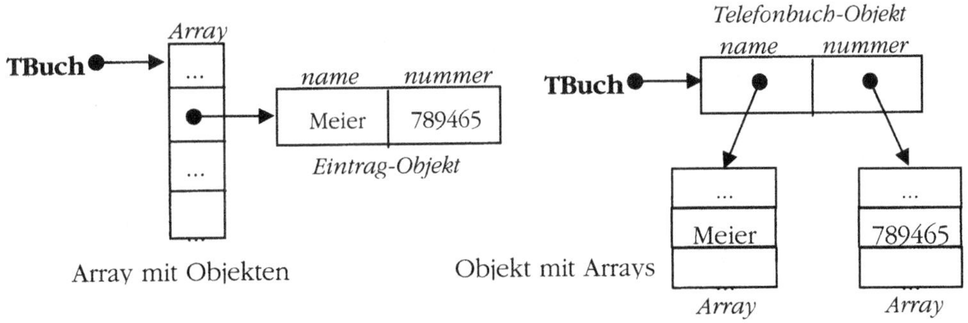

Abb. 12.6: Modellieren mit Arrays und Objekten – Telefonbuch [MOE05]

2. Objekt mit zwei Datenarrays: Man arbeitet mit einem Objekt TBuch der Klasse Telefonbuch, die als Attribute *zwei* eindimensionale Arrays besitzt - ein String-Array name zur Namensspeicherung und ein korrespondierendes int-Array nummer zur Nummernspeicherung:

```
class Telefonbuch {
    private String[] name;        private int[] nummer;
    public Telefonbuch( int n ) {
        name = new String[n];     nummer = new int[n];
    }
    public void setEintrag( int pos, String na, int nr ) {
        name[pos] = na;        nummer[pos] = nr;
    }
}
class TelBuch {
    public static void main( String[] args ) {
        Telefonbuch TBuch = new Telefonbuch( 1000 );
        TBuch.setEintrag( 123, "Müller", 78946 );   // Eintragung
    }
}
```

Das Telefonbuch der ersten Alternative lässt sich problemloser sortieren, ohne dass der korrekte Zusammenhang zwischen Namen und Nummern verloren ginge.

12.4.1   Beispielanwendung: Lottosimulator

Mittels *eindimensionaler* Arrays soll eine Lottosimulation entwickelt werden.

In der Klasse `Lotto` werden Tipp und Ziehung der Lottozahlen in zwei eindimensionalen int-Arrays der Länge 50 aufbewahrt. Eine Methode `lottozahlen()` ermittelt 6 Zahlen zwischen 1 und 49; die Methode wird sowohl für den *Tipp* als auch die *Ziehung* verwendet. Für eine gezogene Zahl (z.B. 15) wird an der entsprechenden *Position* des Arrays zahlen eine 1 eingetragen (`zahlen[15]=1`), d.h. die Index-Positionen des Arrays entsprechen den möglichen Werten: Der Eintrag 1 bedeutet, dass die Lottozahl vorkommt, der Initialwert 0, dass die Lottozahl nicht gezogen bzw. getippt wurde. Eine ermittelte Zufallszahl wird nur verwendet, wenn es sich *nicht* um die 0 handelt und sie *nicht bereits gezogen* wurde. In einer Schleife werden solange Zufallszahlen erzeugt, bis 6 gültige Lottozahlen ermittelt wurden, was durch den Zähler `count` kontrolliert wird. Das gefüllte Array wird zurückgegeben.

Die Anzahl der richtigen Tipps wird durch die Methode `anzahlRichtige()` ermittelt und zurückgegeben. Dazu bekommt die Methode das *Tipp*- und *Ziehungsarray* übergeben und bildet deren *Skalarprodukt*: Nur wenn an übereinstimmenden Positionen eine 1 in *beiden* Arrays steht, wurde richtig getippt – die Summe der Produkte aller Einträge gleicher Indexposition ist die Zahl der "Richtigen".

Nach außen exponiert `Lotto` nur die öffentliche Methode `spiel()`, die einen Tipp und eine Ziehung erzeugt, auswertet und die Zahl der Richtigen zurückgibt.

Die ausführbare Klasse `Ziehung` arbeitet mit einer Lotto-Instanz und führt n Spiele mit deren Methode `spiel()` durch: In einer Schleife wird jedes Mal die Anzahl der Richtigen ermittelt und der Wert an der entsprechenden Indexposition des int-Arrays auswertung der Länge 7 hochgezählt. Die Indexpositionen 0 (Richtige) bis 6 (Richtige) erfassen die möglichen Ausgänge eines Lottospiels. Im Array auswertung wird gespeichert, wie oft 0, 1,..., 6 Richtige während der n Spiele vorkommen. Schliesslich wird der prozentuale Anteil der Spielausgänge ermittelt und ausgegeben.

```
class Lotto {
    private int[] lottozahlen() {
        int zahl;       int count = 0;
        int[] zahlen = new int[50];
        do {
            zahl = (int)( Math.random()*50 );
            if( zahlen[zahl] != 1 && zahl != 0 ) {
                zahlen[zahl] = 1;      count++;
            }
        } while( count < 6 );
        return zahlen;
    }
```

```
    private int anzahlRichtige( int[] tipp, int[] ausgespielt ) {
        int anzahl = 0;
        for( int i=0; i<tipp.length; i++ )
            anzahl = anzahl + tipp[i]*ausgespielt[i];
        return anzahl;
    }
    public int spiel() {
        int[] getippt = lottozahlen();
        int[] gezogen = lottozahlen();
        return  anzahlRichtige( getippt, gezogen );
    }
}

class Ziehung {
    public static void main( String[] args ) {
        Lotto lt = new Lotto();
        int n = IO.promptAndReadInt( "Anzahl Spiele = " );
        int[] auswertung = new int[7];         int richtige;
        for( int i=0; i<=n; i++ ) {
            richtige = lt.spiel();
            auswertung[ richtige ] = auswertung[ richtige ] + 1;
        }
        for( int i=0; i<auswertung.length; i++ ) {
            double p = 100.0 * auswertung[i] / n;
            IO.writeln( i + " Richtige: " + p + " %" );
        }
    }
}
```

```
                          - Konsole -
Anzahl Spiele = 10000000 ↵
0 Richtige: 43.58939 %
1 Richtige: 41.32239 %
2 Richtige: 13.2318 %
3 Richtige: 1.75728 %
4 Richtige: 0.09726 %
5 Richtige: 0.00189 %
6 Richtige: 0.0 %
```

Die Simulation ist nicht ganz realistisch, da zu jedem einzelnen Tipp eine neue Ziehung ermittelt wird – statt viele Tipps mit nur einer zugehörigen Ziehung zu vergleichen. Dies überlassen wir jedoch dem Leser als Übung.

12.4.2   Beispielanwendung: Rohstoff-Endprodukt-Rechner

Zweidimensionale Arrays stellen *Matrizen* dar. Mittels Matrizenmultiplikation können Probleme der Wirtschaftsmathematik elegant gelöst werden, wie z.B. die Berechung des *Zusammenhangs zwischen Rohstoff- und Endproduktmengen* (Abb. 12.6).

In einer Tabelle (Matrix RZ) ist erfasst, aus wieviel Mengeneinheiten (ME) verschiedener Rohstofftypen R_i eine ME eines bestimmten Zwischenproduktes Z_j entsteht. In einer weiteren Tabelle (Matrix ZE) ist angegeben, aus wieviel ME der verschiedenen Zwischenprodukte Z_j eine ME eines bestimmten Endproduktes E_m erzeugt wird. Gefragt ist nach dem direkten Zusammenhang zwischen *Rohstoffmengen und Endproduktmengen*: Aus wieviel ME der verschiedenen Rohstoffe R_i entsteht letztlich eine ME eines bestimmten Endprodukts E_m. Dies soll in einer neuen Tabelle (Matrix RE) dargestellt werden.

Die *mathematische Lösung* lautet: Die gesuchte Matrix RE ergibt sich als das *Matrizenprodukt* der Matrizen RZ und ZE, d.h. RE = RZ * ZE. In einem Programm sollen die entsprechenden *Matrizen als zweidimensionale Arrays* angelegt und mit Werten gefüllt werden. Das Matrizenprodukt soll berechnet und ausgegeben werden.

RZ	Z1	Z2	Z3
R1	4	3	3
R2	2	4	6
R3	1	7	4
R4	3	3	0

*

ZE	E1	E2
Z1	6	5
Z2	4	3
Z3	1	2

=

RE	E1	E2
R1	39	35
R2	34	34
R3	38	34
R4	30	24

Abb. 12.7: Zusammenhang Rohstoffe → Zwischenprodukte → Endprodukte

Das gesamte Problem wird in der ausführbaren Klasse RZERechner gelöst. Die Methode eingabe() erhält Zeilen- und Spaltenzahl als Eingabeparameter, legt ein zweidimensionales Array an und fragt die Werte aller Elemente vom Benutzer ab. Das angelegte Array wird zurückgegeben. Die Methode ausgabe() erhält ein zweidimensionales Array und gibt dieses zeilenweise auf der Konsole aus.

Die zentrale Methode multMatrix() erhält zwei zweidimensionale Arrays als Parameter, legt ein neues zweidimensionales Array result der passenden Dimension (Zeilenzahl Array1 * Spaltenzahl Array2) an und füllt dieses mit den Werten der Matrizenmultiplikation der übergebenen Arrays: Es wird das Skalarprodukt aller Zeilen *i* des ersten Arrays mit allen Spalten *j* des zweiten Arrays berechnet und an der Position [i][j] in result eingetragen. Das Array result wird zurückgegeben.

In main() werden die Arrays rzArr und zeArr angelegt. Zeilen- und Spaltenzahlen sind vom Benutzer einzugeben. Die gesuchte Lösung reArr wird mittels der Methode multMatrix() berechnet und ausgegeben – jedoch nur, wenn die vom Benutz vorgegebenen Längen mit den Regeln der Matrizenmultiplikation vereinbar sind: Die Spaltenzahl der ersten Matrix muss gleich der Zeilenzahl der zweiten Matrix sein, andernfalls ist das Matrizenprodukt nicht definiert.

```
class RZERechner {
```

```java
public static int[][] eingabe( int z, int s ) {
   int[][] matrix = new int[z][s];
   for( int i=0; i<matrix.length; i++ ) {   // Zeilen
      for( int j=0; j<matrix[0].length; j++ ) {   // Spalten
         matrix[i][j] = IO.promptAndReadInt(
                        "Element (" + i + "," + j + ") = " );
      }
   }
   return matrix;
}
public static void ausgabe( int[][] m ) {
   for( int i=0; i<m.length; i++ ) {   // Zeilen
      for( int j=0; j<m[0].length; j++ ) {   // Spalten
         IO.write( m[i][j] + "   " ); // In einer Ausgabezeile
      }
      IO.writeln();   // Zeilensprung nach kompletter Zeile
   }
}
public static int[][] multMatrix( int[][] m1, int[][] m2 ) {
   int[][] result = new int[m1.length][m2[0].length];
   for( int i=0; i<m1.length; i++) {   // Zeilen m1
      for( int j=0; j<m2[0].length; j++) {   // Spalten m2
         int sum = 0;
         for( int k=0; k<m2.length; k++ ) {   // Skalarprodukt
            sum = sum + m1[i][k]*m2[k][j];
         }
         result[i][j] = sum;
      }
   }
   return result;
}
public static void main( String[] args ) {
   int rzZeilen  = IO.promptAndReadInt( "Zeilen RZ  = " );
   int rzSpalten = IO.promptAndReadInt( "Spalten RZ = " );
   int zeZeilen  = IO.promptAndReadInt( "Zeilen ZE  = " );
   int zeSpalten = IO.promptAndReadInt( "Spalten ZE = " );
   if( rzSpalten != zeZeilen ) {   // Dimensionskontrolle
      IO.writeln( "Dimensionen nicht kompatibel!" );
      return;
```

```
        }
    int[][] rzArr = eingabe( rzZeilen, rzSpalten );
    int[][] zeArr = eingabe( zeZeilen, zeSpalten );
    int[][] reArr = multMatrix( rzArr, zeArr );
    ausgabe(  reArr  );
    }
}
```

Nachdem wir nun über ein solides Grundverständnis der Objektorientierung verfügen, werden wir in den nächsten Kapiteln ganz neue strukturelle und konzeptionelle Möglichkeiten durch die Techniken der Vererbung und Polymorphie kennen lernen.

13 Vererbung

Professionelle Softwareentwicklung verlangt nach Vorfertigung und *Wiederverwendung* von Konzepten (Wissen) und Komponenten, um Entwicklungsaufwand nicht mehrfach durchlaufen zu müssen. Die einfache Wiederverwendung existierenden Programmcodes per Cut&Paste erfordert zwar keinen Entwicklungsaufwand, dupliziert aber identische Codestrecken und erschwert die Wartung des Codes erheblich. Die Objektorientierung stellt überzeugendere Konzepte zur Verfügung – sicherlich auch ein Grund für deren Siegeszug während der letzten zwei Jahrzehnte.

Wir haben bereits die *Assoziation* kennen gelernt, mit der eine Klasse die Dienste anderer Klassen nutzen kann: Eine Klasse enthält Attribute vom Typ anderer Klassen und greift auf deren öffentliche Schnittstelle zu.

Ein noch mächtigeres Mittel objektorientierter Wiederverwendung ist *Vererbung* (Inheritance): Eine Klasse *erbt* von anderen Klassen und kann auf deren nicht-private Elemente direkt zugreifen, als hätte sie diese selbst implementiert – sowohl innerhalb ihres eigen Klassencodes als auch über ihre Objekte. Zudem eröffnen sich innerhalb von Vererbungshierarchien faszinierende Möglichkeiten generischer, polymorpher Programmierung (Kapitel 14).

Vererbung ist ein wichtiges Konzept, um die Komplexität von Software zu vermindern, Entwicklungskosten zu verringern und die Entwicklung neuer Anwendungen zu beschleunigen [HOR02]. Allerdings dient Vererbung nicht nur der bloßen Wiederverwendung von Klassencode. Vielmehr erfüllt Objektorientierung auch hier den Anspruch, die Welt in ihren Strukturen modellieren und abbilden zu können. Oft stößt man dabei auf *hierarchische Begriffsklassifizierungen* – und genau diese können durch *Vererbung* dargestellt und ausgedrückt werden.

13.1 Vererbungshierarchien

Die Dinge der realen Welt kommen in vielen Varianten und Ausprägungen vor, die sich hierarchisch klassifizieren lassen. Auf diese Weise entsteht ein Begriffssystem, in das sich die konkreten Exemplare einordnen lassen.

13.1.1 Begriffs- und Klassenhierarchien

Aus dem Bereich der Biologie sind Begriffshierarchien wohl vertraut: Das Tierreich lässt sich einteilen in Wirbeltiere und Wirbellose. Bei Wirbeltieren finden sich u.a. Säugetiere und Fische. Bei Säugetieren lassen sich u.a. Primaten und Huftiere unterscheiden usw. Aber auch in ganz anderen Bereichen stoßen wir auf Begriffshierarchien, wie in Abbildung 13.1 vorgestellt: Der allgemeine *Oberbegriff* Person findet im Kontext einer Firma seine *konkretere* Ausprägung im Begriff des Mitarbeiters bzw. des Kunden. Bei Mitarbeitern kann unterschieden werden zwischen Praktikanten und Angestellten. Angestellte kommen in den konkreten Ausprägungen Tarifangestellter und Außertarifangestellter vor. Ein sehr spezieller Außertarifangestellter ist der Geschäftsführer.

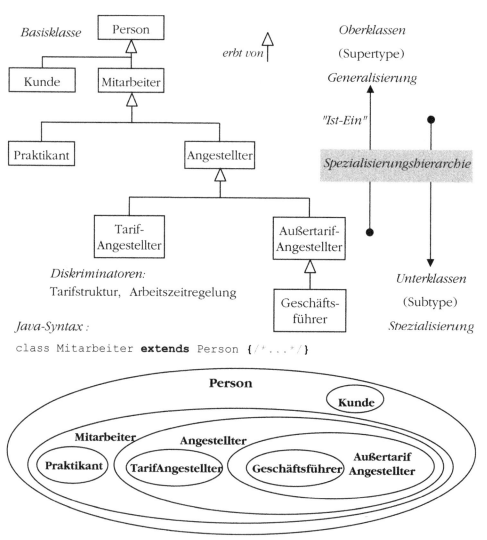

Abb. 13.1: Begriffshierarchie als Vererbungs- (UML) und Mengendiagramm

Es entsteht eine baumartig verzweigte Begriffs- und Spezialisierungshierarchie über mehrere Ebenen. Den einzelnen *Begriffsklassen* lassen sich konkrete Exemplare zuordnen. Weit oben finden wir recht allgemeine *Oberbegriffe* (*Oberklassen*), die durch davon abgeleitete *Unterbegriffe* (*Unterklassen*) immer weiter spezialisiert werden. Hierarchisch tiefer stehende Begriffsklassen sind speziellere Ausprägungen übergeordneter Begriffsklassen. Beim Gang "nach unten" unternimmt man eine begriffliche *Spezialisierung*, beim Gang "nach oben" eine *Generalisierung*. Meist lassen sich wenige Kriterien ausmachen, die die Spezialisierung bestimmen, sogenannte Diskriminatoren: In dem Beispiel wären Tarifstruktur und Arbeitszeitregelung solche Diskriminatoren.

Zugleich entsteht eine begriffliche *Vererbungshierarchie*: Die spezialisierten Begriffsklassen besitzen (erben) Eigenschaften und Verhaltensweisen aller übergeordneten Begriffe (Klassen) entlang der Vererbungslinie – haben aber noch *weitere* Eigenschaften und Verhaltensweisen, die die Oberbegriffe spezialisieren: Jeder Angestellte ist Mitarbeiter und auch Person, verfügt aber über zusätzliche Eigenschaften und Verhaltensweisen, die ihn z.B. von Praktikanten oder Freiberuflern unterscheiden.

Deutlich wird, wie *Hierarchisierung, Vererbung und Wiederverwendung* einander bedingen: Eigenschaften und Verhaltensweisen der Oberbegriffe werden innerhalb der Hierarchie an die Unterbegriffe weitergegeben (vererbt) und in diesen zur Charakterisierung wiederverwendet, ergänzt um weitere spezielle Kennzeichnungen.

Ein wichtiger *semantischer Test* auf sinnvollen Aufbau einer begriffliche Vererbungshierarchie, ist die *Ist-ein*-Relation: Die Vertreter der Unterbegriffe müssen sich als spezielle Ausprägungen der Oberbegriffe ansprechen lassen. Es muss semantisch sinnvoll sein, zu sagen: *Ein (jeder) Unterklassen-Vertreter ist zugleich auch ein spezieller Vertreter aller übergeordneten Oberklassen*. Im Beispiel (Abb. 13.1) gilt: Jeder Außertarifangestellte ist ein spezieller Angestellter. Jeder Angestellte ist ein Mitarbeiter. Jeder Mitarbeiter ist eine Person, jeder Außertarifangestellte ist eine Person. Beim Begriff des Kunden könnte unsere Modellierung bereits versagen, falls als Kunden außer natürlichen Personen auch Firmen, Institutionen, Vereine etc. auftreten!

Nur wenn die *Ist-ein*-Relation durchgängig erfüllt ist, macht die Hierarchie semantisch Sinn, wenn nicht, so resultiert Begriffsverwirrung. Natürlich gilt die *Ist-ein*-Relation nur in Richtung Verallgemeinerung (von unten nach oben), nicht umgekehrt: Nicht jede Person ist ein Mitarbeiter, nicht jeder Mitarbeiter ein Angestellter.

Auch durch Mengendiagramme (Abb. 13.1) lassen sich die Verhältnisse übersichtlich darstellen: Die Unterklassen-Elemente sind eine Teilmenge aller Oberklassen.

13.1.2   Klassen und Vererbung

Diese abstrakten Zusammenhänge werden in der Objektorientierung konkret auf *Beziehungen zwischen Klassen* übertragen: Unterklassen können von Oberklassen deren öffentliche Methoden und Attribute durch Vererbung übernehmen und direkt in ihrer Implementierung verwenden. Weitere selbst implementierte, spezielle Attribute und Methoden können hinzugefügt werden. Die Unterklassen erben von ihren *direkten und indirekten* Oberklassen entlang der Vererbungshierarchie. Die oberste Oberklasse wird *Wurzelklasse* oder *Basisklasse* genannt. Man spricht auch von *Ableitung* einer Unterklasse von der Oberklasse via Vererbung.

Wichtig ist die Unterscheidung zwischen *Einfach-* und *Mehrfachvererbung*. Java erlaubt (im Gegensatz zu C++) nur Einfachvererbung zwischen Klassen:

Einfachvererbung bedeutet, dass jede Unterklasse nur *eine direkte* Oberklasse hat. Von jeder Unterklasse führt nur ein einziger Weg zu ihren Oberklassen. Es entsteht eine *Baumstruktur* mit einer einzigen Wurzelklasse.
Mehrfachvererbung bedeutet, dass eine Unterklasse *mehrere direkte* Ober-

> klassen besitzen kann. Von Unterklassen führen *mehrer* Wege zu Oberklassen. Es liegt keine einfache Baumstruktur mehr vor.

Bei Mehrfachvererbung kann ein unübersichtliches Vererbungsgeflecht entstehen, das zusätzlichen technischen und syntaktischen Aufwand erfordert.

Jede Unterklasse (subclass) ist eine *Spezialisierung* ihrer Oberklassen (superclass): Beim Aufbau einer Klassenhierarchie sollten die Oberklassen allgemeine Methoden und Attribute bereitstellen, die auch in Unterklassen sinnvoll verwendbar sind. Die Unterklassen können in ihrer Implementierung die geerbten Attribute und Methoden verwenden und durch *zusätzliche spezielle* Attribute und Methoden ergänzen, die erst für die Unterklasse definiert sind. Vererbung sollte nur zur Modellierung von Spezialisierung verwendet werden [EIL10].

So verfüge die Oberklasse Person z.B. über das Attribut alter. Dies wird an die Klasse Mitarbeiter vererbt – auch jeder Mitarbeiter hat ein bestimmtes Alter. Erst in der Klasse Mitarbeiter existiert jedoch das Attribut firma – nicht alle Personen sind Mitarbeiter und verfügen somit nicht über deren spezielle Eigenschaften. Entsprechend könnten die noch spezielleren Klassen Angestellter und Praktikant über spezifische Methoden zur Gehaltsberechnung verfügen.

Indem man Coding in einer Oberklasse *konzentriert*, können alle erbenden Klassen darauf zugreifen, ohne Codestrecken duplizieren zu müssen. Die Oberklasse bleibt bezüglich ihres Coding der alleinige Ort für Tests, Anpassung, Fehlersuche.

> Vererbung ist auch ein weiteres **Mittel der Strukturierung**: Die benötigte Funktionalität kann auf verschiedene Ober- und Unterklassen verteilt werden. Es ist nicht erforderlich, sie in einer einzigen großen und unhandlichen Klassen zu konzentrieren – dennoch steht sie den Unterklassen zur Verfügung, als wäre sie dort implementiert.

In der *UML* wird die Vererbungsbeziehung durch *Pfeile* zwischen den Klassensymbolen dargestellt, mit *Pfeilrichtung* von der Unterklasse zur direkten Oberklasse. Der Pfeil sagt aus, von welcher Oberklasse eine Unterklasse direkt erbt, verläuft also in Richtung der *Ist-ein*-Relation. Das Diagramm könnte nur die Namen der beteiligten Klassen enthalten, oder auch deren komplette Klassensignatur.

13.2   Vererbung in Java

Eine Java-Klasse erbt von einer anderen Java-Klasse, indem sie das *Schlüsselwort* extends gefolgt vom *Oberklassennamen* im Kopf ihrer Klassendeklaration einsetzt. Die Bezeichnung extends beschreibt den Sachverhalt: Die Unterklasse erbt die öffentliche Schnittstelle und Funktionalität ihrer Oberklasse und kann diese durch zusätzliche, unterklassenspezifische Attribute und Methoden erweitern.

13.2.1   Zugriff auf geerbte Elemente

In den Beispielen ist das Klassencoding sehr einfach gehalten, um die Vererbungsverhältnisse deutlich zu machen. Nur um auch die Attributvererbung zu demonstrieren, nehmen wir public-Attribute auf.

```
class Person {    // Oberklasse
    private String name;
    public static int anzahl = 0;
    public int alter;
    public Person( String n ) { name = n;   anzahl++; }
    public Person() {  this("N.N.");  }
    public String getName() { return name; }
    public void setName( String n ) {  name = n;  }
}
class Mitarbeiter extends Person {    // Unterklasse
    private String firma;
    public Mitarbeiter( String n, int a, String f ) {
        firma = f;    alter = a;
        setName( n );
    }
    public String getInfo( ) {
        String info = getName() + " " + alter + " " + anzahl;
        return info + " " + firma;
    }
    public String getFirma( ) { return firma; }
}
class Betrieb {
    public static void main( String[] args ) {
        Mitarbeiter m = new Mitarbeiter( "Huber", 25, "SAP" );
        Mitarbeiter.anzahl = 100;
        m.alter = 30;
        IO.writeln( "Daten" + m.getInfo() );
        IO.writeln( "Name = " + m.getName() );
    }
}
```

Die Klasse Mitarbeiter erbt von der Oberklasse Person deren öffentliche Elemente und *erweitert* das "Erbe" durch die Mitarbeiter-spezifischen Methoden getInfo() und getFirma()und das Attribut firma. In der Unterklasse Mitarbeiter sind dadurch *alle öffentlichen Elemente* – die Methoden getName() und setName() und das Attribut alter – der Oberklasse direkt ansprechbar.

Somit kann die Unterklasse Mitarbeiter über diese in ihrer Klassen-Implementierung verfügen. Aber auch Mitarbeiter-*Objekte* können direkt auf geerbte Elemente zugreifen, als hätte die Klasse Mitarbeiter diese selbst implementiert. Jedes Mitarbeiter-Objekt verfügt auch über die öffentlich zugreifbaren Methoden `getName()` und `setName()` und das Attribut `alter`, neben Elementen, die in `Mitarbeiter` selbst zusätzlich implementiert sind.

> Die *öffentlichen Elemente* (Attribute und Methoden) der Oberklasse stehen innerhalb des Codings der erbenden Unterklassen und auch für deren Objekte zum *direkten Zugriff* zur Verfügung. Dabei kann es sich um nicht-statische ebenso wie statische Elemente handeln.

Vererbung funktioniert nur in einer Richtung: Die Unterklasse verfügt über eigene und geerbte Methoden und Attribute, während für Oberklassen die Methoden und Attribute ihrer Unterklassen nicht sichtbar sind.

Ober- und Unterklassen können im gleichen `.java`-File implementiert sein, oder auch in verschiedenen Quellcodefiles. Um von einer Java-Klasse abzuleiten ist deren Quellcode nicht erforderlich, der Bytecode (`.class`-File) genügt.

Anmerkung: Eine *zyklische*, wechselseitige Vererbung zwischen zwei oder mehr Klassen wird vom Compiler zurückgewiesen. Das Coding:

```
class A extends B { /*...*/ }    class B extends A { /*...*/ }
```

produziert die Fehlermeldung `cyclic inheritance`, ebenso wie:

```
class A extends C {}  class B extends A {}  class C extends B {}
```

13.2.2   Kein Unterlaufen der Kapselung

In Unterklassen sind alle öffentlichen Methoden und Attribute aller ihrer Oberklassen verfügbar. Jedoch haben die erbende Unterklasse und ihre Objekte ebenso wie jede andere Klasse *keinen Zugriff auf die privaten Elemente* der Oberklassen. Diese bleiben das Implementierungsgeheimnis der Oberklasse und sind unter ihrer öffentlichen Schnittstelle verborgen. Private Elemente der Oberklasse werden nicht vererbt.

> **Nur** die **öffentlichen Elemente** einer Klasse werden **vererbt**, nicht ihre privaten Elemente. Die Schnittstelle und Kapselung einer Oberklasse kann auch durch Vererbung *nicht unterlaufen* werden.

Der Compiler verhindert den Zugriff auf private Oberklassenelemente. Somit ist folgende `Mitarbeiter`-Methode `getInfo()` fehlerhaft:

```
class Mitarbeiter extends Person {
    // ...        Fehler: name privat in Oberklasse Person!
    public String getInfo( ) {
        return name + " " + alter + " " + firma;
    }
}
```

Der Compiler meldet: `name has private access in Person`.

Durch Unterklassen ist jedoch durchaus ein *indirekter* Zugriff auf private Elemente der Oberklasse möglich sein - über entsprechende öffentliche Methoden der Oberklasse. In unserem Beispiel kann die Unterklasse Mitarbeiter über die geerbten öf-

fentlichen Methoden `getName()` und `setName()` den Wert des privaten Attributs
name der Oberklasse abfragen und verändern.

Mit den Unterklassenobjekten werden deshalb auch zugehörige Oberklassenobjekte
und ihren Daten im Speicher gehalten. Diese werden automatisch mit den Unterklassenobjekten erzeugt. Auch dazu finden Konstruktoraufrufe statt. Die Objekterzeugung in Klassenhierarchien muss somit noch gesondert untersucht werden.

Neben den Zugriffspezifikationen `public` (wird vererbt) und `private` (wird nicht
vererbt) existiert in Java auch die Zugriffsspezifikation `protected`. Diese regelt
Vererbung innerhalb des Java-Paketkonzepts, auf das wir in Kapitel 15 eingehen.
Auf `private`-Elemente hat nur die Klasse selbst direkten Zugriff, auf `public`-
Elemente die Klasse, ihre Unterklasse (via Vererbung) und auch alle anderen Klas-
sen (via Objekterzeugung).

13.2.3   Aufruf des Oberklassenkonstruktors

Aus dem Unterklassen-Konstruktor heraus *kann* ein vorhandener Oberklassen-
Konstruktor mit passenden Parametern aufgerufen werden. Dazu dient der Methodenaufruf `super()`, dem im angepasten Beispiel ein String mitgegeben wird:

```
class Mitarbeiter extends Person {      // Nutzung super()
    private String firma;
    public Mitarbeiter( String n, int a, String f ) {
        super( n );   // Aufruf Oberklassenkonstruktor von Person
        firma = f;    alter = a;
    }
    // ...
}
```

> **Konstruktoren** werden nicht vererbt. Die Unterklassen müssen im Bedarfs-
> fall eigene Konstruktoren implementieren, können aber aus diesen mittels
> **super()-Aufruf** einen Konstruktor der *direkten* Oberklasse aufrufen.

Wenn verwendet, muss der `super()`-Aufruf die *erste* Anweisung im Unterklassen-
konstruktor sein – folglich kann er nicht mehrfach im selben Konstruktor erfolgen.

Durch `super()` wird der passende Konstruktor der direkten Oberklasse aufgerufen
– vielleicht verfügt diese ja über mehrere überladene Konstruktoren. Die Parameter
werden übergeben und der Oberklassen-Konstruktor abgearbeitet. Danach kehrt der
Aufruf zurück und die Abarbeitung des Unterklassen-Konstruktors wird fortgesetzt.
Auf diese Weise können z.B. private, nicht direkt zugängliche Attribute der Oberklasse (hier: Attribut name) durch Unterklassen mit Initialwerten bei der Objekterzeugung versehen werden.

Folgendes schematisches Beispiel zeigt eine Folge aufsteigender `super()`-Aufrufe.
Stets wird der mit `super()` aufgerufene Konstruktor komplett abgearbeitet, ehe der
Kontrollfluss hinter dem jeweiligen `super()`-Aufruf fortsetzt:

```
class Oben {
```

```
      public Oben( int n ) { IO.write( "Oben mit " + n + "    "); }
}

class Mitte extends Oben {
   public Mitte( int m ) {
      super( 2*m );        IO.write( "Mitte mit " + m + "    ");
   }
}

class Unten extends Mitte {
   public Unten( int k ) {
      super( 2*k );        IO.write( "Unten mit " + k );
   }
   public static void main( String[] args) {
      Unten u1 = new Unten( 10 );
   }
}
```

– Konsole –
Oben mit 40   Mitte mit 20   Unten mit 10

Anmerkung: Der super()-Aufruf erinnert an den this()-Aufruf. Durch super() wird ein passend parametrisierter Konstruktor der direkten Oberklasse aufgerufen, durch this() ein passend parametrisierter Konstruktor der eigenen Klasse. Da sowohl this() als auch super() erste Anweisung im Konstruktor sind, können nicht beide Anweisungen im selben Konstruktor auftreten.

13.2.4   Vorgänge bei Instanziierung von Unterklassenobjekten

Der super()-Aufruf zeigt an, dass bei Erzeugung eines Unterklassenobjekts auch Oberklasseobjekte im Speicher angelegt werden:

> Wird ein Unterklassenobjekt erzeugt, so wird durch die JVM auch *automatisch* für *alle Oberklassen* ein *Objekt* im Speicher angelegt.

In diesen Oberklassenobjekten werden die Werte vererbter öffentlicher Attribute gespeichert, die für die Unterklasse und ihre Objekte direkt zugreifbar sind. Durch geerbte öffentliche Methoden und super()-Aufrufe können indirekt auch private Attribute der Oberklasse angesprochen werden. Auch deren Werte werden in dem automatisch erzeugten Oberklassenobjekt abgelegt.

Abbildung 13.2 skizziert die Vorgänge: Die Erzeugung eines Mitarbeiter-Objekts führt auch zum Anlegen eines Personen-Objekts.

Auf die automatisch angelegten Objekte hat man keinen direkten Zugriff, jedoch werden sie über die Unterklasse und ihre Objekte indirekt angesprochen. Durch Konstruktorausgaben kann man sich von der *automatischen Objekterzeugung* in einer Klassenhierarchie überzeugen:

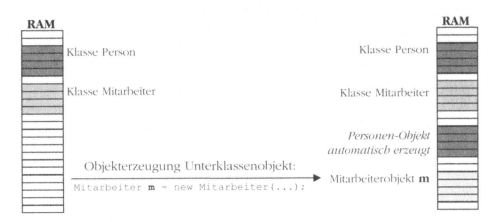

Abb. 13.2: Automatische Erzeugung von Oberklassenobjekten

```
class Oben {
    public Oben( ) { IO.write( "Oben/ " ); }

}
class Mitte extends Oben {
    public Mitte( ) { IO.write( "Mitte/ " ); }

}
class Unten extends Mitte {
    public Unten( ) { IO.write( "Unten/ " ); }
    public static void main( String[] args) {
        Unten u1 = new Unten( );
    }

}
```

– Konsole –
Oben/ Mitte/ Unten/

Ohne dass ein super()-Aufruf erfolgt, werden bei Erzeugung des Unterklassenobjekts u1 die parameterlosen Oberklassen-Konstruktoren *automatisch* aufgerufen.

> Wenn in den Unterklassen-Konstruktoren *keine expliziten* super()-Aufrufe enthalten sind, dann *setzt doch der Compiler* einen *parameterlosen* super()-Aufruf ein, so dass **Oberklassenobjekte automatisch erzeugt** werden.

Die *Reihenfolge* der Objekterzeugung entspricht dem Pfad durch die Vererbungshierarchie von der Basisklasse bis zur konkreten Unterklasse: Zuerst werden die Oberklassenobjekte erzeugt, erst zuletzt wird das Unterklassenobjekt angelegt.

Zu beachten ist: Exceptions, die aus der Abarbeitung des Oberklassen-Konstruktors resultieren, können im Unterklassen-Konstruktor nicht abgefangen werden. Wenn die Erstellung der Oberklassen-Objekte scheitert, so ist dieser schwerwiegende Schiefstand im Unterklassen-Konstruktor nicht mehr zu bereinigen.

13.2.5   Konstruktoren in Klassenhierarchien

Enthalten die Unterklassen-Konstruktoren keinen super()-Aufruf, wird ein parameterloser super()-Aufruf durch den Compiler automatisch generiert. Dieser Aufruf stellt kein Problem dar, wenn die Oberklasse entweder u.a. einen parameterlosen Konstruktor oder aber gar keinen Konstruktor implementiert. Denn im zweiten Fall steht dann der parameterlose Standardkonstruktor zur Verfügung, so dass der super()-Aufruf gelingt.

Problematisch ist jedoch eine Oberklasse, die *nur parametrisierte Konstruktoren* implementiert. Diese besitzt keinen parameterlosen (Standard-) Konstruktor, so dass der vom Compiler generierte super()-Aufruf fehlschlägt:

```
class Oben {    // Hat keinen parameterlose Konstruktor

    public Oben( int n ) { IO.writeln( "Oben: " + n ); }

}

class Unten extends Oben {

    public Unten( ) {    // Fehler!!

        // Compiler setzt ein: super() → schlägt fehl!

        IO.writeln( "Unten" );

    }

    public static void main( String[] args) {

        Unten u = new Unten( );

    }

}
```

Der Compiler sucht vergeblich einen parameterlosen Konstruktor in Oben und moniert: cannot resolve symbol symbol: constructor Oben()

Abhilfe schafft, der Oberklasse einen (eventuell funktionslosen) parameterlosen öffentlichen Konstruktor hinzuzufügen: public Oben(){ /* ... */ }

In Tabelle 13.1 sind die möglichen Fälle zusammengefasst.

> Will man Vererbung einsetzen, so muss man sich mit dem super()-Mechanismus auseinandersetzen.

13.3   Überschreiben (Overriding)

Die geerbten Attribute und Methoden aller Oberklassen stehen der Unterklasse direkt zur Verfügung. Allerdings ist denkbar, dass eine Unterklasse nicht das komplette Methoden- oder Attribut-Erbe "antreten" möchte: Eventuell soll sie *spezialisierte Methoden* implementieren mit gleichem Namen und Signatur aber anderer Implementierung als geerbte Oberklassenmethoden. Oder *namensgleiche Attribute anderen Datentyps* als geerbte Oberklassenattribute sollen angelegt werden.

Beispielsweise könnte von der Klasse `Mitarbeiter` die Klasse `Angestellter` abgeleitet werden, die über eine anders implementierte Methode `getInfo()` verfügen, oder ein Attribut `alter` vom Typ `double` statt `int` besitzen soll.

Oberklasse O	Unterklasse U	Folge
Hat *nur* parametrisierte Konstruktoren	a) Ruft *parametrisierten* O-Konstruktor auf: `U(){ super( n1, c1,… ); }`	OK!
	b) Ruft *keinen* O-Konstruktor auf: Compiler generiert: `super();`	***Fehler!***
Hat *auch* parameterlosen Konstruktor	a) Ruft *parameterlosen* O-Konstruktor auf: `U(){ super(); }`	OK!
	b) Ruft *keinen* O-Konstruktor auf: Compiler generiert: `super();`	OK!
Hat *keinen* Konstruktor ⇒ parameterloser Standarkonstruktor zur Vfg.	Ruft *keinen* O-Konstruktor auf: Compiler generiert: `super();`	OK!

Tab. 13.1: Konstruktoren in Klassenhierarchien – mögliche Fälle

Natürlich könnte die Unterklasse `Angestellter` dazu einfach *neue* Methoden- und Attributnamen einführen, wie `getInfoAngestellter()` oder `alterAngestellter`. Jedoch würden auf diese Weise für *semantisch äquivalente* Dinge neue Namen eingeführt: In der Unterklasse `Angestellter` gäbe es ein Nebeneinander geerbter und angepasster Methoden und Attribute. Entlang einer Vererbungshierarchie würden sich immer mehr durch Vererbung weitergegebene *Methoden- und Attributvarianten anhäufen* und die Schnittstellen der Unterklassen bis zur Unübersichtlichkeit aufblähen – was dem Grundsatz schlanker Schnittstellen widerspricht. Neue Namen für Methoden und Attribute sollten in Unterklassen nur für semantisch neue Elemente verwendet werden. Der Mechanismus des Überschreibens (overriding, engl.: sich hinwegsetzen) von Methoden- und Attributnamen löst das Problem elegant ohne zusätzliche Namen einzuführen und die Verwender zu verwirren.

13.3.1 Überschreiben von Methoden

Das *Überschreiben von Methodennamen* (*method name overriding*) erlaubt, geerbte Methoden in den Unterklassen zu spezialisieren und unter gleichem Namen flexibel an unterklassenspezifische Bedürfnisse anzupassen, um z.B. andere interne Datenformate zu verwenden, zusätzliche Restriktionen, Invarianten und Prüfungen durchzusetzen oder die entsprechende Funktionalität zu verändern.

Die Klassenhierarchie `Person` ← `Mitarbeiter` wird durch die Unterklasse `Angestellter` erweitert. Diese überschreibt die geerbte Methode `getInfo()`, um ihr zusätzliches Attribut `gehalt` einzubringen:

```
class Angestellter extends Mitarbeiter {
    private double gehalt;
    public Angestellter( String n, int a, String f, double g ) {
        super( n, a, f );
        gehalt = g;
    }
    public String getInfo() {
        String info = getName() + " " + alter + " " + anzahl;
        return info + " " + getFirma() + " " + gehalt;
    }
}
```

Die Klasse Angestellter erbt von Person und Mitarbeiter. Obgleich sie die Mitarbeiter-Methode getInfo() erbt, implementiert sie eine eigene, angepasste Variante. Beim Aufruf innerhalb der Klasse Angestellter und auf Angestellter-Objekten wird diese Angestellter-spezifische Methode aufgerufen – nicht die geerbte getInfo()-Methode aus Mitarbeiter. Die gerbte Methode getInfo() wird durch Überschreiben *verdeckt*:

```
class Betrieb {
    public static void main( String[] args ) {
        Angestellter a = new Angestellter("Huber",25,"SAP", 3000);
        IO.writeln( "Angestellter: " + a.getInfo() );
        Mitarbeiter m = new Mitarbeiter("Meier",30,"IBM");
        IO.writeln( "Mitarbeiter:  " + m.getInfo() );
    }
}
```

- Konsole -
Angestellter: Huber 25 1 SAP 3000.0
Mitarbeiter: Meier 30 2 IBM

Für Mitarbeiter-Objekte wird weiterhin die Mitarbeiter-Methode getInfo() aufgerufen.

> **Überschreiben einer Methode** bedeutet Deklaration einer Unterklassen-Methode mit *gleicher Signatur* (Methodenkopf: Name, Parameter, Rückgabewerte) wie in der Oberklasse, jedoch *anderer Implementierung* (Methodenkörper).

Der Rückgabetyp darf sich beim Überschreiben nicht ändern. Nicht-statische geerbte Methoden können nur nicht-statisch überschrieben werden, statische geerbte Methoden nur durch statische Methoden. Eine weitere *wichtige Regel*, die der Compiler überwacht, lautet:

> Beim Überschreiben von Methoden in Unterklassen dürfen ursprüngliche *Zugriffsrechte nicht eingeschränkt* werden. Die Unterklasse darf hier hinsicht-

> lich der Zugriffsrechte *nicht strenger* sein als ihre Oberklassen. Sinn der Regel
> ist, dass beim Überschreiben die Schnittstelle (der Vertrag) der Oberklasse
> auch in der angepassten Unterklassen-Implementierung eingehalten wird.

Eine `public`-Methode der Oberklasse darf in der Unterklasse nicht durch eine
`private`- oder `protected`-Variante überschrieben werden. Deklarierte man in
Angestellter die Methode **private** `getInfo(){}`, so meldet der Compiler: `Cannot reduce the visibility of the inherited method from Mitarbeiter`.

Anmerkung: Man verwechsle nicht das *Überschreiben* (overriding) und *Überladen*
(overloading) von Methodennamen. Überschreiben bewirkt Verdecken geerbter Methoden in Unterklassen. Überladen erlaubt mehrere gleichnamige Methoden unterschiedlicher Parameterleisten innerhalb einer Klasse.

Das irrtümliche "Überschreiben" einer geerbten Oberklassenmethode durch eine Unterklassenmethode anderer Parametrisierung bedeutet in Wirklichkeit ein Überladen
der geerbten Methode in der Unterklasse. Somit würde die folgende modifizierte
Klasse Angestellter zwei Methoden `getInfo()` besitzen – die von Mitarbeiter
geerbte Fassung und ihre überladene Version:

```
class Angestellter extends Mitarbeiter {
    // ...
    public String getInfo( double g ) { /* ... */ }
}
```

Um ein unbeabsichtigtes Überladen zu verhindern kann ab Java5 die *Annotation*
`@Override` verwendet werden. Dadurch prüft der Compiler, ob die geerbte Methode wirklich überschrieben oder (unabsichtlich) überladen wird:

```
class Angestellter extends Mitarbeiter {
    // ...
    @Override       // Hier: Compilerfehler!
    public String getInfo( double g ) { /* ... */ }
}
```

Annotationen dienen als Quellcode-Marker, die durch verschiedenste Tools (nicht
unbedingt Compiler) ausgewertet werden können. Semantik und Ausführung des
Programms werden dadurch nicht direkt beeinflusst. Neben vordefinierten Annotationen wie `@Override` können Annotationen auch selbst definiert werden. Weitere
Informationen dazu finden sich auf unserer Webseite.

Super-Aufrufe geerbter verdeckter Methoden:

Auch nach Überschreiben geerbter Methoden in der Unterklasse können diese verdeckten Methoden weiterhin im Coding der Unterklasse aufgerufen werden. Überschrieben Methoden lassen sich mittels **super-Referenz** auf die vererbende Oberklasse explizit aufrufen. Die Syntax des super-Aufrufs lautet:

```
super.methodenname( parameter, ... );
```

Dies garantiert Flexibilität: In unserem Beispiel dupliziert die Methode getInfo()
von Angestellter einen Grossteil des Codings der überschriebenen Mitarbeiter-Methode. Ein super-Aufruf der Oberklassenmethode ist viel eleganter:

```
class Angestellter extends Mitarbeiter {
    private double gehalt;
    public Angestellter( String n, int a, String f, double g ) {
        super( n, a, f );     // Oberklassen-Konstruktoraufruf
        gehalt = g;
    }
    public String getInfo( ) {
        // Aufruf geerbter Methode durch Oberklassenreferenz:
        return super.getInfo( ) + " " + gehalt;
    }
}
```

Durch den super-Aufruf wird die geerbte Methode getInfo() aufgerufen und
innerhalb der überschriebenen Variante wiederverwendet. Trotz Überschreiben stehen geerbte Methoden in der Unterklasse weiterhin "original" zur Verfügung.

Das Überschreiben geerbter Methoden dient auch zur Einführung zusätzlicher semantischer oder technischer Konsistenzprüfungen in der Unterklasse. Vererbung bedeutet nicht nur bloße Wiederverwendung sondern auch Spezialisierung und Anpassung. So ist in folgendem Beispiel ein Überbuchen eines Fluges ist mit Unterklassenobjekten nicht mehr möglich, obwohl die geerbte allzu optimistische Oberklassenmethode mittels super-Referenz wiederverwendet wird:

```
class Flug {
    private int buchungen;
    public void buche( ) { buchungen++; }
    public int getBuchungen( ){ return buchungen; }
}
class GepruefterFlug extends Flug  {
    private int kapazitaet;
    public GepruefterFlug( int kap ) { kapazitaet = kap; }
    public  void buche( ) {  // erst Voraussetzungen testen:
        if( getBuchungen() + 1 <= kapazitaet ) super.buche();
    }
}
```

Dies ist zugleich ein Beispiel für defensives Programmieren: Statt mit optimistischer
"try-and-see"-Haltung sollte eine Klasse nach dem konservativen "check-and-act"-
Prinzip [LEA00] entworfen werden. Statt nachträglich fehlerhafte Zustände und Inkonsistenzen zu beheben, sollte man entsprechende Aktionen nur durchführen,

wenn deren Voraussetzungen (preconditions) erfüllt sind, um System-Schiefstände und deren mühsame Korrektur von Vornherein zu vermeiden.

Einschränkungen: Ein `super`-Aufruf ist nur im Coding einer Unterklasse möglich, nicht auf einem ihrer Objekte. `super()`-Aufrufe lassen sich *nicht verketten*, d.h. ein Bezug auf Elemente höherer Oberklassen wie `super.super.methode()` ist nicht möglich. Ferner steht in statischen Methoden die `super`-Referenz nicht zur Verfügung. Auf überschriebene statische Methoden (und Attribute) kann in Unterklassen nur aus nicht-statischen Methoden zugegriffen werden. Andernfalls meldet der Compiler: `Cannot use super in a static context!`

Es bezieht sich `super` immer auf die implementierende Oberklasse: Die Klasse Angestellter könnte auch die geerbte `Person`-Methode `getName()` überschreiben und mit `super.getName()` die ursprüngliche Variante von `Person` aufrufen, obgleich `Person` nicht direkte Oberklasse von `Angestellter` ist.

Anmerkung: Man verwechsele nicht den Oberklassen-Konstruktor-Aufruf durch die *Methode* `super()` mit der `super`-*Oberklassen-Referenz*. Durch die `super`-Referenz referenziert man explizit die Oberklasse, so wie sich eine Klasse durch die `this`-Referenz explizit auf sich selbst beziehen kann.

Methodenauswahl durch die JVM:

Beim Überschreiben von Methoden muss die JVM zur Laufzeit die jeweils richtige auszuführende Methode in der Vererbungshierarchie finden (*dynamic invocation*). Dabei werden für *ein* Objekt eventuell Methoden aus verschiedenen Ebenen der Hierarchie ausgeführt:

```
Angestellter a = new Angestellter( "Huber",25,"SAP", 3000 );
IO.writeln( "Herr " + a.getName()+ ":  " + a.getInfo() );
```

Für das `Angestellter`-Objekt a wird die überschriebene Methode `getInfo()` aus `Angestellter` aufgerufen, während `getName()` aus `Person` stammt.

Das *Suchprinzip der JVM*: Bei jedem Methodenaufruf wird geprüft, ob die Methode in der Klasse des aufrufenden Objekts vorhanden ist. Wenn ja, dann wird die dort implementierte Methode ausgeführt. Wenn nicht, dann wird die Suche im Coding der Oberklassen fortgesetzt, bis die gerufene Methode gefunden ist. Spätestens in der Basisklasse ist die Methode zu finden - sonst läge ein Compiler-Fehler vor.

13.3.2   Überschreiben von Attributen

Die gleichen Mechanismen greifen beim *Überschreiben geerbter Attribute* in den Unterklassen: Die Deklaration eines gleichnamigen Attributs *beliebigen anderen Datentyps* in der Unterklasse verdeckt das geerbte Attribut. Das verdeckende Attribut darf beliebige Zugriffsspezifikation (`public`, `private`, `protected`) besitzen:

```
class Mitarbeiter extends Person {
    private String firma;
    private double alter;   // Überschreiben von alter aus Person
    public Mitarbeiter( String n, double a, String f ) {
        super( n );    firma = f;
```

```
    alter = a;              // Überschriebene Variante angesprochen
    super.alter = (int) alter;      // super-Zugriff auf Erbe
}
// ...

}
```

Bei Wertzuweisungen in der Unterklasse oder über ihre Objekte wird das überschriebene Attribut der Unterklasse verwendet. Dennoch kann (wie im Beispiel) mittels super-Referenz: `super.attributname` auf das geerbte Attribut im Unterklassen-Coding weiterhin zugegriffen werden. Allerdings sollte von diesen technischen Möglichkeiten nur sparsam Gebrauch gemacht werden. Attribute seien i.d.R. `private` und werden nicht direkt vererbt.

Interessant ist die nunmehr erhaltene Symmetrie hinsichtlich der `this`- und `super`-Mechanismen in Java (Tab. 13.2):

`this.`	`super.`
Selbstreferenz	Oberklassen-Referenz
`this( )`	`super( )`
Aufruf eines Konstruktors der Klasse selbst	Aufruf eines Konstruktors der Oberklasse

Tab. 13.2: Symmetrie der `this`- und `super`-Mechanismen

13.4   Abstrakte Klassen

Eine Klassenhierarchie ist eine Spezialisierungshierarchie: An der Spitze stehen *allgemeine*, eher *abstrakte* Begriffe, die durch konkretere Begriffe spezialisiert werden. Eventuell repräsentieren Basisklassen *so* allgemeine Begriffe, dass von ihnen gar keine realen konkreten Exemplare vorkommen [OES05]. Erst für die Unterklassen lassen sich konkrete Exemplare finden. So ist im betrieblichen Kontext der Begriff Person so allgemein, dass sich in Betrieb keine "bloßen" Personen finden: Stets treten diese in einem konkreteren Bezug als Angestellte, Kunden, Berater etc. auf.

Dennoch sind auch abstrakt gehaltene Basisklassen sinnvoll, da sie einen hinreichend allgemeinen Einstieg in eine sich verzweigende Vererbungshierarchie darstellen. Ohne die Basisklasse hingen die davon ausgehenden Zweige des Vererbungsbaumes eventuell unverbunden "in der Luft". Zugleich werden in der Basisklasse bereits Methodenschnittstellen gesammelt, die erst in den Unterklassen spezifisch implementiert werden.

In Java werden **abstrakte Klassen** durch das Schlüsselwort `abstract` deklariert. Abstrakte Klassen enthalten *beliebig viele* als **abstract** deklarierte **Methoden**. Abstrakte Methoden werden nur mit ihrem Methodenkopf (Schnittstelle) *deklariert*, enthalten aber *keine Implementierung*. (Konstruktoren dürfen nicht abstrakt sein.)

Daher können von abstrakten Klassen *keine Objekte instanziiert* werden – da nicht definiert ist, wie diese sich beim Aufruf einer abstrakten Methode verhalten sollten.

Als Beispiel diene die abstrakte Basisklasse Konto. Konkrete Konten kommen nur als Giro- oder Sparkonto vor, erst für diese ist definiert, inwieweit Abhebevorgänge bei Überziehen des Kontos zugelassen sind. Somit ist die Methode abheben() nur abstrakt (ohne Implementierung) in der Basisklasse Konto deklariert.

```
abstract class Konto {      // enthält eine abstrakte Methode
    private String name;        private int kontoNr;
    private double saldo;
    public Konto( String n, int kn ) { name = n;    kontoNr = kn; }
    public void setSaldo( double betrag ) { saldo = betrag; }
    public double getSaldo( ) { return saldo; }
    public void einzahlen( double betrag ) { saldo += betrag; }
    public abstract boolean abheben( double ge );
    // ...

}
```

Den Versuch, ein konkretes Konto-Objekt zu erzeugen, weist der Compiler ab mit Fehlermeldung: Konto is abstract; cannot be instantiated.

Von abstrakten Klassen kann geerbt werden. Eine abstrakte Klasse kann durchaus auch nicht-abstrakte Methoden enthalten. Diese werden (wie bei nicht-abstrakten Oberklassen) an ihre Unterklassen vererbt. Die nicht-abstrakten vererbten Methoden können in den Unterklassen direkt verwendet werden. Auch die abstrakten Methoden werden vererbt.

Die abstrakte Klasse Konto ist nicht instanziierbar. Dennoch verfügt sie u.a. über Attribute, nicht-abstrakte Methoden und einen Konstruktor, der von ihren Unterklassen mittels super() aufgerufen werden kann. Abstrakte Klassen *können* somit einen Konstruktor besitzen. Denn auch von abstrakten Oberklassen werden bei der Instanziierung ihrer Unterklassen-Objekte automatisch Objekte im Speicher angelegt. In diesen werden die in der abstrakten Klasse eventuell vorhandenen Attribute individuell für jedes Unterklassen-Objekt verwaltet.

Nicht-abstrakte Unterklassen abstrakter Oberklassen *müssen* alle geerbten abstrakten Methoden konkret überschreiben - andernfalls sind auch sie abstrakt und müssen explizit als abstract gekennzeichnet werden.

> Eine nicht-abstrakte erbende **Unterklasse** muss alle **geerbten abstrakten Methoden** durch *nicht-abstrakte Methoden überschreiben* und mit Implementierung versehen. Durch das Schlüsselwort abstract erzwingt die Oberklasse das Überschreiben in einer nicht-abstrakten Unterklasse.

Vorsicht: Wenn man einer abstrakter Oberklasse eine weitere abstrakte Methode hinzufügt, invalidiert man alle bisherigen Unterklassen. Das Hinzufügen einer nicht-abstrakten Methode mit Default-Implementierung ist jedoch meist problemlos.

Die nicht abstrakten, *konkreten* Klassen Girokonto und Sparkonto erben von Konto und überschreiben die abstrakte Methode abheben() durch spezielle aus-implementierte Versionen: Ein Sparkonto darf nicht überzogen, beim Girokonto der Dispositionsrahmen nicht überschritten werden.

```
class Girokonto extends Konto {      // konkrete Klasse
    private double dispo;   // negativer Wert
    public Girokonto( String n, int kn, double dsp ) {
        super( n, kn );      dispo = -Math.abs(dsp);
    }
    public boolean abheben( double betrag ) {
        double test = getSaldo()-Math.abs(betrag);
        if( test < dispo ) { return false; }
        else { setSaldo( test );    return true; }
    }
    // weitere Methoden

}

class Sparkonto extends Konto {      // konkrete Klasse
    private double zinsSatz;
    public Sparkonto( String n, int kn, double zs ) {
        super( n, kn );      zinsSatz = zs;
    }
    public boolean abheben( double betrag ) {
        double test = getSaldo() - Math.abs(betrag);
        if( test < 0.0 ) { return false; }
        else { setSaldo( test );    return true; }
    }
    // weitere Methoden

}
```

Abstrakte Methoden dürfen *nicht privat* sein – sonst könnten sie niemals überschrieben und implementiert werden. Auch statische abstrakte Methoden sind unzulässig – sonst könnte man diese ja direkt auf der abstrakten Klasse aufrufen. Abstrakte Methoden der Oberklasse dürfen nicht mit super aufgerufen werden. Eine abstrakte Klasse kann jedoch statische implementierte Methoden enthalten – und diese sind als Klassenmethoden durchaus direkt auf der abstrakten Klasse aufrufbar.

Eine abstrakte Klasse darf auch *nur* abstrakte Methoden enthalten – und stellt dann eine *reine Schnittstellenbeschreibung* aus Methodenköpfen dar, die durch Unterklassen zu implementieren ist. Rein abstrakte Klasse dienen z.B. in C++ zur Interface-Definition. Java besitzt dafür ein echtes Interface-Konzept (Kapitel 14).

In der *UML* wird der Name einer abstrakten Klasse *kursiv* gesetzt oder die Bezeichnung *abstrakt* hinzugefügt (Abb. 13.4).

Unterklassen dürfen konkrete Methoden abstrakt überschreiben, so dass in Unterklassen zusätzliche abstrakte Methoden auftreten dürfen und es zusätzliche abstrakte Unterklassen in einer Klassenhierarchie geben könnte. Dies ist jedoch *kein* guter Architektur-Stil: Abstrakte Verallgemeinerungen sollten als Basisklassen in der Klassenhierarchie hoch angesiedelt sein, konkrete Spezialisierungen tief. Eine abstrakte Klasse dient als stabile Vorlage für die Ableitung konkreter Unterklassen und stellt abstrakte Methoden zum Überschreiben bereit: Für spezialisierte Unterklassen ist semantisch klar, welche Funktionalität konkret erforderlich ist. Die Implementierung wird quasi bis zur Unterklasse aufgeschoben. Somit sollten abstrakte Klassen immer *Basisklassen* sein bzw. hoch angesiedelte *Oberklassen*.

13.5   Finale Klassen und Methoden

Unterklassen können von Oberklassen erben und durch Überschreiben die Wirkungsweise geerbter Methoden verändern. Allerdings kann eine Oberklasse auch verhindern, dass von ihr geerbt wird, oder dass einzelne geerbte Methoden in Unterklassen überschrieben werden. Durch das Schlüsselwort `final` werden "endgültige" einzelne Methoden oder Klassen deklariert:

> Als **final** deklarierte **Methoden** dürfen in Unterklassen *nicht überschrieben* werden. Von **final** deklarierten *Klassen* dürfen *keine Unterklassen abgeleitet* werden. Sie markieren das Ende eines Vererbungszweiges. Die Kennzeichnung `final` verhindert Vererbung bzw. das Überschreiben von Klassen bzw. Methoden, die dafür nicht geeignet sind. Dadurch wird das Unterlaufen von Sicherheits- oder Designregeln durch Unterklassen verhindert.

```
// Finale Klasse: Keine weitere Unterklasse ableitbar
final class Festzinskonto extends Sparkonto { /* … */ }
class Rentenkonto extends Sparkonto {
    // Finale Methode: einzahlen() nicht überschreibbar
    final public void einzahlen( double ge ) { /* … */ }
    // ...
}
```

Finale Methoden dürfen *nicht abstrakt* sein – sonst könnten sie niemals implementiert werden. Finale Klassen dürfen somit keine abstrakten Methoden enthalten, d.h. nicht abstrakt sein. Konstruktoren dürfen nicht final sein. Ein Vorteil finaler Methoden ist Geschwindigkeit – der Compiler generiert einfacheren und schnelleren Bytecode, wenn feststeht, dass es keine weiteren Unterklassen geben wird.

Eine Java-Oberklasse kann den *Vererbungsvorgang beeinflussen* [MER04]: Sie kann das Überschreiben verhindern durch Kennzeichnung als `final` und sie kann das Überschreiben erzwingen durch Kennzeichnung als `abstract`. Finale Methoden dürfen in Unterklassen nicht überschrieben werden. Abstrakte Methoden dagegen müssen in nicht-abstrakten Unterklassen überschrieben werden.

Anwendung der Mechanismen

Die Technik des Überschreibens im Verein mit abstrakten und finalen Methoden erlaubt die Vorlagen-artige Vorgabe eines grundsätzlichen Ablaufs (Abfolge von Operationen in fester Reihenfolge) durch die Oberklasse, dessen Bearbeitungs-Details jedoch durch Unterklassen flexibel an deren Bedürfnisse angepasst werden können. Man spricht deshalb auch vom *Template-Design-Pattern*.

Das folgende sehr schematische Beispiel verdeutlicht die Logik:

```
abstract class Konto {
    public final void pruefe() {
        IO.writeln( "Prüfung beginnt" );
        getDaten( );
        pruefeRisiko( );
        setzeDispo( );
    }
    public void getDaten( ) { IO.writeln( "Kunde befragt" ); }
    public abstract void pruefeRisiko( );
    public abstract void setzeDispo( );
}

class Girokonto extends Konto {
    public void getDaten( ) { IO.writeln( "Streng befragt!" ); }
    public void pruefeRisiko( ) { IO.writeln( "Einkommen?" ); }
    public void setzeDispo( ) { IO.writeln( "2*Einkommen" ); }
}

class Sparkonto extends Konto {
    public void pruefeRisiko( ) { IO.writeln( "Entfällt" ); }
    public void setzeDispo( ) { IO.writeln( "Stets 0" ); }
}
```

Die finale Methode `pruefe()` legt die grundlegenden Schritte des Algorithmus und ihre Reihenfolge in der Oberklasse unüberschreibbar fest, überlässt jedoch die Detail-Ausprägung einiger oder aller Schritte den Unterklassen. Die Unterklassen müssen einzelne oder alle Teilschritte des Algorithmus durch Überschreiben der betreffenden (zumindest abstrakten) Methoden anpassen; auch Oberklassen-Methoden mit Default-Implementierung könnten angepasst werden. Die Grundstruktur des Algorithmus (das Template) ist jedoch nicht veränderbar, da dieser in einer finalen Methode angesiedelt ist. Die Oberklasse und ihre Methode `pruefe()` legen gemeinsame und unveränderliche Vorgaben fest und dienen als Template für die erbenden und überschreibenden Unterklassen.

Wird die geerbte Methode `pruefe()` der Oberklasse `Konto` auf einem Unterklassen-Objekt aufgerufen, so werden dabei stets die überschriebenen Methoden-Varianten der Unterklasse verwendet. Man spricht auch von einer *Inversion of Con-*

trol zwischen Ober- und Unterklassen. Der Aufruf von pruefe() auf einem Giro-konto-Objekt liefert die Ausgabe:

Prüfung beginnt Streng befragt! Einkommen? 2*Einkommen

Natürlich ist auch eine unbeabsichtigte Verwendung des Mechanismus denkbar. Als Oberklassen gedachte Nicht-Template-Klassen sollten deshalb keine Aufrufe öffentli-cher, d.h. überschreibbarer Methoden im Coding ihrer eigenen Methoden enthalten! Statt dessen sollten ihre öffentlichen Methoden nur private, d.h. nicht überschreibba-re eigene Methoden aufrufen! Auf diese Weise können keine ungewollten Verhal-tensänderungen der Klasse durch Überschreiben ihrer öffentlicher Methoden entste-hen.

Speziell gilt: Der Mechanismus sollte nicht bei Konstruktoren verwendet werden. Oberklassen-Konstruktoren sollten keine überschreibbaren Methoden ihrer Klasse aufrufen - andernfalls ist dies explizit zu dokumentieren!

13.6   Die Klasse Object

Die Systemklasse Object (aus java.lang) ist Basisklasse der gesamten Java-Klassenhierarchie ("Mutter aller Klassen"). Jede Java-Klasse *erbt automatisch* von der Klasse Object und besitzt diese als Oberklasse.

> Eine *Java-Klassenhierarchie* ist immer ein Baum mit **Object** als *Wurzelklas-se*, ohne dass dies explizit im Coding zu vermerken wäre Der Compiler fügt ein implizites extends Object in den Kopf jeder Basisklasse ein.

Auf diese Weise erbten bereits alle unsere Klassen von Object, ohne dass uns dies bewusst war. Object ist eine konkrete Klasse, die einige *Methoden vererbt*. Diese stehen jeder Java-Klasse zur Verfügung, um direkt verwendet oder zweckdienlich überschrieben zu werden. Dazu gehören auch toString() und finalize(): Als wir diese in eigenen Klassen implementierten, überschrieben wir tatsächlich die von Object geerbte Fassung. Ebenso die Klasse String: Sie überschreibt die geerbte Methode equals() mit einen textuellen Vergleich zweier Zeichenketten. Für De-tails zu Object verweisen wir auf [SUN05C]. Im Kapitel 19 wird auf einige ihrer Me-thoden näher eingegangen.

Dass jede Java-Klasse von Object erbt, zeigt folgende Demonstration:

```
class HatNix {        // Aufruf geerbter Object-Methoden:
    public static void main( String[] args ) {
        HatNix hn = new HatNix();
        IO.writeln("Hash: " + hn.hashCode() + " " + hn.toString());
    }
}
```

- Konsole -
Hash: 4072869 HatNix@3e25a5

13.7   Verwendungsprinzipien

Vererbung ist ein mächtiges Konzept der Wiederverwendung und Strukturierung von Software und ermöglicht ein übersichtliches Programmieren im Grossen. Dennoch muss auch dieses Konzept mit Bedacht eingesetzt werden. Objektorientierte Analyse und Design von Software sind eine Kunst für sich [OES05], so dass wir nur wenige kritische Punkte ansprechen.

13.7.1   Kopplung der Unterklassen an Oberklassen

Die *Unterklassen sind von ihren Oberklassen abhängig* und auf diese angewiesen, sofern sie geerbte Elemente einsetzen. Die Unterklasse erbt Schnittstelle und Implementierung der Oberklasse – und muss sich darauf verlassen, dass die Schnittstelle stabil bleibt. Es besteht eine einseitige Beziehung zwischen Ober- und Unterklassen: Nur die Unterklasse "kennt" ihre Oberklassen, während einer Oberklasse nicht anzusehen ist, welche Unterklassen von ihr abgeleitet sind, oder in Zukunft abgeleitet werden. Die Unterklassen erben von ihren Oberklassen stets auch deren Fehler und Schwächen [BLO04].

Somit müssen *Änderungen an Oberklassen* sehr vorsichtig vorgenommen werden, da sie das Fundament sind, auf dem andere Klassen und ganze Projekte aufbauen. Eine *Invalidierung von Unterklassen* muss vermieden werden. Jede direkte oder indirekte Änderung an der öffentlichen Schnittstelle der Oberklassen und deren Funktionsweise kann sich auf alle Unterklassen auswirken – und dazu führen, dass sich die Verhaltensweisen der Unterklassen verändern oder nicht mehr gewährleistet sind. Würde eine `public`-Oberklassenmethode in einer neueren Version `private` deklariert, so wären wahrscheinlich schlagartig alle Unterklassen invalidiert und nicht mehr kompilierbar. Eine Klasse als potentielle Oberklasse zu entwerfen zwingt zu einem sehr sauberen Design. Wenn sich eine Klasse nicht als Oberklasse eignet, so sollte sie `final` sein, um Vererbung von ihr konsequent zu verhindern. Bei der Team-Entwicklung großer Projekte tragen somit die Entwickler zentraler Klassen große Verantwortung.

Die bloße Erweiterung einer Oberklasse durch zusätzliche Attribute und Methoden ist dagegen meist unproblematisch für die Unterklassen.

Bei der Modellierung von Klassen und noch viel mehr bei der Entwicklung von Vererbungsstrukturen lasse man sich von den Strukturen der realen, zu modellierenden Welt leiten - und weiche davon nicht ab.

13.7.2   Semantische Integrität wahren

Geerbte Oberklassenmethoden können in Unterklassen überschrieben werden. Dabei hat man technisch alle Freiheiten im Rahmen der Methodenschnittstelle.

Allerdings sollte auch die überschriebene Version die *Semantik* (inhaltlichen Sinn) der ursprünglichen *Oberklassenmethode bewahren*: Die Unterklasse tritt auf als eine Spezialisierung ihrer Oberklassen und sollte diese sinnvoll vertreten können. Unterklassen sollten sich bezüglich überschriebener Methoden semantisch weiterhin grundsätzlich verhalten wie ihre Oberklassen.

Ein Beispiel: Ein Angestellter ist ein spezieller Mitarbeiter. Insofern sollte die überschrieben Methode `getInfo()` von `Angestellter` ebenso wie in `Mitarbeiter` einen Daten-`String` liefern – und nicht einen völlig andere Funktionen bewirken.

Dem Compiler sind semantische Prinzipien egal – er kompiliert auch Verstöße dagegen. Jedoch wird das Verständnis und die Wartbarkeit einer Klassenhierarchie erschwert, wenn davon abgewichen wird. Zudem ist Wahrung der semantischen Integrität beim Methodenüberschreiben Grundvoraussetzung für den sinnvollen Einsatz von Polymorphie (Kapitel 14).

13.7.3   Vererbung versus Assoziation (*Ist ein* versus *Hat ein*)

Bei inhaltlichen Beziehungen zwischen Objekten lassen sich zwei grundsätzlich verschiedene semantische Relationen unterscheiden:

Die *Ist-ein*-Beziehung: In unseren Beispielen *ist* jeder Angestellte *ein* spezieller Mitarbeiter und kann als solcher auftreten. Der Begriff Angestellter ist eine Spezialisierung und Erweiterung des Begriffs Mitarbeiter. *Vererbung* stellt diese Beziehung semantisch absolut korrekt dar: Die Unterklasse `Angestellter` erbt von der Oberklasse `Mitarbeiter` deren Schnittstelle, passt sie durch Überschreiben an spezielle Unterklassen-Bedingungen an und erweitert sie um Unterklassen-spezifische Elemente. Im Fall der *Ist-ein*-Beziehung ist Vererbung das richtige Mittel und bringt verständliches Coding hervor.

***Hat-ein*-Beziehung:** Ein Angestellter *hat ein* Gehalt. Eventuell setzt sich dieses aus mehreren Anteilen zusammen. Somit würde man eine geeignete Klasse `Gehalt` formulieren. Offensichtlich *ist* ein Angestellter kein Gehalt, sondern *hat ein* Gehalt. Die Klasse `Angestellter` ist keine Spezialisierung der Klasse `Gehalt`. Somit wäre der Einsatz von Vererbung hier semantisch falsch und sollte nicht erfolgen. Vielmehr ist *Assoziation* das semantisch angemessene Ausdrucksmittel, um das Zusammenwirken von `Angestellter` und `Gehalt` zu modellieren. Die Klasse Angestellter sollte somit u.a. über ein Attribut vom Typ `Gehalt` verfügen:

```
class Gehalt { /* ... */ }
class Angestellter { private Gehalt g;    /* ... */ }
```

> Im Fall der ***Ist-ein*-**Beziehung ist *Vererbung* das Mittel der Wahl und bringt verständliches Coding hervor. Zur Darstellung einer **Hat-ein** (Ganzes-Teil-)Beziehung ist jedoch *Assoziation* das semantisch korrekte Mittel.

13.7.4   Warum keine Mehrfachvererbung?

Java lässt nur Einfachvererbung zu – jede Unterklasse hat nur eine direkte Oberklasse. Andere Sprachen wie C++ erlauben Mehrfachvererbung – und auch zur Beschreibung der Realität scheint Mehrfachvererbung erforderlich: Ein Kind erbt von Vater und Mutter, ein Klavier ist Möbelstück und Instrument zugleich.

Dennoch hat man sich in Java bewusst *gegen Mehrfachvererbung* entschieden:

• Mehrfachvererbung wird in der Programmierpraxis seltener verwendet, als man vermutet. Zudem macht sie Klassenhierarchien unübersichtlich.

- Mehrfachvererbung verlangt Compiler und Laufzeitsystem höhere Leistungen ab, sie erhöht den Speicherbedarf von Programmen und macht diese langsamer.

- Mehrfachvererbung führt zum Rautenproblem:

Das *Rautenproblem* ist in Abbildung 13.3 formuliert: Es liegt eine *rautenförmige Vererbungshierarchie* vor. Mehrfachvererbung bedeutet für die Unterklasse U2, dass die Elemente meth() und wert der Oberklasse Basis doppelt vererbt werden – einmal via Unterklasse U1a und einmal via Unterklasse U1b. Welcher Weg soll der gültige sein? Die Methode meth() oder das Attribut wert könnten in den Unterklassen U1a und U1b unterschiedlich überschrieben werden. Welche der Varianten soll an U2 vererbt und dort beim Aufruf verwendet werden?

Natürlich ist das Rautenproblem lösbar, wie die Sprache C++ beweist. Allerdings nur durch deutlich erhöhten syntaktischen und technischen Aufwand. Zur Modellierung einer Mehrfachvererbungs-Semantik steht in Java deshalb das Interface-Konzept als vollwertiger Ersatz zur Verfügung (Kapitel 14).

```
class Basis {
    public int wert;
    public int meth(int n) { /*…*/ }
}
class U1a extends Basis {
    public int meth(int n) { /*…*/ }
}
class U1b extends Basis {
    public int meth(int n) { /*…*/ }
}
class U2 extends U1a, U1b {
    // …
}
```

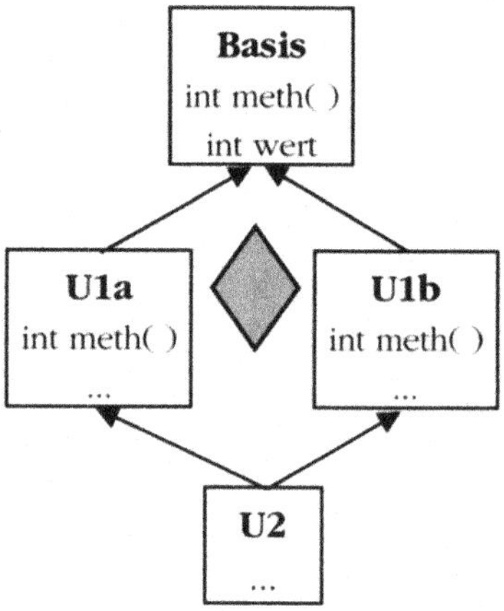

Abb. 13.3: Rautenproblem der Mehrfachvererbung

13.8   Abschließendes Beispiel – Kontenverwaltung

Wir demonstrieren Vererbungstechniken an einem Bankbeispiel (Abb.13.4): Verschiedene Arten von Konten sollen verwaltet werden. Die abstrakte Basisklasse Konto stellt einige konkrete und abstrakte Methoden zur Verfügung. Objekte sollen für konkrete Kontotypen Giro-, Spar- und Festzinskonto erzeugt werden, die durch die Klassen Girokonto, Sparkonto und Festzinskonto abgebildet werden.

Aus den Unterklassen werden Oberklassen-Konstruktoren aufgerufen und mit Werten versorgt. Durch die statischen Attribute zaehlerGiro in Girokonto und zaehlerSpar in Sparkonto wird die Zahl der Girokonto-Objekte ab 101 bzw. der Spar- und Festzinskonto-Objekte ab 201 hochgezählt. Die Kontonummer bestimmt sich aus dem statischen Zählerwert: Alle Girokonto-Objekte haben die Kontonummer zaehlerGiro, alle Spar- und Festzinskonto-Objekte die Kontonummer zaehlerSpar. In Kapitel 14 werden die Objekte in einem Array an der

Indexposition gespeichert, die der Kontonummer entspricht. (Natürlich reichen die Kontonummern bei zuviel `Girokonto`-Objekten nicht aus – aber das soll uns in diesem einfachen Beispiel nicht stören.)

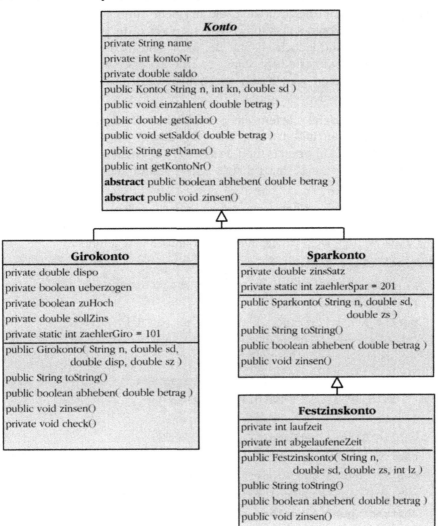

Abb. 13.4: Klassenhierarchie Kontotypen

Beim Girokonto darf der Kontostand auch negativ werden; allerdings wird ein Abhebevorgang nur ausgeführt, wenn der Dispositionsrahmen nicht überschritten wird. Die booleschen Marker `ueberzogen` und `zuHoch` zeigen an, dass der Kontostand negativ bzw. deutlich im Plus ist. Darufhin könnte ein Sachbearbeiter Kunden-Empfehlungen aussprechen. Die Marker werden durch die private Methode `check()` beim Aufruf von `toString()` gesetzt. Für ein Girokonto gibt es keine

Habenzinsen. Beim Überziehen werden Sollzinsen fällig, die sich aus dem aktuellen (negativen) Kontostand und sollZins berechnen.

Beim Sparkonto sind Abhebevorgänge erlaubt, aber der Kontostand darf nicht negativ werden. Es werden Zinsen gezahlt, die mit dem Attribut zinsSatz berechnet werden. Ein Festzinskonto soll während der laufzeit (in Jahren) nicht angreifbar sein, Einzahlungen sind jedoch erlaubt. Bei jeder jährlichen Zinsausschüttung wird das Attribut abgelaufeneZeit um 1 erhöht. Erst wenn abgelaufene-Zeit==laufzeit kann vom Konto abgehoben werden, jedoch darf der Kontostand nicht negativ werden.

Die Methoden abheben() liefern einen booleschen Wert zurück der anzeigt, ob der Abhebevorgang durchführbar war. Die Unterklassen überschreiben die geerbten abstrakten Methoden abheben() und zinsen() in semantisch spezifischer Weise. Die Klasse Festzinskonto nutzt mittels super-Aufruf auch die von Sparkonto gerbten Fassungen.

Die Klassen tätigen keine Konsolenausgaben. Jedoch stellen sie für Ausgabefunktionen anderer Klassen in der Methode toString() alle Daten als String zur Verfügung; dabei werden Geldbeträge auf zwei Kommastellen gerundet.

```java
abstract class Konto {          // abstrakte Oberklasse
    private String name;        private int kontoNr;
    private double saldo;
    public Konto( String n, int kn, double sd ) {
        name = n;       kontoNr = kn;       saldo = sd;
    }
    public void einzahlen( double betrag ) {
        saldo = saldo + Math.abs( betrag );
    }
    public String getName() { return name; }
    public int getKontoNr() { return kontoNr; }
    public double getSaldo() { return saldo; }
    public void setSaldo( double betrag ) { saldo = betrag; }
    abstract public boolean abheben( double betrag );
    abstract public void zinsen();
}
class Girokonto extends Konto {
    private double dispo;       private double sollZins;
    private boolean zuHoch;     private boolean ueberzogen;
    private static int zaehlerGiro = 101;
    public Girokonto( String n, double sd,      // eine Zeile!
                    double disp, double sZ ) {
        super( n, zaehlerGiro, sd );
        zaehlerGiro++;
```

```
            dispo = -Math.abs( disp );     sollZins = sZ;
      }
      public boolean abheben( double betrag ) {
            double test = getSaldo() - Math.abs( betrag );
            if( test < dispo ) return false;
            else { setSaldo( test );     return true; }
      }
      public void zinsen() {
            if( getSaldo() < 0.0 ) {     // nur Sollzinsen
               setSaldo( getSaldo()*(1 + sollZins) );
            }
      }
      public String toString() {
            check();
            String daten = "Girokontodaten:\n";
            daten += "Kontonummer = " + getKontoNr() + "\n";
            daten += "Inhaber = " + getName() + "\n";
            daten += "Dispo = " + dispo + "\n";
            daten += "Kontostand = " + IO.round( getSaldo(),2 ) + "\n";
            daten += "Sollzinssatz = " + sollZins + "\n";
            daten += "Überzogen = " + ueberzogen + "\n";
            daten += "Hochstand = " + zuHoch + "\n";
            return daten;
      }
      private void check() {
            ueberzogen = ( getSaldo() < 0.0 );
            zuHoch = ( getSaldo() > 5000.0 );
      }
}
class Sparkonto extends Konto {
      private double zinsSatz;
      private static int zaehlerSpar = 201;
      Sparkonto(String n, double sd, double zs) {
            super( n, zaehlerSpar, sd );
            zaehlerSpar++;     zinsSatz = zs;
      }
      public boolean abheben( double betrag ) {
            double test = getSaldo() - Math.abs( betrag );
            if( test < 0.0 ) return false;
```

```
            else { setSaldo( test );        return true; }
      }
      public void zinsen() { setSaldo( getSaldo()*(1+zinsSatz) ); }
      public String toString() {
            String daten = "Sparkontodaten:\n";
            daten += "Kontonummer = " + getKontoNr() + "\n";
            daten += "Inhaber = " + getName() + "\n";
            daten += "Kontostand = " + IO.round(getSaldo(), 2) + "\n";
            daten += "Zinsatz = " + zinsSatz + "\n";
            return daten;
      }
}
class Festzinskonto extends Sparkonto {
      private int laufzeit;     private int abgelaufeneZeit;
      Festzinskonto( String n, double sd, double zs, int lz ) {
            super( n, sd, zs );
            laufzeit = Math.abs( lz );     abgelaufeneZeit = 0;
      }
      public boolean abheben( double betrag ) {
            if( laufzeit > abgelaufeneZeit ) return false;
            return super.abheben( betrag );
      }
      public String toString() {
            String daten = super.toString();
            daten += "Typ Festzinskonto \n";
            daten += "Gesamtlaufzeit = " + laufzeit + "\n";
            daten += "Anlagedauer = " + abgelaufeneZeit + "\n";
            return daten;
      }
      public void zinsen() { super.zinsen();   abgelaufeneZeit++; }
}
class Bank {  /* ... */  }
```

Die ausführbare Klasse Bank soll Methoden zur Manipulation der *verschiedenen* Konto*typen* enthalten. Wir möchten die *verschiedenen Typen* in *einem* Objektarray speichern. Dies wirft sofort ein Problem auf: Für *welchen Typ* deklarieren wir Methoden bzw. das Array? Müssen für *jeden* Kontotyp *eigene* Methoden und ein *separates* Array angelegt werden? Die mächtige Lösung heißt *Polymorphie*. Mittels des im nächsten Kapitel besprochenen Polymorphie-Konzepts werden wir die Kontenverwaltung zu einem ablauffähigen Programm ausbauen.

14 Polymorphie

Der aus dem Griechischen stammende Begriff *Polymorphie* bedeutet *Vielgestaltigkeit*. Im Kontext objektorientierter Programmierung wird dadurch ausgedrückt, dass ein und dieselbe Codingstrecke (z.B. Methode) mit Objekten *verschiedener* Klassen arbeiten kann – und dabei unterschiedliches – *vielgestaltiges* – Verhalten zeigt. Polymorphie ist ein anspruchsvolles und in der Softwaretechnik auch durchaus kontrovers diskutiertes Thema. Wir führen Polymorphie auf Basis der Klassenvererbung ein, beleuchten aber auch ihre oft vorteilhaftere Realisation mittels Interfaces.

14.1 Typkompatibilität in Klassenhierarchien

14.1.1 Softwaretechnischer Nutzen der Vererbung

Wir haben Vererbung bislang zur Wiederverwendung geerbten Codes und Strukturierung eingesetzt ("Schreibersparnis + Übersichtlichkeit"). Nun nutzen wir erstmals aus, dass Unterklassen-Objekte einer Vererbungshierarchie typkompatibel sind zu allen Oberklassen-Objekten. Die wichtige Konsequenz lautet:

> Jedes Programm, das mit Objekten einer Oberklasse arbeitet, kann auch mit Objekten ihrer Unterklasse umgehen. Programme laufen auch mit Objekten der spezialisierten Unterklassen, ohne geändert werden zu müssen.

Dies klingt momentan noch recht abstrakt. Schritt für Schritt werden wir die (nicht trivialen) Zusammenhänge entwickeln.

14.1.2 Einstieg in Polymorphie: Überschreiben von Methoden

Alle programmtechnischen und semantischen Grundlagen von Polymorphie haben wir schon im Kapitel über Vererbung kennen gelernt. Wir greifen auf das dortige Kontotypen-Beispiel zurück, vereinfachen jedoch stark das Coding der Klassen Konto, Girokonto, Sparkonto und Festzinskonto. Die Oberklasse Konto ist einstweilen *nicht* abstrakt, alle Methoden sind stark schematisiert. In Abbildung 14.1 sind das zugehörige Klassen- und Mengendiagramm dargestellt.

Deutlich wird die *semantische Ist-Ein*-Beziehung zwischen Unter- und Oberklassen: Jedes Unterklassen-Objekt ist zugleich ein spezialisierter Repräsentant seiner Oberklassen und kann diese *semantisch vertreten*: Jedes Festzinskonto ist auch ein spezielles Sparkonto, jedes Sparkonto und jedes Girokonto auch ein spezielles Konto.

```
class Konto {
    public String name;      public double saldo;
    public Konto( String n ) { name = n;     saldo = 0.0; }
    public void einzahlen( double betrag ) {
```

```
        saldo = saldo + betrag;
    }
    public void abheben( double betrag) {
        saldo = saldo - betrag;      IO.writeln( "Abheben Konto" );
    }
}
class Girokonto extends Konto {
    private double dispo;
    public Girokonto( String n ) {
        super( n );      saldo = 0.0;      dispo = -1000.0;
    }
```

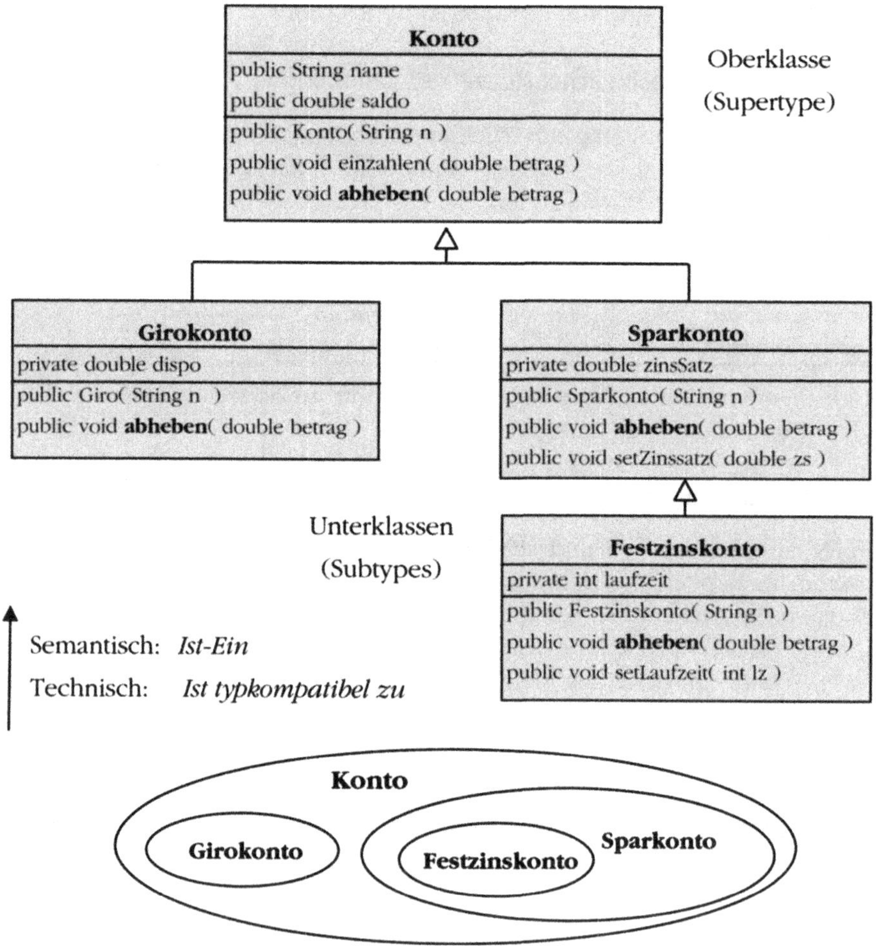

Abb. 14.1: Klassen- und Mengendiagramm (Typ-Teilmengen-Beziehungen)

```
   public void abheben( double betrag ) {
      saldo = saldo - betrag;    IO.writeln( "Abheben Giro" );
   }
}
class Sparkonto extends Konto {
   private double zinsSatz;
   Sparkonto( String n ) {
      super( n );      zinsSatz = 0.03;     saldo = 0.0;
   }
   public void abheben( double betrag ) {
      saldo = saldo - betrag;    IO.writeln( "Abheben Sparkonto" );
   }
   public void setZinssatz( double zs ) { zinsSatz = zs; }
}
class Festzinskonto extends Sparkonto {
   private int laufzeit;
   Festzinskonto( String n ) {
      super( n );      saldo = 0.0;      laufzeit = 3;
      setZinssatz( 0.05 );
   }
   public void abheben( double betrag ) {
      saldo = saldo - betrag;    IO.writeln( "Abheben Festkonto" );
   }
   public void setLaufzeit( int lz ) { laufzeit = lz; }
}
```

Polymorphie haben wir bereits beim Überschreiben geerbter Methoden gestreift: Aufrufe *namensgleicher* aber unterschiedlich *überschriebener* Methoden einer Klassen-Vererbungshierarchie rufen *verschiedenes* Verhalten hervor. Im Code-Beispiel erben alle Klassen die Methode abheben() von der Oberklasse Konto, überschreiben sie jedoch spezifisch. So liefert der Aufruf der Methode abheben() je nach Objekttyp unterschiedliches Verhalten: Aufruf der Methode abheben() eines Girokonto-Objekts zeigt ein anderes Verhalten als der Aufruf dieser Methode eines Festzinskonto-Objekts. Die Methode abheben() verhält sich vielgestaltig.

Dagegen führt der Aufruf der nicht überschriebenen geerbten Methode einzahlen() stets zum Aufruf des Codings der Oberklasse Konto.

Dass sich daraus neue Möglichkeiten der Programmierung ergeben, wird deutlich, indem wir ein weiteres technischen Prinzip untersuchen.

14.1.3 Typkompatibilität zwischen Unter- und Oberklassen-Objektvariablen

Die *semantische Ist-Ein*-Beziehung zwischen Unterklassen- und Oberklassen-Objekten einer Vererbungshierarchie wird in objektorientierten Sprachen auch *technisch* umgesetzt:

> *Unterklassen-Objekte* bzw. Referenzen auf Unterklassen-Objekte sind **typkompatibel** zu *Oberklassen-Objekten* bzw. Referenzen auf Oberklassen-Objekte.

Somit ist dies eine zulässige Zuweisung:

```
Girokonto g = new Girokonto( "Meier" );

Konto k = g;      // Korrekt! Upcast mit impliziter Typanpassung

// oder auch:   Konto k = new Girokonto( "Meier" );
```

Jedes Girokonto ist auch ein Konto! Der Objektvariablen k vom Oberklassen-Typ Konto darf somit ohne explizitem Cast eine Objektvariable g vom Unterklassen-Typ Girokonto zugewiesen werden. Beide Objektvariablen referenzieren nun dasselbe Girokonto-Objekt.

Bislang haben wir *implizite* und *explizite* Typumwandlungen nur bei primitiven Datentypen kennen gelernt. Java achtet streng auf Typkompatibiltät bei Zuweisungen. So wird die Zuweisung:

```
double x = 3.33;    int y = x;    // Fehler!
```

vom Compiler nicht akzeptiert. Die Typumwandlung kann *explizit* mittels Cast-Operator y=(int)x; erzwungen werden, führt jedoch zum Verlust der Nachkommastellen. Zuweisungen typkompatibler Datentypen sind jedoch stets erlaubt:

```
int x = 35;    double y = x;    // OK - auch ohne Castoperator!
```

Java führt dabei eine automatische *implizite* Typumwandlung aus, *ohne* dass der Castoperator angewandt werden muss.

Diese Logik und Mechanismen greifen *auch bei Objektreferenzen*: Auch auf Referenztypen (Objektvariablen) kann der **Cast-Operator** mit gleicher Syntax angewandt werden. Der Klassentyp zu dem gecastet wird, wird in runden Klammern eingeschlossen der zu castenden Objektvariable vorangestellt. So hätten wir obiges Beispiel auch ausführlich mit Cast-Operator schreiben können:

```
Konto k = (Konto) g;
```

Wie bei primitiven Datentypen sind auch bei Referenztypen verschiedene Fälle bezüglich Typkompatibilität und Anwendung des Cast-Operators zu unterscheiden:

Upcast (safe cast) – gelingt immer: Bei Zuweisung einer Unterklassenreferenz an eine Oberklassen-Objektvariable findet eine *automatische implizite Typumwandlung* statt. In diesem Fall wird einer Objektvariablen aus höherer Stufe der Klassenhierarchie eine Unterklassenreferenz zugewiesen (Abb. 14.2.a). Man spricht von einem *Upcast*. Die Typumwandlung bewegt sich in der Vererbungshierarchie nach "oben".

```
Girokonto g1 = new Girokonto( "Meier" );

Konto k1 = g1;    Konto k2 = new Girokonto( "Huber" );  // Upcast
```

Ein Upcast ist unproblematisch und gelingt immer: Jedes Girokonto ist auch ein Konto, so dass ein Girokonto-Objekt stets einer Oberklassen-Objektvariablen vom Typ Konto zugewiesen werden kann. Den Objektvariablen k1 und k2 vom Typ Konto wird ein "reichhaltigeres" Unterklassenobjekt vom Typ Girokonto zugewiesen. Dieses enthält dank Vererbung alles was ein Konto ausmacht, erweitert durch Girokonto-spezifische Attribute und Methoden.

Bildlich gesprochen: Wir liefern mit den zugewiesenen Girokonto-Objekten "mehr" als nötig (jedenfalls nicht "zuwenig"), um die deklarierten Konto-Objektvariablen k1 und k2 korrekt zu initialisieren. Der Compiler bekommt mehr als benötigt und ist zufrieden. Durch "Weglassen" kann man aus einem Girokonto ein bloßes Konto machen.

Der explizite Einsatz des Cast-Operators ist *nicht* nötig, die Zuweisung ist stets korrekt und passiert die Typprüfung des Compilers.

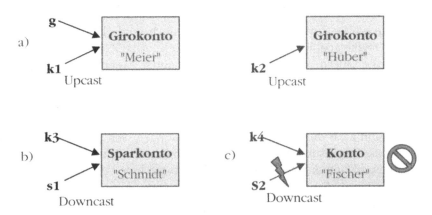

Abb. 14.2: a) Upcast (safe cast) und b)+c) Downcast (unsafe cast)

Downcast (unsafe cast) – gelingt manchmal: Eine *explizite* Typumwandlung mittels *Cast-Operator* ist erforderlich, wenn einer Unterklassen-Objektvariablen eine Oberklassen-Referenz zugewiesen wird (Abb. 14.2.b). Man spricht von einem *Downcast*. Die Typumwandlung bewegt sich in der Vererbungshierarchie nach "unten". Ohne Cast-Operator akzeptiert der Compiler die Zuweisungen nicht:

```
Konto k3 = new Sparkonto( "Schmidt" );    // Upcast - ok
// Downcast ohne Cast-Operator - Compilerfehler:
// Type mismatch: cannot convert from Konto to Sparkonto
Sparkonto s1 = k3;
```

Erst der Cast-Operator erzwingt die Zuweisung:

```
// Expliziter Downcast - kritisch, wird aber akzeptiert:
Sparkonto s1 = (Sparkonto)k3;
```

Dieser spezielle Downcast gelingt zur Laufzeit: Die Objektvariable k3 zeigt *in diesem speziellen Fall* auf ein Sparkonto-Objekt, so dass der explizite Cast zurück zum Typ Sparkonto zur Laufzeit typkonform durchgeführt werden kann.

Bildlich gesprochen: Wir liefern dank der speziellen Vorgeschichte der Objektvariablen k3 (Typ Konto, referenziert aber Sparkonto-Objekt) "genug" (zumindest nicht "zuwenig"), um die deklarierte Sparkonto-Objektvariable s1 korrekt zu initialisieren. Der Compiler bekommt in diesem speziellen Fall gerade "genug", ist somit zufrieden – und zur Laufzeit kann der Cast tatsächlich realisiert werden.

Downcast (unsafe cast) – gelingt oft nicht: Der Downcast ist jedoch i.A. *problematisch* und fehleranfällig (Abb. 14.2.c). Zur Compilezeit kann der Downcast durch Cast-Operator zwar erzwungen werden, kann jedoch zur Laufzeit zu einer Class-CastException führen:

```
Konto k4 = new Konto( "Fischer" );
Sparkonto S2 = (Sparkonto)k4;   // Expl. Downcast - akzeptiert!
```

Der Compiler muss die Zuweisung akzeptieren, jedoch wird ein Laufzeitfehler ausgelöst. Da die Objektvariable k4 nicht auf ein Sparkonto-Objekt verweist sondern nur auf ein Konto-Objekt, kann zur Laufzeit auch durch Casten daraus kein Sparkonto-Objekt "hervorgezaubert" werden. Es kommt zum Programmabbruch.

Bildlich Gesprochen: Wir liefern mit dem zugewiesenen Konto-Objekt "weniger" als nötig, um die deklarierte Sparkonto-Objektvariable s2 korrekt zu initialisieren. Der Compiler kann zwar durch expliziten Cast gezwungen werden, dies zu akzeptieren. Jedoch ist die Zuweisung nicht typkonform, so dass ein Laufzeitfehler resultiert. (Aus einem bloßen Konto kann man kein Girokonto machen – es "fehlt" etwas.)

Auch semantisch ist verständlich, dass der Downcast technisch problematisch ist: Jedes Sparkonto ist auch ein Konto (Upcast-fähig), aber nicht jedes Konto ist ein Sparkonto (Downcast kann scheitern).

> Der **Upcast** ist stets *unproblematisch* und wird *implizit* auch *ohne* Cast-Operator durchgeführt: Jedes Unterklassen-Objekt kann einer Oberklassen-Referenz zugewiesen werden. Der **Downcast** ist prinzipiell *problematisch,* muss durch Cast-Operator *explizit* erzwungen werden und kann zu Laufzeit-fehlern führen: Nicht jede Oberklassen-Objektvariable referenziert ein passendes Unterklassen-Objekt.

14.1.4   Typprüfung zur Laufzeit mittels `instanceof`-Operator

Da der Downcast im Gegensatz zum Upcast zur Laufzeit eine kritische Operation ist, ist stets fraglich, ob ein Downcast korrekt ist. Eine Objektvariable kann während des Programmlaufs auf verschieden Objekte verweisen – je nach konkreter Vorgeschichte kann ein Downcast funktionieren oder nicht. Der Compiler kann dies nicht feststellen, da er beim Downcast durch expliziten Cast überstimmt wird.

Um Laufzeitfehler dennoch zu vermeiden, stellt Java den instanceof-Operator zur Verfügung: Mit diesem Sprachelement kann *zur Laufzeit* geprüft werden, ob eine Objektvariable auf ein Objekt eines bestimmten Typs verweist:

```
class InstanzTest {
   public static void main( String[] args ) {
      Sparkonto s;
      Konto k1 = new Konto( "Meier" );      // Upcasts
      Konto k2 = new Sparkonto( "Fischer" );
      if( k1 instanceof Sparkonto ){      // liefert false
         s = (Sparkonto)k1;      // Downcast
         s.setZinssatz( 0.04 );
      }
      if( k2 instanceof Sparkonto ){      // liefert true
         s = (Sparkonto)k2;      // Downcast
         s.setZinssatz( 0.04 );
      }
   }
}
```

Zeigt die Objektvariable k1 bzw. k2 zur Laufzeit auf ein Sparkonto-Objekt, so liefert die Laufzeit-Typprüfung mit instanceof Sparkonto den Wert true, der if-Zweig wird betreten und der Downcast glückt. Andernfalls liefert die Typprüfung false, der Downcast wird nicht versucht und es wird kein Laufzeitfehler ausgelöst.

Anmerkung: Ein Programm ist *typsicher*, wenn schon zur Compilezeit feststeht, dass kein Aufruf an ein Objekt erfolgt, für den das Objekt keine entsprechende Methode besitzt. Entsprechende Laufzeit-Fehler können somit nicht auftreten – es sei denn, dies wird durch Casts erzwungen.

Offensichtlich können Objektvariablen zur *Laufzeit* auf Objekte *verschiedenen Typs* zeigen. Der Typ, mit dem eine Objektvariable deklariert wurde, legt somit noch nicht fest, auf welchen Typ von (Unterklassen-) Objekt sie zur Laufzeit aktuell zeigt.

14.2   Späte Bindung und dynamischer Typ

14.2.1   Statischer und dynamischer Typ

Zur Laufzeit kann eine Oberklassen-Objektvariable Objekte unterschiedlicher Unterklassen-Objekte referenzieren. Wir unterscheiden deshalb den *statischen* und *dynamischen* Typ einer Objektvariablen:

Statischer Typ: Dies ist der Klassentyp, mit dem eine Objektvariable *deklariert* wird und steht somit schon zur *Compilezeit* fest. Der statische Typ einer Objektvariablen bestimmt, welche Methoden und Attribute eines referenzierten Objekts über diese Objektvariable *überhaupt ansprechbar* sind. Nur diejenigen öffentlichen Methoden und Attribute des Objekts können angesprochen werden, die in derjenigen Klasse bereits angelegt sind, die zum statischen Typ einer Objektvariablen gehört.

Dynamischer Typ: Dies ist der Klassentyp des Objekts, das die Objektvariable zur *Laufzeit referenziert*. Der dynamische Typ kann sich zur Laufzeit ständig ändern.

Durch den dynamischen Typ wird festgelegt, welche (eventuell überschriebene) Methode welchen Objekts zur Laufzeit über eine darauf verweisende Objektvariable *tatsächlich aufgerufen* wird. Man spricht von dynamischer Bindung von Methodenaufrufen: Der Aufruf von k.abheben(50.0) führt zum Aufruf derjenigen abheben()-Methode, die zum *dynamischen* Typ von k gehört.

Ein Beispiel (Abb. 14.3) soll den etwas komplizierten Zusammenhang klären:

```
class TypTest {
    public static void main( String[] args ) {
        Konto k1, k2;    // Statischer Typ: Konto
        // Dynamischer Typ von k1 wird: Sparkonto
        k1 = new Sparkonto( "Huber" );       // Upcast
        // Dynamischer Typ von k2 wird: Festzinskonto
        k2 = new Festzinskonto( "Fischer" );  // Upcast
        // Methodenaufrufe gemäß dynamischen Typ
        // Methode abheben() von Sparkonto wird aufgerufen:
        k1.abheben( 30.0 );
        // Methode abheben() von Festzinskonto wird aufgerufen:
        k2.abheben( 70.0 );
        // Fehler - widerspricht statischen Typ von k1, k2:
        k1.setZinssatz( 0.02 );   // Compilerfehler!
        k2.setLaufzeit( 10 );     // Compilerfehler!
    }
}
```

Die Objektvariablen k1 und k2 haben beide den statischen Typ Konto. Somit dürfen über die Objektvariablen k1 und k2 zur Laufzeit stets *nur* diejenigen öffentlichen Methoden und Attribute angesprochen werden, die schon in der Klasse Konto angelegt sind.

Durch Zuweisung von Objekten vom Typ Sparkonto bzw. Festzinskonto hat k1 momentan den dynamischen Typ Sparkonto und referenziert ein Sparkonto-Objekt, während k2 momentan den dynamischen Typ Festzinskonto besitzt und ein Festzinskonto-Objekt referenziert. Der dynamische Typ legt fest, welche überschriebene Fassung der Methode abheben() tatsächlich aufgerufen wird: Der Aufruf von k1.abheben() führt zur Ausführung der überschriebenen Methode abheben() der Klasse Sparkonto, der Aufruf auf k2.abheben() zur Ausführung der überschriebenen Methode abheben() der Klasse Festzinskonto.

Versucht man jedoch, mit den Objektvariablen k1 und k2 vom statischen Typ Konto auf Methoden oder Attribute zuzugreifen, die in der Oberklasse Konto *noch nicht vorhanden* sind und erst in den Unterklassen Sparkonto und Festzinskonto angelegt wurden, so liefert dies einen Compilerfehler. Sparkonto- und Festzinskonto-spezifische Methoden und Attribute sind über eine Objektvariable vom statischen Oberklassen-Typ Konto nicht zugänglich.

> Bei Upcast-Zuweisungen wird eine **Einschränkung** auf öffentliche Attribute und Methoden vorgenommen, die bereits in der *Oberklasse* vorhanden sind – *nur* auf diese darf über die Oberklassen-Objektvariable zugegriffen werden, obgleich diese auf ein reichhaltigeres Unterklassenobjekt verweist.

Nur durch Downcast zum entsprechenden Unterklassen-Typ können Unterklassen-spezifische Methoden wieder angesprochen werden, die in Sparkonto und Festzinskonto angelegt sind und in der Oberklasse Konto noch nicht existieren:

```
( (Sparkonto)k1 ).setZinssatz( 0.02 );      // akzeptiert
( (Festzinskonto)k2 ).setLaufzeit( 10 );    // akzeptiert
```

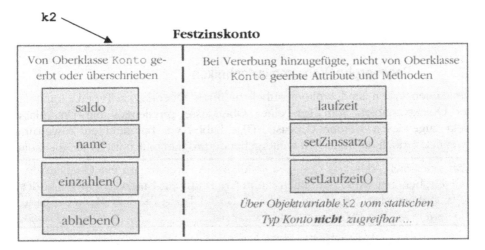

Abb. 14.3: Statischer und dynamischer Typ von Objektvariablen

14.2.2   Späte Bindung

Erst zur Laufzeit steht in Java der aktuelle *dynamische* Typ einer Objektvariablen fest; dieser kann sich durch Neuzuweisung anderer Unterklassen-Objekte jederzeit ändern. Die Zuordnung (Bindung) der Objektvariablen an die referenzierten Objekte erfolgt nicht schon zur Compilezeit, sondern *dynamisch* zur Laufzeit. Man spricht von *später Bindung* (late binding). Somit erfolgt auch die Auswahl der auszuführenden Methoden erst zur Laufzeit aufgrund des *aktuellen dynamischen* Typs einer Objektvariablen, d.h. aufgrund des aktuell referenzierten Objekt-Typs – und nicht schon zur Compilezeit aufgrund des deklarierten *statischen* Typs der Objektvariablen.

Nachfolgendes Beispiel verdeutlicht, dass die Bindung der Objektvariablen und das auszuführende Coding erst zur Laufzeit gemäß Benutzereingaben festgelegt wird:

```
class SpaeteBindung {
    public static void main( String[] args ) {
        Konto k;          // Statischer Typ: Konto
        char c = IO.promptAndReadChar( "s/f ?" );
```

```
   if( c=='s' )          // Dynamischer Typ: Sparkonto
       k = new Sparkonto( "Schmidt" );
   else                  // Dynamischer Typ: Festzinskonto
       k = new Festzinskonto( "Schmidt" );
   k.abheben( 100.0 );
 }
}
```

Durch Eingabe wird erst zur Laufzeit bestimmt, ab die Objektvariable k (statischer Typ Oberklasse Konto) den dynamischen Typ Sparkonto oder Festzinskonto erhält, d.h. an ein Sparkonto-Objekt oder Festzinskonto-Objekt gebunden wird. Entsprechend steht auch erst zur Laufzeit fest, ob die überschriebene Methode abheben() von Sparkonto oder Festzinskonto aufgerufen wird.

Die späte dynamische Bindung ist eine technische Voraussetzung von Polymorphie.

14.3   Polymorphe Programmiertechniken

Unterklassen-Typen sind typkompatibel zu ihren Oberklassen-Typen. Somit kann einer Objektvariablen vom Typ einer Oberklasse problemlos ein Unterklassen-Objekt zugewiesen werden (Upcast). Dies haben wir bei direkten Zuweisungen verwendet. Jedoch eröffnen sich weitergehende programmtechnische Möglichkeiten:

> An jeder Stelle des Java-Codings, an dem die Referenz auf ein Oberklassen-Objekt benötigt wird, kann auch die Referenz auf ein Unterklassen-Objekt der Klassenhierarchie eingesetzt werden, z.B. bei Übergabe von Methodenparametern oder dem Füllen von Datenbehältern.

Jedes Unterklassen-Objekt ist ein spezialisierter Vertreter seiner Oberklassen und kann an deren Stelle (austauschbar da typkompatibel) verwendet werden.

14.3.1   Polymorphie als Mittel generischer Programmierung

Verlangt eine Methode als Parameter eine Referenz auf ein Oberklassen-Objekt (z.B. Konto-Objekt), dann kann ihr auch eine Unterklassen-Objektreferenz (z.B. auf ein Sparkonto-, Girokonto- oder Festzinskonto-Objekt) übergeben werden. Eine Methode, deren Rückgabewert eine Oberklassen-Objektreferenz ist, kann auch die Referenz auf ein beliebiges Unterklassen-Objekt zurückliefern.

Wieder gehen wir von unserer Konten-Hierarchie aus:

```
class Bank {
   public static void manipulation( Konto kn ) {
      kn.abheben(10.0);         // polymorphe Methode
   }
   public static void main( String[] args ) {
      Konto k = new Konto( "Meier" );           // Oberklassen-Objekt
      Girokonto g = new Girokonto( "Mueller" );  // typkompatibel
      Sparkonto s = new Sparkonto( "Huber" );
```

```
        // Polymorphe Aufrufe derselben Methode:
      manipulation( k );    manipulation( g );    manipulation( s );
   }
}
```

Die Methode manipulation() erwartet eine Referenz auf ein Konto-Objekt und kann mit einer Konto-Referenz aufgerufen werden. Viel interessanter ist jedoch, dass der Aufruf auch mit den Referenzen auf alle Unterklassen-Objekte gelingt.

– Konsole –
| ```
Abheben Konto
Abheben Giro
Abheben Sparkonto
``` |

Ein und dieselbe Methode manipulation() verhält sich polymorph: Sie zeigt ein anderes Verhalten, je nachdem mit welcher Objektreferenz sie aufgerufen wird. Sie wurde verfasst, um mit Konto-Objekten zu arbeiten, kann aber auch mit allen Unterklassen-Objekten verwendet werden.

Polymorphie via Klassen-Vererbung bedeutet *programmtechnisch* somit:

1. Zwei oder mehr Klassen stehen in einer Vererbungsbeziehung.

   ➢ Beispiel: Oberklasse Konto und ihre Unterklassen.

2. Die Unterklassen überschreiben eine oder mehrere geerbte Oberklassenmethoden unterklassen-spezifisch durch Methoden gleicher Signatur.

   ➢ Beispiel: Konto-Methode abheben() wird in Unterklassen überschrieben.

3. Wir schreiben Komponenten / Methoden, die mit Objektreferenzen auf *Oberklassen-Objekte* arbeiten. Aufrufen lassen sich diese Komponenten / Methoden dann *auch* mit allen *Unterklassen-Objekten*.

   ➢ Beispiel: Die Methode manipulation() deklariert Parameter vom Typ der Oberklasse Konto. Da alle Unterklassen-Objekte typkompatibel zu Konto sind, ist die Methode auch mit allen Unterklassen-Objekten aufrufbar.

4. Dabei wird zur Laufzeit die unterklassenspezifisch überschriebene Methode der übergebenen Unterklassen-Objekte ausgeführt.

   ➢ Beispiel: Es wird bei Aufruf von manipulation() die überschriebene Methode abheben() der Unterklassen-Objekte ausgeführt.

5. Das *Resultat*: Je nachdem, welches spezielle Unterklassen-Objekt man beim Aufruf übergibt, verhält sich ein und dieselbe Methode anders, d.h. polymorph.

   ➢ Beispiel: Abhängig vom übergebenen Unterklassen-Objekt verhält sich die Methode manipulation() beim Aufruf anders, d.h. polymorph.

> **Nutzen von Polymorphie:** Jede Komponente (Klasse, Methode, Datenstruktur etc.), die mit Referenzen auf Oberklassen-Objekte arbeitet, kann ohne Anpassung auch mit Referenzen auf Unterklassen-Objekte arbeiten.
```

Die Umkehrung gilt *nicht*: Eine Methode, die eine Unterklassen-Referenz als Parameter erwartet, ist *nicht* mit einer Oberklassen-Referenz aufrufbar. Die Methode:

```
public static void manipulation2( Sparkonto sp ) { /* … */ }
```

kann nicht mit einer Referenz auf ein Konto-Objekt aufgerufen werden. Der Aufruf:

```
Konto k = new Konto( "Fischer" );      manipulation2( k );
```

liefert den Fehler: manipulation2(Sparkonto) not applicable for argument Konto.

Angesichts der *technischen* Möglichkeiten von Polymorphie darf der *semantische* Kontext nicht vernachlässigt werden. Dieser wird durch das *Ersetzungs-Prinzip* (Substitution Principle) von *Liskov* formuliert:

> Unterklassen müssen anstelle ihrer Oberklassen problemlos und vollwertig verwendet werden können. Oberklassen müssen durch ihre Unterklassen im Sinne echter Austauschbarkeit vertreten werden können. Der Vertrag (Kontrakt) der Oberklasse ist durch die erbenden Unterklassen einzuhalten.

Dieses Prinzip ist die *semantische Voraussetzung* für den sinnvollen Einsatz von Polymorphie. Es geht um Einhaltung der *semantischen Integrität und Konformität*: Eine Unterklasse ist eine Spezialisierung ihrer Oberklasse. Sie sollte ihre Oberklasse stets sinnvoll vertreten können. Unterklassen sollten sich somit beim Aufruf der von ihnen überschriebenen Methoden semantisch verhalten wie beim Aufruf der ursprünglichen Oberklassen-Methoden. Vorgenommene Anpassungen bei der Implementierung dürfen den Vertrag ("den Geist der Gesetze") der Oberklasse nicht verletzen. Das durch die Basisklasse zugesicherte Objektverhalten sollte auch in ihren Unterklassen-Spezialisierungen grundsätzlich eingehalten werden.

Somit sollte man beispielsweise in Unterklassen konkrete Methoden der Oberklasse nicht durch leere Implementierungen oder abstrakte Methoden überschreiben.

Unterklassen-Objekte vom Typ Sparkonto oder Girokonto müssen sich *prinzipiell* auch weiterhin wie Konto-Objekte verhalten. Zwar dürfen sie geerbte Methoden spezifisch überschreiben, aber z.B. soll der Aufruf der Methode abheben() auch für alle Unterklassen-Objekte grundsätzlich einen (wenngleich speziellen) Abhebevorgang darstellen – und nicht völlig andere, sinnentstellende Wirkungen hinterlassen.

Technisch wird das Prinzip durch formale Regeln wie "keine Einschränkung der Sichtbarkeit beim Überschreiben" vom Compiler durchgesetzt. Die semantische Einhaltung dieses Prinzips liegt jedoch in der *Verantwortung des Entwicklers*.

Was wir über Polymorphie gelernt haben gilt grundsätzlich für *alle* objektorientierten Programmiersprachen.

Spezialfall überschriebene Attribute

Wenn eine Unterklasse ein von der Oberklasse geerbtes *Attribut* typändernd überschreibt, so entscheidet doch der deklarierte statische Typ der Objektvariable, welches Attribut angesprochen wird. Die Entscheidung über den Attribut-Zugriff fällt somit schon zur Compile-Zeit durch den Referenz-Typ der verwendeten Objektvariablen. Nur durch diese Regel erfüllt die Unterklasse stets weiterhin den Kontrakt der

Oberklasse, auch wenn sie geerbte Attribute mit Typänderung überschreibt – wie folgendes schematisches Beispiel klarmacht:

```
class Person {
    public int wert = 10;
    public void m() { IO.writeln( "Person" ); }
}
class Mitarbeiter extends Person {
    private boolean wert = false ;    // überschreibt!
    public void m() { IO.writeln( "Mitarbeiter" ); }
}
class Firma {
    public void test( Person p ) {
        p.m();                        // Objekt-Typ entscheident!
        int x = 100 + p.wert ;   // Referenz-Typ entscheident!
    }
}
```

Die Methode `test()` ist formuliert für die Bearbeitung von Objekten des Oberklassentyps `Person`. Sie verlässt sich in ihrer Implementierung dabei auf ein öffentliches Attribut `wert` vom Typ `int`. Natürlich ist `test()` aufrufbar auch mit typkompatiblen Objekten vom Unterklassen-Typ `Mitarbeiter`.

Sie darf aber nicht invalidiert werden durch das von der Unterklasse `Mitarbeiter` privat überschriebene Attribut `wert` mit inkompatiblem Typ `boolean`. Somit entscheidet beim *Attributzugriff* doch der statische Typ der Objektreferenz p. Dieser ist vom Typ `Person`, so dass stets das öffentliche `int`-Attribut der Oberklasse `Person` verwendet wird, obgleich beim Aufruf von `test()` auch ein Unterklassen-Objekt referenziert werden könnte.

Der Aufruf der Methode `p.m()` führt jedoch beim Aufruf mit einem Unterklassen-Objekt die Methode `m()` von `Mitarbeiter` aus, da in diesem Fall der Typ des tatsächlich referenzierten Objekts über die Methodenauswahl entscheidet.

Die folgende Aufstellung fasst die Regeln für die Auswahl von Attributen und Methoden zusammen:

Vererbte Oberklassen-Methoden	Vererbte Oberklassen-Attribute
Überschreibbar nur ohne Einschränkung der Sichtbarkeit	Überschreibbar mit Einschränkung der Sichtbarkeit und Typänderung
Dynamischer Typ (Typ referenziertes Objekt) bestimmt Methodenauswahl	Statischer Typ (Typ der Referenz) bestimmt Attributauswahl

Tab. 14.1: Regeln beim Überschreiben vererbter Methoden und Attribute

14.3.2   Polymorphe Datenbehälter und Strukturen

Nicht nur polymorphe Methodenaufrufe sind möglich, sondern auch Datenbehälter und damit arbeitende Programmstrukturen:

```
class GenerischesArray {
    public static void main( String[] args ) {
        Konto[] kArr = new Konto[10];    // Generisches Array
        kArr[1] = new Girokonto( "Mueller" );     // Upcasts!
        kArr[2] = new Sparkonto( "Huber" );
        kArr[3] = new Festzinskonto( "Schmidt" );
        for( int i=0; i<kArr.length; i++ ) {      // Generisch
            if( kArr[i] != null ) { kArr[i].abheben( 20.0 ); }
        }
    }
}
```

Das Array kArr ist für den Oberklassen-Typ Konto deklariert, kann aber problemlos auch dessen Unterklassen-Objekte aufnehmen. Auch wenn der Klasse Konto noch viele weitere Unterklassen hinzugefügt würden, könnte das Array kArr sie aufnehmen, ohne angepasst werden zu müssen.

Die for-Schleife bearbeitet das Array, in dem die verschiedenen typkompatiblen Objekte abgelegt sind. Die zum dynamischen Typ des jeweiligen Objekts kArr[i] gehörige Methode wird ausgeführt. Die Schleife verhält sich polymorph. Das Coding der Schleife bleibt stabil, auch wenn die Konten-Vererbungshierarchie erweitert würde. Die Schleife ist eine generische Codingstrecke - dank Polymorphie. Anstelle einer einfachen for-Schleife sind komplizierte und umfangreiche polymorphe Codingstrecken vorstellbar, die stabil bleiben, auch wenn noch viele weitere Unterklassen erdacht und abgeleitet würden.

14.3.3   Polymorphie mit abstrakter Oberklasse

Bisherige Voraussetzung für Polymorphie war: Die Oberklasse musste Methoden besitzen, die in den Unterklassen überschrieben wurden. Jedoch läst sich Polymorphie auch mit einer *abstrakten Oberklasse* darstellen: Allen Beispielen hätte auch eine abstrakte Oberklasse Konto zugrunde gelegt werden können.

```
abstract class Konto {
    public String name;       public double saldo;
    public Konto( String n ) {  name = n;   saldo = 0.0;  }
    public void einzahlen( double betrag ) {
        saldo = saldo + betrag;  IO.writeln( "Einzahlen " );
    }
    abstract public void abheben( double betrag );
}
```

Natürlich können dann keine Konto-Objekte instanziiert werden – aber alles andere bleibt davon unbeeinflusst: Methoden dürfen einen Rückgabewert und Parameter vom Typ einer *abstrakten* Oberklasse besitzen. An unserer Methode:

```
public static void manipulation( Konto kn ) { /* … */ }
```

müsste keine Änderung vorgenommen werden.

Anstelle abstrakter Oberklassen kann in Java jedoch auch das Interface-Konzept zur Realisation von Polymorphie verwendet werden.

14.4   Interfaces

Um die Struktur eines Interfaces zu verstehen denke man sich eine rein abstrakte Klasse, deren Attribute nur statische Konstanten sind und die ausschließlich abstrakte Methoden enthält. Durch ein solches Gebilde wird über Schnittstellen ein gewünschtes Verhalten definiert, aber noch keine Implementierung geliefert.

14.4.1   Interface-Konzept in Java

Während z.B. C++ kein entsprechendes Sprachelement kennt, stellt Java explizit das Interface Konzept (Schlüsselwort interface) zur Verfügung.

> Interfaces sind **Schnittstellenbeschreibungen** und fordern zur Implementierung durch Klassen auf: Sie definieren abstrakte Methoden-Signaturen. Interfaces können nicht instanziiert werden, sondern werden durch Klassen implementiert. Spezifikation und Modellierung als abstrakte Vertragsdefinition wird durch das Interface festgelegt, die spätere Implementierung durch Klassen. Interfaces schreiben keine Implementierungsdetails vor. Nicht das Wie? sondern das Was? zu beschreiben ist Aufgabe von Interfaces. Ein Interface dient zur Definition eines abstrakten Typs, der zahlreiche Implementierungen zulässt.

Die Signatur von Interfaces genügt folgenden Regeln: Alle Methoden eines Interfaces sind stets abstract und public, alle Attribute stets öffentliche Konstanten (public static final). Diese Vorgaben gelten automatisch - auch wenn public, abstract, final, static nicht explizit angegeben werden. Sie können somit auch weggelassen werden. Die Konstanten müssen initialisiert werden.

Da Interfaces keinerlei Implementierungsdetails festlegen, gelten folgende Regeln:

* Interfaces dürfen keine Konstruktoren vorschreiben.

* Ihre abstrakten Methoden dürfen nicht final sein, denn sie müssen erst in einer Klasse durch Überschreiben implementiert werden.

* Ihre Methoden dürfen nicht statisch sein, denn statische Methoden können nicht abstrakt sein.

(Die Methoden des Interfaces dürfen jedoch mit einer throws-Klausel ein Exception-Verhalten vorgeben.)

Java-Klassen können *ein oder mehrere* Interfaces implementieren. Dazu verwenden sie das Schlüsselwort implements, gefolgt vom Namen des Interfaces; mehrere Interface-Namen werden durch Komma getrennt aufgezählt. Im Gegensatz zu Java-Klassen können Interfaces von *mehreren* Interfaces *abgeleitet* werden. Betrachten wir ein Währungsrechner-Beispiel (Umrechnung Euro ↔ $):

```
interface IFEuro {
    double KURS_E = 0.91;      double inDollar( double euroBetrag );
}

interface IFDollar {
    double KURS_D = 1.1;       double inEuro( double dollarBetrag );
}

class EuroDollar implements IFEuro, IFDollar {
    public double inDollar( double euroBetrag ) {
        return  euroBetrag * IFEuro.KURS_E;
    }

    public double inEuro( double dollarBetrag ) {
        return  dollarBetrag * IFDollar.KURS_D;
    }

    public void dummy() { /* … */ }   // Zusätzliche Methoden
}
```

Die Klasse EuroDollar drückt durch implements aus, dass sie die beiden Interfaces implementiert. Im Coding der Klasse kann überall mit den Konstanten kurs der Interfaces gearbeitet werden.

> Jede Klasse, die ein Interface implementiert muss *alle* Methoden des Interfaces implementieren, ansonsten wäre sie abstrakt. Die implementierten Interface-Methoden müssen in der Klasse public deklariert werden.

Grundlegende Unterschiede zwischen Interface- und Klassenvererbung in Java sind:

- Interfaces können (Schlüsselwort extends) von mehreren Interfaces erben (Verhaltensvererbung) und in einer Interface-Hierarchie Mehrfachvererbungs-Strukturen abbilden, während auf Klassenebene (Implementierungsvererbung) nur Einfachvererbung zugelassen ist.

- Klassen verfügen nur über Einfachvererbung, können aber beliebig viele Interfaces implementieren (Schlüsselwort implements).

Das nächste Beispiel nutzt diese Möglichkeiten: Jede studentische Hilfskraft ist eine Person, Angestellter der Hochschule und zugleich Student. Der rautenförmige Mehrfachvererbungs-Zusammenhang wird durch eine Interface-Hierarchie modelliert:

```
interface Person {
    String getName();      void setName( String n );
}

interface Angestellter extends Person {
    double getGehalt();      void setGehalt( double g );
}
```

```
interface Student extends Person {
    int getMatrNr();       void setMatrNr( int mr );
}
interface StudHilfskraft extends Angestellter, Student {
    int getDauer();        void setDauer( int d );
}
class HiWis implements StudHilfskraft {
    private String name;    private double gehalt;
    private int dauer;      private int matrNr;
    public String getName() { return name; }
    public void setName( String n ) { name = n; }
    public double getGehalt(){ return gehalt; }
    public void setGehalt( double g ) { gehalt = g; }
    public int getDauer(){ return dauer; }
    public void setDauer( int d ) { dauer = d; }
    public int getMatrNr(){ return matrNr; }
    public void setMatrNr( int mr ) { matrNr = mr; }
}
```

Das Interface StudHilfskraft erbt direkt von Angestellter und Student und indirekt von Person. Die Klasse HiWis implementiert *alle* Schnittstellen-Methoden – dies wird vom Compiler überprüft:

> Eine Java-Klasse, die ein Interface implementiert, muss auch *alle* via Interface-Vererbung an das Interface vererbte Methoden implementieren – andernfalls wäre sie abstrakt zu deklarieren.

Somit muss die Klasse HiWis nicht nur die im Interface StudHilfskraft explizit aufgeführten Methoden implementieren, sondern auch alle Methoden der voran stehenden Interfaces Person, Angestellter und Student, die sich via Interface-Vererbung im Interface StudHilfskraft angesammelt haben.

Rautenproblem bei Interfaces: Auch bei rautenförmigen Interface-Hierarchien können Namenskonflikte auftreten bei gleich lautenden Methoden- und Konstanten-namen in verschiedenen Interfaces. Die Problemfälle und zugehörigen Regeln:

1. Gleicher Methodenname, gleicher oder verschiedener Rückgabetyp, unterschiedliche Parametrisierung: Die implementierende Klasse muss entsprechend viele gleichnamige überladene Methoden implementieren.

2. Gleicher Methodenname, gleicher Rückgabetyp, gleiche Parametrisierung: Die Klasse muss nur eine Methode dieser Art implementieren.

3. Gleicher Methodenname, gleiche Parametrisierung, unterschiedlicher Rückgabetyp: *Nicht* zulässig – *Compilerfehler*. Nur dieser Fall ist problematisch

4. Identische Konstantennamen: Der Konflikt wird gelöst durch Voranstellen (Qualifizierung) des Interfacenamens.

Anmerkung: Konstanten des Interfaces können nicht nur primitive Datentypen sondern auch finale Referenzen auf Objekte existierender Klassen sein. Dies ist jedoch eher schlechter Stil, da Interfaces nicht von konkreten Implementierungen (existierenden Klassen) abhängen sollten.

Oft sieht man Interfaces *ohne* Methodenschnittstellen gefüllt *nur* mit nützlichen Konstanten. Zu dieser Hilfskonstruktion sollte man nicht greifen. Interfaces sollen Typen und Schnittstellen definieren und nicht als Konstanten-Container zum bloßen Export von Konstanten missbraucht werden. Die Verwendung von Konstanten sollte ein Implementierungsdetail der verwendenden Klasse sein. Bei Implementierung eines Konstanten-Interfaces werden diese Konstanten jedoch stattdessen Teil der öffentlichen Schnittstelle der implementierenden Klasse. Dies verwirrt deren Benutzer, da sie keinen Sinn in öffentlichen Konstanten sehen, die doch nur in Methoden-Implementierungen verwendet werden. Der Namensraum der Klasse und all ihrer Unterklassen wird auf diese Weise mit den Konstantennamen quasi verschmutzt.

Eine viel bessere Lösung ist eine nicht-instanziierbare Utility-Klasse mit öffentlichen statischen Konstanten, auf die von verwendenden Klassen intern referenziert wird:

```
class Konstanten {   // Utility-Klasse als Konstantenbehälter

    private Konstanten( ) { }   // keine Instanzen!

    public static final double sollZins = 0.085;

    public static final double habenZins = 0.025;

    // ...

}

class User {

    public double sollZinsen( double betrag ) {

        return betrag * Konstanten.sollZins;

    }

    // ...

}
```

14.4.2   Interfaces als Typ

Interfaces können nicht instanziiert werden. Dennoch sind sie ein *vollwertiger abstrakter Referenztyp*. Es können Variablen, Methodenparameter und -Rückgabetypen vom *Typ* des *Interfaces* deklariert werden. Die Verwendung eines Interface-Typs erhöht Typsicherheit und Flexibilität dank leichter Austauschbarkeit der implementierenden Klassen, mit deren Objekten die konkreten Aufrufe erfolgen.

> Die Klasse, die ein Interface implementiert ist *typkonform zum implementierten Interface*. Objekte der implementierenden Klasse können somit überall eingesetzt werden, wo der Interface-Typ verwendet wird.

Wir greifen auf das Währungsrechner-Beispiel zurück: Umrechnungsmethoden und Kurswerte wurden in den Interfaces `IFEuro` und `IFDollar` erfasst. Implementiert werden diese Interfaces durch die Klasse `EuroDollarRechner`. Die Verwendung des Interfaces und seine Implementierung sind also voneinander entkoppelt!

```
class Umrechner {      // Kennt Implementierer nicht!
    public static void euro2dollar( IFEuro iE ) {
        double e = IO.promptAndReadDouble( "Eurobetrag = " );
        IO.writeln(  "In Dollar :  " + iE.inDollar( e )  );
    }
    public static void dollar2euro( IFDollar iD ) {
        double d = IO.promptAndReadDouble( "Dollarbetrag = " );
        IO.writeln(  "In Euro : " + iD.inEuro( d )  );
    }
}
class Wechselstube {
    public static void main( String[] args ) {
        // Variablen vom Typ der Interfaces:
        IFEuro ed1 = new EuroDollar();
        IFDollar ed2 = new EuroDollar();
        Umrechner.euro2dollar( ed1 );
        Umrechner.dollar2euro( ed2 );
    }
}
```

Die Klasse Umrechner verfügt über die Methoden euro2dollar() und dollar2euro() mit Parametern vom Typ Referenz auf IFEuro und IFDollar. Die beiden Methoden rufen die in den Interfaces deklarierten Methoden auf. Tatsächlich versorgt werden die Methoden euro2dollar() und dollar2euro() zur Laufzeit mit Objekten der implementierenden Klasse EuroDollar.

Falls passende Interfaces existieren, sollten Parameter, Rückgabewerte, Variablen und Attribute mittels Interface-Typen deklariert werden, statt sich explizit auf Klassen-Typen zu beziehen. Erst wenn man ein Objekt erzeugt, muss man sich beim Konstruktoraufruf auf seine konkrete Klasse beziehen [BLO04].

Auf diese Weise werden Programmstrukturen flexibler, da zum Austausch der Implementierung nur ein Objekt einer anderen implementierenden Klasse erzeugt und zugewiesen werden muss, während der umgebende Programmcode unverändert bleibt. Zugleich nimmt die Typsicherheit zu: Über eine Referenz vom Interface-Typ sind nur die im jeweiligen Interface vorgesehenen Methoden aufrufbar; zusätzliche öffentliche Methoden der implementierenden Klasse sind *nicht* aufrufbar:

```
IFEuro ed1 = new EuroDollar();
double betrag = ed1.inDollar( 1000 );   // OK!
// EuroDollar-Methode dummy() nicht Teil des Interface-Vertrags:
ed1.dummy();    // Fehler!
```

Interface-Referenzen können somit (wie in der obigen Klasse Umrechner) auch bei der Implementierung von Java-Klassen verwendet werden.

14.4.3   Bedeutung von Interfaces

Wenn eine Klasse von einer anderen Klasse erbt, dann stehen die öffentlichen Methoden und Attribute der Oberklasse auch der Unterklasse direkt zur Verfügung und müssen dort nicht nochmals angelegt werden. Vererbt wird Implementierung. Wenn eine Klasse dagegen ein Interface implementiert, so muss sie dafür etwas tun. Vererbt wird ein erst noch zu implementierendes Verhalten. Es gibt somit *zwei Typen von Vererbung* in Java [MER04]:

- Vererbung von Programmcode mittels Klassen-Vererbung (`extends`).

- Vererbung von Schnittstellen, Verhaltensspezifikation und Anforderungen mittels Interface-Vererbung (`implements`)

Interfaces dienen nicht dazu, "Tipparbeit" und Redundanz zu vermeiden, sondern verfolgen ein höheres Ziel: Die bessere *Modellierung* und *Strukturierung* von Software-Systemen. Interfaces erlauben die elegante implementierungsfreie Modellierung komplexer Zusammenhänge. Durch ein System von Interfaces wird ein semantischer Zusammenhang abgebildet und die erforderlichen Methodensignaturen festgelegt. Dadurch ist noch keine Implementierung geleistet, wohl aber die Modellierung und Strukturierung des Sachverhalts. Klassen, welche die Interfaces implementieren, können dadurch die Strukturierung des Sachverhalts übernehmen und müssen die Methoden nur noch ausimplementieren. Die Analyse und Modellierung des Systems wird in einer Hierarchie von Interfaces abgelegt, die Implementierung durch Klassen geleistet.

Interfaces realisieren das Design-Prinzip einer *Umkehrung von Abhängigkeiten*. Dieses besagt, dass idealerweise Abhängigkeiten nur zu Abstraktionen, nicht aber zu Konkretisierungen vorliegen sollten, da Abstraktionen (durch Interfaces dargestellt) nicht so häufig geändert werden wie konkrete Implementierungen. Ein Programm sollte somit möglichst oft Interfaces referenzieren, nicht konkrete Klassen. Auf diese Weise kann Funktionalität leicht reimplementiert werden. Denn wenn alle Funktionalität durch Interfaces gekapselt ist, kann jede Funktion durch eine neue implementierende Klasse ausgetauscht werden [EIL10].

Der Einsatz von Interfaces hat große softwaretechnische Vorteile [HOR02]:

- Interfaces fördern den modularen Aufbau von Software-Systemen und ein Information Hiding schon beim Entwurf von Systemen. Statt sofortigem Implementieren erzwingen sie zuerst eine Konzentration auf die saubere semantische Strukturierung von Schnittstellen zur vollständigen Abbildung funktionaler Zusammenhänge. Die Detailprobleme der Implementierung stellen sich erst später.

- Schnittstellenbeschreibung (Interface) und Implementierung können getrennt werden. Interfaces definieren einen Vertrag zwischen den Konsumenten und Anbietern von Funktionalität und entkoppeln diese effektiv voneinander. So kann ein Interface durch mehrere Klassen verschieden implementiert werden, und eine Klasse kann mehrere Interfaces implementieren. Verschiedene Implementierungen einer Schnittstelle können kombiniert werden. Letztlich erreicht man durch diese Trennung von Schnittstelle und Implementierung eine stärkere

Entkopplung von System-Komponenten, eine bessere Trennung von Zuständigkeiten (separation of concerns) und eine Reduktion von Abhängigkeiten.

- Interfaces verbessern die spätere Implementierung. Diese erhält eine solide konzeptionelle Basis. Man kann zudem mit Interfaces entwickeln und diese einsetzen, ohne die implementierende(n) Klasse(n) kennen zu müssen.

- Wer Interfaces studiert, kann die Struktur eines Systems analysieren, ohne Implementierungsdetails durcharbeiten zu müssen. Auch die Wartbarkeit wird gefördert durch klar definierte Schnittstellen.

- Der Entwurf von Interfaces und ihre Implementierung kann zu verschiedenen Zeitpunkten und durch verschiedene Entwickler erfolgen. Die Implementierung von Interfaces ist austauschbar. Somit wird das *Open-Closed-Prinzip* wirksam unterstützt: Software soll offen sein für Erweiterungen aber abgeschlossen für konzeptionelle Änderungen (durch Konstanz der Schnittstellen). Implementierende Klassen können einfach ausgetauscht werden, statt den Quellcode einer Klasse zu modifizieren [EIL10].

Eine Entkopplung von Anbietern und Nutzern von Funktionalität wird durch Interfaces als Mittel der Abstraktion optimal unterstützt. Interfaces dienen als Mittler zwischen Anbietern und Nutzern. Abbildung 14.4 stellt die Zusammenhänge dar:

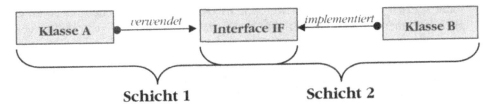

Abb. 14.4: Interfaces als Mittler zwischen Anbietern und Verwendern

Klasse **A** bildet mit Interface **IF** eine syntaktisch korrekte kompilierbare Einheit – unabhängig von der konkreten Implementierung der Interface-Methoden in Klasse **B**.

Klasse **B** bildet mit Interface **IF** eine syntaktisch korrekte kompilierbare Einheit – unabhängig von den konkreten Aufrufen der Interface-Methoden durch Klasse **A**.

Durch das Interface wurden die Klassen voneinander entkoppelt. Die Implementierung ist austauschbar, es könnte mehrere Implementierungen geben ebenso wie mehrere Verwender.

Bezüglich eines Aspekts ist jedoch Vorsicht geboten: Nachträgliche Änderungen an der Interface-Methodenschnittstelle (z.B. Hinzufügen weiterer Methoden) erzwingen Quellcodeanpassungen in allen implementierenden Klassen, da diese sonst nicht mehr kompilieren!

Dies bedeutet, dass `public`-Interfaces von Vornherein sehr sorgfältig entworfen werden müssen [BLO04] - denn nachdem ein Interface veröffentlicht wurde (z.B. im Rahmen eines Pakets) und von vielen Verwendern implementiert wurde, sind nachträgliche Änderungen fast unmöglich. Entworfene Interfaces sollten vor ihrer Veröffentlichung durch zahlreiche Implementierungen auf ihre strukturelle Stimmigkeit getetestet werden. Kleine Unstimmigkeiten und Schwächen des einmal publizierten Interfaces werden seine Verwender dauerhaft irritieren. Ein schlecht entworfenes Interface kann ein ganzes Framework in Mitleidenschaft ziehen.

14.5   Kritik der polymorphen Programmierung

14.5.1   Kritik an Vererbungs-Polymorphie

Polymorphes Verhalten kann durch Klassen mittels Implementierungs-Vererbung von Oberklassen realisiert werden. Dies hat jedoch auch Nachteile:

- Unterklassen sind eng an ihre Oberklassen gekoppelt und von deren Implementierungsdetails abhängig. Jede Änderung der Oberklassen beeinflusst potentiell ihre Unterklassen, obgleich sich deren eigenes Coding nicht ändert. Im schlimmsten Fall müssen Unterklassen an sich ändernde Oberklassen angepasst werden. In diesem Sinne verletzte Vererbung das Prinzip der Kapselung [BLO04].

- Größere Vererbungshierarchien sind unübersichtlich und schlechter wartbar.

- Die Unterklasse erbt von der Oberklasse auch deren Schwächen [BLO04]. Fehler und Schwächen der öffentlichen Schnittstelle der Oberklasse werden zu Fehlern und Schwächen der öffentlichen Schnittstelle der Unterklassen. Klassen sollten somit speziell dafür entworfen werden, als Oberklassen zu dienen. Es sollte explizit dokumentiert werden, ob eine Klasse dafür geeignet ist. Nicht dafür geeignete Klassen sollten als `final` modelliert werden.

Deswegen wird die Implementierungs-Vererbung softwaretechnisch mittlerweile kritisch gesehen; oft vermeidet man sie und setzt stattdessen Objektassoziation (Attribute vom Typ einer anderen Klasse) ein. Dadurch lässt sich eine Schnittstelle entwerfen, hinter der Fehler und Schwächen der assoziierten Klasse verborgen werden können. Man nimmt dabei ein eventuell höheres Maß an Redundanz (identisches Coding in verschiedenen Klassen) in Kauf: Verringerung von *Abhängigkeit* erhöht *Redundanz* und umgekehrt. Abhängigkeiten zwischen Klassen sollten möglichst minimiert werden.

Polymorphie lässt sich auch mittels Schnittstellen-Vererbung durch Interfaces realisieren. Die implementierende Klasse erbt nur die Methodensignaturen des Interfaces, d.h. das vom Interface geforderte Verhalten – und ist typkompatibel zum Interface. Programme, Komponenten, Methoden können mittels Interfaces angelegt werden – verwenden lassen sie sich dann mit allen Klassen, die das Interface implementieren. Auf Implementierungs-Vererbung und Überschreiben von Methoden kann verzichtet werden. Die *lose Kopplung* der implementierenden Klasse an ihre Interfaces ist weniger gravierend als die *enge Kopplung* an Oberklassen bei Implementierungs-Vererbung.

Das Konten-Beispiel wäre auch mittels Interfaces realisierbar:

```
interface Konto {
    void einzahlen( double betrag );  void abheben( double betrag);
}
class Girokonto implements Konto {          }
```

```
class Sparkonto implements Konto { /* ... */ }
class Festzinskonto implements Konto { /* ... */ }
class Bank {
   public static void manipulation( Konto kn ) {
      double betrag = IO.promptAndReadDouble( "Betrag = " );
      kn.abheben( betrag );
   }
   public static void main( String[] args ) {
      Girokonto g = new Girokonto( "Mueller" );
      Sparkonto s = new Sparkonto( "Huber" );
      Festzinskonto f = new Festzinskonto( "Schmidt" );
      manipulation( g );  manipulation( s );  manipulation( f );
   }
}
```

Beim unreflektierten Einsatz von Implementierungs-Vererbung fokussiert man zu stark auf konkreten Quellcode und vergrößert softwaretechnische Abhängigkeiten, was die Wartbarkeit verschlechtert. Dagegen fördert der Interface-Gedanke die Entkopplung und Trennung von Zuständigkeiten in komplexen Softwaresystemen.

14.5.2   Allzu generische Programmierung

Der *generische* Java-Typ schlechthin ist Object, der für jedes beliebige Objekt stehen kann. Dies verführt zum Missbrauch. Es ist *kein guter Programmierstil*, Schnittstellen nur noch mittels Object zu gestalten, d.h. Object als "ultimativen eierlegenden Wollmilchsau-Typ für konfuses, unklares Design" [ESS05] zu verwenden.

So könnte man mit der total-polymorphen aber völlig undurchsichtigen Methode: Object machWas(Object p) *alle* möglichen Java-Objekte entgegennehmen, verarbeiten und irgendeinen Objekttyp zurückliefern. Jedoch ist der Methode nicht mehr anzusehen, was sie leistet und ob sie es korrekt tut.

14.5.3   Grundsätze Objektorientierten Designs

Auch wenn wir im Rahmen des Buches nicht auf objektorientiertes Design, Modellierungs-Techniken, Entwurfsmuster und andere fortgeschrittene Themen detailliert eingehen können, wollen wir doch einige *Design-Prinzipien* und *Heuristiken* thesenartig auflisten, die auf Grundlage unserer Kenntnisse verständlich sind:

- Abstrahiere von der konkreten Implementierung – denn diese ist austauschbar.

- Programmiere gegen Interfaces – nicht gegen konkrete Klassen. Stelle Abhängigkeiten von Abstraktionen her– nicht von Konkretisierungen.

- Hohe Abstraktion ist besser als vorschnelle Konkretisierung – denn alles Konkrete veraltet schnell. Implementierungen müssen deshalb leicht austauschbar und Erweiterungen leicht möglich sein.

- Denke in Verträgen und Service-Anforderungen – nicht in den Details von Algorithmen. Entkopple Konsumenten und Produzenten durch Interfaces (Verträge).

- Garantiert werden keine Implementierungsdetails, sondern die Einhaltung von Service-Verträgen, die in Interfaces festgeschrieben sind.

- Modellieren ist wichtiger als Implementieren. Aber erfinde das Rad nicht neu – orientiere dich an Design-Patterns.

- Grundeinheit des objektorientierten Programmierens ist die *Klasse*. Aber die Grundeinheit des objektorientierten Entwurfs ist der *Typ*.

- Die Seele des Software-Systems ist die sinnvolle Typisierung – nicht die konkrete Implementierung.

Diese Thesen mögen zu eigenen Gedanken und Diskussionen anregen. Zur Vertiefung verweisen wir auf [EIL10] und [BLO04].

14.6   Abschließendes Beispiel – Ausführbare Klasse `Bank`

Wir verwenden nun wieder die Klassen `Konto`, `Sparkonto`, `Girokonto` und `Festzinskonto` der Vererbungshierarchie aus Kapitel 13.8. ohne deren Coding erneut abzudrucken. Wir erweitern das Projekt um eine ausführbare Klasse `Bank` . Diese übernimmt die Benutzerführung samt erforderlichen Ein-Ausgabe-Operationen und enthält Methoden zur Manipulation und Speicherung der verschiedenen Kontotypen. Polymorphie verhilft uns zu einer kompakten und generischen Lösung.

Die Klasse `Bank` verfügt über zwei statische Methoden, in denen der Typ `Konto` als Rückgabewert bzw. Parameter verwendet wird. Die Oberklasse `Konto` ist abstrakt. Im Programm werden nur Unterklassenobjekte von `Konto` verwendet, die überall den Typ `Konto` vertreten können:

`public static` **`Konto kontoAnlegen`**`()`: Es wird abgefragt, welche Art von Konto (Girokonto, Sparkonto, Festzinskonto) erstellt werden soll. Je nach Konto-Art werden die erforderlichen Daten ermittelt. Ein Objekt wird erstellt und zurückgegeben. Dank Polymorphie deckt der Rückgabetyp Konto auch alle zurückgelieferten Unterklassenobjekte ab.

`public static void` **`manipulation`**`(` **`Konto k`** `)`: Es wird abgefragt welche Kontenoperation durchzuführen ist (Einzahlen, Abheben, Zinsausschüttung, Datenausgabe). Die gewünschte Operation wird mit dem übergebenen Objekt ausgeführt. Dank Polymorphie arbeitet die Methode mit allen denkbaren Unterklassen von `Konto`. Geprüft wird, ob ein existierendes Konto oder eine `null`-Referenz übergeben wurde.

Während `manipulation()` eine *völlig generische* Methode ist und nur die Oberklasse `Konto` kennt, ist die Implementierung von `kontoAnlegen()` bezogen auf die verschiedenen vorkommenden Kontotypen. Sollten wir weitere Kontotypen als Unterklassen von `Konto` einführen, müsste `kontoAnlegen()` erweitert werden.

Zur *Speicherung* der verschiedenen Kontotypen legen wir ein Array `konten` für alle möglichen Konto-Typen an: `Konto[]` **`konten`** `= new Konto[300];`

In diesem Array werden die mittels `kontoAnlegen()` erzeugten Objekte gespeichert. Die Kontonummer ist identisch mit der Position im Array – auf diese Weise lässt sich bei Kenntnis der Kontonummer einfach auf das gespeicherte Konto zugreifen. Dank Polymorphie kann dieses Array alle vorkommenden Konto-Typen aufnehmen. Girokonten haben Kontonummern ab 101 aufwärts, Spar- und Festzinskonten ab 201. Natürlich käme es zum Überschreiben bereits belegter Konten beim Einfügen von mehr als 100 Girokonten – aber wir verzichten auf komplexere Lösungen.

Die *Benutzerführung* findet in `main()` statt: In einer Schleife wird die gewünschte Operation abgefragt: Neues Konto anlegen, bestehendes Konto bearbeiten, Daten aller Konten ausgeben, Konto löschen, Bilanz erstellen. Zwischen weiterarbeiten und beenden kann gewählt werden.

Neues Konto anlegen: Mit `kontoAnlegen()` wird ein neues Konto erstellt und im Array konten gespeichert. Indexposition ist die Kontonummer:

```
Konto k = kontoAnlegen();

if( k != null ) konten[ k.getKontoNr() ] = k;
```

Bestehendes Konto bearbeiten: Die Kontonummer wird abgefragt und für deren Konto die Methode `manipulation()` aufgerufen:

```
int n = IO.promptAndReadInt( "Kontobewegung für Kontonummer: " );

if( n>0 && n<konten.length ) manipulation( konten[n] );
```

Daten aller Konten ausgeben: Das Array konten wird durchlaufen und für jedes Konto `toString()` aufgerufen. Nicht jede Indexposition referenziert ein Objekt – nur wenn die jeweilige Indexposition eine Objektreferenz ungleich null enthält wird die referenz an `IO.writeln()` übergeben:

```
for( int i=0; i<konten.length; i++ )

    if( konten[i] != null ) IO.writeln( konten[i] );
```

Bestehendes Konto löschen: Die Kontonummer kn wird abgefragt und die entsprechende Position des Arrays konten auf null gesetzt - der Benutzer wird jedoch informiert, falls kein entsprechendes Konto existiert.

```
konten[kn]=null;
```

Bilanz erstellen: Die Summe der bei der Bank angelegten Gelder wird getrennt nach allen Kontotypen ausgegeben. Für Girokonten wird zusätzlich ermittelt, wie groß die Summe der überzogenen Kontostände ist. Dazu wird das Array konten durchlaufen und an jeder von null verschiedenen Position der *Typ des Kontos* mittels instanceof-Operator geprüft. Um Sparkonten und Festzinskonten zu unterscheiden, muss bei der Identifikation von Sparkonten der Typ Festzinskonto explizit ausgeschlossen werden – da auch Festzinskonto-Objekte spezielle Sparkonto-Vertreter sind:

```
if( konten[i] instanceof Sparkonto &&

    !(konten[i] instanceof Festzinskonto) ) { /* … */ }
```

Durch zwei Konstanten wird der Sollzins von Girokonten und das Startguthaben bei Kontoeröffnung festgelegt.

Hier die komplette Klasse `Bank.java`:

```
class Bank {
   private static final double SOLL = 0.05;  // Sollzinsen
   private static final double START = 0.0;  // Startguthaben
   public static Konto kontoAnlegen() {
      double limit, zins;      String name;      int laufzeit;
      Konto k = null;
      IO.writeln( "Funktionsauswahl:" );
      IO.writeln( "=======================" );
      IO.writeln( "Girokonto anlegen          = 1" );
      IO.writeln( "Sparkonto anlegen          = 2" );
      IO.writeln( "Festzinskonto anlegen      = 3" );
      IO.writeln( "Abbrechen durch beliebige andere Zahl" );
      int wahl = IO.promptAndReadInt( "Gewünschte Option = " );
      switch( wahl ) {
         case 1:
            name = IO.promptAndReadString( "Kontoinhaber = " );
            limit = IO.promptAndReadDouble( "Kreditlimit = " );
            k = new Girokonto( name, START, limit, SOLL );
            break;
         case 2:
            name = IO.promptAndReadString( "Kontoinhaber = " );
            zins = IO.promptAndReadDouble( "Zins = " );
            k = new Sparkonto( name, START, zins );
            break;
         case 3:
            name = IO.promptAndReadString( "Kontoinhaber = " );
            zins = IO.promptAndReadDouble( "Zins = " );
            laufzeit = IO.promptAndReadInt( "Laufzeit = " );
            k = new Festzinskonto( name, START, zins, laufzeit );
            break;
         default:     // Liefert Nullpointer
            IO.writeln( "Kontoanlage abgebrochen!" );
      }
      return k;
   }
   public static void manipulation( Konto k ) {
      if( k == null ) {
         IO.writeln( "Kein gültiges Konto!" );
         return;
```

```
            }
            IO.writeln( "Funktionsauswahl:" );
            IO.writeln( "========================" );
            IO.writeln( "Einzahlen            = 1" );
            IO.writeln( "Abheben              = 2" );
            IO.writeln( "Zinsen zuschlagen    = 3" );
            IO.writeln( "Daten ausgeben       = 4" );
            IO.writeln( "Abbrechen durch beliebige andere Zahl" );
            int wahl = IO.promptAndReadInt( "Gewünschte Option = " );
            switch( wahl ) {
                case 1:
                    k.einzahlen( IO.promptAndReadDouble( "Betrag = ") );
                    break;
                case 2:
                    boolean test = k.abheben(
                            IO.promptAndReadDouble( "Auszahlung = " ) );
                    if( test ) IO.writeln( "Auszahlung durchgeführt" );
                    else       IO.writeln( "Keine Auszahlung möglich!" );
                    break;
                case 3:
                    k.zinsen();
                    break;
                case 4:
                    IO.writeln( k ); // bewirkt Aufruf von toString()
                    break;
                default:
                    IO.writeln( "Kontobearbeitung abgebrochen!" );
            }
        }
        public static void main( String[] args) {
            Konto[] konten = new Konto[300];
            do {
                IO.writeln( "Funktionsauswahl:" );
                IO.writeln( "========================" );
                IO.writeln( "Konto anlegen        = 1" );
                IO.writeln( "Kontobewegung        = 2" );
                IO.writeln( "Alle Konten ausgeben = 3" );
                IO.writeln( "Konten löschen       = 4" );
                IO.writeln( "Bilanz erstellen     = 5" );
```

```
int wahl = IO.promptAndReadInt( "Gewünschte Option = " );
switch( wahl ) {
   case 1:
      Konto k = kontoAnlegen();
      if( k != null )   konten[ k.getKontoNr() ] = k;
      break;
   case 2:
      int n = IO.promptAndReadInt( "Konto Nummer: " );
      if( n>0 && n<konten.length )
              manipulation( konten[n] );
      else    IO.writeln( "Ungültige Kontonummer" );
      break;
   case 3:
      IO.writeln( "Datenausgabe aller Konten:" );
      IO.writeln( "===========================" );
      for( int i=0; i<konten.length; i++ )
         if( konten[i] != null )
            IO.writeln( konten[i] ); // Aufruf toString()
      break;
   case 4:
      IO.writeln( "Löschen eines Kontos:" );
      int kn = IO.promptAndReadInt( "Kontonummer = " );
      if( kn>0 && kn<konten.length && konten[kn]!=null ) {
         konten[kn] = null;   IO.writeln( "Gelöscht!" );
      }
      else IO.writeln( "Konto existiert nicht!" );
      break;
   case 5:
      double sumSpar = 0.0, sumFest = 0.0;
      double sumGiro = 0.0, negGiro = 0.0;
      for( int i=0; i<konten.length; i++) {
         if( konten[i] != null) {
            if( konten[i] instanceof Sparkonto
                  && !(konten[i] instanceof Festzinskonto) )
               sumSpar = sumSpar + konten[i].getSaldo();
            if( konten[i] instanceof Festzinskonto )
               sumFest = sumFest + konten[i].getSaldo();
            if( konten[i] instanceof Girokonto )
               sumGiro = sumGiro + konten[i].getSaldo();
```

```
if( konten[i] instanceof Girokonto
    && konten[i].getSaldo()<0 )
  negGiro = negGiro + konten[i].getSaldo();
}
}
IO.writeln( "Bilanz Girokonten = " + sumGiro );
IO.writeln( "Bilanz Sparkonten = " + sumSpar );
IO.writeln( "Bilanz Festzinskonten = " + sumFest );
IO.writeln( "Außenstände Girokonten = " + negGiro );
break;
default:
  IO.writeln( "Keine gültige Option" );
}
} while( IO.promptAndReadChar( "Weiter (j)" ) == 'j' );
IO.writeln( "Bank wird geschlossen" );
}
}
```

Dank Polymorphie kann die Klasse Bank ohne wesentliche Änderungen auch mit allen weiteren Unterklassen von Konto arbeiten.

Unsere Projekte werden umfangreicher und komplexer; auch sind komplexere Fehlersituationen abzufangen. In Kapitel 15 werden wir mit dem *Paketkonzept* ein Mittel zur bibliotheksartigen Zusammenfassung semantisch zusammengehöriger Klassen kennen lernen, während Kapitel 16 in die *strukturierte Fehlerbehandlung* der Sprache Java einführt.

Nachdem wir einige Entwurfsprinzipien und Leitlinien des objektorientierten Entwurfs angesprochen haben noch einige goldene Worte [BLO04]:

> *Don't sacrifice sound architectural princi ples for performance. Strive to write good programs rather than fast ones. If a good program is not fast enough, its architecture will allow it to be optimized. Good programs embody the principle of information hiding: where possible, they localize design decisions within individual modules, so individual decisions can be changed without affecting the remainder of the system.   (Joshua Bloch, Effective Java)*

15 Paketkonzept

Java-Pakete (*packages*) enthalten inhaltlich zusammengehörige Klassen und Interfaces. Ein Paket ist eine logische und (durch seine File-Struktur) auch physische Organisationseinheit. Pakete werden durch das Schlüsselwort **package** deklariert und tragen einen individuellen Namen. Durch das Schlüsselwort **import** kann auf Paketinhalte in eigenen Klassen und Interfaces zugegriffen werden. Dieses Kapitel soll den Paketmechanismus (Anlegen und Verwenden von Paketen) vorstellen.

Bislang konnten wir unsere Java-Projekte wesentlich durch Codeverteilung auf Klassen und deren Methoden modularisieren. Vererbung und Assoziation erlaubten die Wiederverwendung von Klassen innerhalb anderer Klassen. Allerdings ist diese Strukturierungsmöglichkeit im Rahmen größerer Systeme noch zu "feinkörnig" (granular) – durch das Paketkonzept steht ein gröberer Strukturierungs-Mechanismus zur Verfügung. Pakete sind organisatorische Einheiten der Software-Wiederverwendung

Die JavaSE enthält zahlreiche vorgefertigte Klassen, die in diversen Paketen zusammengefasst sind. Bislang ist uns nur das Paket `java.lang` begegnet, zu dessen Klassen z.B. `Object`, `System`, `String`, `StringBuffer` und `Math` gehören. Das Paket `java.lang` wird als quasi unverzichtbar für das Schreiben von Java-Klassen betrachtet - deshalb wird es automatisch importiert. Dagegen stehen die Klassen aller anderen Pakete erst durch ausdrückliche Anweisung zur Verfügung.

Dieses Kapitel soll auch weitere *Leistungen des Paketkonzepts* verdeutlichen:

- Deklaration öffentlicher Schnittstellen bei gezielter Einschränkung der Verwendung, d.h. Durchsetzung des Geheimnisprinzips auf höherer Ebene.

- Deutliche Dokumentation von Verwendungen im Code der Verwender.

15.1 Anlegen eigener Pakete

Klassen und Interfaces können einem Paket explizit zugeordnet werden. Pakete bilden einen eigenen Namensraum und eine Sichtbarkeitsgrenze: Die Inhalte eines Pakets sind für andere Pakete nur sichtbar (verfügbar), wenn das Paket diese Inhalte ausdrücklich veröffentlicht (exportiert).

15.1.1 Pakete anlegen mittels `package`-Deklaration

Wird am Anfang einer Quellcodedatei (`.java`-File) mittels:

```
package paketname;
```

eine `package`-Deklaration vorgenommen, so gehören *alle* Klassen und Interfaces *dieser* Datei logisch zum Paket `paketname`. Die `package`-Deklaration muss als erste Anweisung im `.java`-File stehen. Wird der *gleiche* Paketname in *verschiedenen*

`.java`-Files verwendet, gehören *alle* Bestandteile dieser Quellcodefiles zum gleichen Paket.

> Die Klassen und Interfaces aller mit dem *gleichen Paketnamen* gekennzeichneter Quellcode-Files gehören logisch zum *gleichen Paket.* Jedes Paket sollte genau definierte Zuständigkeiten und Aufgaben besitzen! Auf diese Weise ist die Wahrscheinlichkeit hoch, dass die Klassen und Interfaces des Pakets gemeinsam wiederverwendet werden können.

Pakete stellen eine *logische Einheit* dar, deren Klassen und Interfaces über verschiedene .java-Dateien verteilt sein können. In Abbildung 15.1 werden die Klassen `Rechnung` und `Auftrag` in separaten .java-Files angelegt. Beide gehören jedoch zum selben Paket `faktura`.

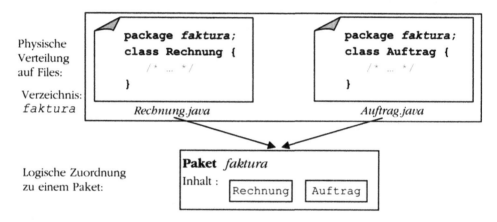

Abb. 15.1: Paketdeklaration und Klassenzuordnung

Enthält ein `.java`-File keine `package`-Angabe, so gehören die Klassen und Interfaces dieser Datei zum *namenlosen Standardpaket* – und werden vom Compiler im aktuellen Arbeitsverzeichnis gesucht. Somit gehören alle Java-Klassen und -Interfaces einem Paket an, zumindest dem Standardpaket.

15.1.2   Pakete als Namensraum und Sichtbarkeitsgrenze

Jedes Paket bildet einen eigenen *Namensraum*: Innerhalb eines Pakets müssen Klassen- und Interfacenamen eindeutig sein, in verschiedenen Paketen können jedoch gleiche Namen ohne Namenskonflikt verwendet werden. So enthalten beide Pakete `faktura` und `vertrieb` in Abbildung 15.2 eine gleichnamige Klasse `Auftrag`.

Pakete bilden auch eine *Sichtbarkeitsgrenze*. Ohne expliziten Export von Paketinhalten sind diese außerhalb des Pakets nicht sicht- und zugreifbar.

> Die *Klassen und Interfaces eines Pakets* haben nur Zugriff auf Klassen und Interfaces des **eigenen Pakets**. Klassen und Interfaces anderer Pakete (*Fremdklassen und -Interfaces*) haben *keinen* Zugriff. Nur durch *expliziten Export*

> von Paketinhalten können diese für Fremdklassen und -Interfaces verfügbar gemacht werden.

So kann die Klasse `Auftrag` des Pakets `faktura` (Abb. 15.2) auf die Schnittstelle der Klasse `Rechnung` zugreifen, da beide dem gleichen Paket `faktura` angehören. Dagegen kann innerhalb des Pakets `vertrieb` nicht mit der Fremdklasse `Auftrag` gearbeitet werden, da diese zum "fremden" Paket `faktura` gehört.

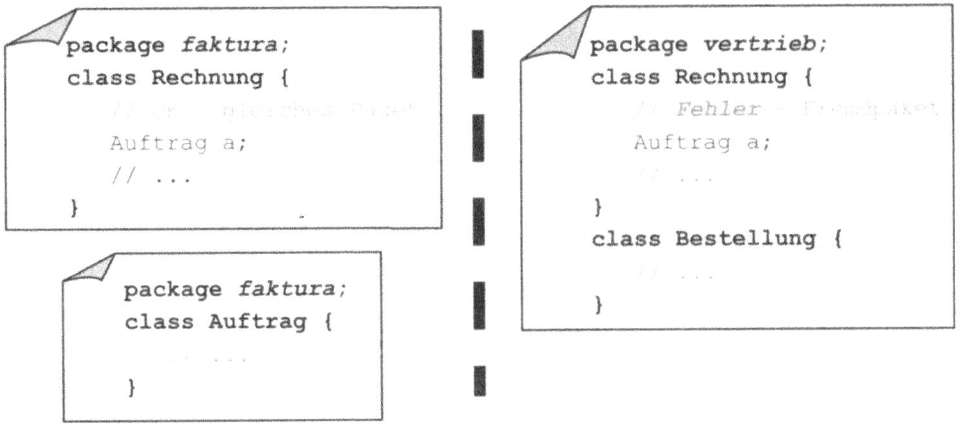

```
package faktura;
class Rechnung {
    // im gleichen Paket
    Auftrag a;
    // ...
}
```

```
package faktura;
class Auftrag {
    ...
}
```

```
package vertrieb;
class Rechnung {
    // Fehler - Fremdpaket
    Auftrag a;
    ...
}
class Bestellung {
    ...
}
```

Abb. 15.2: Pakete als Namensraum und Sichtbarkeitsgrenze

Natürlich werden Klassen in Paketen zusammengefasst, um diese auch *außerhalb* der Paketgrenzen in Java-Projekten verwenden zu können. Dies erfordert einen expliziten Export von Paketinhalten durch das Paket.

15.1.3   Export von Paketinhalten

Durch explizite Kennzeichnung als `public` werden Paketinhalte exportiert, d.h. ein Zugriff auch durch Klassen und Interfaces anderer Pakete gewährt:

> **Paketinhalte** werden durch ein Paket **exportiert**, indem Klassen, Methoden, Attribute oder Interfaces *explizit* **public** deklariert werden. Was public sein soll und für Fremdzugriff von außerhalb des Paketes *exponiert* wird, *"bestimmt" somit nur das Paket selbst.*

Die Kennzeichnung `public` erhält somit innerhalb des Paketkonzepts eine *zusätzliche* Bedeutung: Auch *Klassen* und Interfaces können explizit `public` deklariert werden. *Nur* auf `public` deklarierte Klassen und Interfaces wird der Zugriff aus anderen Paketen gewährt. Unterbleibt die explizite `public`-Deklaration, so ist die Klasse bzw. das Interface *nicht* für andere Pakete sicht- und verwendbar. Den Versuch, nicht `public` deklarierte Klassen oder Interfaces zu nutzen, quittiert der Compiler mit Fehlermeldungen.

Innerhalb einer `public`-Klasse kann wiederum *differenziert* werden, *welche Attribute und Methoden* für Fremdzugriffe zur Verfügung stehen: Nur explizit `public` deklarierte Attribute und Methoden werden *exportiert* und sind außerhalb des Pakets sichtbar. Der Export von `public`-Attributen und –Methoden ist nur wirksam, wenn die zugehörige Klasse selbst `public` deklariert ist. Speziell: Besitzt eine `public`-Klasse nur nicht-`public` Konstruktoren, so kann sie aus anderen Paketen nicht instanziiert werden.

Folgendes schematisches Beispiel verdeutlicht die Zusammenhänge:

```
package faktura;      // Paket faktura, Datei faktura/Rechnung.java
public class Rechnung {   // Sichtbare Klasse: exportiert
    Datum dat;               // nicht exportiert
    public String name;          // exportiert
    public double betrag;        // exportiert
    public Rechnung( String n, double b, int t, int m, int j ) {
        name = n;     betrag = b;
        dat = new Datum( t, m, j );
    }
    public String toString() {           // exportiert
        String s = info() + "/n";
        return s + name + " " + betrag + " " + dat.toString();
    }
    String info() {               // nicht exportiert
        return "Rechnung Werk 1 / Abt.V / Kostenstelle 0815";
    }
}
class Datum {   // Nicht sichtbare Klasse: nicht exportiert
    public int tag;    public int monat;    public int jahr;
    public Datum( int t, int m, int j ) {
        tag = t;    monat = m;    jahr = j;
    }
    public String toString() {
        String s = tag + "." + monat + "." + jahr;      return s;
    }
}
```

In jedem *anderen* Paket (auch dem namenslosen Standardpaket) ist nur die Klasse Rechnung sichtbar, die Klasse Datum nicht. Nur auf die explizit `public` deklarierten Elemente von Rechnung kann in anderen Paketen zugegriffen werden. Das Attribut dat und die Methode info() wurden *nicht* `public` deklariert – sie stehen Klassen *anderer* Pakete *nicht* zur Verfügung. Obgleich alle Elemente der Klasse Datum `public` sind, können sie nicht aus anderen Paketen angesprochen werden, da die Klasse Datum *selbst nicht* explizit `public` deklariert ist.

Die folgende Testklasse gehört dem Paket `tests` an und zeigt die Zugriffsmöglichkeiten auf das Paket `faktura`: (Auf `import` wird sogleich eingegangen.)

```
package tests;        // Paketdeklaration

import faktura.*;     // Expliziter Import des Pakets faktura

public class Tester {

    public static void main( String[] args ) {

        // Erlaubte Zugriffe auf exportierte Klassen und Elemente:

        Rechnung r = new Rechnung( "Meier", 1000.0, 2, 6, 2005 );

        r.betrag = 2000.0;

        IO.writeln( r.toString() );

        // Fehler: Zugriffe auf nicht exportierte Paketinhalte:

        String s = r.info();          // Nicht exportierte Methode

        r.dat.jahr = 2004;            // Nicht exportiertes Attribut

        Datum d = new Datum(1,1,2000);   // Nicht exportierte Klasse

    }

}
```

Bei public-Paketklassen gilt noch schärfer als bei paket-internen nicht-public Klassen: Möglichst keine public-Attribute sondern nur public-Zugriffsmethoden. Nur dadurch bewahrt man die Flexibilität, die innere Datenrepräsentation der Klasse in späteren Versionen ohne Invalidierung der Verwender noch anpassen zu können.

Eine wichtige vom Compiler überwachte Vorschrift regelt die Verteilung public-deklarierter exportierter Paketklassen und -Interfaces auf .java-Files:

> Eine **.java-Quellcodedatei** darf *beliebig viele Klassen* und *Interfaces* enthalten, aber *nur eine(s)* davon darf *explizit* public-*deklariert* sein. Dieser Name bestimmt den *Namen* des .java-Files. Andere Klassen und Interfaces der Datei können von der exportierten public-Klasse bzw. dem public-Interface verwendet werden. Sie werden jedoch selbst nicht exportiert.

Somit muss *jede* public-Klasse und *jedes* public-Interface in einem *eigenen* namensgleichen File implementiert werden. Für unsere Beispiele sind dies die Files Rechnung.java und Tester.java.

15.2   Verwendung von Paketen

Auf exportierte Paketinhalte kann in anderen Paketen durch Import zugegriffen werden. Somit wird im Coding deutlich, welche fremden Klassen und Interfaces verwendet werden.

> Voraussetzung für die *Verwendung exportierter Klassen* und *Interfaces* in anderen Paketen ist deren **ausdrücklicher Import**. *Was von außen importiert wird, "bestimmt" nur das verwendende Paket selbst.*

Anmerkungen: 1. Auch importierte Paketklassen werden in Java-Projekten erst dann gesucht und zur Laufzeit durch den JVM-Classloader dynamisch geladen, wenn sie während der Programmausführung benötigt werden. 2. Die Konstanten eines Interfaces sowie die Parameter und Rückgabewerte seiner abstrakten Methodenschnittstellen können auch Referenzen vom Typ anderer Klassen sein. Somit ist es auch beim Entwerfen eines Interfaces eventuell erforderlich, den Inhalt anderer Pakete zu importieren, um über die nötigen Typinformationen zu verfügen – auch wenn die Implementierung der Typen dabei nicht interessiert.

Beim Import von Pakten werden impliziter und expliziter Import unterschieden.

15.2.1   Impliziter Import

Beim impliziten Import wird jede verwendete Paketklasse mit ihrem *vollem Paketnamen* angesprochen (vollständige Namensqualifikation). Paket- und Klassenname werden durch den *Punktoperator* verbunden. Durch vollständige Namensqualifikation sind *auch gleichnamige Klassen verschiedener Pakete* ohne Namenskonflikt verwendbar. Somit sind auch gleichnamige eigene Klassen zulässig. Dies gilt entsprechend auch für Interfaces.

```
package faktura;      // in der Datei faktura/Auftrag.java
public class Auftrag { /* ... */ }


package faktura;      // in der Datei faktura/Rechnung.java
public class Rechnung { /* ... */ }


package vertrieb;     // in der Datei vertrieb/Auftrag.java
public class Auftrag { /* ... */ }


package tests;        // in der Datei tests/Tester.java
public class Tester {
    public static void main( String[] args ) {
        // Impliziter Import: Zugriff durch Paket-Qualifikation
        faktura.Auftrag a1  = new faktura.Auftrag();
        faktura.Rechnung r1 = new faktura.Rechnung();
        vertrieb.Auftrag a2 = new vertrieb.Auftrag();
    }
}
```

Vorteil des impliziten Imports ist, dass bei jeder Verwendung im Coding die Herkunft der verwendeten Paketelemente direkt abgelesen werden kann. *Nachteil* ist die längliche Schreibweise des qualifizierten Namens. Anders beim expliziten Import.

15.2.2   Expliziter Import

Der explizite Import nutzt das Schlüsselwort import und versieht die Quellcodedatei mit einer oder mehreren aufeinander folgenden import-*Anweisungen*. Diese macht den Paketpfad bekannt. Zwei Varianten existieren für Klassen und Interfaces:

• Import einer *bestimmten Klasse* bzw. *Interfaces* durch Namensnennung:
```
import paketname.klassenOderinterfaceName;
```

- Import *aller Klassen* und *Interfaces* eines Pakets durch *-Platzhalter:

  import *paketname*.*;

Für import-Anweisungen gelten einfache *Regeln*:

- Alle import-Anweisungen müssen *am Anfang der Quellcodedatei* oder direkt *nach* einer eventuell vorhandenen package-*Anweisungszeile* stehen.

- Die import-Anweisungen gelten *nur für die jeweilige Quellcodedatei*, nicht automatisch für alle .java-Files des Pakets. Somit müssen erforderliche import-Anweisungen *in jedem relevanten* .java-*File* wiederholt werden.

- Alle durch import-Anweisungen importierte Klassen und Interfaces müssen *verschiedene Namen* tragen, sonst tritt ein *Namenskonflikt* auf. In diesem Fall muss ein impliziten Import mit Paket-Qualifikation verwendet werden, der Namenskonflikte durch ausdrückliche Paketangabe vermeidet. Insbesondere sind zu explizit importierten Klassen und Interfaces gleichnamige eigene Klassen und Interfaces nicht zulässig.

Mittels explizitem Import können alle Klassen und Interfaces verschiedener Pakete *ohne Paket-Qualifikation* mit ihrem *einfachen* Namen verwendet werden, sofern kein Namenskonflikt auftritt. Folgendes Coding verwendet wieder das Paket faktura des vorigen Beispiels und importiert dessen public-Klassen:

```
package tests;         // in Datei tests/Tester.java
import faktura.Auftrag;      // Expliziter Import einzelner Klassen
import faktura.Rechnung;
// import faktura.*;      // Expliziter Import des ganzen Pakets
public class Tester {
    public static void main( String[] args ) {
        // Zugriff ohne Paket-Qualifikation:
        Auftrag a1  = new Auftrag();
        Rechnung r1 = new Rechnung();
    }
}
```

Anmerkung: Die Klassen des Standardpakets java.lang.* sind in allen Quellcodedateien auch ohne Import-Anweisungen verfügbar.

15.3   Pakete und Verzeichnisstrukturen

Beim Anlegen von Paketen muss eine Zuordnung von *Klassen* und *Interfaces* auf *Quellcode- bzw. Bytecodedateien* und von *Paketnamen* auf *Verzeichnisse* des Filesystems vorgenommen werden. Drei einfache *Regeln* legen die Filestruktur fest – und gelten für Klassen ebenso wie für Interfaces:

1. Eine public-Klasse **C** muss in einem *gleichnamigen File* **C.java** implementiert werden. Dieses wird zum Bytecodefile **C.class** kompiliert.

2. Ein .java-Quellcodefile darf beliebig viele Klassen enthalten, aber *nur eine* davon darf public deklariert sein.

3. Alle *Files eines Pakets* **P** müssen in dem *gleichnamigen Verzeichnis* **P** liegen.

Für ein *Paket* namens faktura mit den public-*Klassen* Auftrag, Rechnung und Bestellung würde ein *Verzeichnis* faktura angelegt werden, das die *Dateien* Auftrag.java, Rechnung.java und Bestellung.java enthält (Abb.15.3). Um das Paket zu verwenden ist der Java-Quellcode *nicht* erforderlich. Es genügt, dass das Verzeichnis die zugehörigen .class-Files enthält.

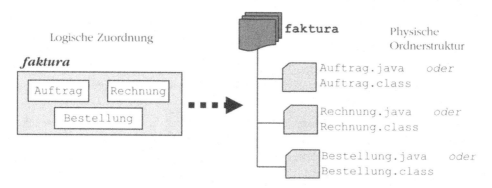

Abb. 15.3: Abbildung Paketstruktur auf Filestruktur

Pakethierarchie: Ein *Paket kann weitere Pakete enthalten*, d.h. Pakete lassen sich *schachteln*. Dadurch können größere Mengen von Klassen und Interfaces in einer übersichtlichen Paketstruktur abgelegt werden. Diese wird durch entsprechende *Unterverzeichnisse* innerhalb des übergeordneten Paketordners abgebildet.

Soll z.B. das Paket betrieb die weiteren Pakete faktura und vertrieb aufnehmen, so muss das Verzeichnis betrieb die Unterverzeichnisse faktura und vertrieb mit ihren Klassendateien enthalten.

Soll eine Klasse oder ein Interface einer geschachtelten Paketstruktur verwendet werden, so ist beim Import der gesamte qualifizierte Paketpfad (mittels Punktoperator) bis zur Klasse bzw. zum Interface anzugeben. Für genanntes Beispiel lauten mögliche Importanweisungen:

```
// Expliziter Import:
import betrieb.faktura.Auftrag;      // nur die Klasse Auftrag
import betrieb.faktura.*;            // gesamtes Paket faktura
// Impliziter Import von Auftrag:
betrieb.faktura.Auftrag a = new betrieb.faktura.Auftrag();
```

Eine *Besonderheit*: Durch den *Platzhalter* * werden nur alle Paketinhalte importiert, die *direkt* einem Paket zugehören, *nicht* jedoch die Inhalte der darin durch Schachtelung enthaltenen Pakete. So würde im Beispiel durch:

```
import betrieb.*;
```

nicht der Inhalt der im Paket `betrieb` enthaltenen Pakete `faktura` und `vertrieb` importiert, sondern *nur* Klassen und Interfaces, die auf oberster Ebene des Pakets `betrieb` liegen. Es besteht übrigens *keine* automatische Sichtbarkeit zwischen inneren und äußeren Paketen.

Auch die JavaSE enthält Pakethierarchien. Ein Beispiel ist das Paket `javax.swing` mit zahlreichen Unterpaketen wie: `javax.swing.text.html.parser`.

15.3.1   Finden von Klassen im class path

Die Standard-Pakete und -Klassen und –Interfaces der JavaSE (bootstrap classes) werden vom Java-System automatisch gefunden. Damit das Java-System jedoch benutzerdefinierte Pakete, Klassen und Interfaces findet, muss deren Ablageort im Dateisystem bekannt gegeben werden. Dazu dient das *Setzen* des `classpath` (Klassenpfad). Dies kann durch Pflegen einer gleichnamigen *Umgebungsvariablen* geschehen oder durch *Angabe auf der Kommandozeile* beim Aufruf der Entwicklungstools `java` und `javac`. Compiler und JVM suchen nach Paketen unter dem durch die `classpath`-Variable definierten Dateisystempfades.

Syntax und Weisen der `classpath`-Definition hängen vom verwendeten Betriebssystem ab. Unter Windows z.B. kann der `classpath` auf der Kommandozeile gesetzt werden durch Aufzählung relevanter Verzeichnisse:

```
set classpath=.;C:\Demos;C:\Tests;
```

Die Pakete müssten in diesem Fall im Ordner `C:\Demos` oder `C:\Tests` Liegen. Der Punkt im `classpath` sorgt dafür, dass auch weiterhin das aktuelle Arbeitsverzeichnis durchsucht wird. Weitere Informationen zum `classpath`-Mechanismus finden sich im Zusatzkapitel auf der Webseite des Buches. Integrierte Entwicklungsumgebungen verfügen über komfortable Möglichkeiten der `classpath`-Pflege.

15.3.2   Eindeutigkeit von Paketnamen

Paketnamen sollten einen semantischen Hinweis auf ihren Paketinhalt liefern, müssen jedoch zudem *eindeutig* sein. Da weltweit in Java entwickelt wird, ist das Finden weltweit eindeutiger Namen im professionellen Bereich keine ganz triviale Aufgabe.

Innerhalb einer Organisation können Organisations-Bezeichner in den Paketnamen aufgenommen werden. Weltweit eindeutige Paketnamen lassen sich durch Vorstellen des Internet-Domain-Namens erzeugen [HOR02]: Für die deutsche (DE) Duale Hochschule in Mosbach (dhbw-mosbach) im Studiengang Wirtschaftsinformatik (wi) erhielte ein Paket `faktura` somit den Paketnamen:

```
package DE.dhbw-mosbach.wi.faktura;
```

Dass dieser Name von anderen Personen oder Institutionen zufällig nochmals vergeben wird, ist unwahrscheinlich. Auch die Firma Sun geht so vor, wie z.B. im Paketnamen: `com.sun.image.codec.jpeg`

15.4   Zugriffsrechte im Paketkontext

Nun sind wir in der Lage, die genaue Bedeutung der *Zugriffsrechte* (Sichtbarkeiten) `public`, `private` und `protected` für Attribute und Methoden im Paketkontext zu definieren. Tabelle 15.1 führt die Zugriffsrechte auf. Dabei wird angenommen, dass die zugehörige Klasse `public` ist, d.h. exportiert wird.

public: `public int x;   public void m(){ /*...*/ }`

Zugriff für *Klassen* und *Objekte* des eigenen Pakets und für alle *Klassen* und *Objekte* importierender anderer Pakete.

protected: `protected int x;   protected void m(){ /*...*/ }`

Zugriff für *Klassen* und *Objekte* des eigenen Pakets und für *Unterklassen* importierender anderer Pakete. Jedoch kein Zugriff für Objektinstanzen von Unterklassen anderer Pakete. *Sonstige* Klassen und Objekte der Fremdpakete haben *keinen* Zugriff.

package (= keine Angabe):   `int x;   void m(){ /*...*/ }`

Standardzugriff *nur* für Klassen und Objekte des *eigenen* Pakets

private: `private int x;   private void m(){ /*...*/ }`

Zugriff nur *innerhalb* der zugehörigen Klasse selbst, nirgends sonst.

Sichtbarkeit	*Zugriff durch:*			
	Klasse	Unterklasse	Paket-Klasse	Fremd-Klasse
`public`	**x**	**x**	**x**	**x**
`protected`	**x**	**x**	**x**	**(x) Unter-Kl.**
package	**x**	**x**	**x**	
`private`	**x**			

Tab. 15.1: Java-Zugriffsrechte (Sichtbarkeiten) im Paketkontext

Die Definition von `protected` ist relativ kompliziert, da zwischen dem Zugriff *innerhalb* des *Klassencodings* und dem Zugriff *über ein instanziiertes Objekt* unterschieden werden muss. Im Beispiel erbt die Klasse `GrossAuftrag` des Pakets `tests` von der Klasse `Auftrag` des *anderen* Pakets `vertrieb`. Innerhalb des Codings der Klasse `Auftrag` kann auf das geerbte `protected` Attribut `auftragsNr` zugegriffen werden – nicht jedoch über *Objekte* der Klasse `GrossAuftrag`:

```
package vertrieb;     // in Datei vertrieb/Auftrag.java
public class Auftrag {  protected int auftragsNr;  }
```

```
package tests;        // Datei tests/GrossAuftrag.java
import vertrieb.*;
class GrossAuftrag extends Auftrag {
    // OK: Zugriff im Unterklassencoding eines Fremdpakets:
```

```
         public setauftragsNr( int nr ) { auftragsNr = nr; }
     }
  public class Tester {
     public static void main( String[] args ) {
         GrossAuftrag g = new GrossAuftrag();
         g.auftragsNr = 4711;   // Fehler: Kein Zugriff via Objekt
     }
  }
```

Die Eigenschaften von protected gelten auch für statische `protected` Attribute und Methoden der Oberklasse: Außerhalb des Codings der Unterklasse sind diese weder über deren Objekte noch direkt über die Unterklasse selbst zugreifbar.

Ein weiteres Beispiel: Jede Java-Klasse erbt von der Klasse `java.lang.Object` deren Methode `protected Object clone()`. Diese geerbte Methode kann somit auch in *Klassen* aufgerufen werden, die nicht zum Paket `java.lang` gehören, *nicht* jedoch auf *Objekten* solcher Klassen.

Anmerkung: Außer Zugriffsrechten haben wir bereits andere *Modifizierer* bei der Deklaration von Klassen, Interfaces, Attributen, Methoden und Konstruktoren kennen gelernt. Nicht jeder Modifizierer ist auf alles anwendbar. So können z.B. Java-Klassen `public` deklariert werden, nicht aber `private` oder `protected`. Interfaces als Ganzes können `public` oder nicht-`public` sein, ihr Inhalt ist jedoch stets `public`. Tabelle 15.2 nennt den Wirkungsbereich bereits behandelter Modifizierer.

Modifizierer	Interface	Klasse	Attribut	Methode	Konstruktor
public	x	x	x	x	x
protected			x	x	x
private			x	x	x
static			x	x	
final		x	x	x	
abstract	x	x	x	x	

Tab. 15.2: Anwendungsmöglichkeiten einiger Java-Modifizierer

15.5   Statischer Import

Mit der Java 5 wurde das Paketkonzept um den *statischen Import* (static import) erweitert. Durch das Schlüsselwort `static` innerhalb der `import`-Anweisung stehen gezielt *statischen Elemente* (Methoden, Konstanten, Attribute) einer Klasse bzw. Konstanten eines Interfaces eines Pakets zur Verfügung. Der statische Import importiert nur die *statischen* Elemente *einer* Klasse oder Konstanten *eines* Interfaces, um auf diese *ohne Namensqualifikation zuzugreifen*. Dies ist möglich, ohne von der Klasse erben oder das Interface implementieren zu müssen. Allerdings ist ein Ansprechen des Klassen- bzw. Interface-Typs nach nur statischem Import nicht möglich. Die statisch importierten Elemente *müssen* somit ohne Nennung des Klassen-

bzw. Interfacenamens verwendet werden. Soll der Typ verwendet werden, so müsste eine entsprechende konventionelle `import`-Anweisung hinzugefügt werden.

Statische Importanweisungen *müssen* sich ausdrücklich auf eine *bestimmte* Klasse
bzw. Interface beziehen. Es können entweder *alle statischen* Elemente mittels Platzhalter * oder *bestimmte statische* Elemente *einzeln* statisch importiert werden. Sie
sind daraufhin *ohne* Qualifikation des Typnamens anzusprechen:

```
import static java.lang.Math.*;        // Alle statischen Elemente
import static java.lang.System.*;      // statisch importiert
import static java.util.Arrays.sort;   // Nur ein Methodenimport
class Rechner {
    public static void main( String[] args ) {
        double y = sin(PI*2.5);     // statt: Math.sin( Math.PI*2.5 );
        sort( args );               // statt: Arrays.sort( args );
        out.println( y );           // statt: System.out.println(y);
        // Arrays.sort( args )      // Fehler: Typ nicht verfügbar!
    }
}
```

So lassen sich z.B. mathematische Berechnungen eleganter formulieren. Jedoch akzeptiert der Compiler *nicht* den pauschalen statischen Import *aller Klassen* eines Pakets:

```
import static java.lang.*;    // Fehler: kein Klassenbezug
```

Es werden somit u.a. Konstantendefinitionen in Interfaces oder anderen Klassen verfügbar, ohne dass das Interface implementiert bzw. von der Klasse geerbt werden
müsste - und ohne den Klassen- bzw. Interfacenamen explizit anzugeben.

Auch die statische Importanweisung gilt nur für das `.java`-File, in dem sie enthalten
ist. Sie muss sie in jedem File wiederholt werden, in dem sie benötigt wird. Wenn
statisch importierte Elemente verschiedener Klassen *namensgleich* sind (z.B.: zwei
Klassen `Math` und `MyMath` enthalten die namensgleiche Konstante PI), moniert der
Compiler einen *Namenskonflikt*. Dieser muss dann doch durch konventionellen Import und voll qualifizierte Namen (`Math.PI`) behoben werden. Der statische Import
namensgleicher Methoden aus Klassen ist jedoch erlaubt, wenn diese sich in ihrer
Parametersignatur eindeutig unterscheiden.

Es empfiehlt sich, den *statischen Import sparsam einzusetzen*: Statischer Import ist
sinnvoll, wenn oft auf zahlreiche statische Elemente *weniger* Klassen (z.B. `Math`)
zugegriffen wird. Ein ausufernder Gebrauch macht den Programmcode schwerer
wartbar, da nicht mehr direkt erkennbar ist, aus welchen Klassen und Interfaces all
die verwendeten statischen Elemente stammen.

Einen groben Überblick über die Pakete der verschiedenen Java-Editionen, sowie
den Inhalt des Standardpakets `java.lang` gibt das *Zusatzkapitel* auf der Webseite
des Buches. Dort finden sich auch Codebeispiele zu einigen nützlichen Klassen verschiedener JavaSE-Pakete.

16 Exceptions

Dieses Kapitel erläutert, wie man in Java mit Fehlersituationen umgeht, die bei der Ausführung eines Programms auftreten. Das Konzept der *Exceptions* (Ausnahmen) erlaubt eine gesonderte Behandlung solcher Situationen unabhängig vom Rückgabewert und ermöglicht, flexibel und kontextbezogen darauf zu reagieren.

Neben dem Auslösen (*throw*) und Abfangen (*catch*) von Ausnahmen werden wir auf die Unterscheidung zwischen kontrollierten und nicht-konktrollierten Ausnahmen eingehen und schließlich erläutern, wie man eigene Ausnahmeklassen erstellt.

16.1   Einleitung

Nicht nur Programmierneulinge sind mit folgendem Output bestens vertraut:

```
                          - Konsole -
Exception in thread "main"
        java.lang.ArrayIndexOutOfBoundsException: 4
        at TestProgramm.main(TestProgramm.java:16)
```

Ursache hierfür sind Anweisungen im Quellcode, bei denen versucht wird, auf einen Wert außerhalb der Grenzen eines Feldes zuzugreifen, etwa durch:

```
int[] arr = {1, 2, 3};
int x = arr[4];
```

Das laufende Programm wird an dieser Stelle mit der oben dargestellten Fehlermeldung abgebrochen, alle im Coding folgenden Anweisungen werden ignoriert. Neben der Art der Exception wird eine Fehler-Message und die "verantwortliche" Code-Stelle angezeigt. Weitere typische Ausnahmesituationen sind z.B.:

- Zugriff auf ein Zeichen außerhalb der Grenzen einer Zeichenkette

    ```
    char c = new String( "Hallo" ).charAt(8);
    ```

    → **StringIndexOutOfBoundsException:** String index out of range

- Division durch 0

    ```
    int y = 6/0;
    ```

    → **ArithmeticException:** / by zero

- Formatierungsfehler bei Typkonvertierung

    ```
    Integer in = new Integer( "17 Jahre" );
    ```

    → **NumberFormatException:** For input string: "17 Jahre"

In all diesen Fällen liegen unerwartete Situationen vor: Werte außerhalb von Array-
bzw. String-Grenzen sind nicht definiert. Der Ausdruck 6/0 ist zwar syntaktisch korrekt, nach den mathematischen Gesetzen gibt es aber keine natürliche Zahl, die ihm
entspricht. Ebenso erwartet der Konstruktor der Klasse Integer eine Zeichenkette,
die sich eindeutig in einen Wert vom Typ int konvertieren lässt, was im Beispiel
offensichtlich nicht der Fall ist.

Es wäre fatal, wenn solche Situationen einfach ignoriert würden und Programme mit
der Ausführung der Anweisungen fortfahren: Werte der Variablen x und c wären
"zufällig", Division durch 0 würde möglicherweise in eine Endlos-Schleife führen
(man denke etwa an eine triviale Implementierung der Division durch iteriertes Auf-
addieren des Divisors solange diese Summe kleiner als der Dividend bleibt). Die
Konvertierungsroutine im Konstruktor von Integer würde je nach Implementierung beim ersten nicht konvertierbaren Zeichen abbrechen oder mit "sinnlosen"
Werten weiterrechnen. Das weitere Verhalten der Programme wäre unvorhersehbar
und könnte je nach Anwendungsfall kritische Auswirkungen zur Folge haben.

Catch or Throw - Abfangen oder Weiterreichen

Das Ausnahmekonzept in Java ermöglicht es, im Quelltext an kritischen Stellen Ausnahmeobjekte zu erzeugen und diese auszulösen. Dadurch wird der Ausnahmeme-
chanismus in Gang gesetzt und der "normale" Kontrollfluss des Programms verlassen. Ein ausgelöstes Ausnahmeobjekt wird – falls es nicht sogleich abgefangen wird
– direkt an die aufrufende Methode weitergereicht. Dort gibt es wieder die beiden
Alternativen: Abfangen oder Weiterreichen. Dieses Spiel setzt sich fort, bis die Ausnahme irgendwann abgefangen oder schließlich die main()-Methode erreicht wird.
Wird eine Ausnahme dort nicht abgefangen, terminiert das Programm mit einer entsprechenden Fehlermeldung. Hierbei handelt es sich jedoch nicht um einen "jähen
Programmabsturz", sondern um ein durchaus kontrolliertes Verhalten der JVM.

Die Vorzüge dieses Verfahrens liegen darin, dass für Fehlersituationen ein eigener
Kontrollfluss existiert, der unabhängig vom Rückgabefluss (via return) deren Analyse und weitere Bearbeitung ermöglicht. Verschiedene hierarchisch strukturierte
Ausnahmeklassen erlauben eine adäquate Modellierung unterschiedlicher Fehlersituationen, auf die kontextbezogen reagiert werden kann.

Delegieren von Verantwortung

Die Entscheidung, wie etwa aus Sicht des laufenden Programms auf einen Format-
fehler bei der Konvertierung einer Zeichenkette in einen ganzzahligen Wert zu reagieren ist, kann nicht innerhalb der Konvertierungsroutine selbst gefällt werden, da
an dieser Stelle die Gründe für das Zustandekommen dieses Fehlers nicht unbedingt
bekannt sind. In diesem Fall wird eine NumberFormatException ausgelöst und
die Verantwortung damit an die aufrufende Methode delegiert; diese kann die Ausnahme abfangen und etwa den Benutzer zu einer erneuten Eingabe auffordern oder
sie weiterreichen und damit die Verantwortung an die nächste Methode abgeben.

16.2   Abfangen von Ausnahmen

16.2.1   Try - Catch

Zum Abfangen von Ausnahmen wird der Block, in dem Ausnahmesituationen auftreten können, mit dem Schlüsselwort `try` als kritischer Bereich markiert und durch Ausnahmebehandler in Form von `catch`-Blöcken abgeschlossen.

Das Codebeispiel zeigt, wie eine aufgrund eines Konvertierungsfehlers ausgelöste Ausnahme abgefangen werden kann:

```
String eingabe="17 Jahre";

int i;

try {
    i = new Integer( eingabe ).intValue();
    System.out.println( "Wert: " + i );
}

catch( NumberFormatException ne ) {
    System.out.println( "Konvertierungsfehler" );
}
```

Veranlasst durch die im Konstruktor `Integer()` – oder genauer: in der dort verwendeten Konvertierungsroutine – ausgelöste `NumberFormatException`, wird der `try`-Block unmittelbar verlassen. Falls das ausgelöste Ausnahmeobjekt auf die Typspezifikation des `catch`-Blockes passt, wird dieser Block betreten und dessen Coding ausgeführt. Die Ausnahme ist damit abgefangen, und das damit verbundene Problem gilt als gelöst. Es wird mit den Anweisungen nach dem `catch`-Block fortgefahren, als wäre nichts geschehen.

Innerhalb eines `catch`-Blockes ist eine Referenz auf das abgefangene Ausnahmeobjekt verfügbar, mit der z.B. zusätzliche Informationen ausgegeben werden können:

```
catch( NumberFormatException ne ){
    //...
    // Ausgabe der exception message
    System.out.println( ne.getMessage() );
    // Ausgabe des stack trace
    ne.printStackTrace();
}
```

Der Ausgabetext der Methode `printStackTrace()` ist auch in den Informationen enthalten, die beim Beenden eines Programms aufgrund einer nicht abgefangenen Ausnahme angezeigt werden.

16.2.2   Mehrere Catch-Blöcke

In dem durch `try` überwachten Code können verschiedene Ausnahmesituationen auftreten, die durch Objekte unterschiedlicher Ausnahmeklassen modelliert werden. In einem solchen Fall werden mehrere `catch`-Blöcke mit unterschiedlichen Typspezifikationen verwendet, die je nach Typ unterschiedlich reagieren können. Der erste zur ausgelösten Ausnahme passende `catch`-Block wird betreten, alle weiteren `catch`-Blöcke werden ignoriert. Falls kein passender `catch`-Block vorhanden ist, wird die Ausnahme an die aufrufende Methode delegiert, es sei denn, man befindet sich bereits in der `main()`-Methode.

Betrachten wir hierzu das folgende Beispiel eines Programms zur Berechnung des ganzzahligen Quotienten:

```
public class Division {
    public static void main( String[] args ) {
        int a, b, result;
        System.out.println( "Berechnung des Quotienten" );
        try {
            a = IO.promptAndReadInt( "Eingabe von Dividend: " );
            b = IO.promptAndReadInt( "Eingabe von Divisor: " );
            result = a/b;
            System.out.println( a + "/" + b + " = " + result );
        }
        catch( NumberFormatException ne ){
            System.out.println( "Eingabe ist keine ganze Zahl!" );
        }
        catch( ArithmeticException ae ){
            System.out.println( "Division durch 0 nicht möglich!" );
        }
    }
}
```

Das Programm zeigt bei der Eingabe von korrekten Werten folgenden Output:

```
                          - Konsole -
Berechnung des Quotienten
Eingabe von Dividend: 13
Eingabe von Divisor: 3
13/3 = 4
```

Die Ausnahmefälle "nicht ganzzahlige Eingabe" und "Divisor gleich 0" werden vom Programm erkannt und entsprechend moniert:

```
                              - Konsole -
Berechnung des Quotienten
Eingabe von Dividend: 13.2
Eingabe ist keine ganze Zahl!
```

```
                              - Konsole -
Berechnung des Quotienten
Eingabe von Dividend: 13
Eingabe von Divisor: 0
Division durch 0 nicht möglich!
```

16.2.3   Finally

Sollen Anweisungen unabhängig vom vorherigen Auftreten einer Ausnahme ausgeführt werden, etwa bei der Ausgabe einer Meldung über das Programmende, dann
wird als letzter Block ein optionaler `finally`-Block verwendet. Dieser wird in jedem Fall ausgeführt, unabhängig davon, ob überhaupt eine Ausnahme ausgelöst
wird, und unabhängig davon, ob eine ausgelöste Ausnahme durch einen passenden
`catch`-Block abgefangen wird oder nicht:

```
//...
catch( NumberFormatException ne ){
    System.out.println( "Eingabe ist keine ganze Zahl!" );
}
catch( ArithmeticException ae ){
    System.out.println( "Division durch 0 nicht möglich!" );
}
finally {
    System.out.println( "Divisionsprogramm beendet" );
}
```

Selbst wenn in `try`- oder `catch`-Blöcken eine `return`-, `break`- oder `continue`-
Anweisung steht, wird ein vorhandener `finally`-Block ausgeführt. Ein solches `fi-
nally` kann auch für das Freigeben von Ressourcen oder das Schließen von Datei-
en oder Verbindungen eingesetzt werden (vgl. Kap. 24 und Kap. 25).

Codestrecken mit Ausnahmebehandlung sind zugegebenermaßen etwas gewöh-
nungsbedürftig: von der zaghaft anmutenden Formulierung `try` ("probieren wir's
mal") darf man sich nicht täuschen lassen, das primär intendierte Coding steht innerhalb des `try`-Blockes, die `catch`-Blöcke werden nur in "Ausnahmefällen" betreten.

16.3   Erzeugen und Auslösen von Ausnahmen

Werden eigene Klassen und Methoden entwickelt, besteht die Möglichkeit, Ausnahmen nicht nur abzufangen, sondern den Auslösemechanismus selbst in Gang zu
bringen. Dies ist etwa dann sinnvoll, wenn syntaktisch erlaubte Werte zu semantisch
unsinnigen oder unklaren Situationen führen. Betrachten wir hierfür das uns bereits
bekannte Beispiel der Klasse Bruch, einer Implementierung der Rationalen Zahlen.
Mit deren Konstruktor können Zähler und Nenner direkt initialisiert werden:

```
public Bruch( int zaehler, int nenner ) {
    //was, wenn nenner == 0 ?
    this.zaehler = zaehler;
    this.nenner = nenner;
}
```

Um sicher zu stellen, dass für den Nenner stets Werte ungleich 0 verwendet werden,
wird man in einem solchen Fall ein Ausnahmeobjekt erzeugen und mit throw eine
Ausnahme auslösen:

```
public Bruch( int zaehler, int nenner ) {
    if( nenner == 0 ){
        IllegalArgumentException iaExp =
            new IllegalArgumentException( "Nenner ist 0" );
        throw iaExp;
    }
    this.zaehler = zaehler;
    this.nenner = nenner;
}
```

Als Ausnahmetyp bietet sich die Klasse IllegalArgumentException an. Im
Konstruktor der Exceptions können zusätzliche Informationen über die Ausnahmesituation als String mitgegeben werden. Da in der Regel keine Referenz auf die
Ausnahme benötigt wird, fasst man beide Anweisungen zu einer zusammen:

```
throw new IllegalArgumentException( "Nenner ist 0" );
```

Nun liegt es in der Verantwortung der Entwickler, die diesen Konstruktoraufruf verwenden, eine solche Ausnahme abzufangen oder weiterzureichen. Die Entscheidung
hängt letztlich davon ab, ob zur Laufzeit des Programms auf die Ursache des Problems reagiert werden kann, etwa durch Eingabe neuer Werte (vgl. Übung 16.3).

Ausnahmen sollten nie missbraucht werden, um den normalen Kontrollfluss vermeintlich eleganter zu implementieren. Code-Strecken wie die folgende sind nicht
nur irreführend sondern führen auch zu deutlich langsameren Programmen:

```
try {
    for( int i=0;   ; i++ )                    // N I E
        arr[i] = ...;
} catch( ArrayIndexOutOfBoundsException aexc ) { }
// nach dem Abfangen der Ausnahme geht es hier weiter ...
```

16.4   Hierarchie der Ausnahmeklassen

16.4.1   Exception

Wir befassen uns vorwiegend mit der Klasse Exception und werden auf die Klassen Throwable und Error nicht weiter eingehen; letztere steht für schwerwiegende Fehler, auf die wir als Entwickler sowieso nicht reagieren können (vgl. Abb 16.1).

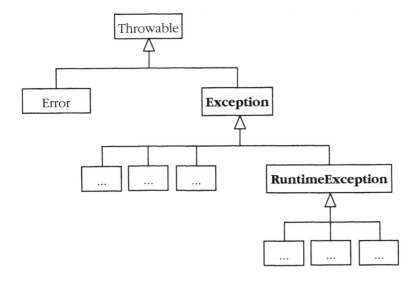

Abb. 16.1: Die Hierarchie von Exception

Im Beispiel der Klasse Division wurde dargestellt, wie mit speziellen Ausnahmeklassen auf unterschiedliche Ausnahmesituationen eingegangen werden kann (auch wenn in diesem einfachen Beispiel lediglich unterschiedliche Informationen ausgegeben werden). Die Verwendung spezifischer und für jede Ausnahmesituation zutreffender Ausnahmebehandler ist daher **möglich**, aber nicht unbedingt **notwendig**. Ein Ausnahmeobjekt passt nicht nur zu einem catch-Block mit exakt gleicher Klassenspezifikation, sondern auch zu Blöcken, die (Instanzen von) Superklassen des ausgelösten Ausnahmeobjektes abfangen. Daher werden in folgendem Coding alle Ausnahmen abgefangen. Innerhalb des Ausnahmebehandlers ist eine spezifische Reaktion auf die detailliert ausgelöste Ausnahme dann nicht mehr so einfach möglich:

```
try {
    a = IO.promptAndReadInt( "Eingabe von Dividend: " );
    b = IO.promptAndReadInt( "Eingabe von Divisor: " );
    result = a/b;
    System.out.println( a + "/" + b + " = " + result );
}
```

```
catch( Exception e ){
    System.out.println( "Eingabe nicht korrekt!" );
}
```

Werden Ausnahmen im eigenen Coding ausgelöst, liegt es in der Verantwortung des Entwicklers, die Art der Ausnahme möglichst detailliert zu spezifizieren. Es sollte nicht nur eine aussagekräftige Exception-Message, sondern auch ein passender Ausnahmetyp verwendet werden, damit Benutzer der erstellten Klasse adäquat reagieren können.

Hinsichtlich der Reihenfolge der catch-Blöcke gilt es zu beachten, dass spezielle Ausnahmebehandler vor allgemeineren zu platzieren sind, also **kein** catch-Block für eine Superklasse **vor** einem Block einer davon abgeleiteten Klasse steht. Ein solcher Block könnte nie erreicht werden, da der Block für die Superklasse bereits "passt" und alle weiteren Blöcke automatisch ignoriert werden. Das folgende Coding ist daher unsinnig und wird auch vom Compiler entsprechend moniert:

```
try {
    //...
}
catch( Exception e ){
    //...
}
catch( AnyException ae ){
    //...
}
```

16.4.2   RuntimeException

Innerhalb der Exception-Hierarchie (siehe Abb. 16.1) ist die Klasse RuntimeException von besonderem Interesse. Betrachten wir hierzu folgendes Beispiel:

```
public class ExceptionTest {
    public static void main( String[] args ){
        //throw new Exception( "so" );
        //throw new RuntimeException( "oder so" );
    }
}
```

Je nach dem, welche der beiden throw-Anweisungen aktiviert wird, lässt sich die Klasse übersetzen oder nicht. Wird die Anweisung mit der RuntimeException aktiviert, lässt sich das Programm problemlos übersetzen und ausführen. (Dass das Programm mit der Ausgabe des *exception stack* terminiert, sollte nicht überraschen und ist nicht weiter relevant.) Wird die erste Anweisung aktiviert, beschwert sich der Compiler mit folgender oder einer ähnlichen Fehlermeldung:

```
                              - Konsole -
unreported exception ...; must be caught or declared to be thrown
```

Der Grund liegt darin, dass eine Methode, in der eine Ausnahme, die nicht vom Typ RuntimeException oder davon abgeleitet ist, ausgelöst und nicht abgefangen wird, dies im Methodenkopf kennzeichnen muss. Dies geschieht durch den Zusatz **throws Exception** vor Beginn des Methodenblocks. Wenn wir nun das Beispiel entsprechend abändern, zeigt sich der Compiler einverstanden:

```
public class ExceptionTest {
    public static void main( String[] args ) throws Exception {
        throw new Exception( "so" );
    }
}
```

Um lediglich das Übersetzungsproblem zu beheben, hätte man auch die Ausnahme innerhalb der Methode mit try-catch abfangen können.

16.4.3   Kontrollierte Ausnahmen

Die Klasse RuntimeException genießt innerhalb der Exception-Hierarchie eine Sonderstellung, da Ausnahmeobjekte dieser und jeder davon abgeleiteten Klasse von der Regelung ausgenommen sind, nach der nicht abgefangene Ausnahmen besonders deklariert werden müssen. Da der Compiler dies bereits überprüft, verwendet man in diesem Zusammenhang auch die Unterscheidung:

- *unchecked exceptions* (nicht-kontrollierte Ausnahmen)
  Ausnahmen vom Typ RuntimeException oder davon abgeleiteter Klassen

- *checked exceptions* (kontrollierte Ausnahmen)
  alle anderen Ausnahmen

Kontrollierte Ausnahmen werden vorwiegend dann verwendet, wenn seitens des Aufrufers auf die verursachende Situation entsprechend reagiert werden kann. Wie die Reaktion konkret aussieht, hängt vom jeweiligen Programmkontext ab. So kann der Benutzer aufgefordert werden, einen URL oder einen Dateinamen erneut einzugeben (MalformedURLException bzw. FileNotFoundException); handelt es sich dagegen um ein Programm ohne Benutzerinteraktion, muss dieses möglicherweise beendet werden.

Die throws-Deklaration für kontrollierte Ausnahmen ist aus rein formal-syntaktischen Gründen notwendig und hat keinen Einfluss, ob Ausnahmen zur Laufzeit wirklich ausgelöst werden oder nicht. Auch hier ist ein Delegationsprinzip auszumachen: Wird eine Methode mit throws-Deklaration verwendet, ist man gezwungen, die kontrollierten Ausnahmen abzufangen oder in der throws-Deklaration der eigenen Methode aufzulisten und so "weiter zu geben".

Nicht-kontrollierte Ausnahmen entziehen sich dieser Delegation. Solche Ausnahmen kennzeichnen vorwiegend Verletzungen von Vorbedingungen und beruhen häufig auf offensichtlichen Programmierfehlern (z.B. `NullPointerException` oder `ArrayIndexOutOfBoundsException`). Da diese fast überall vorkommen können, wäre es mehr als lästig, diese jedes Mal in der `throws`-Deklaration aufzuführen, zumal völlig unklar ist, wie man diese abfangen und sinnvoll behandeln sollte.

Überschreiben und Implementieren von Methoden

Beim Überschreiben darf die überschreibende Methode nur solche kontrollierten Ausnahmen deklarieren, die zur Deklaration der geerbten Methode passen. Dadurch ist gewährleistet, dass ein für die ursprüngliche Implementierung erstellter `catch`-Block auch die Ausnahmen der neuen Implementierung abfängt.

Das gleiche gilt für Implementierungen eines Interface: Die `throws`-Deklaration einer Methode des Interface muss alle kontrollierten Ausnahmen enthalten, die in der Implementierung auftreten können und nicht abgefangen werden. Der durch ein Interface festgelegte Vertrag beinhaltet daher nicht nur die Methodennamen und deren Signatur, sondern umfasst auch deren kontrollierte Ausnahmen.

16.5   Erstellen eigener Ausnahmeklassen

Eigene Ausnahmeklassen lassen sich dadurch erstellen, dass man von bereits existierenden Ausnahmeklassen ableitet und die notwendigen Konstruktoren implementiert. Für das Beispiel der Klasse `Bruch` erstellen wir eine Klasse `NennerNullException`, die ausgelöst wird, falls der Nenner gleich Null ist:

```
public class NennerNullException extends IllegalArgumentException{
    public NennerNullException( int zaehler ) {
        this.zaehler = zaehler;
    }
    public NennerNullException( String msg, int zaehler ){
        super( msg );
        this.zaehler = zaehler;
    }
}
```

Ein Anwendungsbeispiel mit eigens definierten Ausnahmeklassen befindet sich im Anwendungsszenario "Personalverwaltung" in Kapitel 25. Dort wird eine eigene Ausnahmeklasse benutzt, um von der konkreten Implementierung eines Interface abhängige Ausnahmen zu verbergen.

Da Java bereits ein breites Spektrum von Ausnahmeklassen zur Verfügung stellt, wird man von der Möglichkeit, eigene Ausnahmeklassen zu definieren, vorwiegend in größeren Softwareprojekten Gebrauch machen.

17 Algorithmen - Suchen und Sortieren

Dieses Kapitel und das folgende widmen sich dem Thema Algorithmen und Datenstrukturen. Datenstrukturen erlauben die geordnete Zusammenfassung von Daten. Richtig modellierte Datenstrukturen sind die Voraussetzung dafür, dass Algorithmen effektiv mit entsprechend strukturiert abgelegten Daten arbeiten können. Somit gehören die Themen Algorithmen und Datenstrukturen prinzipiell zusammen.

Nachdem wir grundlegende Such- und Sortier-Algorithmen vorgestellt haben, werden wir im nächsten Kapitel verschiedene Datenstrukturen besprechen und beurteilen. Der umfangreichen Thematik widmen sich ganze Bücher. Wir empfehlen zur Vertiefung auf Basis von Java [SAA02] und [SOL02].

17.1 Kriterien für Algorithmen

Der korrekte Entwurf von Algorithmen beruht auch auf der Definition von Zusicherungen als Korrektheitskriterien. Dazu gehören:

1. *Vorbedingungen* (Precondition / Anfangszusicherung): Welche Eigenschaften müssen die Daten erfüllen, damit der Algorithmus überhaupt korrekt angewandt werden kann? (Z.B. nur positive oder ganzzahlige Werte sind zugelassen.)

2. *Invarianten* (Constraints): Was darf sich nicht verändern, wenn der Algorithmus korrekt arbeitet? (Z.B. ein bestimmter Wert darf nicht negativ sein oder die Summe sich ändernder Werte ist stets konstant.)

3. *Nachbedingungen* (Postcondition / Endzusicherung): Welche Eigenschaften müssen die Daten erfüllen, falls der Algorithmus korrekt angewandt wurde? (Z.B. die Daten wurden aufsteigend sortiert.)

Nicht immer jedoch lassen sich nichttriviale, aussagekräftige Größen und Beziehungen finden. Um die Beispiele übersichtlich zu halten, verzichten wir deshalb auf den konsequenten Einbau entsprechender Prüfungen in die vorgestellten Algorithmen.

17.1.1 Zeitkomplexität von Algorithmen

Bei der Beurteilung eines Algorithmus sind zwei Aufwandsaspekte zu unterscheiden:

- *Entwicklungsaufwand*: Wie schwierig ist es, eine algorithmische Lösung zu finden? Besitzt das Problem *überhaupt* eine Lösung?

- *Ausführungsaufwand*: Wieviel Rechenzeit erfordert die Ausführung eines Algorithmus? Wie *verändert* sich diese mit der Zahl der bearbeiteten Datenelemente?

So besitzt ein Problem eventuell eine einfache algorithmische Lösung, diese benötigt jedoch unakzeptabel viel Zeit, wenn die Zahl der Datenelemente eine gewisse Größenordnung überschreitet. Wir stellen einige grundlegende Such- und Sortieralgorithmen vor. Dabei werden wir erkennen: Verschiedene Algorithmen gleicher Wirkung (gleicher Input, gleicher Output) unterscheiden sich drastisch in Effizienz und Zeitbedarf – wenngleich auf leistungsstarken Rechner merkliche Unterschiede erst bei größeren Datenmengen (mehr als ca. 10000 Datensätze) auftreten.

Natürlich hängt die konkret messbare Ausführungszeit vom jeweils verwendeten Rechnersystem und dessen Auslastung ab. Somit ist die schiere Ausführungszeit kein adäquates Kriterium zur Charakterisierung der Effizient von Algorithmen. Ein absolutes Kennzeichen, das nur die *logische* Struktur des Algorithmus selbst und *nicht* die physikalischen Begleitumstände seiner Ausführung berücksichtigt, ist die *Ordnung "O" des Algorithmus*, die auch als dessen *Zeitkomplexität* bezeichnet wird.

> Die **Ordnung "O" eines Algorithmus** drückt die *funktionale Abhängigkeit* (grundsätzliche Proportionalität) zwischen der Zahl erforderlicher Ausführungsschritte und der Zahl *n* der zu bearbeitenden Datenelemente aus.

So bedeutet **O(n^2)**, dass die Zahl der Ausführungsschritte (und damit letztlich natürlich auch die Zeitdauer) proportional zu n^2 skaliert. Eine Verdoppelung der Zahl der zu bearbeitenden Datenelemente bedingt somit keine bloße Verdoppelung sondern Vervierfachung der erforderlichen Ausführungsschritte – und in der Regel auch eine Vervierfachung der dazu benötigten Zeit.

Es lassen sich *praktisch durchführbare* Problemlösungen von *praktisch nicht durchführbaren* unterscheiden. In beiden Fällen besitzt das Problem eine algorithmische Lösung. Entscheidend ist jedoch Effizienz und Zeitkomplexität des Algorithmus:

Praktisch durchführbare Algorithmen lassen sich auch bei großer Zahl zu bearbeitender Datenelemente in realistischer Rechenzeit ausführen. Sie besitzen typischerweise eine *polynominale Zeitkomplexität*, d.h. O(n), O(log(n)), O(n^2), O(n^3) etc.

Praktisch nicht mehr durchführbare Algorithmen lassen sich auch bei moderater Zahl zu bearbeitender Datenelemente nicht mehr in "erträglicher" Rechenzeit ausführen. Sie besitzen eine *exponentielle Zeitkomplexität* wie O(x^n) oder entwickeln sich wie das Problem des *Handlungsreisenden* wie O($n!$): Es sind *n* Städte in einer Reihenfolge minimaler Gesamtstrecke zu besuchen. Für *n* Städte existieren *n*! Routen. Der Algorithmus: "Teste alle Kombinationen und entscheide dich für die kürzeste" funktioniert im Prinzip, führt aber bereits bei mehr als ca. 20 Städten zu astronomischen Rechenzeiten, so dass er praktisch nicht durchführbar ist.

17.1.2   Kennzeichen von Such- und Sortiervorgängen

Für Such- und Sortiervorgänge auf großen Datenbeständen wird im professionellen betrieblichen Bereich viel Zeit aufgewendet. Moderne ERP-Systeme operieren auf Datenbankbeständen in der Größenordnung von Terabytes. Ineffizientes Suchen nach Datensätzen würde diese Systeme praktisch lahm legen.

Grundsätzlich gilt: *Suchen* und *Sortieren* sind *komplementär* zueinander. Je höher der zuvor geleistete Sortier- und Ordnungsaufwand, desto geringer nachträglich der Aufwand beim Suchen nach Daten. Je besser und zweckmäßiger Daten sortiert sind, desto leichter können bestimmte Daten wiedergefunden werden. Denn: Nur auf geordnete Datensätze können intelligente, effiziente Suchalgorithmen angewandt werden. Ungeordnete Datenbestände müssen zeitaufwendig linear durchsucht werden, bis das gesuchte Datenelement gefunden wurde – oder aber erst nach Prüfen des gesamten Datenbestandes feststeht, dass das Gesuchte gar nicht vorhanden ist.

Suchvorgänge lassen sich folgendermaßen charakterisieren:

Suchauftrag: Suche nach Datenelementen in einem Datenbestand.

Suchziel: Gebe Zugriff auf das gesuchte Datenelement falls vorhanden, ansonsten die Information, dass das Gesuchte nicht vorhanden ist.

Suchkriterium: Das gesuchten Datenelement (Objekt) unterscheidet sich durch ein i. d.R. eindeutiges Merkmal (Wert, Attribut) von allen anderen Datenelementen. Dieses Merkmal ist der *Suchschlüssel*, nach dem der Datenbestand durchsucht wird.

Man unterscheidet *speichertechnisch* internes und externes Suchen: Beim *internen Suchen* passt der gesamte Datenbestand in den Hauptspeicher und kann ohne "Nachladen" in einem Durchgang durchsucht werden. Beim *externen Suchen* kann nicht der gesamte Datenbestand in den Hauptspeicher geladen werden; die Daten sind portionsweise zu laden und sukzessive Teildurchsuchungen sind erforderlich.

Typische Fragen beim Entwickeln von *Suchalgorithmen* lauten: Welche und wieviele Objekte enthält der Datenbestand? Wie lautet der Suchschlüssel? Wie groß ist der erwartete Speicherbedarf? Ist der Datenbestand bereits geordnet? In welcher Art von Datenstruktur sind die Daten abgespeichert? Wie lange dauert das Suchen in Abhängigkeit von der Zahl der Datenobjekte: a) im Erfolgsfall (Suchschlüssel im Datenbestand vorhanden)? b) bei Misserfolg (Suchschlüssel nicht vorhanden)? Welches Verhalten ist bei Misserfolg erwünscht?

Sortiervorgänge ordnen Datenbestände, so dass diese bezüglich eines Schlüssels auf- oder absteigend sortiert sind. Wieder unterscheidet man interne und externe Sortierverfahren: Bei *internen Sortierverfahren* kann der gesamte Datenbestand gleichzeitig in den Hauptspeicher geladen und sortiert werden. Bei *externen Sortierverfahren* müssen Teile des Datenbestands geladen, für sich sortiert und die vorsortierten Teilfolgen abgemischt werden.

Typische Fragen beim Entwickeln von *Sortieralgorithmen* lauten: Welche Vergleichsoperationen sind auf den Schlüsseln der Datenelemente definiert? Welche Zeitkomplexität besitzt der Algorithmus – und hängt sie von der ursprünglichen Anordnung der Daten (unsortiert bzw. teilweise vorsortiert) ab?

Beim *Inplace Sortieren* wird der Datenbestand sortiert, ohne ihn teilweise zu duplizieren (z.B. in einem zusätzliches Hilfsarray). Stattdessen wird direkt auf den Originaldaten ohne Kopie sortiert, um Zeit und Speicherplatz zu sparen.

In einem Datenbestand kann dasselbe Datenelement *mehrfach* vertreten sein. Dies müsste beim Suchen und Sortieren berücksichtigt werden. Um das Beispielcoding einfach zu halten, gehen wir jedoch auf dieses Problem nicht ein. Wir werden die grundsätzliche Arbeitsweise einiger Such- und Sortieralgorithmen aus Gründen der Einfachheit am Beispiel von Integer-Arrays als Datenbehälter vorstellen.

Stabilität von Sortierverfahren: Ein wichtiges Kriterium für Sortierverfahren ist die Stabilität. Stabile Sortierverfahren verändern die relative Reihenfolge der zu sortierenden Elemente *nur dann*, wenn dies aufgrund des Sortierkriteriums notwendig ist.

Bei *nicht* stabilen Verfahren kann es also vorkommen, dass Elemente gegenseitig vertauscht werden, obwohl sie bezüglich des Sortierkriteriums gleich sind.

Betrachten wir ein Beispiel: Ein Array a enthält Referenzen auf Objekte der Klasse Mitarbeiter mit den dargestellten Werten für die Attribute Name und Gehalt. Beim aufsteigendem Sortieren nach dem Attribut Gehalt, sind Inge und Guido zwingend vor Hans und Hans vor Heike einzusortieren. Über die Reihenfolge zwischen Inge und Guido macht das Sortierkriterium jedoch keine Aussage, da beide das gleiche Gehalt haben:

a[0]	`"Hans",   4500`			`"Inge",   3950`
a[1]	`"Inge",   3950`	stabiles Sortieren		`"Guido",  3950`
a[2]	`"Heike",  5500`	(aufsteigend nach Gehalt) →		`"Hans",   4500`
a[3]	`"Guido",  3950`			`"Heike",  5500`

Wird beim Sortieren ein *stabiles* Verfahren verwendet, so ist sichergestellt, dass die relative Ordnung zwischen Inge und Guido nach dem Sortieren nicht verändert wird. Durch ein *nicht* stabiles Verfahren könnte Guido jedoch vor Inge platziert wird, obwohl dies aufgrund des Sortierkriteriums nicht notwendig wäre.

Der Vorteil stabiler Sortierverfahren liegt darin, dass eine Vorsortierung erhalten bleibt, sofern das neue Sortierkriterium keine Änderung erzwingt. Wurden die Mitarbeiter im obigen Beispiel ursprünglich entsprechend ihrer Personalnummer platziert, dann bleibt diese Sortierung unter den Mitarbeitern mit gleichem Gehalt erhalten. Daher lassen sich Objekte nach unterschiedlichen Kriterien (in einer festgelegten Priorität) sortieren, indem man nacheinander nach den einzelnen Kriterien in umgekehrter Reihenfolge sortiert und dabei stabile Sortierverfahren verwendet. Sollen Mitarbeiter nach Gehalt, dann nach Name und letztlich nach Personalnummer sortiert werden (mit Gehalt als wichtigstem Kriterium), so sortiert man zuerst nach Personalnummer und dann mit stabilen Verfahren nach Name und zuletzt nach Gehalt.

Das Kriterium der Stabilität ist jedoch nicht immer notwendig. Falls die zu sortierenden Elemente nur ein einzelnes Attribut besitzen, wie Beispiel eines einfachen int-Arrays, so kann man auf Stabilität verzichten:

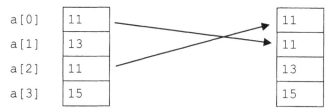

Dies gilt auch, wenn die Elemente durch das Sortierattribut eindeutig bestimmt sind, etwa wenn Mitarbeiter nach der Personalnummer sortiert werden.

Daher wird bei der Sortiermethode `java.util.Arrays.sort()` für Arrays primitiver Datentypen intern der nicht-stabile Quick-Sort-Algorithmus verwendet, für Objekt-Arrays jedoch stets ein stabiler Merge-Sort-Algorithmus (s.u.).

17.2   Suchalgorithmen

17.2.1   Lineare Suche im unsortierten Datenbestand

Wir füllen ein Array mit Integer-Werten in zufälliger Anordnung (unsortierter Datenbestand). Somit kann nur mit einem primitiven sogenannten *Greedy-Schema* ("gefräßig") gesucht werden: Der gesamte Datenbestand wird durchlaufen bis das gesuchte Datenelement gefunden ist oder auch nicht:

1. Lege den Suchschlüssel fest und beginn, das Array zu durchlaufen.

2. Vergleiche jedes Datenelement mit dem Suchschlüssel:

    2.1. Wenn das gesuchte Element erstmals vorkommt, gib dessen *Indexposition* zurück - und beende den Durchlauf (Erfolgsfall).

    2.2. Andernfalls gehe zum nächsten Element.

3. Wenn das Array-Ende erreicht ist, ist das gesuchte Element nicht vorhanden. Gib einen *Kennwert* zurück (z. B. -1), der nicht als Indexposition vorkommen kann und damit den Misserfolgsfall eindeutig kennzeichnet.

Zeitbedarf und Zeitkomplexität wachsen *linear* mit der Zahl n der Datenelemente: Bei Misserfolg müssen das gesamte Array durchlaufen und n Vergleichsoperationen durchgeführt werden. Im Erfolgsfall kann das gesuchte Element an jeder der n Arraypositionen vorkommen – im statistischen Mittel sind dafür $n/2$ Vergleichsoperationen nötig. Somit ist der Algorithmus von der Ordnung O(n).

In der Methode `linSearch()` durchlaufen wir das Array s beginnend mit der höchsten Indexposition von "oben nach unten". Suchschlüssel key ist der gesuchte Zahlenwert. In einer Schleife wird die Indexposition pos solange verringert, bis das gesuchte Element gefunden wurde – oder bis pos den Wert -1 erreicht; dies bedeutet, dass der Suchschlüssel nicht vorkommt. Zurückgegeben wird der Wert pos.

```
public static int linSearch( int[] s, int key ) {
    int pos = s.length - 1;
    while( pos>=0 && s[pos]!=key )  pos--;
    return pos;
}
```

17.2.2   Lineare Suche im sortierten Datenbestand

Das Array s sei nun sortiert, d.h. enthalte Integer-Werte in aufsteigender Folge (Abb. 17.1). Es wird ein lineares Suchschema angewandt und die Sortierung des Datenbestandes ausgenutzt, um den Misserfolgsfall *früher* zu erkennen:

Wieder beginnen wir an der höchsten Indexposition pos mit dem Array-Durchlauf. Wenn der an der aktuellen Indexposition angetroffene Wert s[pos] jedoch erstmals kleiner ist als der Suchschlüssel key, kann das gesuchte Datenelement auch im restlichen Teil des Arrays nicht mehr erscheinen – und die Suche kann *abgebrochen* werden. Im Misserfolgsfall muss *nicht* der gesamte Datenbestand (wie bei unsortiertem Array) durchlaufen werden. Im statistischen Mittel sind auch bei Misserfolg nur *n/2* Vergleichsoperationen nötig. Die Ordnung des Algorithmus verbessert sich dadurch, jedoch bleibt es bei der grundsätzlich *linearen* Zeitkomplexität.

```
public static int linSearch2( int[] s, int key ) {
    int pos = s.length-1;
    while( pos>=0 && s[pos]>=key ) {
        if( s[pos]==key ) { return pos; }   // Erfolgsfall
        pos--;
    }
    return -1;    // Misserfolg: Suchschlüssel nicht enthalten
}
```

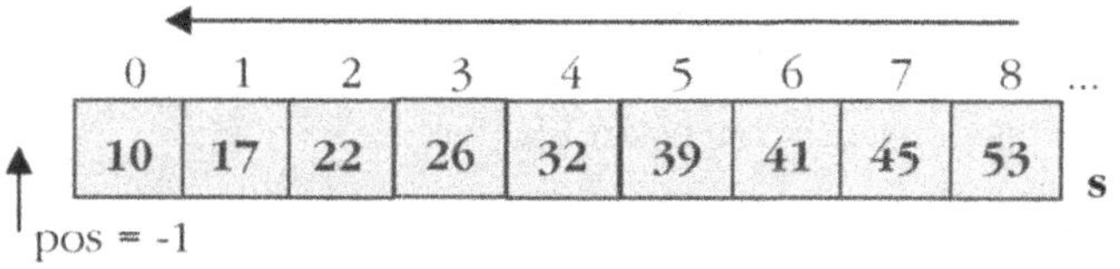

Abb. 17.1: Lineare Suche in aufsteigend sortiertem Array

Das Vorgehen ist jedoch zu einfach, da es die Sortierung nur unzureichend nutzt – im Gegensatz zur binären Suche, die eine deutlich bessere Zeitkomplexität liefert.

17.2.3   Binäre Suche im sortierten Datenbestand

Die Strategie der binären Suche folg dem allgemeinen Prinzip *teile und herrsche.*

Teile und Herrsche (divide & conquer) : 1. Reduziere das Problem in zwei oder mehr Teilprobleme. 2. Löse jedes der Teilprobleme. 3. Kombiniere die Teillösungen zu einer Gesamtlösung.

Die binäre Suche im sortierten Array s arbeitet mit drei charakteristischen Indexpositionen low, high und middle. Sie erreicht bei *jeder* Iteration eine *Halbierung* der Menge noch zu überprüfender Datenelemente. Die *Strategie* (Abb. 17.2):

1. Lege den Suchschlüssel key fest

2. Setze low auf die niedrigste und high auf die höchste Indexposition.

3. Wiederhole folgende Schritte solange noch low<=high :

    3.1. Berechne die mittlere Position middle=(low+high)/2.

    3.2. Vergleiche key mit dem Wert an der Position middle. Es gibt 3 Fälle:

    Wenn key==s[middle] ist das Datenelement gefunden (*Erfolgsfall*). Gib dessen Position middle zurück und *beende* den Durchlauf.

    Wenn key<s[middle] kann das gesuchte Element nur noch *links* von middle vorkommen. Setze somit: high=middle-1.

    Wenn key>s[middle] kann das gesuchte Element nur noch *rechts* von middle vorkommen. Setze somit: low=middle+1.

4. Es wurde low>high: Das gesuchte Element ist *nicht* vorhanden (*Misserfolg*).
    Gib eine entsprechende Kennzahl zurück.

Die Methode `binSearch()` implementiert den Algorithmus auf dem Array s und
gibt zur Demonstration auch die aktuellen Indexwerte aus:

```
public static int binSearch( int[] s, int key ) {
    int low = 0;  int high = s.length-1;   int middle = 0;
    while( low<=high ) {
        middle = (low + high)/2;
        IO.writeln( "l = "+low+ "  h = "+high+"  m = "+ middle );
        if( s[middle]==key ) return middle ;   // Erfolgsfall
        else if( key > s[middle] ) low  = middle + 1;
            else                    high = middle - 1;
    }
    return -1 ;   // Misserfolg
}
```

Die Berechnung der Position `middle=(low+high)/2` geschieht mit ganzzahliger
Genauigkeit, da Array-Indexwerte ganzzahlig sind.

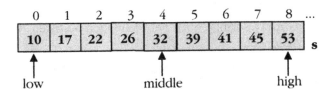

Abb. 17.2: Binäre Suche in aufsteigend sortiertem Array - Ausgangssituation

Dieser Algorithmus reduziert die Zeitkomplexität deutlich, was sich umso drastischer
bemerkbar macht, je größer der zu durchsuchende Datenbestand ist. Der Zeitbedarf
wächst nicht mehr linear, sondern nur noch wie der *Logarithmus* zur Basis 2 mit der
Zahl der Datenelemente *n*. Die Ordnung ist O(ld(*n*)).

Bei jeder Iteration halbiert sich in etwa die Zahl der noch zu durchsuchenden Datenelemente. Wenn man von *n* Datenelementen ausgeht, so folgt die Menge der
maximal noch zu durchsuchenden Elemente der Reihe:

$$n \rightarrow n/2 \rightarrow n/4 \rightarrow n/8 \rightarrow ... \rightarrow \approx 1$$

Dies können wir auch mit Potenzen von 2 schreiben:

$$n/2^0 \rightarrow n/2^1 \rightarrow n/2^2 \rightarrow n/2^3 \rightarrow ... \rightarrow n/2^x$$

Dabei ist *x* die Zahl der *maximal* erforderlichen Iterationen, um die Suchmenge auf
1 zu reduzieren. Somit gilt $1 \approx n/2^x$, so dass $n \approx 2^x$ und somit $x \approx ld(n)$. Dies veranschaulicht die logarithmische Zeitkomplexität des Algorithmus. Die ständige *Halbie-
rung* führt auf die logarithmische Basis 2 und gab der *binären* Suche ihren Namen.
Die Effizienz des Algorithmus ist sehr hoch. Logarithmische Faktoren in der Zeitkomplexität sind typisch für *teile und herrsche*-Algorithmen.

17.3   Sortieralgorithmen

Wir gehen im Folgenden von einem zu sortierenden Integer-Array `int[] s` aus. Dieses ist aufsteigend sortiert, wenn für jede Indexposition i gilt: `s[i]<=s[i+1]`. Da es sich bei den zu sortierenden Daten um Integer-Werte handelt, stehen dafür die Vergleichsoperationen `<`, `>`, `==` zur Verfügung.

Im Fall von Objekt-Arrays enthält das Array Objektreferenzen. Hier wäre eine Vergleichsmethode in der betreffenden Klasse zu verwenden, um die verwalteten Objekte paarweise vergleichen zu können (vgl. Kap.19.4.3).

17.3.1   Quadratische Sortierverfahren: BubbleSort

Das einfachste Sortierverfahren ist der *BubbleSort*; dieser Algorithmus basiert auf Vergleich und Vertauschen benachbarter Elemente. Er ist leicht zu verstehen, hat jedoch im Allgemeinen eine schlechte quadratische Zeitkomplexität $O(n^2)$, so dass größere Datenmengen kaum zu bewältigen sind. Es handelt sich um ein *Greedy*-Schema, da der Datenbestand mehrmals komplett durchlaufen werden muss.

Wieder arbeiten wir mit einem Integer-Array s mit *n* Elementen. Die Strategie des BubbleSort besteht im *Vertauschen benachbarter* Datenelemente, wenn diese *relativ zueinander* noch nicht richtig angeordnet sind und einem erneuten Durchlaufen des Arrays, solange noch Vertauschungsbedarf besteht:

1. Durchlaufe das Array solange noch Fehlstellungen auftraten. Wiederhole dabei folgende Aktionen:

    1.1. Durchlaufe des Array von der ersten bis zur vorletzten Position. Jedes Element wird mit seinem Nachbar verglichen:

    1.2. Wenn die benachbarten Elemente `s[i]` und `s[i+1]` nicht in der richtigen Reihenfolge zueinander stehen, dann vertausche sie.

Ein Durchgang sei anhand der Zahlenfolge (16, 19, 11, 12, 10) demonstriert – die jeweils zu vertauschenden Elemente sind hervorgehoben:

16 **19** 11 12 10 → 16 11 **19** 12 10 → 16 11 12 **19** 10 → 16 11 12 10 **19**

Bei jedem Durchgang wandert ein Datenelement (hier: **19**) auf seine endgültige Position, so wie eine Luftblase (*bubble*) zur Wasseroberfläche aufsteigt; daher der Name BubbleSort. Nach dem Durchgang muss wieder am Anfang des Arrays begonnen werden, da weiterhin Umsortierbedarf für Fehlstellungen besteht. Auf weitere Durchläufe kann jedoch verzichtet werden, wenn die Folge sortiert ist, d.h. beim letzten Durchgang keine Fehlstellungen und Vertauschungen mehr auftraten. Man bricht ab, wenn das Array durchlaufen wurde, ohne eine Fehlstellung benachbarter Paare festzustellen. Dies bedeutet, dass der BubbleSort bei einer bereits sortierten Folge nur noch eine lineare Komplexität besitzt. Da der Bubble-Sort stets nur Nachbarn vertauscht ist BubbleSort ein *stabiles* Sortierverfahren.

Die Methode `bubbleSort()` sortiert das übergebene Array s :

```
public static void bubbleSort( int[] s ) {
    boolean tausch;
```

```
do {
   tausch = false;
   for( int i=0; i<s.length-1; i++ ) {
      if( s[i]> s[i+1] ) {      // Vertauschen:
         int temp = s[i+1];  s[i+1] = s[i];  s[i] = temp;
         tausch = true;          // Tausch vermerken
      }
   }
} while( tausch );
}
```

Nach maximal n Durchgängen durch das komplette Array haben die Datenelemente ihre korrekte Position erreicht. In der Implementierung fallen *zwei geschachtelte Schleifen* auf. Dies führt zur schlechten quadratischen Zeitabhängigkeit: Die äussere Schleife wird maximal n-mal durchlaufen, die innere Schleife stets $(n-1)$-mal. Dies ergibt $n*(n-1) = n^2-n$ Iterationen. Für große Werte n kann der lineare Term vernachlässigt werden; es resultiert eine asymptotische Zeitordnung $O(n^2)$.

Der BubbleSort investiert wenig Intelligenz; immer wieder wird das Arrays komplett durchlaufen. Andere Verfahren wie *SelectionSort* oder *InsertionSort* erzeugen eine bereits sortierte wachsende Teilfolge und müssen bei jedem Durchgang nur noch einen jeweils kleineren Restteil des Datenbestands durchlaufen. Dadurch wird eine etwas bessere Zeitkomplexität erreicht als beim BubbleSort – jedoch sind auch diese Algorithmen nur von quadratischer Ordnung. Wir wenden uns deshalb gleich dem dramatisch schnelleren Sortierverfahren QuickSort zu.

17.3.2   Unterquadratische Sortierverfahren: QuickSort

Der oft eingesetzte *QuickSort* beruht auf einem rekursiven Verfahren und realisiert das Prinzip *teile und herrsche* durch wiederholtes Aufteilen der noch zu sortierenden Datenmenge. Es handelt sich um einen raffinierten *rekursiven* Algorithmus.

Das Verfahren beruht auf wiederholtem Aufteilen der Datenmenge in eine *linke und rechte Hälfte* durch Definition einer sogenannten *Pivot-Position* (engl. *pivot* = Zapfen = der Punkt, um den sich alles dreht). Zwischen den beiden Hälften werden Datenelemente solange ausgetauscht, bis alle Elemente der linken Hälfte kleiner sind als jene der rechten Hälfte. Sodann wird das Verfahren rekursiv auf die beiden Hälften angewandt. Der Algorithmus hat die Zeitkomplexität $O(n \cdot ld(n))$. Gewisse Varianten des QuickSort zeigen ein schlechtes Zeitverhalten $O(n^2)$, wenn sie auf eine bereits sortierte oder umgekehrt sortierte Datenmenge angewandt werden. Unsere Version wählt das *Pivot-Element* stets in der Mitte und hat dieses Problem nicht:

1. Wenn die aktuelle Datenmenge s nur noch 1 Element hat, ist nichts zu tun.

2. Andernfalls:

    2.1. Wähle *Pivot-Element* mit Index i in der *Mitte der Folge*

2.2. Bewege alle Elemente der Menge mit Schlüssel kleiner als s[i] in den Teil links von s[i] und alle Elemente mit Schlüssel größer als s[i] in den Teil rechts von s[i].

2.3. Sortiere den *linken Teil* und den *rechten Teil erneut* nach dem eben beschriebenen Verfahren = *rekursiver* Aufruf.

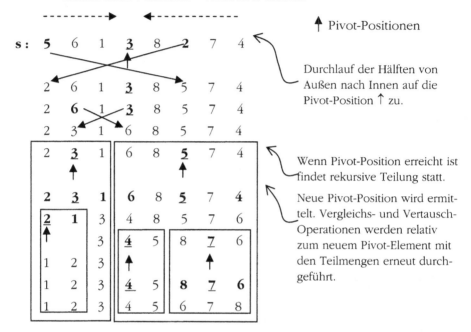

↑ Pivot-Positionen

Durchlauf der Hälften von Außen nach Innen auf die Pivot-Position ↑ zu.

Wenn Pivot-Position erreicht ist findet rekursive Teilung statt.

Neue Pivot-Position wird ermittelt. Vergleichs- und Vertausch-Operationen werden relativ zum neuem Pivot-Element mit den Teilmengen erneut durchgeführt.

Abb. 17.3: Ablauf des rekursiven QuickSort-Algorithmus, Darstellung nach [RAU02]

Der QuickSort ist ein *hard split easy join* Algorithmus: Die Hauptarbeit wird beim immer feineren Aufteilen der Datenmenge geleistet. Abbildung 17.3 verdeutlicht den Ablauf: Die Teile werden von außen nach innen auf die Pivot-Position ↑ zu durchlaufen. Für jedes Element findet ein Vergleich mit dem Element auf der Pivot-Position und eventuell ein Tausch mit einem umzusortierenden Element der anderen Hälfte statt. Wenn der Auf- und Ablauf an der Pivot-Position ↑ angekommen ist und alle Vertauschungen durchgeführt wurden, findet die rekursive Teilung statt: Es werden neue Pivot-Elemente für die Teile festgelegt und für jeden Teil erneut wie geschildert verfahren. Die rekursiven Aufrufe finden für rasch kleiner werdende Teilmengen statt, was zum logarithmischen Faktor der Zeitkomplexität führt.

Die Methode quickSort() erthält das zu sortierende Array s; die eigentliche Sortierarbeit vollbringt die überladene private Methode quickSort(), deren Parameter neben dem Array s die Indexpositionen erthält, zwischen denen quickSort() beim aktuellen Aufruf arbeitet. Diese ruft sich rekursiv mit immer kleineren Teilmengen des Arrays s auf:

```
public static void quickSort( int[] s ) {
    quickSort ( s, 0, s.length-1 ); // hier keine Rekursion
```

```
    }
    private static void quickSort( int[] s, int links, int rechts ) {
        int auf = links;    int  ab = rechts;
        // Pivot-Element in der Mitte wählen:
        int pivot = s[ (links+rechts)/2 ];
        do {
        /* Datenfolge wird von oben und unten durchlaufen.
           Aktueller Wert wird mit Pivot-Element verglichen.
           Durchlauf stoppt, wenn zu tauschendes Element gefunden: */

        while( s[auf] < pivot ) auf++;

        while( s[ab] > pivot )  ab--;

        if( auf <= ab ) {
            // Tausch der Datenelemente durchführen:

            int temp = s[auf];  s[auf] = s[ab];  s[ab] = temp;

            auf++;    ab--;   // Indizes weiterschieben:

        }
        /* Schleifenabbruch, wenn sich Durchlauf-Indizes an
           Pivotposition überschneiden:                    */
        } while( auf <= ab );
        /* Rekursive Aufrufe nachdem alle Elemente links und rechts
           des alten Pivot-Elements geprüft wurden.
           Aufruf mit neuen Grenzen liefert neue Pivot-Elemente: */

        if( links < ab ) quickSort( s, links, ab );

        if( auf < rechts ) quickSort( s, auf, rechts );

    }
```

Typisch für rekursive Verfahren ist, dass jeder rekursive Aufruf eine bestimmte Menge Hauptspeicher belegt; somit ist der Speicherbedarf höher als bei nichtrekursiven Algorithmen - dafür ist die Zeitkomplexität sehr gut. Da beim Quicksort Vertauschungen zwischen verschiedenen Positionen vorkommen, ist Quicksort *kein stabiles* Sortierverfahren. Wir werden mit dem *MergeSort* einen weiteren Algorithmus mit Zeitkomplexität $O(n \cdot ld(n))$ kennenlernen, der darüber hinaus noch stabil ist.

17.3.3   Unterquadratische Sortierverfahren: DistributionSort

Die besprochenen Sortierverfahren (der naive BubbleSort ebenso wie der raffinierte QuickSort) beruhen auf dem Prinzip paarweisen Vergleichens und Vertauschens von Datenelementen: Die Elemente des Datenbestand werden dadurch in immer neue Anordnungen übergeführt, bis eine komplette Sortierung erreicht ist. Es lässt sich zeigen, dass auf Grundlage kombinierter Vergleichs- und Vertauschoperationen *prinzipiell* keine bessere Zeitkomplexität als $O(n \cdot ld(n))$ zu erreichen ist.

Um QuickSort zu übertreffen, muss ein prinzipiell anderes Verfahren angewandt werden: Der *DistributionSort* realisiert Sortieren nicht durch Vergleichen und Vertauschen sondern durch *Verteilen* und *Wieder-Einsammeln* von Datenelementen

[OTT02]: Daten werden gemäß ihres Schlüssels auf "Fächer" verteilt und danach wieder zusammengetragen - wie z.B. beim Sortieren von Briefen nach Postleitzahlen. Da sich beim Verteilen und Einsammeln die relative Anordnung der Datensätze nicht verändert, handelt es sich um ein *stabiles* Sortierverfahren. Je nach Art des Schlüssels müssen Verteilungs- und Sammelphasen eventuell mehrfach durchgeführt werden.

Vorteil des DistributionSort ist seine Geschwindigkeit. Er hat eine *lineare* Zeitkomplexität $O(n)$ und ist somit noch schneller als QuickSort. Seine *Nachteile*:

1. Die "Fächer" müssen je nach Problem definiert und an den Sortierschlüssel (Struktur und Wertebereich) angepasst werden. Der Algorithmus funktioniert nur für Datensätze mit vorgegebenen, *ganzzahlig-positiven* Schlüsseln. Negative oder Fließkommazahlen müssen erst (eventuell mehrstufig) auf positive Ganzzahlen abgebildet werden. Dies bedeutet, dass Verteil- und Sammelphasen *l-fach* durchlaufen werden müssen. Es muss feststehen, in welchem Wertebereich die Schlüsselwerte liegen.

2. Naive Implementierungen erfordern für n Datensätze und m mögliche Fächer die Realisierung von m Fächern der Größe n; denn jedes Fach könnte im ungünstigsten Fall alle n Datensätze aufnehmen müssen, so dass $n \cdot m$ Fächerplätze vorgehalten werden müssen. Dies bedeutet eine gewaltige Speicherverschwendung. Es gibt zwei Möglichkeiten, diese Speicherplatzverschwendung zu vermeiden [OTT02]:

- Man zählt zu Beginn jedes Durchlaufs, wieviele Datensätze in jedes Fach fallen werden, um die Größe der einzelnen Fächer entsprechend festzulegen.

- Man realisiert die Fächer als m verkettete lineare Listen (siehe Kapitel 18). In der Verteilungsphase werden die Datensätze an das Ende der jeweiligen Liste gehängt. In der Sammelphase werden die Listen der Reihe nach von vorn nach hinten durchlaufen. Jede Liste benötigt als dynamische Datenstruktur nur den Speicher für die tatsächlich in ihr verwalteten Datensätze.

Bei Verwendung einer nicht-naiven Variante ist der Algorithmus von der Ordnung $O(l \cdot (n+m))$ und der Speicherbedarf wächst wie $O(n+m)$. Die beiden Varianten werden in den Übungen behandelt. Wir stellen hier nur zwei einfache *Spezialfälle* vor. Dazu gehen wir von einem Integer-Array s mit n zu sortierender Datensätzen (Zahlen) aus, so dass Schlüssel (Integer-Werte) und Datensatz identisch sind:

1. Es komme jeder Schlüssel nur einmal vor ($m=n$). Schlüssel und Werte liegen im Bereich 0, ..., n-1. Es ist nur ein Durchgang nötig ($l=1$). Die Sortierung geschieht bei linearer Zeit und Speicherplatz. Durch die Anweisungen:

```
int[] b = new int[n];    // Zielarray
for( int i=1; i<=n; i++ ) { b[ s[i] ] = s[i]; }
```

werden die Zahlen des Feldes s in b aufsteigend sortiert. Da jedes Fach (Arrayposition) genau einen Satz (Wert) aufnimmt, ist die Sortierung trivial.

2. Jeder Schlüssel darf mehrfach vorkommen. Wieder jedoch handelt es sich bei den Datensätzen um einfache Integer-Werte, so dass Datensatz = Schlüssel gilt. Das Vorgehen (Abb. 17.4) wird wieder mit dem Integer-Arrays s skizziert:

1. Feststellen des Wertebereichs aller Datenelemente. Beispiel: Werte 0 bis 10.

2. Ein *Fächer*-Array count für Integer anlegen, in dem gezählt wird wie oft die verschiedenen möglichen Werte vorkommen. Die Zahl der Fächer (Arraypositionen) von count entspricht den möglichen Werten im zu sortierenden Datenbestand. Im Beispiel: Indexpositionen 0 bis 10.

3. Datenbestand (Arrays s) durchlaufen und Vorkommen der einzelnen Werte im Fächer-Array count zählen.

4. *Fächer*-Array count durchlaufen und die *Index*-Werte ausgeben. Ein Index-Wert wird *so oft wiederholt ausgegeben*, wie im Fächer-Arrray count als Anzahl des Vorkommens vermerkt wurde.

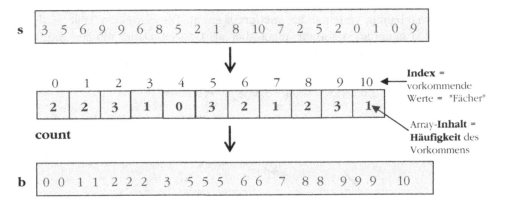

Abb. 17.4: DistributionSort – Vorgehen und beteiligte Arrays

Der Methode distSort() wird das zu sortierende Array s und der höchste darin vorkommende Integer-Wert max übergeben. Prinzipiell dürfen in s nur positive Werte zwischen 0 und max vorkommen:

```
public static void distSort( int[] s, int max ) {
    int[] b = new int[s.length];
    int[] count = new int[max+1];   // Fächer 0 bis max
    for( int i=0; i<=(s.length-1); i++) {
        count[ s[i] ]++;   // Häufigkeit des Vorkommens zählen
    }
    int k = 0;
    for( int m=0; m<= max; m++ ) {
        for( int j=0; j<count[m]; j++) {
            // count[m]-mal nacheinander Wert m in b eintragen:
            b[k] = m;       k++;
        }
    }
    System.arraycopy( b, 0, s, 0, s.length );
}
```

Das Fächer-Array `count` dient zum Abzählen, wie oft die Werte zwischen 0 und max im Array `s` auftreten. Bei jedem Vorkommen eines Werts `s[i]` wird die Zahl im Fach `count[s[i]]` des Arrays `count` hochgezählt. Die "Fachnummer" m wird `count[m]`-mal in das Hilfsarray `b` geschrieben. Schließlich wird der Inhalt von `b` nach `s` zurückkopiert, so dass `s` nun sortiert ist. Die dargestellte Implementierung lässt sich noch optimieren, indem man auf `b` verzichtet und direkt auf `s` operiert.

17.3.4   Unterquadratische Sortierverfahren: MergeSort

Das hier dargestellte Sortierverfahren des *MergeSort* folgt dem bereits bekannten Paradigma *teile und herrsche*: Der ursprüngliche Bereich wird in 2 Teile **geteilt**, die zunächst unabhängig voneinander **sortiert** werden. Die einzelnen Teile sind dann zwar für sich genommen sortiert, nicht aber als Ganzes. Daher müssen die beiden Teilstücke noch **gemischt** werden (vgl. Abb. 17.5):

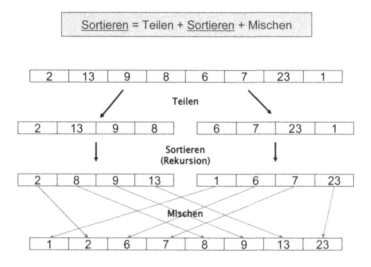

Abb. 17.5: MergeSort – Teilen-Sortieren-Mischen

Wesentlich für das Verständnis dieses Verfahrens sind die folgenden beiden Aspekte:

1. **Rekursion**: Die geteilten Bereiche werden mit dem gleichen Verfahren sortiert, so dass diese Bereiche wieder geteilt, sortiert und gemischt werden. Dies setzt sich fort, bis der zu teilende Bereich nur aus einem einzigen Element besteht.

2. **Mischen**: Das Mischen der sortierten Teilbereiche ist – im Gegensatz zu unsortierten Bereichen – sehr einfach und von linearer Komplexität: Es müssen stets nur die am weitesten links stehenden Elemente beider Teile miteinander verglichen werden. Das kleinere der beiden Elemente wird in den neuen Bereich übernommen (bei Gleichheit das Element aus dem linken Bereich), für den weiteren Vergleich ist dann das jeweils nächste Element zu betrachten. An dieser Stelle wird deutlich, dass es sich um ein out-of-place-Verfahren handelt, da zum Mischen zusätzlicher Speicherplatz benötigt wird.

Die Stabilität dieses Verfahrens ist gewährleistet, da beim Mischen von gleich großen Elementen stets das Element aus dem linken Teilbereich bevorzugt wird, so dass keine "Überkreuzungen" vorkommen können (vgl. Abb. 17.5).

Bei der Implementierung wird das Sortieren eines Arrays – wie in vielen rekursiven Fällen – auf eine allgemeine Methode zurückgeführt, in der sich der zu sortierende Bereich durch die Variablen `int l` und `int r` einschränken lässt.

Vollständiges Sortieren eines Arrays:

```
public static void mergeSort( int[] s ) {
    mergeSort( s, 0, s.length-1 );    //dies ist keine Rekursion
}
```

Die eigentliche Implementierung zum Sortieren zwischen den Arraygrenzen l und r mit den beiden rekursiven Aufrufen zum Sortieren der Teile sowie dem Mischen:

```
private static void mergeSort( int[] s, int l, int r ){
    if( l<r ){
        int m = (l + r)/2;       // teilen
        mergeSort( s, l, m );    // Rekursion: sortieren links
        mergeSort( s, m+1, r );  // Rekursion: sortieren rechts
        merge( s, l, m, r );     // mischen
    }
}
```

Der Basisfall der Rekursion „versteckt" sich im nicht vorhandenen `else`-Part, der erreicht wird, wenn der zu sortierende Bereich aus genau einem Element besteht.

Bleibt nur noch die eher unbequeme Ausformulierung des Mischens – der MergeSort ist ein *easy split hard join* Algorithmus:

```
private static void merge(int[] ia, int l, int m, int r) {
    int[] h1 = new int[m - l + 1]; // Hilfsfeld für linken Teil
    for (int i = l; i <= m; i++)    // Teil füllen
        h1[i - l] = ia[i];
    int[] h2 = new int[r - m];       // Hilfsfeld für rechten Teil
    for (int i = m + 1; i <= r; i++)// Teil füllen
        h2[i - m - 1] = ia[i];
    for (int k = l, i = 0, j = 0; k <= r; k++)   // mischen
        if (i >= h1.length)          // linker Teil 'verbraucht' ->
            ia[k] = h2[j++];         // ... aus rechten nehmen
        else if (j >= h2.length)     // rechter Teil 'verbraucht' ->
            ia[k] = h1[i++];         // ... aus linkem nehmen
        else if (h1[i] <= h2[j])     // Normalfall: Vergleichen und
            ia[k] = h1[i++];         // ... kleineres nehmen
        else     ia[k] = h2[j++];
```

```
}
```

Die dargestellte Implementierung lässt sich noch optimieren, etwa dadurch, dass man gleich zu Beginn einmalig ein zweites Array anlegt, um alle folgenden Misch-vorgänge ohne weiteren zusätzlichen Speicherplatz durchführen zu können.

Der MergeSort ist ein effizientes stabiles Sortierverfahren mit Zeitkomplexität $O(n \cdot \mathrm{ld}(n))$ und wird daher auch als Standard-Sortierverfahren in den Methoden `sort( Object[] )` von `java.util.Arrays` bzw. `Collections` verwendet.

17.4   Zeitkomplexität und Durchführbarkeit

Anhand einiger Zahlenbeispiele wollen wir nochmals die Bedeutung der Zeitkom-plexität für die Verwendbarkeit von Algorithmen verdeutlichen. Tabelle 17.1 enthält für einige Größenordnungen n die entsprechenden Werte $\mathrm{ld}(n)$, $n \cdot \mathrm{ld}(n)$ und n^2. Der numerische Unterschied ist deutlich. Würde jede Iteration 1µs benötigen, so würde für n=1000000 Datensätze eine lineare Suche etwa 1s, eine binäre Suche nur 20 µs benötigen. Drastischer ist der Unterschied beim Sortieren: Wo QuickSort nur 20s be-nötigte, käme BubbleSort auf 11 Tage – und ist somit nicht mehr verwendbar.

N	ld(n)	n·ld(n)	n²
10	3	30	100
100	7	700	10000
1000	10	10000	1000000
100000	16	1600000	10000000000
1000000	20	20000000	1000000000000

Tab. 17.1: Typische Zeitkomplexitäten (ganzzahlig gerundet)

Auch Tabelle 17.2 geht von 1µs pro Iteration aus und listet die zugehörigen Zeiten für unterschiedliche Zeitordnungen. Praktische Nicht-Durchführbarkeit eines Algo-rithmus bedeutet: Während wenige Datenelemente n durchaus bearbeitet werden können, benötigen etwas größere Bestände bereits astronomische Zeiträume.

n	n	n²	n!
10	0.00001 s	0.001 s	4 s
100	0.0001 s	0.01 s	"astronomisch"
1000	0.001 s	1 s	"astronomisch"
100000	0.1s	2.8 h	"astronomisch"

Tab. 17.2: Ausführungszeit bei unterschiedlicher Zeitkomplexität (1µs/Iteration)

Zeitkomplexität und Zeitbedarf nehmen in folgender Reihe rasch zu:

$$O(1) < O(\mathrm{ld}(n)) < O(n) < O(n \cdot \mathrm{ld}(n)) < O(n^2) < O(2^n) < O(n!).$$

Im nächsten Kapitel beschäftigen wir uns mit *dynamischen* Datenstrukturen.

18 Datenstrukturen - Listen und Bäume

Datenstrukturen beschreiben eine Einheit aus Datenanordnung und darauf möglichen Operationen. Charakteristisch für eine Datenstruktur sind die Art des Datenzugriffs und typischer Operationen wie Einfügen, Entfernen, Suchen, Umordnen. Eine Datenstruktur legt somit auch fest welche Operationen in welcher Form auf dem Datenbestand verfügbar sind.

Auch bei Datenstrukturen wird das Grundprinzip Information Hiding zur Reduktion von Komplexität angewandt - Implementierungsdetails bleiben hinter einer einfachen Schnittstelle verborgen. Der Zugriff auch auf komplexe Strukturen erfolgt über eine konstante Schnittstelle weniger öffentlicher, semantisch klarer Methoden, ohne interne Strukturen offen zu legen. Somit könnten interne private Implementierungsdetails bei konstanter Schnittstelle jederzeit geändert und ausgetauscht werden - ohne dass Verwender (Clients) invalidiert würden.

Bereits behandelte Datenstrukturen waren:

- Klassen: Attribute einer Klasse können Daten aufnehmen und Methoden der Klasse regeln den Zugriff. Jedoch lassen sich mit Klassen natürlich beliebige konkrete Datenstrukturen darstellen.

- Arrays: Sie enthalten eine indizierte Anordnung von Datenelementen. Vorteil ist der bequeme wahlfreie Zugriff via Indexwert – Elemente können in beliebiger Reihenfolge herausgegriffen und manipuliert werden. Nachteilig ist die statische Größe: Beim Anlegen eines Arrays ist dessen Größe anzugeben und kann nicht nachträglich angepasst werden. Unabhängig von der tatsächlichen Zahl verwalteter Datenelemente belegt das Array immer dieselbe Menge Speicher.

Ziel dieses Kapitels ist es, in die Programmierung *dynamischer Datenstrukturen* einzuführen. Dabei handelt es sich um Datenbehälter, die sich der zu- oder abnehmenden Datenmenge anpassen und nur den aktuell erforderlichen Speicher belegen. Zugleich soll das Programmieren mit Referenzen dadurch intensiv geübt werden.

18.1 Dynamische Datenstrukturen

Dynamische Datenstrukturen entstehen durch das *Verketten* von Datenbehältern (in Java: Objekten) mittels Zeigern (in Java: Objektreferenzen). Die verketteten Bestandteile einer dynamischen Datenstruktur werden als *Knoten* bezeichnet und in Java mittels einzelner Daten tragender Objekte realisiert. Als *dynamisch* bezeichnet man eine solche Datenstruktur aus folgenden Gründen:

- Die einzelnen Knoten werden zur *Laufzeit* dynamisch erzeugt und durch Referenzen miteinander verbunden (verkettet). Die Datenstruktur kann dynamisch wachsen (Hinzufügen weiterer Knoten) aber auch schrumpfen (Entfernen nicht

mehr benötigter Knoten). Teile der Datenstruktur können jederzeit neu erzeugt
und angefügt oder freigegeben und entfernt werden.

- Somit ist die *Anzahl* der Knoten nicht festgelegt. Die gesamte Datenstruktur belegt aktuell stets nur soviel Speicherplatz, wie der Menge vorhandener Knoten
  entspricht. Es wird kein überflüssiger Speicherplatz reserviert. Nur der verfügbare (Heap-)Speicher begrenzt das Wachsen der Datenstruktur, es gibt keine statisch vorgegebenen Grenzen.

Grundsätzlich unterscheidet man *unverzweigte* und *verzweigte* verkettete Strukturen
(Abb.18.1). Im ersten Fall spricht man von einer *Liste*: Jeder Knoten referenziert nur
einen Nachfolger; der letzte Knoten der Liste besitzt keinen Nachfolger und trägt eine Nullreferenz. Im zweiten Fall entsteht ein *Baum*: Zwar wird jeder Knoten (außer
dem obersten Knoten, der *Wurzel*) nur von genau einem Vorgänger (Eltern-Knoten)
referenziert, aber jeder Knoten kann mehrere Nachfolgeknoten (Kind-Knoten) besitzen. Bei zwei möglichen Kind-Knoten spricht man von einem *Binärbaum*. Baumstrukturen haben immense praktische Bedeutung für die effiziente Verwaltung großer Datenmengen.

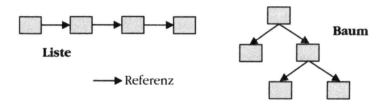

Abb. 18.1: Verkettete Datenstrukturen – Liste und Baum

18.1.1   Verkettete Datenstrukturen in Java

Jeder in Abbildung 18.1 gezeichnete Pfeil symbolisiert einen Zeiger auf einen Nachfolger. Java kennt keine expliziten Zeiger. Jedoch stellt eine Java-Objektvariable eine
Objektreferenz dar und wird verwendet, um verkettet Strukturen zu modellieren.

Zur Erinnerung: Eine Java-Objektvariable *referenziert* ein Objekt. Sie enthält nicht
die Daten des Objekts, sondern letztlich die Speicheradresse, unter der auf das Objekt zugegriffen werden kann. Zuweisungen zwischen Objektvariablen bedeuten
nicht das Kopieren des Objekts, sondern der Referenz. Mehrere Objektvariablen
können dasselbe Objekt referenzieren. Einer Objektvariablen kann der Wert `null`
zugewiesen werden; dadurch wird ihre Objekt-Referenz entfernt. Nicht mehr referenzierte Java-Objekte werden durch die Garbage Collection automatisch entfernt.

Wir sind nun in der Lage, den Aufbau einer verketteten Liste mittels Objektreferenzen darzustellen. Die Datenstruktur besteht aus einzelnen über Objektreferenzen
verbundenen Knoten. Jeder Knoten ist Objekt einer Knotenklasse `Node` (engl. Knoten). Diese besitzt Attribute für Nutzdaten aber auch ein Attribut `next` vom Typ `No-
de`, um Referenzen auf Nachfolgeknoten zu verwalten. Wir verwenden eine minima-
le Knotenklasse, deren Objekte im Attribut `data` einen einzigen Integer speichern:

```
class Node {
    public int data;        // speichert Integerwert
    public Node next;       // Referenz auf Nachfolgeknoten
    public Node( int d ) {
      data = d;
      next = null;
    }
}
```

Es handelt sich um eine selbstbezügliche Datenstruktur: Das Attribut next von Node ist vom gleichen Typ wie Node selbst. Somit kann jedes Node-Objekt ein nachfolgendes Node-Objekt referenzieren. Wir erstellen eine Liste aus zwei Knoten:

```
Node a = new Node(3);      Node b = new Node(5);
a.next = b;
```

Die beiden Node-Objekte stehen anfangs isoliert im Speicher. Entscheidend ist die
Zuweisung a.next=b (Abb. 18.2): Das von b referenzierte Objekt wird an das von
a referenzierte Objekt "gehängt". Die Referenz a gibt Zugriff auf das erste Objekt,
während a.next das zweite Objekt referenziert. Das Attribut next ist der Zeiger
auf den Nachfolgeknoten und verkettet zwei Node-Objekte.

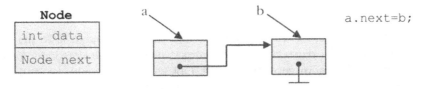

Abb. 18.2: Aufbau einer verketteten Liste aus Node-Objekten

Auf diese Weise kann die Liste um weitere Node-Objekte verlängert werden.
Zweckmäßigerweise arbeitet man mit anonymen Objekten, die nur über die next-
Referenz ihres Vorgänger-Knotens referenziert werden. Nur das erste Objekt - der
Listenkopf (head) - muss zwecks Zugriff auf die Liste ein benanntes Objekt sein:

```
Node head = new Node(3);              // Der Kopf der Liste
head.next = new Node(5);    head.next.next = new Node(2);
head.next.next.next = new Node(8);    // … und so fort …
```

Das letzte Node-Objekt der Liste hat keinen Nachfolger; sein next-Attribut ist null.

Der Aufbau der verketteten Liste erlaubt *keinen wahlfreien Zugriff*: Die Referenz
head weist auf den ersten Knoten der Liste. Mittels next erhält man Zugriff auf
nachfolgende Knoten. Vom ersten Knoten ausgehend kann man sich durch die gesamte Liste "hangeln" und alle Knoten *nacheinander* aufsuchen, um auf den Wert
ihres Attributs data zuzugreifen. Soll das letzte Knoten-Objekts verändert werden,
so muss von head ausgehend die gesamte Liste durchlaufen werden.

Die Liste kann nicht nur (bis zur Grenze verfügbaren Heap-Speichers) verlängert werden, sondern auch sukzessive verkürzt werden, indem die `next`-Referenz des vorletzten Node-Objekts auf `null` gesetzt wird. Auf das letzte Node-Objekt zeigt keine Referenz mehr, so dass es durch die Garbage Collection entsorgt wird:

```
head.next.next.next = null;   // letzten Knoten entfernen
```

Die Liste wird gelöscht, indem die Referenz auf ihr erstes Node-Objekt entfernt wird:

```
head = null;   // gesamte Liste "auf einen Schlag" löschen
```

Der direkte Zugriff auf die Listenelemente ist über eine Kette von `next`-Referenzen sehr mühsam. Wir benötigen eine separate Klasse `List`, die alle erforderlichen Listen-Operationen durch ihre Methoden komfortabel zur Verfügung stellt.

Anmerkung: Über die Knoten einer verketteten Datenstruktur können beliebige Daten verwaltet werden. Die Nutzdaten unserer Klasse `Node` bestehen vorerst nur aus dem Integer-Attribut `data`. Jedoch könnte `data` auch vom Typ einer Klasse sein, deren Objekte via verketteter Liste verwaltet werden.

Die Attribute `next` und `data` der Klasse `Node` werden nur deshalb `public` deklariert, um allen Klassen, die `Node` verwenden, direkten Zugriff zu geben. Damit verzichten wir auf separate set- und get-Methoden bzw. auf den Einsatz von `Node` als innere Klasse. Dies wird in einem späteren Kapitel demonstriert.

18.1.2   Unsortierte verkettete Liste

Wir entwickeln eine Klasse `List`, die eine *unsortierte* verkettete Liste mit gespeicherten Integer-Werten darstellt; die Reihenfolge dieser Werte entspricht *nicht* der Knoten-Reihenfolge. Intern verwendet `List` Objekte der Knotenklasse `Node`. `List` besitzt die Attribute `head` und `tail` vom Typ `Node`. Diese sollen auf das jeweils *erste* und *letzte* Knotenobjekt der Liste zeigen (Abb. 18.3); solange noch keine Knoten der Liste hinzugefügt wurden, haben sie den Initialwert `null`.

Typische *Operationen* auf verketteten Listen sind:

- Knoten mit Wert x am Listenende anhängen: `void add( int x )`

- Knoten mit Wert x vor Listenkopf einfügen: `void addFirst( int x )`

- Knoten mit Werte x löschen: `boolean remove( int x )`

- Knoten mit Wert x suchen: `boolean contains( int x )`

Wir orientieren uns bei den verwendeten Methodennamen und -signaturen an der JDK-Klasse `java.util.LinkedList` (siehe auch Kapitel 20).

Unsere Listen-Klasse hat somit folgende Struktur:

```
class List {
    private Node head = null;    // Listenkopf
    private Node tail = null;     // Listenende
    public void add( int x ) { /* … */ }
    public void addFirst( int x ) { /* … */ }
    public boolean remove( int x ) { /* … */ }
```

```
        public boolean contains( int x ) { /* … */ }
    }
```

Beim Implementieren der Methoden lernen wir Denkweisen und Programmiertechniken kennen, die typisch sind für den Umgang mit verketteten Datenstrukturen.

18.1.3   Anhängen von Knoten am Listenende

Die Methode add() leistet das Anhängen neuer Knoten mit ihren Daten am Ende
einer unsortierten verketten Liste; Abbildung 18.3 verdeutlicht ihre Wirkungsweise:

```
    class List {
        private Node head = null;        private Node tail = null;
        public void add( int x ) {
            Node p = new Node( x );
            if( head == null ) head = p;
            else                    tail.next = p;
            tail = p;
        }
        // .......

    }
```

Anfangs ist die Liste leer und head und tail sind mit null initialisiert.

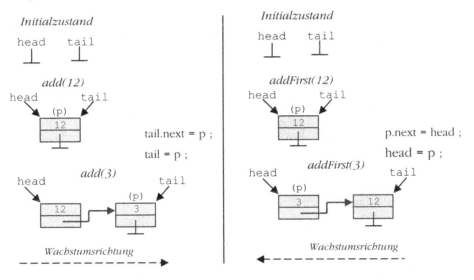

Abb. 18.3: Wirkungsweise der Listen-Methoden add() und addfirst()

Der *erstmalige* Aufruf von add() bewirkt:

1. Ein neuer Knoten p wird erzeugt und der Wert x darin gespeichert.

2. Da `head==null`, greift der `if`-Zweig: Durch `head=p` referenziert `head` nun diesen ersten neuen Knoten, der zum neuen Kopf der Liste wird.

3. Durch `tail=p` zeigt auch `tail` auf diesen ersten und noch einzigen Knoten.

Bei *weiteren* Aufrufen von `add()` ist `head` nicht länger `null`, sondern referenziert den bestehenden Kopfknoten der Liste. Es greift der `else`-Fall: Die Liste ist nicht mehr leer, der neue durch die Hilfsvariable p referenzierte Knoten muss ans Ende der Liste. Es zeigt `tail` auf das momentane Ende der Liste; hinter diesen Knoten muss der neue Knoten als Nachfolger und neuer Endknoten angehängt werden. Dies leistet `tail.next=p`. Nun muss noch `tail` auf den letzten gerade angehängten Knoten zeigen, der neues Listenende wird. Dies leistet `tail=p`. Weitere `add()`-Aufrufe lassen die Liste immer weiter in `tail`-Richtung wachsen.

Bei der Referenz p handelt es sich um eine lokale Variable der Methode. Somit existiert p nur während der Ausführung der Methode – im Gegensatz zu den Objektattributen `head` und `tail`.

18.1.3   Einfügen von Knoten am Listenanfang

Einfacher als das Anhängen von Knoten am Listenende ist das Einfügen am Listenanfang. Mit dem Listenende muss man sich in diesem Fall kaum beschäftigen.

```
public void addFirst( int x ) {
    Node p = new Node( x );
    p.next = head;
    head = p;
    if( tail == null ) tail = p;
}
```

Der Gang der Handlung (Abb. 18.3):

1. Ein neuer Knoten p wird erzeugt und der Wert x darin gespeichert.

2. Nachfolger des neuen Knotens ist der bisherige Listenkopf, so dass `p.next=head` den neuen Knoten am Listenanfang platziert. Falls die Liste beim ersten Aufruf von `addFirst()` noch leer ist, hat `head` den Wert `null` und `p.next` behält seinen Initialwert `null`. Der neu erzeugte Knoten p wird neuer Kopf der Liste; nach `head=p` referenziert `head` den neuen Knoten p.

3. Nur beim ersten Aufruf von `addFirst()` ist die Liste leer und `tail==null`. In diesem Fall wird der neue Knoten durch `tail=p` zugleich zum Listenende.

Es zeigt sich ein weiterer Vorteil gegenüber Arrays: Das Einfügen von Daten am Anfang der Datenstruktur erfordert kein "Verschieben" von Datenelementen.

Bei ungeordneten Listen spielt die Knoten-Reihenfolge keine Rolle; es ist egal, ob man die Liste vom Kopf oder Ende her wachsen lässt und die Methode add-First() oder add() verwendet. Verzichtet man auf eine Methode add(), so benötigt List kein Attribut `tail` und die letzte Zeile von addFirst() entfällt.

18.1.4   Durchsuchen der unsortierten verketteten Liste

Die Methode `contains()` durchsucht die Liste nach einem Knoten mit einem bestimmten `data`-Wert. Im Erfolgsfall wird `true` zurückgeliefert; ist der gesuchte Wert nicht vorhanden, `false`. Da es sich um eine unsortierte Datenstruktur handelt und kein wahlfreier Zugriff besteht, muss die verkettete Liste vom Kopf her nach dem gewünschten Element durchsucht werden. Ist der gesuchte Wert nicht vorhanden, muss die Liste komplett durchlaufen werden, bis das Listenende erreicht ist.

```
public boolean contains( int x ) {
    Node p = head;
    while( p!=null && p.data!=x )  p = p.next;
    if( p==null ) return false;
    else return true;
}
```

Die Referenz p verweist mit p=head anfangs auf den ersten Knoten der Liste. Die Schleife enthält die *typische Anweisung* zum *Weiterführen* der Knotenreferenz:

```
p = p.next;
```

Es verweist `p.next` auf den *Nachfolger* des Knotens, den p momentan referenziert. Indem p der Wert `p.next` zugewiesen wird, zeigt p nach Ausführung der Anweisung auf den *nächsten* Knoten der Liste – oder aber auf `null`, falls p bereits den letzten Knoten der Liste erreicht hat. Die Schleife prüft, ob p ungleich `null` ist und ein Knotenobjekt referenziert; das Ende der Liste wurde noch nicht erreicht. Zugleich wird geprüft, ob der aktuell referenzierte Knoten *noch nicht* den gesuchten Wert x enthält: Die Liste muss weiter durchlaufen werden. Die Schleife bricht ab, wenn der gesuchte Wert gefunden wurde (Erfolgsfall) oder aber die Liste komplett durchlaufen und p==null wurde (Misserfolg).

Andere Such-Semantiken (durch Änderungen an `contains()` darstellbar) sind:

```
// Rückgabe des Werts im Knoten an Indexposition:
public int get( int index )
// Rückgabe der Indexposition des ersten Auftretens von x
// bzw. von -1 falls Liste den Wert x nicht enthält:
public int indexOf( int x )
```

Wir wenden das typische Iterieren einer verketteten Liste an – dargestellt nochmals anhand der Methode `size()`, die die Zahl der Listenelemente zurückliefert:

```
public int size() {
    Node p = head;            // Listenkopf referenzieren
    int n = 0;
    while( p!=null ) {
        n++;    p = p.next;   // Referenz weiterreichen
    }
    return n;
```

> }

Die lokale Referenz p wird auf den Listenkopf gesetzt. Solange das Listenende noch nicht erreicht ist (p!=null), wird mit dem aktuell referenzierten Knoten gearbeitet und p mittels p=p.next weitergeschaltet.

Anmerkung: Wir implementieren *keine* Methoden, die Node-Objekte zur weiteren Verwertung zurückgeben. Die Verwendung der Klasse Node ist internes Detail der Klasse List und somit deren Implementierungsgeheimnis. Verwender von List benötigen somit kein Wissen über Existenz und Aufbau der Klasse Node.

18.1.4   Löschen von Knoten

Das Löschen von Knoten im Innern einer Liste darf den Bestand der Liste nicht gefährden: Die Liste darf beim "Herausschneiden" eines Knotens nicht in zwei Hälften zerfallen, sondern muss an der "Schnittstelle" wieder verbunden werden. Abbildung 18.4 erläutert das prinzipielle Vorgehen:

1. Der zu löschenden Knoten wird durch die lokale Referenz p markiert

2. Die next-Referenz des *Vorgängerknotens* wird auf den *Nachfolger* des zu löschenden, momentan durch p referenzierten Knotens gesetzt.

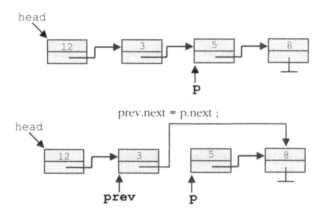

Abb. 18.4: Löschen von Knoten inmitten einer verketteten Liste

Der zu löschende Knoten wird nur noch von p referenziert. Die Referenz p ist eine *lokale* Variable der Methode und verschwindet bei Methodenende. Folglich entsorgt die Garbage Collection den nun nicht mehr referenzierten Knoten.

Wie greift man auf den Vorgängerknoten von p zu? Die Klasse Node kennt nur Nachfolgeknoten (einfach verkettete Liste). Somit ist beim Durchlaufen der Liste eine zweite Referenz prev mitzuführen, die stets auf den *Vorgänger* des von p referenzierten Knotens zeigt. Das "Umbiegen" der Referenz geschieht dann durch: prev.next=p.next; .

Ein *Sonderfall* ist das Entfernen des *ersten* Listenknotens. Dabei zeigt p auf den ersten Knoten und hat keinen Vorgänger, so dass prev auf Initialwert null bleibt. Der

Nachfolger von p muss neuer Listenkopf werden. Durch head=p.next wird die head-Referenz entsprechend umgesetzt. Nach Methodenende entsorgt die Garbage Collection den nicht mehr referenzierten früheren Kopfknoten.

Ein weiterer *Sonderfall* ist das Löschen des *letzten* Knotens der Liste. Dazu muss tail auf den Vorgänger des letzten Knotens gesetzt werden durch tail = prev.

Die Methode remove() entfernt den List-Knoten, der den Übergabewert x erstmals enthält. Im Erfolgsfall (x vorhanden) wird true zurückgeliefert, sonst false.

```
public boolean remove( int x ) {
    Node p = head;   Node prev = null;   // Hilfszeiger
    while( p!=null && p.data!=x ) {
        prev = p;   p = p.next;          // Weiterführen
    }
    if( p == null )
        return false;    // Wert x nicht vorhanden, Misserfolg
    else
        if( p==head )    // zu löschender Knoten ist Listenkopf
            head = p.next;
        else {
            prev.next = p.next;
            if( p==tail ) // zu löschender Knoten ist Listenende
                tail = prev;
        }
    return true;        // Wert x vorhanden, Erfolgsfall
}
```

Sehr einfach ist es, *alle* Elemente einer Liste auf einen Schlag zu entfernen:

```
public void clear() {
    head = null;   tail = null;   // alle Referenzen entfernen
}
```

Nach Entfernen der Referenzen head und tail wird die Liste sukzessive vom Kopf her abgebaut: Durch Löschen des ersten Elements verliert auch das zweite Element seine next-Referenz und wird Opfer der Garbage Collection – und immer so fort entlang der gesamten Listenkette.

18.1.5   Ausgabe der Werte einer Liste

Um die in den Listenknoten gespeicherten Werte auszugeben, überschreiben wir die Methode toString(): Die Listenwerte werden zu einem String zusammengestellt; wir trennen die einzelnen Werte durch Leerzeichen und fügen an Anfang und Ende runde Klammern ein; intern wird ein Stringbuffer-Objekt verwendet:

```
public String toString() {
    StringBuffer sb = new StringBuffer();
```

```
    sb.append( "(" );
    Node p = head;          // Lokale Referenz auf Listenkopf
    if( p==null ) return "Leere Liste";
    while( p != null ) {
        sb.append( p.data );      sb.append( " " );
        p = p.next;           // Weiterführen von p
    }
    sb.append( ")" );
    return sb.toString();
}
```

18.1.6   Unsortierte versus sortierte Listen

In einer *sortierten* verketteten Liste entspricht die Reihenfolge der Knoten der Sortierreihenfolge der darin gespeicherten Daten; diese können ohne weitere Operationen sortiert ausgegeben werden. Suchvorgänge können etwas performanter ablaufen: Die Liste muss im Fall *nicht* enthaltener Werte *nicht* stets bis zum Ende durchlaufen werden. Die geordnete Wertfolge erlaubt es, die Suche abzubrechen, wenn man auf Elemente stößt, nach denen das gesuchte Element nicht mehr folgen kann.

Allerdings ändert dies nichts an der grundsätzlich *linearen* Zeitkomplexität der Ordnung O(n) der linearen Suche, wie im vorigen Kapitel aufgezeigt: Der Zeitbedarf wächst linear mit der Knotenanzahl n. Da die sortierte verkettete Liste keinen wahlfreier Zugriff erlaubt, ist keine binäre Suche mit O(ld(n)) wie bei Arrays darstellbar.

Wirklich effizientes Suchen in großen Datenbeständen wird durch *Bäume* realisiert: Baumstrukturen (s.u.) weisen beim Suchen eine logarithmische Zeitkomplexität auf. Deshalb gehen wir auf sortierte verkettete Listen nicht weiter ein. Auf der Webseite des Buches findet sich jedoch ergänzendes Material und Coding.

18.1.7   Speicherbegrenzungen

Auch dynamischen Datenstrukturen steht nicht unbegrenzt Speicherplatz zur Verfügung. Das folgende Programmfragment fügt einer Liste ständig Knoten hinzu:

```
    List MyList = new List();      int n = 0;
    while( true ) {  MyList.add( n );    n++;   }
```

Der Listenaufbau mit mehreren Millionen Knoten erfolgt sehr schnell. Allerdings kommt es schließlich mit einem OutOfMemoryError des Heap-Speichers (Speicherort von Java-Objekten!) zu einem Programmabbruch.

18.2   Speichern von Objekten in Listen

Über die Knotenklasse Node können auch Objekte anderer Klassen gespeichert werden. Dann ist das Node-Attribut data nicht länger ein primitiver Datentyp, sondern vom Typ der gewünschten Klasse. Den Methoden unserer Listenklasse wird eine entsprechende Objektreferenz übergeben. Es sind nur geringfügige Code-Anpassungen erforderlich:

```
class Node {       // Knotenklasse für Mitarbeiter-Objekte
    public Mitarbeiter data;
    public Node next;
    public Node( Mitarbeiter m ) {
        data = m;     next = null;
    }
}
```

Vorteil der expliziten Bezugnahme auf den zu speichernden Klassentyp ist: Die zugehörige Liste akzeptiert wirklich nur Mitarbeiter-Objekte (und deren Unterklassen-Objekte); der Versuch, andere Objekttypen einzustellen, würde mit einem Compilerfehler abgewiesen werden. Genereller Vorteil der Anpassung von Node und List ist: Die Klasse, deren Objekte gespeichert werden sollen, muss nicht verändert werden. Sie "kennt" die Klassen Node und List nicht; dennoch können ihre Objekte in der Liste verwaltet werden.

Auf die Klasse Node könnte verzichtet werden, indem die betreffende Klasse selbst um ein next-Attribut erweitert und *verkettungsfähig* gemacht wird:

```
class Mitarbeiter {       // angepasste Mitarbeiterklasse
    private String name;    private double gehalt;
    private Mitarbeiter next;
    public Mitarbeiter( String n, double g ) {
        name = n;    gehalt = g;    next = null;
    }
}
```

Die zugehörige List-Klasse würde nicht mehr mit Node-Objekten arbeiten, sondern direkt mit Mitarbeiter-Objekten. Dies erfordert jedoch eine spezielle Anpassung der jeweiligen Klasse (hier: Mitarbeiter), die mit ihrer eigentlichen Semantik nichts zu tun hat. Somit sollte davon in der Regel abgesehen werden.

18.2.1   Generische Liste mittels Object

Mittels der Java-Systemklasse Object können verkettete Listen auch als *generische* Datenstruktur realisiert werden: Der Knoteninhalt von Node wird als data-Attribute vom generischen Typ Object definiert: Die Klassen Node und List können dadurch als Datencontainer für ganz verschiedene Java-Objekttypen dienen, da jede Java-Klasse Unterklasse von Object ist. Das Beispielcoding zeigt die entsprechend angepassten Klassen Node und List inclusive main()-Testmethode:

```
class Node {     // generische Knotenklasse
    public Object data;     public Node next;
    public Node( Object o ) {
        data = o;    next = null;
    }
}
```

```java
class List {
    private Node head = null;      private Node tail = null;
    public void add( Object o ) {
        Node p = new Node( o );
        if( head == null ) head = p;
        else              tail.next = p;
        tail = p;
    }
    public Object get( int index ) {
        Node p = head;
        for( int i=1; i<index; i++ )  p = p.next;
        if( p==null ) throw new RuntimeException("OutOfBounds");
        else          return p.data;
    }
    public static void main( String[] args ) {
        List MyList = new List();
        MyList.add( new Mitarbeiter("Meier", 2500) );
        MyList.add( new Mitarbeiter("Müller", 1500) );
        MyList.add( new Mitarbeiter("Fischer", 3000) );
        Mitarbeiter m = (Mitarbeiter)MyList.get( 2 );    // Cast!
    }
}
```

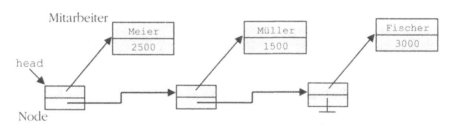

Abb. 18.5: Speichern von Objekten in einer verketteten Liste

Abbildung 18.5 gibt die entstandene Datenstruktur wieder. Der Vorteil dieser generischen Vorgehensweise ist jedoch zugleich ihr *Nachteil*: Abrufen gespeicherter Elemente liefert Daten vom Typ `Object`, die explizit zum Typ `Mitarbeiter` gecastet werden müssen. In die mittels `Object` aufgebaute Liste könnten alle möglichen Objekttypen eingestellt werden:

```java
int[] ar ={1,6};    String st = "Test";   Long lg = new Long(9);
MyList.add( ar );  MyList.add( st );     MyList.add( lg );
```

Der Verwender muss wissen, an welcher Position der Liste welcher Objekttyp abgelegt wurde, um bei Abfrage der Daten mittels `get()` einen korrekten Downcast durchführen zu können – und dies ist fehleranfällig. Wie die generischen JDK-Datencontainer damit umgehen wird in einem späteren Kapitel dargestellt.

18.2.2   Generische Methoden

Ohne das Coding der Listenklasse zu verändern, kann variable Funktionalität bereitgestellt werden, indem eine *generische Methode* hinzugefügt wird [KUE05]. Zugleich zeigt dies auf, wie durch Interface-Einsatz Schnittstellenbeschreibung und Implementierung getrennt wird. Man arbeitet mit einem Interface und implementierenden Klassen. Durch Implementierung des Interfaces wird Funktionalität vermittelt:

```
interface Action {  void act( Node h );   }

class List {
    private Node head =  null;   private Node tail = null;
    public void add( int x ) { /* … */ }
    public void work( Action obj ) {
        obj.act( head );
    }
    // ...

}
```

Die generische Methode `work()` erhält als Parameter ein *Aktionsobjekt*, dessen `act()`-Methode aufgerufen wird. Dadurch besitzt die Klasse `List` eine Schnittstelle, an die beliebige Funktionalität "PlugIn"-artig übergeben werden kann. Verschiedene Funktionalität (konkrete Strategie) wird durch Objekte verschiedener Aktionsklassen mit einer Methode korrekter Signatur bereitgestellt. Diese wird über die "PlugIn"-Methode der Ziel-Klasse aufgerufen: Alle Aktionsklassen implementieren das Interface `Action` und dessen Aktionsmethode `act()`. Diese wird über die Methode `work()` der Ziel-Klasse `List` aufgerufen:

```
class Sum implements Action {        // Aufsummieren aller Werte
    public void act( Node h ) {
        Node p = h;       int s = 0;
        while( p!=null ) {  s = s + p.data;     p = p.next;  }
        IO.writeln( "Summe = " + s ) ;
    }
}

class Output implements Action {     // Ausgabe aller Werte
    public void act( Node h ) {
        Node p = h;
        while( p!=null ) {
           IO.writeln( "Wert = " + p.data ); p = p.next; }
    }
}
```

Der List-Methode work() können Objekte aller Klassen übergeben werden, die das Interface Action implementieren:

```
class ListTester {
    public static void main( String[] args ) {
        List MyList = new List();
        MyList.add(17);   MyList.add(3);   MyList.add(9);
        Sum su = new Sum();   Output out = new Output();
        MyList.work( su );   MyList.work( out );
    }
}
```

Durch beliebige implementierende Klassen kann somit *beliebige* Funktionalität für die Listenklasse bereitgestellt werden.

Aktions-Klassen sind typischerweise zustandslos (ohne Attribute) und besitzen nur eine entsprechende Aktionsmethode. Referenzen auf Aktionsobjekte dienen als effektiver Ersatz für in Java nicht vorhandene Funktions-Pointer.

Arrays und verkettete Listen im Vergleich: Die Datenstrukturen Array und verkettete Listen erbringen im Grunde komplementäre Leistungen – die Schwächen der einen sind die Stärken der anderen und umgekehrt. Wir stellen in Tab. 18.1 die typischen Eigenschaften einander gegenüber:

Arrays	Verkettet Listen
Rascher wahlfreier Zugriff durch Index	Langsamerer Random-Access-Zugriff aufgrund Durchwanderns der Liste
Einfügen am Ende schnell wegen direkten Zugriffs	Einfügen bei tail-Pointer schnell
Einfügen bei Index i langsam, da n-i Elemente verschoben werden müssen	Einfügen relativ schnell, da keine Elemente verschoben werden müssen
Bei einfachen Datentypen wird nur ein Objekt (=Array) benötigt	Stets sind zahlreiche Objekte involviert
Größe ist fest vorgegeben	Nur erforderlicher Speicher wird belegt

Tab. 18.1: Leistungsfähigkeit von Arrays und verketteten Listen

Arrays können effizienter sein für Daten mit häufigem lesenden wahlfreien Zugriff. Die Stärke verketteter Listen beruht darin, dass Modifikation bei jeder Größe relativ schnell erfolgen.

18.3   Stack und Queue

In verschiedensten Bereichen der Informatik sind die Datenstrukturen *Stack* (Stapel, Keller) und *Queue* (Schlange) von großer Bedeutung. Stacks und Queues können durch verschiedene Techniken implementiert werden: In den Übungen des Kapitels demonstrieren wir ihre Implementierung mittels *Arrays*, während wir hier die elegantere Implementierung durch *verkettete Listen* darstellen. Das JDK stellt Implementierungen in den Klassen `java.util.Stack` und `java.util.Queue` zur Verfügung; teilweise orientieren wir uns an deren Namensgebung für Attribute und Methoden. Man kann beliebige Objekte via Stacks und Queues verwalten; wir verwenden zur Demonstration einfach Integer-Werte.

Stack: Ein Stack (Abb. 18.6) repräsentiert einen *Stapel* von Daten (analog: Bücherstapel). Es herrscht *kein* wahlfreier Zugriff, nur das oberste Element ist jeweils ansprechbar. Es gilt das *Prinzip LIFO* = Last In First Out - das *zuletzt* abgelegte Element wird als erstes wieder entnommen. Zulässige Operationen und Methoden sind:

Ablegen eines Werts x auf dem Stapel: `void push( int x )`

Rückgabe und Entfernen des obersten Stapelwerts x vom Stapel: `int pop()`

Ablage und Entnahme von Daten findet stets am selben Ende (*top*) statt.

Stacks sind in der Informatik allgegenwärtig. So werden bei rekursiven Methodenaufrufen Zwischenwerte auf dem Speicher-Stack abgelegt und wieder entfernt. Steht kein Stack-Speicher mehr zur Verfügung kommt es zum Stack Overflow.

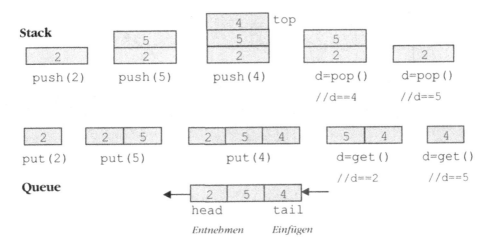

Abb. 18.6: Funktionsweise der Datenstrukturen Stack und Queue

Queue: Die Daten einer Queue bilden eine *Schlange* (Abb. 18.6). Am hinteren Ende (*tail*) werden neuen Daten angefügt, am vorderen Ende (*head*) werden sie entnommen. Wieder herrscht *kein* wahlfreier Zugriff, sondern das Prinzip *FIFO* = First In First Out: Das zuerst abgelegte Element wird als erstes wieder entnommen.

Mögliche zulässige Operationen und Methoden sind:

- Anfügen neuer Werte x am Ende der Schlange: `void put( int x )`

- Rückgabe und Entfernen des Werts x am Anfang der Schlange: `int get()`

Ablage und Entnahme von Daten findet somit an verschiedenen Enden statt.

Queues begegnen uns beim Modellierung der Realität (Warteschlangen, Fließbänder, sequentielle Prozesse) und in der Informatik (Task-Abarbeitung, Message Queues).

Mögliche Fehlersituationen von Stacks und Queues sind:

- Bei push() bzw. put(): Kein Platz verfügbar für weitere Elemente. Kann vorkommen bei arraybasierter Implementierung, nicht jedoch bei Verwendung einer verketteten Liste – es sei denn der verfügbare Heap-Speicher ist verbraucht.

- Bei pop() bzw. get(): Keine Datenelemente mehr vorhanden. Kann stets vorkommen und muss behandelt werden.

18.3.1   Stack als verkettete Liste

Nachteil arraybasierter Stacks und Queues ist die fest vorgegebene begrenzte Größe. Vorteil einer Implementierung als verkettete Liste ist, dass beliebig viele Elemente einstellbar sind - bis der verfügbare Heap-Speicher erschöpft ist.

Unsere Darstellung eines Stacks als verkettete Liste benutzt die Knotenklasse Node. Eine über next-Referenzen verbundene Kette von Node-Objekten stellt den (senkrecht gezeichneten) Stapel dar (Abb. 18.7).

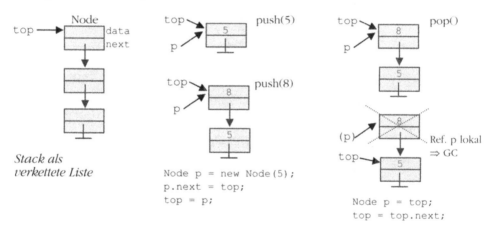

Abb. 18.7: Arbeitsweise der Methoden push() und pop() der Klasse Stack

Die Klasse Stack enthält die Node-Referenz top, die stets auf den *obersten* Knoten des Stacks zeigt sowie die Methoden push() und pop(), die einen Wert in einem neuen Knoten am Anfang der Liste einfügen bzw. den Wert des ersten Listenknotens zurückliefern und diesen entfernen. Der Verwender hat Zugriff nur über diese öffentliche Schnittstelle; direkter Zugriff auf die top-Referenz oder einzelne Node-Objekte besteht nicht, um die korrekte Stack-Funktion zu gewährleisten.

```
class Stack  {
    private Node top = null;
    public void push( int x ) {
        Node p = new Node( x );
```

```
      p.next = top;
      top = p;
   }
   public int pop() {
      if( top==null ) throw new RuntimeException("Empty Stack");
      else {
         Node p = top;
         top = top.next;
         return p.data;        // Knotenwert zurückliefern
      }
   }
}
```

Das *Vorgehen beim Einfügen* mittels `push()` entspricht dem der Methode `add-First()` der allgemeinen `List`-Klasse:

1. Neuen Knoten p mit einzufügendem Wert erzeugen.

2. Nachfolger des neuen Knotens ist der bisherige top-Knoten: `p.next=top;`

3. Neue Position `top` ist nun der neue durch p referenzierte Knoten: `top=p;`

Das *Vorgehen beim Entnehmen* mittels `pop()`:

1. Wenn der Stack leer ist (`top==null`) Ausnahme werfen.

2. Wenn der Stack nicht leer ist, muss der top-Knoten entfernt werden :

    2.1. Lokale Hilfsreferenz p auf top setzen: `Node p=top;`

    2.2. Nachfolger des top-Knotens wird neuer top: `top= top.next;`

    2.3. Der Wert des bisherigen top-Knotens wird via Referenz p zurückgegeben.

    2.4. Der alte top-Knoten wird nach Methodenende nicht mehr referenziert und von der Garbage Collection entsorgt, nachdem die letzte und lokale Referenz p ungültig wurde.

Die Vorgänge werden in Abbildung 18.8 veranschaulicht.

18.3.2   Queue als verkettet Liste

Auch unsere Klasse Queue arbeitet als verkettete Liste. Eine über next-Referenzen verbundene Kette von Node-Objekten stellt die Schlange dar (Abb. 18.8). Queue enthält die Node-Referenz head und tail die stets auf den *ersten* bzw. *letzten* Knoten der Queue zeigen sowie die Methoden put() und get(), die einen Wert in einem neuen Knoten am *Ende* der Liste einfügen bzw. den Wert im ersten Knoten der Liste zurückliefern und diesen entfernen. Die tail-Referenz erlaubt bei put() direkten Zugriff auf den bisherigen letzten Knoten.

```
class Queue {
   private Node head = null;
   private Node tail = null;
```

```
public void put( int x ) {
    Node p = new Node( x );
    if( head ==  null) head = p;
    else                    tail.next = p;
    tail = p;
}
public int get() {
    if( head==null ) throw new RuntimeException("Empty Queue");
    else {
        Node p = head;
        head = head.next;
        if( head == null ) tail = null;
        return p.data;              // Knotenwert zurückliefern
    }
}
}
```

Das *Vorgehen beim Einfügen* mittels put() entspricht dem der Methode add() der allgemeinen List-Klasse:

1. Neuen Knoten p mit einzufügendem Wert erzeugen.

2. Im Fall der leeren Schlange (head==null) wird der neue Knoten zum neuen Kopf: head=p; Bei nichtleerer Schlange wird der neue Knoten p ans Ende gehängt: tail.next=p;

3. In jedem Fall ist der neue Knoten p das neue Ende der Schlange: tail=p;

Das *Vorgehen beim Entnehmen* mittels get():

1. Wenn die Schlange leer ist (head==null) Ausnahme werfen.

2. Lokale Referenz p auf zu entfernenden Kopf setzen: Node p=head;

3. Neuer Kopf ist der Nachfolger des bisherigen Kopfes: head=head.next;

4. Speziell: Wenn der letzte Knoten der Schlange entfernt wird (head wurde durch Schritt 3 zu null) dann ist die Schlange leer, somit auch: tail=null;

5. Vor Ablauf der Methode wird p.data zurückgegeben.

Nach Methodenende wird die lokale Referenz p gelöscht, somit der ehemalige Kopfknoten nicht mehr referenziert und durch die Garbage Collection entsorgt.

Sonderfall bei put() ist die *leere* Queue: Hier ist head noch null. Nach Erzeugen des neuen Knotens zeigt head auf diesen: head=p. Sonderfall bei get() ist die Queue, die nur noch *einen* Knoten enthält. Nachdem dieser entfernt wurde, müssen sowohl head als auch tail den Wert null besitzen.

Die Vorgänge werden in Abbildung 18.8 veranschaulicht.

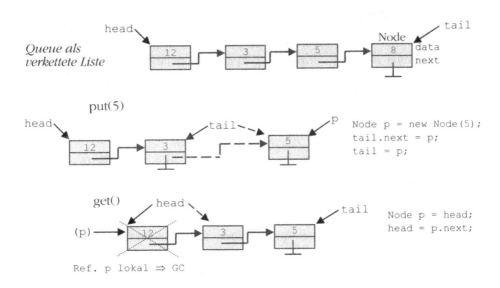

Abb. 18.8: Arbeitsweise der Methoden put() und get() der Klasse Queue

Stack und Queue sind gute Beispiele für *Datenabstraktion*: Das Wie? der Implementierung wird versteckt, nur das Was? der logischen Datenstruktur wird in der öffentlichen Schnittstelle exponiert. Es wäre auch eine Implementierung mittels Arrays statt verketteter Listen möglich. Man spricht von *Abstrakten Datentypen*: Nicht die technische Implementierung ist vorgegeben, sondern die Logik der Operationen auf den Datenelementen. Somit kann die interne Implementierung jederzeit geändert und neuen Erfordernissen angepasst werden – ohne dass verwendende Programmstrukturen (Clients) angepasst werden müssten.

18.4   Bäume

Bei Bäumen handelt es sich um *hierarchische* Datenstrukturen. Ein Baum ist eine verzweigte Struktur bestehend aus Knoten und deren Nachfolgern. Jeder Baumknoten hat nur *einen* direkten Vorgänger – mit Ausnahme des *Wurzelknotens* (root), der den obersten Baumknoten darstellt. Zu jedem Knoten führt somit ausgehend von der Wurzel ein eindeutiger Pfad. *Innere Knoten* besitzen Nachfolger, während *Blattknoten* ohne Nachfolger am "unteren" Ende des Baums stehen. Eine Baumstruktur kann in einzelne *Ebenen* eingeteilt werden (Abb. 18.10). Man spricht von einem *vollen Baum*, wenn außer der letzten Ebene alle Ebenen vollständig mit Knoten besetzt sind. Das *Gewicht* einer Ebene bzw. des gesamten Baums ist die Zahl der darin enthaltenen Knoten, die *Tiefe T* des Baums die Zahl seiner Ebenen.

Die rekursive Definition eines Baums lautet: Ein Baum besteht aus Unterbäumen und diese setzen sich bis zu den Blattknoten selbst aus Unterbäumen zusammen. Ein Baum hat somit eine selbstähnliche Struktur – dies erklärt, warum sich elegante *rekursive* Algorithmen für typische Baumoperationen formulieren lassen.

18.4.1   Binärbäume

In *Binärbäumen* hat jeder Knoten maximal *zwei* Nachfolger (Abb. 18.10). In der E-bene k haben somit maximal 2^k Knoten Platz; die maximale Gesamtknotenzahl n eines Baums der Tiefe T beträgt $n = 2^T{-}1$. Daraus folgt, dass ein ausgeglichen aufgebauter voller Binärbaum mit n Knoten die minimale Tiefe $T = \mathrm{ld}(n{+}1)$ besitzt.

Ein Binärbaum ist *streng sortiert*, wenn für jeden einzelnen Baumknoten gilt:

*   *Alle* Knoten im linken Unterbaum des Knotens tragen kleinere Werte   und

*   *Alle* Knoten im rechten Unterbaum des Knotens tragen größere Werte

als ihr Vorgängerknoten (Abb. 18.9).

Sortierte Binärbäume erlauben sehr effektives Suchen: Beim Suchdurchlauf *halbiert* sich im Mittel an jeder Verzeigung die Anzahl der noch zu prüfenden Knoten; somit sind deutlich weniger Operationen durchzuführen als bei linearen Strukturen.

Der Suchvorgang im Binärbaum stellt sich wie folgt dar: Der Baum wird von der Wurzel bis zum gesuchten Knoten (Erfolgsfall) oder über einen Blattknoten hinaus (Suchwert nicht enthalten) durchlaufen. An jedem Verzweigungsknoten wird der gesuchte Wert mit dem Wert des aktuellen Knotens verglichen:

*   Suchwert == Knotenwert: Gesuchter Wert gefunden und Suche beendet.

*   Suchwert > Knotenwert: Suche im rechten Unterbaum fortsetzen.

*   Suchwert < Knotenwert: Suche im linken Unterbaum fortsetzen.

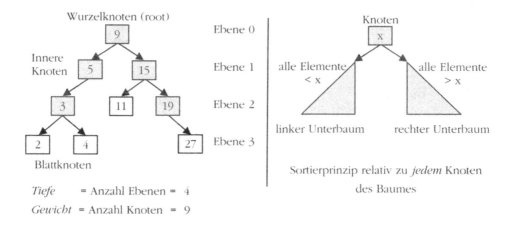

Abb. 18.9: Struktur sortierter Binärbäume und ihre Charakterisierung

Voraussetzung für effektives Suchen sind "gute" Bäume: Diese haben möglichst volle Ebenen. Die Tiefe T ist dann minimal $T = \mathrm{ld}(n{+}1)$ und die Zahl der Schritte zum Auffinden eines Elements von der Größenordnung $\mathrm{ld}(n)$. Nach spätestens $\mathrm{ld}(n)$ Schritten ist das gesuchte Element gefunden oder ein Blattknoten erreicht.

Dagegen haben "schlechte" Bäume eine unregelmäßige, unausgeglichene Verteilung ihrer n Elemente auf die einzelnen Ebenen; diese sind somit teilweise schwach besetzt. Die Tiefe T des "schlechten" Baums kann deutlich größer als ld(n+1) werden. Im Extremfall wird $T = n$ und der Baum ist zur linearen Liste entartet. Der Suchvorgang ist dann nicht effektiver als bei Listen und von der Ordnung O(n) im Gegensatz zu O(ld(n)) beim ausgeglichenen Binärbaum. Dieser Unterschied macht sich bei größeren Knotenzahlen n deutlich bemerkbar.

18.4.2   Binärbaum als verkettete Datenstruktur

Wie bei der verketteten Liste erstellen wir einen Binärbaum aus einzelnen Knotenobjekten. Zur Unterscheidung von der Klasse Node nennen wir die zugehörige Knotenklasse nun einfach Knoten. Jedes Knotenobjekt besteht aus:

- einen Dateninhalt data (primitiver Wert oder Objekt)

- Referenzen links und rechts auf Nachfolgeknoten vom Typ Knoten.

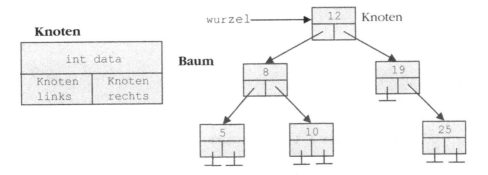

Abb. 18.10: Aufbau eines Binärbaums durch Knoten-Objekte

Es handelt sich wieder um eine selbstbezügliche Datenstruktur. Jeder Knoten hat zwei direkte Nachfolger - im Gegensatz zur Klasse Node mit nur einem direkten Nachfolger. Knoten-Objekte speichern nur einen Integerwert, könnten aber über ein Attribut data vom Typ Object beliebige Objekte referenzieren und verwalten.

```
class Knoten {
    public int data;              // Datenelement
    public Knoten links, rechts;  // Referenz auf Nachfolgeknoten
    public Knoten( int n ) {
        data = n;
        links = null;    rechts = null;
    }
}
```

Abbildung 18.10 zeigt einen aus Knoten-Objekten erzeugten Binärbaum.

Als typische Baumoperationen besprechen wir den Aufbau eines sortierten Binärbaums durch Einfügen von Knoten, das Durchsuchen des Baums und den Durchlauf durch alle Knoten des Baums. Dazu verwenden wir iterative und rekursive Methoden-Formulierungen in Anlehnung an [SOL02] und [MOE05]. Fortgeschrittene Baum-operationen finden sich in der Literatur [SAA02], [SOL02].

18.4.3   Aufbau eines sortierten Binärbaums

Beim sortierten Einfügen von Elementen in den Binärbaum in *iterativer* Formulierung werden alle Baumknoten beginnend an der Wurzel durchlaufen:

```
class Baum {
    private Knoten wurzel = null;      // Baum anfangs leer
    public void insert( int x ) {
        Knoten k = wurzel;                 // Einstieg beim Wurzelknoten
        if( k==null ) {                    // Baum noch leer
            k = new Knoten( x );   wurzel = k;
            return;
        }
        Knoten p;     boolean links = false;
        do {
            p = k;                 // Lokale Referenz p wird mitgeführt
            if( x == k.data )  return;     // Wert schon vorhanden
            // Neues Element gehört in den linken Unterbaum:
            if( x< k.data ) { k = k.links;     links = true; }
            // Neues Element gehört in den rechten Unterbaum:
            else            { k = k.rechts;    links = false; }
        } while( k!=null );
        k = new Knoten( x );
        if( links==true ) p.links = k;     // links einhängen
        else              p.rechts = k;    // rechts einhängen
    }
}
```

Der einzufügenden Wert x wird mit dem Wert des aktuell referenzierten Knotens verglichen. Gilt neuer Wert x > aktueller Knotenwert dann ist der neue Knoten links vom aktuellen Knoten beheimatet, andernfalls rechts davon. Die Iteration ist beendet, wenn man auf einen Knoten ohne Nachfolger stößt (Blattknoten), wodurch die Referenz k zu null wird. An *diesen* Knoten p wird das *neue* Blatt angehängt - links oder rechts, je nach seinem Wert. Die Referenz p wird dazu ständig hinter der aktuellen Referenz k nachgeführt.

Deutlich eleganter ist die *rekursive* Formulierung. Die Rekursion kommt ans Ende, wenn man auf einen Blattknoten stößt. An diesen Knoten wird der neue Knoten angehängt - links oder rechts, je nach seinem Wert.

```
class Baum {
    private Knoten wurzel = null;  // Baum anfangs leer
```

```
public void insertRekursiv( int x ) {
    wurzel = add( x, wurzel );
}
private Knoten add( int x,  Knoten k ) {   // rekursive Methode
    if( k==null ) return new Knoten( x );   // leerer Baum
    else    // Drei Fälle: x >,<,== Knotenwert:
        if( x<k.data ) k.links = add( x, k.links );
        if( x>k.data ) k.rechts = add( x, k.rechts );
        // Falls x==k.data nichts tun:
        // Datenelement dann bereits vorhanden
    return k;
    }
}
```

Die rekursive Lösung ist elegant, aber deutlich *langsamer* als die iterative Formulierung. Zum Experimentieren mit den Methoden inklusive Zeitmessung diene folgendes Programm, das aus Zufallszahlen einen Baum aufbaut:

```
class TestBaum {
    public static void main( String[] args ) {
        Baum b1 = new Baum();    Baum b2 = new Baum();
        java.util.Random generator1 = new java.util.Random(20);
        java.util.Random generator2 = new java.util.Random(20);
        long start, ende;
        int n = IO.promptAndReadInt("Anzahl Knoten = ");
        start = System.currentTimeMillis();
        for( int i=1; i<=n; i++ ) {
            b1.insert( generator1.nextInt(10000) );
        }
        ende = System.currentTimeMillis();
        IO.writeln( "Dauer iterativ = " + (ende-start) );
        start = System.currentTimeMillis();
        for( int i=1; i<=n; i++ ) {
            b2.insertRekursiv( generator2.nextInt(10000) );
        }
        ende = System.currentTimeMillis();
        IO.writeln( "Dauer rekursiv = " + (ende-start) );
    }
}
```

Die beiden Methoden fügen übergebene Werte x einfach in Aufrufreihenfolge in den Baum ein; nachträgliches Umsortieren (um einen ausgeglichenen Baum zu erhalten) findet nicht statt. Dies ist jedoch problematisch (s.u.).

18.4.4   Durchsuchen eines sortierten Binärbaums

Die *iterative* Version durchläuft alle Baumknoten, ausgehend von der Wurzel. Wenn der aktuelle Knoten bereits den gesuchten Inhalt x enthält, wird true zurückgeliefert (Erfolg), andernfalls wird die Suche im richtigen Unterbaum fortgesetzt. Die Iteration endet, wenn das gesuchte Element gefunden oder aber ein Blattknoten erreicht wurde - die Referenz k wird null und es wird false zurückgeliefert.

```
public boolean contains( int x ) {
    Knoten k = wurzel;        // Einstieg am Wurzelknoten
    while( k!=null ) {
        if( k.data==x )   return true;   // Element gefunden
        if( k.data > x )  k = k.links;   // in linken Unterbaum
        else              k = k.rechts;  // in rechten Unterbaum
    }
    return false;
}
```

Wir geben keine Referenz auf Knoten-Objekt an den Aufrufer zurück, da die Klasse Knoten Implementierungsgeheimnis der Klasse Baum ist.

In der *rekursiven* Variante werden wiederum alle Baumknoten ausgehend von der Wurzel durchlaufen. Dazu wird die rekursive Methode search() mit Referenz auf den Wurzelknoten aufgerufen. Die Rekursion ist beendet, wenn man auf einen Knoten mit dem gesuchten Wert oder aber auf einen Blattknoten stößt. Enthält der aktuelle Knoten den gesuchten Wert nicht, erfolgt der rekursiver Aufruf von search() mit Referenz auf den richtigen Unterbaum und es wird darin weitergesucht.

```
public boolean contains( int x ) {
    return search( x, wurzel );
}

private boolean search( int x, Knoten k ) {
    if( k==null )     return false;   // nicht vorhanden
    if( k.data == x ) return true;    // vorhanden
    // Im richtigen Unterbaum die Suche fortsetzen:
    if( k.data > x )  return search( x, k.links );   // nach links
    else              return search( x, k.rechts);   // nach rechts
}
```

18.4.4   Durchlaufen eines sortierten Binärbaums

Wir beschränken uns auf die *rekursive* Variante. Es werden alle Baumknoten beginnend an der Wurzel durchlaufen; dabei kann ihr Inhalt bearbeitet werden. Zuerst wird der linke Unterbaum eines Knotens k durchlaufen. Dann wird der Knoten k selbst bearbeitet. Sodann wird der rechte Unterbaum des aktuellen Knotens k durchlaufen. Die Rekursion ist jeweils beendet, wenn man auf einen Blattknoten stößt.

```
class Baum {
    private Knoten wurzel = null;     // Einstieg am Wurzelknoten
    public void iterate() {
        durchlaufe( wurzel );
    }
    private void durchlaufe( Knoten k ) {
        if( k!=null ) {
            durchlaufe( k.links );    // nach links verzweigen
            IO.writeln( k.data );     // mit Knotendaten arbeiten
            durchlaufe( k.rechts );   // nach rechts verzweigen
        }
    }
}
```

Natürlich sind auch andere **Durchlaufarten** (Bearbeitungsreihenfolgen) möglich: Die Durchlaufart bestimmt die Reihenfolge, in der die Unterbäume eines Baums durchlaufen und Knoten aufgesucht werden. Beim *Tiefendurchlauf* wird ausgehend von einem Knoten k ein Unterbaum von k vollständig mit all seinen Blättern durchlaufen, ehe man zum nächsten Unterbaum von k übergeht. Beim (nicht behandelten) *Breitendurchlauf* findet eine ebenenweise Bearbeitung des Baums statt.

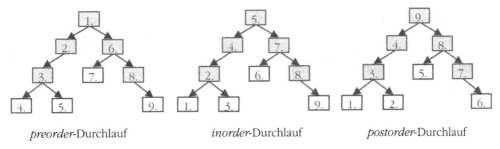

preorder-Durchlauf   inorder-Durchlauf   postorder-Durchlauf

(Nummerierung = Reihenfolge, in der die Knoten aufgesucht werden)

Abb. 18.11: Durchlaufarten für Binärbäume – preorder, inorder, postorder

Arten des *Tiefendurchlaufs* sind (Abb. 18.11):

- *preorder*: Knoten k wird vor seinen Unterbäumen bearbeitet.

- *inorder*: Knoten k wird zwischen seinen Unterbäumen bearbeitet.

- *postorder*: Knoten k wird nach seinen Unterbäumen bearbeitet.

Die Methoden unterscheiden sich nur in der Reihenfolge der rekursiven Aufrufe relativ zur Bearbeitung des Knotens k. Aufzurufen sind die Methoden mit einer Referenz auf den Wurzelknoten – z.B. durch obige Methode iterate():

```
private void preorder( Knoten k ) {
    if( k!=null ) {
        IO.writeln( k.data );    // Knoten k bearbeiten
```

```
            preorder( k.links );      // linker Unterbaum
            preorder( k.rechts );     // rechter Unterbaum
        }
    }
    private void inorder( Knoten k ) {
        if( k!=null ) {
            inorder( k.links );       // linker Unterbaum
            IO.writeln( k.data );     // Knoten k bearbeiten
            inorder( k.rechts );      // rechter Unterbaum
        }
    }
    private void postorder( Knoten k ) {
        if( k!=null ) {
            postorder( k.links );     // linker Unterbaum
            postorder( k.rechts );    // rechter Unterbaum
            IO.writeln( k.data );     // Knoten k bearbeiten
        }
    }
}
```

Nützlich ist der *inorder*-Durchlauf: Bei sortierten Bäumen bewirkt er die Bearbeitung der Knoten in Sortierreihenfolge der gespeicherten Werte. Statt bloßer Wertausgabe könnte natürlich irgendeine Operation an dem Knoten k durchgeführt werden.

18.4.5   Ausgeglichene Bäume

Beim Aufbau eines Baums und Einfügen von Blattknoten strebt man einen möglichst ausgeglichenen Baum an, der für Suchoperationen optimal strukturiert ist: Die Ebenen sollten vollbesetzt und die Tiefe $T=ld(n+1)$ des Baums minimal sein.

Unsere "naiven" Einfügeoperationen insert() und insertRekursiv() liefern einen Baum, dessen Struktur kritisch von der Einfügereihenfolge abhängt. Sie erzeugen einen relativ ausgeglichenen Baum, werden sie mit Werten in ungeordneter Reihenfolge aufgerufen. Erfolgt der Aufruf jedoch mit sortierten Werten, so entsteht ein Baum, der zu einer linearen Liste entartet ist. Der so erzeugte Baum hat die Tiefe $T=n$, und das Suchen darin nur eine Zeitkomplexität $O(n) > O(ld(n))$.

Die Lösung sind aufwendigere Routinen zum Einfügen und Löschen innerer Knoten und zum Umsortieren bestehender Bäume – wir verweisen dazu auf [SAA02].

Unsere Datenstrukturkenntnisse wenden wir in einem der Projekte in Kapitel 25 an. Wir simulieren ein *Mini Data Warehouse* : Die Umsätze eines Obstgroßhandels werden in einer verketteten Struktur für mehrere Jahre verwaltet und evaluiert.

Nachdem wir in den letzten beiden Kapiteln Algorithmen und Datenstrukturen selbst implementiert haben, widmen wir uns im folgenden Kapitel speziellen JDK-Klassen, die nützliche Funktionalität gebrauchsfertig zur Verfügung stellen.

19 Spezielle Klassen und Methoden

Dieses Kapitel behandelt einige wichtige Klassen wie die Hüllklassen oder die Klasse `BigInteger`, die bei der Programmierung nützlich sind, sowie die Methoden `equals()`, `hashCode()` und `compareTo()`, die beim Erstellen eigener Klassen häufig implementiert werden. Gegen Ende des Kapitels gehen wir auf *Enumerations* (Aufzählungstypen) und auf *Immutable Classes* (unveränderliche Klassen) ein.

19.1 Die Hüllklassen (Wrapper-Klassen)

In der Sprache Java wird grundsätzlich zwischen primitiven Datentypen und Referenzdatentypen unterschieden. Wie das folgende Beispiel zeigt, können in einem Array von Objekten beliebige (Referenzen auf) Objekte aufgenommen werden, nicht aber Werte primitiver Datentypen:

```
public static void main( String[] args ) {
    Object[] array = new Object[4];
    array[0] = "Hallo";
    array[1] = new StringBuffer( "Welt" );
    // array[2] = 17;
    // array[3] = true;
    for( int i=0; i<array.length; i++ )
        System.out.println( array[i] );
}
```

Falls die auskommentierten Zeilen aktiviert werden, reagiert der Compiler mit einem entsprechenden Fehler, das Programm lässt sich noch nicht einmal übersetzen.

In Java steht daher für jeden primitiven Datentyp eine Hüllklasse (Wrapper-Klasse) zur Verfügung, die die Behandlung primitiver Werte als Objekte ermöglicht (siehe Tabelle 19.1). Jeder Wert eines primitiven Datentyps kann mithilfe einer Instanz der

primitiver Datentyp	Hüllklasse
boolean	Boolean
byte	Byte
short	Short
int	Integer
long	Long
float	Float
double	Double
char	Character

Tab. 19.1: Die Hüllklassen der primitiven Datentypen

zugehörigen Hüllklasse "umhüllt" oder "eingepackt" werden. Ein solches Objekt stellt somit das objektorientierte Pendant des eingehüllten primitiven Wertes dar.

19.1.1   Erzeugen von Hüllobjekten

Der Übergang vom primitiven Wert zum Objekt wird – wie beim Erzeugen von Objekten üblich – durch entsprechende Konstruktoren ermöglicht. Mit den beiden Ausdrücken

```
new Integer( 17 )
new Boolean( true )
```

werden Objekte erzeugt, die den Wert 17 bzw. den Wert `true` repräsentieren. Diese lassen sich nun im oben erwähnten Beispiel einfügen:

```
array[2] = new Integer( 17 );
array[3] = new Boolean( true );
```

Am Output des ausgeführten Programmes erkennt man, dass die Werte korrekt abgelegt und auch wieder ausgegeben werden. Hier wird implizit die Methode `toString()` verwendet, die in den Hüllklassen entsprechend überschrieben wurde.

Für jede Hüllklasse existiert ein Konstruktor mit passendem Datentyp als Parameter, also `Boolean(boolean b)`, `Byte(byte b)`, ... `Character(char c)`.

Die folgenden Beispielanweisungen erzeugen jeweils das entsprechende Hüllobjekt:

```
new Boolean( false );          new Byte( 23 );
new Short( 8 );                new Integer( -3 );
new Long( 2000303 );           new Float( 0.3f );
new Double( 1.2E-3 );          new Character( 'd' );
```

Zusätzlich gibt es mit Ausnahme der Klasse `Character` für jede Hüllklasse einen Konstruktor mit einem `String`-Parameter, so dass sich Hüllobjekte auch mit Zeichenketten erzeugen lassen, die einem Literal des jeweiligen primitiven Datentyps entsprechen. Beispielanweisungen hierfür sind:

```
new Boolean( "false" );        new Byte( "23" );
new Short( "8" );              new Integer( "-3" );
new Long( "2000303" );         new Float( "0.3f" );
new Double( "1.2E-3" );
```

Falls dem Konstruktor einer numerischen Hüllklasse ein nicht-konvertierbarer String übergeben wird, löst dies eine Ausnahme aus:

```
new Integer( "34 Jahre" );     → NumberFormatException
new Byte( "6653423" );         → NumberFormatException
new Double( "" );              → NumberFormatException
```

19.1.2   Anwendungsszenarien

Primitive Daten als Objekte

Wie zu Beginn des Abschnitts bereits dargestellt, verwendet man Hüllklassen, wenn Werte primitiver Datentypen wie Objekte behandelt werden sollen. So können Werte unterschiedlicher primitiver Datentypen in einem einzigen Array verwaltet werden, wenn man jeweils den in ein Hüllobjekt verpackten Wert im Array aufnimmt:

```
public static void main( String[] args ) {
    Object[] array = new Object[8];
    array[0] = new Boolean( true );
    array[1] = new Byte( 8 );
    ...
...array[7] = new Character( 'x' );
}
```

Darüber hinaus kommen Hüllklassen auch zur Anwendung, wenn Daten in einer *Collection* verwaltet, an andere Programme übertragen oder persistent gespeichert werden sollen (dazu in späteren Kapitel mehr). Innerhalb dieser Szenarien ist es oft einfacher, anstelle der primitiven Werte deren Hüllobjekte zu betrachten und anschließend mit den value-Methoden zu den primitiven Daten zurückzukehren:

```
boolean booleanValue();        // Boolean
byte byteValue();              // Byte
short shortValue();            // Short
int intValue();                // Integer
long longValue();              // Long
float floatValue();            // Float
double doubleValue();          // Double
char charValue;                // Character
```

Vorsicht ist bei der Gleichheit geboten: Für Variablen i1, i2 vom Typ Integer hat der Ausdruck i1==i2, da es sich bei den Operanden um *Objekte* handelt, nicht die gleiche Bedeutung wie der entsprechende Vergleich der repräsentierten int-Werte. Er ist nämlich genau dann wahr, wenn es sich um ein und dasselbe Objekt handelt. Selbst wenn zwei unterschiedliche Hüllobjekte den gleichen int-Wert repräsentieren, ist dieser Ausdruck falsch. Sollen Hüllobjekte daraufhin untersucht werden, ob sie den gleichen Wert repräsentieren, ist die Methode equals() zu verwenden (siehe 19.4.1). Gleichbedeutend sind aber die beiden Ausdrücke:

```
i1.equals( i2 )
i1.intValue() == i2.intValue()
```

Autoboxing

Seit Java 5 wird der Übergang vom primitiven Datentyp zum Hüllobjekt (*Boxing*: Einpacken) und ebenso der Weg zurück, also das Auspacken des primitiven Wertes (*Unboxing*), automatisch vorgenommen. Die Anweisung

```
Integer i1 = 17;
```

liefert im Gegensatz zu früheren Java-Versionen keinen Compiler-Fehler, sondern erstellt ein Hüllobjekt, das den int-Wert 17 repräsentiert.

Ebenso kann ein solches Objekt direkt einer int-Variablen zugewiesen werden, ja selbst arithmetische Operationen sind auf den Hüllobjekten erlaubt:

```
int i = i1;
int j = i1 + i1 + i;
i1++;
```

Implizit wird dabei die passende value-Methode (im Beispiel intValue()) ausgeführt. Durch dieses Feature wird das stellenweise doch lästige manuelle *Boxing/Unboxing* vermieden, was nicht nur Entwickler entlastet, sondern auch der Lesbarkeit vieler Programme zugute kommt. Man halte sich etwa die zur Java-Version 1.4 kompatiblen Äquivalente der letzten beiden Zeilen vor Augen:

```
int j = i1.intValue() + i1.intValue() + i;
i1 = new Integer( i1.intValue() + 1 );
```

Leider hat Autoboxing auch unangenehme Konsequenzen, die insbesondere beim Vergleich von Objekten und primitiven Werten auftreten. Beim Ausführen von

```
Integer i1 = 200;
int i = i1;
Integer i2 = i;
System.out.println( i1 == i );
System.out.println( i == i2 );
System.out.println( i1 == i2 );
```

erhält man folgenden Output:

```
                        - Konsole -
true
true
false
```

Hier ist offensichtlich die Transitivität der Gleichheitsrelation gestört. Bei den ersten beiden Ausgaben findet wegen automatischem *Unboxing* ein Vergleich primitiver Werte statt; der dritte Vergleich bezieht sich aber auf die Hüllobjekte selbst und diese sind – als Objekte – verschieden, auch wenn sie den gleichen Wert repräsentieren. Es kommt noch schlimmer: Falls i1 mit dem Wert 100 initialisiert wird, liefert auch der letzte Vergleich den Wert true, was daran liegt, dass Hüllobjekte zwischen -128 und 127 innerhalb eines Pools einmalig abgelegt werden.

Datenkonvertierung

Mithilfe der Hüllklassen ist es sehr einfach möglich, Zeichenketten in numerische Daten zu konvertieren. So lassen sich Benutzereingaben an der Konsole oder einer graphischen Oberfläche, die vom Programm als Zeichenketten entgegengenommen werden, mittels Hüllklassen einfach in primitive Datentypen umwandeln.

Wird etwa als Eingabe ein ganzzahliger (int) Wert erwartet, verwendet man folgende Code-Passage, um die Eingabe zu konvertieren:

```
// Erzeugen eines Integer-Objektes mit 'String eingabe'
Integer in = new Integer( eingabe );
// Ermitteln des int-Wertes und Rückgabe
return in.intValue();
```

Ohne Referenz auf das Hüllobjekt lässt sich dies kompakter formulieren:

```
return new Integer( eingabe ).intValue();
```

Kann die Benutzereingabe nicht konvertiert werden, wird beim Erzeugen des Hüllobjektes eine Ausnahme ausgelöst, auf die kontextspezifisch zu reagieren ist.

Die Konvertierung in andere primitive Datentypen erfolgt (außer bei char) analog: Mit dem String-Konstruktor der jeweiligen Hüllklasse erzeugt man ein Wrapper-Objekt und packt den primitiven Wert mit der passenden value-Methode aus.

Alternativ kann man Zeichenketten auch ohne explizite Erzeugung von Hüllobjekten in numerische Typen umwandeln, indem man die statischen parse-Methoden verwendet (Details hierzu findet man in der API-Dokumentation [SUN05C]):

```
static byte parseByte( String s )       // Byte
static short parseShort( String s )     // Short
...
static double parseDouble( String s)    // Double
```

Numerische Konstanten

Für die numerischen Datentypen stellen die zugehörigen Hüllklassen verschiedene Konstanten in Form von static-Attributen zur Verfügung (die Hüllklassen selbst sind grundsätzlich final). So kennzeichnen die beiden Konstanten..

```
MAX_VALUE          und              MIN_VALUE
```

bei ganzzahligen Typen die Ober- und Untergrenze des darstellbaren Wertebereichs. Vorsicht: Bei Fließkommatypen haben diese Konstanten eine andere Bedeutung, sie bezeichnen den *kleinsten **positiven*** bzw. *größten* darstellbaren Wert.

Im folgenden geben wir einige von ihnen aus:

```
System.out.println( "kleinster int-Wert: " + Integer.MIN_VALUE );
System.out.println( "größter byte-Wert: " + Byte.MAX_VALUE );
System.out.println( "kleinster positiver double-Wert: " +
                    Double.MIN_VALUE );
System.out.println( "größter double-Wert: " + Byte.MAX_VALUE );
```

Die Konstanten kann man aber auch verwenden, um in einem Programm Überlaufsituationen zu erkennen und darauf entsprechend zu reagieren (vgl. 19.1.4).

19.1.3   Implementierungsbeispiel: MyInteger

Wir wollen am Beispiel der Klasse `Integer` kurz hinter die Kulissen der Hüllklassen schauen und Teile dieser Klasse in einer eigenen Klasse `MyInteger` nachimplementieren, natürlich ohne direkt die Klasse `Integer` zu verwenden.

Neben den beiden erwähnten Konstruktoren

```
public MyInteger( int value )
public MyInteger( String s )
```

sollen die Methoden

```
public int intValue()
public String toString()
public boolean equals( Object obj )
```

und die Konstanten

```
static int MAX_VALUE
static int MIN_VALUE
```

bereit gestellt werden.

Zunächst zu den Konstanten: Beim kleinsten darstellbaren Wert ist in der Bit-Repräsentation lediglich das Vorzeichen-Bit gesetzt, d.h. wir schieben im Wert 1 alle Bits 31 Stellen nach links. Der größte Wert hat alle Bits außer das Vorzeichen-Bit gesetzt, so dass dieser als bitweises Komplement des kleinsten Wertes definiert wird:

```
static int MIN_VALUE = 1<<31;
static int MAX_VALUE = ~(1<<31);
```

Eine Instanz der Klasse `MyInteger` repräsentiert einen `int`-Wert, der beim Erzeugen entweder direkt oder als `String` angegeben wird. Da dieser Wert während der gesamten Lebensdauer verfügbar sein muss, legt man diesen in einem privaten Attribut ab. Der Name des Attributs ist natürlich nicht von Belang:

```
private int ival;
```

Von den Konstruktoren ist der erste einfach zu erstellen, denn der Wert des Arguments ist lediglich an das interne Attribut zu übergeben:

```
public MyInteger( int value ) { ival = value; }
```

Der andere Konstruktor erfordert etwas mehr Anstrengung: Der übergebene `String` wird in einen `int`-Wert umgewandelt, der dem internen Attribut zugewiesen wird. Aus Gründen der Übersichtlichkeit verwenden wir eine noch zu definierende private Konvertierungsmethode und erstellen den Konstruktor wie folgt:

```
public MyInteger( String s ) {
    ival = string2int( s );
}
```

Nun zu den öffentlichen Methoden: Die Methode `intValue()` gibt den Wert zurück, den die Hüllklassen-Instanz repräsentiert, also den Wert des internen Attributs:

```
public int intValue() { return ival; }
```

Für die Methode `toString()` wenden wir den Trick mit `String`-Verkettung an:

```
public int toString() { return "" + ival; }
```

Zwei Instanzen der Klasse `Integer` sollen via `equals()` gleich sein, wenn sie den gleichen Wert repräsentieren:

```
public boolean equals( Object obj ) {
    if( obj == null ) return false;
    if( getClass() != obj.getClass() ) return false;
    return( ival == ((Integer)obj).ival );
}
```

Die ersten beiden Zeilen der Methodendefinition behandeln hier lediglich Sonderfälle, auf die wir später eingehen werden. Inhaltlich relevant ist hier der Vergleich der Werte von `ival` in `this` mit `ival` in `obj` in der letzten Zeile.

Letztlich verbleibt noch die private Konvertierungsroutine. Diese wandelt einen `String` in einen `int`-Wert um und gibt ihn zurück. Lässt sich der `String` nicht korrekt konvertieren, wird eine Ausnahme ausgelöst. Bei der Konvertierung wird die Zeichenkette von rechts nach links durchlaufen, die jeweilige in eine Zahl gewandelte Ziffer mit der zur Stelligkeit gehörenden 10er-Potenz multipliziert und im Ergebnis aufsummiert.

```
private static int string2int( String s ) {
    char c; int z;        // c=gelesene Ziffer, z=deren Zahlenwert
    int k=1;              // 10er Potenz, je nach Stelle
    int erg=0;            // Ergebnis
    int len=s.length();   // Länge des Strings
    for( int i=0; i<len; i++ ) {
        c = s.charAt( len-i-1 );
        if( c<'0' || c>'9' ) throw new NumberFormatException( s );
        z = c - '0';      // Ziffer in Zahl
        erg += z * k;     // Aufsummieren
        k *= 10;          // nächste 10er Potenz
    }
    return erg;
}
```

Die Methode funktioniert jedoch noch nicht korrekt für negative Werte, bei übergebenem Leerstring und bei Zeichenketten, die außerhalb des `int`-Wertebereichs liegen. Eine Erweiterung ist als Übungsaufgabe vorgesehen (siehe Übung 19.1).

19.1.4 Erkennen von Überläufen

Der Wertebereich ganzzahliger Datentypen ist – wie im letzten Kapitel dargestellt – durch die Konstanten **MIN_VALUE** und **MAX_VALUE** der jeweiligen Hüllklassen begrenzt. So kann z.B. eine Variable vom Typ int lediglich Werte zwischen einschließlich Integer.MIN_VALUE und Integer.MAX_VALUE annehmen.

Wie das folgende Beispiel zeigt, findet in Java keine automatische Prüfung statt, falls arithmetische Operationen aus diesem Bereich hinausführen:

```
public class Ueberlauf {
    public static void main( String[] args ) {
        System.out.println( Integer.MAX_VALUE + 1 );
        System.out.println( Integer.MIN_VALUE - 1 );
        System.out.println( -Integer.MIN_VALUE );
        System.out.println( 3 * 1111111111 );
    }
}
```

Ganz im Gegenteil: Die Operation wird auf dem darstellbaren Bereich ausgeführt, "überlaufende" Bits und mathematisch inkorrektes Verhalten wird einfach ignoriert, wie der Output des Programms zeigt:

- Konsole -
-2147483647
2147483647
-2147483647
-961633963

Die erste Ausgabezeile lässt sich durch bitweise Addition von

01111111 11111111 11111111 11111111	**Integer.MAX_VALUE**
00000000 00000000 00000000 00000001	**1**

nachvollziehen. Bitweise Addition führt zu

```
10000000 00000000 00000000 00000000
```

was aufgrund der 2-Komplement-Darstellung den im Output dargestellten Wert **Integer.MIN_VALUE** repräsentiert. Auch wenn sich das mathematische Fehlverhalten der anderen kritischen Operationen (neben der Addition sind dies Multiplikation, Subtraktion, Division und sogar die Negation) im obigen Beispiel durch analoge Überlegungen erklären lässt, hilft dies in der Praxis wenig weiter. Hier ist entweder mittels grundsätzlicher Überlegungen für jede einzelne Anwendung sicher zu stellen, dass keine Überläufe stattfinden können, oder es sind entsprechende Vorsichtsmaßnahmen zu treffen. Ein Ignorieren von Überläufen kann jedenfalls fatale Folgen nach sich ziehen, da mit mathematisch sinnlosen Werten weiter "gerechnet" wird. Eine Möglichkeit, diese zumindest zu erkennen, besteht darin, kritische Operationen in eigenen Methoden zu kapseln, die bei Überlauf eine Ausnahme auslösen, wie dies am Beispiel der Addition von `int`-Werten dargestellt ist:

```
private static int add( int a, int b ) {
    // nicht gleiches Vorzeichen, einfacher Fall

    if( (a >= 0 && b <= 0) || (a <= 0 && b >= 0) )
        return a + b;
    // jetzt haben a und b gleiches Vorzeichen!

    if( b == Integer.MIN_VALUE )        //Sonderfall
        throw new ArithmeticException("Überlauf: " + a + "+" + b);

    if( a > 0 )
        if( a > Integer.MAX_VALUE - b ) //Überlauf nach oben?
            throw new ArithmeticException("Überlauf: " + a + "+" + b);

    if( a < 0 )
        if( a < Integer.MIN_VALUE - b ) //Überlauf nach unten?
            throw new ArithmeticException("Überlauf: " + a + "+" + b);

    return a + b;
}
```

Testausdrücke wie

```
a + b > Integer.MAX_VALUE
a + b < Integer.MIN_VALUE
```

sind sinnlos, da diese immer `false` liefern. Daher werden die Überlaufbedingungen mathematisch äquivalent umgeformt und in Ausdrücken dargestellt, die selbst keinen Überlauf erzeugen, einen solchen aber erkennen, wie

```
a > Integer.MAX_VALUE - b        // kein Problem, da b positiv
a < Integer.MIN_VALUE - b        // kein Problem, da b negativ
```

Der einzige kritische Fall, bei dem ein Überlauf auftreten könnte, wurde durch die Abfrage `b==Integer.MIN_VALUE` zuvor bereits ausgeschlossen.

Im Coding verwendet man dann anstelle des Ausdrucks a+b den Methodenaufruf `add(a, b)`, wodurch ein Überlauf zwar nicht verhindert, aber zumindest erkannt wird. Es liegt dann in der Verantwortung des Entwicklers, auf die Ausnahme entsprechend zu reagieren oder diese weiter zu reichen. Wie sich grundsätzlich Überläufe vermeiden lassen, werden wir im nächsten Abschnitt darstellen.

19.2   Die Klasse BigInteger

Die Klasse `BigInteger`, die im Paket `java.math` bereit gestellt wird, stellt eine Möglichkeit dar, die Überlaufproblematik grundsätzlich zu umgehen und mit beliebig großen ganzzahligen Werten zu rechnen. Diese Klasse lässt sich als Hüllklasse auffassen, deren Instanzen ganze Zahlen repräsentieren, die sogar über den Wertbereich des Datentyps `long` hinausgehen.

Betrachten wir folgendes Beispiel:

```
import java.math.*;
public class BigIntegerProgramm {
    public static void main( String[] args ) {
        BigInteger b1 = new BigInteger( "4444444444444444444" );
        BigInteger b2 = new BigInteger( "5555555555555555555" );
        BigInteger b3 = b1.add( b2 );
        System.out.println( b3 );
    }
}
```

Ähnlich wie bei den eigentlichen Hüllklassen übergibt man eine Zeichenkette (Ziffernfolge) an den String-Konstruktor und erzeugt damit ein Objekt, das diejenige ganze Zahl repräsentiert, deren Dezimaldarstellung mit der übergebenen Zeichenkette übereinstimmt. Anstelle der arithmetischen Operationen (+, -, *, ...) stellt die Klasse BigInteger entsprechende Methoden zur Verfügung. Die wichtigsten Methoden und deren arithmetische Entsprechung sind:

```
public BigInteger add( BigInteger v )              // Addition

public BigInteger subtract( BigInteger v )         // Subtraktion

public BigInteger multiply( BigInteger v )         // Multiplikation

public BigInteger divide( BigInteger v )           // Division

public BigInteger gcd( BigInteger v )              // ggt

public BigInteger negate( )                        // Negation
```

Hierbei entspricht das aufrufende Objekt dem ersten Operanden und das übergebene Argument dem zweiten Operanden der entsprechenden arithmetischen Operation. Das Ergebnis der Operation wird stets in einem **neuen** BigInteger-Objekt abgelegt und zurückgegeben, Instanzen dieser Klasse sind grundsätzlich unveränderlich (*immutable*). Der Ausdruck

```
BigInteger b3 = b1.add( b2 );
```

erzeugt somit eine neue Instanz b3, welche die Summe von b1 und b2 darstellt.

Als Anwendungsbeispiel wird in Übung 19.4 die bereits bekannte Implementierung der Rationalen Zahlen aufgegriffen und basierend auf BigInteger in einer vor Überlauf sicheren Variante BigBruch dargestellt.

Leider hat das Rechnen mit BigInteger auch seinen Preis. Die interne Verwaltung ist sehr zeitaufwendig, so dass man diese Klasse zurückhaltend verwenden sollte.

19.3   Aufzählungstypen

Mit JavasSE 5 wurden Aufzählungstypen (*Enumerations*) durch das Schlüsselwort enum als mächtiges Konzept in Java aufgenommen. Aufzählungen bestehen aus einer festen, zur Compilezeit bekannten Anzahl von Konstanten. Typische Beispiele für Aufzählungen sind Wochentage, Monatsnamen, Himmelsrichtungen, Menüoptionen etc. Java-enums stellen eine echte Spracherweiterung dar und eröffnen neue komplexe Programmiertechniken. In C++ stehen Aufzählungen in einfacher Form schon lange zur Verfügung, in Java 5 wurden sie mit umfangreichem objektorientiertem Kontext und komplexen Verhaltensmöglichkeiten eingeführt. Java-Aufzählungen sind *besondere finale Klassen*, von denen sich keine Objekte und Unterklassen erzeugen lassen. Alle enum-Klassen sind implizit von der abstrakten, finalen Klasse java.lang.Enum abgeleitet.

Eine Klasse kann neben vertrauten Elementen auch Aufzählungstypen enthalten:

```
class Preise {
    private double stueckPreis;
    private enum Mengen{ Klein, Mittel, Gross };
    private enum Gebinde{ Klein, Mittel; Gross };
    public Preise( double p ) { stueckPreis = p; }
    public double gesamtPreis( int zahl ) {
        Mengen m = Mengen.Klein;      double preis = 0.0;
        if( zahl > 100 )  m = Mengen.Mittel;
        if( zahl > 1000 ) m = Mengen.Gross;
        switch( m ){
            case Klein :  preis = 1.0*zahl*stueckPreis;   break;
            case Mittel : preis = 0.9*zahl*stueckPreis;   break;
            case Gross :  preis = 0.8*zahl*stueckPreis;   break;
        }
        return preis;
    }
    public static void main( String[] args ){
        Preise tester = new Preise( 100.0 );
        IO.writeln( "Preis = " + tester.gesamtPreis(780) );
    }
}
```

Deklaration und aufzählende Initialisierung werden mit Semikolon abgeschlossen:

```
enum Mengen{ Klein, Mittel, Gross };   // Komma beim Aufzählen!
```

Intern wird eine *Klasse* Mengen angelegt, die als statische Elemente die konstanten Objekte Klein, Mittel, Gross enthält. Im Gegensatz zu C++ stehen diese *nicht* für die Integer-Aufzählung 0,1,2, sondern repräsentieren konstante Objekte ihres eigenen Enum-Typs (hier: Mengen), der nicht zu anderen Datentypen gecastet werden kann. Jede Enumeration stellt einen *eigenen Namensraum* dar, so dass verschiede enums einer Klasse identische Bezeichner enthalten dürfen – wie die enums Mengen und Gebinde in obigem Beispiel.

In diesem Sinne sind *enums typsicher*, da sie nicht mit int-Werten oder anderen Objekttypen verwechselt werden können. Durch: Mengen m wird eine Objektvariable vom Typ der Enumeration Mengen deklariert, der nur Objekte vom Typ Mengen zugewiesen werden dürfen. Dies sind gerade die in der Aufzählung Mengen

angelegten Objekte `Klein`, `Mittel`, `Gross` vom Typ der enum-Klasse `Mengen`.
Der Compiler prüft auf Typkompatibilität:

```
Mengen m = Mengen.Klein;    // Ok - typkompatibel
m = 2;   // Fehler - nicht typkompatibel - Compilerfehler!
```

Enum-Typen können in `switch`-Strukturen verwendet werden: In `case` wird das
jeweilige enum-Objekt (*ohne* vorangestellten enum-Klassennamen) genannt. Der Inhalt der Objektvariablen m wird mit den Objekten der enum-Klasse `Mengen` verglichen und entsprechend verzweigt. Für enum-Objekte sind die *Vergleichsoperationen*
`==` und `!=` definiert, *nicht* jedoch die Operationen `<`, `>`, `<=`, `>=` :

```
if( m == Mengen.Gross ) IO.writeln( "Großes Gebinde" );
```

Der *Inhalt* einer Enumeration kann auf der Klasse und ihren Objekten *ausgegeben*
werden - für enum wurde die Methode `toString()` entsprechend implementiert.
Dabei werden die Namen der gespeicherten Objekte sichtbar (was informativer ist
als Ausgabe einer bloßen Zahl wie bei C++):

```
Mengen m = Mengen.Klein;    IO.writeln( "Inhalt:" + m );
IO.writeln( "Inhalt: " + Mengen.Mittel + "  " + Mengen.Gross );
```

– *Konsole* –
Inhalt: Klein
Inhalt: Mittel   Gross

Enums sind praktischerweise iterierbar:

```
for( Mengen m : Mengen.values() ) { /* … */ }
```

Für die Elemente eines Enum-Typs wird intern eine fortlaufende Ordnungsnummer
gespeichert, die über die Methode `ordinal()` abfragbar ist:

```
Mengen m = Mengen.Mittel;
IO.writeln( "Inhalt: " + m.ordinal() );         // Inhalt: 1
IO.writeln( "Inhalt: " + Mengen.Gross.ordinal() );  // Inhalt: 2
```

Der Aufzählungstyp enum macht nicht typsichere Hilfskonstruktionen überflüssig.
Dazu gehören methodenlose Klassen, die nur statische Integer-Konstanten enthalten.

Aufzählungstypen können im *Körper* der enum-Klasse sogar mit Methoden, Konstruktoren und Attributen versehen werden. Informationen zu diesen fortgeschrittenen Konzepten finden sich auf der Webseite des Buches.

19.4   Spezielle Methoden

In diesem Abschnitt befassen wir uns mit speziellen Methoden, die bei vielen bereits
existierenden Klassen, aber besonders auch bei neu zu erstellenden Klassen von Interesse sind. Hierbei handelt es sich um die Methoden

```
public boolean equals( Object that )
public int hashCode()
public int compareTo()
```

Die ersten beiden werden, wie auch die bereits bekannte Methode `toString()`, in `Object` definiert und sind daher grundsätzlich in allen Klassen präsent. Entweder in der ursprünglichen geerbten Implementierung oder indem diese klassenspezifisch überschrieben wurde. Die Methode `compareTo()` ist nicht für alle Klassen sinnvoll (etwa nicht in `Object`) und wird für Klassen formuliert, deren Instanzen eine natürliche, kanonische Ordnung besitzen.

19.4.1   Die Methode equals()

An früheren Stellen sind wir bereits den beiden Vergleichsmöglichkeiten von Referenzvariablen begegnet, die wir in folgender Code-Passage noch einmal darstellen:

```
public static void main( String[] args ) {
    String s1 = new String( "Hallo" );
    String s2 = new String( "Hallo" );
    String s3 = s1;
    System.out.println( s1 == s2 );
    System.out.println( s1.equals( s2 ) );
    System.out.println( s1 == s3 );
}
```

Es werden zwei Instanzen der Klasse `String` mit Inhalt `"Hallo"` und entsprechenden Referenzvariablen s1 und s2 angelegt. Einer dritten Variablen s3 wird s1 zugewiesen. Der Output lautet wie folgt:

- *Konsole* -
false
true
true

Der erste Vergleich (Operator `==`) prüft die *Identität* der referenzierten Objekte und ergibt `false`, da es sich um zwei eigenständige Objekte handelt, die unabhängig voneinander im Speicher abgelegt werden. Dass diese Objekte den gleichen Inhalt haben und beide die gleiche Zeichenkette repräsentieren, ist hier völlig unerheblich.

Die inhaltliche *Gleichheit* wird dagegen von der Methode `equals()` erfasst: Der zweite Vergleich liefert `true` , da die durch s1 und s2 repräsentierten Zeichenketten identisch sind. Beide Instanzen der Klasse String sind *inhaltlich* gleich.

Was man jedoch in einer Klasse unter *inhaltlich gleich* versteht, ist nicht immer von vornherein klar und hängt wesentlich davon ab, was mit der Klasse intendiert ist und welche Entitäten der realen oder mathematischen Welt durch die Instanzen der Klasse repräsentiert werden sollen.

Betrachten wir hierzu das folgende Programm, das nicht – wie etwa erwartet – den Wert `true` sondern `false` ausgibt:

```
public static void main( String[] args ) {
```

```
        StringBuffer b1 = new StringBuffer( "Hallo" );
        StringBuffer b2 = new StringBuffer( "Hallo" );
        System.out.println( b1.equals( b2 ) );
    }
```

Offensichtlich werden zwei Instanzen von StringBuffer *nicht* als inhaltlich gleich betrachtet, selbst wenn diese die gleiche Zeichenkette darstellen. Die von Object geerbte Methode equals() wird in StringBuffer nicht überschrieben (vgl. [SUN05C]). Bei dieser Klasse steht also nicht im Vordergrund, dass ihre Instanzen bestimmte Zeichenketten darstellen, sondern dass diese Puffer repräsentieren, deren Inhalt grundsätzlich veränderlich ist. Und da b1 und b2 – *als Puffer* betrachtet – verschieden sind, liefert der equals()-Vergleich den Wert false selbst bei identischen Zeichenketten (vgl auch Übung 19.11).

Anforderungen

Es liegt in der Verantwortung der Entwickler, adäquate equals()-Methoden für die erstellten Klassen bereit zu stellen. Hierbei müssen die folgenden Randbedingungen beachtet werden:

- **Bivalenz**
  Die Methode gibt nur die Werte true oder false zurück, insbesondere werden von ihr keine Ausnahmen ausgelöst. So liefert a.equals(null) keine NullPointerException, sondern den Wert false. Natürlich lässt sich durch diese Forderung nicht verhindern, dass dieser Ausdruck für eine Null-Referenz a eine solche Ausnahme auslöst.

- **Reflexivität - Symmetrie - Transitivität**
  Diese Bedingungen einer *Äquivalenzrelation* fordern, dass für (von null verschiedene) Referenzvariablen a, b und c folgendes gilt:
  1. Der Ausdruck **a.equals(a)** hat stets den Wert **true**
  2. Die Ausdrücke **a.equals(b)** und **b.equals(a)** haben beide stets den **gleichen** Wert true oder false
  3. Falls **a.equals(b)** und **b.equals(c)** den Wert true haben, dann auch der Ausdruck **a.equals(c)**

  Es ist leicht einsehbar und intuitiv verständlich, dass diese Bedingungen für jede Art von Gleichheit gefordert werden: Reflexivität bedeutet, dass jedes Objekt mit sich selbst gleich ist. Symmetrie besagt, dass es unerheblich ist, in welcher Reihenfolge man zwei Objekte miteinander vergleicht, und Transitivität fordert die Übertragbarkeit der Gleichheit in dem Sinne, dass zwei Objekte, die beide einem dritten gleichen, auch untereinander gleich sind.

- **Typentreue**
  Instanzen unterschiedlicher Klassen sind grundsätzlich verschieden, so dass ein Vergleich dieser Instanzen stets den Wert false liefern muss.
  Diese Forderung wird in ihrer strengsten Konsequenz, nämlich dass dies auch für den Vergleich von Instanzen einer Subklasse mit Instanzen einer Superklasse gilt, nicht von allen Autoren befürwortet (vgl. [KL02a] und Übung 19.10).

Darüber hinaus sollte das Ergebnis dieses Vergleichs auch wirklich nur von den beiden beteiligten Objekten abhängen. Ändert sich an diesen nichts, dann darf auch das Ergebnis des `equals()`-Vergleichs nicht anders ausfallen.

Implementierung

In der Regel wird man den `equals()`-Vergleich auf einen Vergleich der relevanten Attribute der Klasse zurückführen. Was jedoch genau diese relevanten (identitätsstiftenden) Attribute einer Klasse sind, ist nicht von vornherein festgelegt und liegt letztlich in der Verantwortung des Entwicklers.

Bevor wir uns mit einigen Beispielen befassen, werden wir ein Schema vorstellen, in dem `equals()`-Implementierungen formuliert werden sollten:

```java
public boolean equals( Object obj ){
    if( this == obj ) return true;
    if( obj == null ) return false;
    if( getClass() != obj.getClass() ) return false;
    // jetzt startet der inhaltliche Vergleich
    // Cast von obj und Vergleich der relevanten Eigenschaften
    ...

}
```

Wichtig ist hierbei die Signatur, insbesondere der übergebene Parameter vom Typ `Object`. Wird nämlich eine `equals()`-Methode mit eingeschränktem Typ formuliert, dann wird dadurch die vererbte Methode überladen, aber nicht überschrieben.

Die erste Coding-Zeile (Alias-Test) ist nicht unbedingt notwendig; dadurch kann jedoch das Laufzeitverhalten des Vergleichs deutlich verbessert werden: Bezeichnen `this` und `obj` ein und dasselbe Objekt, dann muss wegen der Reflexivität auf jeden Fall `true` zurückgegeben werden. Der folgende null-Test ist wichtig und vermeidet, dass im späteren Coding eine `NullPointerException` ausgelöst wird (die Methode darf ja keine Ausnahme auslösen). Selbstverständlich kann kein Objekt mit `null` übereinstimmen, so dass in diesem Fall `false` zurückgegeben wird.

Schließlich wird überprüft, ob nicht Äpfel mit Birnen verglichen werden (Vergleichbarkeitstest), d.h. wir bestimmen die Typen von `this` und `obj`. Sind diese unterschiedlich, wird die Methode mit `false` verlassen.

Nun kann der eigentliche inhaltliche Vergleich beginnen, der im Gegensatz zur bisherigen Code-Passage von der konkreten Ausprägung der Klasse abhängt. Um auf die Attribute (und eventuell auch die Methoden) des Vergleichsobjektes `obj` zugreifen zu können, wird zu Beginn ein Cast auf die definierende Klasse vorgenommen.

Als Beispiel zunächst die Implementierung von `equals()` in `MyInteger`:

Beispiel: MyInteger

```java
public boolean equals( Object obj ) {
    if( this == obj ) return true;
    if( obj == null ) return false;
```

```
    if( getClass() != obj.getClass() ) return false;
    // inhaltlicher Vergleich
    MyInteger that = (MyInteger)obj;
    return ( ival == that.ival );
}
```

Objekte der Klasse `MyInteger` sollen inhaltlich gleich sein, wenn sie den gleichen `int`-Wert repräsentieren, d.h. wir geben einfach das Ergebnis des Vergleichs der internen Variablen der beiden Vergleichsobjekte zurück.

Beispiel: Bruch

```
public boolean equals( Object obj ) {
    //this==obj, obj==null, getClass() ... <hier weggelassen>
    Bruch that = (Bruch)obj;
    return ( z==that.z && n==that.n );
}
```

Bei der Klasse `Bruch` läuft der Vergleich darauf hinaus, zu prüfen, ob die zu vergleichenden Brüche in Zähler und Nenner übereinstimmen. Eine solche Implementierung ist jedoch nur dann semantisch korrekt, wenn Instanzen dieser Klasse stets nur in gekürzter (und hinsichtlich des Vorzeichens eindeutiger) Form existieren.

Beispiel: Mitarbeiter

Wir betrachten eine stark vereinfachte Implementierung von `Mitarbeiter`:

```
public class Mitarbeiter {
    private int persNr;
    private String nachname;
    private String vorname;    // evtl. noch weitere Attribute ...

    public boolean equals( Object obj ) {
        //this==obj, obj==null, getClass() ... <hier weggelassen>
        Mitarbeiter that = (Mitarbeiter)obj;
        if( persNr != that.persNr )              return false;
        if( ! nachname.equals( that.nachname ) ) return false;
        if( ! vorname.equals( that.vorname ) )   return false;
        // alle relevanten Attribute sind nicht verschieden:
        return true;
    }
}
```

Die Methode vergleicht jedes Attribut und gibt **false** zurück, sobald diese in **mindestens einem** Attribut **nicht** übereinstimmen. Sind alle relevanten Attribute überprüft, wird die Methode mit `true` beendet. Wie man sich leicht überzeugen kann, ist dies damit gleichbedeutend, den Ausdruck zurückzugeben, der die Übereinstimmung in all diesen Attributen behauptet.

Zu beachten ist der Vergleich bei Attributen von Referenztypen: Hier wird, wie etwa bei `vorname`, der Vergleich mit der Methode `equals()` der Klasse `String` durchgeführt, denn entscheidend ist auch hier die *inhaltliche* Übereinstimmung. Falls ein Attribut den Wert `null` besitzen kann, etwa wenn kein Vorname angegeben werden muss, ist dies beim Vergleich zu berücksichtigen (vgl. Übung 19.8).

Aus Anwendersicht lassen sich berechtigte Zweifel äußern, ob es sich bei Namen wirklich um identitätsrelevante Attribute handelt. Man denke an rechtliche Namensänderungen oder an die Verwendung von Kurzschreibweisen bei Vornamen. Insofern ist die vorgestellte Implementierung nur als einfaches Beispiel zu betrachten, um die Grundsätze einer `equals()`-Implementierung zu demonstrieren.

Klassenhierarchie und equals()

Die bisher betrachteten Klassen sind direkt von `Object` abgeleitet und erben daher keine Attribute, die für die `equals()`-Implementierung relevant sein könnten. Bei Klassen innerhalb einer "echten" Hierarchie werden in der Regel relevante Attribute von einer Superklasse an eine Subklasse vererbt. Werden nun Instanzen der Subklasse miteinander verglichen, delegiert man den Vergleich der ererbten Felder an die Superklasse, indem man explizit deren `equals()`-Methode aufruft. Hintergrund dieses Vorgehens ist die plausible Annahme, dass zwei solche Instanzen inhaltlich übereinstimmen, wenn sie *sowohl* in den geerbten *als auch* in den neu definierten Eigenschaften übereinstimmen. Betrachten wir hierzu ein Beispiel:

Beispiel: Punkte eines Diagramms

In graphischen Darstellungen werden Daten häufig durch Punkte unterschiedlicher Größe dargestellt. Die Klasse `Punkt` repräsentiert die ganzzahligen Koordinaten eines Punktes, die davon abgeleitete Klasse `PunktSymbol` enthält zusätzliche Informationen über die Größe und Form eines Punktes. Der Einfachheit wegen beschränken wir uns auf Kreise und geben mit dem `int`-Attribut s dessen Radius an:

```java
public class Punkt {
    private int x;
    private int y;

    public boolean equals( Object obj ) {
        // this==obj, obj==null, getClass() ...
        Punkt that = (Punkt)obj;
        return ( x==that.x && y==that.y );
    }
}
public class PunktSymbol extends Punkt {
    private int s; //Radius in mm
    public boolean equals( Object obj ) {
        if( this == obj ) return true;
        //Delegation an Superklasse
        if( ! super.equals( obj ) ) return false;
```

```
        //Vergleichen der Klassen-spezifischen Attribute
        PunktSymbol that = (PunktSymbol)obj;
        if( s != that.s ) return false;
        return true;
    }
}
```

Punkte stimmen überein, wenn ihre Koordinaten identisch sind. Punktsymbole sind inhaltlich gleich, wenn sie *als Punkte* gleich sind *und* die gleiche Größe haben. Im Coding wird eine logisch äquivalente Formulierung verwendet: Ist der Vergleich mit equals() der Superklasse negativ, wird die Methode mit false verlassen; im positiven Fall werden anschließend die neuen Attribute miteinander verglichen.

Die aus bisherigen equals()-Implementierungen bekannten Tests auf null und auf Vergleichbarkeit sind in solchen equals()-Methoden nicht nötig (vgl. Übung 19.7).

Bei der Delegation von equals() an die Superklasse ist jedoch Vorsicht geboten: Es wäre fatal, den super.equals()-Test in einer direkt von Object abgeleiteten Klasse durchzuführen, da dieser Vergleich (mit equals() in Object) außer im trivialen Fall immer negativ ausfällt. Dies gilt im übrigen nicht nur für Klassen, die direkt von Object abgeleitet sind, sondern für alle, deren direkte Superklasse ebenfalls keine "eigene" inhaltlich motivierte equals()-Implementierung besitzen. Aus diesem Grund sollten Klassen, bei denen dies sinnvoll ist, stets mit einer adäquaten equals()-Implementierung versehen und dies entsprechend dokumentiert werden.

19.4.2   Die Methode hashCode()

Die Methode int hashCode() berechnet für das jeweilige Objekt einen int-Wert, der unter anderem dazu verwendet wird, dieses innerhalb von Hash-basierten Containern zu verwalten. Auch wenn wir auf die im Paket java.util verfügbaren Hash-basierten Container HashTable, HashMap und HashSet später nur am Rande eingehen, werden wir uns kurz mit deren Grundprinzipien befassen.

Ein solcher Container besteht aus mehreren so genannten *buckets*, wobei ein *bucket* mehrere (Referenzen auf) Objekte sequentiell verwaltet. In welchem *bucket* ein Objekt liegt, ist eindeutig durch den Hash-Code des Objekts bestimmt, d.h. Objekte mit gleichem Hash-Code liegen im gleichen *bucket* (vgl. Abb. 19.1). Der Zugriff auf ein *bucket* erfolgt über eine Tabelle; innerhalb eines *bucket* werden die Referenzen sequentiell verwaltet, was sehr zeitaufwendig ist. Daher sollte aus Gründen der Performance ein Container aus möglichst vielen möglichst kleinen *buckets* bestehen.

Soll nun die Referenz eines Objektes x in einen solchen Container eingefügt werden, wird zunächst der Hash-Code von x berechnet und anhand der Tabelle überprüft, ob dazu bereits ein *bucket* existiert. Ist dies der Fall, wird x im *bucket* aufgenommen, falls nicht, wird zuvor ein neues *bucket* angelegt und in der Tabelle registriert.

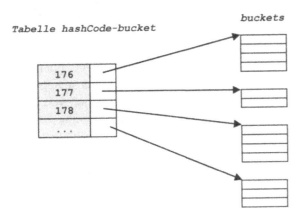

Abb. 19.1: Grundprinzip eines Hash-basierten Containers

Die Suche eines Objektes x innerhalb eines Containers erfolgt analog: Mit dem Hash-Code von x wird das *bucket* ermittelt, in diesem wird dann x der Reihe nach mit allen Objekten verglichen, wobei dieser Vergleich mit `equals()` durchgeführt wird. Hier wird deutlich, dass `hashCode()` und `equals()` zusammenspielen und nicht völlig unabhängig voneinander implementiert werden können.

Anforderungen

Da die Zugriffszeiten auf Hash-basierte Container wesentlich von der Effizienz der Hash-Code-Berechnung abhängen, sollte der zugrunde liegende Algorithmus möglichst einfach sein. Eine weitere Anforderung ergibt sich daraus, dass die *buckets* möglichst klein sein sollen. Dies bedeutet, dass (im Sinne von `equals()`) verschiedene Objekte unterschiedliche Hash-Codes besitzen sollen, eine Forderung, die in dieser strikten Formulierung nicht für alle Klassen gewährleistet werden kann.

Diese Anforderungen betreffen primär die Performance von Hash-basierten Containern. Damit jedoch Hash-basierte Container korrekt funktionieren, müssen die folgenden Bedingungen zwingend eingehalten werden: Zum einen muss der Hash-Code innerhalb eines Programmablaufes für jedes Objekt konstant sein, d.h. mehrmaliger Aufruf von *hashCode()* darf für ein nicht verändertes Objekt nicht zu unterschiedlichen Ergebnissen führen. Weiterhin ist die folgende Bedingung einzuhalten:

equals-hashCode-Kontrakt

Instanzen, die im Sinne von `equals()` gleich sind, haben den gleichen Hash-Code:

Aus **a.equals(b)** folgt **a.hashCode()==b.hashCode()**

Nehmen wir an, diese Bedingung ist für zwei Objekte nicht erfüllt, d.h. x und y sind inhaltlich gleich, besitzen aber unterschiedlichen Hash-Code. Fügt man nun x in einen leeren Container ein, dann ist eine anschließende Suche mit y erfolglos, da der Hash-Code von y auf einen *bucket* verweist, der nicht existiert (vgl. Übung 19.14).

Der equals-hashCode-Kontrakt fordert implizit, dass die Methode `hashCode()` keine Ausnahme auslöst und damit für jede Instanz der Klasse einen Wert liefert.

Implementierung

Der equals-hashCode-Kontrakt hat zur Folge, dass `hashCode()` überschrieben werden muss, sobald `equals()` überschrieben wurde. Die beste Strategie, diesen Kontrakt einzuhalten, besteht nun darin, den Hash-Code *nur* von den für `equals()` relevanten Attributen (und von keinen anderen) abhängig zu machen. Denn falls zwei Objekte in diesen Attributen übereinstimmen, stimmen natürlich auch deren Hash-Codes überein.

In den folgenden Beispielen sind die relevanten Attribute jeweils fett gesetzt:

Beispiel: MyInteger

```
public class MyInteger {
   private int ival;
   public int hashCode() {
      return ival;
   }
}
```

Hier wird einfach der charakteristische `int`-Wert zurückgegeben. Die Forderung, dass gleiche Objekte identischen Hash-Code besitzen, ist dann trivialerweise erfüllt. Hier gilt sogar umgekehrt: Unterschiedliche Hüll-Objekte haben verschiedene Codes.

Beispiel: Mitarbeiter

```
public class Mitarbeiter {
   private int persNr;
   private String nachname;
   private String vorname;

   public int hashCode( ) {
      int rc = persNr;
      rc = rc + nachname.hashCode();
      rc = rc + vorname.hashCode();
      return rc;
   }
}
```

Der Hash-Code besteht aus der Summe der Anteile der einzelnen Attribute, jedes Attribut trägt somit seinen Anteil in die Berechnung bei. Vorsicht ist auch hier geboten, falls `null`-Referenzen in den Attributen erlaubt sind. In diesem Fall verwendet man für das Attribut `vorname` den Ausdruck

```
rc = rc + vorname==null ? 0: vorname.hashCode();
```

Wegen einer besseren Verteilung der Hash-Codes sollte man jedoch nicht die einfache Summe bilden, sondern dabei eine unterschiedliche Gewichtung der Attributbestandteile vornehmen und `hashCode()` etwa nach folgendem Schema implementieren (vgl. [KL02b]):

```
public int hashCode( ) {
    int rc = 8;      // irgendein von 0 verschiedener Startwert
    int mult = 23;  // irgendeine Primzahl

    rc = rc*mult + Bestandteil_Attribut1;
    rc = rc*mult + Bestandteil_Attribut2;
    rc = rc*mult + Bestandteil_Attribut3;
    ...
    return rc;
}
```

Attribute ganzzahliger primitiver Datentypen werden dabei auf `int` gecastet, mit Ausnahme von `long`-Attributen, deren `int`-Teile man am besten wie folgt einbringt:

```
(int)(long_attr ^ (long_attr>>>32))
```

Boolesche Attribute werden mit 0 oder 1 (oder irgendwelchen anderen Zahlen) bewertet, Attribute von Gleitkommatypen werden mit

```
Float.floatToIntBits( float_attr )
Double.doubleToLongBits( double_attr )
```

in einen `int`- bzw. `long`-Wert umgewandelt und dann wie primitive Typen behandelt. Da jedoch 0.0 und -0.0 unterschiedliche Bit-Darstellungen haben, diese Zahlen aber in `equals()` gleich betrachtet werden, muss man diese zuvor identifizieren:

```
(float_attr==0.0F) ? 0 : Float.floatToIntBits( float_attr )
(double_attr==0.0) ? 0L: Double.doubleToLongBits( double_attr )
```

Innerhalb von Hierarchien geht man analog zu `equals()` vor und behandelt den Superklassenanteil wie ein Attribut. Dies zeigen wir am nächsten uns ebenfalls bereits bekannten Beispiel:

Beispiel: Punkte eines Diagramms

```
public class Punkt {
    private int x;
    private int y;
    public int hashCode( ) {
        int rc = 8;
        int mult = 23;
        rc = rc*mult + x;
        rc = rc*mult + y;
        return rc;
```

```
        }
    }
    public class PunktSymbol extends Punkt {
        private int s;
        public int hashCode( ) {
            int rc = 8;
            int mult = 23;
            rc = rc*mult + super.hashCode();
            rc = rc*mult + s;
            return rc;
        }
    }
```

19.4.3   Die Methode compareTo()

Im Gegensatz zu den bislang diskutierten Methoden wird int compareTo() nicht in Object implementiert und deshalb auch nicht an alle Klassen vererbt. Diese Methode bereit zu stellen, ist immer dann sinnvoll, wenn die Objekte der Klasse einer natürlichen Ordnung unterliegen, wie dies etwa bei den Hüllklassen der numerischen primitiven Datentypen der Fall ist. Es kann aber auch jedes beliebige Sortierkriterium verwendet werden: So lassen sich etwa Mitarbeiter nach der Personalnummer, Bankkonten nach der Kontonummer, Personen lexikographisch nach Nach- und Vorname sortieren.

Interface Comparable

Formal steht hierfür ein Interface zur Verfügung, das diese Methode beinhaltet:

```
    public interface Comparable {
        public int compareTo( Object obj );
    }
```

Instanzen von Klassen, die dieses Interface implementieren, können in Baum-basierten Containern verwaltet werden, wie etwa in TreeMap oder TreeSet des Pakets java.util. Der Vorteil bei der Verwendung solcher Datenstrukturen liegt darin, dass sich die darin verwalteten Objekte in einer bestimmten Reihenfolge befinden und dadurch deutlich schnellere Zugriffszeiten erzielt werden können. Darüber hinaus werden in diesem Paket verschiedene Sortierverfahren zur Verfügung gestellt, um etwa Arrays oder Listen von Comparable-Objekten zu sortieren.

Das Sortierkriterium, das entscheidet, ob ein Objekt "kleiner" als ein anderes ist, wird dabei durch die Methode compareTo() festgelegt. Für Objektreferenzen a und b der gleichen Klasse gilt die folgende Semantik:

a.compareTo(b) < 0	a "kleiner" b
a.compareTo(b) == 0	a "gleichgroß" b
a.compareTo(b) > 0	a "größer" b

Anforderungen

Damit compareTo() auch wirklich eine Ordnungsrelation definiert, müssen für beliebige Objektreferenzen a, b und c die folgenden Bedingungen erfüllt sein:

- wenn a und b vom gleichen Typ sind, darf keine Ausnahme ausgelöst werden (zwei Instanzen der Klasse sind stets miteinander vergleichbar)

- wenn a kleiner b ist, dann ist b größer a
  (aus a.compareTo(b)<0 folgt b.compareTo(a)>0)

- wenn a gleichgroß b ist, dann ist b gleichgroß a
  (aus a.compareTo(b)==0 folgt b.compareTo(a)==0)

- wenn a kleiner b ist und b kleiner c, dann ist a kleiner c
  (aus a.compareTo(b) > 0 und b.compareTo(c) > 0 folgt
  a.compareTo(c) > 0)

- ist a kleiner, größer oder gleichgroß b und ist c gleichgroß a, dann ist c ebenfalls kleiner, größer oder gleichgroß b
  (gleichgroße Objekte stehen stets in derselben Relation zu einem dritten Objekt)

Darüber hinaus sollte compareTo() konsistent zu equals() formuliert werden:

- zwei Objekte sind genau dann gleichgroß, wenn sie via equals() gleich sind

Falls dieser *equals-compareTo-Kontrakt* nicht eingehalten wird, erhält man eigenartige Effekte im Zusammenhang mit Baum-basierten Containern (vgl. [KL02c]).

Implementierung

Bei der Implementierung von compareTo() geht man ähnlich wie bei equals() vor: Dem Alias-Test schließt sich der Test auf Vergleichbarkeit an. Sind die Objekte nicht vergleichbar, wird eine ClassCastException ausgelöst, im Gegensatz zu equals(), wo die Unvergleichbarkeit durch den Rückgabewert false semantisch korrekt mitgeteilt werden kann. Der Null-Test kann entfallen, man nimmt beim Aufruf von obj.getClass() das Auslösen einer NullPointerException in Kauf.

Dieser "Vorspann" (im nächsten Beispiel die ersten 3 kursiv gesetzten Code-Zeilen) ist bei allen compareTo()-Implementierungen identisch. Daran schließt sich die eigentliche Definition der Klassen-spezifischen Vergleichsrelation an. Welche Attribute mit welcher Priorität in den Vergleich eingehen, hängt von der intendierten Semantik der Klasse und der gewünschten Sortierreihenfolge ab.

Beispiel: Mitarbeiter

Die Klasse Mitarbeiter soll lexikographisch nach **Nach-** und **Vorname** sortiert werden, bei gleichem Namen und Vornamen entscheidet die **Personalnummer**:

```
public class Mitarbeiter implements Comparable{
  private int persNr; private String nachname, vorname;
  public int compareTo( Object obj ) {
    if( this==obj ) return 0;
    if( getClass() != obj.getClass() )
      throw new ClassCastException( obj.getClass().toString() );
    Mitarbeiter that = (Mitarbeiter)obj;
    int cmp;
    //erstes Sortierkriterium
    if( (cmp = nachname.compareTo( that.nachname )) != 0 )
      return cmp;
    //'name' ist gleich, also zweites Sortierkriterium:
    if( (cmp = vorname.compareTo( that.vorname )) != 0 )
      return cmp;
    //'name' und 'vorname' sind gleich, also drittes Kriterium:
    if( persNr != that.persNr )
      return persNr<that.persNr ? -1 : 1;
    //in allen Attributen gleich:
    return 0;
  }
}
```

Die zugrunde liegende Logik ist die folgende: Unterscheiden sich die Objekte im ersten Sortierkriterium, dann ist dieses ausschlaggebend und es wird das Ergebnis dieses Vergleichs zurückgegeben. Nur wenn sich die Objekte in diesem Attribut nicht unterscheiden, werden sie bezüglich des nächsten Attributs verglichen. Dies setzt sich – analog zum equals()-Vergleich – solange fort, bis alle Kriterien durchlaufen sind und schließlich 0 zurückgegeben wird.

Offensichtlich gibt es verschiedene logisch äquivalente Implementierungsvarianten, etwa unter Verwendung Boolescher Operatoren. Die vorgestellte Lösung hat den Vorteil, dass eine Änderung der Sortierreihenfolge einfach durch Vertauschen der entsprechenden if-Anweisungen erzielt werden kann.

Attribute eines Referenztyps werden analog zu equals() behandelt, indem man die compareTo()-Methode des Attributs (wie etwa bei nachname) verwendet.

Um den equals-compareTo-Kontrakt einzuhalten, wird man beim Vergleich keine Attribute verwenden, die nicht auch in den equals()-Vergleich eingehen, und versuchen, möglichst alle relevanten Attribute von equals() zu berücksichtigen. Letzteres ist nicht immer möglich, etwa dann nicht, wenn die Klasse eines solchen Attributs die Comparable-Schnittstelle nicht implementiert und auch darüber hinaus keine Vergleichsmöglichkeit bietet.

Innerhalb einer Vererbungshierarchie delegiert man bei compareTo() an die Superklasse, sofern dies auch bei equals() geschehen ist. Mit welcher Priorität die

Eigenschaften der Superklasse in den Vergleich eingehen, d.h. an welcher Stelle das folgende Coding platziert wird, ist für die Konsistenz mit `equals()` unerheblich und hängt von der intendierten Sortierreihenfolge ab:

```
if( (cmp = super.compareTo( that )) != 0 )
    return cmp;
```

Sortieren eines Arrays

Um die Wirkung von `compareTo()` auf die Sortierreihenfolge zu demonstrieren, ergänzen wir die Klasse `Mitarbeiter` um einen entsprechenden Konstruktor und einer geeigneten `toString()`-Methode. Wir legen ein Array von Mitarbeitern an und geben den Inhalt zunächst mit der Methode `printArray()` aus.

```
public static void main( String[] args ) {
    Mitarbeiter[] m = new Mitarbeiter[3];
    m[0]=new Mitarbeiter(1006, "Meier", "Rolf");
    m[1]=new Mitarbeiter(1003, "Meier", "Rolf");
    m[2]=new Mitarbeiter(1007, "Lang", "Ulla");
    printArray( m );
    java.util.Arrays.sort( m );
    System.out.println("Nach Aufruf von sort():");
    printArray( m );
}
public static void printArray( Object[] arr ) {
    for( int i=0; i<arr.length; i++ )
        System.out.println( arr[i] );
}
```

Anschließend wird die statische Routine `sort()` der Klasse `Arrays` aus dem Paket `java.util` aufgerufen, die intern auf `compareTo()` zugreift und die Elemente von m nach diesem Kriterium sortiert. Die erneute Ausgabe des Arrays zeigt die geänderte Reihenfolge:

```
                          - Konsole -
1006 Meier, Rolf
1003 Meier, Rolf
1007 Lang, Ulla
Nach Aufruf von sort():
1007 Lang, Ulla
1003 Meier, Rolf
1006 Meier, Rolf
```

Interface Comparator: Alternative Sortierkriterien

Innerhalb einer Anwendung werden häufig unterschiedliche Sortierkriterien angewandt, etwa in einem Personalverwaltungsprogramm, bei dem je nach Anforderung alphabetisch nach Namen oder alternativ numerisch nach Personalnummern sortierte Listen benötigt werden. Möglicherweise möchte man auch zuerst die fleißigsten Mitarbeiter mit den meisten Überstunden oder den geringsten Fehlzeiten anzeigen.

Um für eine Klasse verschiedene Sortierkriterien zu implementieren, verwendet man das Interface **Comparator**, das im Paket `java.util` definiert ist:

```
public interface Comparator {
    int compare( Object o1, Object o2 );
    boolean equals( Object obj );
}
```

Die Methode `equals()` ist hier nebensächlich, denn mit ihr werden nicht die zu sortierenden Objekte verglichen, sondern Instanzen von `Comparable` (genauer: von `Comparable` implementierenden Klassen). Zwei Comparatoren sind inhaltlich gleich, wenn sie die gleiche Sortierreihenfolge liefern. Aus Performancegründen wird diese Methode manchmal überschrieben, notwendig ist es jedoch nicht.

Mit der Methode `compare()` wird die gewünschte Sortierreihenfolge – im Gegensatz zu `compareTo()` in `Comparable` – nicht innerhalb der Klasse der zu sortierenden Objekte sondern in einer eigenen Klasse definiert. Eine Instanz dieser Klasse wird dann als Sortierkriterium im Konstruktor des Baum-basierten Containers oder der Routine `Arrays.sort()` als zusätzlicher Parameter mitgegeben.

Dies erklärt auch die unterschiedliche Signatur der beiden Vergleichsmethoden. Während `compareTo()` das aufrufende Objekt (`this`) mit dem übergebenen Argument vergleicht, wird in `compare()` das erste übergebene Argument mit dem zweiten verglichen. Beide Verfahren sind hinsichtlich der Semantik einer gewählten Sortierreihenfolge völlig gleichwertig. Sollen jedoch mehrere Sortierkriterien verfügbar sein, ist dies nur mit Implementierungen von `Comparator` möglich, von denen man beliebig viele formulieren kann. Die Anforderungen, die an eine semantisch korrekte Implementierung von `compare()` gestellt werden, sind die gleichen wie bei `compareTo()`(vgl. S. 363), sie sind lediglich syntaktisch umzuformulieren, z.B. den Ausdruck `a.compareTo(b)` in `compare(a,b)`.

In der Praxis wird man mit `compareTo()` eine natürliche Ordnung, sofern eine solche sinnvoll ist, *in* der Klasse selbst formulieren und zusätzliche Comparatoren für darüber hinaus benötigte Sortierkriterien verwenden. Beim Sortieren der Instanzen wird dann implizit `compareTo()` verwendet, es sei denn, es wird ein Comparator mitgegeben, mit dem man den Sortier-Default der Klasse überschreibt.

Die verschiedenen syntaktischen Varianten, mit denen man Comparatoren erstellen kann, sind Bestandteil der Übungen (siehe Übungsaufgabe 19.16).

19.5   Unveränderliche Klassen (Immutables)

Unveränderliche Klassen (*immutable classes*) sind Klassen, deren Instanzen während der Laufzeit nicht verändert werden können. Jegliche Information wird einmalig beim Erzeugen durch die Konstruktoren abgelegt. Beispiele von *Immutables* sind die Java-Klassen `String`, `BigInteger`, die Hüllklassen sowie die Klasse `Bruch`.

Da die Instanzen solcher Klassen nur einen einzigen Zustand besitzen, gilt jede Eigenschaft, die nur von diesen Zustandswerten abhängt, für die ganze Lebenszeit des Objektes. So kann man den HashCode einer Instanz bereits im Konstruktor berechnen und in einer privaten `int`-Variablen ablegen. Die Methode `hashCode()` gibt diesen Wert zurück, ohne ihn bei jedem Aufruf neu berechnen zu müssen. Für das Kürzen von Brüchen in der uns bereits bekannten Implementierung gilt das gleiche: Da es sich um eine *immutable* Klasse handelt, reicht es aus, das Kürzen in die Konstruktoren zu verlagern.

Zudem sind Instanzen von *Immutables* von vornherein Thread-sicher , so dass man keine Inkonsistenzen bei Zustandsänderungen befürchten muss. Solche Objekte können uneingeschränkt an verschiedene Threads übergeben werden (vgl. Kap. 21).

Daher ist es nützlich, Klassen nach Möglichkeit als *immutable* Klassen zu implementieren. Um dies zu erreichen, sind einige Regeln zu beachten (wir orientieren uns in der Darstellung an [BLO04], S. 63ff.).

Zunächst sollte man ausschließlich `private final` Attribute verwenden, wie etwa für die bereits bekannte Implementierung der Rationalen Zahlen:

```
class Bruch {
    private final int z;
    private final int n;
    public Bruch( int z, int n ){
        // Ausnahme auslösen bei n==0 ... kürzen ...
        this.z = z;
        this.n = n;
    }
    // ... weitere Methoden
}
```

Eine solche Klasse ist automatisch *immutable*, zumindest dann, wenn ihre Attribute vom Typ eines primitiven Datentyps oder vom Typ einer *immutable* Klasse sind (streng betrachtet, genügt für *Immutability* schon der Spezifier `final`; dass man die Sichtbarkeit mittels `private` einschränkt, hat hier andere Gründe, wie etwa die Kompatibilität bei zukünftigen Änderungen von Attributnamen).

Besitzt die Klasse jedoch Attribute vom Typ einer **nicht** *immutable* Klasse, dann kann ein solches Attribut geändert werden, sobald es über eine Referenz angesprochen werden kann.

Dazu das folgende Beispiel:

```
import java.util.Date;
class Timer {
   final Date start;                // Zeitstempel
   public Timer( Date start ){
      this.start=start;
   }
   public String toString() { return start.toString(); }
   public Date getStart()    { return start; }
}
```

Nun wird schnell deutlich, dass es sich nicht um eine *immutable* Klasse handelt, das Attribut erlaubt direkt Zugriff, da es nicht mit private geschützt ist:

```
Date now = new Date();
Timer t = new Timer( now );
System.out.println( t );     => aktueller Zeitstempel
t.start.setTime( 0L );       // Zugriff auf 'mutable' t.start
System.out.println( t );     => Thu Jan 01 01:00:00 CET 1970
```

Selbst wenn man die offensichtliche Sichtbarkeit des Attributs start mittels

private final Date start;

verbietet, lässt sich die Instanz nachträglich über die Referenz now ändern:

```
now.setTime( 0L );           // ändernder Zugriff via Referenz
```

Ein ähnliches Argument lässt sich anwenden, wenn man den scheinbar unverfänglichen *Getter* verwendet, der eine Referenz auf das private final Attribut liefert:

```
t.getStart().setTime( 0L );// ändernder Zugriff via Getter
```

Die Spezifikation private final verhindert nicht, dass das Objekt intern inhaltlich geändert werden kann. Um eine Klasse mit *mutable* Attributen als *Immutable* zu definieren, dürfen die internen Attributreferenzen nicht mit den im Konstruktor übergebenen Referenzen initialisiert werden. Hier ist es notwendig, neue Instanzen zu erzeugen, die mit den übergebenen Instanzen inhaltlich übereinstimmen, wie im Folgenden dargestellt:

```
public Timer( Date start ){
    this.start = new Date( start.getTime() );
}
```

Wird nun nachträglich das von start referenzierte Objekt geändert, hat dies keine Auswirkungen auf das erzeugte Objekt. Ebenso verfährt man mit den Get-Methoden, indem eine Kopie des Attributs erzeugt und zurückgegeben wird:

```
public Date getStart()    {
    return new Date( start.getTime() );
}
```

Weitere Details hierzu, insbesondere zur Verwendung der Methode clone() in diesem Zusammenhang, finden sich bei [BLO04].

20 Java Collection Framework

In diesem Kapitel stellen wir das *Java Collection Framework* vor, eine Bibliothek zur Verwaltung verschiedenartiger Sammlungen (*Collections*) von beliebigen Objekten. Für solche Sammlungen im allgemeinen Sinn verwenden wir den Begriff *Collection*, da dieser nicht bereits vorbelegt ist (im Gegensatz zu Menge, Liste oder Gruppe). In Anwendungsszenarien handelt es sich dabei in der Regel um Collections gleichartiger Objekte, etwa Mitarbeiter eines Unternehmens oder Rechnungen eines Kunden, auf denen typische Verwaltungsoperationen wie Hinzufügen, Löschen, Sortieren oder Suchen durchgeführt werden. Neben den wichtigsten Interfaces, Klassen und Algorithmen des Frameworks werden das Iterator-Konzept und Java-Generics im Zusammenhang mit Collections behandelt. Aus didaktischen Gründen werden wir jedoch zunächst die nicht generische Variante (raw-Types) behandeln und erst am Ende des Kapitels auf die generische Typisierung eingehen.

20.1 Einleitung

Im Zusammenhang mit der Verwaltung mehrerer gleichartiger Objekte haben wir bereits einige Datenstrukturen kennengelernt, wie etwa verkettete Listen, Stacks und Bäume, die sich in ihrem Aufbau und den zugrundeliegenden Algorithmen und dadurch in der Eignung für unterschiedliche Anforderungen unterscheiden.

Das Java Collection Framework stellt einen Rahmen dar, der es ermöglicht, die beteiligten Datenstrukturen einheitlich zu behandeln und dennoch den unterschiedlichen Anforderungen der konkreten Implementierungen gerecht zu werden. Neben einer Hierarchie von Interfaces stellt es konkrete Implementierungen von Datenstrukturen sowie verschiedene Algorithmen bereit.

Die Bibliothek ist im Paket `java.util` enthalten und besteht aus:

- **Interfaces**
  Eine Hierarchie von Schnittstellen, die es erlauben verschiedenartige Collections von Objekten einheitlich zu behandeln. Der Interface-Begriff wird hier im Sinne eines abstrakten Datentyps verwendet.

- **Implementierungen**
  Eine Hierarchie von Klassen, die die Interfaces implementieren. Einige Klassen sind abstrakt und dienen der einfacheren Implementierung eigener Collection-Klassen; die anderen Klassen können als konkrete Implementierungen direkt und einfach verwendet werden.

- **Algorithmen**
  Effiziente Algorithmen (wie z.B. Suchen und Sortieren).

Zunächst befassen wir uns mit einem einfachen Beispiel: Wir erzeugen eine leere verkettete Liste (`LinkedList`), der wir mit `add()` einige `Mitarbeiter`-Objekte hinzufügen. Anschließend wird die Liste und die Anzahl ihrer Elemente ausgegeben:

```java
import java.util.*;
public class ErsteCollection {
    public static void main(String[] args) {
        List li = new LinkedList();
        li.add( new Mitarbeiter( 1004, "Rolf" ) );
        li.add( new Mitarbeiter( 1001, "Inge" ) );
        li.add( new Mitarbeiter( 1000, "Susi" ) );
        System.out.println( li );
        System.out.println( "Anzahl der Elemente: " + li.size() );
    }
}
```

Wir verzichten hier auf die Angabe einer konkreten Implementierung der Klasse Mitarbeiter mit den Attributen `int persNr` und `String name` sowie einer adäquaten `toString()`-Methode.

Die Variable `li` ist vom Typ List, ein Interface, das eine listenartige, positionsorientierte Collection von Objekten repräsentiert, in der Objekte auch mehrfach auftreten können. Die Klasse LinkedList implementiert dieses Interface und besitzt zudem eine Methode `toString()` für eine sinnvolle textbasierte Darstellung:

```
                           - Konsole -
[1004-Rolf, 1001-Inge, 1000-Susi]
Anzahl der Elemente: 3
```

Anstelle der verketteten Liste können wir aber auch eine array-basierte Liste verwenden, indem wir den Konstruktoraufruf LinkedList() durch ArrayList() ersetzen. Die Klasse ArrayList des Java Collection Framework implementiert ebenfalls das List-Interface, verwendet jedoch intern Arrays anstelle von verketteten Listen. (vgl. Übung 20.2). Dass wir am bestehenden Coding lediglich an einer Stelle Änderungen vornehmen müssen, ist aus Entwicklersicht sehr bequem und zeigt bereits hier einen der Vorteile der Verwendung von Interfaces.

20.2   Beispiel: Simple List Collection

Um das Konzept und den Aufbau des Collection Frameworks besser zu verstehen, entwerfen wir ein Szenario, an dem wir das Zusammenspiel von Interfaces, abstrakten und konkreten Klassen im Zusammenhang mit abstrakten Datentypen erläutern.

Außerhalb des bestehenden Collection Framework entwickeln wir eine kleine Bibliothek zur Verwaltung von Objekten in einer einfachen listenartigen Collection (S-List, simple list). Wir beschränken uns von vornherein auf folgende Funktionalität:

- Hinzufügen eines Objekts
- Bestimmen der Größe (Anzahl der Elemente)

- Ermitteln eines Objekts an einer bestimmten Position (das zuerst eingefügte Objekt steht an Position 0, das zweite an Position 1 usw.)

- Feststellen, ob ein Objekt als Element enthalten ist

- Löschen eines Objekts (optional)

- Hinzufügen von Elementen einer beliebigen S-List

- Erzeugen einer leeren S-List

- Erzeugen einer S-List mit Elementen einer beliebigen (anderen) S-List

- Text-basierte Darstellung der S-List

Um einen abstrakten Datentyp zu definieren, der unterschiedliche Implementierungen zulässt, kann man alternativ abstrakte Klassen oder Interfaces verwenden. Formuliert man die Anforderungen innerhalb einer abstrakten Klasse, so ist die Verwendung dieses Datentyps von vornherein sehr eng eingeschränkt. Subklassen einer Klasse dieses Datentyps gehören dann automatisch auch zu diesem Datentyp, selbst wenn dies inhaltlich nicht zu rechtfertigen wäre. Diese Problematik zeigt sich ebenso, wenn bereits existierende Klassen um eine Funktionalität ergänzt werden sollen. Es ist bei weitem einfacher und flexibler, Klassen gezielt zu ergänzen, damit diese ein neues Interface implementieren, als eine neue abstrakte Klasse in einer bereits existierenden Hierarchie zu verankern. Letzteres ist häufig sogar unmöglich.

Abstrakte Klassen haben jedoch gegenüber Interfaces den Vorteil, dass in ihnen konkrete (d.h. nicht-abstrakte) Methoden formuliert werden können. Solche Methoden müssen dann nicht in jeder konkreten Klasse implementiert werden, was das Erstellen eigener Klassen deutlich erleichtert.

Um die Flexibilität bei der Verwendung von Interfaces mit den Vorzügen abstrakter Klassen zu vereinen, kombinieren wir beide Ansätze und gehen wie folgt vor:

- Definieren des Datentyps im Interface `SList`

- Implementieren von `SList` duch die abstrakte Klasse `AbstractSList`

- Erweitern von `AbstractSList` durch die Klassen `LinkedSList` und `ArraySList` auf Basis von verketteten Listen bzw. Arrays

20.2.1   Interface `SList`

Die meisten der oben genannten Anforderungen an den Datentyp lassen sich direkt im Interface formulieren:

```
public interface SList {
    public boolean add( Object o );
    public int size();
    public Object get( int pos );
    public boolean contains( Object o );
    public boolean remove( Object o);
    public boolean addAll( SList sl );
}
```

Die Namen der Methoden, der Parameter und der Rückgabetypen sind weitestgehend selbsterklärend. Die Methode remove() liefert false, wenn das Objekt in der Collection nicht vorkommt und daher nicht gelöscht werden kann. Ähnliches gilt für die Methoden zum Hinzufügen von Objekten: Werden diese erfolgreich hinzugefügt, wird true zurückgegeben, andernfalls false. Da wir in dieser Collection Duplikate erlauben, ist jedoch letzteres nie der Fall.

Die Methode addAll() erwartet Objekte vom Datentyp SList, also Instanzen beliebiger SList-Implementierungen. Damit lassen sich zu einem LinkedSList-Objekt nicht nur Elemente einer anderen LinkedSList hinzufügen, sondern auch Elemente einer ArraySList und beliebiger anderer Implementierungen.

Die beiden Anforderungen hinsichtlich des Erzeugens einer S-List lassen sich im Interface leider nicht fixieren. In Interfaces können – wie in abstrakten Klassen – keine Anforderungen über die Konstruktoren der implementierenden Klasse formuliert werden. Dies müssen wir direkt bei der Implementierung der konkreten Klassen berücksichtigen und dort entsprechende Konstruktoren formulieren. Ebensowenig lässt sich die Semantik einer Methode durch formale Regeln festlegen, so dass wir für eine adäquate toString()-Methode selbst sorgen müssen.

20.2.2 Abstrakte Klasse AbstractSList

Diese Klasse deklarieren wir als abstrakte Klasse, die SList implementiert:

```
public abstract class AbstractSList implements SList { /*..*/ }
```

Um die Entwicklung konkreter Implementierungen des Datentyps S-List zu vereinfachen, enthält sie Definitionen von Methoden, die von den konkreten Implementierungen unabhängig formuliert werden können. Mit den Methoden des Interface lässt sich nämlich wie folgt über alle Elemente iterieren:

```
for( int i=0; i<size(); i++ )
    Object o = get( i );
```

Die Methoden toString() und contains() lassen sich damit wie folgt auf size() und get() zurückführen:

```
public String toString() {
    StringBuffer sb = new StringBuffer( "[" );
    for( int i=0; i<size(); i++ )
        sb.append( i==0 ? get(i) :  (", " + get(i))  );
    return sb.append("]").toString();
}

public boolean contains( Object o ) {
    for( int i = 0; i<size(); i++ )
        if( o.equals( get(i) ) )
            return true;
    return false;
}
```

Die Methoden `toString()` und `contains()` müssen noch verbessert werden, damit sie auch mit selbstbezüglichen Listen und mit `null`-Referenzen korrekt funktionieren. Dies ist jedoch recht einfach (siehe Übung 20.1).

Die Definition von `addAll()` ist ebenfalls in der abstrakten Klasse möglich: Um alle Elemente einer S-List hinzuzufügen, iteriert man über alle Elemente und fügt diese einzeln mit `add()` hinzu:

```
public boolean addAll( SList sl ) {
    boolean modified = false;
    for( int i=0; i<sl.size(); i++ ) {
        if( add( sl.get( i ) ) )
            modified = true;
    }
    return modified;
}
```

Dass bei der Definition nicht-abstrakter Methoden in der Klasse abstrakte Methoden verwendet werden, stellt kein Problem dar. Instanziiert werden nämlich immer nicht-abstrakte Klassen, und die enthalten für jede Methode eine Implementierung.

Nun gibt es auch Methoden, die optionale Anforderungen der Datenstruktur widerspiegeln. Da diese nicht in allen konkreten Implementierungen semantisch adäquat vorhanden sein müssen, werden diese in der abstrakten Klasse leer formuliert, indem man, wie bei `remove()`, eine UnsupportedOperationException auslöst. Hier auf das Auslösen einer Ausnahme zu verzichten und einen Default-Wert, z.B. `false`, zurückzugeben, wäre fatal. Der Aufrufer könnte nicht unterscheiden, ob das Löschen erfolglos war oder ob die Methode leer implementiert ist.

```
public boolean remove( Object o ){
    throw new UnsupportedOperationException();
}
```

Schließlich bleiben die Methoden `add()`, `size()` und `get()`, die man nicht auf andere zurückführen kann. Diese werden in der Klasse mit abstract gekennzeichnet und erst "später" auf Ebene der konkreten Implementierungen definiert.

```
public abstract boolean add( Object o );
public abstract int size();
public abstract Object get( int pos );
```

20.2.3   Implementierungen `LinkedSList` und `ArraySList`

Die konkrete Ausgestaltung und Implementierung des Datentyps S-List wird in den Klassen `LinkedSList` und `ArraySList` vorgenommen, indem diese jeweils von `AbstractSList` erben und die dort abstrakt formulierten Methoden konkret definieren. Wir implementieren im Folgenden die Klasse `LinkedSList` und überlassen die Array-basierte Version dem Leser (vgl. Übung 20.2).

```
public class LinkedSList extends AbstractSList implements SList {
   private Node head = null;
   private int  size = 0;
   // Konstruktoren und Methoden ...
   private static class Node {
      Object o;
      Node   next;
      public Node( Object o, Node next ){
         this.o = o;   this.next = next;
      }
   }
}
```

Bekanntlich basiert eine verkettete Liste intern auf einer Knotenstruktur, die neben der eigentlichen Datenkomponente einen Verweis auf den nächsten Knoten enthält bzw. null, falls es sich um den letzten Eintrag handelt. Die Knotenstruktur Node definieren wir innerhalb von LinkedSList als private static class. Da diese Struktur nur innerhalb der umgebenden Klasse sichtbar ist, bleibt dadurch die interne Knotenstruktur schon aus formalen Gründen nach außen verborgen. Über die Referenz head auf den ersten Knoten erhält man internen Zugriff auf die Liste, das Attribut size verwaltet die Anzahl der Elemente.

Wir benötigen den Konstruktor zum Erzeugen einer S-List aus einer existierenden:

```
public LinkedSList( SList sl ){
   addAll( sl );         // Hinzufügen aller Elemente von sl
}
```

sowie den parameterlosen Konstruktor für eine leere S-List.

Neue Elemente werden der Einfachheit wegen vorne eingefügt

```
public boolean add( Object o ) {
   head = new Node( o, head );
   size++;
   return true;
}
```

so dass die Elemente in umgekehrter Reihenfolge in der Liste stehen. Dies lässt sich aber bei der Ausgabe in get() leicht korrigieren:

```
public Object get( int pos ){
   if(pos<0 || pos>=size) throw new IndexOutOfBoundsException();
   Node tmp=head;
   pos = size - 1 - pos;        // Korrektur der Reihenfolge
   for( int i=0; i<pos; i++ )
     tmp=tmp.next;
   return tmp.o;
}
```

Schließlich fehlt noch der "Getter" für die Anzahl der Elemente:

```
public int size(){ return size; }
```

Damit ist die Implementierung der Klasse zwar abgeschlossen, aber einige der in der abstrakten Klasse bereits definierten Methoden arbeiten nicht gerade performant. In `contains()` und in `toString()` wird in einer Schleife mit `get()` der Reihe nach auf die Elemente zugegriffen. Beim Aufruf `get(i+1)` wird intern stets eine neue Iteration beim ersten Element begonnen, obwohl beim vorherigen Schleifendurchlauf mit `get(i)` ein Zugriff auf den direkten Vorgänger bereits erfolgte.

Eine Lösung dieses Problems besteht darin, die Methoden in der konkreten Implementierung durch effizientere zu überschreiben (siehe Übung 20.3). Dass semantisch korrekte Methodendefinitionen einer abstrakten Klasse aus Performancegründen häufig überschrieben werden, sollte nicht überraschen. Die Details der Implementierung sind aus der abstrakten Sicht in der Regel nicht bekannt und können daher auch nicht immer berücksichtigt werden. Eine weitere Lösung bietet das Iterator-Konzept, mit dem wir uns jetzt befassen.

20.3 Das Iterator-Konzept

Bei vielen Aktivitäten im Zusammenhang mit Collections ist es notwendig, Zugriff auf alle Objekte zu haben, etwa beim Suchen eines Elements mit einer bestimmten Eigenschaft, beim Ermitteln von Maxima oder Minima (bzgl. einer Ordnung) oder auch bei der Anzeige aller enthaltenen Objekte am Bildschirm.

Die Implementierung solcher Methoden erfordert die Möglichkeit, der Reihe nach auf die einzelnen Objekte zuzugreifen, wie in `toString()` oder `contains()`, wo wir wie folgt über die Collection iteriert haben:

```
for( int i=0; i<size(); i++ )
    Object o = get( i );
```

Diese Art von Iteration hat jedoch den Nachteil, dass man explizit über die Variable `i` und die Methode `size()` unnötige int-Werte benutzt. Darüber hinaus sind auf `get()` basierende Iterationen häufig ineffizient, da – etwa in verketteten Listen – stets von vorne durchgezählt wird, um das nächste Element zu erhalten.

20.3.1 Das Interface `Iterator`

Daher verwendet man ein abstraktes Iterationskonzept, das durch die Schnittstelle `Iterator` im Paket `java.util` charakterisiert ist. Sie umfasst die Methoden:

```
public Object next();

public boolean hasNext();

public void remove( );        // optionale Methode
```

Mit einem Iterator ist es möglich, effizient auf die Elemente innerhalb der Collection sequentiell zuzugreifen, ohne die zugrunde liegende Struktur zu kennen. Die Methode `next()` liefert stets das nächste Element, solange noch Elemente vorkommen, andernfalls wird eine `NoSuchElementException` ausgelöst. Eine solche Ausnahme lässt sich aber vermeiden, wenn man zuvor mit `hasNext()` überprüft, ob es noch Elemente gibt. Die Methode `remove()` löscht das mit dem letzten `next()`-Aufruf erhaltene Objekt aus der Collection. Ruft man `remove()` ohne vorheriges `next()` auf, wird eine `IllegalStateException` ausgelöst; dies gilt auch, wenn zwischen zwei `remove()`-Aufrufen kein `next()` erfolgt. Wurde `remove()` leer implementiert, löst der Aufruf eine `NoSuchOperationException` aus.

Um einen Iterator für die SList-Datenstruktur verfügbar zu haben und anwenden zu können, erweitern wir `SList` um die Methode `public Iterator iterator()`, die eine Iterator-Instanz für die Methoden `hasNext()` und `next()` liefert.

Die Summe aller `Integer`-Werte einer `SList` `sl` errechnet sich dann durch:

```
Iterator it = sl.iterator(); // liefert Iterator-Objekt für sl
while( it.hasNext() )         // Methodenaufrufe über das Objekt
    sum += ((Integer)it.next()).intValue();
System.out.println( "Summe der Werte: " + sum );
```

20.3.2   Definition von Iteratoren

Einen Iterator für eine `LinkedSList` definiert man am Besten als *Innere Klasse*:

```
public class LinkedSList {
    // Definition der Attribute und Methoden

    public Iterator iterator() {      // liefert einen Iterator
        return new MyIterator();
    }

    private class MyIterator implements Iterator {
        private Node cursor = head;
        public boolean hasNext(){      // ...
        }
        public Object next(){          // ...
        }
        public void remove(){
            throw new UnsupportedOperationException();
        }
    }
}
```

Aus der inneren Klasse `MyIterator` kann uneingeschränkt auf die Attribute und Methoden der umgebenden Klasse zugegriffen werden; auch steht die ebenfalls innerhalb von `LinkedSList` definierte Datenstruktur `Node` zur Verfügung.

Bleibt noch die Implementierung der beiden Methoden:

```
public boolean hasNext(){
    return cursor!=null;
}
```

```
public Object next(){
    if( !hasNext() ) throw new NoSuchElementException();
    Object o = cursor.o;         // Rückgabeobjekt sichern
    cursor = cursor.next;        // Cursor weiterschieben
    return o;                    // Objekt zurückgeben
}
```

Den Test dieses Iterators sowie eine Implementierung von remove() überlassen wir als Aufgabe (siehe Übung 20.4 - 20.6).

Den aufmerksamen Lesern wird dabei nicht entgehen, dass der von uns definierte Iterator die Datenstruktur "rückwärts" durchläuft, d.h. deren Elemente entgegen ihrer Einfügereihenfolge berücksichtigt. Der Grund dafür ist weniger beim Iterator zu finden als in der Definition von add() (vgl. S. 375). Entgegen der Konvention der API-Dokumentation fügt unsere Version neue Elemente "vorne" an die Liste an, ein Umstand, den wir in der Methode get() durch die Anweisung

```
        pos = size - 1 - pos;    // Korrektur der Reihenfolge
```

kaschieren konnten. Im weiteren Verlauf ist es jedoch geschickter, add() wie folgt zu implementieren und in get() die Korrekturanweisung zu streichen:

```
    public boolean add( Object o ) {       // hinten einfügen
        Node n = new Node( o, null );      // neuer Knoten
        if( head==null )                   // Sonderfall: Liste leer
            head = n;
        else {                             // letzten Knoten suchen
            for( Node tmp=head; tmp.next!=null; tmp=tmp.next )
                ;                          // ... gefunden
            tmp.next = n;                  // anhängen
        }
        return true;
    }
```

Dass in einer einfach verketteten Liste ein Iterator definiert werden kann, der diese entgegen der Verkettungsstruktur durchläuft, ist Bestandteil der Übung 20.4.

20.3.3   Erweiterte for-Schleife – Foreach-Loop

Mit Java 1.5 wurde ein neues Sprachelement, die erweiterte for-Schleife eingeführt, mit der man die Elemente einer Collection ohne Bezug auf die Iterator-Methoden durchlaufen kann. Syntax und Semantik ergeben sich aus dem folgenden Beispiel:

```
    for( Object o : coll )            // for each Object o in coll
        System.out.println( o );
```

Den indirekten Bezug zu den Methoden next() und hasNext() erläutert Übung 20.12. Mit diesem Konstrukt kann man sehr kompakt über Collections iterieren, insbesondere wenn man generische Typen verwendet. Damit werden wir uns am Ende des Kapitels im Zusammenhang mit Java Generics nochmals kurz befassen.

20.4   Aufbau des Java Collection Framework

Der Aufbau des Java Collection Framework entspricht konzeptuell dem von uns vorgestellten SList-Szenario:

- verschiedene *Interfaces* definieren Datenstrukturen für unterschiedliche Zwecke

- repräsentative *Implementierungen* werden zur Verfügung gestellt

- *abstrakte Klassen* erleichtern die Entwicklung eigener Implementierungen

Zusätzlich stehen effiziente Algorithmen zum Sortieren, Mischen, Suchen etc. bereit.

Wir beschränken uns bei der Darstellung auf die wichtigsten Klassen und Interfaces und deren wesentliche Eigenschaften und Methoden; Details findet man im Collections-Framework-Tutorial [SUN05F] und in der API-Dokumentation [SUN05C].

20.4.1   Interfaces

Die Interfaces des Frameworks bestehen aus zwei unabhängigen Hierarchien mit den Super-Interfaces **Collection** und **Map** (vgl. Abbildung 20.1).

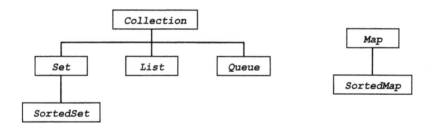

Abb. 20.1: Die Super-Interfaces Collection und Map

Collection

Das grundlegende Interface ist **Collection**, von dem **Set**, **List** und **Queue** abgeleitet sind. Dieses Interface dient primär zur einfacheren Formulierung, wenn Methoden für alle abgeleiteten Datentypen gelten sollen. So wird etwa die Methode

```
public boolean addAll( Collection c )
```

an alle Subinterfaces vererbt und stellt für jedes dieser Interfaces sicher, dass Elemente *beliebiger* Collection-Instanzen hinzugefügt werden können.

Das Interface Collection umfasst die Methoden

```
int size();                              // Basismethoden
boolean isEmpty();
boolean contains(Object o);
boolean add(Object o);
```

```
boolean remove(Object o);
Iterator iterator();

boolean containsAll(Collection c);   // Mengenoperationen
boolean addAll(Collection c);
boolean removeAll(Collection c);
boolean retainAll(Collection c);
void clear();

Object[] toArray();                  // Array-Operationen
Object[] toArray(Object[] a);
```

deren Semantik in den meisten Fällen bereits von SList bekannt oder trivial ist. Die Methode removeAll() löscht alle Elemente, die in c vorkommen, die Methode retainAll() alle, die nicht in c vorkommen (vgl. Übung 20.11); die Methoden toArray() geben die Elemente als Array zurück, wobei der Rückgabetyp in der parametrisierten Version angegeben werden kann. Methoden, die die Collection verändern können, sind optional. Deren Rückgabewert ist true, falls sich die Collection durch den Aufruf ändert, sonst false (mit Ausnahme von clear()).

List

Das Interface **List** beschreibt eine positionsorientierte Collection von Objekten, die über einen ganzzahligen Indexwert (die Position) adressiert werden können.

Set und SortedSet

In einem **Set** dürfen – im Gegensatz zur List – keine Objekte mehrfach vorkommen, so dass der Versuch, ein Objekt hinzuzufügen, durchaus scheitern kann. Das Interface **SortedSet** beschreibt die sortierte Version von Set, bei der der Iterator die Elemente in aufsteigender Reihenfolge durchläuft.

Queue

Eine **Queue** dient zur Verwaltung von Objekten, die weiter verarbeitet und "verbraucht" werden, in der Regel sortiert als FIFO (*first-in-first-out*)-Datenstruktur. Typische Anwendungsszenarien für Queues sind z.B.

- Prozesse, die darauf warten, den Prozessor benutzen zu dürfen

- Druckaufträge eines Print-Servers

- Kundenanfragen in einem Callcenter (vgl. Kapitel 25)

- Fertigungsaufträge in der Produktion

Map und SortedMap

Die Interfaces **Map** und **SortedMap** definieren Datenstrukturen, in denen jedem Schlüssel (key) ein eindeutiger Wert (value) zugeordnet ist. Eine Map kann man als Set von Schlüssel-Wert Paaren auffassen, bei der ein Wert – im Gegensatz zum Schlüssel – mehrfach vorkommen kann. Das Interface **SortedMap** beschreibt eine nach Schlüsselwerten sortierte Version von Map.

Anwendungsbeispiele für solche Datenstrukturen sind etwa

* Telefonbuch einer Abteilung

* Abkürzungsverzeichnis der lieferbaren Artikel

* Tabelle mit Kurz- und Langform der wichtigsten Partnerunternehmen

Die wichtigsten Methoden von Map sind im folgenden Code-Ausschnitt dargestellt:

```
// Informationen eintragen
m.put( "SAP", "SAP AG, Walldorf" );
m.put( "OIO", "Orientation in Objects GmbH, Mannheim" );
// Abfragen
System.out.println( m.get( "OIO" ) );
```

20.4.2 Implementierungen

Das Collection Framework stellt für seine Interfaces verschiedene Implementierungen bereit, von denen wir die wichtigsten vorstellen werden. Dabei kann es durchaus verschiedene Implementierungen eines Interface geben (etwa die verschiedenen Implementierungen von List), andererseits kann eine Klasse auch zwei unterschiedliche Interfaces implementieren (vgl. LinkedList). Sollen – aus welchen Gründen auch immer – eigene Implementierungen erstellt werden, bietet das Framework abstrakte Klassen an, die einem einen Teil der Arbeit abnehmen.

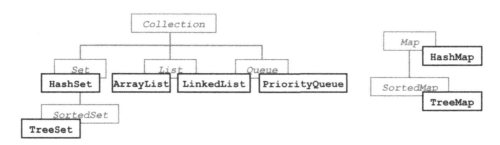

Abb. 20.2: Implementierungen des Collection Framework

Die wichtigsten Klassen sind (vgl. Abb. 20.2):

* **ArrayList** und **LinkedList** als Implementierungen von List:
  In den meisten Fällen ist die ArrayList effizienter, besonders bei positionsorientierten Zugriffen. Diese Implementierung hat jedoch Nachteile, wenn häufig Elemente gelöscht werden.

* **LinkedList** als (FIFO-)Implementierung von Queue:
  Da die Modellierung als FIFO-Datenstruktur in der Praxis nicht immer angemessen ist (wichtige Prozesse können mit einer höheren Priorität versehen werden, in manchen Arztpraxen werden Privatpatienten bevorzugt behandelt, bestimmte

Fertigungsaufträge müssen früher erledigt werden), kommt häufig die Implementierung **PriorityQueue** zum Einsatz (vgl. Kapitel 25: Callcenter).

- **HashSet** als Implementierung von Set:
  Die Implementierung basiert auf der Methode hashCode(). Ist diese Methode nicht konsistent mit equals() formuliert, gibt es unangenehme Konsequenzen (vgl. Übung 19.14).

- **TreeSet** als Implementierung von SortedSet:
  Die baum-basierte Implementierung benutzt die natürliche Ordnung der Objekte, sofern deren Klasse das Interface Comparable implementiert. Alternativ kann im Konstruktor die Sortierreihenfolge über einen Comparator mitgegeben werden.

- **HashMap** als Implementierung von Map: (vgl. HashSet)

- **TreeMap** als Implementierung von SortedMap:(vgl. TreeSet)

Die Klassennamen bestehen in der Regel aus zwei Teilen, von denen der erste die Art der Implementierung, der zweite das implementierte Interface bezeichnet. Hash**Set** ist somit eine *hash*-basierte Implementierung von **Set**, Array**List** und Linked**List** sind *array*-basierte bzw. über Verkettungen strukturierte Implementierungen von **List**. Die Entscheidung, ob man einer Collection eine sortierte oder unsortierte Datenstruktur zugrunde legt, hängt davon ab, ob die Eigenschaften des *sorted Interface* (z.B. sortierter Iterator) wesentlich benötigt werden. Im Regelfall sind die meisten Operationen auf unsortierten Datenstrukturen deutlich schneller als auf sortierten (vgl. [SUN05F]). Im Zweifelsfall bietet es sich an, mit möglichst allgemeinen Interface-Typen zu arbeiten und erst nach einigen realistischen Tests konkrete Implementierungen einzusetzen.

20.4.3   Algorithmen

In vielen Anwendungsfällen wird man innerhalb einer Collection nach Objekten suchen oder diese nach verschiedenen Kriterien sortieren. Dazu und für weitere Aufgaben bietet die Klasse **Collections** zahlreiche **statische** Methoden an.

Mit den Methoden

```
void sort( List l )              void sort( List l, Comparator c )
```

wird die Liste aufsteigend sortiert, im ersten Fall mit compareTo() als Sortierkriterium, im zweiten mit compare() des Comparators c.

Um ein Objekt in einer Liste zu suchen, verwendet man die Methode

```
int binarySearch( List l, Object o )
```

wobei die Liste aufsteigend sortiert sein muss. Falls das Objekt in der Liste gefunden wird, gibt die Methode seine Position in der Liste zurück, falls nicht, wird derjenige negative Wert z zurückgegeben, bei dem die Liste sortiert bleibt, wenn man das Objekt anschließend an der Position $-z-1$ einfügt. Analog zu sort() existiert binarySearch() mit einem Comparator als zusätzlichen Parameter. Im letzten Kapitel werden wir diese Methoden in verschiedenen Szenarien anwenden.

20.5   Generics und das Java Collection Framework

20.5.1   Motivation

Seit der Version 1.5 der J2SE besitzt Java die Möglichkeit, generische Typen und Methoden (*Java Generics*) zu verwenden, ein Feature, das gerade im Zusammenhang mit dem Collection Framework interessant ist. Im Collection Framework werden Datenstrukturen unabhängig von den konkreten Typen der verwalteten Inhalte implementiert. Da eine array-basierte Liste von Mitarbeiter-Instanzen strukturell identisch ist mit einer, die String- oder Integer-Instanzen verwaltet, stellt man eine einzige universelle Implementierung dieser Datenstruktur bereit.

Vor Java 1.5 wurde dies dadurch erreicht, dass diese Datenstrukturen Instanzen von `Object` beinhalten und damit in der Lage sind, Instanzen beliebiger Klassen aufzunehmen. Die Universalität geht jedoch etwas zu weit: Betrachten wir das Coding

```
List l = new ArrayList();
l.add( new Integer( 17 ) );
l.add( new Mitarbeiter( 1004, "Rolf" ) );
l.add( "Hallo" );
System.out.println( l );
```

so macht dies auf den ersten Blick einen sehr nützlichen Eindruck. Instanzen beliebiger Typen können in die Liste aufgenommen und ausgegeben werden. Nach näherer Betrachtung stellt man jedoch fest, dass zum einen solche Szenarien in der Realität sehr selten vorkommen und zum anderen zusätzliche Unbequemlichkeiten und sogar Probleme entstehen. Sucht man etwa in einer Mitarbeiterliste den Mitarbeiter mit einer bestimmten Personalnummer, ist dies ohne **Cast** nicht möglich:

```
for( Iterator it = l.iterator(); it.hasNext();  ) {
    Mitarbeiter m = (Mitarbeiter)it.getNext();
    if( m.getPersNr()==1117 )
        ...
```

Die Liste besitzt nämlich keine Information, welche konkreten Typen sie verwaltet. Ein solcher Cast scheitert jedoch, wenn sich – aus welchen Gründen auch immer – andersartige Objekte eingeschlichen haben. Dies wird erst zur Laufzeit entdeckt und mit einer **ClassCastException** quittiert. Das zugrunde liegende Problem besteht darin, dass man beliebige Typen verwalten möchte, aber vor Java 1.5 noch keine geeigneten sprachlichen Mittel besaß, dies auf Objekte *gleichen Typs* einzugrenzen.

Auf die wichtigsten Aspekte der Java Generics gehen wir im folgenden ein. Details und interessante Hintergrundinformationen findet man in [SUN05A] und [LAN04].

20.5.2   Generische Typen

Mit Java Generics ist es möglich, bei der *Definition* einer Klasse oder eines Interface einen darin verwendeten Typ offen zu lassen und diesen erst bei der *Instanziierung* festzulegen. Dazu verwendet man einen Platzhalter, der in spitzen Klammern direkt hinter den Klassennamen angefügt wird und innerhalb der Klasse verwendet werden kann. Zunächst betrachten wir das folgende (rudimentäre) Beispiel:

```
public class LinkedSList<E> {

    public boolean add( E element ){

        ...

    }
    public E get( int pos ){

        ...

    }
    ...

}
```

Anstelle des Typs `Object` im konventionellen Coding steht jetzt innerhalb der Klasse der *Platzhalter* E, der die Rolle des bei der späteren Instanziierung verwendeten Typs einnimmt. Wir überlassen die generische Implementierung von `LinkedSList` als Übungsaufgabe (siehe Übung 20.14) und wenden uns der Instanziierung generischer Klassen am Beispiel von `LinkedList` des Collection Frameworks zu. Dazu wird in der Typ-Deklaration als auch im Konstruktor der Platzhalter innerhalb der spitzen Klammern durch einen Typ, in diesem Fall **Mitarbeiter**, ersetzt. Aus einer unspezifizierten Liste wird dadurch eine Liste von Mitarbeitern:

```
// Instanzierung eines parametrisierten Typs

LinkedList<Mitarbeiter> l = new LinkedList<Mitarbeiter>();

l.add( new Mitarbeiter( 1004, "Rolf" ) );

l.add( new Mitarbeiter( 1005, "Ulli" ) );

l.add( new Mitarbeiter( 1003, "Hans" ) );

// l.add( new Integer( 18 ) );   << Compiler-Fehler

for( Iterator it = l.iterator(); it.hasNext(); ) {
    Mitarbeiter m = it.getNext(); // kein Cast notwendig!
    if( m.getPersNr()==1117 )

    ...
```

Mit der erweiterten for-Schleife schreiben sich die letzten Zeilen noch kompakter:

```
for( Mitarbeiter m : l ) {        // for-each Mitarbeiter m in l
    if( m.getPersNr()==1117 )   ...
```

20.5.3   Generische Methoden

Neben Typen können unabhängig davon auch Methoden generisch definiert werden. Diese werden analog mit Platzhaltern – in spitzen Klammern in der Methodendeklaration vor dem Rückgabetyp – formuliert. Man könnte etwa die Methode containsAll() der Klasse LinkedList wie folgt generisch formulieren (eine andere Formulierung dieser Methode befindet sich in Übung 20.15):

```
public <T> boolean containsAll( Collection<T> c ){
    for( T o : c )
        if( !contains( o ) )
            return false;
    return true
}
```

Generische Methoden werden nicht selten mit nicht-generischen Methoden generischer Klassen verwechselt. Erstere besitzen eigene Platzhalter, nicht-generische dagegen nicht. Sie können jedoch durchaus Platzhalter innerhalb generischer Klassen verwenden, wie z.B. die Methoden add() und get() auf S. 385.

20.5.4   Generischer und nicht-generischer Code

Aus Gründen der Kompatibilität ist die Verwendung von generischen Typen ohne Typargument, so genannten *raw types*, in Java 1.5 erlaubt. Daher konnten wir z.B. Instanzen von LinkedList erzeugen, obwohl in Java 1.5 alle Implementierungen von Collection generisch definiert sind. Ebenso sind parametrisierte Typen mit *raw types* zuweisungskompatibel, wie an folgendem Beispiel dargestellt:

```
LinkedList l1 = new LinkedList();       // raw-type LinkedList
LinkedList<Mitarbeiter> l2 = new LinkedList<Mitarbeiter>();
...
l1 = l2;                     // ohne Warnung
l2 = l1;                     // Warnung: unchecked conversion
```

Generische Typen können daher mit bestehendem nicht-generischen Coding verwendet werden. Interessant und in mancherlei Hinsicht kurios ist die Vererbungshierarchie generischer Klassen. Während jeder parametrisierte Typ einer generisch definierten Klasse vom *raw type* erbt, gibt es im allgemeinen keine Vererbungsbeziehung zwischen parametrisierten Typen der gleichen Klasse. Andererseits überträgt sich die *raw type* Hierarchie auf generische Typen gleicher Parameter: So ist z.B.

* HashSet<Mitarbeiter> Subklasse von HashSet

* HashSet<Mitarbeiter> **keine** Subklasse von HashSet<Object>

* TreeSet<Mitarbeiter> Subklasse von HashSet<Mitarbeiter>

Detaillierte Informationen hierzu findet man in der bereits erwähnten Literatur.

21 Threads

Dieses Kapitel behandelt anhand von Anwendungsbeispielen die Grundlagen der parallelen Programmierung mit Java-Threads. Neben der Entwicklung paralleler Programmabläufe werden der Datenaustausch zwischen Threads dargestellt und einfachste Synchronisationsprobleme, die beim Zugriff auf gemeinsame Objekte auftreten, erläutert und gelöst. Dabei vermitteln wir Kenntnisse, wie sie im letzten Kapitel zum Erzeugen von Threads innerhalb eines Servers benötigt werden, und verweisen für weitere Synchronisationsszenarien auf [OEC01] und [BLO04].

21.1 Einleitung

Das Konzept moderner multiuser- und multitasking-Betriebssysteme sieht vor, dass mehrere Benutzer gleichzeitig und unabhängig voneinander mehrere und unterschiedliche Aufgaben durchführen können. Ob diese Aufgaben wirklich zeitgleich "nebeneinander" ablaufen oder ob durch sehr schnelles Umschalten zwischen verschiedenen Prozessen nur der Eindruck von Parallelität vermittelt wird, hängt von der verwendeten Hardware (Einprozessor-/Mehrprozessorrechner) ab. Ein zentraler Dienst des Betriebssystems, der *Scheduler*, teilt den laufenden Prozessen abwechselnd für sehr kurze Zeitintervalle Prozessorrechenzeit zu; ein Prozess wird während dieser Zeit aktiv ausgeführt, bevor wieder ein anderer an die Reihe kommt.

Die Vorteile eines solchen (quasi-) parallelen Verfahrens bestehen darin, dass Aufgaben, die nur eine kurze Rechenzeit benötigen, deutlich früher abgeschlossen werden, als wenn sie bei einer rein seriellen Verarbeitung auf das Ende eines zuvor gestarteten "Langläufers" warten müssten. Bei interaktiven Programmen können zudem Systemressourcen während des Wartens auf noch nicht erfolgte Benutzereingaben anderen Programmen zur Verfügung gestellt und von diesen genutzt werden.

Da das Betriebssystem jedem Prozess einen eigenen Adressraum zuteilt, laufen diese eigenständig und voneinander unabhängig. So ist es beispielsweise möglich, mehrere Java-Programme zu starten (sogar ein und dasselbe Programm mehrmals), ohne dass sich diese gegenseitig stören; jedes Programm läuft nämlich innerhalb eines separaten Prozesses mit jeweils eigener JVM (vgl. Abb. 21.1).

Andererseits wird durch eine solche strikte Trennung der Adressräume von Prozessen die Kommunikation zwischen verschiedenen Programmen erschwert, da ja keine gemeinsam nutzbaren Objekte zum Informationsaustausch vorhanden sind. Mit dem auf *Threads* (Faden, Ausführungsstrang) basierenden Konzept können jedoch parallele Abläufe direkt innerhalb der Sprache Java implementiert werden. Die einzelnen Threads eines Programms laufen innerhalb ein und derselben JVM und damit im gleichen Adressraum, sie teilen sich daher ihre öffentlichen Daten. Da ein Thread im Gegensatz zu einem Prozess mit deutlich weniger Speicherressourcen auskommt, nennt man Threads auch leichtgewichtige Prozesse (*lightweight processes*).

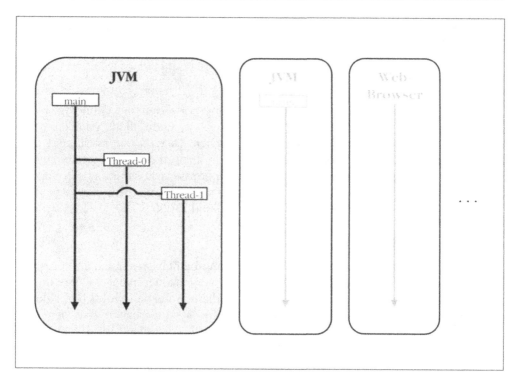

Abb. 21.1: Prozesse und Threads

Ob es sich letztendlich um echte oder um scheinbare Parallelität handelt, wird innerhalb von Java nicht spezifiziert, sondern hängt von der Architektur der verwendeten Hardware ab, aber auch davon, wie das Thread-Konzept der JVM innerhalb des zugrunde liegenden Betriebssystems umgesetzt wird. Da diese Unterscheidung innerhalb der Sprache Java nicht relevant ist, werden wir die Begriffe "Parallelität" und "Nebenläufigkeit" im weiteren Sinne verwenden und sowohl echte als auch scheinbare Parallelität darunter verstehen.

21.2   Erzeugen und Starten von Threads

Beim Starten eines Java-Programms wird automatisch ein Thread erzeugt, der die `main()`-Methode der auszuführenden Klasse ausführt. Von diesem main-Thread, der in jedem Java-Programm existiert, können weitere Threads gestartet werden.

In Java wird die parallele Ausführung von Programmteilen mit der Klasse `Thread` implementiert, die im Standard-Paket `java.lang` enthalten ist. Ein neuer Thread wird gestartet, indem ein Objekt der Klasse `Thread` erzeugt und dessen Methode `start()` aufgerufen wird:

```
Thread t = new Thread(...);
t.start();
```

Die JVM führt im erzeugten Thread automatisch das Coding der Instanzmethode `run()` aus, zugleich wird im ursprünglichen Thread mit den Anweisungen nach `start()` fortgefahren (vgl. Abb. 21.2).

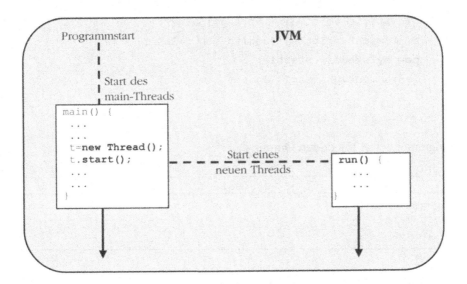

Abb. 21.2: Thread-Methoden `start()` und `run()`

Die Aktivität eines neu gestarteten Threads können wir als Entwickler festlegen, indem wir die Methode `run()` selbst implementieren. Grundsätzlich gibt es hierzu zwei Möglichkeiten: Man erweitert die Klasse `Thread` und überschreibt `run()` oder man gibt die Methode `run()` beim Erzeugen des Threads mit, was formal als Implementierung des Interface `Runnable` geschieht.

Thread-Methoden: `start()` **aufrufen** und `run()` **implementieren**!

Um nun neue Threads zu erzeugen, werden wir uns zuerst der Thread-Variante zuwenden, bevor wir uns später mit der Runnable-Variante befassen.

21.2.1   Erweitern von Thread

Im ersten Beispiel erweitern wir die Klasse `Thread` und überschreiben die dort leer implementierte Methode `run()`, so dass diese eine eigene Meldung ausgibt:

```
public class MyThread extends Thread {
    public void run() {
        System.out.println( "neuer Thread" );
    }
}
```

In der main()-Methode wird ein Objekt dieser Klasse erzeugt und dessen Methode start() aufgerufen. Da hier keine Referenz auf das Thread-Objekt benötigt wird, können wir Erzeugen und Starten in einer Zeile zusammenfassen. Zu Beginn und am Ende geben wir in main() eine entsprechende Meldung aus:

```
public class ErstesThreadProgramm {
    public static void main( String[] args ){
        System.out.println( "Beginn von main" );
        new MyThread().start();
        System.out.println( "Ende von main" );
    }
}
```

Das Programm liefert folgenden Output:

- *Konsole* -
Beginn von main Ende von main neuer Thread

Dass die Ausgabe "Ende von main" vor der Ausgabe "neuer Thread" erfolgt, ist ein eindeutiges Indiz für eine nicht-sequentielle Verarbeitung. Das Erzeugen und Starten des neuen Threads wird zwar vor der Ende-Ausgabe angestoßen, offensichtlich wird aber auf den main-Thread umgeschaltet, bevor das Coding des erzeugten Threads zur Ausführung kommt. Grundsätzlich ist es schwer, wenn nicht sogar unmöglich, verlässliche Aussagen über die Ausführungsreihenfolge von Anweisungen zwischen verschiedenen Threads zu treffen.

Betrachten wir hierzu das nächste Beispiel, in dem gleich mehrere Threads gestartet werden. Zuerst wird die Klasse Thread zu CountThread erweitert und deren Methode run() wie folgt überschrieben:

```
public class CountThread extends Thread {
    public void run() {
        for( int i=0; i<1000; i++ )
            System.out.println( getName() + ": " + i );
    }
}
```

Der Thread gibt in einer Schleife mit der Methode getName() seinen Namen zusammen mit dem Wert der Zählvariablen aus; der Name des Threads wurde beim Erzeugen des Thread-Objektes automatisch vergeben.

In der ausführbaren Klasse werden nun zwei Threads erzeugt und gestartet:

```
public class ZweitesThreadProgramm {
    public static void main( String[] args ){
        System.out.println( "Beginn von main" );
        new CountThread().start();
        new CountThread().start();
        System.out.println( "Ende von main" );
    }
}
```

Am Output des Programms fällt auf, dass die Anzahl der zusammenhängenden, zu einem Thread gehörenden Ausgabezeilen variiert, ebenso ist der Output bei mehrmaliger Programmausführung in der Regel unterschiedlich.

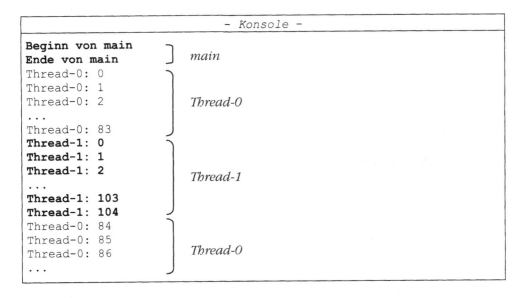

Wie bereits im ersten Beispiel festgestellt, ist der main-Thread beendet, bevor die gestarteten Threads mit der Ausgabe beginnen. Soll nun eine Meldung über das Programmende ausgegeben werden, d.h. nach Beendigung aller neu gestarteten Threads, dann kann man mit der Methode

```
public final void join()
```

auf das Ende eines jeden Threads warten. Diese Methode tut inhaltlich nichts, sie wird aber erst dann ausgeführt, wenn der Thread – aus welchen Gründen auch immer – beendet ist. Um diese Methode auf die einzelnen Thread-Objekte anwenden zu können, müssen jedoch nach dem Starten entsprechende Referenzen existieren. Weiterhin ist zu beachten, dass die Methode `join()` eine `InterruptedException` auslösen kann, die wir abfangen.

```
public class ZweitesThreadProgramm {
   public static void main( String[] args ) {
      System.out.println( "Beginn von main" );
      CountThread ct1 = new CountThread();
      CountThread ct2 = new CountThread();
      ct1.start();
      ct2.start();
      try {
         ct1.join();
         ct2.join();
      }
      catch( InterruptedException ie ) {
         ie.printStackTrace();
      }
      System.out.println( "Ende von main. Ende des Programms" );
   }
}
```

Bei der Ausführung des Programmes werden die beiden neuen Threads erzeugt, die dann gleichzeitig ihre Arbeit verrichten. Der main-Thread wartet mit join() auf das Ende der beiden erzeugten Threads und gibt anschließend die Meldung aus.

21.2.2   Implementieren von Runnable

Die im vorherigen Kapitel beschriebene Thread-Variante lässt sich nicht anwenden, wenn eine Klasse einer bereits bestehenden Klassenhierarchie als Thread gestartet werden soll und diese nicht bereits Thread erweitert. Mehrfachvererbung ist in Java bekanntlich nicht erlaubt.

Die zweite Möglichkeit besteht nun darin, dass man beim Erzeugen eines Threads explizit die Methode run() angibt, die der dann gestartete Thread ausführen soll. Da in Java Methoden nicht direkt als Argumente übergeben werden können, legt man in einem Interface die (Signatur der) Methoden fest und übergibt eine Instanz einer Klasse, die dieses Interface implementiert. Das übergebene Objekt fungiert dann als Träger der zu übergebenden Methoden und erlaubt direkten Zugriff über die Methodennamen. Um nun die Methode run() über einen Konstruktor an die Klasse Thread zu übergeben, verwendet man das Interface Runnable, das genau diese Methode umfasst, und den folgenden Konstruktor:

```
public Thread( Runnable target )
```

Wir werden nun das erste Beispiel dieses Kapitels in der Runnable-Variante implementieren. Die Klasse Thread wird jetzt nicht durch MyThread erweitert, sondern das Interface Runnable wird durch die Klasse MyRunnable implementiert:

```
public class MyRunnable implements Runnable {
    public void run() {
        System.out.println( "neuer Thread" );
    }
}
```

Die Methode run() kann unverändert übernommen werden. Im ausführbaren Programm wird nun zuerst ein Objekt vom Typ MyRunnable erstellt und dieses an den Konstruktor Thread() als Argument übergeben. Wie in der Thread-Variante wird durch den Methodenaufruf start() ein Thread in der JVM erzeugt, der in diesem Fall nicht die (leere) run()-Methode von Thread, sondern die Methode run() von MyRunnable ausführt:

```
public class DrittesThreadProgramm {
    public static void main( String[] args ) {
        MyRunnable mr = new MyRunnable();
        Thread t = new Thread( mr );
        t.start();
    }
}
```

Da keine Referenzen auf die Objekte benötigt werden, lassen sich die drei Zeilen zu einer zusammenfassen:

```
new Thread( new MyRunnable() ).start();
```

Welche der beiden Varianten zur Erzeugung von Threads angewandt werden, wird man letztlich davon abhängig machen, ob die in Frage kommende Klasse von Thread abgeleitet werden kann oder nicht. Falls dies möglich ist, sollte der Einfachheit wegen die Thread-Variante gewählt werden, zumal dann direkt die geerbten Methoden genutzt werden können. Werden dagegen Threads mit der Runnable-Variante, also ohne Erweiterung von Threads, erzeugt, stehen diese Methoden in der Runnable-Klasse (genauer: in der das Interface Runnable implementierenden Klasse) nicht direkt zur Verfügung. In diesem Fall ist es möglich, mit der Methode

```
public static Thread currentThread()
```

eine Referenz auf das aktuell ausgeführte Thread-Objekt zu erhalten und darüber dessen Methoden aufzurufen. Für die Runnable-Variante des Beispiels Count-Thread wird man die Methode run() übernehmen, darin aber den Ausdruck

```
getName()
```

ersetzen durch:

```
Thread.currentThread().getName()
```

21.3   Datenaustausch zwischen Threads

Da verschiedene Threads innerhalb eines Programms einen gemeinsamen Adressraum besitzen, können sie auf die gleichen öffentlichen Objekte zugreifen und darüber Informationen austauschen.

21.3.1   Datenaustausch über das Thread-Objekt

Eine einfache Art der Kommunikation zwischen Threads besteht darin, dass man explizit auf ein öffentliches Attribut des Thread-Objektes zugreift. Dies werden wir am
folgenden Beispiel verdeutlichen, bei dem ein Thread innerhalb einer Schleife in regelmäßigen Abständen einen Zeitstempel ausgibt. Der Thread wird dadurch beendet, indem man das Attribut boolean stopped auf true setzt, was im Thread die
Schleife und damit run() beendet.

Formulieren wir zunächst die Klasse für die Zeitanzeige:

```java
public class Zeitanzeige extends Thread {
    public boolean stopped = false;
    public void run() {
        while( !stopped ) {
            System.out.println( new java.util.Date() );
            try { sleep( 1000 ); }
            catch( InterruptedException ie ) { }
        }
        System.out.println( "Zeitanzeige beendet" );
    }
}
```

Mit dem Aufruf der statischen Thread-Methode sleep(1000) wird der ausführende
Thread veranlasst, für 1000 Millisekunden zu pausieren. Eine möglicherweise ausgelöste InterruptedException lassen wir ins Leere laufen.

In der ersten Version des Programms wollen wir lediglich die Zeitanzeige starten:

```java
public class ZeitanzeigeProgramm {
    public static void main( String[] args ) {
        Zeitanzeige t = new Zeitanzeige();
        t.start();
    }
}
```

Da das Attribut stopped nicht verändert wird, befindet sich der Anzeigethread in
einer Endlosschleife. Das Programm lässt sich nur von außen terminieren.

Wir geben nun dem Benutzer die Gelegenheit, durch Betätigung der Eingabetaste
das Programm ordentlich zu beenden. Die Methode promptAndReadString()

signalisiert dabei die erfolgte Eingabe (der Eingabewert selbst interessiert nicht), das Attribut stopped des gestarteten Threads wird anschließend auf true gesetzt:

```
public static void main( String[] args ) {
    Zeitanzeige t = new Zeitanzeige();
    t.start();
    IO.promptAndReadString( "Beenden durch Eingabetaste\n" );
    t.stopped = true;
}
```

Das Programm läuft nun wie erwartet ab: Die Zeitstempel werden in Sekundenabständen ausgegeben, bis in der Konsole eine Eingabe erfolgt, worauf der Zeitanzeigethread terminiert. Das vorgestellte Coding ist jedoch noch verbesserungswürdig, streng betrachtet sogar inkorrekt (vgl. Übung 21.13).

In diesem Beispiel fungiert das Attribut stopped als Flag, das die Unterbrechung des Threads von außen ermöglicht. Die Möglichkeit, einen laufenden Thread mit der als _deprecated_ gekennzeichneten Methode stop() von außen zu beenden, sollte dagegen nicht verwendet werden. Eine Alternative bietet die Methode interrupt(), mit der man einen Thread bittet, sich zu beenden, und ihm dabei die Gelegenheit gibt, noch notwendige Aufräumarbeiten durchzuführen (vgl. [OEC01]).

21.3.2   Datenaustausch über Objektreferenzen

Eine weitaus komfortablere Möglichkeit des Informationsaustauschs besteht darin, den beteiligten Threads eine Objektreferenz auf Daten des Programms zu übergeben. Dies werden wir zunächst an einem stark vereinfachten Lagerverwaltungsprogramm prototypisch darstellen.

Lagerverwaltung

Ein Lager, das in seinem Bestand genau einen Artikel führt, wird von verschiedenen Lieferanten beliefert. Die Klasse Lager enthält als Attribut int bestand den Lagerbestand dieses Artikels sowie eine Set- und Get-Methode für dieses Attribut.

```
public class Lager {
    private int bestand;
    public int getBestand() {
        return bestand;
    }
    public void setBestand( int bestand ){
        this.bestand = bestand;
    }
}
```

Die Klasse Lieferant wird als Thread implementiert und erhält über den Konstruktor beim Erzeugen eine Referenz auf das zu beliefernde Lager, die als Attribut Lager l registriert wird. Die Methode anliefern() erhöht den Lagerbestand um

die Liefermenge und gibt am Bildschirm Informationen über diese Größen aus. Die
Aktivität des Threads besteht darin, 10 Artikel an das Lager zu liefern.

```
public class Lieferant extends Thread {
   private Lager l;

   public Lieferant( Lager l ) {
      this.l = l;
   }

   public void anliefern( int anzahl ) {
      int bestand = l.getBestand();
      System.out.print( getName() + " Bestand alt: " + bestand );
      System.out.println( "  Liefermenge: " + anzahl );
      l.setBestand( bestand + anzahl );
   }

   public void run() {
      anliefern( 10 );
   }
}
```

Das Lagerverwaltungsprogramm erstellt nun eine Instanz von Lager und übergibt
diese via Konstruktor an zwei Lieferanten. Diese werden anschließend als Thread
gestartet und liefern jeweils 10 Artikel. Der main-Thread wartet mit join() das Ende der Lieferungen ab und gibt anschließend den Endbestand aus.

```
public class Lagerverwaltung {
   public static void main( String[] args ) {
      Lager myLager = new Lager();
      Lieferant l1 = new Lieferant( myLager );
      Lieferant l2 = new Lieferant( myLager );
      l1.start(); // Lieferung kann erfolgen!
      l2.start(); // ...
      try {        // warten, bis alle geliefert haben
         l1.join();
         l2.join();
      } catch( InterruptedException e ) { e.printStackTrace(); }
      System.out.println("Endbestand: " + myLager.getBestand());
   }
}
```

Am Output wird deutlich, dass beide Lieferanten das gleiche Lager beliefern, denn
der Endbestand entspricht der Summe der einzelnen Liefermengen:

```
                           - Konsole -
Thread-0 Bestand alt:  0  Liefermenge: 10
Thread-1 Bestand alt: 10  Liefermenge: 10
Endbestand: 20
```

Die beteiligten Threads besitzen eine Referenz auf das gleiche Objekt und können über dessen öffentliche Methoden Werte ändern.

Dieses Verfahren wollen wir an einem weiteren Beispiel vertiefen.

Füllen eines Tanks

Ein Tank wird von mehreren Pumpen gleichzeitig betankt, bis er gefüllt ist. Die Klasse Tank besitzt die Attribute int max für das maximale Volumen und int inhalt für den aktuell befüllten Inhalt. Neben einer Get- und Set-Methode für den Inhalt steht eine Methode int betanken(int vol) zur Verfügung, die als Argument die zu betankende Menge erhält und als Rückgabewert die wirklich betankte Menge zurück gibt; möglicherweise war der Tank vor dem letzten Betanken fast voll, so dass beide Werte differieren können.

```java
public class Tank {
    private int max;
    private int inhalt;
    public Tank( int max ) {
        this.max = max;
    }
    public int getInhalt() {
        return inhalt;
    }
    public int betanken( int vol ) {
        int tmp = Math.min( vol, max - inhalt );
        inhalt += tmp;
        return tmp;
    }
}
```

Die Klasse Pumpe erweitert Thread und erhält eine Referenz auf den zu befüllenden Tank. Darüber hinaus kann die Leistung einer Pumpe über das Attribut int leistung parametrisiert werden. Die Aktivität der Pumpe besteht darin, den Tank entsprechend ihrer Leistung so lange zu betanken, bis dieser vollständig gefüllt ist. Als Indikator für das Verlassen der formalen Endlosschleife wird der Rückgabewert von betanken() der Klasse Tank verwendet. Das Attribut int sum summiert die von dieser Pumpe betankte Menge auf, die am Ende des Threads ausgegeben wird.

```
public class Pumpe extends Thread {
   private Tank t;
   private int leistung;
   private int sum;

   public Pumpe( String name, Tank t, int leistung ) {
      this.t = t;
      this.leistung = leistung;
      this.setName( name );
   }

   public void run() {
      while( true ) {
         int tmp = t.betanken( leistung );
         sum += tmp;
         if( tmp < leistung )
            break;
      }
      System.out.println( getName() + ": " + sum );
   }
}
```

Das Tankprogramm stellt einen Tank mit einer Kapazität von 10.000.000 Volumen-
einheiten bereit, der von zwei Pumpen mit einer Leistung von 1 bzw. 2 Volumen-
einheiten pro Zeiteinheit befüllt. Die Pumpen werden als Threads gestartet, die Ge-
samtmenge des Tank wird vom main-Thread am Ende des Programms ausgegeben.

```
public class TankProgramm {
   public static void main( String[] args ) {
      Tank t = new Tank( 10000000 );
      Pumpe p1 = new Pumpe ( "Pumpe-1", t, 1 );
      Pumpe p2 = new Pumpe ( "Pumpe-2", t, 2 );
      p1.start();
      p2.start();

      try{
         p1.join();
         p2.join();
      }
      catch( InterruptedException ie ){}
      System.out.println( "Inhalt : " + t.getInhalt() );
   }
}
```

Der Output des Programms zeigt folgendes Ergebnis, das jedoch in der Regel zwischen verschiedenen Programmdurchläufen variiert:

```
                              - Konsole -
Pumpe-2: 6798897
Pumpe-1: 3201103
Inhalt: 10000000
```

Die Summe der durch die beiden Pumpen betankten Volumen entspricht erwartungsgemäß gerade dem Tankinhalt.

21.4   Synchronisation

Lost Update

Das Tankprogramm ist in der vorliegenden Form jedoch nicht völlig korrekt, da Synchronisationsprobleme auftreten können. Dies liegt daran, dass die Methode betanken() nicht unbedingt in einem Schritt ohne Unterbrechung des aktiven Threads durchgeführt wird. So kann es passieren, dass Pumpe-1 den Wert der Variablen inhalt liest, diesen intern um 1 erhöht, vor dem Zurückschreiben des erhöhten Wertes aber von Pumpe-2 unterbrochen wird, die ihrerseits noch den "alten" Wert der Variablen liest und erhöht. Die Änderung derjenigen Pumpe, die ihren erhöhten Wert zuerst zurückschreibt, geht verloren, da die andere Pumpe diesen anschließend überschreibt (vgl. Abb. 21.3).

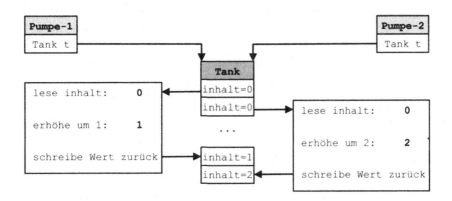

Abb. 21.3: Lost Update Problem

Dieses so genannte Problem eines *lost-update* kann auftreten, wenn gemeinsam genutzte Daten von zwei Threads (Writer) geändert werden. Ob dieses Problem in der Praxis wirklich auftritt, hängt von Randbedingungen ab, die außerhalb der Sprache Java liegen (z.B. Version der JVM, Prozessorleistung, Auslastung des Rechners). Auf manchen Rechnern liefert das Programm möglicherweise jetzt schon inkonsistente Werte, auf anderen Rechnern verhält es sich korrekt. Falls Sie das Synchronisationsproblem provozieren wollen, verdoppeln Sie sukzessive den Tankinhalt bis das "gewünschte" Ergebnis auftritt.

```
Tank t = new Tank( 10000000 );
Tank t = new Tank( 20000000 );
Tank t = new Tank( 40000000 );
```

Synchronized Instanzmethoden

Zur Lösung dieses Problems verwenden wir das Schlüsselwort **synchronized**, mit dem wir im Programm die Instanzmethode betanken() wie folgt kennzeichnen:

```
public synchronized int betanken( int vol ){
```

Das Problem des *lost-update* tritt nun − selbst bei großem Tankvolumen − nicht mehr auf. Um die Lösung dieses Problems zu verstehen, werden wir uns mit dem Java Sperrmechanismus befassen.

21.4.1   Sperrmechanismus

Jedes Objekt besitzt in Java eine Sperre (auch Monitor genannt), die entweder gesetzt ist oder nicht. Eine mit synchronized gekennzeichnete **Instanzmethode** kann für ein **Objekt** nur ausgeführt werden, falls kein anderer Thread die Sperre für dieses Objekt bereits gesetzt hat. Diese Sperre wird vor der Ausführung der Methode gesetzt und blockiert somit alle anderen Threads, welche die Sperre dieses Objekts beanspruchen. Die Sperre wird frei gegeben, sobald der sperrende Thread die Methode verlässt, worauf irgendein anderer Thread diese wieder beanspruchen kann.

Im Tankprogramm kann daher stets nur ein Pumpen-Thread die Anweisung t.betanken() ausführen, da ein Thread die Sperre für den Tank t setzt und diese erst nach Beendigung der Methode betanken() frei gibt. Damit ist sicher gestellt, dass ein Tank höchstens von einer Pumpe betankt wird.

Für das Verständnis des Objekt-Sperrmechanismus sind die folgenden Grundsätze wesentlich:

- Sperren können nur beim Betreten von synchronized-Methoden gesetzt werden, sie wirken sich aber auch nur auf solche Methoden aus; andere Methoden sind völlig immun gegen Objekt-Sperren.

- Es werden nicht Methoden gesperrt, sondern Objekte, so dass ein und dieselbe synchronized-Methode für unterschiedliche Objekte durchaus gleichzeitig ausgeführt werden kann, etwa wenn mehrere Tanks betankt werden:

```
Tank t1 = new Tank( 10000000 );
Tank t2 = new Tank( 20000000 );
Pumpe p1 = new Pumpe( "Pumpe-1", t1, 1 );
Pumpe p2 = new Pumpe( "Pumpe-2", t2, 2 );
```

- Eine von einem Thread gesetzte Sperre blockiert ausschließlich andere Threads, nicht den eigenen. Ansonsten würde der Aufruf einer synchronized-Methode innerhalb einer anderen synchronized-Methode (für jeweils das gleiche Objekt) zu einer unlösbaren Blockierung führen.

Neben Objekt-Sperren existieren auch Sperren auf Ebene der Klassen. Die Sperre für eine **Klasse** wird bei der Ausführung einer **statischen** synchronized-Methode relevant. Ist diese gesetzt, wird die Ausführung aller anderen Threads blockiert, die diese Sperre beanspruchen. So ist sicher gestellt, dass die Ausführung einer statischen synchronized-Methode nicht durch einen anderen Thread unterbrochen wird, der auch eine statische synchronized-Methode ausführen möchte.

Die Ebenen der Objekt-Sperren und der Klassen-Sperren sind völlig unabhängig voneinander. Die Sperre einer Klasse hat keine Auswirkung auf die Sperren ihrer Instanzen und umgekehrt. Auch existieren keine Implikationen zwischen Klassen-Sperren innerhalb der Vererbungshierarchie.

PlusPlus ist nicht atomar

Wie wir im nächsten Beispiel sehen werden, wird selbst die Anweisung j++ nicht als atomare Instruktion in der JVM umgesetzt, so dass man auch in diesem Fall entsprechende Vorsichtsmaßnahmen treffen sollte. Der Einfachheit wegen werden wir dieses Beispiel mit statischem Attribut und einer statischen Methode realisieren.

Die Klasse PlusPlus erweitert Thread und enthält das Attribut static int j sowie die Konstante static final int COUNT. In der Methode run() wird die Variable j COUNT-mal um 1 erhöht, das Inkrementieren wird in eine eigene statische Methode increase() ausgelagert. Die Gründe hierfür werden bald klar.

```
public class PlusPlus extends Thread {
    public static int j = 0;
    public static final int COUNT = Integer.MAX_VALUE / 10;

    private static void increase() {
        j++;
    }
    public void run() {
        for( int i = 0; i < COUNT; i++ )
            increase();
    }
}
```

Im Testprogramm erzeugen wir zwei PlusPlus-Instanzen und starten diese als Threads. Sobald diese ihre Arbeit verrichtet haben, wird der Wert der Variablen j sowie der Wert 2 * COUNT ausgegeben.

```
public class PlusPlusProgramm {
    public static void main( String[] args ) {
        PlusPlus t1 = new PlusPlus();
        PlusPlus t2 = new PlusPlus();
```

```
      t1.start();
      t2.start();
      try {
         t1.join();
         t2.join();
      } catch( InterruptedException e ) {
         e.printStackTrace();
      }
      System.out.println( PlusPlus.j );
      System.out.println( 2 * PlusPlus.COUNT );
   }
}
```

Bei großen Werten von COUNT wird das Synchronisationsproblem dadurch sichtbar, dass der Wert der Variablen j, die von den beiden Threads jeweils COUNT-mal um 1 inkrementiert wurde, nicht mit dem erwarteten Wert COUNT*2 übereinstimmt. Falls das Problem auf Ihrem Rechner nicht auftritt, sollte COUNT schrittweise bis zum maximal zulässigen Wert von Integer.MAX_VALUE/2 erhöht werden.

Statische synchronized-Methoden

Auch in diesem Beispiel besteht die Lösung des Problems darin, eine Methode, nämlich die statische Methode increase(), als synchronized-Methode zu deklarieren:

```
      private static synchronized increase() { ...
```

Die Methode kann dann nur ausgeführt werden, falls kein anderer Thread die Sperre für die Klasse PlusPlus gesetzt hat. Wesentlich ist, dass beide Threads dieselbe Sperre (bei statischen Methoden das eindeutige Class-Objekt der Klasse) verwenden und sich dann bei der Ausführung von increase() gegenseitig ausschließen.

Reader-Writer-Problem

Ein ähnliches Problemfeld, dem wir bei der Verwendung mehrerer Threads begegnen, ist das sogenannte *reader-writer*-Problem, bei dem ein Thread (Writer) Daten verändert, auf die ein anderer Thread (Reader) lesend zugreift.

Nehmen wir an, der Writer ändert mehrere Attribute eines Objektes, etwa bei der Aktualisierung der Lieferadresse (Ort, Straße, Hausnummer etc.) eines Kunden. Falls nun ein Reader auf diese Daten zugreift, kann es passieren, dass er eine Adresse liest, die überhaupt nicht existiert, etwa wenn der Ort bereits geändert wurde, Straße und Hausnummer jedoch noch nicht.

Eine ähnliche Problematik liegt bei einem Buchhaltungsprogramm der Doppelten Buchführung vor. Ein einfacher Buchungssatz beinhaltet zwei Konten, von denen eines auf der Soll-Seite, das andere auf der Haben-Seite gebucht wird. Falls ein lesender Zugriff **nach** der durchgeführten Soll-Buchung und **vor** der noch nicht durchgeführten Haben-Buchung erfolgt, liegt eine Inkonsistenz vor, denn aus Sicht des Readers scheint die Bilanz nicht ausgeglichen zu sein.

Um dieses Problem zu lösen, werden – analog zum *lost-update* Fall – die kritischen Methoden mit dem Schlüsselwort `synchronized` gekennzeichnet, so dass deren Ausführung nicht durch einen anderen Thread unterbrochen werden kann. Für eine korrekte Synchronisation müssen aber neben den Writer-Methoden stets auch die Reader-Methoden mit `synchronized` gekennzeichnet werden, da sonst die vom Writer gesetzte Sperre für den Reader nutzlos wäre.

Dieses Verfahren funktioniert auch bei mehreren Reader- oder Writer-Threads, denn ein solcher sperrt alle anderen Threads, die eine mit `synchronized` geschützte Methode ausführen möchten. Da sich in diesem Fall mehrere Reader gegenseitig unnötigerweise sperren könnten, ist es sinnvoll, den Java Sperrmechanismus zu erweitern, um zwischen Reader- und Writer-Sperren unterscheiden zu können. Auf die Details einer solchen Implementierung werden wir jedoch nicht eingehen.

Verkettete Liste

Auch das Hinzufügen eines Objektes in eine verkettete Liste ist von der Synchronisationsproblematik betroffen, wobei es sich – abhängig von der konkreten Implementierung der Methode `addFirst()` – um ein *lost-update-* oder ein *reader-writer-*Problem handelt.

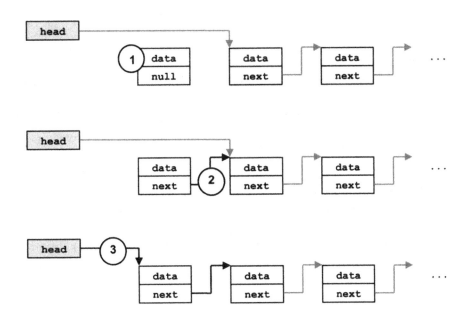

Abb. 21.4: Hinzufügen eines Objektes in eine verkettete Liste

Nehmen wir an, die einzelnen Schritte beim Vorne-Anfügen sind – wie in Abbildung 21.4 dargestellt – implementiert. Hierbei wird das anzufügende Objekt zunächst in einen internen Knoten verpackt (1), dessen `next`-Attribut auf den "alten" Kopf der Liste eingestellt wird (2). Schließlich muss der Kopf der Liste auf den neu erstellten Knoten zeigen (3). Wird nun ein Thread beim Einfügen eines Objektes nach Schritt 2 von einem anderen Thread unterbrochen, der ebenfalls ein Objekt einfügt, dann geht das Objekt desjenigen Threads "verloren", der zuerst Schritt 3 ausführt. Hier liegt also ein *lost-update*-Problem vor.

Es ist aber auch möglich, `addFirst()` so zu implementieren, dass nach dem Erzeugen des Knotens (1) zuerst der Kopf der Liste auf diesen Knoten zeigt (3) und anschließend dessen `next`-Attribut auf den "alten" Knoten eingestellt wird (2). In diesem Fall kann es passieren, dass während des Einfügens eines Objekts, und zwar vor dem Update des `next`-Attributs, ein anderer Thread lesend auf die Liste zugreift. Dieser findet dann in der Liste genau einen Knoten vor, der das eben erst eingefügte Objekt enthält. Dessen `next`-Attribut hat noch den Wert `null` und kennzeichnet somit das vermeintliche Ende der Liste (*reader-writer*-Problem).

Unabhängig von der konkreten Art des Synchronisationsproblems lässt sich dieses dadurch lösen, dass man die Methode `addFirst()` mit `synchronized` kennzeichnet oder – falls man keinen Zugriff auf die Quellen besitzt – diese mit einer `synchronized`-Methode umhüllt. Manchmal ist es sinnvoll, für Datenstrukturen synchronisierte wie nicht-synchronisierte Klassen bereitzustellen, und in Szenarien, die mit Sicherheit in einem einzigen Thread ablaufen, die nicht-synchronisierte Variante zu verwenden (wie etwa im Java Collection Framework, vgl. [SUN05C]).

21.4.2 Signalisation zwischen Threads

Neben Sperren, die "automatisch" durch Betreten von `synchronized` gekennzeichneten Blöcken gesetzt und durch Verlassen gelöst werden, gibt es in Java die Möglichkeit, dass Threads aktiv die Synchronisationssteuerung übernehmen.

Nehmen wir an, ein Thread soll darauf warten, dass ihm ein anderer Daten zur Verfügung stellt. Das Warten ließe sich herkömmlich wie folgt implementieren

```
while( data==null )
    sleep( einWeilchen ); // hier ohne Ausnahmebehandlung
```

wobei die Performance stark davon abhängt, ob die Schlafenszeit adäquat zu den Randbedingungen der Applikation gewählt wurde. Ist die Zeit zu kurz, wird zu häufig gefragt, ist sie zu lang, wird unnötig Zeit vergeudet.

Bei einer aktiven Synchronisation dagegen wartet ein Thread mit **wait()**, bis er mit **notify()** oder **notifyAll()** über ein Ereignis, etwa die Bereitstellung von Daten, informiert wird. In diesem Fall wartet der Thread mit

```
while( data==null )
    wait();              // hier ohne Ausnahmebehandlung
```

Die Methoden für Warten und Benachrichtigen müssen in `synchronized`-Blöcken stehen und die gleiche Sperre beanspruchen. Weitere Details befinden sich im Callcenter von Kapitel 25 sowie in [OEC01].

22 Datenströme und Serialisierung

22.1 Einleitung

Ein laufendes Programm nimmt in der Regel Daten entgegen, die verarbeitet und anschließend dargestellt oder gespeichert werden. Benutzereingaben werden über die Tastatur getätigt, Ausgaben erfolgen an die Konsole, an grafische Oberflächen oder werden in Dateien geschrieben. Informationen können aber auch über Rechnergrenzen hinweg ausgetauscht werden. Alle diese Mechanismen werden in Java durch ein einheitliches Konzept der **Datenströme** (*Streams*) realisiert, das die einzelnen Details der jeweiligen Verbindung verbirgt und eine uniforme Sicht auf die Kommunikation erlaubt.

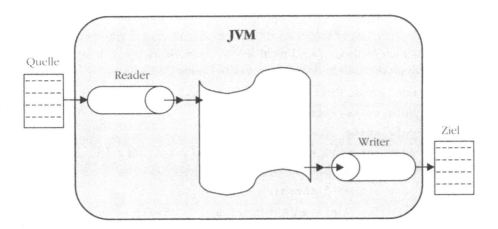

Abb. 22.1: Programm mit Lese-Strom (Reader) und Schreib-Strom (Writer)

Ein Strom stellt dabei eine *unidirektionale* Verbindung zwischen dem Programm und einer **Quelle** oder einem **Ziel** dar, so dass über ihn entweder Daten gelesen oder geschrieben werden können (vgl. Abbildung 22.1). Weiterhin werden Ströme hinsichtlich Art der übertragenen Daten unterschieden in **Zeichen**-orientierte (*Character-Streams*) und **Byte**-orientierte Ströme (*Byte-Streams*). Im Paket `java.io` wird daher die Hierarchie der Streams auf vier abstrakten Klassen aufgebaut, nämlich den Zeichen-orientierten Klassen `Reader` und `Writer` sowie den Byte-orientierten Klassen `InputStream` und `OutputStream`. Die abstrakten Klassen bieten für einige Methoden bereits eine rudimentäre Implementierung.

22.2   Character-Streams

22.2.1   Reader und Writer

Zum Lesen und Schreiben von Zeichen stehen zunächst abstrakte Klassen `Reader` und `Writer` mit Lese- und Schreibmethoden zur Verfügung.

Die abstrakte Klasse **Reader** enthält die Lese-Methoden

```
public int read()

public int read( char[] cbuf )

public abstract int read( char[] cbuf, int off, int len )
```

von denen die parameterlose Methode ein einzelnes Zeichen liest, das als `int`-Wert zurückgegeben wird. Die überladenen Methoden können mehrere Zeichen in das Array c einlesen, wobei `cbuf` im ersten Fall nach Möglichkeit vollständig bzw. ab Index `off` mit maximal `len` Zeichen gefüllt und die Anzahl der gelesenen Zeichen zurückgegeben wird. Ist das Ende des Datenstroms erreicht, geben diese Methoden den Wert -1 zurück; dies ist der Grund, warum bei der parameterlosen Methode der eigentlich intendierte Rückgabetyp `char` in `int` erweitert werden muss.

Die ersten beiden Methoden sind nicht `abstract` deklariert, da diese in der Klasse `Reader` mithilfe der dritten definiert sind (vgl. Übung 22.1).

In der abstrakten Klasse **Writer** sind analog Methoden zum Schreiben definiert:

```
public void write( int c )

public void write( char[] cbuf )

public abstract void write( char[] cbuf, int off, int len )

public void write( String s )

public abstract void flush()
```

Ein einzelnes Zeichen wird – entsprechend dem Return-Typ beim Lesen eines solchen – als `int`-Parameter an `write()` übergeben. Die Methode `flush()` leert eventuell vorhandene Puffer und gibt deren Inhalt an die Schreibfunktionalität des zugrunde liegenden Betriebssystems weiter. Darüber hinaus besitzen beide Klassen eine Methode zum Schließen der Streams:

```
public abstract void close()
```

Da alle vorgestellten Methoden eine `IOException` auslösen können, sind diese als kontrollierte Ausnahmen entweder abzufangen oder im Kopf der aufrufenden Methoden entsprechend zu deklarieren.

22.2.2   Konkrete Reader- und Writer-Klassen

Konkrete Realisierungen der abstrakten `Reader`- und `Writer`-Klassen werden wir an folgendem Beispiel vorstellen:

```
import java.io.*;

public class CopyC {

   public static void main( String[] args ) throws IOException {
```

```
//Erzeugen und Öffnen der Streams
FileReader in = new FileReader( "CopyC.java" );
FileWriter out = new FileWriter( "CopyC.java.dup" );
int c;
//solange es Zeichen zu Lesen gibt, lies und schreibe
while( (c = in.read()) != -1 )
   out.write( c );
//Schließen der Ströme
in.close();
out.close();
   }
}
```

Die Konstruktoren erzeugen für die im String-Argument angegebenen Dateinamen Ströme zum Lesen bzw. Schreiben. Nach dem Schließen eines Stroms durch `close()` werden automatisch alle Puffer geleert, so dass man in diesem Fall auf den Aufruf von `flush()` verzichten kann.

22.3   Byte-Streams

22.3.1   InputStream und OutputStream

Analog zum Zeichen-orientierten Fall stehen auch abstrakte Byte-orientierte Eingabe- und Ausgabeströme zur Verfügung.

Die abstrakte Klasse **InputStream** enthält im wesentlichen die Lese-Methode `read()`, die ebenfalls mehrfach überladen ist. Abgesehen davon, dass anstelle von `char` hier stets der Datentyp `byte` verwendet wird, ist die Semantik die gleiche:

```
public abstract int read()
public int read( byte[] b )
public int read( byte[] b, int off, int len )
```

In der abstrakten Klasse **OutputStream** sind Methoden zum Schreiben definiert:

```
public abstract void write( int c )
public void write( byte[] b )
public void write( byte[] b, int off, int len )
```

sowie zum Leeren von eventuell vorhandenen Puffern:

```
public void flush()
```

Beide Klassen besitzen ebenfalls die Methode zum Schließen der Ströme:

```
public void close()
```

22.3.2   Konkrete Input- und OutputStreams

Auch hier stellen wir die konkreten Klassen an einem Byte-orientierten Kopierprogramm vor:

```
import java.io.*;
public class CopyB {
  public static void main( String[] args ) throws IOException {
    //Erzeugen und Öffnen der Streams
    FileInputStream in = new FileInputStream( "CopyB.class" );
    FileOutputStream out = new FileOutputStream("CopyB.dup");

    int c;
    // solange es Bytes zu Lesen gibt, lies und schreibe
    while( (c = in.read()) != -1 )
      out.write( c );
    //Schließen der Ströme
    in.close();
    out.close();
  }
}
```

22.4   Effizientes Lesen und Schreiben

Damit nicht nach jedem Schreib- oder Lesevorgang auf das externe Speichermedium zugegriffen werden muss, verwendet man gepufferte Ströme, die mehrere Java-seitige IO-Operationen zu einer einzigen zusammenfassen und an das Betriebssystem weiterreichen.

Für Zeichen-orientieres Lesen existiert die Klasse **BufferedReader**, für das Schreiben die Klasse **BufferedWriter**. Instanzen dieser Klassen werden erzeugt, indem man bereits existierende (ungepufferte) Reader und Writer dem Konstruktor übergibt:

```
FileReader fi = new FileReader( "Copy.java" );
BufferedReader in = new BufferedReader( fi );
```

Als Einzeiler für Zeichen-orientiertes Schreiben:

```
BufferedWriter out = new BufferedWriter( new FileWriter("...") );
```

Die Technik des Hinzufügens einer neuen Eigenschaft zu einer Instanz (hier: der Pufferung eines Readers), die im Java-Umfeld an vielen unterschiedlichen Stellen auftritt, wird durch das "Decorator-Pattern" beschrieben.

Für gepuffertes Byte-orientiertes Lesen und Schreiben verwendet man analog Instanzen der Klassen **BufferedInputStream** und **BufferedOutputStream**, denen im Konstruktor eine Instanz von Input- bzw. OutputStream übergeben wird.

22.5   Serialisierung und Persistenz

In den meisten Anwendungsszenarien werden Daten nicht nur während der Laufzeit eines Programmes verwendet, sondern müssen dauerhaft (persistent) und unabhängig von der virtuellen Maschine verfügbar sein. So macht es beispielsweise wenig Sinn, in einer Debitoren- und Kreditorenverwaltung jeden Kunden bei Programmstart neu zu erfassen. Für solche Zwecke stehen eigens Datenbanksysteme zur Verfügung, die diese Informationen persistent, konsistent und effizient verwalten. Auf die Möglichkeit des Datenbankzugriffs aus Java werden wir später noch eingehen.

In diesem Abschnitt befassen wir uns jedoch mit den Klassen **ObjectInputStream** und **ObjectOutputStream**, die eine einfache Möglichkeit darstellen, Objektpersistenz unabhängig von Datenbanksystemen zu erreichen.

In den vorangehenden Beispielen haben wir bereits gesehen, wie Zeichen oder Bytes in Dateien geschrieben und wieder gelesen werden können. Mit den erwähnten ObjectStreams lässt sich dieses Prinzip auf beliebige Objekte verallgemeinern:

Die Klasse ObjectOutputStream kann beliebige Objekte in einen Byte-Strom zerlegen (Serialisierung), der dann in eine Datei geschrieben wird. Bei der Serialisierung wird die Struktur des Objekts durchlaufen und sowohl strukturelle als auch inhaltliche Information in den Byte-Strom geschrieben (vgl. Abbildung 22.2). Bei der Deserialisierung (durch die Klasse ObjectInputStream) wird umgekehrt ein Byte-Strom gelesen und das ursprüngliche Objekt wieder rekonstruiert.

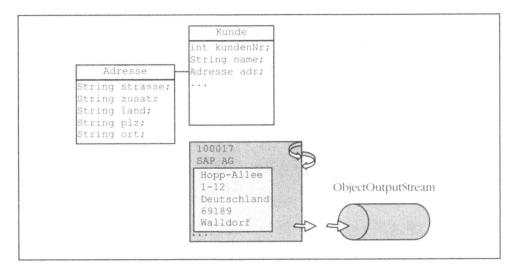

Abb. 22.2: Serialisierung eines Objekts

Da ein Objekt selbst wieder Referenzen auf Objekte als Attribute besitzen kann, handelt es sich bei der Serialisierung und Deserialisierung um Verfahren, die rekursiv arbeiten und zyklische Abhängigkeiten sowie mehrfache Referenzen auf das gleiche Objekt berücksichtigen. Die konkrete Implementierung der Serialisierung und

Deserialisierungsverfahren bleiben dem Java-Entwickler verborgen, es sei denn, man studiert den Quelltext der beteiligten Klassen.

Betrachten wir folgendes Beispiel, bei dem ein Zeitstempel in eine Datei geschrieben, nach kurzer Zeit aus dieser gelesen und an der Konsole ausgegeben wird; aus Gründen der Übersichtlichkeit verzichten wir hier auf eine detaillierte Ausnahmebehandlung:

```java
import java.io.*;
import java.util.*;

public class WriteAndReadDate {
  public static void main( String[] args ) throws Exception {
    // OutputStream erzeugen
    ObjectOutputStream os = new ObjectOutputStream(
                            new FileOutputStream("1.ser") );
    Date d = new Date();          // aktuellen Zeitstempel ...
    os.writeObject( d );          // ... in den Strom schreiben
    os.close();                   // Strom schließen

    Thread.sleep( 2400 );         // eine Weile warten

    // InputStream erzeugen
    ObjectInputStream is = new ObjectInputStream(
                            new FileInputStream("1.ser") );

    Object o = is.readObject();   // Object aus dem Strom lesen
    is.close();                   // Strom schließen

    System.out.println( o );      // Inhalt ausgeben

    // aktuellen Zeitstempel zum Vergleich ausgeben
    System.out.println( new Date() );
  }
}
```

Man erzeugt einen `ObjectOutputStream`, indem dem Konstruktor eine Instanz von `FileOutputStream` als Argument übergeben wird. Auch hier tritt das bereits erwähnte "Decorator-Pattern" auf: ein `OutputStream` wird mit der zusätzlichen Fähigkeit versehen, auch Objekte zu serialisieren. Analog erhält man eine Instanz von `ObjectInputStream`, indem ein `FileInputStream` dekoriert wird.

Um ein Objekt in den Strom zu schreiben, wird die Methode `writeObject()` aufgerufen, der man das zu schreibende Objekt übergibt. Zum Lesen verwendet man die Methode `readObject()`, die das gelesene Objekt zurück gibt.

Grundsätzlich können mit diesem Verfahren beliebige Objekte unterschiedlicher Klassen serialisiert werden, sofern diese das Interface `Serializable` implementieren; dabei handelt es sich um ein so genanntes Marker-Interface, das weder Methoden noch Attribute besitzt und lediglich dazu dient, Serialisierbarkeit zu kennzeichnen. Attribute eines Objekts, die mit dem Schlüsselwort `transient` (vergänglich, kurzlebig) gekennzeichnet sind, werden von der Serialisierung ausgenommen und beim Deserialisieren mit ihrem Default-Wert belegt. Der Versuch, Instanzen von Klassen zu serialisieren, die nicht `Serializable` implementieren, scheitert mit einer `NotSerializableException`. Dies passiert auch, wenn die Klasse ein weder `static` noch `transient` gekennzeichnetes Attribut besitzt, das nicht vom Typ `Serializable` ist.

Werden Instanzen unterschiedlicher Klassen mit dem dargestellten Verfahren in einer einzigen Datei persistent gespeichert, ist beim Deserialisieren die Reihenfolge der abgelegten Datentypen zu beachten (vgl. Übung 22.4). Das beim Serialisieren implizit festgelegte Protokoll muss eingehalten werden.

Auch wenn die Begriffe Serialisierung und Persistenz häufig im gleichen Kontext verwendet werden, bezeichnen sie unterschiedliche Vorgänge: Serialisierung bedeutet das Zerlegen möglicherweise sehr komplex strukturierter Objekte in einen linearen Strom, Persistenz dagegen das dauerhafte Speichern von Objekten auf einem externen Datenträger. Persistenz wird zwar häufig dadurch erreicht, dass Objekte serialisiert in einen mit einer Datei verbundenen Strom geschrieben werden. Dies ist jedoch nicht der einzige Anwendungsbereich des Serialisierungskonzeptes. Wir werden später sehen, wie sich damit Objekte von einer Anwendung zur anderen, ja sogar über Rechnergrenzen hinweg übertragen lassen.

22.6   Die Klasse `File`

Das Paket `java.io` stellt die Klasse `File` bereit, deren Instanzen Dateien oder Verzeichnisse im Dateisystem repräsentieren. So erzeugt der Konstruktor

```
public File( String pathname )
```

ein File-Objekt aus dem angegebenen (relativen oder absoluten) Dateinamen. Hierbei ist zu beachten, dass der Separator (unter Windows) "\" innerhalb von Zeichenketten als Escape-Zeichen fungiert und daher doppelt anzugeben ist:

```
File log = new File( "C:\\Programme\\Anwendung\\Logs\\anw.log" );
```

Für ein File-Objekt gibt es Methoden zum Zugriff auf den Namen oder Pfadnamen

String **getName()**	String **getPath()**
String **getAbsolutePath()**	String **getParent()**

sowie Methoden, die Informationen über die repräsentierte Datei oder das Verzeichnis liefern:

boolean **canRead()**	boolean **canWrite()**
boolean **isHidden()**	long **length()**
long **lastModified()**	boolean **isFile()**
boolean **isDirectory()**	

Die Anwendung dieser Methoden ist Gegenstand der Übung 22.6.

23 Client-Server-Programmierung

Ist Java wirklich die Sprache des Internet? Bislang haben wir Java-Programme erstellt, die stets lokal innerhalb einer JVM ausgeführt werden; eine Kommunikation zwischen verschiedenen Applikationen fand nicht statt.

In diesem Kapitel entwickeln wir Anwendungen, die auf unterschiedlichen Rechnern laufen und über ein Netzwerk kommunizieren. Mit den *Java Sockets* stellen wir eine einfache Programmierschnittstelle vor, mit der sich Client-Server-Anwendungen bequem realisieren lassen. Nach einer kurzen Erläuterung der Grundlagen der Netzwerkprogrammierung beginnen wir mit einer Beispielanwendung, in der Objekte zwischen Client und Server ausgetauscht werden. Diese werden wir zu einem universellen Rechenserver erweitern und dabei die Stärke dieses einfachen Ansatzes demonstrieren. Abschließend befassen wir uns mit *Remote Method Invocation* (RMI), einer Java-basierten objektorientierten Middleware-Technologie, die den direkten Aufruf entfernter Methoden erlaubt und die Details der Kommunikation verbirgt.

23.1   Client-Server Paradigma

Der Prototyp einer verteilten Anwendung folgt dem Client-Server-Paradigma, bei dem das Server-Programm einen Dienst darstellt, der von verschiedenen Clients beansprucht werden kann. Das Server-Programm läuft in der Regel im Hintergrund, wartet auf Anfragen der Clients, die es verarbeitet und beantwortet. Anschließend steht es für weitere Anfragen bereit. Einfache Beispiele für Server-Dienste in einem Netzwerk sind z.B. Mail-Server, Print-Server, Chat-Server oder Datenbank-Server.

23.2   TCP/IP, Ports und Sockets

Wenn verschiedene Partner Informationen miteinander austauschen, müssen sich beide an ein Protokoll, d.h. eine Menge verbindlicher Regeln, halten, das den kontrollierten Verbindungsaufbau und -abbau sowie den Datenaustausch gewährleistet. Als De-Facto-Standard hat sich bei der Kommunikation in Rechnernetzen das Protokoll **TCP/IP** etabliert; ursprünglich in UNIX implementiert, ist es mittlerweile auf den gängigen Plattformen verfügbar und dient als Basis für fast alle höher-schichtigen Protokolle wie z.B. http, ftp und telnet.

Zur Adressierung der beteiligten Rechner (Hosts) werden numerische **IP-Adressen** verwendet, die (in der Version IPv4) 32 Bit umfassen und in 4-er Blöcken dargestellt werden (z.B. 193.175.83.1). Wegen der besseren Verständlichkeit können auch sprechende **Host-Namen** verwendet werden (etwa www.bund.de). Für die Umsetzung von Host-Namen zu IP-Adressen steht im Internet ein eigener Dienst zur Verfügung, der Domain-Name-System-Dienst (DNS). In Java kann dieser mit der Klasse `Inet-Address` des Pakets `java.net` wie folgt verwendet werden:

```
import java.net.*;

public class DNSTest {
  public static void main(String[] args)  {
    try {
      // Adresse mit Host-Namen erzeugen
      InetAddress iAddr = InetAddress.getByName( "www.bund.de" );

      // Ausgabe des Host-Namens
      System.out.println( "Host-Name:  " + iAddr.getHostName() );

      // Ausgabe der IP-Adresse
      System.out.println( "IP-Adr: " + iAddr.getHostAddress() );

    } catch (UnknownHostException e) {
      e.printStackTrace();
    }
  }
}
```

Die Klasse `InetAddress` besitzt keine öffentlichen Konstruktoren. Instanzen werden mithilfe statischer Factory-Methoden erzeugt, wie etwa im dargestellten Coding mit der Methode `getByName()`. Das Programm liefert (sofern ein DNS-Dienst verfügbar ist) folgenden Output:

```
                    - Konsole -
Host-Name:  www.bund.de
IP-Adr: 193.175.83.1
```

Ebenso einfach lassen sich Host-Namen zu bekannten IP-Adressen bestimmen sowie Informationen über die IP-Adresse des eigenen Rechners ermitteln (vgl. Übungen 23.1 und 23.2). Falls keine physische Netzwerkverbindung besteht, kann zu Testzwecken der eigene Rechner über die IP-Adresse 127.0.0.1 oder den Host-Namen *localhost* adressiert werden (sofern der TCP/IP-Dienst installiert und aktiviert ist).

Da auf einem Rechner mehrere Server-Programme laufen können, die möglicherweise von verschiedenen Clients gleichzeitig beansprucht werden, reichen IP-Adressen zur eindeutigen Adressierung von Client-Server-Verbindungen nicht aus. Als weiteres Merkmal werden daher ganzahlige Werte zwischen 0 und 65535 verwendet, die sogenannten **Ports**.

Eine Server-Anwendung verwendet einen für die Anwendung fest gewählten Port, z.B. für den telnet-Dienst Port 23, für den SMTP-Dienst Port 25. Für eigene Netzanwendungen sollten weder *Well Known Ports* (zwischen 0 und 1023) noch *Registered Ports* (zwischen 1024 und – zur Zeit der Drucklegung – 49151) benutzt werden, da diese für spezifische Anwendungen bereits reserviert sind. Um sicher zu gehen, dass man wirklich einen freien Port verwendet, kann unter *http://www.iana.org/ assignments/port-numbers* die aktuelle Port-Liste der *Internet Assigned Numbers Authority* konsultiert werden.

Dadurch, dass neben der IP-Adresse des Server-Hosts auch der Port als Adressierungsmerkmal verwendet wird, können verschiedene Server-Anwendungen auf einem Rechner unterschieden werden. Umgekehrt wird beim Verbindungsaufbau clientseitig neben der IP-Adresse ein freier Port reserviert und übertragen, so dass verschiedene Client-Anwendungen vom Server-Dienst ebenfalls eindeutig identifiziert werden können. Begrifflich fasst man die Kombination von IP-Adresse und Port bei einer bestehenden Verbindung als **Socket** (Steckdose, Anschlussbuchse) zusammen. Eine Verbindung zwischen zwei Anwendungsprogrammen ist somit (bei zugrunde liegendem Protokoll) durch den clientseitigen und serverseitigen Socket eindeutig festgelegt. Dieses Konzept ist Grundlage des Socket-API auf Betriebssystemebene, einer der wichtigsten Programmierschnittstellen für Netzapplikationen.

23.3   Sockets in Java

Java stellt mit den Klassen `Socket` und `ServerSocket` des Pakets `java.net` eine objektorientierte Programmierschnittstelle bereit, die speziell für Client-Server Applikationen zugeschnitten und daher im Vergleich zum Socket-API des Betriebssystems einfacher anzuwenden ist. Während man Instanzen von `ServerSocket` auf Seiten des Servers verwendet, um Verbindungsanfragen von Clients zu initiieren, werden `Socket`-Objekte auf beiden Seiten zum eigentlichen Datenaustausch eingesetzt.

23.3.1   Verbindungsaufbau zu einem Server

Folgendes Beispiel zeigt den Verbindungsaufbau zu einem http-Server (hier ohne Ausnahmebehandlung):

```
import java.net.*;

public class SocketInfo {
    public static void main(String[] args) throws Exception {
        Socket s = new Socket( "www.bund.de", 80 );
        System.out.println("Lokal:  " + s.getLocalSocketAddress());
        System.out.println("Remote: " + s.getRemoteSocketAddress());
    }
}
```

Dem Konstruktor `Socket()` werden IP-Adresse des Server-Hosts (alternativ: Host-Name) sowie der für die Anwendung typische Port (hier: 80 für den http-Service) übergeben. Nachdem der http-Service die Verbindungsanfrage akzeptiert, wird eine `Socket`-Instanz erzeugt, von der Informationen über den lokalen (clientseitigen) und den entfernten (serverseitigen) Socket bestimmt und ausgegeben werden:

```
- Konsole -
Lokal:  /192.168.2.100:4727
Remote: www.bund.de/193.175.83.1:80
```

Neben der lokalen IP-Adresse wird seitens des Clients der automatisch reservierte Port (hier: 4727) angezeigt, der bei mehrmaliger Ausführung des Programms in der Regel variiert. Die Informationen über den Socket der Gegenseite beinhalten Hostnamen und IP-Adresse sowie den Port, an dem der Server kontaktiert wurde. Mit diesem Programm lässt sich sehr einfach testen, welche Server-Dienste des Internets oder Ihres lokalen Netzwerks eine Kontaktaufnahme akzeptieren (z.B. ftp unter ftp.uni-heidelberg.de an Port 21), vorausgesetzt, die Firewall-Einstellungen lassen dies zu.

23.3.2   Ein einfaches Client-Server Beispiel

Grundsätzlich ist es möglich, das Clientprogramm `SocketInfo` zu erweitern und etwa das http-Protokoll manuell zu implementieren. Wir werden jedoch eine eigene sehr einfache Client-Server-Anwendung erstellen und dabei den Verbindungsaufbau und Datenaustausch zwischen Client und Server genauer betrachten.

Ein Object-Echo-Server

Der Object-Echo-Server soll vom Client einzelne Objekte empfangen und diese wieder an ihn zurücksenden. Wir stellen zunächst ein Server- und Client-Programm in einfacher Form vor:

```java
import java.net.*;         // erste Version
import java.io.*;
public class ObjectEchoServer {
  public static void main( String[] args ) throws Exception {
    // ServerSocket hört an Port auf Anfragen
    ServerSocket server = new ServerSocket( 65007 );

    Socket client = server.accept();      // Client akzeptieren

    ObjectOutputStream out =              // Strom zum Senden
            new ObjectOutputStream( client.getOutputStream() );

    ObjectInputStream in =                // Strom zum Empfangen
            new ObjectInputStream( client.getInputStream() );

    Object o = in.readObject();           // Objekt empfangen ...
    out.writeObject( o );                 // ... und zurückschicken

    // Ströme und Sockets schließen ...
  }
}
```

Ein Object-Echo-Client

Das Client-Programm lautet folgendermaßen:

```java
import java.net.*;
import java.io.*;

public class ObjectEchoClient {
    public static void main( String[] args ) {
        String serverHost = args.length > 0 ? args[0] : "localhost";
        try {
            // Verbindungsanfrage an Server
            Socket server = new Socket( serverHost, 65007 );
            System.out.println("Verbindung zum Server gestartet ....");

            // Ströme zum Empfangen und Senden
            ObjectOutputStream out =
                    new ObjectOutputStream( server.getOutputStream() );

            ObjectInputStream in =
                    new ObjectInputStream( server.getInputStream() );

            Object o = new Integer( (int)(Math.random() * 10) );
            out.writeObject( o );                    // Objekt senden ...
            System.out.println("gesendet: " + o);

            o = in.readObject();                     // Objekt empfangen
            System.out.println("empfangen: " + o);

            out.close();                // Ströme und Socket schließen
            in.close();
            server.close();
            System.out.println("Verbindung zum Server beendet.");
        } catch (IOException e) {
            e.printStackTrace();
        } catch (ClassNotFoundException e) {
            e.printStackTrace();
        }
    }
}
```

Zunächst wird am Server eine Instanz von `ServerSocket` erzeugt, die am angegebenen Port auf Anfragen hört. Der Server blockiert die Ausführung von

```java
client = server.accept();
```

bis ein Client eine Verbindungsanfrage an ihn durch den Aufruf

```
server = new Socket( serverHost, 65007 );
```

richtet; der Einfachheit halber gehen wir davon aus, dass Client und Server auf dem gleichen Rechner laufen und verwenden "localhost" als Default-Server-Adresse. Server und Client können beide innerhalb von Eclipse gestartet werden, die Ausgabe erfolgt dabei in verschiedenen Konsolen, zwischen denen man mit dem Bildschirm-Icon der Console-View ("Display-Selected-Console") wechseln kann.

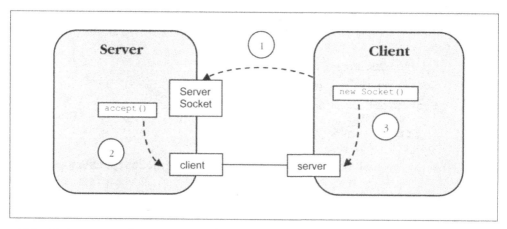

Abb. 23.1: Java-Sockets: ServerSocket und Socket

Der Server akzeptiert die Anfrage, führt die Methode `accept()` aus und gibt einen Socket zur Kommunikation mit dem Client zurück. Dadurch wird beim Client der Socket-Konstruktor ausgeführt, und es steht ein Socket zum Server zur Verfügung. Jetzt ist die Netzverbindung zwischen beiden Anwendungen durch zwei `Socket`-Instanzen eindeutig festgelegt, clientseitig durch `server` (**zum Server**) und serverseitig durch `client` (**zum Client**). Die Instanz der Klasse `ServerSocket` dient dabei ausschließlich auf Seite des Servers zum Verbindungsaufbau (vgl Abb. 23.1).

Zu einer mit Sockets realisierten Verbindung kann man sich nun mit den Methoden `getOutputStream()` und `getInputStream()` Aus- und Eingabeströme zum Versenden bzw. Empfangen von Daten beschaffen.

Damit können wir das bereits bekannte Konzept der Ströme auch für Netzverbindungen verwenden. Beim Versenden von Daten an die Gegenseite werden diese in gewohnter Weise in den Ausgabestrom des Sockets geschrieben; umgekehrt empfängt ein Programm Daten, indem es aus dem Eingabestrom des Sockets liest. Der Ausgabestrom des Servers entspricht dem Eingabestrom des Clients und umgekehrt (siehe Abbildung 23.2).

Da wir im Beispiel ausschließlich Objekte versenden, erzeugen wir aus den Ein- und Ausgabeströmen direkt die jeweiligen Objektströme. Am Ende des Datenaustauschs werden die Ströme und anschließend die beteiligten Sockets geschlossen.

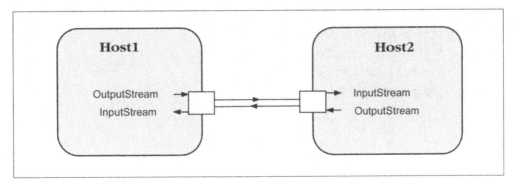

Abb. 23.2: InputStreams und OutputStreams über einer Socket-Verbindung

Die Client-Server Anwendung ist hiermit grundsätzlich funktionsfähig. Wir können etwa auf der Seite des Clients das vom Server zurückgeschickte Objekt an der Konsole ausgeben oder prüfen, ob es mit dem ursprünglichen Objekt übereinstimmt.

Die Anwendung ist jedoch verbesserungswürdig: Bislang ist es nicht möglich, dass mehrere Clients vom Server zugleich bedient werden. Der Server terminiert, sobald ein Objekt an den (einzigen) Client zurückgeschickt wurde. Daher werden wir einen Teil der Serverfunktionalität als Schleife implementieren, die beliebig oft durchlaufen werden kann. Die SocketServer-Instanz gibt mit accept() einen Socket zur Kommunikation mit dem Client zurück und steht anschließend für weitere Client-Anfragen zur Verfügung. Um nun zu verhindern, dass ein schwerfälliger Client seine Kollegen ausbremst oder den Server gar zerstört, etwa wenn er keine Daten schickt oder gegen das Protokoll verstößt, wird die Verarbeitung der einzelnen Clients in eigenen Threads durchgeführt. Hierfür erstellen wir eine neue Klasse ObjectEcho-Worker gleich im Anschluss an die verbesserte Server-Version:

```
import java.io.*;          // zweite Version
import java.net.*;

public class ObjectEchoServer {
   public static void main(String[] args) {
      ServerSocket server = null;
      boolean running = true;

      try {
         server = new ServerSocket( 65007 );
         System.out.println( "Server gestartet ... [" +
                             server.getLocalPort() + "]" );
         while( running ) {
            Socket client = server.accept();
            System.out.println( "Client angenommen ... [" +
                             client.getRemoteSocketAddress() + "]" );
            new ObjectEchoWorker( client ).start();
```

```
      }
    server.close();
    System.out.println( "Server beendet." );
    } catch( IOException e ) {
      e.printStackTrace();
    }
  }
}
```

Nun zum `ObjectEchoWorker`, der die eigentliche Verarbeitung der Client-Anfrage übernimmt:

```
public class ObjectEchoWorker extends Thread {
  private Socket client = null;

  public ObjectEchoWorker( Socket client ) {
    this.client = client;
  }

  public void run() {
    try {
      ObjectOutputStream out =
        new ObjectOutputStream( client.getOutputStream() );
      ObjectInputStream in =
        new ObjectInputStream( client.getInputStream() );

      Object o = in.readObject();
      out.writeObject(o);

      out.close();
      in.close();
      client.close();

    } catch (IOException e) {
      e.printStackTrace();
    } catch (ClassNotFoundException e) {
      e.printStackTrace();
    }
  }
}
```

Der Socket zum Client wird dem Konstruktor übergeben und dort registriert, die weitere Bearbeitung überlassen wir der Methode `run()`, die nach dem Starten des Threads ausgeführt wird. Nun können mehrere Clients gleichzeitig die Dienste des Servers in Anspruch nehmen. Den Nachweis, dass diese wirklich innerhalb verschiedener Threads bearbeitet werden, überlassen wir dem Leser als Übungsaufgabe. In den Übungen befinden sich noch einige Erweiterungen der Object-Echo-Anwendung, insbesondere das ordentliche Beenden des Servers, der momentan nur gewaltsam durch Beenden der JVM terminiert werden kann (siehe Übungen 23.3-6).

23.3.3   Ein universeller Rechenserver

Die Universalität dieses einfachen Ansatzes demonstrieren wir, indem wir das Echo-Szenario mit minimalem Aufwand zu einem mächtigen Werkzeug erweitern, mit dem sich prinzipiell jede Berechnung an ein Serverprogramm übertragen lässt.

Um eine Methode auf einem entfernten Rechner auszuführen, werden wir diese zusammen mit eventuellen Argumenten innerhalb eines Objektes verpacken und dieses an den Server senden. Dort wird die Methode ausgeführt und das Resultat als Objekt zurückgesendet. Den Namen der auszuführenden Methode legen wir in folgendem Interface fest:

```java
public interface IExec extends Serializable {
    String exec( String[] args );        // auszuführende Methode
}
```

Der Einfachheit wegen beschränken wir uns auf Methoden, die einen `String` zurückgeben. Jeder Wert eines beliebigen primitiven Datentyps lässt sich leicht in eine solche Darstellung konvertieren. Clientseitig implementieren wir das Interface `IExec`, indem wir die am Server auszuführende Funktionalität in `exec()` formulieren, eventuelle Argumente übergeben wir im Konstruktor.

Für die Berechnung der Summe aus 4 und 17 sieht dies wie folgt aus:

```java
public class MySum implements IExec {
    private int i;
    private int j;
    public MySum( int i, int j ){           // Argumente
        this.i = i;
        this.j = j;
    }
    public String exec() {                  // auszuführende Methode
        return new Integer( i + j ).toString();
    }
}
```

Im Client selbst ist der Aufruf

```java
out.writeObject(...);
```

anzupassen, indem man eine Instanz der Implementierung in den Strom schreibt:

```java
out.writeObject( new MySum( 4, 17 ) );
```

Serverseitig wird lediglich der Worker modifiziert: Dort wird das empfangene Objekt auf den Interface-Typ `IExec` gecastet, dann `exec()` ausgeführt und anschließend das dabei errechnete Ergebnis zurückgegeben:

```
IExec execInfo = (IExec) in.readObject();

String s = execInfo.exec();            // Methode ausführen

out.writeObject( s );                  // Ergebnis zurücksenden
```

Ein Beispiel zur Berechnung der Eulerschen Zahl findet sich in Übung 23.7.

Das Vorgehen, mittels Implementierungen eines Interface Funktionalität zu kommunizieren, ist uns vielfach schon begegnet. Die Parallele zur Thread-Programmierung, bei der durch eine Implementierung von `Runnable` der JVM mitteilt, was im neuen Thread ausgeführt werden soll, wird in Übung 23.8 vertieft.

Mit diesem Verfahren lassen sich grundsätzlich beliebige Berechnungen auf entfernten Rechnern durchführen. Für komplexe Algorithmen kann man die Ressourcen eines leistungsfähigen zentralen Rechners nutzen. Andererseits können damit auch rechenintensive Aufgaben in viele unabhängige Teilaufgaben zerlegt werden, die man auf unterschiedlichen Systemen löst und anschließend wieder zusammen fügt.

Solche Szenarien benutzen in der Regel jedoch nicht Java-Sockets, sondern höherschichtige Konzepte, wie etwa *Remote Method Invocation*, mit dem wir uns gleich befassen werden.

23.4   Remote Method Invocation (RMI)

Bei der Entwicklung von verteilten Anwendungen auf Basis von Java Sockets muss man sich um den Kommunikationsaufbau und -abbau selbst kümmern. "Entfernte Methodenaufrufe" sind – wie in den bisherigen Beispielen dargestellt – möglich, erfordern aber am Client wie am Server eine aufwendige Programmierung. Insbesondere besteht aus Entwicklersicht ein großer Unterschied, ob ein Methodenaufruf lokal erfolgt oder ob die Methode an einen entfernten Server übertragen wird

23.4.1   Remote Procedure Call (RPC)

Java *Remote Method Invocation* basiert auf dem Konzept des *Remote Procedure Call*, das erlaubt, entfernte Aufrufe wie lokale Aufrufe aussehen zu lassen. Am Client übernimmt ein so genannter Stellvertreter (Stub) den Methodenaufruf mit eventuellen Argumenten, transformiert diese in ein übertragbares Format und schickt die Information an den Server. Dort nimmt ein Server-Stellvertreter die Daten entgegen, entpackt diese und veranlasst den Server, die Methode auszuführen. Das Ergebnis wird auf umgekehrtem Weg zurückgeschickt, am Client vom Stellvertreter entpackt und als Wert des lokalen Aufrufs zurückgegeben (siehe Abb. 23.3).

In Java ist die Realisierung einer solchen Anwendung sehr einfach, zumal seit Java 5.0 die Stellvertreterklassen automatisch zur Laufzeit generiert und innerhalb des Protokolls nachgeladen werden.

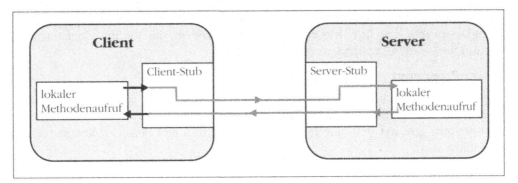

Abb. 23.3: Remote Procedure Call

23.4.2   Ablauf einer RMI-Anwendung

Soll auf einem Client ein entfernter Methodenaufruf erfolgen, bezieht dieser über einen Namensdienst – die *RMI-Registry* – eine Referenz auf ein Server-Objekt. Zuvor muss das Server-Objekt erzeugt und beim Namensdienst mit einem eindeutigen Objektnamen angemeldet worden sein (*Binding*). Der Namensdienst ist selbst ein Server (Standard-Port: 1099), der als eigenständiges Programm oder – wie in unserem Beispiel – aus der Anwendung heraus gestartet werden kann.

Die Client-Anfrage (*Lookup*) an die RMI-Registry beinhaltet einen URL der Form `//host:port/object`; hier bezeichnen `host` den Hostnamen (oder IP-Adresse) des Rechners, auf dem der Registry-Service läuft, `port` den Port, unter dem er erreichbar ist, und `object` den Namen, mit dem das Objekt registriert wurde. Die Angabe von Hostnamen oder Port ist optional. Im Erfolgsfall gibt der Lookup-Aufruf eine Referenz zurück, über die dann der entfernte Methodenaufruf erfolgt.

23.4.3   Erstellen einer RMI-Anwendung

Im folgenden erläutern wir an einem Beispiel mit zwei entfernten Methoden die einzelnen Schritte bei der Implementierung einer RMI-Anwendung. Zunächst gehen wir davon aus, dass sich Client und Server auf einem Rechner befinden, und werden erst später auf den allgemeinen Fall eingehen.

Entferntes Interface (Remote Interface)

Zentrales Element bei der Erstellung einer RMI-Anwendung ist eine Schnittstellenbeschreibung der entfernten Methoden in Form eines Interface, das für den Client und den Server zur Verfügung stehen muss. Durch Erweiterung des Marker-Interface `Remote` wird der Zugriff auf dessen Instanzen von unterschiedlichen JVMs erlaubt.

```
public interface IService extends Remote{
    public String echo( String s ) throws RemoteException;
    public int add( int a, int b ) throws RemoteException;
}
```

Die Methoden dürfen als Übergabe- und Rückgabeparameter nur primitive Typen oder Daten vom Typ Serializable enthalten; zudem sind sie mit einer throws-Klausel für RemoteExceptions zu kennzeichnen.

Server-Programm

Das Server-Programm besteht neben dem Interface IService aus der Klasse Service, die das Interface implementiert, und einer Klasse RMIServer, in der die RMI-Registry gestartet und eine Instanz von Service unter dem Objektnamen veröffentlicht wird.

```java
import java.rmi.*;
import java.rmi.registry.LocateRegistry;
public class RMIServer {
  public static void main(String[] args) {
    try {
      LocateRegistry.createRegistry( 1099 ); //Start der Registry
      Naming.bind( "mySrv", new Service() ); //Veröffentlichen
      System.out.println( "Objekt 'mySrv' registriert" );
    } catch (Exception e) {
      e.printStackTrace();
    }
  }
}
```

Die Implementierung Service muss von UnicastRemoteObject erben, das wesentliche Methoden für die Verwendung von RMI bereit stellt. Da beim Erzeugen von UnicastRemoteObject-Instanzen RemoteExceptions auftreten können, ist der Konstruktor entsprechend anzupassen:

```java
import java.rmi.server.UnicastRemoteObject;
import java.rmi.RemoteException;

public class Service extends UnicastRemoteObject
                                        implements IService {
  public Service() throws RemoteException {
  }
  public String echo(String s) {    // Definition der Methode
    return s;
  }
  public int add(int a, int b)  { // Definition der Methode
    return a + b;
  }
}
```

Bei der Methodendefinition sollte man auf `throws RemoteException` verzichten, auch wenn dieser Zusatz beim Methodenkopf des Interface steht. Diese Ausnahmen treten nie bei der lokalen Ausführung einer Methode auf, sondern nur, wenn sie entfernt aufgerufen wird.

Client-Programm

Der Client fragt bei der RMI-Registry nach dem entfernten Objekt und ruft dessen Methoden so auf, als wäre es ein lokales Objekt.

```java
import java.rmi.*;

public class RMIClient {
  public static void main(String[] args) {
    try {
      IService serviceObj =   //Lookup: lokal, Objektname: mySrv
              (IService) Naming.lookup( "//localhost/mySrv" );

      String s = serviceObj.echo( "Hallo" );
      System.out.println( s );
      System.out.println( serviceObj.add( 13, 3 ) );
    } catch (Exception e) {
      e.printStackTrace();
    }
  }
}
```

Start der RMI-Anwendung

Wir starten zuerst den Server und anschließend einen oder mehrere Clients.

RMI-Security Manager

Java RMI benutzt das Standard-Sicherheitsmodell, bei dem ein Security-Manager Zugriffsrechte (Policies) für Ressourcen überprüft. Dies betrifft insbesondere das Laden von Klassen über RMI. Befinden sich Client und Server auf einem Rechner, können wir – wie im Beispiel – auf die Verwendung eines Security-Managers verzichten. Andernfalls muss ein solcher am Client wie am Server eingebunden werden (siehe Übung 23.9).

24 Datenbankzugriff über JDBC

Dieses Kapitel stellt mit *Java Database Connectivity* (JDBC) eine Programmierschnittstelle vor, über die aus Java-Programmen mittels SQL einheitlich auf relationale Datenbanken zugegriffen werden kann. Wir stellen den typischen Ablauf einer JDBC-Anwendung dar und erläutern diesen anhand einiger Beispiele. Als Datenbanksystem wird das frei verfügbare und einfach zu installierende HSQLDB verwendet.

Im Laufe des Kapitels gehen wir auf die Grundlagen relationaler Datenbanksysteme und die Sprache SQL soweit ein, wie es für das unmittelbare Verständnis notwendig ist. Für eine umfassende Darstellung verweisen wir auf [DEH03] bzw. [FRI02], einen detaillierten Überblick und Einblick in JDBC vermittelt [SUN05E].

24.1 Grundlagen

24.1.1 Relationale Datenbanken

Ein Datenbanksystem umfasst die Software zur Datenverwaltung und den physischen Datenbestand, die eigentliche Datenbank. Eine *relationale Datenbank* besteht – basierend auf der Theorie der Relationenalgebra – aus Tabellen mit Zeilen und Spalten, die über Schlüssel miteinander verknüpft werden können. Die Namen der Spalten nennt man Attribute, die Einträge einer einzelnen Tabellenzeile bilden semantisch zusammengehörende Datensätze.

Ein Attribut (oder eine Menge von Attributen) nennt man *Schlüssel*, wenn ein Datensatz durch den Wert dieses Attributs (bzw. der Werte der Attribute) eindeutig bestimmt ist. Aus allen möglichen Schlüsseln einer Tabelle wählt man einen Schlüssel aus, den *Primärschlüssel*, und benutzt diesen, um – etwa in anderen Tabellen – auf Datensätze zu referenzieren.

Im Beispielszenario werden Informationen über Mitarbeiter (Personalnummer, Nachname, Vorname) und deren Urlaub (erster und letzter Urlaubstag, Status wie "beantragt", "genehmigt", "abgelehnt" etc.) wie folgt dargestellt (vgl. Abb. 24.1):

MITARBEITER

PERSNR	NACHNAME	VORNAME
1006	Meier	Rolf
1007	Lang	Ulla
1009	Keller	Ulrike
1011	Schmidt	Hans

URLAUB

PNR	ERSTER	LETZTER	STAT
1006	14.08.200	27.09.200	3
1006	04.09.200	08.09.200	1
1011	05.09.200	05.09.200	1

Abb. 24.1: Tabellen MITARBEITER und URLAUB

Die Tabelle MITARBEITER besitzt die Attribute PERSNR, NACHNAME und VORNAME, von denen das Attribut PERSNR (unterstrichen) den Primärschlüssel bildet. Die

Tabelle URLAUB umfasst die Attribute PNR, ERSTER, LETZTER und STAT, wobei als Werte von PNR nur Werte von PERSNR der MITARBEITER-Tabelle erlaubt sein sollen. Ein solches Attribut, das in einer anderen Tabelle Primärschlüssel ist, heißt *Fremdschlüssel*. Dadurch ist es möglich, einen Datensatz der Referenztabelle durch einen Schlüsselwert eindeutig darzustellen.

24.1.2   Die Datenbanksprache SQL

Bei der Datenbanksprache **SQL** handelt es sich um eine einfache, deklarative Sprache, die von vielen relationalen Datenbanksystemen unterstützt wird. Auch wenn zahlreiche Datenbankhersteller ihren eigenen SQL-Dialekt verwenden oder nur einen Teil des SQL-Standards implementieren, lassen sich SQL-basierte Anwendungen relativ leicht an andere Datenbanksysteme anpassen.

SQL stellt u.a. die folgenden sprachlichen Mittel bereit:

- **Definition** von Datenstrukturen (z.B. Tabellen, Schlüssel und Beziehungen)

  ```
  CREATE TABLE MITARBEITER (
      PERSNR INTEGER, NACHNAME CHAR(50), VORNAME CHAR(50)
  )

  CREATE TABLE URLAUB (
      PNR INTEGER, ERSTER DATE, LETZTER DATE, STAT INTEGER
  )
  ```

- **Manipulation** von Daten: Hinzufügen, Ändern, Löschen von Datensätzen

  ```
  INSERT INTO MITARBEITER VALUES ( 1006, 'Meier', 'Rolf' )
  INSERT INTO MITARBEITER VALUES ( 1009, 'Kaller', 'Ulrike' )
  INSERT INTO MITARBEITER VALUES ( 1013, 'Schmidt', 'Karla' )

  UPDATE MITARBEITER SET NACHNAME='Keller' WHERE PERSNR=1009

  DELETE FROM MITARBEITER WHERE VORNAME='Karla'
  ```

- **Abfrage** von Daten

  ```
  SELECT * FROM MITARBEITER
  SELECT NAME, VORNAME FROM MITARBEITER WHERE PERSNR=1013
  ```

Die Semantik der angegebenen Beispiele erklärt sich von selbst. Die Ausführung dieser Anweisungen in einer HSQLDB-Datenbank behandeln wir in Übung 24.2.

24.1.3   Das Datenbanksystem HSQLDB

Mit HSQLDB verwenden wir ein relationales Datenbanksystem, das für unsere Anforderungen deutliche Vorzüge besitzt: Das frei verfügbare Open-Source Produkt ist in Java geschrieben und sehr einfach zu installieren. Trotz seiner minimalen Größe ist es sehr leistungsfähig und deckt wichtige Teile des SQL-Standards ab.

Zur Installation von HSQLDB laden wir die aktuelle Datei `hsqldb_1_8_?_?.zip` von der Web-Site [HSQLDB] herunter und packen diese in ein beliebiges Verzeichnis aus. Um die damit bereits abgeschlossene Installation zu testen und um die ersten Schritte mit HSQLDB durchzuführen, dienen die Übungen 24.1 und 24.2. Details zum Datenbanksystem finden interessierte Leser auf der angegebenen Web-Site.

24.2   JDBC

Nach dem Motto *write once - run everywhere* können über *Java Database Connectivity* (JDBC) eine Vielzahl (kommerzieller wie nicht-kommerzieller) relationaler Datenbanken mittels der Sprache SQL angesprochen werden. Damit stellt JDBC ein Framework für die Entwicklung und den Betrieb von portablen datenbankbasierten Anwendungen unterschiedlichster Zielrichtungen dar.

Das Framework selbst besteht aus diversen generischen Typen (Interfaces), die im Paket `java.sql` enthalten sind, sowie verschiedenen konkreten Implementierungen, die in Form von datenbankspezifischen Treibern zur Laufzeit hinzugeladen werden können. Als Entwickler arbeiten wir meist mit den datenbank- und treiberunabhängigen Interface-Typen (z.B. `Driver`, `Connection`, `Statement`) und beziehen uns lediglich beim Laden des Treibers und dem Erstellen der Datenbank-Verbindung auf die konkrete Implementierung für das jeweilige Datenbanksystem.

24.2.1   Struktur eines JDBC-Programms

Die Struktur eines typisches JDBC-Programms besteht aus den in Abb. 24.2 dargestellten Schritten, beginnend mit dem Laden eines für das Datenbanksystem passenden JDBC-Treibers und dem Erstellen einer Datenbankverbindung. Mithilfe von Anweisungsobjekten werden SQL-Anweisungen ausgeführt und anschließend deren Resultate verarbeitet. Am Ende werden die benötigten Ressourcen geschlossen.

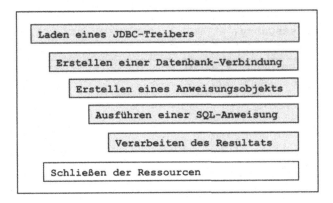

Abb. 24.2: Struktur eines JDBC-Programms

Im folgenden Beispiel lassen sich die einzelnen Schritte leicht identifizieren: Zunächst wird mit `Class.forName()` der HSQLDB-Treiber geladen und mit

```
java.sql.Driver.getConnection(...)
```

eine Verbindung zur Datenbank aufgebaut. Als Parameter gibt man einen URL zur Datenbank mit, zu dem ein passender registrierter Treiber gesucht wird. Die weiteren Parameter für den Namen des Datenbankbenutzers und dessen Kennwort sind optional. Bei erfolgreichem Verbindungsaufbau wird eine `Connection`-Instanz zurückgegeben, mit dieser ein Statement-Objekt erzeugt und mit dessen Methode executeQuery() die SELECT-Anweisung ausgeführt:

```java
import java.sql.*;

public class HsqlTest {

 public static void main(String[] args)
                  throws SQLException, ClassNotFoundException {

    // spezifischer Datenbanktreiber laden
    Class.forName( "org.hsqldb.jdbcDriver" );

    // Verbindung zur Datenbank "test" aufbauen
    Connection con = DriverManager.getConnection(
                        "jdbc:hsqldb:test", "sa", "" );

    // SQL-Anweisungs-Objekt erzeugen
    Statement st = con.createStatement();

    // SQL-Anweisung ausführen
    ResultSet rs = st.executeQuery("SELECT * FROM MITARBEITER");

    // Resultat der SQL-Anweisung verarbeiten
    while( rs.next() )
     System.out.println(
         rs.getInt( "PERSNR" ) + " "
       + rs.getString( "NACHNAME" ) + " "
       + rs.getString( "VORNAME" )
    );

    // ResultSet, Statement und Verbindung schließen
    rs.close();
    st.close();
    con.close();
  }
}
```

Das Resultat der SELECT-Anweisung liegt in Form eines ResultSet als Ergebnistabelle vor und wird in der Schleife zeilenweise ausgegeben. Hier liegt das so genannte Cursor-Konzept zugrunde, das es erlaubt, die Ergebnistabelle zeilenweise zu durchlaufen. Die Verwandtschaft zum bekannten Iterator-Idiom ist offensichtlich.

Hinweis

Zur Ausführung dieses Programms in Eclipse sind folgende Punkte zu beachten:

- Erstellen Sie zunächst mit dem Database Manager die Tabelle MITARBEITER und fügen Sie dieser einige Datensätze hinzu, wie dies in Übung 24.1 beschrieben ist. Damit Database Manager und JDBC-Programm die gleiche Datenbank verwenden, ist im Datenbank-URL das Eclipse-Projektverzeichnis anzugeben:

    jdbc:hsqldb:file:<*Eclipse-Projektverzeichnis*>/test

    Vor dem Start des Programms muss der Database Manager geschlossen werden. Alternativ kann man die Tabelle auch über ein eigenes JDBC-Programm erstellen (vgl. Übung 24.3).

- Um HSQLDB innerhalb eines Eclipse-Projekts verwenden zu können, muss die im Download enthaltene Datei `hsqldb.jar` im Projekt referenziert werden (*Project* → *Properties* → *Java Build Path*, dann *Libraries* und *Add external JAR*).

24.2.2   Anweisungsobjekte und Ausführung von SQL-Anweisungen

Um eine SQL-Anweisung (Query) auszuführen, wird ausgehend von der Datenbank-Verbindung ein Anweisungsobjekt vom Typ **Statement** erzeugt

```
Statement st = con.createStatement();
```

und in der Methode executeQuery() eine SQL-Anweisung übergeben:

```
ResultSet rs = st.executeQuery( "SELECT ..." );
```

Für SQL-Anweisungen, die keine Ergebnistabelle zurückliefern, wie z.B. INSERT, UPDATE, DELETE oder CREATE, verwendet man

```
int count = st.executeUpdate( "INSERT ..." );
```

Diese Methode gibt die Anzahl der durch die Ausführung betroffenen Datensätze zurück (*SQL row count*) oder 0, wenn ein solcher Wert keinen Sinn macht. In der Regel ist man am Rückgabewert eines executeUpdate() nicht interessiert, zumal Fehlersituationen besser durch ausgelöste Ausnahmen signalisiert werden können.

Falls die auszuführende SQL-Anweisung jedoch erst zur Laufzeit bekannt ist, etwa bei der Implementierung eines Database Managers oder eines SQL-Frontends, wird man zur Ausführung die unabhängige Methode execute() verwenden

```
if( st.execute( sqlString ) )  // true: Ergebnistabelle existiert

    rs = st.getResultSet();

else

    count = st.getUpdateCount();
```

und die Ergebnistabelle bzw. den Zahlenwert in Abhängigkeit vom Rückgabewert von execute() mit der passenden get()-Methode abholen (vgl. Übung 24.4).

Für die Ausführung von parametrisierten SQL-Anweisungen oder von so genannten *Stored Procedures* stehen mit PreparedStatement und CallableStatement spezielle Statement-Klassen bereit, die wir jedoch hier nicht behandeln werden.

24.2.3   Verarbeitung von Ergebnistabellen

Das Resultat einer SQL-Abfrage (Query) liegt in Form einer Ergebnistabelle (ResultSet) vor, die zeilenweise durchlaufen wird. Hierbei ist folgendes zu beachten:

- zu einem `Statement` existiert maximal ein offenes `ResultSet`
  (das Erzeugen eines `ResultSets` schließt ein zuvor mit diesem `Statement` erzeugtes `ResultSet`)

- der Cursor steht zu Beginn **vor** der ersten Zeile (um ihn auf die erste Zeile zu stellen, muss – wie beim Iterator – ein Aufruf von `next()` erfolgen)

- innerhalb einer Zeile sollte höchstens einmal auf eine Spalte zugegriffen werden

- der Zugriff auf die Spaltenwerte sollte von links nach rechts erfolgen

Für den lesenden Zugriff auf die einzelnen Spalten einer Zeile bietet die Klasse ResultSet ein ganzes Bündel von `get()`-Methoden, mit denen die jeweiligen Spaltenwerte aus dem SQL-Datentyp in den Java-Datentyp umgewandelt werden. Der Zugriff auf die Spalten kann über den **Spaltennamen** als auch über den **Spaltenindex** (erste Spalte hat den Indexwert 1) erfolgen.

Exemplarisch seien hier einige `get()`-Methoden genannt:

```
     int getInt(int colInd)              int getInt(String colNam)
  String getString(int colInd)        String getString(String colNam)
   float getFloat(int colInd)          float getFloat(String colNam)
```

Beim Zugriff muss eine passende Methode gewählt werden, da Konvertierungsprobleme mit einer Ausnahme quittiert werden. Ist man lediglich an einer Ausgabe der Werte interessiert, verwendet man die unverfängliche Methode `getString()`.

Die Informationen **über** ein ResultSet erhalten wir in Form einer Instanz von ResultSetMetaData durch den Aufruf

```
   ResultSetMetaData rsd = rs.getMetaData();
```

und können damit etwa die Anzahl und die Namen der Spalten ermitteln. Das folgende Code-Fragment gibt die Titelzeile gefolgt von den einzelnen Datensätzen aus:

```
  ResultSet rsd = rs.getMetaData();
  int numCol = rsd.getColumnCount();
  for( int i=0; i<numCol; i++ )
     System.out.print( rsd.getColumnName( i+1 ) + "   " );
  System.out.println();
  while( rs.next() ){
     for( int i=0; i<numCol; i++ )
        System.out.print( rs.getString( i+1 )+ "   " );
     System.out.println();
  }
```

Dieses Coding ist jedoch verbesserungswürdig, da es weder NULL-Werte berücksichtigt noch konstante Spaltenbreiten einhält (vgl. Übung 24.4).

25   Ausgewählte Anwendungsszenarien

In diesem Kapitel stellen wir drei betrieblich orientierte Anwendungsszenarien vor:

- Simulation eines Data Warehouse
- Simulation eines Callcenters
- Client-Server-Anwendung "Personalverwaltung"

Nach Darstellung des jeweiligen Hintergrunds und der sich daraus ergebenden Anforderungen wird das Design mit den beteiligten Klassen und deren wichtigsten Methoden erläutert. Der vollständige Quelltext befindet sich auf der Web-Site [DEC07].

25.1   Data Warehouse

Wir wenden unsere Datenstrukturkenntnisse an, indem wir ein *DataWarehouse* (DW) im Kleinen simulieren: Im Gegensatz zu Enterprise Ressource Planning (ERP) Systemen werden in DW-Systemen nicht aktuelle operative Daten vorgehalten, sondern Daten über längere Zeiträume und geordnet hinsichtlich verschiedener betriebswirtschaftlicher Kategorien (*Dimensionen*) akkumuliert. Dies erlaubt es, komplexe Auswertungen durchzuführen und längerfristige Tendenzen zu erkennen.

25.1.1   Hintergrund und Anforderungen

Die *Umsatzzahlen* eines *Obsthandels* werden über mehrere Jahre verwaltet. Wir verkaufen verschiedene *Obstsorten* an den Einzelhandel und erzielen entsprechende *Umsätze*. Die Umsatzzahlen sind einfacherweise Integerwerte mit der Bedeutung Tausende Geldeinheiten (TGE). Die Umsätze lassen sich innerhalb eines Jahres verschiedenen *betriebswirtschaftlichen Kategorien* zuordnen:

- Drei *Produkte* : Aepfel, Birnen, Kiwis
- Vier *Quartale* : Q1, Q2, Q3, Q4
- Vier *Händler* : Addi, Liddi, Spaa, Ekade

Die Umsätze werden pro Jahr in einem *dreidimensionalen Datenwürfel* (Infocube) gehalten. Wir verwenden ein dreidimensionales Integer-Array entsprechender Größe, die durch die betriebswirtschaftlichen Dimensionen gegeben ist. Die Umsätze werden ab 1990 verwaltet, Jahreszahlen sind vierstellige Integers.

Beim Start des Programms wird der Benutzer nach der Zahl der Jahre n gefragt, für die ab 1990 Umsätze verwaltet werden. Ein entsprechend großes DataWarehouse wird angelegt und alle Datenwürfel sogleich mit Testdaten gefüllt. Es handelt sich um Zufallswerte im Bereich 10 - 500 (TGE).

Anmerkung: Natürlich handelt es sich nur um eine stilisierte und radikal vereinfachte *Simulation* eines Data Warehouse-Systems. Reale DW-Systeme basieren auf relationalen Datenbanken und bilden die logische InfoCube-Struktur mittels relationaler Tabellen ab. Unser Programm gibt also nur die logische Struktur grob wieder. Ferner sind reale DW-Systeme generisch hinsichtlich der in ihnen abbildbaren Daten, Dimensionen und Auswertmöglichkeiten, während unsere Lösung den betriebswirtschaftlichen Zusammenhang in den verwendeten Klassen festschreibt.

25.1.2   Programmaufbau und -ablauf

Die Benutzerführung bietet folgende Abfragemöglichkeiten:

- Ausgeben von Daten für ein *bestimmtes* (vorzugebendes) Jahr:
  - Gesamtumsatz über *alle* Dimensionen
  - Gesamtumsatz eines bestimmten *Händlers* oder *Quartals* oder *Produkts*
- Ausgabe der Infocube-Ebenen eines bestimmten Jahres in Tabellenform:
  - Umsatzzahlen eines bestimmten *Händlers* oder *Quartals* oder *Produkts*
- Bestimmen von Kenngrößen über *alle* Jahre:
  - Welches Jahr hatte den maximalen / minimalen Umsatz + Werte?
  - Wie groß war bislang der mittlere Jahresumsatz?
- Evaluation für ein *bestimmtes* (vorzugebendes) Jahr:
  - Welches *Quartal* erzeugte maximalen / minimalen Umsatz + Werte?
  - Welches *Produkt* erzeugte maximalen / minimalen Umsatz + Werte?
  - Welcher *Händler* erzeugte maximalen / minimalen Umsatz + Werte?
- Evaluation für *alle* Jahre:
  - Welches *Produkt* erzeugte maximalen / minimalen Umsatz + Werte?
  - Welcher *Händler* erzeugte maximalen / minimalen Umsatz + Werte?
  - Welches *Quartal* erzeugte maximalen / minimalen Umsatz + Werte?

25.1.3   Die beteiligten Klassen

Wir verteilen die Funktionalität auf verschiedene Klassen, so dass Benutzerinteraktion, Datenverarbeitung und Ausgabeoperationen separiert werden:

Zur Verwaltung der Datenwürfel existiert eine Klasse Cube. Attribute sind ein dreidimensionales Integer-Array umsaetze sowie der Integer jahr. Alle Umsatzzahlen eines bestimmten Jahres werden durch *ein* Cube-Objekt repräsentiert.

In einem Objekt der Klasse DWarehouse werden die Cube-Objekte verschiedener Jahre (in Jahresreihenfolge ab 1990) in Form einer *verketteten Liste* auf Basis unserer Knotenklasse Node gehalten (mit data-Referenzen vom Typ Cube). Das Attribut head zeigt auf das erste Node-Objekt der Liste, das wiederum das erste Cube-Objekt (Jahr 1990) referenziert, das Attribut tail zeigt auf das letzte Node-Objekt. Die Klasse DWarehouse enthält Methoden zur Summation der Umsatzzahlen nach vorgegebenen Dimensionen. Die Datenstruktur ist in Abbildung 25.1 dargestellt.

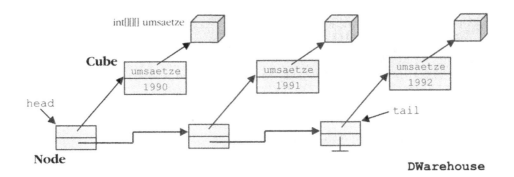

Abb. 25.1: Datenstruktur des simulierten Mini DataWarehouse

Die Programmsteuerung übernimmt die ausführbare Klasse Obsthandel, die auf die Klassen DWarehouse und Cube zugreift und die Konsolen-Benutzerführung umsetzt. Abfrage und Wert-Ausgabe verlagern wir in die separate Klasse Out.

Unser DataWarehouse soll im Filesystem als *serialisiertes Objekt* gespeichert und mit den Daten auch wieder geladen werden können. Dies realisiert die Klasse IOFile.

Die Knotenklasse Node:

```
public class Node {
   public Cube data;
   public Node next;
   public Node( Cube o ){
      data = o;   next = null;
   }
}
```

Die Datenwürfelklasse Cube:

```
public class Cube implements Serializable {
   public int jahr;
   public int[][][] umsaetze;
   public Cube( int n ) {
      jahr = n;          umsaetze = new int[3][4][4];
      // ... umsaetze mit Testdaten füllen ...
   }
}
```

Die Klasse DataWarehouse:

```
public class DWarehouse implements Serializable {
   private Node head, tail ;
   public DWarehouse( int n ) {
      for( int i=0; i<n; i++ )  add();
```

```
    }
    // fügt weiteren Cube-Datenwürfel am Ende der Liste ein:
    private void add() {   /* … */  }
    public Cube search( int jahr ) {   /* … */  }
    public int getUmsatz( int jahr, int produkt,
               int quartal, int haendler ) {   /* … */   }
  }
```

Die Auswerte- und Ausgabeklasse Out:

```
  public class Out {
    public static void writeGesamtUmsatz(
               DWarehouse data, int jahr ) { /* … */ }
    public static void writeQuartalUmsatz(
               DWarehouse data, int jahr, int q ) { /* … */ }
    // und weitere Methoden gemäß Zielsetzung ...
  }
```

Die Serialisierungsklasse IOFile:

```
  public class IOFile {
    public static void save( DWarehouse data ) {  /* … */  }
    public static DWarehouse load() {  /* … */  }
  }
```

Die Klasse Obsthandel:

```
  public class Obsthandel {
    private static DWarehouse data = null;
    private static void auswertung( DWarehouse data ) {
      // Abfrage Werte Jahr, Produkt, Quartal, oder Händler
      // Aufruf der Berechnungs- und Ausgabemethoden von Out
    }
    private static void menu( int n ) {
      switch( n ) {  /* Menüoptionen   */   }
    }
    public static void main( String[] args ) {
      // Erzeugen eines Dwarehouse-Objekts
      // Aufruf der Menü- und Auswerte-Methoden
    }
  }
```

25.2   Callcenter

25.2.1   Hintergrund und Anforderungen

In einem Inbound-Callcenter werden telefonisch eingehende Kundenanfragen (Calls) von Mitarbeitern des Callcenters (Agenten) bearbeitet. Kann ein Call nicht sofort angenommen werden, wird er in eine Warteschleife gestellt und nach Verfügbarkeit eines Agenten aus dieser entnommen. In der Regel werden Calls mit längerer Wartezeit zuerst bearbeitet, es können aber auch andere Kriterien zur Anwendung kommen, wenn etwa Firmenkunden gegenüber Privatkunden bevorzugt werden. Ist das Callcenter nicht ausgelastet, warten die Agenten in einer eigenen Warteschleife auf eingehende Calls. In der Regel wird der *longest available* Agent den nächsten Anruf entgegennehmen, aber auch hier sind andere Priorisierungen denkbar.

In der Anwendung sind verschiedene Randbedingungen, wie etwa die Anzahl der Agenten, Häufigkeit der Calls oder die durchschnittliche Bearbeitungszeit parametrisierbar. Informationen über den Ablauf der Simulation werden zur Laufzeit protokolliert und am Ende summarisch ausgegeben.

25.2.2   Programmaufbau und -ablauf

Das Programm besteht aus dem eigentlichen Callcenter mit je einer Warteschleife für die Calls (CallQueue) und die Agenten (AgentQueue). In der Initialisierungsphase werden alle Agenten in die AgentQueue gestellt, wo sie für die Entgegennahme von Calls bereit stehen (siehe Abb. 25.2). Die wesentliche Funktionalität des Callcenters

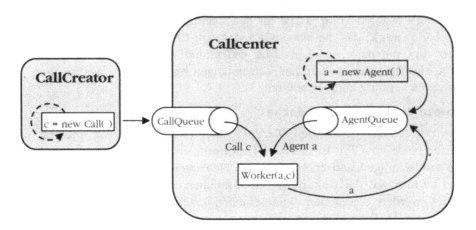

Abb. 25.2: Callcenter: Ablauf und beteiligte Komponenten

besteht darin, in einer Schleife je einen Agenten und einen Call aus den Warteschleifen zu entnehmen und beide dem Worker zu übergeben, der das Telefongespräch simuliert. Nach Beendigung des Gesprächs wird der Agent vom Worker wieder in seine Warteschleife zurückgestellt.

Zur Simulation der eingehenden Anrufe existiert neben dem Callcenter ein weiterer Thread (CallCreator). Dort werden Calls während der Betriebsphase des Callcenters erzeugt und in dessen CallQueue eingestellt. Im Gegensatz zu den Agenten wäre es nicht adäquat, alle Calls bereits in der Initialisierungsphase zu erzeugen.

25.2.3   Die beteiligten Klassen

Die Klasse `Call`

Calls werden durch Instanzen dieser Klasse modelliert und sind durch eine ID (`int callID`) eindeutig bestimmt. Der Status (`int status`) gibt an, ob es sich um einen Premium, Firmen- oder Privatkunden handelt; mit dem Attribut `int callT` können unterschiedlich lange Telefongespräche simuliert werden. Der Zeitpunkt des Anrufs im Callcenter und der Zeitpunkt der Entgegennahme durch einen Agenten werden in den Attributen `long called` und `long accepted` protokolliert. Neben adäquat formulierten Methoden `equals()`, `hashCode()` und `toString()` existieren Getter- und Setter-Methoden zum Lesen bzw. Ändern von Attributwerten.

Unterschiedliche Sortierkriterien der Warteschleife realisieren wir durch Comparatoren. So sortiert `WAITING_ORDER` nach der Wartezeit und `STATUS_ORDER` nach dem Kundenstatus (Premium- vor Firmen- vor Privatkunden). Mit einem Comparator, der beide Kriterien berücksichtigt, befassen wir uns in Übung 25.5.

Die Klasse `Agent`

Agenten sind durch eine ID (`int` **`agentID`**) eindeutig gekennzeichnet. An Protokollattributen existieren `long` **`idle`** für den Zeitpunkt, seit dem der Agent untätig ist, und `long` **`work`**, das die aktive Gesprächszeit (über alle getätigten Calls) aufsummiert. An Comparatoren stehen **`IDLE_ORDER`** und **`WORK_ORDER`** zur Verfügung, die die Auswahlkriterien des am längsten untätigen Agenten bzw. des Agenten mit der geringsten Leistung implementieren.

Die Klassen `Callcenter` und `Worker`

`Callcenter` enthält die beiden Warteschleifen (Warteschlangen) **`agentQ`** und **`callQ`**, die beide vom Typ **`PrioBlockingQueue`** sind und Methoden **`put()`** und **`take()`** zum Einfügen und Entnehmen von Elementen bereit stellen; diese Methoden sind im Interface `IBlockingQueue` zusammengefasst. Im Konstruktor `Callcenter()` werden die beiden Warteschleifen erzeugt und die Agenten in die AgentQ eingefügt. Das Callcenter entnimmt einen Call und einen Agenten und gibt beide an den Worker weiter:

```
while( true ){
    Call c = callQ.take();
    Agent a = agentQ.take();
...new Worker( a, c, agentQ ).start();
}
```

Der Worker vermerkt die Gesprächsannahme, wartet während der Gesprächsdauer und stellt danach den Agenten in die Queue zurück. Da der Worker in einem eigenen Thread läuft, kann sich das Callcenter sofort mit der Vermittlung des nächsten Calls befassen, ohne das Ende des Gesprächs abwarten zu müssen.

Die Klasse `PrioBlockingQueue`

Die Klasse `PrioBlockingQueue` ist eine auf die vorliegenden Bedürfnisse angepasste Liste, bei der ein Aufruf von **take()** das kleinste Element (bezüglich des im Konstruktor übergebenen Comparators) entnimmt; ist die Liste leer, blockiert der Aufruf solange, bis mit **put()** wieder ein Element in die Liste eingefügt wurde. Das Blockieren bei leerer Liste und Informieren über neue Elemente wird wesentlich durch die Methoden **wait()** und **notify()** bewerkstelligt:

Wird für ein gesperrtes Objekt die Methode `wait()` aufgerufen, so wird der aufrufende Thread in einen inaktiven Wartezustand versetzt und im "Warteraum" des Objekts registriert. Gleichzeitig wird die Objektsperre freigegeben. Ein Aufruf von `notify()` erweckt einen Thread aus dem Warteraum des Objekts (sofern sich welche darin befinden). Damit erhält dieser die Chance, die Objektsperre zu erwerben und mit der Ausführung der Methode fortzufahren.

Betrachten wir dies am konkreten Beispiel unserer Implementierung:

```
public synchronized T take() throws InterruptedException {
    while( size()==0 ) {
        wait();
    }
    // jetzt minimales T bestimmen, löschen und zurückgeben
    t = (T)Collections.min( this, priority );
    return t;
}
public synchronized void put( T t ) {
    add( t );
    notify();
}
```

Befinden sich bei der Ausführung von `take()` keine Elemente in der Queue, begibt sich der Thread mit `wait()` in den Wartezustand. Da damit automatisch die Objektsperre freigegeben wird, kann der Thread, der `put()` ausführen möchte (CallCreator), fortfahren und einen neuen Call in die Queue stellen. Das am Ende von `put()` ausgeführte `notify()` weckt den ursprünglichen Thread, der mit der Methode `take()` fortfährt, sobald er die Objekt-Sperre erworben hat. Mit der Methode `Collections.min()` wird das bezüglich der Priorität minimale Element bestimmt.

Die vorgestellte Implementierung stellt eine stark vereinfachte Variante des Erzeuger-Verbraucher-Szenarios dar, da wir uns auf je einen Erzeuger und Verbraucher beschränken können und die Kapazität der Queue unbegrenzt groß ist. Für allgemeine Fälle verweisen wir die interessierten Leser auf die in Kapitel 21 bereits angegebene Literatur [BLO04] und [OEC01].

Die Klasse `CallCreator`

In dieser Klasse werden simultan zum Betrieb des Callcenters neue Calls erzeugt und in die entsprechende Warteschleife gestellt. Um Zugriff auf diese Schleife zu erhalten, wird der Klasse die Callcenter-Instanz übergeben.

Beim Erzeugen können die folgenden Konfigurationsparameter (gebündelt in `Call-Params`) mitgegeben werden:

- `n_calls`   **Anzahl der Calls** (`n_calls` = -1 : beliebig viele)

- `min_callT, max_callT`   min./max. **Dauer des Gesprächs** (in Sekunden)

- `min_nextT, max_nextT`   min./max. **Zeit** bis nächster Call erzeugt wird

Über die Minimal- und Maximalwerte (in Sekunden) können Intervalle angegeben werden, aus denen das Programm zufällige Werte x (in Millisekunden) ermittelt. Hierbei gilt stets $min <= x < max$; es sei denn, $min = max$, dann gilt $min = x = max$.

Um etwa einen CallCreator zu erstellen, der jede Sekunde einen Call mit einer konstanten Gesprächszeit von 2 Sekunden erzeugt (ohne Begrenzung), benutzen wir:

```
CallParams p = new CallParams( -1, 2, 2, 1 , 1 );
CallCreator c = new CallCreator( ..., p );
```

Mit folgenden CallParams erzeugt der CallCreator 17 Calls im Abstand von 2 bis 3 Sekunden und einer Gesprächszeit zwischen 4 und 11 Sekunden:

```
CallParams p = new CallParams( 17, 4, 11, 2 , 3);
```

Die Klasse `CallcenterProgramm`

Diese Klasse enthält die `main()`-Methode der Anwendung mit folgendem Ablauf:

1. Erzeugen eines Callcenters mit Zahl der Agenten und Prioritäten der Queues
```
Callcenter c = new Callcenter( n_agents, agentPrio, callPrio );
```

2. Erzeugen und Starten eines parametrisierten CallCreators:
```
CallParams p = new CallParams( ... );
new CallCreator( c, p ).start();
```

3. Inbetriebnahme des Callcenters
```
c.start();
```

In den Übungen zu diesem Abschnitt befassen wir uns mit einigen Ergänzungen zum Callcenter-Programm, insbesondere mit einem weiteren Prioritätskriterium der CallQueue, dem ordnungsgemäßen Beenden des Programms sowie der Ausgabe einer zusammenfassenden Statistik über die Aktivität der Agenten und die Wartezeiten der Calls.

25.3   Personalverwaltung

25.3.1   Hintergrund und Anforderungen

Wir erstellen schrittweise eine Anwendung zur Verwaltung von Mitarbeiterdaten. Beginnend mit einer prototypischen monolithischen Applikation, die die erfassten Daten lokal verwaltet, wird diese zu einer datenbank-basierten mehrbenutzerfähigen Client-Server-Anwendung ausgebaut. Die verschiedenen Programmversionen befinden sich auf der Web-Site unter *Kapitel 25 → Personalverwaltung*.

Als User Interface verwenden wir die Konsole mit einer text-basierten Darstellung und Menüsteuerung.

An das Programm stellen wir die folgenden funktionalen Anforderungen:

* *Anzeigen* aller erfassten Mitarbeiter (nach verschiedenen Kriterien sortiert)

* *Bearbeiten*

* *Neu anlegen*

* *Löschen* von Mitarbeiterdaten

25.3.2   Die Klasse `Mitarbeiter`

Die Klasse `Mitarbeiter` besitzt private Attribute für die Personalnummer (`final int`), den Nachnamen und Vornamen (`String`). Ein Mitarbeiter ist durch die Personalnummer eindeutig bestimmt, die auch nicht mehr geändert werden kann, Namensänderungen sind jedoch erlaubt.

An öffentlichen Konstruktoren und Methoden stehen zur Verfügung

```
                                    // Konstruktor
Mitarbeiter(int persNr, String nachname, String vornmame)
String getNachname()              // Getter für nachname
void setNachname( String name )   // Setter für nachname
String getVorname()               // Getter für vorname
void setVorname( String name )    // Setter für vorname
int getPersNr()                   // Getter für persNr
String toString()                 // text-basierte Darstellung
boolean equals( Object o )        // persNr einziges Kriterium
int hashCode()                    // Konsistenz zu equals()
int compareTo( Object o )         // sort nach persNr
```

sowie ein öffentlicher Comparator zum Sortieren nach Namen

```
static Comparator NAME_ORDER      // sort nachname-vorname-persNr
```

Falls nachname oder vorname `==null` oder `==""`, wird im Konstruktor und in den set-Methoden eine `IllegalArgumentException` ausgelöst.

25.3.3   Version 1: Monolithischer Prototyp

In der Methode `main()` wird eine Instanz der Personalverwaltung erzeugt und die Kontrolle an die Methode `menue()` übergeben, die den gesamten Ablauf steuert:

```
System.out.println("MITARBEITERVERWALTUNG 1.0");
while( true ) {                              // Hauptmenü
  System.out.println("  A (Anzeigen)");
  System.out.println("  B (Bearbeiten)");
  System.out.println("  N (Neu)");
  System.out.println("  L (Löschen)");
  System.out.println("  S (Schließen)");
  System.out.print("Bitte auswählen: ");
  char c = ... Menüauswahl
  switch( c ){
    case( 'A' ):
      System.out.println( mListe );   // Anzeige aller Mitarbeiter
      break;
    case( 'B' ):

      ...
    case( 'N' ):                      // Neuer Mitarbeiter

      ...
      mListe.add( new Mitarbeiter(persNr, nachname, vorname) );
      break;
    case( 'S' ):
      System.out.println( "Programm beendet." );
      return;
  }
}
```

Die Mitarbeiterdaten werden intern in einer

```
private final ArrayList mListe = new ArrayList();
```

verwaltet, auf die aus dem funktionalen Menü-Coding mit den entsprechenden Methoden wie z.B. `add()`, `remove()` direkt zugegriffen wird. Die erfassten Daten stehen jedoch nur während der Laufzeit zur Verfügung und sind nach Beendigung des Programms verloren. Dieses Problem ließe sich einfach beheben, indem man die Liste am Ende des Programmablaufs mit den aus Kapitel 22 bekannten Methoden in einer Datei dauerhaft speichert und – sofern eine solche Datei existiert – diese bei Programmstart einliest. Dies überlassen wir den interessierten Lesern als Übung. Für den weiteren Verlauf werden wir jedoch einen anderen Weg beschreiten.

25.3.4   Version 2: Isolierung der Datenzugriffe

Da wir von jetzt an mit generischen Datentypen arbeiten werden, passen wir zunächst die Klasse `Mitarbeiter` entsprechend an: Diese Klasse implementiert nun das Interface `Comparable<Mitarbeiter>` und stellt für den Namensvergleich einen `Comparator<Mitarbeiter>` bereit. Die Argumente von `compareTo()` und `compare()` sind entsprechend anzupassen, was einige Casts überflüssig macht.

Die wesentliche Änderung in dieser Version besteht darin, die Datenzugriffe von der Anwendung zu entkoppeln, um dadurch von der Art der Datenspeicherung (Persistenzschicht) unabhängig zu werden. Anstelle der direkten Zugriffe auf mListe verwenden wir Methoden und ersetzen – etwa beim Hinzufügen eines Mitarbeiters –

```
mListe.add( m )        durch      insert( m )
```

Das Interface IMitarbeiterData

Die für die verschiedenen Datenzugriffe notwendigen Methoden fassen wir in einem

```
public interface IMitarbeiterData {
    List<Mitarbeiter> findAll();        //Liste aller Mitarbeiter
    Mitarbeiter find( int persNr );     //Mitarbeiter zu persNr
    void delete( int persNr );          //löscht Mitarbeiter mit persNr
    void insert( Mitarbeiter m );       //fügt Mitarbeiter m ein
    int getCount();                     //Anzahl der Mitarbeiter
    void update( Mitarbeiter m );       //ändert Mitarbeiter
}
```

zusammen und verwenden in der Anwendung ausschließlich Methoden dieses Interface. Der Anwendung wird zur Laufzeit eine konkrete Persistenz-Implementierung übergeben, die unter **IMitarbeiterData data** registriert wird. Über diese Instanz erfolgen dann die Methodenaufrufe, wie im folgenden Ausschnitt dargestellt:

```
public class Personalverwaltung {
    private IMitarbeiterData data;

    public Personalverwaltung( IMitarbeiterData data ) {
        this.data = data;
    }

public void menue(){
    //...
    switch( c ){
        case 'A':        // Anzeigen
            List<Mitarbeiter> l = data.findAll();
            //... evtl. umsortieren von l
            System.out.println( l );
            break;
        case 'N':        // Neu anlegen
```

```
//... Abfragen von persNr, nachname, vorname

data.insert( new Mitarbeiter(persNr, nachname, vorname) );
break;
```
...

Dadurch sind wir hinsichtlich konkreter Persistenzmodelle flexibel und können verschiedene Implementierungen einsetzen, etwa

- Die Daten werden temporär in einer Liste verwaltet und sind nach Programmende nicht mehr verfügbar; dies entspricht funktional der Version 1 und ist natürlich kein Persistenzmodell im eigentlichen Sinne (Implementierung `MitarbeiterDataTemp`).

- Die Daten werden in einer Liste verwaltet, die über Dateiströme serialisiert und deserialisiert wird. Hierzu muss `Mitarbeiter` das Interface `Serializable` implementieren (Implementierung `MitarbeiterDataFile`).

- XML-basierte Lösungen; die Daten werden im XML-Format gespeichert.

- Die Daten werden via JDBC in einer Datenbank gespeichert. Damit befassen wir uns in der Version 3 des Programms.

Die Klasse `MitarbeiterDataException`

Da die Persistenzschicht von der Anwendung vollständig entkoppelt ist, kennt diese auch keine implementierungs-spezifischen Ausnahmen. Um nicht grundsätzlich alle Instanzen von `Exception` behandeln zu müssen – und damit die Möglichkeit einer weiteren Ausnahmentypisierung aufzugeben – erstellen wir eine eigene Ausnahmeklasse `MitarbeiterDataException`. Kontrollierte Ausnahmen der Persistenz-Implementierung werden dort abgefangen und als `MitarbeiterDataException` weitergereicht, wie in folgendem Code-Ausschnitt dargestellt:

```
private void writeData()  {
   File data = new File( DATA_FILE );
   ObjectOutputStream oout=null;
   try {
      oout = new ObjectOutputStream(new FileOutputStream(data));
      oout.writeObject(mListe);
   } catch( FileNotFoundException e ) {
      throw new MitarbeiterDataException( e );
   } catch( IOException e ) {
      throw new MitarbeiterDataException( e );
   }
...
```

Das DAO-Entwurfsmuster

Das von uns durchgeführte Vorgehen, Datenzugriffe in einem Datenzugriffs-Object (Data Access Object - DAO) zu kapseln, folgt in Grundzügen dem Data Access Object-Entwurfsmuster, das als Core J2EE Pattern in [SUN05H] beschrieben ist.

25.3.5   Version 3: Datenbank-basierte Implementierung der Persistenzschicht

In dieser Version implementieren wir das Interface `IMitarbeiterData` durch die Klasse **MitarbeiterDataHSQLDB**, die den Zugriff auf eine HSQLDB-Datenbank mittels JDBC realisiert. Da wir außer dem Laden des Treibers keine Datenbankspezifischen Aktivitäten durchführen, lässt sich daraus leicht eine generische JDBC-Implementierung für unterschiedliche Datenbanksysteme erstellen.

Die Klasse MitarbeiterDataHSQLDB

Die Implementierung orientiert sich an der in Kapitel 24 dargestellten Struktur eines JDBC-Programms: Das Laden der Treiber-Klasse erfolgt einmalig im Konstruktor. In den einzelnen Methoden wird nach dem Verbindungsaufbau die entsprechende SQL-Anweisung ausgeführt und anschließend das Resultat verarbeitet, sofern man eines erwartet. Die Ressourcen werden im `finally`-Block frei gegeben.

Wir stellen exemplarisch die Methode `delete()` vor:

```
public void delete( int persNr ) {
  Connection con = null;
  Statement st = null;
  try {
    con = DriverManager.getConnection(dbUrl, dbUser, dbPasswd);
    st = con.createStatement();
    String sql =
            "DELETE FROM MITARBEITER WHERE PERSNR=" + persNr;
    st.executeUpdate( sql );
  }
  catch(SQLException e){ throw new MitarbeiterDataException(e); }
  finally{
//... Aufräumen
  }
}
```

Es ist jedoch sehr ineffizient, bei jedem Methodenaufruf eine neue Datenbankverbindung aufzubauen. Eine Alternativlösung stellen wir in Übung 25.6 vor.

Informationen zum Programmablauf

Wie in Kapitel 24 und den zugehörigen Übungen beschrieben, ist vor dem Programmstart die Datei `hsqldb.jar` als externe Jar-Datei in das Projekt einzubinden und die Datenbank aus der Konsole im Server-Mode zu starten:

```
java -cp <hsqldb-Verzeichnis>/lib/hsqldb.jar  org.hsqldb.Server
```

Falls die Tabelle MITARBEITER noch nicht existiert, legen wir diese – am Besten im DatabaseManager – mittels folgender SQL-Anweisung an:

```
CREATE TABLE MITARBEITER
(PERSNR INTEGER PRIMARY KEY, NACHNAME CHAR(50), VORNAME CHAR(50))
```

25.3.6   Version 4: Datenbank-Transaktionen

In dieser Version zeigen wir an einem Beispiel, wie Datenbank-Transaktionen über JDBC gesteuert werden können. Dazu wird die Anwendung erweitert, um mehrere Mitarbeiter mit zusammenhängenden Personalnummern anlegen zu können.

Die Klasse `Personalverwaltung`

Der Anwender wird beim Anlegen von Mitarbeitern nach der Anzahl der anzulegenden Mitarbeiter gefragt und gibt anschließend neben allen Nachnamen und Vornamen lediglich die Personalnummer des ersten Mitarbeiters ein. Die Mitarbeiterinstanzen werden als Ganzes in Form einer Liste an die Persistenzschicht übergeben.

```
List<Mitarbeiter> l = new ArrayList<Mitarbeiter>();

for( int i=0; i<count; i++ ){

    //... Abfragen von Nachname und Vorname

    l.add( new Mitarbeiter( persNr++, ..., ...) );

}

data.insert( l );
```

Das Interface `IMitarbeiterData` wird erweitert um die Methode

```
public void insert( List<Mitarbeiter> l );
```

Die Klasse `MitarbeiterDataHSQLDB`

Die Implementierung von `insert()` führt der Reihe nach entsprechend viele einzelne INSERT-Anweisungen aus:

```
for( Mitarbeiter m:l ){  // Iterieren und einzeln einfügen

    st.executeUpdate("INSERT INTO MITARBEITER VALUES " + m ... );

}
```

Hierbei kann das Problem auftreten, dass eine Personalnummer durch einen bereits gespeicherten Datensatz belegt ist und die Ausführung der INSERT-Anweisung mit einer SQLException abbricht. Das Problem liegt nicht im Abbruch – ein solcher konnte bislang beim Anlegen eines einzelnen Mitarbeiters auch schon auftreten – sondern darin, dass dies nicht beim ersten Mitarbeiter passiert und andere bereits angelegt wurden. In diesem Fall wäre es nicht mehr möglich, die Personalnummern für alle Mitarbeiter kontinuierlich zu vergeben.

Um nun sicherzustellen, dass **entweder alle** INSERT-Anweisungen korrekt ausgeführt werden **oder keine**, formulieren wir die Anweisungen innerhalb einer Transaktion, die im Erfolgsfall bestätigt (*commit*) wird. Im Fehlerfall wird jeder bereits durchgeführte INSERT zurückgenommen (*rollback*).

```
try{ for( Mitarbeiter m:l )

        st.executeUpdate( "INSERT ..." ); // iterative INSERTs

    con.commit();    // Commit

} catch( SQLException e ) {

    con.rollback();  // Rollback

}
```

25.3.7   Ausblick

In den bisherigen Unterkapiteln wurde schrittweise aus einem monolithischen System eine mehrbenutzerfähige Datenbank-basierte Client-Server-Anwendung erstellt.
Da die Clients direkt die Dienste des Datenbankservers in Anspruch nehmen, spricht
man von einem *zweistufigen Client-Server*-Modell (vgl. Abb. 25.3).

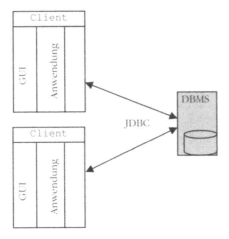

Abb. 25.3: Zweistufige Client-Server-Architektur

Eine solche Architektur zieht zwangsläufig nach sich, die Intelligenz des Gesamtsys-
tems vorwiegend im Client zu implementieren. Dies betrifft die Menüführung, die
grafische Aufbereitung der Daten (bei ordentlichen Frontends) und die Interaktions-
logik mit dem Endbenutzer, aber auch die betriebswirtschaftliche Logik der Anwendung (Geschäftslogik). So wären bei einer Personalverwaltung mit Urlaubsplanung
neben dem entsprechenden Geschäftsprozess (Beantragung – Prüfung – Genehmi-
gung/Ablehnung eines Antrags) auch Konsistenzprüfungen (angetretener Urlaub darf
nicht storniert werden; keine überlappenden Urlaubsperioden etc.) im Client zu implementieren. Dies führt zu schwerfälligen Clients (*fat client*), die nicht nur schwer zu
warten sind, sondern bei jedem Versionswechsel ausgetauscht werden müssen.

Bei der *dreistufigen Client-Server*-Architektur wird eine zusätzliche mittlere Ebene
eingezogen, um die Präsentationsebene von der Persistenzebene zu entkoppeln.
Diese Ebene ist durch einen so genannten *Anwendungsserver* (Applikationsserver)
realisiert (vgl. Abb 25.4), der sich in der Regel auf einem separaten Rechner befindet. Diese Schicht bietet Raum, um die Anwendungslogik an zentraler Stelle zu konzentrieren, und schafft zusätzlich Unabhängigkeit hinsichtlich der verwendeten
Client- und Datenbank-Plattformen, da sich diese nur über die vermittelnde Middleware wahrnehmen und daher einfacher angebunden werden können.

Um das Personalverwaltungsprogramm zu einer dreistufigen Client-Server-
Anwendung auszubauen, stehen uns aus den vorangegangenen Kapiteln Java-
Sockets und Remote Method Invocation (RMI) bereit, die als Middleware-Protokolle

zwischen Client und Anwendungsserver in Frage kommen. In Übung 25.7. werden wir ansatzweise ein solches Szenario präsentieren.

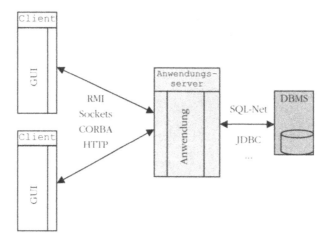

Abb. 25.4: Dreistufige Client-Server-Architektur

Eine weitere Technologie wird mit dem HTTP-Protokoll realisiert, über das ein Webbrowser bei einem Webserver HTML-Dokumente anfordert und diese mithilfe eines Interpreters grafisch darstellt. Mit dem Browser kommt dabei kein Java-Programm, sondern eine universelle, von der eigentlichen Anwendung unabhängige und auf unterschiedlichsten Plattformen verfügbare, schlanke Client-Software zum Einsatz.

Bei solchen Datenbank-basierten *Webanwendungen* besteht auf der Seite des Webservers über das Common Gateway Interface (CGI) die Möglichkeit, mit Skriptsprachen (z.B. Perl, PHP) oder ausführbaren Programmen Anwendungslogik und Datenbankzugriffe zu implementieren. Der Server erhält mit dem Request des Browsers Informationen über das auszuführende Skript und schickt diesem ein mit dem Skript dynamisch erzeugtes HTML-Dokument als Response zurück. Da für jede CGI-Anforderung ein Skript-Interpreter in einem separaten Prozess gestartet wird, stößt dieses Verfahren unter hoher Belastung bald an seine Grenzen, zumal die Synchronisation der Zugriffe auf gemeinsame Daten mittels Skriptsprachen nur unbefriedigend zu realisieren ist.

Die *Java Servlet*-Technologie erlaubt eine effiziente Server-seitige Ausführung von Java-Programmen, die über die Servlet-API eng an den Webserver gekoppelt sind. Damit können für die Implementierung am Server alle Vorzüge der Sprache Java eingesetzt werden. Mit der *Java 2 Platform Enterprise Edition (J2EE / Java EE)*-Spezifikation steht ein Standard für Java-basierte unternehmensweite Webanwendungen zur Verfügung, der Client-seitige wie Server-seitige Komponenten umfasst und verschiedene Dienste (Namensdienst, Transaktionsdienst, Sicherheitsdienst, JDBC etc.) beinhaltet (vgl. [DEH03] und [MER04]). SUN stellt eine Referenzimplementierung eines J2EE-Applikationsservers zur Verfügung, der eine Ablaufumgebung für diese Komponenten und die spezifizierten Dienste bereitstellt.

Literaturverzeichnis

Bücher

[ABT04]   Abts, Dietmar: Grundkurs Java. Vieweg, 2004.

[ABM04]   Abts, Dietmar; Mülder, Wilhelm: Grundkurs Wirtschaftsinformatik. Vieweg, 2004.

[ARN01]   Arnold, Ken; Gosling, James; Holmes, David: Die Programmiersprache Java. Addison-Wesley, 2001.

[BEN04]   Bengel, Günther: Grundkurs Verteilte Systeme. Vieweg, 2004.

[BLO04]   Bloch, Joshua: Effective Java. Addison-Wesley, 2004.

[DEH03]   Dehnhardt, Wolfgang: Java und Datenbanken. Hanser, 2003.

[EIL10]   Eilebrecht, Karl; Starke, Gernot: Patterns kompakt. 3.Auflage, Spektrum Akademischer Verlag, 2010.

[ESC02]   Eschweiler, Sebastian: Java 2 Micro Edition. vmi Buch, 2002.

[ESS05]   Esser, Friedrich: Java 5 im Einsatz. Galileo Press, 2005.

[FRI02]   Fritze, Jörg; Marsch, Jürgen: Erfolgreiche Datenbankanwendung mit SQL3. Vieweg, 2002.

[HAM05]   Hammerschall, Ulrike: Verteilte Systeme und Anwendungen. Pearson, 2005.

[HAW02]   Hawlitzek, Florian: Nitty Gritty Java 2. Addison-Wesley, 2002.

[HOR02]   Horn, Erika; Reinke, Thomas: Softwarearchitektur und Softwarebauelemente. Hanser, 2002.

[JOB02]   Jobst, Fritz: Programmieren in Java. Hanser, 2002.

[KUE05]   Küchlin, Wolfgang; Weber, Andreas: Einführung in die Informatik. Springer, 2005.

[LEA00]   Lea, Doug: Concurrent Programming in Java - Design Principles and Patterns. Second Edition, Addison-Wesley, 2000

[LOI05]   Louis, Dirk; Müller, Peter: Java 5 Kompendium. Markt und Technik, 2004.

[MER04]   Merker, Erwin: Grundkurs Java-Technologien, Vieweg, 2004.

[MEY97]   Meyer, Jon; Downing, Troy: Java Virtual Machine. O'Reilly, 1997.

[MID02]   Middendorf, Stefan; Singer, Reiner: Java - Programmierhandbuch und Referenz für die Java-2-Plattform. dpunkt 2002.

[MOE05]   Mössenböck, Hanspeter: Sprechen Sie Java? dpunkt, 2005.

[OEC01]   Oechsle, Rainer: Parallele Programmierung mit Java Threads. Hanser 2001.

[OES04]   Oestereich, Bernd: Analyse und Design mit der UML 2. Oldenbourg, 2004.

[OTT02]   Ottmann, Thomas; Widmayer, Peter: Algorithmen und Datenstrukturen. 3. Auflage, Spektrum Akademischer Verlag, 2002.

[POM05]   Pomaska, Günter: Grundkurs Web-Programmierung. Vieweg, 2005.

[RAT03]   Ratz, Dietmar; Scheffler, Jens; Seese, Detlef; Wiesenberger, Jan: Grundkurs Programmieren in Java. Band 2, Hanser, 2003.

[RAT04]   Ratz, Dietmar; Scheffler, Jens; Seese, Detlef: Grundkurs Programmieren in Java. Band 1, Hanser, 2004.

[RAU02]   Rauh, Otto: Objektorientierte Programmierung in Java. Vieweg, 2002.

[REC00]   Rechenberg, Peter: Was ist Informatik? Hanser, 2000.

[SAA02]   Saake, Gunter; Sattler, Kai-Uwe: Algorithmen und Datenstrukturen. dpunkt 2002.

[SOL02]   Solymosi, Andreas; Grude, Ulrich: Grundkurs Algorithmen und Datenstrukturen in Java. Vieweg, 2002.

Quellen im Internet

[ECL06]   The Eclipse Foundation: Eclipse - an open development platform.
          `http://www.eclipse.org`

[DEC07]   Deck, Klaus-Georg; Neuendorf, Herbert: Java-Grundkurs für Wirtschaftsinformatiker. Web-Site zum Buch.
          `http://www.java-wi.de`

[HSQLDB] The hsqldb Development Group: The new HSQLDB.
          `http://hsqldb.org`

[KL02a]   Kreft, Klaus; Langer, Angelika: Objektvergleich: Wie, wann und warum implementiert man die equals()-Methode? Teil 1 und 2, Java Spektrum, Januar 2002 und März 2002. Auszugsweise online verfügbar unter
          `http://www.angelikalanger.com/Articles/JavaSpektrum.html`

[KL02b]   Kreft, Klaus; Langer, Angelika: Hash-Code-Berechnung: Wie, wann und warum implementiert man die hashCode()-Methode? Java Spektrum, Mai 2002. Auszugsweise online verfügbar unter
          `http://www.angelikalanger.com/Articles/JavaSpektrum.html`

[KL02c]   Kreft, Klaus; Langer, Angelika: Objekt-Vergleich mittels Comparatoren: Wie, wann und warum implementiert man die compareTo()-Methode? Java Spektrum, Juli 2002. Auszugsweise online verfügbar unter
          `http://www.angelikalanger.com/Articles/JavaSpektrum.html`

[LAN04]   Langer, A.: Java Generics. (diverse Beiträge) April 2004 - Juni 2005. Online unter
          `http://www.angelikalanger.com/Articles/Topics.html#JAVA`

[SUN05A] Sun Microsystems: JDK 5.0 Documentation.
          `http://java.sun.com/j2se/1.5.0/docs`

[SUN05B]   Sun Microsystems: New Features and Enhancements J2SE 5.0.
            `http://java.sun.com/j2se/1.5.0/docs/relnotes/features.html`

[SUN05C]   Sun Microsystems: Java 2 Platform Standard Edt. 5.0 API Specification.
            `http://java.sun.com/j2se/1.5.0/docs/api`

[SUN05D]   Sun Microsystems: JDK Tools and Utilities.
            `http://java.sun.com/j2se/1.5.0/docs/tooldocs`

[SUN05E]   Sun Microsystems: Java SE - Java Database Connectivity (JDBC).
            `http://java.sun.com/jdbc`

[SUN05F]   Sun Microsystems (Bloch, Josh): The Java Tutorials - Trail: Collections,
            `http://java.sun.com/docs/books/tutorial/collections`

[SUN05G]   Sun Microsystems (Gosling, James; Joy, Bill; Steel, Guy; Bracha, Gilad):
            The Java Language Specification, Third Edition.
            `http://java.sun.com/docs/books/jls`

Schlagwortverzeichnis